## 当代中国高等教育改革口述史丛书（第一辑）
## 编委会

**顾 问**

柳斌杰　第十二届全国人民代表大会教育科学文化卫生委员会主任委员
　　　　原国家新闻出版总署署长　国家版权局原局长
　　　　清华大学新闻与传播学院院长
章开沅　著名历史学家、教育家　华中师范大学原校长

**主 编**

周洪宇　第十三届全国人民代表大会常务委员会委员
　　　　湖北省人民代表大会常务委员会副主任
　　　　中国教育学会副会长　华中师范大学教育学院教授

**学术协调人**

刘来兵（华中师范大学）

**编 委**（按姓氏拼音排序）

蔡三发（同济大学教授）　　　　申国昌（华中师范大学教授）
操太圣（南京大学教授）　　　　沈　红（华中科技大学教授）
陈洪捷（北京大学教授）　　　　石中英（清华大学教授）
程方平（中国人民大学教授）　　眭依凡（浙江大学教授）
程斯辉（武汉大学教授）　　　　熊庆年（复旦大学教授）
杜成宪（华东师范大学教授）　　熊贤君（深圳大学教授）
刘海峰（厦门大学教授）　　　　徐　勇（北京师范大学教授）
陆根书（西安交通大学教授）　　张传燧（湖南师范大学教授）
欧七斤（上海交通大学研究馆员）

湖北省学术著作出版专项资金资助项目

当代中国高等教育改革口述史丛书（第一辑）

顾问 柳斌杰 章开沅　　主编 周洪宇

# 回归大学之道
# 章开沅口述史

章开沅　口述
周洪宇　党波涛　整理

中国·武汉

图书在版编目(CIP)数据

回归大学之道:章开沅口述史/章开沅口述;周洪宇,党波涛整理.—武汉:华中科技大学出版社,2021.12

(当代中国高等教育改革口述史丛书.第一辑)

ISBN 978-7-5680-6772-0

Ⅰ.①回… Ⅱ.①章… ②周… ③党… Ⅲ.①高等教育-教育史-中国-现代 Ⅳ.①G649.29

中国版本图书馆CIP数据核字(2021)第249301号

## 回归大学之道——章开沅口述史
Huigui Daxue zhi Dao——Zhang Kaiyuan Koushu Shi

章开沅 口述
周洪宇 党波涛 整理

| | |
|---|---|
| 策划编辑: | 周晓方 杨 玲 周清涛 |
| 责任编辑: | 唐梦琦 |
| 封面设计: | 原色设计 |
| 责任校对: | 李 琴 |
| 责任监印: | 周治超 |
| 出版发行: | 华中科技大学出版社(中国·武汉) 电话:(027)81321913 |
| | 武汉市东湖新技术开发区华工科技园 邮编:430223 |
| 录  排: | 华中科技大学惠友文印中心 |
| 印  刷: | 湖北金港彩印有限公司 |
| 开  本: | 710mm×1000mm 1/16 |
| 印  张: | 36 插页:16 |
| 字  数: | 485千字 |
| 版  次: | 2021年12月第1版第1次印刷 |
| 定  价: | 268.00元 |

本书若有印装质量问题,请向出版社营销中心调换
全国免费服务热线:400-6679-118 竭诚为您服务
版权所有 侵权必究

◆ 1927年春,摄于上海同福里不足1岁的章开沅

◆ 1927年春,与母亲(怀抱者为章开沅,小名四宝)、大哥、姐姐在上海合影留念

◆ 1944年秋冬之际,与大哥章开平、三哥章开诚在渝团聚

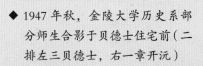

◆ 1947年秋,金陵大学历史系部分师生合影于贝德士住宅前(二排左三贝德士,右一章开沅)

◆ 1949年秋,穿中原大学制服(右一)与叔父婶婶在汉口福新面粉厂前留影

◆ 1957年结婚照

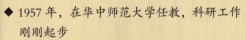

◆ 1957年,在华中师范大学任教,科研工作刚刚起步

◆ 1959年,当选为中华全国青年联合会常委(右二为章开沅),照片上均为中华全国青年联合会委员

◆ 1981年，在武昌纪念辛亥革命70周年学术讨论会上做学术报告（小岛淑男摄赠）

◆ 1981年成为国务院学位委员会公布的首批高校中唯一的中国近现代史专业博士生导师；1983年7月成为国务院学位委员会历史学科第一届评议组成员，后出任该组召集人。图为国务院第一届国务院学位委员学科评议组成员合影（后左一为章开沅，后左二为任继愈）

◆ 担任华中师范学院院长的任命状

◆ 1983年，章开沅与早期研究生和第一届助教班学生合影

◆ 1984年，华中师范大学新老校领导合影留念

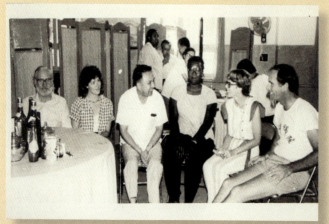

◆ 1984年7月，与汉语班留学生交流

◆ 1984年冬，出任华中师范学院院长一周年之际，在学校有关会议上讲话

◆ 秉承开门办学方针，广泛吸纳各方意见，形成自己独特的办学思路和风格。图为1985年任内热情接待来访者

◆ 1985年5月，章开沅以新校长身份重访耶鲁，经过充分协商，终于恢复与雅礼协会原有历史联系，并在新的基础上推进了双方的学术交流。这是与雅礼董事会主席会谈的情景

◆ 1985年9月，在第一个教师节做题为《春风化雨，桃李芳菲——向第一个教师节献词》的讲话

◆ 1985年，与华中师范大学党委书记戴绪恭在一起

◆ 1985年12月，与在历史研究所进修的日本佛教大学副教授清水稔留影

◆ 1985年，田家农等中原大学老校友返回校园，新老领导合影（右四为田家农，右二为章开沅）

◆ 20世纪80年代中期与弟子合影

◆ 1986年，著名作家丁玲来华中师范大学讲学

◆ 1986年3月，与美国孟菲斯州立大学校长互签交流协议。华中师范大学是孟菲斯州立大学建立全面校际交流关系的第一所中国大学，美国田纳西州政府且因此授予章开沅荣誉公民证书

◆ 1986年初，与南阳油田合作办学

◆ 1986年3月，华中师范大学美术系与音乐系重建

◆ 1986年，参加科研成果鉴定会

◆ 1986年5月，在既是同乡也是私交甚笃的朋友、兼职教授徐迟家中叙谈时的情景

◆ 1986年5月15日，聘姚雪垠为华中师范大学客座教授

◆ 1986年11月，于香港共商筹办两岸章黄研讨会事宜

◆ 1986年11月，在华中师范大学七号楼前与周培源（时全国政协副主席）、章文才合影

◆ 1986年冬，聘请姚水印师傅为生物系讲师，并亲自为其祝寿，宾主尽欢，成为桂子山美谈

◆ 1986年，章开沅与弟子们合影

◆ 1986年表彰姚水印师傅后与绿化组老工人合影

◆ 1986年，参加国民音乐教育改革研讨会

◆ 1986年12月，武昌中华大学武汉校友会成立大会

◆ 1987年春，访问香港时向邵逸夫介绍华中师范大学情况，积极向社会募集办学资金

◆ 1987年与与会代表一起观看第一届"桂子山之春"艺术节节目

◆ 1987年5月，与武汉地区研究生导师共商新时期研究生培养的大计

◆ 1987年5月，接受媒体采访

◆ 1987年5月在华中师范大学主办的对外经济关系与中国近代化国际学术研讨会上致开幕词

◆ 1987年暑期，在北京师范大学与白寿彝（右三）主编的、当时中国最大规模的一部《中国通史》编写组合影

◆ 1987年9月，与华中师范大学化学、物理等系老师一起参与制订并评议仙桃市科技、经济、社会协调发展总体规划

◆ 1987年9月，在仙桃市社会与经济协调发展规划干部培训班讲课

◆ 1987年9月，参观仙桃农药厂，双方联姻从此开始

◆ 1987年10月，华中师范大学科学会堂奠基

◆ 华中师范大学开门办学，在部队办班。1987年与部队学员留影

◆ 1987年10月，在南京召开的民国档案与民国史国际学术讨论会上发言

◆ 1988年，在大学生电影节与演员们合影

◆ 1988年，担任校长期间仍坚持给学生们上课

◆ 1988年7月，与南岸理工学院院长签订交流协议

◆ 1988年10月，华中师范大学校友总会成立现场

◆ 1988年10月，与香港校友会主席邓缵绪夫妇坐谈

◆ 1988年10月6日，出席索非亚大学百年校庆。保加利亚科学院张索大副教授、王家强、杨燕杰、索非亚市长在招待会上

◆ 1988年10月23日，华中师范大学校友总会成立，与美籍著名生物学家牛满江、张葆英夫妇合影

◆ 1988年11月，与香港大学赵令扬、李锷及华中师范大学香港校友会邓缵绪在维多利亚湾海边宾馆

◆ 1989年9月，与苏联喀山化工学院院长谈判

◆ 1990年6月26日，最后一次出席国务院学科评议组召集人会议，此时章开沅已经接受美国普林斯顿大学等高校邀请，即将赴美讲学，出国前夕，在北京京西宾馆思绪万千

◆ 1995年，章开沅与弟子们合影

◆ 2001年，香港校友赠礼

◆ 在华中师范大学中国近代史研究所办公室书架前

◆ 2001年11月，与港、深、穗老校友合影

◆ 2001年11月，与年轻校友合影

◆ 2005年5月18日，与弟子周洪宇（右二）、余子侠（左二）、熊贤君（右一）、王奇生（左一）在华中师范大学逸夫科学会堂前合影

◆ 2006年，接受关西大学河田悌一校长授予的荣誉博士学位证书

◆ 2007年，到访创价大学，受到学生热烈欢迎

◆ 2009年9月21日，"功勋湖北60人"颁奖典礼上，在华师校友、已故著名曲艺作家、表演艺术家夏雨田先生像前

◆ 2010年12月11日，出席"孙中山与梅屋庄吉展"

◆ 2011年1月5日,在香港中文大学逸夫书院作为辛亥革命百周年纪念学术研讨会的主讲嘉宾做演讲

◆ 2011年6月,在新加坡做辛亥百年演讲

◆ 2012年11月,在广东翠亨参加孙中山·辛亥革命的研究与传承学术研讨会

◆ 2012年，参加涩泽荣一纪念讲座

◆ 2013年，华中师范大学110周年校庆时在博雅校友论坛上发言

◆ 2014年，在荣休仪式上

◆ 2015年7月8日，在《章开沅文集》出版座谈会上

◆ 2015年，在华中师范大学做贝德士演讲

◆ 2015年，在华中师范大学外语学院演讲《行走的三国》

◆ 2016年10月18日,参加"陶行知与中外文化教育"国际学术研讨会

◆ 在办公室接待外国友人

◆ 2017年,参访大理时接受媒体采访

◆ 2017年，到云南大理喜洲调研题字

◆ 2017年5月4日，五四表彰与青年学子合影

◆ 2017年，与夫人在云南大理

◆ 2018年，与张绪武先生会谈

◆ 2019年6月13日，向华中师范大学图书馆及博物馆捐赠三件珍贵文物：陶碗、恐龙蛋化石、《大清帝国分省精图》，为多年珍藏中的精品，是不同年代的代表文物和珍贵史料

◆ 2019年12月20日，黎开晋拜访章开沅先生

◆ 2020年6月5日，接受学校媒体采访

◆ 2021年寒假期间，华中师范大学党委书记赵凌云（右二）、校长郝芳华（右一）看望章开沅夫妇

◆ 2021年1月20日，章开沅与泰康人寿武汉楚园护理人员做拼字游戏

◆ 2021年2月春节期间，与夫人黄怀玉在楚园祝福大家

◆ 2021年2月春节期间，在楚园与来看望他的武汉大学原校长刘道玉、泰康人寿董事长陈东升等人合影

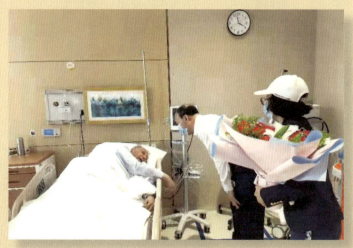

◆ 2021年5月24日，与到楚园看望他的学生周洪宇、张云芳夫妇交谈

# 总 序
## PREFACE

一

"记忆的需要就是历史的需要。"①

历史是有目的的人的活动。这是自有人类记忆以来传统总是被口耳相传和文字记述的原因,也是今天学者们通过不同的历史课题探究过去的原始驱动。记述往往与客观现实有所偏差,使得部分历史学家不满足于从正统的史书和典籍中发现过去,热衷于从笔记、小说等私人叙述空间中寻找历史。在当代,越来越多的历史学者不再只是枯守故纸堆,而倾注时间走向更为广阔的生活空间,留心于观察、倾听、访谈,用声音和影像来保存历史,是为口述历史的实践。

20世纪80年代以来,中国处于一个前所未有的改革大时代,教育改革是社会变革的重要组成部分,并在一定程度上影响和推动了中国的社会变革。在这个过程中,涌现出一批思想解放、视野开阔、勇于改革、善于创新的高校校长,成为勇立时代潮头的弄潮儿。他们大都是中国高等教育改革的亲历者、参与者、组织者、实施者、推动者、见证者,他们或重教学改革或重科学研究,或重社会服务或重文化引领,或重国家需要或重大学自主,或重人文社科或重自然科学,或重行政改革或重教师作用,或重本科教学或重研究生发展,或重顶层设计或重基层创新,或重本土联盟或重国际合作,

---

① [法]皮埃尔·诺拉主编:《记忆之场:法国国民意识的文化社会史》,黄艳红等译,南京:南京大学出版社,2015年。

以高等教育改革家之风范,从高等教育不同层面入手,披荆斩棘,大刀阔斧,为推动中国高等教育的改革和发展发挥了重要的奠基和垂范开拓作用。本套丛书以当代中国高等教育改革为主题,以当面访谈聆听 20 世纪 80 年代以来一批高等教育改革家的高等教育改革的亲身经历和体会,同时将这些一手资料整理成书,传于后人,具有重要性、必要性和紧迫性。

组织编写出版本丛书是一件很有意义的事情。现代口述历史先驱、英国历史学家保尔·汤普森(Paul Thompson)认为,口述历史的基本重要性在于给了孩子们、学生们,或者说年轻人,一个理解过去发生的事情的机会。2017 年是恢复高考 40 周年,社会各界和人士通过不同的方式举行了纪念活动。恢复高考是国家的英明决策,于国于民都影响深远。那么,高考是如何恢复的?恢复之后大学的办学是如何逐步恢复并发展的?其中都离不开大学校长在此间的努力。本套丛书所邀请的校长便是这一重要历史活动的亲历者与主持者,他们能够提供作为历史参与者的视角与声音。2018 年是改革开放 40 周年,教育作为社会系统中的重要组成部分,能反映社会整体变革的内容。1977 年,邓小平在科学和教育工作座谈会上提出:"我们国家要赶上世界先进水平,从何着手呢?我想,要从科学和教育着手","不抓科学、教育,四个现代化就没有希望,就成为一句空话"。他明确把科教发展作为发展经济、建设现代化强国的先导,并将其摆在中国发展战略的首位。在教育系统中,高等教育的地位举足轻重,尤其是对于中断高考十年之久的国家来说,急需一批年富力强的青年骨干承担起建设现代化国家的重任。本丛书的出版对回顾过去 40 年来高等教育改革发展与社会经济变革具有重要意义,既是缅怀过去,也是总结现在,还能展望未来。

编撰出版本丛书为回顾中国特色社会主义高等教育制度发展历程提供口述历史资料很有必要。口述历史的必要性关涉的是历史本质、功能与意义的讨论。历史是什么?谁是历史的叙述者?怎样的档案资料才能呈现最客观的历史?在历史学的研究中,此类问题的解答通常被视为专业的缄默知识体系构建。口述历史研究者认为，人民应该享有话语权，通过人民的声音，把历史交还给人民。正如意大利历史学者克罗齐所言，"一切历史都是当代史"，口述历史的基本功能在于留存当代历史参与者的口述档案资料。收集口述历史资料的必要性在于：一是能提供档案资料的补充与印证，弥补档案资料中某些重大事件过程与细节的缺失；二是口述历史资料可以发挥历史研究和社会教育功能，那些重要历史事件的决策者、参与者通过口述历史能够提供更为丰富的历史细节，而对于一般公众来说，通过阅读这些口述资料更具有社会教育意义。本丛书是口述历史在当代高等教育研究领域的一次尝试。新中国成立以来，我国一直在探索建立中国特色社会主义教育制度，尤其是高等教育发展经历了起步、发展、挫折、中断、恢复、改革与腾飞的多样化的发展阶段，我国当代对教育改革发展历程的研究是当代教育史研究的重要组成部分。

本丛书编撰出版具有紧迫性。20世纪80年代以来，中国高等教育改革与发展经历了几个不同的发展阶段，不同时期均涌现出杰出的大学领导者。第一批引领高等教育改革的校长们有的已经辞世，大多已进入耄耋之年，本丛书的编撰有抢救性保护之意，是为这批勇立改革潮头的中国高等教育改革领军人物留下智慧以指导未来我国高等教育进一步改革创新。本丛书编撰的初衷之一便是考虑到曾担任华中工学院（现华中科技大学）党委书记兼院长的朱九思先生已年近百岁，为他整理完成口述史实属迫在眉睫。遗憾的是，我们在整理朱九思教育口述史的过程中，先生于2015年6月13日因病医治无效逝世，他指导的博士生、现为重庆工商大学副校长的陈运超教授在博士学位论文基础上，凭借朱九思先生生前谈话、师门集体回忆，以及朱九思先生系列著述，费时数年完成该书的整理工作。因而，当面访谈聆听20世纪80年代以来一批高等教育改革家的高等教育改革的亲身经历和体会，同时将这些一手资料整理成书，传于后人，已经成为一件具有重要意义和急迫的事情。

## 二

口述历史不同于学术著作，相比学术著作而言口述历史的读者受众更加广泛。我们在编撰本丛书的过程中，结合口述历史的特点考虑本丛书所追求的风格、特点和定位。

力求复原史实、保全史料、深化史学。要做好口述历史研究工作，应明确"历史"的三层含义，即客观的事实（史实）、主观的记载（史料）和主客观结合的研究（史学）。与传统的单纯以文献为依据进行的历史研究不同，口述史研究是史实、史料和史学三层历史的融合。口述者叙述的是史实，但首先是属于口述者自己认定的事实，还需要通过记载的史料去印证，整理者通过比对口述材料与文献材料也能得到最终的口述历史作品。口述历史必须恪守真实、客观、中立的基本原则，必须厘清访谈者与口述者之间的关系。左玉河教授认为历史研究者与历史当事人是口述历史研究的双重主体，但两者在口述访谈中充当的角色及所尽的职责是不同的。作为访谈者的历史研究者，是口述历史访谈的策划者和引导者；作为口述者的历史当事人，是口述历史访谈不可缺少的主角。口述历史访谈的过程，是访谈者与当事人通过口述访谈的方式共同回忆和书写某段历史的过程。本套口述史丛书力求做到以史为据、论从史出、史论结合、述多议精，求信、求实、求真，为后世存信史，为学术做积累，为改革指正路。

力求形式与本质的结合。口述历史作为一种史学实践在近年来颇为兴盛，源于社会大众对历史的关注热情显著增强。大众在获得一定的物质保障之后，会转向对精神、文化的追求以提升自身的素养，人们开始去关注历史的、过去的、传统的东西，而不只是当下的日常生活。口述历史能很好地满足大众对当代社会生活中某些重要事件的了解。这套口述史丛书，"口述"是形式，是特色，"历史"是本质，是根本。既要遵从口述的"形式"和"特色"，更要坚持历史的"本质"

和"根本",使之与一般历史著作区别开来,具有口述历史的风格和追求。

力求口述文本鲜活、生动、可读。口述者有自己的语言风格,善述者引人入胜。作为大学领导者,卓越的演讲能力是其胜任领导职位的基本能力之一。然而,口述历史与平常的对话不一样,需要整理者在前期做好一定的准备,把要了解的内容提前告知口述者,口述者需要一定的时间去回忆,甚至是查阅资料去印证。对话的过程要尽可能做到问题有来由、事情有曲折、过程有细节、结果有悬念、语言口语化。问题有来由强调的是口述历史有自己的主题,是带着问题开展的研究工作,而不是日常生活中的漫谈。问题可以是整理者在前期准备的,也可以是口述者根据主题自我提出的。事情有曲折强调重要历史事件的发生发展均是螺旋式前进的,其过程大多循环反复,通过不懈的坚持与努力才能最终取得成功。过程有细节强调的是在事件的重要节点与关口,某些重要决策与行动使事件的发展方向发生根本性转变,在此结果之前所发生的细节过程仅仅是少数参与者才知晓的,而这也正是需要通过口述历史公之于众的。结果有悬念强调的是叙述能引人入胜,而不是故作惊悚,是增加可读性,使人们意识到任何一次成功的改革实践均是特定时期不同主体博弈的最终结果。语言口语化强调的是口述历史不是文本写作,是日常生活中口述者的自我呈现,这种表述更容易被大众所接受。

力求处理好共性与个性的关系。本套口述史丛书以当代中国高等教育改革为主题,每一位大学领导者均以个人主导大学改革为主题开展口述史的整理工作,每一本口述著作既要反映时代和改革的共性问题,也应体现传主的个别应对及其个性特征。共性指不同高校教育改革的普遍性质,个性指每一位大学领导者推进教育改革的特殊性质。教育是社会系统中的组成部分之一,教育改革离不开整体的社会变革系统的支持,也受制于一定时期的社会改革氛围。同一历史时期的不同高校的改革,所面临的时代和改革背景是一样的,具有共性的时代烙印。不同的大学领导者具有不同的改革思路与领导方式,即使在共性的改革背景下也会呈现出不同的改革实践。从纵向来看,不同时期的大学改革实践更是如此,因而,对每一位大学领导者的个性呈现是本丛书的特色所在。

力求处理好重点与非重点的关系。口述历史的叙事风格在追求可读性、鲜活性、生动性的同时,必然以付出较多的篇幅为代价,甚至是事无巨细的情节交代,在此过程中如何在有限的篇幅中呈现重点的内容,而不至于被其他非重点内容所掩盖,是本丛书在编撰时一直强调要处理好的问题。我们认为,重点不在于篇幅的"多",更是思考的"深",只有篇幅的"多"而没有思考的"深",那是"流水账",要避免写成"流水账",力争成为"沉思录"。而要成为"沉思录",需要做到"国际视野、中国特色、问题意识、改革导向"。国际视野是叙述中国高等教育改革的发生被置于国际高等教育发展趋势的观照之下。毋庸置疑,中国高等教育改革发展有自己的道路与模式,然而西方国家建设高等教育的经验应该成为我们建设中国特色社会主义高等教育制度的借鉴。中国特色是指我国高等教育改革是在中国特色社会主义教育制度内进行的,尽管有借鉴西方国家高等教育办学经验,但坚持社会主义办学方向是永不动摇的根本。问题意识是指以问题为中心论述大学改革的主要思考与举措,这些问题能反映大学改革的困境与突破以及决定未来走向,在推进大学改革这一过程中遇到哪些困难以及如何克服这些困难并有哪些经验和启示。改革导向是指这套口述历史丛书不是个人的生活史、活动史,而是以20世纪80年代以来中国大学改革为主线的口述史。在叙述的过程中要把个人生活史与改革史结合起来,个人的日常生活与后来的主持大学改革是有内在关联的。

应处理好经验与教训、正面与负面的关系。任何一项改革都不是一帆风顺的,其过程必然是反复曲折而最终达成的。20世纪80年代的中国高等教育经过拨乱反正后,在思想解放的大潮下获得快速发展,但在80年代末也遭受了西方势力侵蚀后的挫折,影响了一些大学改革的步伐,因而,该时期中国高等教育改革既有良好的经验,取得了积极的改革成效,也有深刻的教训。进入90年代尤其是21世纪之后,中国高等教育迎来理性的快速发展,逐步走向以中国特色的办学道路并入全球高等教育发展的轨道。因而,口述传主在对改革进行总结时应坚持客观理性的态度,认识到个体在整体中的作用是有限的,不宜只写传主如何"过五关斩六将",还要写其"走麦城",敢于自曝其短。这不仅反映历史的真实,体现人格的境界,而且会给后人更多的启示。

力求处理好学校与个人的关系。一所大学改革的成功离不开校长的改革思路与实践以及协调各方关系的人格魅力,但不能完全归功于校长一人,与学校整体的改革环境也有密不可分的关系。正如曾任华中科技大学校长的中国科学院院士杨叔子所形容的,两者是"山"与"老虎"的关系,没有学校这座"山",就没有校长展示治校智慧与能力的舞台,所以说"山与虎为",而没有校长的治校智慧与能力,学校也难以实现跨越式发展,在这个意义上,可以说"虎壮山威"。两者不可或缺,相辅相成。因而,在口述的过程中,如何以大学领导者为核心,探讨学校在某个时期的整体发展环境,是很有必要的。

力求处理好大学自身办学规律与少数非学术、非教育因素之间的关系。教育的发展离不开社会系统的支持,受政治、经济、文化的制约。大学发展同样如此,坚持社会主义办学方向,必须在社会主义制度内设计我国大学的改革方向。大学改革发展史,既有大学自身的办学规律,同时也要考虑到非教育因素、非学术因素的制约与影响。然而这部分的影响因素如何评判,不是短期内能够给予的,历史毕竟需要一定的时间才能看清背后的事实,这就要充分依靠传主和整理者的人生智慧。口述者应该谈出正能量,给人以温暖和力量,谈出未来,谈出希望。

## 三

本丛书最初的构想可以追溯到2008年初春,彼时已恢复高考30年,也是我们77级大学生30年前刚刚踏入大学校园的日子。犹记得1978年3月初,我从湖北荆门姚河公社新华大队知青点取回行李,在家歇息几天后,便赴华中师范学院京山分院报到注册,正式成为华中师范学院历史系的一名新生,由此走上"知识改变命运"的人生之路。可以说,我个人命运的转折是以国家发展步入正轨为前提的,首先是整个民族发展的春天,其次才会有个人发展的春天。1978年这个特殊的年份,无论是对我个人而言,还是对中国来说,都是一个重要拐点,具有里程碑意义。作为77级大学生,自己又是从事中国教育史研究的学者,组织编撰出版一套反映中国高等教育改革口述史丛书的想法便涌上心头。2008年底,我在与新进入我门下攻读博士学位的刘来兵讨论他的博士学位论文选题时,与他交流了做大学校长口述史选题的想法,想借此机会推动当代中国高等教育改革口述史丛书的撰写工作。他在做了一番准备工作之后,随着个人研究兴趣的转移,改做教育史学理论研究,此事便搁置下来。2014年,我早年指导的硕士生、现在华中科技大学出版社工作的周晓方找到我,与我沟通策划组织出版丛书选题事宜。周晓方所在的华中科技大学作为全国高等教育改革重镇,系高等教育研究人才荟萃之地,在学术研究、人才培养方面已经形成独有的特色和优势,具备较高地位和重要影响。我立即想到将已搁置数年的中国高等教育改革口述史丛书交由该出版社出版是最佳选择,此事已是迫在眉睫,且刘来兵博士现已留在华中师范大学教育学院工作,可以协助我完成组织出版工作。周晓方编审向华中科技大学出版社汇报了本选题,得到出版社的大力支持,将本丛书列为重点出版支持计划,并于2015年获得湖北省出版基金的资助。

## 四

在选题确定之后，我们分头联系国内几所高校已经退下领导岗位的校长们，主要有华中科技大学前校长朱九思、杨叔子，华中师范大学前校长章开沅，厦门大学前副校长潘懋元，湖南师范大学前校长张楚廷，西安交通大学前校长史维祥，北京大学原常务副校长王义遒等，他们作为本丛书第一辑的口述传主先行出版口述史，另有其他数位高校前校长也已参与到本口述史丛书出版工作中来，他们的口述史作为本丛书的第二辑也将陆续出版。他们对本丛书出版计划给予了充分的肯定与支持，尽管他们年事已高，但仍坚持著书立说，发表对中国教育的真知灼见。他们的智慧与思想无疑对今后中国高等教育发展起到启迪作用，他们的肯定与支持使我们信心倍增，促使我们更加坚定地、全力以赴地完成本套丛书的编撰与出版。

在得到这些具有时代大学改革鲜明特色的校长们的认可与支持之后，我们又分别与校长本人以及校长们的学生进行了单独的沟通交流，并逐一确立了各口述史著作的整理者。我利用在北京参加会议之机，与原国家新闻出版总署（现国家新闻出版广电总局）署长柳斌杰沟通本套高等教育改革口述史丛书的选题情况，邀请其担任丛书顾问，并联系全国多所大学从事高等教育研究的学者担任本丛书的编委会成员。有关丛书的编写体例，前期我与策划编辑周晓方编审和编委会秘书长刘来兵副教授进行了多次讨论，第一辑出版计划确定后，我们又征求了各位校长及各位口述整理者对编写体例的意见。考虑到本丛书中校长们的身体状况各不相同，无法保证每一位校长都能完全以口述加整理的方式完成书稿著述工作，故根据具体情况具体组织编撰，总体上保持口述历史的风格即可。随后，我们积极申报各级出版基金资助项目，现已获得2015年湖北省学术著作出版基金资助项目，并为争取获得国家出版基金项目资助做积极准备。

2017年2月17日，为推进本丛书的撰写工作，统合在撰写过程中的不同意见，华中科技大学出版社专门组织召开当代中国高等教育改革口述史丛书（第一辑）审稿会。华中科技大学总会计师湛毅青教授、北京大学原常务副校长王义道教授、华中科技大学教育科学研究院院长张应强教授，以及本丛书主要口述历史整理者来自华中科技大学、西安交通大学、厦门大学、同济大学、华中师范大学、重庆工商大学的专家学者相聚武汉，交流本丛书写作的具体情况，共同回顾与展望中国高等教育的改革发展。

与会的专家学者一致认为，策划出版当代中国高等教育改革口述史丛书，还原高等教育改革家在高等教育改革领域的思想理念、真知灼见、践行历程，给时代留下真实的记录，为后来改革提供有益经验，传承后世，具有前车之功。与此同时，在党的十九大即将召开之际，借中国高等教育发展的大好时机，对老一辈高等教育学家的高等教育改革理论与实践进行梳理，对中国高等教育发展进行回顾与展望，这对实现"推动一批高水平大学和学科进入世界一流行列或前列，提升我国高等教育综合实力和国际竞争力，培养一流人才，产出一流成果"的宏伟目标具有重大意义和推动借鉴价值。2017年10月，党的十九大报告中指出要优先发展教育事业，加快高等教育内涵式发展，推动一流高校与一流学科建设，加快我国迈入教育强国行列的步伐。这充分说明本丛书的选题与编撰出版非常契合当前国家大力发展高等教育事业的需要。2018年，时值改革开放40周年，我们推出本丛书，希望能为总结改革开放40年来中国特色社会主义高等教育建设提供历史的借鉴。

本丛书在编撰过程中得到了国内多所高校以及大学领导者的大力支持，尤其是各位愿意参与本丛书计划的老校长们，在此一并致谢。参与口述史整理工作的诸位学者与我们组成了当代中国高等教育改革口述史丛书编撰团队，他们敬业的精神、严谨的态度、深厚的学术底蕴为本丛书的出版提供了保证。华中师范大学教育学院刘来兵担任本丛书编委会秘书长,协助处理日常具体事务与联络工作,华中科技大学出版社策划编辑周晓方等老师为本丛书的出版给予了极大的支持和帮助,在此谨表示衷心感谢。

2018年是中国改革开放40周年,仅以此套丛书的出版隆重纪念改革开放40周年,向40年来为中国高等教育改革发展创新做出过巨大贡献的先驱者、探索者致以崇高的敬意!

**2019 年 6 月**
**于武汉东湖之滨远望斋**

# 目 录
CONTENTS

## 第一章　早期生活和教育经历 / 1

一、学海书屋 / 1

二、天无绝人之路 / 4

三、国立九中 / 6

四、师恩难忘 / 8

五、淳朴友谊 / 18

六、学潮发端 / 24

七、转学王家坪 / 29

八、再次被开除 / 32

九、川江上 / 36

十、仓库抄写员 / 39

十一、军营中 / 42

十二、金陵大学 / 47

十三、中原大学 / 57

## 第二章　走上从教治学的道路 / 65

一、政治研究室 / 65

二、教育学院 / 67

三、初执教鞭 / 69

四、辛亥革命史 / 74

## 第三章　20世纪80年代风起云涌的教育改革形势 / 93

一、教育体制改革破题 / 94

二、高校改革开局/ 98

## 第四章　意外就任华中师范学院(大学)校长/ 108

一、谬膺校职/ 108

二、我宁可站着倒下去,也不躺着混下去/ 116

三、一个星期要给我留两天做学问/ 118

## 第五章　改革前奏曲/ 123

一、一封信引发的改革大讨论/ 123

二、一定要把改革进行到底/ 136

三、举办新闻发布会/ 144

四、认真学习全国党代会精神,集中研讨我校改革问题/ 154

五、"高"与"师"之争/ 155

六、如何办好师范大学/ 157

七、把华师办得更好/ 163

## 第六章　从改革学校环境入手/ 168

一、从馒头与垃圾抓起/ 168

二、移毛主席像/ 169

三、大学要有大树/ 171

四、珍爱校园草木和花卉/ 178

五、华师早期建筑群的主要设计者——怀念亡友何浣芬/ 183

六、林山湖格局/ 186

## 第七章　在人事管理上动真格/ 191

一、下放人事权/ 191

二、不归我管的事,多一点我都不管/ 193

三、用人还是要出于公心/ 197

四、不拘一格用人才 / 200

五、"东半球"与"西半球" / 201

六、副校长负责制 / 203

七、不痴不聋,不做阿家翁 / 205

八、研究生兼任教师工作制度 / 207

九、食堂也有人才学 / 208

## 第八章 抓好科研与教学改革的"内功" / 214

一、兼容并包与不拘一格 / 214

二、切实加强本科教学 / 222

三、我喜欢与学生交朋友 / 228

四、我和我的学生们 / 235

五、率真为人 / 241

六、青年教师是学校的未来 / 243

七、华师人要有华师意识 / 247

八、着眼于培养21世纪的新人 / 249

## 第九章 建设新的校园文化 / 254

一、整风 / 254

二、提倡美育逸事 / 257

三、名家报告会我都会出席 / 259

四、有特色的校园文化 / 264

五、《朝晖》专刊 / 271

六、校园新风 / 272

七、所谓反对"资产阶级自由化" / 273

## 第十章 率先走高校社会服务新路 / 280

一、张謇与近代化模式 / 280

　　　　　　　　　　　　二、走出去办学／283
　　　　　　　　　　　　三、仙桃模式／285

**第十一章　走出国门办学／291**

　　　　　　　　　　　　一、校长出访／291
　　　　　　　　　　　　二、与国外大学建立合作关系／299
　　　　　　　　　　　　三、校友是办好大学的重要力量／304
　　　　　　　　　　　　四、华师学术走向世界／309
　　　　　　　　　　　　五、搭建东西方学术交流的平台／314

**第十二章　当校长时的酸甜苦辣／322**

　　　　　　　　　　　　一、学校改名我不太积极／322
　　　　　　　　　　　　二、极不平凡的一年／330
　　　　　　　　　　　　三、充满火药味的座谈会／334
　　　　　　　　　　　　四、行动比语言更重要／343
　　　　　　　　　　　　五、不能光靠做报告／346
　　　　　　　　　　　　六、一定要有所不为／350
　　　　　　　　　　　　七、要学会通盘考虑问题／355
　　　　　　　　　　　　八、制度虚设很可怕／358
　　　　　　　　　　　　九、学校不要介入院系内部纷争／360
　　　　　　　　　　　　十、大学行政楼是一部深奥的大书／363

**第十三章　主动辞去校长一职／366**

　　　　　　　　　　　　一、主动辞职与自我放逐／366
　　　　　　　　　　　　二、开启一个新的航程／376

**第十四章　高教改革见解／382**

　　　　　　　　　　　　一、文明危机与世纪之思／382

二、没有深刻反思不会有真正改革 / 386

三、教育改革应尊重历史规律 / 391

四、培养学生要堂堂正正 / 396

五、我们缺少生动活泼的学习环境 / 397

六、高校"跨越"发展之我见 / 409

七、好制度比好校长更为重要 / 414

八、大学为什么越走越远 / 418

九、回归大学主体,回归教育本性 / 429

十、教育之目的不是为了适应市场需求 / 440

## 第十五章　展望新世纪 / 443

一、与池田大作对话 / 443

二、与青年共同走向光明未来 / 447

三、一群志同道合的师友 / 450

四、最好的养生之道 / 454

五、我的人生追求 / 459

六、南京大屠杀的历史见证 / 461

七、知识分子的历史使命感 / 466

八、治学不为媚时语 / 471

九、荣誉可以终身,待遇应该"退休" / 473

## 第十六章　晚年忆故人 / 475

一、我与杨东莼先生20年的交往 / 475

二、难忘风雨同舟情——忆陶军 / 479

三、与张舜徽先生共同走过的岁月 / 488

四、悼念郎郡诗老战友 / 497

五、笔墨缘结五十年——寄语《历史研究》 / 503

**附录** / 506

一、如何"读懂中国"？章开沅先生这样说 / 506

二、章开沅：精神的世界无人可挡 / 510

三、周锡瑞：问学章开沅先生 / 515

四、马敏：春风化雨　润物无声——略谈章开沅老师
　　对我治学道路的影响 / 518

五、王奇生：师门四年记 / 525

六、周洪宇：章开沅先生的高教改革与教育思想 / 530

七、周洪宇：章开沅先生的最后岁月 / 542

**参考文献** / 550

**后记** / 554

# 第一章

# 早期生活和教育经历

## 一、学海书屋

我出生于1926年7月8日（阴历五月二十九日），这是阴历丙寅年，所以属虎。①② 祖父章兆奎对这第四个孙儿的出生没有过多兴奋，给我起名时也并不考究，翻开《康熙字典》，随手指到"沅"字，即以此字为名，"开"字为辈分，此为章开沅名字的由来。③

儿时，由于子女过多而又忙于公司事务，父亲一般对我们的学习未做具体干预，至少是在客观上容许我们自由发展。这样，我就有了很多可以自由支配的时间，除了上学和观察周围事物，我把大部分闲

---

① 注释：关于章开沅先生出生地有几种不同的记录，一种情况是出生于芜湖，如《史海远航——章开沅传》中的记录；一种情况是不清楚出生地是在芜湖还是上海，如在期刊文献《凡人琐事——我的回忆（一）》中的记录。
② 章开沅：《凡人琐事——我的回忆（一）》，载《江淮文史》，2016年第1期。
③ 刘莉：《史海远航——章开沅传》，南京：江苏人民出版社，2013年。

暇时间用在了读书上。那时,我看书非常投入,到忘我的地步,如痴如醉,甚至连吃饭都忘记了。长辈们不知道我到底在读什么,但都以为我勤奋好学,亲昵地称我为"书呆子"。

我家的书房名字为"学海书屋",藏书种类很多,我都可以翻阅浏览。父母为我们订阅《小朋友》杂志,还买了很多开明书局出版的儿童读物,如冰心的许多作品,丰子恺的漫画,乃至《鲁滨孙漂流记》《伊索寓言》《爱的教育》的中译本,让我们幼小的心灵得到爱、善、美的滋育。由于我住在父母隔壁,近水楼台先得月,得以把他们卧室书橱上的休闲书籍全部都翻阅一遍。最感兴趣的是林纾译述的外国小说,如《三剑客》《茶花女》等,虽然不能全懂,但也能够看懂基本情节和主要人物性格,许多情节都使我入迷,这为我以后阅读西方文学作品奠定了基础。鲁迅的《故事新编》《呐喊》《彷徨》等我都喜欢看,看过好多遍,他的文笔深深吸引着我,在平时写作中也经常模仿这种风格,这对我此后的性格也有些影响。因为知识有限,我对父亲的很多藏书似懂非懂,但其中日本友人宫崎滔天自传性质的回忆录《三十三年落花梦》,我反复阅读过多遍,了解其大意。我感觉作者与《隋唐演义》里的虬髯客形貌非常相似,都具有英雄气概。宫崎滔天真诚支持孙中山发起和领导的辛亥革命,所以我很敬佩他的胆略。在后来的辛亥革命史研究中,我把宫崎滔天作为一个主要的研究对象。

当然,坦率地说,我最入迷的还是小爷爷与大哥的私下藏书,他们两人住在东院楼上,享有更大的空间。爷爷从不上楼,父亲也懒得去,所以他们可以买许多武侠、神话书籍,如《彭公案》《施公案》《儿女英雄传》《七剑十三侠》《火烧红莲寺》《封神榜》《西游记》等,我都借来独自阅读,尽管也是似懂非懂。有段时间我经常沉溺于幻想之中,常常幻想着自己能够像神仙一样脱离凡尘而逍遥自在,也幻想着自己具备了一些特异功能,在刀光剑影中叱咤武林,惩恶扬善。我羡慕土行孙的土遁,更羡慕剑侠们的剑遁,一道白光就可以来去自如,上天入地,到任何自己乐意去的地方而不被家人发觉。当然最好是拥有孙悟空那样的"筋斗云",一个跟头可以飞十万八千里。我也曾暗中"修炼",干过一些荒诞不经的傻事,如将铅笔磨碎成粉吞服或"炼成丹药",以为丹成以后可以口吐红光随风飘游;也曾把橄榄核含在口中睡觉,幻想能练成什么克敌制胜的神秘武器。幸好这些傻事没有酿成任何恶果,否则真会使父母遗憾终身。

相较之下,母亲尽管体弱多病,但对我在学习上的关心要比父亲多一些,因为她与我在一起的时间多一些。只要她的精神较好,就会教我练习写字或诵读一些浅显的诗词,如"一去二三里,烟村四五家,亭台六七座,八九十枝花"之类。到我年岁渐长,她就指导我背诵一些较为深一点的诗词,如杜甫、李白的诗,苏东坡、辛弃疾的词。我练字的字帖名《星录小楷》,全部是赵体,这是章氏家人的故乡情结,上面写的都是流传甚广的词,如李后主、李清照的比较深沉委婉的作品,经过反复接触,也就自然而然地浸润于我的心灵。母亲有便秘的毛病,每逢坐马桶太久觉得无聊,就把我喊去背诵古典诗词,所以我暗中将此取笑为"马桶边的文化休闲"。但有些诗词就是这样逐渐融化成为我早年的文化积淀,尽管是那么浅薄。

西安事变以后,我又贪婪地阅读了祖父订阅的《申报》《新闻报》。此外,祖父因为办厂,闲暇时也买卖股票,需要随时了解时局变化、市场情况和股市动态,所以还买了一台很大的收音机。这个新奇的东西,又让我获取了不少书本之外的知识。大人们有时在祖父书房里分析政治形势,我在一旁读书之余,不知不觉被长辈们热烈的讨论所吸引,似懂非懂地跟着关心国家大事和时局变化。

## 二、天无绝人之路

解放前我没有固定的家。童年时期总是随着父母流转，时而上海，时而芜湖，时而苏州，时而凹山（现位于马鞍山），时而武汉，时而重庆。直到1938年秋天，父亲应好友贾伯涛邀请，前往江西省南抚（赣中）师管区（贾为司令）担任军需工作，母亲与他同行，把我们姐弟四人（开明、开诚、开沅、开永）送往江津乡下国立九中读书，遂成为无家可归的难民学生。

6岁时，我和哥哥姐姐随同父母来到武汉，在胭脂路小学读书。这是我就读的第一所小学。这个学校留给我的印象不大好，一是仍然盛行体罚，二是有些同学欺侮外地人。1934年，我回到芜湖，随着姑姑（祖父之妾所生之女）、姐姐、三哥，还有五弟和六弟，一共有七八个孩子读城里的襄垣小学，每天清晨出门，结伴成队，沿着青石板路徐徐行进。"七七事变"以后，我与开诚顺利进入私立萃文中学。这是一所知名的教会中学，建立在风景如画的凤凰山上。

1937年，日本悍然发动"七七事变"，开始全面侵略中国，不到半年，上海、南京等城市相继沦陷，安徽也受到战争威胁。我们家族面临严峻抉择，工厂被迫关闭。祖父最后决定：全家分为三批，小爷爷与大哥都已成年，由凹山铁矿的文矿师带往贵阳（祖父的老家），继续求学或就业；父母带领高龄外婆及我们其他兄弟姐妹，前往四川重庆（时重庆隶属于四川）避难；祖父母、姨太太及其两个女儿暂时留在芜湖，如形势实在危急，再设法迁居上海法租界，由二叔祖事先代租住宅。当时正在安徽芜湖萃文中学读书的我不得不辍学，跟父母一起西迁。

接着是我们一家八口大队伍的行程,先乘公司大木船,循青弋江直接驶往长江边的太古码头。从上海出发的大客轮到达汉口就停泊了,因为长江上游水浅,不能继续前行。我们寄住在祖父原先住过的萃仁旅馆,仍然是益新公司常年包租的那个大套间,正好可以容纳八口人。在汉口,我看到很多各地的难民,挤在码头等着乘船,父母因为买不到去川船票而日益焦急。

父亲有天在街上竟然与贾伯涛不期而遇,难兄难弟久别重逢分外高兴。贾伯涛以抗战为重,又复归军旅,听说我们买不到船票,立即答应设法代购,并且请我们全家在萃仁旅馆附近的璇宫饭店吃"大餐"(西餐)。不久便派人送来8张船票,是民生公司的"民贵轮"三等舱的一间包房。我们一家人好不容易才挤上民生公司的一艘渡轮,便驶往长江上游的重庆。

一天深夜,母亲生产了。幸得船长的热心相助,临时让出一间船员卧室作为产房,还临时物色了一位医护人员照顾母亲分娩。分娩出乎意料的顺利,生出的是个模样可爱的男孩,按排行应该是"八宝",船长还提议:"这个孩子是在民贵号上出生的,就取名'民贵'吧"。

1937年初冬,经过长途跋涉,一家人西迁到重庆。船到重庆朝天门码头,五姨爹已带人在码头迎接。安顿下来不久,我和六弟开运同时病倒,外祖母也因为心血管毛病中风瘫痪,一家两小一老同时病倒,产后不久的母亲的操劳辛苦可想而知,幸好姐姐、三哥比较懂事,能够帮点小忙。六弟吃药仍不见起色,没几天便凄然逝去,把六弟用薄木棺送去埋葬以后,没过多久外婆又猝然病逝。

刚把外婆的丧事料理完毕,我突然患了俗称"走马牙疳"的恶疾。父亲赶紧送我到朝天门一家私人牙科诊所医治,并且就在附近小旅馆租了间房,让姐姐陪我就近治疗。

母亲看见我病愈平安归来,自然非常高兴,但又不禁苦笑说:"伯伯(指父亲)这个月的薪水被你一个人花光了。"我仿佛挨了当头一棒,不知如何回应,内心感到异常歉疚。幸好小弟弟非常可爱,我常爱抱着他东走西逛,邻居们也喜欢他,一逗他就甜甜地笑。他的存在为全家贫寒的生活带来了幸福与希望,并且以童真的笑颜装点着这荒野破败的整个大院。但不幸的是,八弟患上了肺炎,战乱之中,缺医少药,这个幼小的生命便匆匆结束了。

八弟离世时,父亲出差在外,即使有电话也无从联系,母亲只能眼睁睁地看着这幼小者最终死亡。母亲强忍哭泣,用一件尚未穿过的绸棉袄把小弟包得严严实实。我们都围着她坐下,大家都没有哭也没有流泪,这就是我们为小弟的最后送别。

面对一个接着一个的不幸,一家人满面愁容,极为伤心,我们几个孩子都哭了起来,但我的母亲却异常坚定地说:"天无绝人之路!谁都不要哭!"我们非常敬重意志坚强而又性格开朗的母亲,都强忍着不让泪水流出来。从此,我牢牢记住了母亲这句"天无绝人之路"的教诲。战争带给人类的严重灾难,在我幼小的心灵里烙下深深的印记,这就促使成年后的我坚持不懈地反对战争,维护和平。

## 三、国立九中

1938年秋,我和姐姐、三哥被父亲送往国立九中读书。国立九中位于四川江津德感坝,师生以安徽籍为主。德感坝在江津县城(今重庆市江津区),对面(北岸),隔着一段水流湍急的长江(当地称川江),靠小木船摆渡来往。德感坝是一个贫穷落后的山村,我先后就读的初二分部和高一分部都设在村庄的祠堂里,都是很大的祠堂。把慎终追远供奉列祖列宗的祠堂提供给外省沦陷区的流亡学生办学,这是四川人的宽厚仁慈,对我们这些小难民来说则是大恩大德。

我记得有一个祠堂名字叫作"云庄祠"。虽然说是设在祠堂里,但祠堂并不做教室,而是作为学校的办公场所和宿舍,吃饭也在这里。教室是在祠堂外面临时盖起来的,虽是竹篱茅舍,地面都是泥巴,诚然简陋,但毕竟是新盖的整洁竹篱茅舍,不仅散发出谷草与泥土的清香,而且明亮通风,课桌板凳也是崭新的。在那烽火连天的苦难岁月里,这里简直如同世外桃源,使我乐而不思离蜀。讲台垒得很正规,黑板也很宽大,还真有点办学的样子。我们白天上课、晚上自修都在教室。

那时村庄里还没有电灯,晚上自修,人手一盏桐油灯。晚自习时,学生每人各用一个碟子或一个破碗,里面放上灯草和桐油照明,并且,桐油也好,灯草也好,都是计划供应。桐油燃烧不充分,味道很重,烟也大。坐在灯前看书时没有特别感觉,如果出去上一趟厕所再进来,可以看到整个教室烟雾缭绕,气味也颇不佳。由于烟大,一个晚上下来,鼻孔经常都是黑的。

我们吃饭是在祠堂的大厅里。食堂很壮观,做饭的灶都往地下挖,锅只高出地面一点点。锅很大,锅铲和瓢也大得吓人,要有很大的力气才能操作自如。早餐多是稀饭,午餐和晚餐是干饭。干饭先煮后蒸,蒸饭用的容器是很大的桶。大灶大锅大饭桶,好像餐饭很丰盛,实则不然。之所以要大灶大锅大饭桶,其实是办学规模大,吃饭的人多。分到每个人,能管饱就不错了。干饭先煮后蒸,做法似乎很讲究,其实品质并不高,无非是稻壳、稗子、石沙、米虫、老鼠屎等含量较高的"八宝饭"。

主食如此,菜更可怜。一年到头难得打一回牙祭,平常吃得最多的是蚕豆,多是用盐煮一煮,偶尔炒着吃,就算"花样翻新"了。我就是在那个时候学会炒蚕豆的,把干蚕豆放在锅里翻炒,等到蚕豆焦枯的时候,把加了少许盐和一点点油的水往上一浇,蚕豆就裂开了,咸香可口。

## 四、师恩难忘

尽管校舍简陋，生活艰苦，九中的师资力量却极其雄厚，集聚了安徽中等教育的精英。很多老师原执教于安徽大学，知识丰富且潜心教学。在烽火连天、颠沛流离的战争岁月，这些老师安于清贫，敬业乐教，以校为家，为我们这些难民学生的健康成长付出了大量心血。无论是学识还是人品，九中的老师给学生留下了一辈子的深刻印象。他们对我的影响是伴随一生的，我很庆幸在九中结识了多位好老师，教会了我读书做人的道理。师恩难忘，但我已经难以一一介绍他们的姓名与业绩，只能寻拾若干零星而又粗略的印象。

在我的记忆中，高一分部的师资水平、图书资料与实验设备应属全校之冠，且战争期间又地处乡村，能够维持这样完善的教学环境诚属不易。就读九中的五年里，有两位语文教师对我影响较深，他们都属高一分部。姚述隐和朱彤两位老师分别教授高一分部的古典文学和现代文学，他们进一步激发了我对文学的爱好和写作才能。正是这两位老师，把我引上了文学青年的道路。

姚述隐先生，好像是河北人，教学深入浅出，声容并茂，讲元曲尤为精彩。聆听他那抑扬顿挫的朗诵，顿时把我们引入"枯藤老树昏鸦""断肠人在天涯"之类的意境，真是一种美的享受。我对中国文学史稍具常识，多半得益于述隐诸先生的循循善诱与引导有方。他对学生的每篇作文都批改得非常认真，遇有佳句必用朱笔浓密圈点，挥洒飘逸，颇具豪气，学生亦以多得红圈为荣为乐。姚述隐老师平时与学生并不交谈，他与学生交流的方式比较特别，主要是每次在学生作业本上留下的简练而饱含深情的批语。记得有次命学生以古文写李白小传，我的作文结尾是："或曰白酒醉投江捞月而死，岂诗人之死亦须求一富于诗意之境欤？"姚师阅后大悦，密点频圈之余，"出手不凡，天才横溢"的罕见批语着实让我暗中乐滋滋好几天。有段时间我非常痴迷于李后主、李清照的词，也与老师朗诵的功力感染密切相关。我与姚老师没有私人接触，但每堂课我都能够从他那里汲取精神营养，从而增强了对文学的浓厚兴趣。

而朱金声老师（笔名朱彤），南京人，是所有老师当中最年轻的一位，在重庆地区已小有名气。他刚刚毕业于复旦大学中文系，但已显现出惊人才华，曾把小说《红楼梦》改编成话剧《郁雷》，并且由著名的中国青年话剧团在重庆演出，轰动一时。邓校长非常注重师资队伍建设，一方面放手发挥资深骨干老师的作用，一方面又亲自抓年轻英才的引进工作，为学校带来新的活力。他亲自到江津码头迎接朱彤的到来。同时聘请的还有阮璞，他是国立艺术专科学校的高才生，后来成为著名的美术评论家，解放后曾一度与我成为同事与邻居（住在昙华林华师博育室原址）。这些年轻老师大多风度翩翩、朝气蓬勃，并且带来许多新的文化信息。朱彤的父亲在复旦大学任教甚久，邓季宣亦曾一度在该校任职，所以对朱了解最深，期望最殷。

朱彤虽然成名很早，但待人非常谦和，特别是对学生满腔热情。他不仅认真教学，还注意课堂以外的假日有益活动，多次带领我们走向社会一线，曾带领我们参观吴芳吉故居等历史遗址。但对我影响最为深刻的还是步行到远处参观一个私营的小煤窑。看到那些瘦骨嶙峋的工人在黑暗且积水的窑洞中匍匐着挖煤运煤，尤其有一位工人，双目已经失明却仍然弯腰背煤，这才知道校外的世界还有如此众多比我们更为困苦的人群，他们每日每时都挣扎在人间地狱。当时，这幕地狱般的场景刺痛了我的内心，促使我更加同情和关心挣扎在社会底层的劳苦大众。

朱彤老师除了专心教学外，还在课余勤奋写作。在他的启发下，我经常在山林之间、清晨薄暮中仔细观察并琢磨，随时写简短日记，记录自己的所思所想。我曾模仿茅盾的《白杨礼赞》写了一篇《春的礼赞》。朱彤老师看后，赞赏之余也提出了中肯的意见："文章写得不错，词汇很丰富，可见你在遣词造句上下了功夫；但是有点过于追求华丽，语言应更贴近自然。"这番话对我影响深远，包括后来的学术写作，我都追求朴实的风格。

朱彤老师也很关心我们学生的生活，经常用自己微薄的工资买些红薯，加点桂花糖煮熟，邀请学生一起品尝。朱老师本身就同情弱者，看到我身材瘦小，发育不良，常常悄悄叫我去他宿舍加食，一般都是非常便宜的煮熟红薯，偶尔撒几颗桂花，更加香甜可口。当然，悄悄为我加食的还有一位胖乎乎的姚老师（可惜忘了名字），她为了奖励我化学考试得到97分，课后把我带到卧室品尝她亲手做的红烧牛肉。由于单身宿舍没有炉灶，只有用酒精灯、玻璃烧杯等实验器材耐心烹煮，在蒸汽缭绕中老师似乎已经化身为慈母，斗室中充满温馨的亲子之情，我们似乎相互在对方身上寻求各自思念的远方亲人。

此外，1941年皖南事变后，国民党对九中加强控制，邓季宣校长被迫辞职后转任白沙女中校长，性情耿直的朱彤老师毅然随同倾向学术自由的邓校长离开学校，前往白沙女中就职，可见两人关系之密切。我自己也被勒令退学离开九中，但在分别以后的很长时间里，朱彤老师仍经常与我通信，继续关心我的健康成长。朱彤老师真是一位好老师啊！

我们还有一位非常优秀的英语老师赵宝初（赵朴初的堂兄弟）。赵老师毕业于南开大学英语系，文化素养较高，英语专业能力过硬，具有相当丰富的教学经验。我至今仍能运用英语阅读一些英语文献，这完全得益于英语老师赵宝初的启蒙教育。

他不像朱彤那样激情奔放，课余与我们也没有任何交往（可能是因为住在校外），但课堂教学都是经过了认真准备，精益求精。他的中西文学底蕴深厚，知识面较宽，讲课常能纵横比较，引人入胜。他讲课时仿佛缓缓流动的溪水，没有波澜，更没有潮汐，然而却能时时以知识清泉滋润着我们求知若渴的幼小心灵。正是由于他的循循善诱，我热衷于阅读英、法近代文学作品，增添了对于西方文学史的了解。课本中有许多名家的原著（有些是片段），如莎士比亚《李尔王》中主人公在高山上的暴风雨中愤世嫉俗的自白等，都曾使我们痴迷。英语不再仅仅是语言工具，已经逐渐变成对美的追求，从意境直到结构、语句、节奏、韵律，处处都有无穷无尽的美值得探索。同时，他还经常教我们做语法图解练习，特别是着重解析比较复杂的句型，这种练习几乎成为我课余不可或缺的消遣，而后虽身处失学、失业的流浪困境中，却仍然乐此不疲。这种练习不仅对于掌握英语很有好处，对于中文写作的句型改进也有所裨益。据说赵老师在南开求学时，曾是篮球校队"五虎将"之一，但在九中教书时已患胃病，身体日渐瘦弱，讲课与讲话都是低声细语。课余时他偶尔也哼几句京戏青衣，却是字正腔圆，曲折摇曳，后来才知道他的弟弟正是享誉已久的程派传人赵荣琛，兄弟两人都是由戏迷而成票友。不过弟弟因为痴迷难以自拔，遂干脆投身梨园，哥哥则只有向我们演示法语连绵音之美时才略显其歌喉音色。

在全校范围内，对学生关心最多、影响也最为广泛的应数音乐老师瞿安华。他也是安庆人，瘦削然而精干，可能由于经常指挥而养成习惯，头总是稍为左偏做倾听状。他不仅把抗日歌咏开展得如火如荼，还物色了一批有音乐天分的男女学生组成合唱团。经过长时间的强化训练，合唱团正式以四声部演唱赵元任的《海韵》，使我们听得如痴如醉，在江津城内也引起很大轰动。

他最擅长的乐器是二胡，常在课余辅导我们练习，并指导我们自己动手制作简易二胡。好在满山都是竹林，琴筒、琴杆、琴弓的材料，取之不尽，用之不竭。琴筒外端需用蛇皮封闭，我们就捕蛇剥皮，蛇肉还可以加餐。弓弦需用马尾，我们就在附近歇息的运煤马的屁股上摘取。摘取时，又要仔细选择上好的马尾，又唯恐马儿惊觉尥一后蹄，那真是够刺激的游戏，而且多半会挨马夫一顿臭骂。从我读初二开始，校园内几乎是人手一琴，真正说得上是"弦歌不绝"，琴声盈耳。我对二胡也迷恋之至，刘天华的名曲，如《良宵》《病中吟》《光明行》《空山鸟语》，乐谱已背得滚瓜烂熟，基本上可以上台演出，只是弓法尚有明显瑕疵，但积习难改，无非自娱自乐而已。

抗战时期的偏僻农村，连温饱都难以保证，怎能奢望有广播、电影，只有群众性的自演自唱，这些活动为清贫而又单调的生活增添了许多情趣与色彩。这些丰富多彩的文娱活动驱走了战争的阴霾，淡化了难民学生背井离乡的孤愁。多年以后，在金陵大学读书时，我曾应邀在校广播台演奏一曲《良宵》，令很多同学称羡不已。

前些年已故的校友李德永（武汉大学哲学系教授）曾为九中60周年校庆赋诗："每到黄昏日已斜，琴声处处刘天华。《空山鸟语》今犹是，不见伊人叹落花。"堪称当年情景最佳写照。

离开九中后，我便与瞿老师再无联络，但他那火一般的热情与对音乐及音乐教育的无限执着，使我终生难忘。"文革"后我曾在报上看到上海音乐学院招收研究生的广告，二胡演奏专业的导师就是瞿安华教授。我想这是他理所当然的归宿，好人终究平安。九中同学中也有若干音乐家产生，如中央广播民族乐团作曲兼指挥彭修文，已成为大师级的民族音乐家。此外，还有中国电影乐团一级指挥金正平，总政歌舞团一级歌唱演员方应暄等。他们的成长过程中，应该都受到过瞿老师的精心培养。

美术老师孙澍兰教学效果很好，对我们影响亦大。他的书画俱佳，但用的是左手，据说右手是因幼时在农村被扇谷风车击伤致残，但当时我们都以为是小儿麻痹症的恶果。由于经济方面的考虑，他着重教我们铅笔素描，课余则教我们利用旧砚台练习雕刻。由于他因地制宜，循循善诱，我们全班大多数人都曾热衷于绘画或雕刻。我就曾为自己画了一幅漫画像，并且刻在旧砚台盖上，标题是："章太公在此，百无禁忌。"没有想到以后在金陵大学时期竟因此童稚拙劣的作品引出祸殃。当时班上画工最好的是段开源，由于名字相近（谐音），我俩关系颇为亲密。孙老师经常夸奖他的习作，他也模仿九中附近的武昌艺专大学生的打扮，把头发留得长长的，经常披着宽大的外套，颇有画家派头。前些年听说他在暨南大学教书，但遍查美术等系教工名录都没有发现他的大名。最后竟然是在附属医院（后改为暨大医学院）找到他本人。当年我们一直认为他会成为大画家，却未想到他因婚姻与家庭关系转而习医。他的妻子是北伐名将张发奎的女儿，张发奎病故后，夫人滞留香港，小两口一直随侍在侧，并成为两岸争相欢迎老夫人定居养老的游说对象。孙老师如果生前知道这个消息，一定为之嗟叹不已。两个开源（开沅）半个多世纪以后重逢，畅述九中往昔，竟至忘记老之已至耄耋，真像是白头宫女共话天宝遗事。

　　还有一位教过我们语文的沈大荒老师也是书法名家。他在课余曾单独邀我到家里小坐，那是租住的一座江边独立小院，虽然也是竹篱茅舍，但由于主人的巧于布置，颇有陶渊明采菊东篱的情趣。他除以茶点招待外，还出示一本装帧精美的篆刻作品集。我自然不够资格给以评论，但让我印象最深的是卷首处陈立夫的题词："有雨漏迹，无斧凿痕。"作品与题词确实琳琅满目，唯独能牢记至今的只有这八个字，因为我对文学艺术的态度也是崇尚自然，厌恶虚华。沈老师曾在教育部任职，居住条件与生活水平略优于其他老师，不知是否利用业余时间刻图章稍获补贴。但临别时，他却换了个话题大谈武侠小说，并说曾经亲眼看到有一位武功高手，在轮船已离岸两三丈时猛然一跳便上了船。对此我当然颇感兴趣，但不知是否略有夸张？沈老师只教过我们一个学期，但他却使我增添了对于艺术的喜爱。

　　我的启蒙老师中还有数学老师吕能兴，他毕业于北京师范大学，在初二分部也曾经担任过我的班主任。他与吴惕生老师个性差异很大，吴老师虽然爱护学生，但见面时很少交谈，面上表情也很少有变化，正如其名含义，使人有城府较深之感。吕老师则快人快语，一见学生就拉住问长问短，但又有点流于唠叨。我生性孤僻内向，最怕被他拉住交谈。他一开口总是:"我是一匹老马呀,你们都是小马。"接着就恨不得把他的人生感悟全部灌输给我们。因此,我们偷偷给他取了一个绰号叫"老马"。他大约已经知道这个秘密,有个别同学在课堂上提问,竟把他喊作"马老师",他也不以为忤,一笑置之。《西渡漫记》作者1945年才进入九中,他也回忆起吕老师这段故事,可见流传之广。及至我年岁渐长,为人师已久,"老马"一词的谐谑意味愈益淡化,崇敬的成分愈益增显。晚年的我也常爱向青年学生喋喋不休,苦口婆心,口干舌燥,大谈什么治学之道与为人处世,年轻人大多礼貌微笑地听着,他们是否也有点厌烦我的啰嗦呢?"老马"的基因似乎已经遗传给我了。"老马"对学生尤其是背井离乡的难民学生关怀备至,就像父母一样。他不仅管学习,还操心衣食住行,乃至健康和娱乐游戏,常常喋喋不休地以自身生活经验劝勉学生。有一次高中部几个学生与江边船户发生冲突,引得船户联合江津当地帮会和某些歧视外籍人的本地人士扬言要把外省人赶出去,而且聚众持械包围高一分部。"老马"非常担心会殃及自己年幼的学生,连忙关紧祠堂大门,做好各项应急准备工作,并告诫学生以后不要闯祸,以免吃亏。他那慈祥而凝重的面容,从那以后永远定格在我的记忆里。

除此以外,还有几位老师也给我留下较深印象。

我到九中后首先进初二分部,班主任兼语文老师是吴惕生。他经常穿一件半旧绸衫,讲话慢条斯理,对人和蔼可亲。我自12岁就离家住读,独立生活能力很差,能够经常受到这些师长的呵护与培育,确实是极大的幸福。他在课堂上不大说笑,但偶尔也幽默几句,引发哄堂大笑,比如说有人把"洞房花烛夜,金榜题名时"上句加上"和尚",下句加上"状元"等改诗的故事。课余也是这样,有次带领全班在山坡上种蚕豆,休息时我直起腰来,背着双手慢慢迈开僵直的双腿,仿佛是老派人物踱方步。吴老师笑眯眯地瞧着我说:"章开沅,你还真有点像个'学者'哇!"引起同学一片大笑,我却羞得满脸通红。我当时还不知道学者是何含义,是夸奖?还是批评?这句话却牢牢记在心中。至少使我每逢体力劳动时自我警惕,千万别"像个'学者'"。升入高一分部后,我再未见过吴老师,只是听说邓校长被迫辞职就是由于他的陷害。还有人说九中教师分为安庆、合肥两派,吴老师是合肥派的头头,他很想当九中校长云云。但是这些大人们之间的是非恩怨,我们当时还不理解,也并非十分在意。我当然同情邓校长的不幸遭遇,但我也难忘启蒙老师两年半的抚育恩情。

有些老师虽然已经形象模糊,但个别特别精彩的课堂瞬间仍然永远定格在我心中。如教地理的张耀祖老师,长身玉立,江浙乡音,板书与绘图挥洒自如,大气磅礴。有次讲到华北某个地区,因为已经沦陷,他突然提高声调吟诵陆游的《示儿》:"死去元知万事空,但悲不见九州同。王师北定中原日,家祭无忘告乃翁。"边吟诵边板书,吟毕书尽,龙飞凤舞,一气呵成!我的身材矮小,坐在最前排正中间,所以对于这一精彩瞬间全景摄入。课堂肃然无声,只见张老师略为间歇,端起按老习惯随身携带的大茶壶,咕咚咕咚喝了几大口,目光如炬,脸赤如火。这样的课堂教学,只有在那样的时代,那样的环境,才有可能出现。现今纪念抗日战争胜利70周年①,寻觅抗战老兵给以奖励并妥善安置,固属应有之举,但我们也不能忘记在那国破家亡的岁月,一个普通中学教师,在偏僻山村竹篱茅舍的教室中,倾尽心血以如此激情感染学生。中国不可侮!中国不会亡!张老师的讲课仿佛岳母刺字一样,把"抗日救亡"四个大字刻在我们的心中,也成为我以后决心投笔从戎光复神州的前奏。

九中还有一位我虽无缘一见但却敬仰已久的老师,这就是颇有传奇色彩的九中总务处主任潘赞化,电视剧《画魂》传主潘玉良的丈夫。潘老师出生于官宦世家,安徽桐城人,1901年东渡日本学习军事,在东京期间参加同盟会。回国后在陆军小学教授日语,秘密从事革命活动。1907年徐锡麟在安庆起义,失败身亡,潘亦逃亡日本,入早稻

---

① 至2021年为抗日战争胜利76周年。

田大学学习兽医。辛亥革命爆发后潘赶回安庆,在皖督柏文蔚部新军任教官,1912年出任芜湖海关监督。随后曾相继参与"二次革命"与讨袁战争,北伐期间任柏文蔚部副师长。国民政府在南京成立后转任实业部技正。抗战爆发后避难入川,弃政从教,毅然以收容、培育沦陷区流亡学生为己任。由此可见,他不仅是革命元老,而且志趣高洁,淡泊名利,是老朋友邓季宣主持九中校务时最亲密的助手。

潘老师在芜湖海关任职期间,结识并迎娶名妓潘玉良,随即又送玉良先后到上海美术专科学校与法国习画。玉良有绘画天赋且勤奋学习,很快便成为国际知名画家,而夫妻之间始终保持真挚爱情。这早已成为上海、芜湖等地广为流传的佳话,但我此前却一无所知。潘老师全心全意做好全校师生员工的后勤工作,也曾在初一分部兼点语文课,可惜与我们初二分部相距甚远,未能亲见他的风采并聆听他的教诲。他对陈独秀父子的照顾也是有口皆碑,与邓氏兄弟共同关照这位落魄政治家,直至最后安葬并为其召开追悼会。在当时那样复杂严酷的政治环境中,这种摒弃势利的古道热肠难能可贵,对广大学生更有示范影响。

新中国成立以后,潘赞化与邓季宣均曾任安徽省文史馆馆员,但邓季宣在1957年却被错划为"右派"。一代教育名家居然落得如此下场,真是时也命也。赞化目睹老友蒙难而无从相助,其心情之恶劣可想而知,1959年因病郁郁逝世。

此前,潘玉良由于抗战爆发滞留法国,赞化辗转入川且僻居农村,两人长期音信隔绝,直至1951年才经由上海美专老校长刘海粟帮助恢复联系。赞化鼓励玉良回国服务,玉良也积极做回国准备。但由于20世纪50年代新中国成立伊始,各种各样政治运动与政治审查特多,所谓"海外关系"亦属极大忌讳。像赞化这样历史复杂的长者,处境更为困难,遂逐渐减少给玉良写信,玉良也因为很难知悉丈夫真实情况而犹豫不决,迟迟未能成行。直到1964年中法正式建交,玉良向中国驻法使馆陈情求助,这才知道自己多年朝思暮想的夫君早已逝去。

潘张之间的悲欢离合,已经成为流传海内外的又一"啼笑因缘",但绝大多数人可能还不知道这个凄美的故事与九中也有千丝万缕的联系。

九中众多校友无人能够忘却邓校长,他是学校的创办人,并且全力推动学校健康有序发展,俨然成为全校教职员工的精神支柱。邓季宣校长是安徽怀宁人,1893年出身书香门第,为清代著名书法篆刻家邓石如的五世孙,1919年赴法国勤工俭学,先后就读于里昂大学与巴黎大学。他是陈独秀的挚友,曾偕陈延年、陈乔年兄弟去法国巴黎勤工俭学,专攻西方哲学,思想开明,主张自由学风。

在我的记忆中,他身材魁梧,黑发浓密微卷,双目炯炯有神,显出一种自然的威严。他常年穿一套咖啡色西装,虽旧却非常整洁,皮鞋也擦得雪亮,颇有西方绅士风度,而言谈举止又显示出传统文化的深厚底蕴。他的书法应属上乘,每年春节整个德感坝家家户户都会贴上他书写的对联(红纸石印),虽属喜庆套语却不流于俗,成为这偏僻农村一道引人注目的风景线。

邓校长来九中以前已有丰富的办学经验,并且形成自己的办学理念与独立风格。据曾在宣师就读的前辈校友回忆:"抗战前邓公季宣先生任安徽省立宣城师范(前身为安徽有名的'四师')校长。他治理学校严格,教育与教学讲究实际,反对浮躁,树立了师范学校的优良校风、学风。邓公学识渊博,办学独立自主,不与世俗苟同,与上层权势也格格不入,可说是冰炭不容。对社会形形色色官僚不与其来往,疾恶如仇。在那个时代,邓公'我行我素','我办我校',实在是具有一个教育家的超然风度与气概。邓公青年时勤工俭学,接触西方文化,而我们看到他对中华民族传统优秀文化却更有研究。他性情耿直,大公无私,刚正不阿。他崇高的师德,人格的力量,深受师生爱戴。"

在他的领导下,九中学风严谨而又比较开放活泼,教学和文体活动等都开展得有声有色。每逢校本部的总理纪念周全校集合,邓校长必定亲自主持,并且不拘一格地邀请一些外地进步学者、左派作家来校做精彩报告,使学生眼界大开。邓校长的办学理念和崇尚自由的精神,使我深受启发,印象深刻。至今我仍然感恩九中,而九中能够拥有这样一位道德文章堪称上乘的好校长,这是我们众多学生获益终身的福气。

我后来担任华中师范大学校长时,也效仿自己的老师邓季宣,广泛延聘各界精英前来演讲,营造活泼生动的自由学风。

父母不在身边,老师亲如父母。我在九中这些优秀老师身上获得了亲情和温暖。悠悠岁月,难忘师恩。如今,这些老师早已不在人世,但薪火相传,他们对学生的亲切关怀和言传身教,在一代又一代为师者身上传承了下去。

## 五、淳朴友谊

我在九中整整五年,由于入学较早,年龄较小,班上还有比我更小的汪积威,我俩在班上都处于弱势地位,所以成天形影相随,俨然异性兄弟。幸好周围同学大多善良仗义,我俩不仅没有受过欺侮,反而得到许多好友的呵护与帮助。同学之间淳厚纯朴的友谊,使年幼的我淡化了与家人隔绝的孤寂与乡愁。

我原本有尿床的毛病,读初一下学期时,曾多次尿湿被褥并被同学发现。同学发现后,不仅没有嘲笑,反而帮助我翻晒,并且告诉开明,让她用土方(猪尿泡塞糯米煨汤)为我治疗。说也奇怪,不久我的尿床毛病就断根了。同是天涯沦落人,同学给予我更多的是关切与帮助,于危难艰困之际往往更显示出人性的温暖。

初中期间对我帮助最大的是方英伦。起初三哥开诚与他结识并成为亲密朋友，后来三哥转入另一分部，临走时千叮万嘱，希望他继续关照我这个幼弟。正巧他又与我安排在同一寝室，因此在独立生活能力乃至文体活动方面都对我有多方面的指点与督促。他不仅生活能够完全自理，还有若干特别擅长的手艺，如缝补衣服、洗涤被褥、利用廉价原料制作凉粉等。从初二上学期开始，他就教我把一块四方形的旧布对折叠成三角形，稍缝几针便成为当时暑假流行的"三角裤"，类似现今的摩登泳装。还有锯两块大小长短相等的木板，稍加修削光滑，钉上皮带或布带，便成为简易耐磨的木屐（当时称为"踏板"）。每逢暑假或周末，不用衣着整齐进教室，我们就赤身露体穿自制"三角裤"，脚踩木屐，成群结队地跑到江边沙滩上泡一整天。方英伦与家庭尚有联系，多少有点零花钱，所以多半是由他买点炒蚕豆（当地称胡豆，以升、合为单位出售，价格极为低廉），分给大家中午以充饥。

我们课外常在一起玩的约有10人，虽是松散群体，却有排行顺序，不过并非按年龄为序，而是依照摔跤成绩。方英伦排在首位，因为谁也不是他的对手。老二姓高，由于幼时曾被金属锐端刺伤脸部，所以左腮严重凹陷，连带左眼也异样倾斜，加以面色白中带青，相貌显得有些邪恶（绰号为"青面兽"）。其实他性格和善，非常合群，学习成绩也很好。他虽然没有方英伦那么壮实，但力气却特别大，我们都怕与他握手，因为他只要轻轻一捏就会使你非常疼痛，那显然是自幼磨炼出来的劳动者双手。老三叫马肇新，出生于回教徒家庭。他家虽然世世代代都住在安庆，但身躯瘦长，凹目隆鼻（即所谓"鹰钩鼻"），似乎有点西北少数民族血统。他的父亲是安徽大学教授，多少有点家学渊源，他聪明伶俐，能言善辩，学习成绩优秀，属于高才生。有次分部举行演讲比赛，他的讲题是《吃蚕豆不要吐蚕豆皮》，虽然是一口安庆话，但吐字清楚，抑扬顿挫，说理清晰，一气呵成，竟然荣获第二名，其实他得到的掌声比第一名还多。他平常斯文一脉，从来不爱打闹,但由于身躯高大且会用点巧力,除方、高两位外,我们都败在他手下。老四叫张国军,年龄与我相近,身高也相差无几,但他身体壮实,短小精干,貌似文静,却勇猛强悍,把我们剩余6人一个个摔倒在地,因此我们都甘拜下风。老五、老六、老七的名字与模样都记不清了,可能由于在一起玩的时候并不太多。老八姓程,是九中校本部程勉老师的儿子,其父在抗战前曾任安徽某个中学的校长。他之所以沦为老八,并非由于身材矮小,而是因为过于善良。他比我高大有力,轻轻松松就能把我摔倒,但唯恐使我受伤。我就这样排名老九,为我垫底的名叫吴哲夫,很像学者的名字,而且确实勤奋好学。他患有小儿麻痹症,本来不想参加比赛,但被几位强人拉来凑成10人整数,这才使我免于倒数第一。从这一点来说,我从来不敢把他视为手下败将,反而充满感激之情。

方英伦好像过去曾教过别人学习游泳,懂得一点循序渐进的道理。他最先不让我们正式练习游泳,只鼓励我们在浅水处尽情玩耍,等到我们对水性已渐熟悉,并且产生迫切学习游泳的心愿时,才安排两个会游泳的大孩子,相隔大约两丈分别站在两头,然后逐个把我们抛入深水处。开始当然会逐渐下沉,免不了挣扎一番,还要呛几口水。但我们一般会浮上水面,且两臂双腿拼命挥舞拍打,顺着水势向下游漂流,等到无力挣扎又复下沉时,站在下游近处的大孩子就急忙把初学者抱起来,然后踩水托着后者回到浅水处。最初确实有点害怕,胆小的孩子甚至吓得大喊大叫,但经过反复练习就逐渐适应了,时间一久遂无师自通,虽然是双脚扑通扑通打水的"狗刨式",但毕竟可以顺着水势把头抬起来游较久的时间,也许这就是原始人学游泳的初级阶段。只要经过一个暑假锻炼,人人都可以在江上悠游自在,不必大孩子在一旁监护。及至初中毕业,我们好多人都成为"浪里白条",不仅学会蛙泳、仰泳与自由泳,而且还练就一身"踩水"技巧,依两脚蹬力可以把胸部露出水面,本事大的则可以露出肚脐。川江旋涡甚多,有时回流急漩会把人吸入涡底,只有会"踩水"的人,才能顺着水势由涡底浮上水面,然后再奋力摆脱旋涡。真可以说是"艺高人胆大",而胆大则又须艺高。

在九中的重要收获之一,就是学会游泳,并且痴迷于游泳,从此便能在各处江河湖海碧波中充分享受遨游之乐。游泳也赋予了我自救与救人的能力,特别是在水灾严重关头发挥了极大功效,但游泳亦给我造成终生难以弥补的遗憾,不过这都是多年以后的事故了。

1941年春,我初中毕业,经甄别考试升入高一分部。高一分部是九中的"北极",位于德感坝北口外的海螺村,在山坡上由三座坐北朝南的大祠堂组成。山顶为四术祠,是本部之所在。山腰为三共祠,山脚为竹贤祠,都是学生宿舍。随着年级的递升,这三座祠堂我都分别住过,但印象最深的却是竹贤祠,因为与我有关的若干偶发事件都发生在这里。

升入高中以后,朋友圈有所变化。对我如兄长一般的方英伦分往别的分部,从此极少来往。原来经常在一起的初中同窗好友,好像只有马肇新、汪积威等少数几个人与我一起搬进竹贤祠。在高一分部期间,与我私交最笃、至今尚记得姓名的有周承超(后更名为周承昭)、马肇新、汪积威等,其次是夏国彦与潘祖禹、潘祖舜兄弟等,无法一一列举了。

对我来说,周承超完全取代了方英伦的地位。他也是一个具有领袖魅力的学生,能够迅速在自己周围聚拢若干知心朋友。但两人有所不同,后者的优势在于喜爱户外运动与性格野性豪爽,而承超的特点则是勤奋苦学与志趣高远。周承超是合肥人,中等身材,脸色红润,剑眉隆鼻,英气显露,比我大两三岁,出身书香世家,旧学功底非常厚实,并且写得一手漂亮的颜体字,他为宿舍题名"爰居",这两个遒劲有力的大字引得同学一番热议。"爰居"为古代一种异鸟的名字,不知他为什么要用这个名称,我们当时只是感觉听起来十分风雅,从未深究其微言大义。后来才知道,其依据是《国语·鲁语》的一则故事,"海鸟曰'爰居',止于鲁东门之外三日,臧文仲使国人祭之",

结果引起展禽(柳下惠)的批评,因为爱居系逃避海上灾难而来,并非代表什么神异,"今无故而加典,非政之宜也"。不过我们当时丝毫无意议论时政,可能仅仅是以爱居自寓,像避难的鸟儿一样暂时栖止于江津乡村吧!再则"爱居"一词又避开什么庐呀、斋呀、楼呀之类的俗套,多少有点标新立异的追求。我与周承超、汪积威,三人曾常年同一卧室,所以他也鼓励我们一起练习写字。那时我们哪里买得起白纸,只有到处搜集旧报纸及其他可以利用的废纸,而且是反复利用书写。由于热衷于练字,初中阶段的绘画、刻字等爱好就被丢在了一边,但字却始终未能练好,这是我的终生遗憾。

我们临摹谭延闿的《庐山诗卷》,还跟着他一起系统阅读《论语》《孟子》《大学》《中庸》等经典,而且还着重体验格物致知、慎独内省等儒学精义,对中国传统文化稍增理解。周承超还带来《曾国藩家书》,我也随他一起认真阅读,从中懂得一点为人处世的道理。但我的年龄与个性,毕竟难以坚持每日三省吾身的修炼,没过多久就转而沉溺于对古典旧诗词的迷恋。起初是受姚述隐、张耀祖等老师的诱导与抗战现实的影响,比较喜爱陆游与辛弃疾的诗词,但很快又为陈后主、李清照所吸引。尽管我仍然是"少年不识愁滋味"的年龄,但已经能够感受"问君能有几多愁,恰似一江春水向东流"的苍凉意境。后来姐姐在家信中把这个情况告诉父母,父亲不远千里迅速写信对我进行规劝,说是对于这些凄婉诗词可以学习鉴赏,但千万不能痴迷沉溺,否则将会消磨意志乃至影响性格健康发展。父亲很少批评我们,所以我十分尊重他的警示,从此便自觉减退了对旧诗词的热爱。

"爱居"在楼上,房间很小,记得好像只住三四个人,除周承超与我以外,还有同班年龄最小的汪积威。积威与我从初一下学期到高三上学期都在一起,前后整整五年,由于在班上都属于"小不点"范畴,所以形影相随,关系相当亲密。加以他的哥哥积舍和我的哥哥开诚后来都转入其他分部,我们更加互助友爱,正如他离别70多年之后所说的"亲如手足"。我们的性格都比较内向,课余爱好均为读书,志趣比较相投。不过他的兴趣侧重数理,我则更爱好文史,在这方面我们还有不同的师友圈。再就是我离开芜湖老家以后,仿佛小鸟从笼中逃逸一般,充分享受自由飞翔,所以课余我更爱亲近大自然,在山林、江上、河滩游玩,而积威相较之下更为潜心攻读,成为班上成绩较为优异者之一。

除了"爱居"密友以外,由于一位同样爱好文学的姓潘的同学的介绍,我与上一年级的若干同学也有所交往。这个年级比我们班更加活跃,在体育、文娱、课外社团活动方面,在全校都很有名气。潘同学是无锡人,在这个年级有几个同乡,而且都爱演话剧(特别是擅长反串女角),所以熟人很多。我不敢演戏,只是为他们办的大型墙报写过几篇科普性的短文,还画过几幅漫画。但是我最崇拜的还是年长同学中的体育尖子,他们在篮球、体操、田径方面都有不俗表现,现在记得清楚的只有"老乡亲"篮球队(曾获全校冠军)。还有陆子豪,北京人,个头虽不甚高,但结实匀称,特别是三角肌与腹肌轮廓鲜明,其专长为吊环与单双杠,颇有正规运动员的风范。正是在他的影响下,我除热爱游泳以外,还经常练习单双杠与吊环。吊环悬挂在一棵大黄桷树上,学长们可以做出很多高难度动作,我因身矮体弱,只能意思意思而已,三角肌与腹肌始终未能突出。

学长中还有一位从东北进关的流亡学生,名字叫刘忠诚,人如其名,名如其人,忠厚老实极了。他年纪较大,入学前曾工作过一段时间,所以有点零用钱。也许是出于对我们这些学弟的同情,每逢天气寒冷时,他必定匆匆跑进我们卧室,每人发几颗廉价糖果,还不断叮嘱:"吃颗糖,热和热和。"他不善于言辞,但那淳朴的东北乡音却温暖着我们的心。此后我在极端困窘之际,也曾多次得到他的及时援助。

马肇新是回族,出身教师家庭,擅长演讲和交际,且乐于助人,后来在我落难时曾慷慨相助。每当想起他,我就很感动。闲暇时,我还和同学们一起在深山老林中寻找桃花源,一起去险恶的黑龙潭游泳,一起在山上小溪中摸鱼虾……

朱金声老师对这个年级也特别重视,不仅评价甚高而且课余联系亦多。正是在这些师生的共同影响下,我从沉迷古典文学中逐渐解脱出来,转而热爱近现代文学与外国文学,同时又相应地更为关心现实与批判。

将近五年的九中生活在我的人生中留下许多深刻而鲜明的印迹,我把这段生活称为"田园牧歌式的中学生活"。多年后,我不无感慨地说:"九中在我心中依然保持着永恒的美好记忆。因为那里留下了我天真无邪的童年和少年的梦。"晚年,我还偕妻子专程回到江津德感坝,回到梦魂萦绕的母校国立九中旧址,寻访故友和重温那段岁月。我对四川和四川人民同样具有深厚感情。2010年,我赴四川大学开会,演讲结束时饱含深情地说:"1937—1945年,我一直生活在四川,喝的是川江水,吃的是四川米,所以我对这方土地和土地上的人们,一直怀有感恩和亲切之情,四川就是我的第二故乡。"不过,业已改为直辖市的重庆的友人略有微词,他们说:"其实章开沅当时学习与流浪所到之处都属于现今重庆范围,重庆才是他的第二故乡。"

## 六、学潮发端

1941年,对中国,对国立九中,都是一个并非吉祥的年头。打从一开年,"皖南事变"就为第二次国共合作留下一道创痛巨深的裂痕,从此大大小小的摩擦甚多,大后方的政治形势迅速逆转,反共暗流也直接或间接地袭入相对封闭而又平静的德感坝。至今回忆起来,1941年以前的九中仿佛是"田园牧歌",而1941年以后却连续不断地出现许多怪异事端。

1941年"皖南事变"以后,国民党政府加强对各级学校的控制,九中校园也横遭宪兵、特务、三青团的监视,学生中不满情绪高涨,多次掀起学潮,一股紧张、恐怖的气氛驱走了往日的宁静与祥和。新任校长邵华的到来更是加剧了校园的骚动与不安。邵华原任国立八中校长,是国民党中委,与地方军队、警察、宪兵和特务均有联系。为树立威信,他经常大白天身着睡衣,带着随从在校园里耀武扬威。邵华还在暑期办学习班,教官可以随便殴打学生,特别是极端仇视多次掀起学潮的高一分部学生。

我一向安分守己、勤奋好学,从来不爱抛头露面,更缺乏聚众闹事的勇气与本领。对于当时的政治形势并无多少了解,但却未能幸免于难。虽然已感到校园氛围发生变化,但仍然我行我素地按照自己的习惯学习与生活。1943年元旦的风波平息以后,我更加沉溺于阅读课外书籍。图书馆有一整套商务印书馆出版的《万有文库》,在学生中间我可能借阅得最多,从亚里士多德的哲学直到爱因斯坦的相对论,天文、地理、历史、文学,漫无边际,任意选阅。尽管是生吞活剥,似懂非懂,有些甚至是一窍不通,我也乐此不疲。课余消闲最大的爱好仍然是爬山和游泳,但成群结队嬉闹乱跑的情况已大为减少,倒是更爱独行侠似的漫游,躺在林间或仰卧江面胡思乱想,在虚幻世界尽情享受超越世俗的乐趣。我自以为与世无争、自得其乐,但在书籍中接受的某些美好理念,却难免会与现实环境相冲突。我没有把这些冲突表现于语言,却往往不知不觉地形诸文字。其实文字比语言更容易被权势者抓住把柄,乃至作为罗织成罪的"真凭实据"。这是自古以来早已产生的约定俗成,可惜我当时对这样浅显的道理一无所知。

我读高二以后,对文学的兴趣转移到近现代文学领域,喜爱的作家多半属于左翼文学队伍,如鲁迅、茅盾等。高一分部的一些进步学生由于不满学校现状和时政,便开辟了一个墙报专栏,常借用文字或漫画来宣泄心中的愤慨。由于我的作文比较关心社会现实而且笔调常显冷峭,所以有些年长同学常以"小鲁迅"相称,常受邀为他们写点杂文,画点漫画。

我曾经画过两幅漫画，一幅为一个戴着眼镜的教务主任，凶神恶煞地抱着很多书，书堆下是一个被压得喘不过气来的瘦小学生，意在批评学校教务处施加于学生的课业之重。另外一幅，针对当时粮食紧张、学生经常吃不饱而出现抢饭的情形，我画了一幅学生蜂拥而上抢稀饭的场景。在当时的政治高压气氛下，这种对校方的讽喻自然逃不过特务们的怀疑。

我自己虽无非分之想，但舞文弄墨的兴趣却因此而愈浓。我常在规定必做的周记中写点半调侃半讽刺的杂文，有的好心老师如朱彤，早就以批语警示："小小年纪，牢骚太盛，将来不知伊于胡底。"我不知"伊于胡底"的深意，依然我行我素，结果还未及等到将来就以文字获罪。

1943年春夏之交，有一天在上世界史课时，魏老师面容凝重，挺胸收腹地摆出一副威严架势。这个魏老师非常崇拜德国"铁血首相"俾斯麦，经常出其不意地对学生使用一些"铁血手腕"。他先不讲正课，而是用山东口音拖长声调地宣读我一篇刚写的周记。周记实际上是语文课外作业，一般无命题，可长可短，便于班主任与学生交流思想。我的短文大意是：一群白鸽在蓝天里飞翔，悠扬的鸽铃声惊扰了酣睡者的清梦，这时绅士们手舞竹竿并怒吼追赶，但鸽群依然在蓝天里飞翔，鸽铃也悠然如故。我已记不清为什么要写这个题材，可能主要是想模仿鲁迅某篇杂文，而鸽子又是我自幼就欢喜的鸟类。当时自己确实没有讥讽时政的用意，何况长期连报纸都看不到的穷乡僻壤，连什么是国共之争都弄不清楚。但魏老师却如同堂吉诃德手执长矛向风车出击，厉声呵斥我："你要自由吗？什么地方自由？到莫斯科去！"当时我还不满17岁，根本不了解政治斗争的残酷，对"到莫斯科去"一语的险恶含义毫未察觉，只是以后才想起他为什么不说"到延安去"。我感到很委屈，因为实在没有起过这样勇敢的念头，但又气愤语结不知应该如何回应，干脆就保持沉默低头站着。

魏老师号召全班同学揭发批判，满心指望能够出现"鸣鼓而攻之"的热烈场面,可是却迟迟无人应声而起。过了一会,只有班长起来揭发,编造若干莫须有的情节坐实我对政府心怀不满已久。班长姓王,以前当过兵,原来在校本部吹号,稍后转来插入我班读书,因为已是20多岁的成年人,所以被魏老师指定为班长。

  记得好几年以前,全校举行总理纪念周,邓校长请著名音乐教育家马丝白讲演声乐原理,老王也持号站立随伺。马丝白讲到某个音阶时,必定大声喊道:"号兵吹个哒!"借以示范定音。所以我们平时与他开玩笑,常说"号兵吹个哒"。他倒也犯而不校,显示出少有的宽容大度,平时我总是把他当成老大哥。不料正是这个貌似忠厚老实的老大哥,现在却落井下石,公然编造一些虚构的证词,使我更加气愤。我自幼外表虽然柔弱,但实际上性格比较倔强,母亲称之为"牛脾气",大哥往往用上海话骂我"杠头"。此时此刻,我那与生俱来的劣根性又大发作,率性歪脖扬头,满脸涨得通红就是不开腔。课堂一片寂静,顿时形成僵局。魏老师似觉有点尴尬,但又无可奈何,只得大手一挥命我坐下,继续开讲正课。

  课后我逐渐冷静下来,恍然大悟祸正来自班长。因为周记一般都是由班长收交班主任,而兼语文课代表的班长平常总是夸奖我的周记,不知为什么这次却径直交给训育处,引发魏老师肝火,并使我的困境雪上加霜。我想班长大概是新发展的国民党员或三青团员,或者什么也不是,就是按照魏老师的意旨办事。但我仍然没有认识到问题的严重性,因为课后"俾斯马凯"或是班主任都没有找我个别谈话,也没有要我写任何检讨。我以为已经风平浪静,依然按照原来样式学习与生活。

  很快就到了暑假,多数同学都回了家或到外地探亲访友,只有我与少数不大熟悉的同学留在空空荡荡的宿舍,我整天阅读各种书籍,或独自到江边游泳,倒也自由自在,丝毫没有预感已有厄运当头。有一天,校本部突然派人来通知我:"你已经被勒令退学。"简直如五雷轰顶!我的头脑顿时一片空白。记得当时接过正式通知书,具体内容已记不清，大意是"思想不纯，行为越轨，勒令退学"云云。

说来极为可笑，当时我害怕的并非政治迫害，而是马上没有饭吃了。因为只有在读生才能保证一日三餐供应，而退学则意味着饿饭与流落街头。我已经找不到身边可以求助的老师与好友，只得硬着头皮到镇上校本部处向姐姐告急，又由姐姐带着去见唯一的亲戚李玉屏。她已经知道了这个情况，但她在教务处，与训育处是两个系统，再则又是一般职员，人微言轻，无能为力。她认为已经无可挽回，应该及早离校另谋出路，以免出现更为难堪的局面。

衣食住完全无着落的我，不知何去何从。我的父母早已迫于生计而远离重庆，到江西再谋业以后，由于战争阻隔，已经与子女失去书信联系。万般无奈之下，我只有投奔正在重庆读药专的大哥开平。李玉屏为我买了船票，与姐姐一起帮助我整理好简易行李，并送我到江津码头上船，千叮万嘱要我一路注意安全，到重庆后立即找开平大哥设法安置。她们没有任何责怪，只有关心与体贴，这种深挚的亲情温暖了我已被严重伤害的心，并且使我增添了在茫茫人海中挣扎前进的勇气。

毕竟是只有17岁的少年，轮船起碇后我便暂时忘记了一切不幸。望着渐渐远离的德感坝，还有那连绵不绝的远山与湍急翻滚的长江，我突然触发了写作的冲动。有一首小诗就是在船上暗自吟诵写成的："青山望不断，江水与天连。烟霭苍茫处，应是旧家园。"整整五年，浑浑噩噩，从未认真想过家，仿佛九中就是我的家。简直像是一场美梦，如此迅速就失去这个家，于是就想起另外一个可望而不可即的家，那个远在千里以外被战争烽火隔绝的父母所在的家。诗作谈不上多么深沉的乡愁，更多的倒是对古代文士的效仿。17岁的少年，特别是愚钝如我，没有那么多成熟的感情，有的是无穷无尽的好奇心、求知欲与冒险犯难的冲动。江津在重庆上游，此行是顺风顺水，我拼命扼制跳进江中与船同行的古怪念头，在甲板上到处闲逛远眺，早已忘记身在何处，今后又将何往。

我就这样离开了苦读五年的国立九中,田园牧歌式的童年到此结束,从此迈上更为迂回曲折的人生旅途。

## 七、转学王家坪

轮船到达重庆后,我背着行李攀登朝天门码头长且陡的石阶,一级一级爬上江岸,终于又看到重庆这座雄伟山城。对我来说,就是从落后的乡野回到现代文明。那绕山盘旋的马路,来往奔驰的汽车,令人目眩的霓虹灯……我仿佛闯进另外一个世界。求生的紧迫,使我无暇从容欣赏这座城市,匆匆挤上公交汽车前往歌乐山,开平大哥就读的国立药学专科学校就在此山深处。

但我的到来毕竟给大哥带来极大负担,因为他还差一年才能毕业,目前没有任何收入,而远在江西的父母也难以为我提供全部生活费用。大哥也是靠"贷金"度日,难以供养衣食无着的弟弟。幸得大哥的同级室友徐国钧热心相助,不仅把宿舍床铺让给了我,还和大哥想方设法让我在大食堂"蹭饭"。白天,大哥和同学都去上课,我无所事事,就翻阅大哥书架上的书籍。让我获益最大的是大哥珍藏的多卷本《中国绘画史》,每一幅画不仅蕴含着博大精深的文化内涵,还体现了画家崇高的品格与意境。这些作品及其解说深深感染了我。后来我回忆说:"正是这些书填补了我精神上的空虚,使我从一个浮躁浅薄的少年逐渐成熟起来,开始用较为深沉的理性眼光来观察人生与社会。"

大哥要我认真准备报考大学,但我有自己的难处:一是连高三上学期肄业证书都没有拿到,是个没有学籍的另类学生;二是没有高中课本可供复习,因为九中所用课本都是由学校提供借阅,学期结束时一律交回,而我自己又无钱购买课本。我的高考是无学业证明而以同等学力报考的,加以没有任何准备,考试成绩很差,所以几所报考的大学发榜时都名落孙山。大哥也无可奈何,但他没有任何埋怨与斥责。后来不知道他在哪里找到一位稍有地位的亲友长辈,为我办理了一张沦陷区流亡学生的证明,报考直属教育部沦陷区学校救济委员主办的"重庆战区学生计政专修班",两年学制,相当于职业专科。此类学校以救济与就业为主,分数线较低,我居然被录取了。大哥非常高兴,因为这不仅解决了我的食宿问题,而且将来还可以谋求一个银行或邮局之类待遇优厚而稳定的职业。

"重庆战区学生计政专修班"(以下简称"计政班")直属教育部,设在重庆郊外离青木关不远处一个叫王家坪的地方。学校设在山上一个原先是土豪的庄园里,庄园的房子也是那种古朴的竹篱茅舍。庄园外面,有高高的厚重的古老寨墙,那是用来防土匪的。庄园往下,到接近山脚的地方,有一块很大的坪。再往下,还有一条小溪环绕。

计政班是当地最高学府,就设在古老的山寨里,一色的竹篱茅舍,倒显出几分古朴幽雅。该校名义上分为会计、统计两个专业,但由于师资与图书设备不足,实际上只有一个课堂"一锅煮"。

最幸运的是,我在这里竟然遇到了后来的哲学家杨荣国,但当时杨老师主讲的却是世界经济史。杨老师教学非常认真,课余也很关心学生与学校事务,因此很受尊敬。在他的课上,我认真听课记笔记,收益颇丰。虽然杨老师的家就在重庆市区,但他却经常住在学校简陋的宿舍里,并且在学生食堂买饭回去吃。每逢周末,他则步行30里到青木关乘公共汽车回家,星期一清晨又循同样的路线回校。他的教学任务不算很重,课余与学生接触也不多,可能主要潜心治学与写作。他随身还带有一个四五岁的儿子,可爱而又顽皮,好像是靠那几位年轻女助教代为照料。小孩还经常爬到我的床上(双人床上层)淘气,死乞白赖不肯回去。由于交通不便,杨老师并非每周都带他进城，就把孩子留在校园，好在大家都很喜欢他。

就学期间，除了听课，大部分时间靠自学。计政班的图书不多，大都是配合课程的教材与相关专著，但中外文学名著却为数不少，听说是因为杨荣国老师的建议。因为山间缺乏应有的文娱活动，休闲只能依靠阅读。但学生借阅图书者为数甚少，他们大多缺乏阅读习惯，得空宁可打扑克、闲聊、喝酒，甚至躲到偏僻的地方打麻将。所以我得以随意借阅自己喜欢的书籍，而且没有任何时间限制。我在课余认真阅读了一些会计学、统计学、货币学、银行学的书籍，但更感兴趣的还是19世纪俄国作家高尔基、托尔斯泰、屠格涅夫、陀思妥耶夫斯基的经典文学名著。我看得较多的是俄罗斯19世纪的文学名著，如《战争与和平》《死魂灵》《猎人日记》《被侮辱与被损害的人》，乃至高尔基的"人间三部曲"等。其中，托尔斯泰的《战争与和平》使我对人道主义有了更深刻的了解，高尔基的三部曲给予我应付困苦、排除迷茫的精神力量。

计政班的学生成分复杂，有不少是颇有社会经验的成年人，大多为混口饭、谋个职而来。真正从中学转来而又有志于升学的并不多，而我又是其中年龄最小的一个。与我关系较为密切的有三个人，一是闻刚，南京人；一是秦邦文（四川人，冒籍沦陷区）；另一个姓孙，江西人，名字忘了，年龄偏大，似乎已近三十。闻刚与秦邦文结识在前，很快又与我成为密友，可能因为年龄相近，又都来自中学，思想都比较单纯因而投缘吧。我们不仅上课时坐在一起，课余时也常结伴休闲。

与我有相同阅读兴趣的是那位姓孙的同学。我一直无法弄清他的实际年龄，由于面容比较苍老，看起来至少有二十七八岁。他似乎历经沧桑，早已不复幼稚与浮浅。他很少与别人交往，总是埋头读书或处理生活杂务。但不知为什么他唯独主动与我交好，可能由于我年龄在班上最小，出于兄长情结而自然流露出关切，也可能因为我俩同样是班上仅有的虽隆冬亦穿草鞋的最贫寒的学生。只要是温度不算太低的月夜，他必定邀我，而且也只邀我一人，前往山脚小溪游泳。他游泳技术很好，蛙泳很少溅出水花，有节奏地舒展手足徐徐前行。我们往往游一两个小时，这是我们一天中最快乐的时间，仿佛这星空，这明月，这山林，这溪流，乃至这宁静的夜晚，全都属于我们自己。我几乎同时保持与他以及闻刚、秦邦文的亲密友谊，但他与闻、秦却无任何交往，相遇如同陌生路人。

## 八、再次被开除

却不料，无妄之灾第二次来临。在计政班，负责学校日常运行工作的，是两个军训教官。军训教官在中学也有，每个分部各有一个。我记得中学时碰到的第一个教官年纪很大，身体也不好。我经常看到他在夕阳西下的时候，一个人孤零零地站在一个山坡上，注视着远方，似乎在等待什么人。中学时代的另一位教官姓张，是张治中的一个侄子。后来我当兵，他是我所在连的连长。中学时代的教官，没有给我留下任何坏印象。他们管的事情也不多，不像计政班的教官，负责学校日常运行工作，包括对学生的思想控制。

两个教官中，年轻些的那个姓杨，江苏人。他有一段时间对我印象很好，因为我的笔记做得非常有条理，他曾经当众表扬我，说我学得好。但有一件事情使我们关系趋于恶化。他每天早上都吹哨子叫我们起床，这本来就是一件不讨年轻人喜欢的事情。对年轻人而言，早上多睡一会，感觉幸福极了。结果被他一吹，就只能从梦中醒来，迷迷糊糊地跑到操场上去晨练。这当然也不能怪他。对他而言,叫醒学生乃是职责所在。问题是,他每次都先跑去叫女生,把女生宿舍门一脚踢开,接着就掀被子,所以女生都很烦他。恰好里面有个女生也是江苏人,他看中了人家,死皮赖脸地要和人家谈恋爱。我那个时候年纪还小,也不存在和他抢女朋友的问题,只是觉得他作风不好,不能容忍,因此难免背地里说他的不是,当面见了,也露出不满的神色来。我的这种态度,他很快就感觉到了。

有一天早上,排队晨练的时候,他以我的姿势不对为由,给了我一脚。我很生气,对他说:"你不可以这样子待我。"他说:"怎么了?部队就是这样子。"我说:"第一,这不是部队。第二,部队也应该对人有起码的尊重。"就这样,我与他争了起来。他还说了些什么我不记得,反正我到后来揭了他的老底:"你能够代表部队吗?部队就可以揭女生的被子吗?!"被我这么一说,他哑口了,当时僵在那里,下不了台。不过,他没有再和我争下去。他很聪明,知道越争对他越不利。

此后一切正常,校方没有任何人找我谈话,大家都以为此次事件已经不了了之,我仍然充分享受课余阅读、遨游之乐。但在五月中旬的某一天上午,大家都去上课了,党、杨二位教官却把我留在寝室。等到只剩下我们三人时,党教官很严肃地向我宣布:"学校领导已经正式决定,开除你的学籍并且你必须马上离开学校。"我问为什么要开除我,他与杨教官同声回答:"我们也不知道,因为我们是外面派来的军事教官,我们只负责执行上级决定。"离开学校又将没有饭吃,真是无颜再见总是被我拖累的大哥。我试探性地问党教官:"听说王家坪有一个训练班,由叶青负责,可否把我转学到那里去?"我的回答出乎他们意料,他们原来最怕的是我赖着不走,等到下课同学们回来时又会引发愤怒抗争,却未想到我竟这样爽快地答应离校,紧张的局面顿时松弛下来。党教官冷笑说:"你知道那是什么班吗?叶青是什么人?那就是集中营,不是你想去就可以去的。"杨教官还卖好说:"你不知道天高地厚，真把你送进去就出不来了。"并且催促我抓紧收拾几件换洗衣服，趁太阳没有落山回重庆投靠亲友，其他被褥冬衣以后会派同学送来。我环顾四周，无其他人在场，知道两个教官是有备而来，反抗已无任何可能，只有装作满不在乎的样子大步下山。于是，我连行李都没能收拾，连一套换洗衣服都没有，书籍和纸笔都留在学校，便匆匆离开了计政班，又栖栖惶惶，在外流浪。

  为了不再次连累大哥，我独自浪迹川江。只有去找在九中时要好的同学帮忙。下车后我按照以前保留的几个地址，首先找到刘忠诚。他在九中毕业后，已在重庆一个税务局担任基层工作，由于机关没有宿舍，他暂时住在一家小旅馆里，住的是双人间，正好有一张空床。他问明我的来意后，非常高兴，大声说："你的困难就是我的困难，咱兄弟俩正好团聚些日子，我有吃的，你就有吃的。"暂时有了落脚地方，我心里就踏实一些，因为这些同学都与我情同手足啊！过了几天，闻刚与秦邦文又专程送来我的被褥与衣物，同时还交给我十几块钱，说是同学们都很同情我的遭遇，自发为我捐献点生活费。这笔钱很多都是1角、2角钞票，同学们自己也很穷困啊！我从心底感到一股暖流正在汹涌。

  大约过了一个星期，大哥突然闻讯找来了，他对我没有任何责备，只是为我今后的前途发愁。大哥要我继续报考升学，并且留下两元钞票供我零用。其实，我既无中学教材可以复习，又没有任何学历证明，以同等学力报考等于白费力气。但由于实在没有其他出路，也只有硬着头皮再试一次。正是在盲目报考的过程中，我又出现一次很大的差错。记得是在一个酷热的夏日，我独自参加重庆一个高校的招生考试。下午出了考场，正好那学校有个很大的游泳池，水非常干净，又是免费开放，大家争先恐后地跳下泳池，我干脆独自到深水区尽情享受游泳的愉悦。但我一下水就忘记了其他，游泳就是我的一切。不知不觉太阳就落山了，游泳池也只剩下两三个人，我这才想起外衣还留在更衣室。赶紧上岸去更衣室,这才发现更衣室里已经是空空荡荡,我的唯一短裤也被人拿走了,荷包里还有大哥留给我的两元钱。我顿时感到天昏地黑,不知如何是好。回到旅舍,忠诚仍然一如既往,劝我想开一些,不要急坏身体,或者又出什么新的意外差错。晚上睡了一觉之后,我逐渐冷静下来,对忠诚说:"这旅舍我不能再住了,我怕大哥又来找我,因为他正在赶写毕业论文,我应该自己寻找出路。"随后,我就告别忠诚,去找我在九中最亲密的好友周承超。

在九中和我同年级的周承超,在1943年底高中毕业,但大学的招生考试在暑假,因此,有半年时间,他只能在家里复习备考。他和他叔父的一个儿子住在重庆郊外的一座房子里复习功课,房子是他叔父的。他叔父不住那里,但给他们留有米面,还有一些买菜的零花钱。周承超得知我又被开除,毫不犹豫地收留了我。那一段时间,我就和周家兄弟住在一起。在周承超兄弟俩考取了大学之后,我不好意思再在那里住下去了。

又是"天无绝人之路",母亲的话似乎永远与我相伴。正在我愁眉不展之际,我在九中另一要好同学马肇新突然来访,听说我正在为生计谋划,慨然允诺设法找朋友帮忙。他的父亲也是一位教师,认识一个船老板,让我到船上打工。他向船老板介绍了我的情况,船老板本不另需帮手,而且我从未干过苦力活,并不是一个得力的船工。但经过马肇新多番解释后,心地善良且同为逃难"下江人"的老板对我产生了同情,不但收留了我,还劝慰我说:"人的一生总会遇到这样那样的困难,但困难只是暂时的。你放心,到我这后,有我吃的,就有你吃的。你能做多少,就算多少。"他劝我想开一些,安心在船上干活,慢慢等待升学或正式就业的机会。我深受感动,决心以勤苦劳作回报老板。

我就这样上了粮船,这是我此生进入社会并自谋生计的发端。

## 九、川江上

这年我刚满18岁。此前六年,尽管远离父母,但始终是在校园之内,计政班的情况尽管比九中复杂,但毕竟还是未出教育圈子。现在我真正是穷困潦倒,过早孤身进入社会,面对一个完全陌生而又略带神秘色彩的新环境,内心自然有些惶惶不安。

押运员由粮食部重庆仓库派遣,运送两船大米前往上游的泸县仓库。川江水流湍急,上水船主要靠拉纤逆水前行。纤绳不同于下江通用的棕绳,是用粗篾绞成的竹缆,极为坚韧耐磨。纤工各自把厚实的背带系在缆上,相互之间保持均匀的距离。他们多半是在岸上行走,身躯前倾两脚后蹬以便发力。有时江边无路,只有在崎岖的岩壁上匍匐前进,而有时又必须在齐腰的江水中奋力挣扎。

特别是重庆到泸县这一段川江水路多有险滩、暗礁,还有很多汹涌弯曲的涡流,船工随时面临葬身江底的危险。但迫于生计,同时也为了完成保证战时粮食供应的紧急任务,船工们每天清晨都准时迎风劈浪出船,而且在艰险的劳动中精诚团结,结下生死友情。有一次船逆流而上,遇到大风,纤绳由于绷得太紧而突然断裂,纤工们全部跌倒在地,断缆犹如巨蟒一样扭曲蜿蜒,滑入江中,船体迅急打横并随着江水向下游流淌。驾长与桡工合力好不容易才矫正了船体,暂时避免倾覆沉没之祸,却又面临着更为艰难的"寡妇槽"闯关之险。领唱川江号子的船工高声唱起来,那是人们在与大自然的威力生死搏斗中的悲怆吼叫,那呼天抢地、撕心裂肺的惨烈,非亲身经历者难以体味,全船人精神振奋,奋力与命运抗争,最终化险为夷。船工的精神激励着我在之后的日子里学会了同恶劣的环境做斗争。

我们的船终于平安到达泸县。停靠码头后,稍事休息便开始向仓库交卸粮食。交接方法相当落后,竟然是一斗一斗地验收,因此仓库派来的斗工便成为最显赫的贵宾,除了好烟好酒地款待着,还要悄悄地给他塞红包。

在艰苦的流浪岁月里,让我稍得宽慰的是所学的会计技能派上了用场。木船运粮到泸县仓库,他们正在做季度账目上报,而我这个计政班出身的准会计正好派上用场。其实这些报表对于稍具会计簿计常识的人,无非是小菜一碟,但泸县仓库却连这样的职员都找不到,这才让我意外风光一阵。仓库主任姓张,也是江浙一带迁川人士,所以对我特别亲热。他中午炒了几盘好菜,邀请我喝酒,泸县大曲虽然闻名遐迩,可惜我毫无酒量,只有那鱼香肉丝与油炸花生非常可口,比船上的大锅菜精致多了。这是我第一次独自享受尊贵客人的礼遇。

但这段时间最大的痛苦是无书可读,而且也并不具备读书的时间与条件。我上船时由于非常慌张,忘记带上几本书,也没带纸笔之类的文具,这对于一个读书作文成癖的少年来说,真是莫大的痛苦。船上除会计的账本外,几乎没有任何文字载体,仅有的读物是别人抛弃的两张旧报,这就是我整个航程中仅有的休闲读物,我每天得空就看,从头版头条读到末版末条,连每则广告也逐字逐句琢磨,反反复复不知看过多少遍,终于再也不想看它,这才交给伙夫作为引火之用,以致有的船工以为我得了神经病。峥嵘岁月稠,我晚年回忆起这段经历,倒是颇为欣慰:"我是较早利用广告来研究历史的,在撰写《辛亥革命与江浙资产阶级》一文时,我充分利用了若干广告,说不定正得益于川江浪迹。"

圆满完成运粮任务后,我们高高兴兴地走向归程。由于是顺流而下,虽逆风亦可借助划桨增速,顶多是遇有回流才下船拉纤,这样便大大减轻一般船工的劳动强度,船上的气氛也增添了轻松活泼。

我最敬重那位老舵手,船上人员称他为"驾长"。他是个50岁左右的老舵手,身材魁梧,相貌堂堂,古铜色的方脸上蓄有八字须,自然流露出庄严与威风。川江上的大木船,舵手是站在船尾舵桥上驾驭,因为必须登高才能拥有较宽阔的视线,才能望远。他必须随时看清前面的水纹变化,借以辨明河床地形并决定前行的航道。那时川江上的航标设施非常落后而且又不完备,航道的判断完全靠驾长一双鹰隼般的锐眼,以及他脑袋中那幅以经验与记忆绘制而成的航线图。船舵既大又重,舵柄又很长,没有百把斤的臂力休想运作自如,如逢疾风骤雨,弄不好就是人坠船翻。老驾长知道自己的责任,更相信自己的能耐,手握舵柄巍然屹立于舵桥,目光炯炯专注于前方,真是威风凛凛,气度非凡。我在此次远航以后,才真正明白舵手二字的分量。

我有幸很快成为驾长的忘年交。闷热的夏夜,我会露天卧在船尾,听老舵手讲自己的人生阅历,驾长见多识广,拥有讲不完的各地风光、人情世故和趣闻轶事,间或也不经意地为我传授了如何闯荡江湖的经验。与老驾长的舵桥夜话,不仅使我消解了寂寞,而且增长了许多社会生活知识,老驾长遂成为供我阅读的一本极为厚重的大书。我从这位善良长者身上领悟到另一种做人和做事的道理:无论做什么样的工作都要兢兢业业;对乘上自己这艘船的人,要保证他们的生命安全。多年以后回忆起这段川江航行,从来没有攻读博士学位的我,总是说自己读的是"长江大学",老舵手就是自己的"人生博导"。

1944年秋冬之间,我们终于平安回到朝天门码头,船工们有几天休假,于是纷纷上岸探亲访友。我也随他们下船,刚走下跳板却被焦急万分的三哥开诚寻获。我从未想到竟然与他在这种尴尬状况下重逢。我与三哥关系最为亲密,但两人已有多年未见,因为我在高一分部,他在高三分部,两个分部相隔甚远,平常就难得一遇,而我离开九中时也未曾向他告别。现在他已经是一个风度翩翩的大学生,而我却是一个头发脏乱、衣衫褴褛的流浪儿。

原来,远在江西的父母已经得知我失学流浪之事,唯恐我消极沉沦或寻短见,要求兄长多方寻觅。我当时年轻混沌,从未想过自己悄然出走会使家人多么揪心,又会给在渝亲友带来多少麻烦。其实,我早已继承了母亲的刚毅品性,被开除时不愿委曲求全,更不愿连累家人，只愿独自默默承受着折辱和凄楚。正如我后来回忆起这些经历时所说："我就像鲁迅著作里描述的森林里的狼，受伤之后，独自到森林里舔吮自己的伤口。"

三哥已从九中毕业并考进药专，我顺从地随着三哥再次爬上那既高又陡的朝天门码头。当时我不通人情世故，下船时竟未想到需要向押运员道谢告辞，倒是他发现后气喘吁吁地追赶过来，并且塞给我几张崭新的一元钞票。他很诚恳地对我们说："一路上照顾不周，出差费尚未向仓库报销，身上现钱不多，只能送点小意思。"我心中倒是千恩万谢，因为如果没有他的仗义相助，自己早已流落街头，而且上船前又说好不拿工资，但这些话我却说不出口。

社会犹如一本大书，是取之不尽、用之不竭的知识泉源，我从这段浪迹社会底层的经历中收获了不少社会阅历，也使得我在成为历史学者后更具社会真实感。大哥的同学、马肇新、木船老板的慷慨相助，使我感受到人性的善良和人间的真情；船工们的忠于职守以及对艰难险阻的克服，促使我此后更为勇敢地承受人生中的各种磨难。

## 十、仓库抄写员

到药专后未见到大哥，因为他已经在城内找到了一份临时工作，每天都要上班。三哥赶紧安排我洗澡、换衣、理发，晚上就睡在大哥的床上。自从上船以后，我从未睡过正式的床，盖过正式的被，这一夜睡眠的香甜，真是难以言说。第二天上午，太阳已照进寝室，三哥才把我叫醒，要我立刻下山前往朝天门码头重庆仓库，说是大哥与小爷爷（祖父同父异母兄弟）在那里等我。我忐忑不安地与小爷爷、大哥见面。小爷爷与大哥曾经因我失踪而非常焦急，但会面时却没有任何斥责，只是反复劝我要改变火暴脾气，学会谦和忍耐，千万不要到处惹事，如果有什么难处，一定要及时告知他俩，千万不要独自在外面闯荡。好多年都未曾听见亲人这样诚挚的关切话语，我感动得几乎落下泪来。他们已为我谋得一份工作，在粮食部重庆仓库当临时雇员（编外），从事公文抄写工作。这本是我大哥的一份课余兼职，虽是打工，但却有一个临时编制。因为他要回药专读书，便向仓库推荐我暂时代理。因为我毛笔字写得端正，领导人便同意了。

大哥随即带我进入重庆仓库的大办公室，那是一个相当于足球场的特大房间，实即粮食仓库的底层，里面摆着一列列长方形办公桌，有一百余张，显得相当拥挤。大哥把我带到他原来的座位上，桌上已经摆着厚厚一摞公文稿，并且指导我如何抄写。

从流浪川江到抄写公文，自然是一个很大的变化，但我却比较容易适应，因为抄写公文本身并不复杂，无非要求毛笔楷书，端正整齐，不得涂改。至于公文程式，原稿业已严格遵循，必须率由旧章，不必别出心裁。幸亏我在"爱居"随周承超练过几个月毛笔字，否则就会因为书法落差太大被炒鱿鱼。

与川江运粮相比，仓库抄写真如一步登天，既无繁重体力劳动，又无船沉人亡的危险。但临时雇员也有自己的苦楚，因为这是地位很低的非正式职员，地位实际上介乎职员与工友之间，所以仓库中任何正式职员都可以随时使唤你，而当时又没有任何劳动法与合同可以维护自身权益。我毫无社会经验，外貌与举止仍像一个少不更事的中学生，自然容易受到周围个别刁滑之徒的愚弄，而此人就坐在我的邻桌。由于每天都是他向我布置具体的抄写任务，所以他俨然成为我的"顶头上司"。起初，他可能低估了我的抄写能力，每天布置的任务我都能从容完成，稍后便不断递增抄写数量，乃至从上班到下班必须不断地抄写，晚上还经常需要加班。正因如此，我从早到黑不能停歇，有时连方便一下的时间都不可得，而其他科员们却可以优哉游哉地喝茶、抽烟，或随意翻阅若干文件。

这位"顶头上司"给我留下的恶劣印象并非布置任务的不公平，

而是存心蒙骗我的工资。当我第一次领取工资时,满心欢喜地打算买点换洗内衣与鞋袜。可是他却愁容满面地对我说,家里老人得了重病,要借点钱求医买药。我在困难时经常得到他人接济,因此认为人际互助乃是天经地义,所以爽快地答应了。他也毫不客气,只给我留点零花钱,便把我大部分的工资拿走了。他原说过了一个月便还,但到期并无归还之意。我面皮太薄,不好意思催问,他却若无其事只字不提,这才使我感到受了欺骗。

到仓库工作以后,我的个人生活确实大有改善,每月工资以一石大米折算,当时粮价飞涨,而粮食部门的薪金得天独厚。因为无家可归,我一日三餐便吃包伙,由于像我这样的单身职工极少,往往只有一两桌人进餐,中晚两餐均有四菜一汤,不仅有鱼有肉,而且米饭洁白喷香,更胜粮船一筹。

仓库还为我免费提供了简易宿舍。宿舍是竹木结构,类似湘鄂西土家族民居的吊脚楼,悬空建立在江边崖壁上。楼上有四间大卧室,但是只有我一人独住。我的卧室窗户正好临江,可以看见对岸的山峦与来往的船只,还可以听到熟悉的号子声。卧室内有两张竹床和一张简易桌子。由于另一张床空着,正好放置衣物、书报及其他生活用品。吊脚楼简陋至极,黄土糊的墙壁难以遮蔽风雨,江风略大时整个竹楼都摇摇晃晃,仿佛仍然睡在船上。但最大的优点是有电灯和自来水,正好让我静心读书写作。

我的业余兴趣仍然偏好文学,甚至觉得自己的少年时代有点像高尔基,因此便写下一些川江流浪的见闻与感触。我有一个日记本,除根据记忆重写几篇高中时期的得意作文(如《春的礼赞》)外,大多是离开学校以后的经历,并且取了一个略显苍老的名字——《昼梦录》。这名字的由来是因为几经挫折以后我产生了悲观情绪:一是觉得社会上的丑恶与不公平现象太多,与书上写的和我所想象的美好世界相距甚远;二是觉得抗战前途不明,胜利遥遥无期;三是觉得自己软弱无力,难以掌握自己的命运。

然而这种平顺而舒适的日子也没有延续多久。有一天黄昏，一个瘦瘦长长的男孩突然出现在我的面前，起初我以为是乞丐，因为他衣服褴褛，连那双布鞋都露出脚趾。但他突然喊"四哥"，我定睛一看，原来是五弟开永，依然瘦长的脸，小眼睛，黝黑的皮肤。他原在德感坝读书，但因为姐姐患哮喘，远去大庾疗养，三哥开诚又来重庆读药专，只有他孤零零地留在德感坝，真正的是举目无亲。好心的李玉屏老师也感到爱莫能助，因为她的工资微薄，还要供给两个儿女读书，只能买了一张船票要他到重庆朝天门码头找我。他比我更拙于言辞，兄弟久别重逢，悲喜交集而又默默相对。我赶紧照顾他洗澡、换衣、吃饭，并向仓库借了一条棉被，正好可以睡在我卧室里的那张空床。夜间看着他那瘦削而又疲乏的脸，月光映照着垂覆黑长的睫毛，我们都是无家可归的难童啊！

我还为他添置了内衣和鞋袜，但实在无钱购买冬衣。天气一天一天转冷，由于雾气潮湿，重庆的冬天特别难熬。弟弟常常冷得瑟瑟发抖，宿舍里的棉被非常单薄，又没有任何取暖设备，江边寒风凛冽，我们夜间往往冻得难以入睡。我不知道怎样才能度过这个寒冬，因为这点工资确实难以维持两个人的生活，其时连我自己的棉袍也小得不能再穿了。我们兄弟实在是熬不下去了，恰在此时，青年远征军招兵。于是，我投笔从戎，带着不满17岁的五弟报名当兵去了。

## 十一、军营中

1944年底，日军侵占贵州独山，重庆顿时危急，蒋介石发出"一寸山河一寸血，十万青年十万军"的呼号。"天下兴亡，匹夫有责"，我于1945年元月也领着辍学前来投奔我的弟弟开永"投笔从戎",参加青年远征军①,一来是为救国,二来是为解决生计问题。在朝天门码头,矗立着两幅大型宣传画。一幅是一位年轻英俊的军人,用手直指观众,旁边有几个大字:"你为祖国做了什么?"这显然是模仿苏联斯大林格勒保卫战的宣传手法。另一幅以文字为主,那就是蒋介石的号召:"一寸山河一寸血,十万青年十万军!"报名处就在宣传画附近,手续非常简单,健康检查后随即发给入伍通知。

几天以后,我们如期向征兵处正式报到,穿上厚实暖和的棉军服,还有新的鞋袜,高高兴兴地回到仓库办理离职手续,并提前领取了下月工资。正巧那个企图赖账的科员奉命押运粮船,得意扬扬地捧着一大包出差费从财务室走出来,我与开永立即分工把守前后两个出口,气鼓鼓地将他拦住。他看见我们已经穿上军装,开永个头又显得高大,只有一言不发地抽出一沓钞票还债。我们也没有说话,让他保持体面从容离去。

我的人生又发生了一次大的变化,我的正式身份变成了青年远征军201师603团2营5连3排二等列兵。② 入伍后,我与开永虽然同在一连,但却分别编入两个排。开永由于个头高,分在5连1排,担任迫击炮手。

该团驻扎于四川铜梁(现重庆市铜梁区),我因个头瘦小,被列为二等兵,弟弟个头高,因而成为一等兵,地位仅次于班长。部队的训练异常艰苦,大部分是诸如翻单双杠、爬坡、在地上匍匐前进等体能训练。一天训练下来,人困马乏,浑身像散了架一样。由于勤奋刻苦,我的筑城、射击、枪械等学科、术科成绩都比较优秀,常常获得上级奖励。在艰苦的训练之余,我仍然坚持读书和写作,积极为部队团

---

① 青年远征军是国际反法西斯战争转入战略反攻阶段时,国民政府为了在中国战区储备反攻力量而组建的一支以知识青年为主体的现代化武装部队,简称"青年军"。

② 此处存疑:章先生自传未刊稿记载为正式身份是青年远征军201师603团2营3排二等列兵。刘莉出版的《史海远航——章开沅传》所载章开沅兄弟被编入201师603团2营5连2排。彭剑整理的《章开沅口述自传》中为"我被编入二〇一师六〇三团二营五连二排"。

刊撰稿,是部队里小有名气的写作快手。

　　入伍后不久,便是1945年元旦,各营除加餐、联欢以外,还分别出了墙报。我们营的墙报由侍从室几位笔杆子负责编辑,主编老龚要我写稿,我便把现成的那篇《春的礼赞》交给他,这是我在国立九中写的一篇作文,模仿茅盾的《白杨礼赞》,把景色描绘与心理刻画融为一体,朱彤老师曾经给以"辞藻华丽,情文并茂"的批语。老龚阅后也称为佳作,不仅墙报全文刊登,还推荐给603团铅印元旦特刊头版发表。这件事使我这个瘦弱的二等兵增添了分量,杨排长尤其高兴,认为我替他带的这个排争了面子。此人太好胜要强,后来我之所以在"闹营"事件中与他激烈冲突,与他这种性格多少有关。

　　服从是军人的天职,但是我却缺乏顺应军营环境的自我心理调适能力,因而不免有时与长官顶撞乃至发生正面冲突。服役初期,新入伍的学生兵情绪很不稳定,有的连队出现了反抗体罚的深夜"炸营",起因是熄灯后值班军官查房,发现有个别士兵悄悄谈话,于是冲进房内大声训斥,言语之间引发冲突,军官怒急之下竟把士兵拖下床来揍了几拳,挨打士兵不服,同室士兵纷纷起来高声抗议,并且陆续聚集在操场愤怒呼号。我是五连最早赶到操场的士兵,了解情况后也感到气愤并附和抗议,根本没有想到这已经构成严重违反军纪的行为。杨排长闻讯跑来,劝我回到卧室,我却毫不理会。

　　胡营长把全营3个连集合起来训话,3个连很快排成凹字形队列,我们5连居中,正好面对营长。他一眼就看见怒气冲冲的我,因此在严厉训斥肇事士兵之后,大声怒吼:"章开沅,你这个小学生懂什么,也跟着闹什么闹?"张连长恰好在我身边,低声叮嘱:"别多嘴!"可是我气愤已极,仿佛血往上涌,情急之下竟然大声反驳:"我不是小学生!"

这时，一向关心我的张连长①和杨排长先后委婉规劝我不要顶撞，回归列队，但我仍然不服从。营长顿时火冒三丈，挥手命令两个值班卫兵把我押到团部的重禁闭室。开始几天，我每餐仅以一碗白米饭度日，幸好同连的好友在张连长的默许下，用水壶藏着香油炒熟的辣椒豆豉送进来，才得以避免因缺盐而得浮肿病。

后来我才知道，我受的处分的确是重禁闭。不过我并非"炸营"策划者，又无任何暴烈行动，时间一久，卫兵也就逐渐放松对我的各种限制。首先是厕所可以独自前往，随后又偶尔让我在室外附近"放风"，实即晒晒太阳或短途散步，只是叮嘱我千万不可被长官察觉。卫兵也是志愿从军，大家毕竟互相同情。

不记得过了多少天，也没有任何人过问，或是要写什么检讨，似乎已经把我忘在一边。直到逢上中秋佳节，加以又是抗战胜利结束，全营在大操场上聚餐痛饮，热闹非凡，我也被临时解除禁闭，回营参加聚餐。杨排长主动到我所在一桌敬酒，大家都与杨排长碰杯，只有我不起立也不举杯，杨排长尴尬万分，愤然离席而去，据说还气得号啕大哭。

不过杨排长似乎真是一条血性汉子，"大人不记小人过"。平心而论，他此后确实对我一如既往，期望甚殷而无任何歧视，与计政班那位杨教官形成鲜明对照。

元旦之后不久，2营人员有很大变动。我与董务民、陈翘邦，还有余大江、程雁秋等文化程度较高者，调入603团1营1连，接受为期将近半年的预备军官教育。

记得入伍不到半年，开永由于年幼瘦弱，又害过肺病，对于军事强化训练本来就很难适应，加以每次出操都得扛着沉重的迫击炮盘，所以身体状况迅速恶化。我们没有亲人可以就近商量，所以深感无

---

① 该连长系张治中的侄子，安徽人，曾任九中教官。他知悉章开沅曾就读于九中，对他们俩格外关照，后来帮助他把生病吐血的弟弟开永悄悄送出部队到重庆就医。

可奈何。幸好张连长和杨排长对年龄最小的开永平时就比较关切，他们主动找我恳谈，认为开永这样的病躯难以承受此后更为强化的操练，应该赶紧到重庆休养并抓紧时间治疗，以免落下病根影响他一辈子。杨排长说，已经应征的士兵很难立即退役，只有让开永自行悄悄离营。他与张连长一起向营长陈述实际情况，经征得同意后，又立即命我设法把开永送走，他们还为开永准备了一套便服，以免沿途遇到麻烦，因为开小差被抓住，就可能被枪毙。在他们的授意下，我利用一个星期天上午，悄悄送开永到铜梁城外，找了一个偏僻冷清的角落，让他脱下全部军衣，换上老百姓的日常便服，随即由山中小路前往重庆投靠小爷爷。我回到驻地，把军装及所有被褥等物品一律上交。我不知道此事如何结束，也不敢设法打听，反正开永已有信来，平安到达重庆，小爷爷为他的治疗和休养做了妥善安排。那时我不通人情世故，对长官连一句感谢的话都未曾说，但我始终感念他们的恩德，其中也包括胡营长的暗中支持，因为他毕竟是责任的主要承担者。

1945年8月15日，日本宣布无条件投降，中国人民长达14年的艰苦卓绝的浴血抗战终于宣告结束。我接受预备军官教育之后，勤学苦练一年有半，请缨而未能杀敌，对于抗战军人来说，乃是终生的遗憾。正因为如此，我从来不敢自称是抗战老兵。

1946年6月，我正式退伍，进入复员序列。虽然没有任何战绩，但毕竟有报国之志与服役之劳，所以理所当然地享受了保送升学的优待。为了弥补我们服役期间的学业荒疏，教育部特地办了青年军大学进修班，我与董、陈、余、程等于7月初就近进入第一大学进修班。

进修班设于重庆复兴关原国民党中央训练团旧址。这里不仅有雄伟的大礼堂，光线充足的大教室，还有许多先进的运动场与游泳池。进修班班主任张含英是一位朴实忠厚的学者，他为我们邀请来许多著名教授讲大课，例如地理就是请蒋介石颇为推崇的张其昀讲的。但是这些教授讲得太高深,而且与我们需要补习的中学课程相距甚远,所以多数讲学声势甚隆,但我们受益不大,反而不如有些名演员的演唱给我们留下深刻印象。例如当时颇负盛名的厉家班,因尚未回天津,每晚都借用我们的大礼堂演出,进修班学员可以免票观看,我几乎没有漏过任何一场。厉家班是"小鬼当家",清一色年轻演员,厉惠良(武生)、厉慧敏(青衣)、厉慧兰(须生)等挑大梁,既有著名科班深厚底蕴,又充满青春鲜活的生命气息,使我们久久为之沉迷,几乎忘记自己仍然客居异乡。

不知不觉为期1个月的"进修"就这样结束了,领到了一张有名无实的"结业证书",并分配了预定就读的大学,大家都各如所愿,自然是心满意足。等到8月初,我终于踏上了东归的漫长旅程。我与翘邦结伴前往金陵大学报到,幸好报到手续迅速办妥,我们拿到正式入学通知书后,便各自回到家乡与亲人团聚。

两次被学校开除,以及后来的流浪和从军经历,让我从一个懵懂的少年成长为一个多经事变的青年。这些坎坷,成为我人生征程中的宝贵财富,赋予我无穷的进取力量。

## 十二、金陵大学

1946年9月,我进入南京金陵大学,生活从此揭开新的一页。

金陵大学是中国创办最早、影响较大的教会大学之一,有"北有燕京,南有金陵"之誉。早期金陵大学的校领导和师资均以外国人为主,1927年受非基督教运动的冲击,外籍教职员全部撤走,留校学生仅100人左右。校长包文(A J Bowen)正欲辞职返美,而南京国民政府颁布法案,要求教会大学向国民政府立案,并且校长必须由中国人担任,时任文理科科长的陈裕光随即出任校长,这是金陵大学第一次由中国人担任校长。陈裕光领导金陵大学期间(1927—1951),学校顺利实现了"中国化",而且校风优良,农学、化学、社会学、历史学、教育学、电化教育等多门学科得到发展,英才辈出。

作为复员军人,我享受到保送升学的优待。最终选择金陵大学,我有两方面考虑:一是金陵大学农经系闻名遐迩,我早就有意从事农村经济研究,而自己原本在计政班学了一些经济学方面的课程,也看了不少相关书籍,稍有若干基础,想在农经系继续深造,并投身农业改良工作;二是离家较近,看望父母比较方便,两个堂叔父(学濂、学澄)也都曾就读于金大,因而对这所大学更有亲近感。但事与愿违,我接到的却是历史系的入学通知书。原来,我在入学笔试时,语文成绩非常出色,文笔流畅老练,金陵大学历史系老师当即看中我扎实的理论和写作素养,特意录取我在历史系学习和深造。

入校之初,酷爱文学的我有点"三心二意",并未树立史学专业理想,而特别想当一名跨马佩枪、文武双全的战地记者。然而,我在金陵大学收获的人生第一个起点,却是历史系的几位恩师给我开启了通向史学研究道路的大门。

金大初建时没有历史系。贝德士(Miner Searle Bates)1920年到金大任教,被安排在政治系。贝德士不仅是一名传教士教育家,也是一位受过良好训练的历史学者。他曾在牛津和哈佛学习和深造,精通近世欧洲史与英国史,也熟悉中国史、日本史、印度史、俄国史和美国史,对政治学和社会学也有所涉猎,除母语外,还会法文、中文、德文等多门语言。后来,他在政治系下面开设了一个历史专业,慢慢把历史系的框架搭起来,以后才独立建系。因此,金大历史系可以说是贝德士一手创办的,他也就成为首任系主任。贝德士的教学侧重于中国传统史学所轻视的近现代史,开设的主要课程有国际关系学、世界通史、历史方法论、俄国史等,兢兢业业,一丝不苟。

对苏联历史颇感兴趣的我选修了贝德士的世界通史和俄国史。

每次听课我都如沐春风，仿佛自己已融入浩瀚的历史长河。我还"现买现卖"，应原国立九中同学周承超邀请，利用课余时间担任南京一所私立中学的代课老师，给学生上了一个学期的世界史课程，这可以看作是我从事历史教学的发端。贝德士对学生要求甚严，经常给我们布置阅读参考书和撰写读书报告的作业，报告写得不好的，必定退回重写，学生在这种严谨的训练中逐渐养成了良好学风。

贝德士亲手栽培起来的早期学生陈恭禄和王绳祖，一个擅长中国近代史，一个擅长世界近代史，分别撰有《中国近代史》和《欧洲近代史》，且都被列入商务印书馆的"大学丛书"，闻名于全国。当时各大高校历史系都有"厚古薄今"的倾向，而金大则在近代史方面形成了自己的特色。金大的古代史比较弱，在相当长的时间里靠中央大学等高校的老师来兼课。给我们上古代史的，倒是金大的专任教师，名叫章诚忘，是柳诒徵的女婿。章老师学问挺好，但不擅长讲课，总是低着头看讲稿。学生背地里开沉笑："章老师名字没有取好，容易忘记，因此要多看讲稿。"

贝德士还常常利用周末举行家庭茶叙，轮流邀请学生到家里做客，与学生亲切交流。这对学生而言，不仅是史学的第二课堂，还得以训练了英语口语表达能力。让我深为感动的是贝德士夫妇的乐于助人以及开明的教育理念。当时，我正热衷于印第安人文学，而金陵大学图书馆并没有这方面的书籍，贝德士夫妇得知后，不仅没有批评我不务正业，反倒对我独立寻求新知的勇气大为赞赏，并设法帮我办理了美国新闻处和英国文化委员会的图书借阅证。

在交流中，贝德士也曾经展示过他的收藏。如有一次他拿出一些基督教的画卷打开给我们看，那些画卷装裱得很仔细，里面反映的都是明末清初时期，天主教士采用"儒表耶里"策略传教的场景，有的人穿着明代汉人的衣冠，有的人穿着满人的衣冠。这只是一种专业教育，并非有什么特别用意。贝德士虽是传教士，但不论是课上还是课下，都不向学生传教。他的布道活动，都在教堂里进行。

金大的讲座很多，有些与历史专业有关，有些则没有关系，我都尽量去听，开阔眼界，增长知识。与历史专业相关的讲座中，我有点印象的是向达。向达是北大教授，利用学术休假的时间来金大兼课，都以讲座的方式进行。他主攻中西交通史，跟我们所讲的也围绕这方面。最为难得的是，当时正好故宫博物院的藏品南迁，搬到了南京。他利用自己与故宫博物院的关系，带我们去南京博物院参观了部分藏品，主要是历代帝王像，边参观边向我们讲解。与专业无关的讲座也不少，罗隆基、马寅初、梁漱溟等人都讲过，也有一些外国学者讲过。记得有一位外国女学者讲计划生育，陈恭禄先生亲自去听了，觉得很有道理，还鼓励我们去听。但我没有去，因为我觉得计划生育这事，离我也太遥远了。

罗隆基很会讲，演讲的主题是宣扬民主宪政，抨击国民党独裁。这是一个热门话题，很多人都讲。但他有自己的特色，结合现实更密切，并且风度翩翩，很像在海德公园的演讲，非常精彩，令人倾慕。

梁漱溟讲的是什么内容我完全不记得了，好像也是有关政局评论，我只记得他个子不高，但嗓门很大，倔头倔脑。抗战时期我曾认真读过他的《朝话》，很想追随他从事乡村教育。

马寅初不以风度见长，国语也不是很标准，浙江口音很重。但是他敢讲，比罗隆基都敢讲。

最高雅的艺术讲座是周小燕带来的。周小燕是一位音乐家，刚从法国回来不久。她领唱《弥赛亚》，并结合演唱进行必要的讲解。因为规格高，入场的时候，一般都要穿正装。穿西服的，必须打领带。我们没有西服，也都穿得比较整齐。

1946年至1948年内战激化、学运高涨，我和其他一些进步学生都被卷入革命潮流，经常办进步墙报或参加集会、游行而未能专心于学业，贝德士为此感到忧心，曾在家信中有所表述。1950年贝德士永远离开中国，回到美国在纽约协和神学院任教，1965年退休后全身心投入《基督徒奋进在华五十年》的繁重撰写工作中，直至1978年猝然病逝。贝德士遗留下了一大批珍贵文献,包括《基督徒奋进在华五十年》这一书稿的部分章节、工作笔记和南京大屠杀期间的日记等,这些珍贵的资料被统称为"贝德士文献"。师恩难忘,师德永记。1988年,已逾花甲之年的我在耶鲁大学神学院图书馆无意间发现业师遗留的这批文献,冥冥中感觉到一种责任和希冀,毅然开始研究南京大屠杀和教会大学史。2007年8月底,我在英国牛津访学一个月,追随贝德士老师的足迹,参观了当年贝德士在圣约翰学院学习与生活过的旧址,并把自己整理和保存的"贝德士博士与牛津"相关重要文献赠予其母校牛津大学。"我们终于把贝德士老师特别是牛津史学与金陵史学之间的渊源关系带回牛津了。"我在完成这一夙愿时,发出由衷的慨叹。我希望后代学人能永远记住这位为中国近现代史学科乃至整个中国做出诸多贡献的好老师。

陈恭禄(1900—1966)是另一位对我影响深刻的好老师。他是贝德士的早期得意门生,在学术上已有大成,他在课堂上摒弃了灌输式传统教学方法,注意培养学生分析和解决问题的能力。同时,主张学生要有广博的基础知识,不能仅限于历史专业,还要广泛涉猎经济学、政治学和社会学等。他也经常劝勉学生遇到问题要虚心请教前辈,犯了错误要勇于承认,并且要坚信自己在新的研究领域必能做出成绩。

金大仿照牛津、剑桥,对新生实行"导师制",我的导师就是陈恭禄先生。陈先生总是一袭长袍,一脸严肃。他以著述为乐,对我的指导不算太多。

我刚入学时,他帮助我选课,但在选课方面,他从不强迫,一般都遵从我自己的爱好,师生关系极为融洽。他只给我提出一条要求:选课要尽可能宽一点。学校在这方面也有类似要求,对于文科生,还要求必须选两门文科以外的课程。除本校老师开的课,金陵女子文理学院(即金女大)的课程也可以选。我选过的课程,有贝德士的俄国史、世界通史,陈恭禄的中国近代史,王绳祖的欧洲近代史,金大文学院校长倪青原的逻辑学,马长寿的社会学,贝德士夫人的美国史,金女大刘恩兰的地质学,等等。

陈老师在学业上孜孜不倦的追求精神和独特的教学理念深深感染了我。1954年,初为人师的我多次通过信函向陈老师请教教学和科研方面的问题,陈老师当时已在学校频繁的政治运动中饱受批判之苦,处境艰难,但仍热心为我指点迷津。2010年,为纪念陈恭禄先生110周年诞辰,他的《中国近代史》重新出版,我应其家人的邀请撰写长序,实事求是地评价了陈老师在教育领域和学术研究领域的杰出贡献:"平心而论,陈恭禄先生是中国近代史学科草创时期重要的先驱者之一,他不仅培养了一批中国近代史学者,还撰写了好几部颇有影响的教材,这是他留给我们的一笔学术遗产,理应给以珍惜并从中吸取一些有益的治学经验,至少可以作为进一步完善中国近代史学科的参考。"

我从历史系另外两位老师的授课中也收获良多。历史人类学家马长寿讲授社会学课程,从牛津大学进修归来的系主任王绳祖课余开设汤因比[①]的史学介绍讲座。我或多或少地接受了若干西方新近史学思潮的影响,后来从研究辛亥革命开始就运用了社会学方法,以社会运动为整体对象,没有局限于个别人物与事件。1948年北大著名教授向达随同运送故宫文物南下,并且在中央大学与金陵大学客座讲学。他带领学生参观一批已开箱的珍贵文物,并且亲自进行详尽讲解,也使我大开眼界。

在这些良师的引导下,我得到初步的史学训练,同时把老师们这种开明而又严谨的治学风格、无私关怀和提携后进的精神继承下来,并且又传授给自己的弟子。饮水思源,我至今难忘母校的培育与引导。1988年,金陵大学百年校庆,也恰逢陈裕光老校长95岁高寿,我

---

① 阿诺德·约瑟夫·汤因比(Arnold Joseph Toynbee,1889—1975),英国著名历史学家,人类文明批判家,其巨著《历史研究》被誉为"现代学者最伟大的成就"。

和其他校友重返校园,齐聚一堂,为母校和德高望重的老校长祝寿,王绳祖老师当着众人面,不无自豪地称赞我是"金陵大学的骄傲"。2012年5月,南京大学①110周年校庆,我又被评为该校2012年"十大杰出校友"之一。

金大老师的教学,有三点给人以深刻印象。

一点是作业比较多,参考书也列得很多。作业当时叫作paper,和现在大学的"小论文"相似。参考书列得多,无法都看完,加上作业也多,开始的时候很有压力,但日子久了,熟能生巧,也能应付自如,并且慢慢领略到这种教育的好处。众多参考书对于开阔眼界、增加信息量颇有助益,众多作业对于锻炼写作论文与培养独立思考的能力也有帮助。

另一点是师生互动比较多。贝德士是牛津大学和哈佛大学出身,课堂上重视师生互动自不待言,就是陈恭禄等老师授课,也不是一讲到底,也注重师生互动。我至今都记得,在陈老师的课堂上,我曾经露过一手。大概是讲到鸦片战争的时候,他讲着讲着,突然停下来问:"哪位读过《达衷集》?"恰好那一次大家都没有看过这本书,所以答不上来。我倒是从头到尾很有兴味地看过。我说:"我看了。"他说:"那你向大家介绍介绍吧。"于是我就随意介绍了几句。由于这个缘故,陈老师对我印象还不错。其实,我课外活动比较多,专业老师布置的参考文献从来没有读完过,之所以《达衷集》读得比较认真,是因为这本书编的文献有很多是外国商人在中国沿海活动的记载,像游记一般,看着有趣。

第三点是课堂教学管理很严格。上课时虽不点名,但座位均按姓名英文字首次序排列,教师往讲台上一站,手持名册,环视课堂,谁到了,谁没有到,一目了然。我的姓氏"章"不是拼作"Zhang",而是拼作"Chang",因此上课时总坐在前面。附带说一下,金大的教学管理并

---

① 金陵大学于1952年并入南京大学。

井有条，但教务部门职员很少，如学籍管理责任最重的注册组只有两名职员。平常就是这两个人处理日常事务，到了要登录分数的时候，临时找学生当助理。

面对国民党的黑暗统治，广大民众争取和平、反对内战独裁的斗争日益激烈，大学校园学生进步组织如同雨后春笋一般纷纷涌现。缘于教会大学背景，金陵大学中共地下党利用基督教团契形式来团结和教育有进步倾向的学生。我所在的历史系也有一个小型进步学生组织，名为"燃火"团契。它由十来个学生组成，属于读书会性质，平时成员把进步书籍陆续带进宿舍，互相传阅，自己写读书笔记，开会时再交流心得。1947年秋季开学以后，历史系的进步同学与我一见如故，曾宪洛（曾国藩后人，与地下党有直接联系）等人成为与我无所不谈的同窗好友，顿时扩大了我在金大的交游圈。他们很快便吸收我进入"燃火"团契，并且参与读书会活动。我们一起学习马列著作如《国家与革命》《列宁主义问题》，毛泽东的《新民主主义论》《目前形势与我们的任务》《论联合政府》，以及艾思奇的《大众哲学》等普及性和通俗性的读物。

读书会有一个大皮箱，里面装满了进步书籍。有一段时间，国民党反动势力监视、打击进步学生组织，读书会唯恐这些珍贵书籍被查获，便把箱子转移到我的床底下，因为我有退伍军人身份，可在某种程度上起到掩护作用。我二话不说，义无反顾地肩负起这个任务。"近水楼台先得月"，我有空就埋头苦读，很快就把一箱子书读完了。课余时间，我还到学校附近的书店广泛阅读进步书籍。

由于此前已经读过一些马克思主义著作，所以我在讨论会上往往成为主要发言者。我还是这个团契所办墙报《天南星》的主要撰稿人，团契负责人为我代拟了一个"文封湘"的笔名（即文章、开封、湘沅之联想暗喻）。1948年8月，南京国民政府实行所谓币制改革，发行金圆券取代原来的法币，借以挽救濒临崩溃的危局。金圆券的发行，实际上是对全国人民又一次残酷的搜刮，不仅关系到国民政府的统治延续,还直接严重影响到每个人的生计问题。读书会配合民主运动,立即举办了一个小型座谈会,就金圆券发行的利弊展开深入讨论。主题是曾宪洛拟定的,并且指定我做中心发言,因为我原来是计政班的学生,读过经济学、货币学、经济史之类的课程。我发言后,大家讨论非常热烈,也相当深入。会后曾宪洛要我执笔撰写《漫话金圆券》一文,尽快以墙报形式刊出。金圆券的发行不仅直接关系到国民党的命运安危,而且更严重地损害了广大民众的切身利益。这是我第一次撰写这样严肃的长篇政论,既要有相当深入的学理分析,更要有足够的数据作为论断的基础,还要注意深入浅出,明畅易晓,我确实为此费了点心血。我花费不少时日,栖身于图书馆一角,认真了解金圆券的发行背景,充分利用我在计政班所学的世界经济史和货币学基础知识,剖析了金圆券的实际运作及其前景,指出国民政府的黄金储备远远达不到金圆券的发行数量,金圆券的发行实际是对民间资金的强取豪夺,必将因为失去信用而迅速严重贬值,从而导致物价进一步疯狂上涨,最终导致整个社会经济的崩溃。《漫话金圆券》的刊出,大大增强了《天南星》的影响力,所以读书会的工作重点转向办好墙报,读书交流心得反而放松了。只有我一人近水楼台好得月,夜深人静时正是认真阅读禁书的大好时光。

此后,我为《天南星》写了好几篇文稿,如长诗《火车抛锚》与评论《陶行知与武训》。长诗是模仿马凡陀(即诗人袁水拍)的活泼风格,采用印第安古老歌谣《大白翅》(Big White Wing)的格律写成的政治讽刺诗,因其内容和形式都比较清新而流传到校外,后来还有音乐系的学生想为它谱曲。《陶行知与武训》则是批评金大电化教育中心热心制作影片《武训》,反而遗忘了金大著名校友、为民主自由奔走呼号而积劳成疾、逝世未久的陶行知。校内学生非常喜欢看《天南星》墙报,虽然他们并不知道"文封湘"为何许人也,但对其作品多有佳评。

同年秋,随着解放战争的推进,国民党反动统治元气尽失。一部分民主人士已从所谓"第三条道路"的幻梦中清醒过来,加入共产党领导的革命洪流。但是仍然有一部分追随蒋政权的御用学者继续鼓吹"第三条道路",而且在知识界并非完全没有影响。鉴于这一形势,读书会负责人曾宪洛策划并组织了一场题为"中国向何处去"的大型辩论会,邀请"第三条道路"代表人物刘不同教授前来与学生面对面交锋。这场辩论会原本在一个只能容纳一百多人的教室里举行,没想到,热心的师生越来越多,只好挪到学校北大楼前宽阔的草坪上。刘不同是会上发言唯一的老师,一贯以雄辩出名,从一开始就以滔滔不绝的气势给学生来了一个下马威。

宪洛、醒吾等原先寄希望于我这个半吊子"理论人才"挺身而出,迎头痛击,但是我却是见生人都脸红,从来不敢在大庭广众之前演讲,所以迟迟未能开口。不过情势已很紧迫,经不住同伴的敦促,我只有站在极为高大的同学的背后,第一次在公众面前大声发表自己的政治见解。我结合中国历史与现状,指出如果不彻底推翻帝国主义、封建主义、官僚资本主义的统治,就根本难以走上独立、民主、富强的康庄大道。而现实已经表明,反动统治势力垂死挣扎,绝不会自动退出舞台,依靠人民群众实现自下而上的革命乃是势所必然,理直气壮。在两大阵营生死决战之际,所谓"第三条道路"周旋于两者之间,妄图以改良取代革命,以和谈阻止解放战争的前进步伐,这不啻是痴人说梦,或者是别有用心。我嗓门虽大,然而却是平静说理,条分缕析,并非光喊政治口号,所以有不少听众鼓掌表示赞同。刘不同对我的言论表示仍难苟同,但又说不出更多新的见解,气焰显然已经低落。这是我在最终离开金陵大学前留给母校的一场大辩论。

通过参加进步组织和广泛阅读革命书籍,我的思想逐渐升华,并且明确了人生的核心价值——把自己的生命全部奉献给人民解放事业。多年以后,我回忆说:"进金大以前,我虽然有两次因为反抗国民党思想压制而横遭学校开除的往事,但都属于少年叛逆性格使然,并没有多少政治思想内涵。直至到金大以后,经过参加群体性争取民主自由的大规模抗争以后,才真正明确了人生的意义与奋斗的目标。

在两个政党、两条路线、两个中国之命运最后决战的关键时刻,经过比较冷静与理性的思考,如同其他千千万万进步大学生一样,我自觉地选择了马克思主义,选择了共产党,选择了新民主主义革命道路。"

辩论会后,我和曾宪洛毅然决定中辍学业,投奔解放区,参加革命,并约好取道浙江四明山。可是,我自此再也没有见到曾宪洛人影(后来得知他已到上海,不幸被捕),而且我俩出走的消息竟然不胫而走,我为此忐忑不安。就在我踌躇万分时,一位姓罗的同学来到宿舍,表示愿意和我一起到解放区,他已经与地下党取得直接联络。紧接着,他和我,还有另外一个和他一样出身于青年军但已同情进步运动的同学严国超,加上王元圣和他的一个在政治大学读书的老乡黄贲,在1948年11月的一个清晨,悄悄离开金陵大学,从下关坐船,逆流而上,前往汉口。

回想起来,在金大的两年多,尽管自己心猿意马,未能专心致志攻读史学,但总还算是接受了初步的史学训练,并且扩大了社会科学的视野,为此后的史学研究多少还打下了若干基础。

## 十三、中原大学

1948年11月下旬,我与罗卓荦、严国超、王元圣、黄贲一行五人,悄悄离校乘轮船前往汉口。

在汉口双洞门铁路桥附近有一所教会小学,罗卓荦的同乡熟人就在这所小学教书。我们被安置在小学对面的一栋楼上,楼下是一个家具作坊。我们非常小心,平常不敢下楼,唯恐惹事。那两位教员与地下党"小张"(后来知道原名方敬之,新中国成立后曾任湖北省水利厅厅长)联系,"小张"再与许昌市委联络,那时许昌已经解放,我们很快得到消息,可以前往许昌。

但态度一向坚决的严国超却敲了退堂鼓,不过他并非胆小临阵逃脱,而是由于舍不得正相热恋的表妹。表妹思想也很进步,但由于正在读高三上,只差一个学期就可毕业,他俩约定明年暑假就近投奔江汉军分区,所以表示不能与我们同行。我们都表示能够理解,并且为此佳偶祝福,便匆匆分手了。严国超信守诺言,果然在1949年初夏偕同表妹潜入江汉军分区,并且是夫唱妇随,双双经过短期培训,后从事部队医护工作。

经过一路颠簸和风餐露宿,四人终于顺利通过国民党封锁线,平安到达已经解放了的许昌。许昌市委热情接待了我们,并要求每人写份履历。紧接着,又有一批年轻干部赶来座谈,因为他们接管城市工作不久,一切都很生疏,听说我们是京沪地区来的进步学生,所以赶紧了解蒋管区的最新情况,同时也就新解放区经济、文化等城市管理工作有所咨询,我们也就力所能及地做简略回答。罗卓莘是农业经济系学生,我曾肄业会计专修班,也曾写过有关金圆券的时评,可能在这方面谈论较多。没过几天黄秘书找我们谈话,想把我们留在许昌参与银行接管工作,亦可考虑前往军分区任编辑或记者。我们本无任何主见,认为做什么工作都是革命。陈干事作为先来者,诚恳地劝我们不要急于直接参加工作,最好先进范文澜任校长的中原大学①进行短期学习,做必要的政治思想准备并具体了解中共与解放区,然后再参加工作,可能效果更好。他把解放区革命大学描绘得很好,加以我与王元圣原来对范文澜就很推崇,我在南京曾读过范校长的《中国通史简编》等著作,非常敬佩他的人品与学识,所以便向黄秘书正式表示想进中原大学学习。黄秘书倒也随和,立刻为我们开了许昌市委的介绍信,并且每人发两块光洋,作为去开封途中的零花,

---

① 1948年6月22日,河南开封第一次解放,解放区华北大学、华东军政大学、豫皖苏建国学院、华野随营学校在开封联合招生,河南大学师生踊跃报名,投身革命。1948年8月1日,刘伯承、邓小平以这批赴豫西解放区的近400余名河南大学师生为基础创办了中原大学,范文澜、潘梓年分任正副校长,由潘实际主持校务。

我们四人随即前往中原大学报名。

中原大学招生办公室设在城内，报名手续非常简单，持相关单位介绍信，稍经交谈便算录取，并且立即安排在市内临时招待所食宿。由于中原大学刚刚迁入河南大学原址，一切工作尚未就绪，特别是学员宿舍爆满，我们只能在校外稍做等待。

正是在这短暂的等待时间里，我自己碰到一件不愉快的事情。因为整天闲着无事，又没有心情逛街，我每天早餐后必定到附近一家小书店看书。那书店老板是本地人，起初倒还谦和有礼，但连续几天我都只看不买，他明显有点厌恶，我却因为先后在四川与南京都习惯于到书店蹭书看，往往可以站着看四五个小时，所以并未察觉老板情绪的变化，也不会说点感谢或抱歉的话。终于有天进书店不久，来了一个警察，要我跟着他走，说是需要有所查询。我初到开封，人生地不熟，认为新解放城市对陌生人进行盘问是应有之举，所以便保持沉默跟着警察走。没想到他并没有把我带到派出所办公室，而是引进附近一座带有院落的土坯房屋，那里已有十几个流浪汉模样的人拥挤站立在院子里。我顿时意识到此处可能是临时拘留所，便质问警察为什么带我到这里来。警察板着脸回答："书店老板说你偷了许多篮球（书店兼卖文具）。"还未等到我申辩，他就一溜烟跑了。我愤怒而又无奈。因为离开招待所时未曾对同室者有任何留言，而此刻又无法与罗卓荦等联络。那些关在这里的流浪汉，看来多半是盗窃犯罪嫌疑者，衣冠整齐者似乎就只有我一人。正因为我一副知识分子的模样，所以他们都用异样眼光盯视着我。我内心产生某些不安全的预感，唯恐他们对我可能采取某些粗暴行为。幸好他们的表情还比较平静，我也尽量装作镇定自若，因为毕竟当过兵，多少有些自卫能力。

就这样百无聊赖地站在此地大约个把小时，突然院外人声喧哗，其中好像有人呼喊我的名字。我明白一定是招待所有些人来寻找，连忙大声回应。很快就进来另外一个警察，把我带出这座院落，果然是招待所负责人带领二三十个中大新学员到处寻找,其中也有罗卓荦、王元圣、黄贲。派出所负责人解释说,那个把我骗进临时拘留所的警察是个留用人员,此事并未经过领导批准,他可能是私下接受书店老板嘱托,对我有所"警示",免得我每天泡在那里影响营业。站立看书本来就是一种良好习惯,不料在新解放区却受到书店老板与旧警察的联手羞辱。不过我们一回招待所就集中搬进中原大学学员宿舍,随即正式上课受训,也就顾不上找书店老板计较了。

先来的学员早已把大学宿舍住满,到校甚晚的我们一行四人只能和其他晚到学生住宿于利用清代考棚改建的简陋宿舍(国民党时期已作为马厩)。屋顶瓦缝很大,时值寒冬腊月,漫天雪花夹杂着刺骨寒风钻进屋内,使得冰冷的土炕更增添几分苦寒。棉被仅 2.5 斤,根本不足以保暖,学员们只好和衣而睡,次日早晨起来被褥上满是雪花,从头到脚仍然一片冰凉。我脚已冻肿,鞋都穿不进去。伙食更为粗劣,无法下咽。为了不给新区民众增加负担,部队吃的多半是从东北长途运来的高粱面,途中因日晒雨淋而霉变,做成的窝头被大家戏称为"铁塔"[①],黑而无味,而且冷了便坚硬如铁。另外,学校用水严重不足,唯一的水源是井水,因人员众多,井水尽量保证食用,早晨每个人只能用小瓦钵领一点连毛巾都打不湿的热水。至于洗澡,更是无从谈起。战乱给校园留下好多弹坑,雨后留有积水,学员们就用这种碱性很重的水擦身,之后又用它来洗涤衣服。

然而,艰苦的生活并没有消减革命热情,我如饥似渴地认真学习,政治理论素养得到进一步提升,对共产党与中国革命的认识也有所加深。

我们一行四人编入中原大学第一分部(相当于政治学院)第 20 队,并且还是同一个小组。我任学习小组组长(每组有 20 余人),负责组织自学与讨论。一部的主要任务是通过政治学习改造自己的思

---

① 铁塔本为开封一古迹,位于中原大学后墙外面,系陶砖砌成,以黝黑如铁得名。

想，每期只有四个月，课程排得满满的，主要是中共党史、新民主主义论、社会发展史等，课余还要参加许多社会活动。每次前方取得大捷，我们都要开祝捷大会，并向民众宣传政治军事的大好形势。现在回忆起来，除学校附近的潘、杨二湖与龙亭、铁塔以外，我们对开封市区毫无任何印象。

入学不久便选举学生会，选举时开全队大会，我被宣传部聘为墙报编辑，总算编辑出了几期墙报，我想这大概也是由于王元圣的推荐。对我来说，编辑墙报已是家常便饭，不料却由于一期墙报引起了学校领导的高度重视，而起因则是由于黄贲的"失言"。黄贲虽然是中央政治学校的学生，但却没有多少政治头脑。他来解放区确实是出于对国民党的不满，但对共产党与马列主义却缺乏最起码的了解。在学习社会发展史课堂讨论时，他公然说所谓原始社会、奴隶社会、封建社会、资本主义社会、社会主义社会，是马列主义"公式化""图谱化"的表现。这也并非他自己的真知灼见，而是在政校学习时的耳食之言。这一发言当即在课堂上引发若干马列主义捍卫者的愤怒反击，也引起队上领导的重视。牟政找到我，对我讲："学员中怀疑马克思主义的情况似乎比较普遍，需要做一些引导。你从中学起就办墙报，能否就此事办一期？最好不要用批判的方式，而是用讨论的方式，引导大家正确认识马克思主义，文章以短小精干为主。"

我过去与黄贲素不相识，但通过这一段时间的聚会，确信他是一个胸无城府，甚至有点幼稚的忠厚人士，毛病是有些过分偏执，不善言辞却又喜爱与别人"抬杠"。我承认黄贲有观点错误，但不主张把问题泛政治化，与党派斗争混为一谈。我主动向牟政建议，20队本来就是通过学习改造思想，墙报最好采用暴露思想、自由讨论的方式，让学员各抒己见，然后再加以积极引导，这样才能真正提高认识，并且避免对个别人的伤害。牟政对此类青年学生的思想表现已是司空见惯，很善于做循循善诱的思想工作，因此鼓励我放手自行编辑墙报，不做任何限制。我有意避开20世纪30年代社会发展史争论的党派背景,着重从学理上探讨如何辨析"公式化""图谱化"的是非曲直。其实这一组稿件多数是我自己化名写的学习心得,简洁明快,通俗易懂,在编排与图饰方面也做了精心设计。可能是由于牟政已向学校主要领导进行了汇报,所以好几位领导干部赶来认真看了墙报,随即又组织其他各队干部与学员代表前来观摩。事后牟政又要我以 20 队学生会的名义写了一篇工作总结,刊登于校部出版的机关刊物《改造》的第 2 期。此后,黄贲直到毕业与分配工作,都没有受到任何不公正的指摘与歧视,这也是我终生都尊敬爱戴牟政的原因之一。

这四个月的政治学习,主要的收获并非课程本身。对于我们这些已经参加过地下读书会,并且阅读过若干马列经典的京沪大学生来说,课本与讲授的内容都太"小儿科"了。倒是那一套教育方法与学习、生活方式,对我们的影响更为深远。而干部们言传身教所体现的"延安精神"与革命本色,更使我们终生受用无穷。一部主任刘介愚后来曾把这种教育模式总结为"五步教育法",其精神实质就是把学员当作教育主体,以充分发挥其追求进步与自我完善的主观能动性为轴心。应该承认,中原大学虽然存在不久,但其影响却已深入学员心灵。或许可以说,中原大学最重要的贡献是教我们如何做人,做一个为人民服务的真诚而高尚的人。

课程学习告一段落之后,便进入暴露思想与自我教育阶段。何时进入这一阶段,校部没有硬性统一规定,主要靠队干部自行掌握"火候",关键是"阶级感情"的转变与对"组织"信任的程度。由于学期已经过半,队干部早已物色并培养典型,即所谓"典型开路"。这四个月学习的总结阶段,总体收获大小,取决于典型选择与培养是否恰当,而这恰好是对队干部水平的考验。此外,队干部还要通过大量个别谈心,甚至自己现身说法,营造一种与旧社会乃至旧我决裂的浓厚氛围,其主旋律便是白毛女所唱的"旧社会把人变成鬼,新社会把鬼变成人"。

20 队思想改造圆满结束,通过真诚的批判与自我批评,大家都放下了各种思想"包袱",仿佛轻松一大截,而人际关系更融洽了。有一个词不约而同地萌生于众多队员脑际,这就是"同志爱",而把我们从五湖四海联结起来的就是"革命"。我们这些年轻浪漫的革命者最喜欢引用的一句豪言壮语,就是列宁说过的:"世界上有《国际歌》的地方,就有自己的同志。"20 队仅仅存在四个月,但它却成为大家走向革命的真正起点,我们已不再是一个个人奋斗的莽撞少年,而是初步具有共产主义信仰的革命群体中的一员。

1949 年 4 月,20 队按时结业,这正是解放大军渡过长江向国民党军队发动全面攻击的前夜。大约在此前两个月,已有四个队宣布提前结业,以配合渡江战役的紧急需要。记得主持校务的副校长潘梓年在广场上做政治动员,并欢送这 500 位学员参与支前工作。潘老振臂高呼:"打过长江去,解放全中国!"北风呼啸,彤云密布,一阵高过一阵的口号吼声激荡整个校园,一颗颗年轻的心早已飞向前方。

我们满心以为结业以后,必定也要奔赴硝烟弥漫的战场。一部副主任梁维直为我们几个即将结业的队做政治报告,我正好坐在一排正中间。梁维直心直口快,一上讲台就大声问:"你们现在最想做什么?"我不禁脱口而出:"打过长江,活捉蒋介石。"梁维直看我一眼,开玩笑说:"你一个人过江,恐怕蒋介石正好抓你。"引起全场一片笑声。然后他严肃地说:"现在全国胜利在望,我们不能只想打仗,还要多想如何建设新中国,从事建国后的各项建设,因此,中大毕业生不会全部分配到部队,也要为经济、文教战线输送干部。"又强调说:"中原大学应该为新中国高等教育做出更大贡献,将来必定会建设成为一个新型的人民的正规大学。"这显然不是他个人的意见,一定体现着中原局乃至中共中央总体部署的意向,中原大学师生理应为此感到欢欣鼓舞与责任重大。但毕竟那时仍然是战争岁月,大家都以参军作战为最大的光荣与幸福,梁维直的坦诚话语与恳挚期望反而如同泼了一盆冷水,特别是我本来就有充当战地记者的梦想,立刻涌现出壮志难酬的伤感。

果然，结业典礼之后，一部分同学（包括罗卓荦、黄贲等）分配到部队，但多属文化教员之类的文职，一部分分到后方各级各类机关担任行政工作，还有一部分作为即将解放地区的储备干部，并且安排相应的集训。出乎意料的是，20队只有我与王元圣留校工作，分配到政治研究室当研究生，即准教员，边工作，边学习。

# 第二章

# 走上从教治学的道路

## 一、政治研究室

我们随即搬进一座独立而幽静的四合院,这就是所谓"政治研究室"(简称"政研室"),全校政治课教学人员都集中在这里。这个大而化之的政研室,包括中共党史、社会发展史、新民主主义论、科学社会主义(即联共党史)等四门课程。政研室直属校部领导,承担全校政治课程教学任务。进入政研室不久,中原大学随军南下之前,我突然接到通知,到"四部"开个小会,让我试写电影剧本。所谓"四部",即文艺分部,包括一个文工团,为以后中南文艺学院前身,部主任是著名进步导演崔嵬。正当我为难以交剧本稿发愁的时候,幸好上级正式决定中原大学随军南下,迁入中南局驻地武汉,继续招生办学,以适应新区补充干部的迫切需要。

我原来并不满足于到中原解放区,渴望继续北上到华北,到东北，最好到佳木斯，因为那里离苏联最近。可是国内革命形势如此大好，北上之想已无实现可能，只有遵循上级命令，随军重新南下，回到我们革命之旅的出发点——武汉。经过大别山时，老区人民敲锣打鼓，用红旗、鲜花、鸡蛋、大枣热情款待这群穿着二野军服的准教员，我深切体验到军民之间的鱼水情，同时更加坚定了献身教育事业的决心。

我们初到武汉时，没有固定的住处，流动性很大，好像经常搬家。我们主要从事协助招生工作，所以基本上都借住在临时作为招生点的学校里。

中大迁汉后，由于学员猛增，一部下设四个大队分别管理，而学员编队序列已增加到60队以上。形势的急速发展，已不允许我们这些政研室的研究生像过去那样集中学习，而是分散到各队担任助教，独自辅导相关课程。说来也巧，我被分配到57队，队主任正好是牟政。

57队工作告一段落后，我们又回到政研室照老样集体学习。不过10月1日中华人民共和国正式建立后，中原大学的总体布局发生了很大变化。以短期思想改造为主的干部培训宣告停止，交由湖北人民革命大学等地方干校继续办理，而中原大学则奉命向正规大学过渡。根据中南军政委员会教育局指示，中原大学以一部为基础，分别设立政法学院与教育学院，四部则单独改建文艺学院，并附设文工团，谢芳大概就是该院的早期学员。林山、王自申、崔嵬分别担任这三个学院的院长，其下属干部都相应改变了自己的职务。我们政治研究室的人员一分为二，分别成为新成立的政法、教育两院的教学骨干。

我的人生道路也随之发生根本转变。我逐渐定下心来，开始走上史学教学与研究的道路。少年时代带有浪漫色彩的流浪文学梦和战地记者梦,乃至青年时代朝思暮想决战疆场的革命梦,都成过往云烟。

## 二、教育学院

教育学院初建时只有政治系和历史系两个系,后来又增加了教育系和外语系(主要是俄语)。那时候的历史系,教学以通史为主,通史又以近代史为主,实际上是以党史为主。没有通史教授,只有请武大的唐长孺、吴于廑作为兼任教授,分别主讲中外两门通史。我在教育学院历史系担任助教(相当于教学秘书)兼研究生会主席。

教育学院最初设于中原大学校本部千家街校园一隅,即以后中南实验工农速成中学(华中师范大学第一附属中学前身)的老校园。院行政楼面对千家街校门,王自申院长与政治系主任陶军、教育系主任常春元、历史系主任方衡,还有副院长郭抵都住在楼上,卧室也就是办公室,楼下则是各行政科室的办公室。其他主讲教员与我们研究生住在行政楼西侧的一座两层小楼里,原来似乎是一所学校的教室。

我们开办了中学在职专业教师思想改造的短训班,学员来自中南五省,多半是有丰富教学经验的骨干教师,乃至中学校长或教导主任。但也有一些年轻党团员,大概是作为新生骨干培养,因此同班学员年龄差距极大,有些年过半百,有些20岁刚出头。

我的业务底子很薄,在金陵大学历史系只读了两年多一点时间,很多必修课未读,更谈不上什么必须选读的通识课程。以我这样的年轻幼稚,实际上达不到合格大学教师的资质,但革命形势的迅速发展与学校工作的紧迫需要,竟把我匆匆忙忙稀里糊涂地推上大学讲台。相对而言，历史教师短训班更难教，其中有好几位与我父亲年纪相似。在课堂上面对这些"老学生"，我简直不敢抬头，总是低着头念讲稿。幸好班上学员绝大多数都是诚心诚意寻求自我改造，并未因为我的年轻幼稚而放松学习。当然，我也非常尊重并关心他们，不断改进教学内容与教学方法，力求帮助他们掌握历史唯物主义的基本原理，树立新的史学观点并且与旧思想决裂。无论是历史系，还是历史班，我与学员的关系都比较融洽。我总是以平等的姿态与学员共同学习，教学相长，所以有些年长而又好心的学员，反过来长期关心我的成长与进步，甚至在离校以后把他们的得意门生乃至多年后将子女送来华中师范大学学习。

1950年初，根据中南局的指示，中大教育学院全体师生前往中南五省数市县进行基础教育调查，拟为中南大区的教育决策提供参考。我被分配到河南省，担任调查信阳与淮阳两个专区的分队长，队员是政治、历史两系学员，大约有20多人。历经一个月的风雪严寒和长途跋涉，我们深入信阳、淮阳两个地区的10多个县，由于交通不便，经常是长途步行，有时一天要走百里以上。当时与部队行军一样，每天清晨都是打好背包就出发，没过多久好些学员的脚都起泡了。我们每到一个市、县，首先是拜访当地的教育局局长，由他介绍当地教育的基本概况，特别是现状与急需解决的问题。听取教育局领导的概况介绍并检阅相关文件后，我们就分头前往城乡若干中心学校进行深入调查，与许多中小学师生进行恳切交谈。

由于大家认真负责、吃苦耐劳、工作细致，我们收集了大量解放初期各地基础教育的相关信息与存在的问题，并及时提交中南地区教育部门领导作为参考，所以得到了上级部门的充分肯定与鼓励。"其行程之远、工作量之大以及生活之艰苦，堪称各分队之冠。"通过这次调查，我初步懂得了"师范"二字的深刻内涵。

## 三、初执教鞭

新中国成立以后，高等教育进行全国范围的院系调整。1951年秋季，中原大学教育学院与私立华中大学合并，合并后改为公立华中大学。随后又与武昌中华大学的国文系和化学系、湖北教育学院等整合成为华中高等师范学校，并于1953年更名为华中师范学院。

从1952年到1954年，我主要讲中国革命史，分别在历史、政治、教育各系科上课，并且还参与新民主主义论大课的分系辅导，直到1954年秋季才正式给历史系本科生上中国近代史专业课，我的第一批学生是1952年入学，1956年毕业的。这段时间我还给历史专修科和历史教师短训班（简称"历史班"）上过课。

历史班的学生都是中南五省抽调的优秀教师，有的已从教一二十年，年龄偏大，甚至与我的父亲年龄相近，有的还毕业于北京大学和北京师范大学等名校，而登上讲台的我却连大学本科都没读完。第一次给这些学生上课前，我感到压力很大，晚上挑灯夜战，赶写讲稿。没想到，第二天一堂课下来，这些"老学生"都乐意听我讲课。从1954年起，我专任历史系本科的中国近代史基础课，开始参与中国近代史新兴学科建设。为了把课上好，我广泛阅读范文澜等学者的相关著作，对《历史研究》《近代史资料》等刊物上的文章逐篇认真阅览。我还参照著名历史学家胡绳在中央党校编写的中国近现代史讲课提纲，自编中国近代史本科教学纲要，印制出来作为教材，同行老师都反映较为适用。此外，我也结合近代史领域的热门话题，如太平天国性质问题、中国近代史分期问题等给学生讲解，深受学生欢迎，有的调皮学生公然喊我"小老师"，这令我有点尴尬。很多年后，"始作俑者"和我讲:"那样喊你是表示亲近,没想到你想多了。"我从小就被视为"小",因此有点忌讳,认为称我"小"是不把我当男子汉。不过,就整体而言,我和他们很容易打成一片,很多学生长期与我书信往还,有的人20多年以后还把自己的孩子送到华师历史系就学。

除了上基础课,我还在全校做新民主主义论等辅导报告。最使我感动的一件事发生在1956年春季,当时"百花齐放,百家争鸣"的"双百方针"初次提出,"向科学进军"的响亮口号激动全国人心。历史系三年级学生请我做动员报告,讲到慷慨激昂之际,突然喉头觉痒,轻轻咳出的痰有血腥味,我有不祥预感,唯恐吐血引起学生恐慌,便临时借故独自去了厕所,发现果然痰中带血,并且还猛地吐出几口鲜血,幸好没有出血不止。我赶紧洗尽血迹,故作从容返回教室继续报告,但也只能匆匆讲几句鼓舞人心的结束语。回宿舍稍微休息之后,便去医务室求急诊,幸好碰上有经验的资深医生,经过常规检查后,安慰我说:"你不要紧张,这不是肺病,也不是肺部损伤血管破裂,可能是运动过于激烈或讲话过于激动用力,引起毛细血管损伤渗血。我给你注射几针仙鹤草素即可痊愈。"我将信将疑,但遵从医嘱,连续几天打针,并停止过去晨练坚持甚久的单双杠等激烈动作,果然很快痊愈。之后仍投入教学工作,没有请一天假。

此事我未向任何人透露,唯恐别人怀疑我患肺结核,引起不必要的惊恐。但有天早上正好遇见杨东莼院长(人们敬称"东老"),他问我:"听说你最近'失红'?""失红"是吐血的文雅说法,我点头称是。他温语规劝:"以后要注意劳逸结合,年轻人努力工作千万不可'霸蛮'。""霸蛮"两字是用浓重的湘音说的,因此给我印象极深。

就这样,我在华师为一届又一届的学生上课,和毕业班到中学实习,跟着学生一起成长,可以说完全是从基础课教学里摸爬滚打出来的。回想起来,长期从事教学工作很有好处,至少,对一些基础性的东西掌握得比较牢固,这对于开展专题研究是有好处的。近些年来,中国的高校有一段时间完全不重视教学,似乎只要在某一领域出了专著或论文获得了大奖,就算是有水平的老师了,这其实是一种急功近利的表现。我一直认为,作为老师,首先要能在三尺讲台上立得稳脚跟,才能谈进一步的高深学问。教学马虎,对老师,对学生,都大不利。

我把老师与学生的关系视为世界上最纯洁、最真挚、最高尚的关系,一贯主张教学相长,老师不仅仅是单方面地向学生传授知识,还要从学生那里获取精神养分和青春活力。因此,我经常带领学生进行课堂讨论,充分发挥他们的优长,而对于学生的提问,也总是耐心解答,从不敷衍塞责。经过多年锤炼,我这个学生眼里的"小老师"已俨然成为老道的教学高手,每次上课都驾轻就熟、挥洒自如。我也以自己的才识和品德赢得了一届又一届学生的尊重和爱戴。

后来在谈及自己的教学经验时,我说:"作为一名教师,并不希望学生记住自己在课堂上讲的每一个结论、每一句讲辞,但如果有一两个富于启发性的问题,有一两句富于思想性的话语,能给学生留下深刻的印象,引起学生思考,这堂课就是成功的。"无疑,我的执教生涯多半是成功的。那些曾受业于我、早已头发花白的"大学生",回忆当年我给他们上课的情形时,言语间常常流露出赞许和钦佩之情。一位退休历史教师曾回忆说:"1961年在华师大操场,全历史系四五百名学生集中听章开沅先生的大课,这是前所未有的。他当时是历史系最年轻的讲师,穿一件挺括的浅蓝色衬衣,英俊帅气。他讲的是辛亥革命时期资产阶级的两重性,分析得精辟透彻,全场鸦雀无声,讲到精彩处,全场爆发出一阵阵掌声。他是大学里一个非常好的历史老师。40多年过去了,至今,我还难忘。"[①]

春风化雨,润物无声。中小学老师、金陵大学的中外教授,以及后来在学术道路上给予我指引和帮助的杨东莼、黎澍等学术前辈,他

---

[①] 华中师范大学中国近代史研究所:《章开沅学术与人生》,武汉:华中师范大学出版社,2011年,第240页。

们的育人与治学思想都深深影响了我。在漫长的为师生涯中,我经常以这些老师和学术前辈为榜样来鞭策和激励自己,为学生树立良好的育人和治学风范,以求无愧于"园丁"这一美称。我常常说:"我欢喜教师这个职业,我欢喜学生,学生也欢喜我,这就是我最大的幸福。"不论是作为大学校长,还是作为学者,抑或作为一名普通的教师,学生始终是我最为关心的对象,能得天下英才而育之始终是我的人生追求。

1979年我开始招收中国近现代史专业的硕士研究生。1983年华师历史研究所(现为中国近代史研究所)中国近代史学科成为全国首批获得博士学位授予权的学科点,我则成为全国首批中国近现代史专业三位博士生导师之一。许多有志于从事中国近现代史研究的青年学子,纷纷慕名前来报考。这些考生来源比较广泛,既有来自不同学科背景的,又有来自不同工作领域的,并且大多数求学之路非常曲折。早年饱经失学之苦的我感同身受,非常体恤他们求知若渴的心情,为他们的"入室"不惜做多方努力,不拘一格因材施教。

1978年,时已35岁的严昌洪在广西一所中学任教,颇想报考武汉大学历史系研究生,考前他怀着忐忑不安的心情向我请教。我丝毫没有门户之见,鼓励他说:"如果你考不上武大,不嫌庙小,就来我这里吧,我明年也招收研究生。"严昌洪把我的鼓励谨记在心,在报考武大失败后,刻苦复习,于1979年顺利通过研究生考试,成为我带的第一批中国近现代史专业的硕士研究生,毕业后以优异成绩留校执教,此后还曾担任过华师历史研究所所长。

1983年,在江苏淮安一所偏僻农村中学执教的郑焱,在报考我的硕士研究生时,专业成绩名列前茅,却因外语分数不够未被录取,而在此之前他曾报考苏州大学也未如愿。就在郑焱为考试的连连失利而灰心沮丧时,我出差至无锡,托人打听他的情况,并捎话想与他面谈。惊喜万分的郑焱随即偕好友前来拜望。更令他意想不到的是,我当初得知他的考试成绩后,竟然特地到学校研究生处争取录取他。

我还鼓励他说:"希望你明年再考,专业只要保持今年的状况就行,主要是提高外语成绩。这次找你,就是怕你因灰心而放弃再考,给你鼓鼓气。"这番话使郑焱备受鼓舞。此后,他开始认真备考,不料再次报考时,却发现我这一年因故停招研究生。正在他困惑之时,我又亲笔写信告知他这一消息,并希望他推迟一年再报考,但求学心切的郑焱经再三考虑决定报考我的好友——湖南师院(今湖南师范大学)林增平的研究生。当我知悉郑焱的想法后,非但没有生气,反而特意写信给林老师介绍他的情况,并请多加关照。最终郑焱被湖南师院破格录取,毕业后留校任教,并于1987年如愿以偿地师从我攻读博士学位。

1985年,郭国灿在武汉大学取得硕士学位后,想报考我的博士,但按照母校湘潭大学的委托培养规定,硕士毕业后必须返校执教。我在得知其困难处境后,立即派华师研究生处处长和历史研究所所长刘望龄赴湘潭大学交涉,最终促成他"硕博连读",成为章门第四届弟子。还有现任教于日本千叶商科大学的赵军、曾任华师党委书记的马敏、现任华师中国近代史研究所所长的朱英、现浙江大学文科资深教授的桑兵、曾任深圳大学社会科学研究院副院长的莫世祥、曾任深圳市社会科学院院长的乐正等年轻后学纷纷前来求学,齐聚美丽的桂子山上。

我常常以"治学不为媚时语,独寻真知启后人"的净言与学生共勉,引导他们真诚为人与处事,踏踏实实做学问。我高度重视"师"的社会责任和人生追求,曾引用清朝龚自珍的诗句"一事平生无崎屹,但开风气不为师"来形容师者风范。我说:"这种无声的师,无形的师,不自以为师而人尊之为师的师,乃是最高层次的教师,潜移默化的教育,其精英堪称万世师表。"

我从来不认为青年学生思想幼稚、学识浮浅,反而认为他们的活泼思维常常能激发教师创造新知的灵感,并且通过相互问难、热烈讨论乃至课余无拘无束的对话,从治学经验到人生真谛,处处都体现了传道、授业、解惑的复合功能。因此,我经常邀请学生到家里讨论,早先曾每周两次,至少是一次,并且敞开大门,欢迎其他有兴趣的非门下弟子旁听或参加讨论,孜孜不倦地为他们指点迷津。

每每发现和开辟一个新的研究领域,我都和学生们一起分享,带领他们走进更为广博的学术天地。1979年在东京大学搜集到宫崎滔天和梅屋庄吉的档案文献,1980年在苏州市档案馆勘察苏州商会档案,1991年在耶鲁大学神学院图书馆中检阅到贝德士文献和中国教会大学史资料,我即指导学生马敏、朱英、虞和平等进入商会史、中国近代资产阶级、中国教会大学史和绅商群体等研究领域。

对于学生的论文写作,我始终严格要求,坚决杜绝浮躁抄袭。我认为论文不同于专著,两者最大的分别是论文比专著更专、更深,因而更新,所以我要求学生下真功夫,研究问题的视野要开阔,做到研究有个性,立论见精神,要在实学真懂的基础上写出好文章,不要为了混一张文凭和一个"出身"而写凑合急就之作。

有一年,著名作家徐迟跟我交谈时说:"你们历史学界不注意文采,写的东西读不下去。"我听后很受启发,借山东大学学报《文史哲》之名,谆谆告诫学生行文要注意"文史哲"三大方面,意即有文采、有史实、有理论,而我自己则率先垂范,行文如流水,注意遣词造句,于流畅中融合浩瀚之气。

## 四、辛亥革命史

我对中国近代史的研究,原先是从太平天国开始的,因为罗尔纲、简又文等前辈学者已经做过大量学术探讨。1949年以后神州国光社又出版了"中国近代史资料丛刊",其中《太平天国》的内容特别丰富,收罗相当齐备。我迷醉于那些从广西穷乡僻壤走出来的英雄人物,对太平天国的"天书"如《天朝天亩制度》和太平军统治地区社会生活情况也有浓厚兴趣,所以写《太平天国》剧本比较得心应手。

1951年,我在历史系任教初期,我的科研多半结合教学工作进行,涉猎比较广泛,对太平天国尤感兴趣。后来,一次外事活动成为我将研究重点转移到辛亥革命史的契机。那是1954年秋冬之交,民主德国贝喜发博士专程来武汉搜集辛亥革命史料。外事部门邀请武汉大学历史系姚薇元、汪诒荪两位教授和我出面接待。在贝喜发短暂的逗留期间,除学者之间的交流以及参观历史遗址之外,还特别为他举行了辛亥老人座谈会。参加座谈的有江炳灵、章裕昆、熊秉坤、李西屏等,都是武昌首义的风云人物。每逢聚会,他们都谈笑风生,畅所欲言,提供了许多宝贵资料。

这次接待让我与辛亥革命史结下了不解之缘。一方面,贝喜发使我受到刺激,一个外国人不远万里来搜集辛亥革命史料,而就在首义之地从事历史教学的我为什么对辛亥革命史漠不关心呢?另一方面,当时参加辛亥革命首义的许多重要当事人都还健在,与这些辛亥老人畅谈往事,他们的亲身见闻激发了我对辛亥革命史的研究兴趣,促成了我学术研究的转向。正是以这次接待为起点,我与许多辛亥老人及其后裔建立了经常的联系。

因为神州国光社出版的"中国近代史资料丛刊"中《辛亥革命》收罗资料非常丰富,而且便于利用。我在下放前已经做过一些前期工作,如对张难先、李春萱、章裕昆、熊秉坤、李西屏等人的访谈,向汪诒荪教授借抄他搜求多年的辛亥革命散佚稿本等,也曾经在荣孟源主编的《近代史资料》杂志上开辟《史料拾零》专栏,与同行学者分享若干关于辛亥革命资料的发现。

我认为,作为首义之地的武汉,应该为辛亥革命史研究做点贡献,我于1959年提出在武汉召开纪念辛亥革命50周年学术讨论会,与当时的政治空气有关。1958年"大跃进"开始后,各行各业竞放"卫星"。我想:"要放,我就放一个大的。"在武汉召开纪念辛亥革命50周年学术讨论会,就是我要放的"大卫星"。

我的"卫星"是这样"上天"的:先找系里领导谈;系领导认可后,他们向学校领导汇报;学校领导认为不错,马上向湖北省委宣传部汇报(当时高校由省委宣传部管);省宣传部觉得不错,马上责成湖北省哲学社会科学学会联合会(后文简称社科联)负责此事。省社科联主席是李达,具体负责者则是省委宣传部副部长密加凡和理论处处长彭展。

当时筹备学术会议是很艰难的。1960年,我们紧张地进行准备,一是组织论文写作,二是争取中央的支持与指导。论文写作方面存在许多困难,因为武汉地区各高校当时还没有任何一位教师堪称辛亥革命史专家。但我们的优点是比较谦虚务实,以武昌首义的精神鼓舞自己,投入了学术准备工作,大多已有初稿。密加凡、彭展等领导看过这些稿子,觉得多数不够成熟,有些作者甚至不知道什么是学术研究性的论文,竟然把课堂讲义式的粗浅文章都拿出来了。密、彭等毕竟是社科行家与写作老手,他们审时度势,决定把初步选定的初稿作者集中起来进行修改,并且指派《理论战线》两位骨干编辑(一位似为舒焚,以后成为楚史专家)参与推敲琢磨。华师历史系以我为首,报的课题是《从辛亥革命看民族资产阶级的性格》。

在论文撰写期间,我们还深入鄂东一线城乡进行社会历史调查,省委给予了大力支持,把我们集中在当时规格最高的洪山宾馆,一日三餐都按会议标准提供。当时正值经济严重困难,粮食供应难以果腹,"瓜菜代"都做不到,只能拿些包菜老叶乃至菜根充数。而省里会议标准至少饭可以吃饱,菜虽无肉但油水多些,而且比较鲜美可口。这当然是极大的福音,至少为辛勤写作提供了体力保证。教师与学生没有谁叫苦叫难,都兢兢业业地努力完成各项调查任务。

论文修改过程非常细致,每篇文章都经过反复推敲,提出批评与建议,供作者参考。记得汪诒荪教授的论文《辛亥革命时期资产阶级与农民的关系问题》,写得比较空泛松散,虽经多次讨论与修改,仍然改进不大。后来考虑他年事已高,不适应集体写作方式,加以血压又高,便劝他回家休息治疗。之后,这篇文章还是在本地报纸发表了(经过压缩),并且收入中华书局出版的《辛亥革命 50 周年纪念论文集》,可见当时对老年学者已有所尊重。武大的彭雨新、吴纪先两位教授的论文都有扎实的功底与学术价值,因为他们毕竟是经济史专家,原来都经过中央研究院的严谨历练。其他论文都由作者本人修改定稿,只有武汉师专(后来改建为湖北大学)关于武昌起义的那篇文章,几经原作者修改,质量仍无起色。幸好我执笔的《从辛亥革命看民族资产阶级的性格》定稿较早,彭展指定由我参与修改,实际上是推倒重写,题目也改为《武昌起义与湖北革命运动》。对于这篇文章,社科联领导极为重视,因为刘桂五曾经代表中国史学会来汉指导工作,提出北京众多学者希望武汉学者能够回答"辛亥革命为什么首先在武昌爆发并一举成功"这一问题。我们写作小组成员中,陈祚津是原作者,陈辉曾率领学生至鄂西北调查会党情况,都对修改提出了一些宝贵意见,但最后定稿还是由我独自执笔,没有花费多少时间。

与中央的联络,主要靠李秘书长和欧阳两位女将,我也奉命配合她们的工作前往北京,任务是与首都学术界取得联系,征求一些前辈学人的意见。最后中央同意了我们的申请,会议于 1961 年 10 月 16 日至 21 日由中国史学会与湖北省哲学社会科学学会联合会联合举办。

这次会议规格比较高,著名马克思主义理论家、湖北省社科联主席、武汉大学校长李达致开幕词,德高望重的吴玉章在开幕式上发表了重要讲话。参加此次会议的还有范文澜、白寿彝、邵循正、刘大年、陈旭麓等著名学者。到会者共 100 多人,提交论文 40 多篇,从规模与水平两方面而言,都是一次名副其实的全国性辛亥革命学术讨论会,这在当时尚属创举。会议期间,武汉各高校纷纷邀请外地著名学者做学术讲演,使武汉众多未参加会议的学者也共享了一次学术盛宴。湖北省政府对此次会议非常重视，张体学省长亲自参加预备会，保证尽力服务，让会议开好。连会议伙食需要补助的粮食与鱼肉，都是体学同志亲自审批的。会议的整体服务异常周到，赢得外地代表一致好评。

当时，我执笔的两篇论文被称为新中国早期辛亥革命史方面较有代表性的研究成果，因而受到与会者的关注，被公认为不可多得的力作。说起来有点惭愧啊，这两篇论文都属于常让我汗颜的"少作"，不过并非率尔操觚的急就章。《武昌起义与湖北革命运动》是在大会上报告的第一篇论文，也许是作为"第一枪"的象征吧。会后，《新华日报》又全文刊载了《从辛亥革命看民族资产阶级的性格》，这是作为会议上有代表性的论文向国内外介绍的。不过当时我还没有意识到，我就这样走上了辛亥革命史研究这条路。

辛亥会前，我一直忙于教学工作，科研也是独自摸索，与外界接触甚少。会议使我大开眼界，深感山外有山，自己起步较迟，必须奋起直追。华师刘介愚等校领导也认为我应该出外进修，以求在学术上有所建树，所以主动给我两年学术休假，以便出外访师问友，潜心研究撰述。进修地点，北京自属首选，侯仁之先生热心为我与邵循正先生联络，商定前往北大历史系进修。不料刘介愚已与前任院长杨东莼先生议定，由全国政协文史资料委员会出面，出商调函邀我前往协助征集北洋史料工作。学校很感激东老的盛情，我也很愿意在东老直接指点下边工作边研究，因为北洋史与辛亥史的关系本来就很密切。进修期限是1963年至1964年，此后便进入了一个更为广阔的学术世界，这是我人生一个很大的转折点。

赴京之前，我做了必要准备，首先是确定以张謇研究为重点，作为研究晚清史与北洋史的突破口。因为会议以后，我深切感到自己还没有具备从宏观上研究辛亥革命时期资产阶级的足够条件，于是我转向对张謇这个人物做个案研究，并于这年秋天前往南通查阅资料。

随后,我又到北京图书馆系统查阅资料,并抄写了与辛亥革命关系最为密切的部分。作为阶段性成果的《论张謇的矛盾性格》一文,发表于《历史研究》1963年第3期,并引起海内外学界的重视。1963年,华师老院长、时任全国政协文史资料委员会副主任的杨东莼先生将我借调到该会协助征集北洋史料的工作,后又协助他从事中国近代史社会历史调查委员会的筹备工作。北京之行使我有了更开阔的学术视野,而全国政协的文史资料工作经历又使我结识了许多健在的辛亥、北洋时期的老人,如章士钊、溥仪等。我与清逊帝溥仪共用一间办公室,两张大办公桌面对面放着,他是专员,而我是客串。每人桌上都有一大摞稿件,我们认真审阅并评定等级。等级分别为甲乙丙丁:甲级最好,可以直接刊登;乙级稍经修改后亦可利用;丙级有一定史料价值,但比较单薄,可保存而无须刊登;丁级虽属废品,无保存价值,但也略发数元辛苦费。研究者与研究对象成为同事,这也许可以算是史坛奇遇吧!

1963年秋,我与祁龙威还应内蒙古大学邀请,前往呼和浩特讲学,这是该校历史系戴学稷与校长胡钟达策划的。胡的专业是世界史,与学稷夫妇都是从京沪一带前来支边的。我的讲学内容多半侧重于张謇研究,当时祁龙威正做张謇日记笺注,我则为他写传。我们首次领略塞外风光,特别是瞻仰青冢时引发了许多感慨。参观内蒙古博物馆,讲解员边走边聊,不疾不徐,娓娓动听,使我初步了解到内蒙古的沿革与现状。内蒙古地大物博,民风淳朴,是北部边疆少数民族中最为认同中华的稳定力量。告辞的时候,我们向讲解员衷心致谢,她却略带凄然地说:"舞蹈演员的艺术生命很短暂,我是因为患严重关节炎,才不得不提前转业。"我为之惋惜,但却无言以对,因为具有如此素质的讲解员实在太少。游兴正浓,却突然接到东老急电,要求我立即返京。校党委副书记巴图设宴为我们饯行。

1974年的某一天,我突然接到学校通知,我被《历史研究》编辑部借调,需马上动身到北京报到。学校的党委副书记刘丙一找到我,显得很高兴,说通知是中央下达到省里,由省教育厅下达到学校的。

我接手的第一件工作,是为《历史研究》写一篇复刊词。为了让我能够写好这篇复刊词,编辑部专门开了一次会议。大家你一言,我一语,或说要破旧立新,或说要有靶子,但未得要领,也没有一个具体的指导精神。我实在很为难,熬了两个通宵,得了习惯性偏头痛,好不容易凑成一篇,交上去,结果不能用。原因很简单:目标不明确,没有战斗力。

其后,撰写复刊词的任务落到了宁可的头上。他大概知道一些内情,或许他撰写的稿子在发表前经过了"梁效"把关修改,反正定稿的发刊词充满了火药味,比如批判"文革"前的编辑部,用了"群魔乱舞"一类的字眼,这恐怕要令黎澍伤心。宁可是黎澍非常欣赏的人,我想他不至于用这种词语。

在编辑部的主要工作,是做编辑,还要外出组稿。为了组稿,有的同事几乎把全国胜地都跑遍了,看遍了祖国的大好河山。我的出差地点则非常固定,只有一地,就是武汉。之所以一出差就争取回武汉,主要是家庭的关系。那时妻子健康出了点问题,一度怀疑是乳腺癌,这令我非常担忧。小女儿还小,后来又发现眼睛有点问题,做父亲的当然非常牵挂。回武汉出差,我既组中国近代史的稿子,也组中国古代史的稿子,还组世界史的稿子。

1975年秋,我离开北京的《历史研究》,回到学校做教学工作。离京之前,人民出版社编辑林言椒曾与我多次商谈,建议由我带头,邀请湖北、湖南、河南、四川、贵州五省的相关学者,共同编写一部比较系统完整的辛亥革命史大型专著,国内外迄今还没有这样一部通论性的大型学术专著。当时"文革"尚未结束,江青等"四人帮"仍在台上,"左"的思潮仍束缚着史学界的思想。在这种情况下编写《辛亥革命史》,不仅非常困难,而且有很大的政治风险,但邓小平的复出与一系列整顿改革已使我们重新萌生了希望。大家学业荒废已久,颇思有所作为,所以我经过慎重考虑后,欣然接受他的热情建议。

林言椒的建议显然已经获得人民出版社领导的同意,所以他的行动很快,不久便拟定出一个编写组的初步名单:包括湖南师院林增平、四川大学隗瀛涛、河南社科所王天奖、贵阳师院(今贵州师范大学)吴雁南,湖北则是我与刘望龄以及武汉大学萧致治。在这个名单的基础上,我建议增加林家有,当时他还在北京历史研究所,愿意承担有关少数民族地区辛亥革命的研究与撰写,因为这是他的强项。

林言椒不仅有胆识,而且还有很强的活动能力。他凭人民出版社的一纸介绍信,居然说服了湖北、湖南、四川、贵州四省的宣传部部长,促使他们同意并支持我们成立跨地区的《辛亥革命史》编写组。

当时,编写工作与教学工作一样,都必须采取"党+专业人员+工农兵"的"三结合"模式,所以我一回华师就向临时党委汇报,并且得到了热情支持。专业人员当即确定,只有工农兵参与"编写组"一事颇费周章。因为我们不是搞"大批判",而是从事学术专著的撰写,工农兵如果不是自学成才,且有相当的理论、文化与专业基础,怎么能够直接参与写作。我们思想不通,但又不会弄虚作假,力求真正结合,所以浪费许多时间与精力。编写大型辛亥革命通史,对于湖北来讲是一件大事,所以省委宣传部非常关心,并派专人作为联络员参与我们的前期工作。与工农兵结合其实早已开始,工农兵学员入校以后,我们已建立两个教育革命实践地,一是二七车辆厂,二是武昌造船厂,我们与这两个厂的若干车间职员已经比较熟悉。经过慎重考虑,省委宣传部决定由武昌造船厂(简称"武船")作为合作编写单位,由该厂党委挑选若干文化程度较高且有一定写作经验的车间工人参与编写。其所以如此,因为有一批清华、哈军工等名校分配来的优秀大学生仍在车间劳动锻炼,其中确实有少数写作高手。武船党委对这一合作项目给以大力支持,除选拔人才以外还答应在经费上(如开会食宿)给予补助。这对我们来讲是极大福音,因为华师临时党委的支持都是停留在口头上,根本没有提供任何科研项目经费。

我们编写组正式成立,就在武船招待所开会,会务与费用全部由武船承担，为我们节省了许多精力。随后我们就挑选编写组工人成员，并且办辅导班帮助他们掌握辛亥革命史的基本知识，为正式写作创造前提。其他地区情况亦相类似。我们与这些参与编写组活动的"工人师傅"相处都很融洽，有些人甚至成为终生知交，但从编写学术著作来说则是事与愿违，因为他们最后送来的书稿（分工若干章节）大多难以作为修改的基础。只有贵州情况最好，吴雁南与平坝一个制造飞机的工厂（内迁所谓"小三线"）合作，居然找到一位北师大历史系研究生冯祖贻，他是何兹全亲自指导的弟子，虽然属中国古代史专业，但受过良好的史学训练，写作能力已属上乘。他下放到这家国防工厂劳动锻炼，随后又调往子弟学校任教，但仍以"工人师傅"身份名正言顺地参与编写组。他适应能力很强，对辛亥革命史研究兴趣日浓，所以我们干脆把他确定为学术骨干，全力以赴参与全部编写过程，直至最后定稿排印出版。我们都羡慕不已，但却难以仿效复制，始终未能再发现另一位这样合适的"工人师傅"。冯祖贻从此改换门庭，干脆转向中国近现代史研究，由于学术贡献甚多，后来被任命为贵州省社科院副院长。祖贻谦称是我改变了他的学术生涯，而擅于调侃的隗瀛涛笑我是"拐卖人口贩子"。

说到底，辛亥革命史的撰写还得靠专业人员自己，然而为了应付所谓的"三结合"，却花费了太多时间与精力。王庆成经常说我太傻："有3年多的时间，你自己也可以写成一部专著，而且质量可能更好。"我无以为应，只能苦笑说："身不由己，只能如此。"这绝非推诿，而是客观存在的事实。

我们当时由编写工作非常困难，几乎到了绝境，这话一点不夸张。此后4年间，虽然经历了很多的磨难与坎坷，编写工作的艰辛，不是几句话能够概括的，但再难我们都没有放弃。由于经费拮据，开会食宿条件极差。

长沙会议是编写组首次参加的大型讨论会。这次讨论会规模较大，5个省8个单位都有许多代表，另外还有戴逸、黄彦、苑书义等同行学者应邀参加,并提出了许多好的建议。会议召开时间极长,从1976年11月22日开到12月12日,前后共21天。会议由湖南师院承办,食宿均由该校提供,只有长途交通费由外地代表自理。会议期间,我们还专程到韶山参观毛泽东故居,这是当时的例行礼仪。

会议之所以开得久,主要是由于"文革"期间史学思想已被弄乱,诸如以"评法批儒"为中国通史之纲,影射史学狂言无忌,等等。有些史学观点虽然不一定是"四人帮"炮制,但至少是倡言者迎合"四人帮"的意愿因而得到肯定与宣扬。"文革"结束以后,中国社会进入一个开放改革的新时期,以邓小平为首的党中央及时提出"解放思想,实事求是"八字方针,得到了众多知识分子的衷心拥护,仿佛是又一次得到解放。编写辛亥革命史大型专著,当务之急就是"解放思想"。因为此前有世界史学者提出,研究资产阶级必须——"立足于批",而对于上升时期的资产阶级更需加强批判,因为其进步性更具有欺骗魅力。随即把这种"左"腔"左"调集约化,即必须批判"资产阶级中心论""资产阶级决定论""资产阶级高明论",归结起来就是四个字——"立足于批"。试问,如果不清除这些错误论调,怎能进入正常的学术研究状态?所以小组讨论乃至大会发言都不能不展开深入的讨论,首先是清理自己的思想,同时相互之间也要展开必要的交流乃至争论。但十年动乱,极"左"思潮横行,其影响很难在短时间内完全清除,有个别成员思想难以转变,无法合作编撰,只有自动退出,而我们自己残留的负面影响也在此后编撰过程中有所呈现。

长沙会议的主要收获是编写组取得基本共识,同时在历史分期、阶段区分、全书框架等方面也通过交流逐渐形成初步思路。作为最终成果是拟定了章节提要,并且确定了各个参与单位的分工。会后正式进入分头撰写初稿阶段,预定1977年4月在贵州再次召开编写组工作会议,交流编撰经验,协调外出社会调查工作。下半年成都召开最后一次编写组工作会议,在此之前必须完成全部初稿,并且打印分发,以便在成都会议上认真讨论审订。

1977年4月14日贵州会议如期召开。会前,贵州省委宣传部部长接见林言椒、林增平与我。他是老革命,曾经担任过地下省委书记,但却非常亲切而有风趣。他一开口就说:"我们贵州自古以来名声不好,比如'夜郎自大''黔驴技穷',等等。解放后我们工作没有做好,至今还是贫穷落后,靠中央扶贫款过日子。你们来自先进地区,希望多促进我省经济文化发展。"他讲的都是大实话,没有一句官腔,也没有强调什么政治挂帅。我们当然是心悦诚服。

但贵州当时确实太穷,作为省会的贵阳显得残破不堪,尽管山清水秀,却缺乏必要的管理,垃圾乱扔,墙上乱画,缺少像样的景观。作为会议主办单位的贵阳师院也穷,校舍简陋,连招待所都没有。我们被安排在市劳改局接待犯人亲属的简陋招待所,房间狭小,灯光暗淡,室内简直难以工作。会议饮食倒是由于省领导重视,给以若干"特供",但也无非是早已不大新鲜的带鱼,而且学校教工乘机"蹭饭"者甚多,小食堂不明身份的本校人员进餐者比编写组成员还要多,但开会时根本见不到这些人。与此前在武昌造船厂与湖南师院开会相比,食宿条件相差甚远。

但那些年月,学术界并不计较生活待遇,连有无稿费也不计较,只想在荒废已久的境遇下重新有所作为,所以不仅没有怨言,反而以艰苦朴素为荣,仍然把全部心思集注于编写《辛亥革命史》。由于到会人员较少,而且已试写过若干书稿,所以讨论更趋务实与深入。除章节结构有所调整外,还探讨了各章需要突破的重点,并对已提交会议的写成初稿进行有益的比较与评议。正式会议于4月21日结束,前后只有一周,而且还包括游览花溪、龙宫、黄果树瀑布等景点。会后林言椒与我们编写组主要骨干又留住了几天,比较细微地对全书结构、体例乃至图表等细节共同探讨并形成清晰的构想。最后确定,成都会议以前必须做好充分准备,争取不再开编写组全体会议,转入更为关键的阶段——少数骨干专家修改定稿。

为了做好充分准备,成都会议推迟了两个月,预定在1977年10

月下旬举行。由于是内部正式讨论书稿,所以不请嘉宾,连同川大本身的工作人员也限制在30人以内,但会期则延长到15～20天。四川省委对此会极为重视,已确定按省一级会议规格接待。这对编写组既是鼓励也是鞭策,使我们更为增加了责任感。

　　成都会议准备充分,安排周密,讨论认真,除重大问题外逐字逐句都不放过。至此,我们已收到全书90%章节的初稿,共约80万字,其中有4章(1/4)基本可用,只有一半初稿可以作为修改基础。手中有粮,心中不慌。编写组信心倍增,对下一步工作议定进行初步安排,指定了林增平、隗瀛涛、王天奖分别担任上、中、下三册统编。春节以前,各单位把缺稿补齐,自行修改。1978年2～4月分编统稿,5月上旬在开封再开一次大型工作会议,对全部已统编书稿进行审议,6月以后集中少数骨干到北京最后修改定稿。

　　成都会议外地人员被安排在省府第二招待所,食宿开会都在这所环境优美、服务周到的"内招"。工作进展顺利,编写组同心协力。

　　回校以后,我全力从事辛亥革命史的研究与编撰,并将前此几次编写工作会议的讨论内容加以总结融汇,写成《解放思想,实事求是,努力研究辛亥革命史》长文,刊布于《华中师范学院学报》,用意在于引起讨论并听取外界评论。没有想到,此文不仅在国内立即引起密切关注,美国中文报刊也立即摘要介绍,认为是"代表大陆民国史研究的新趋向"。稍后,美国与日本有几家史学刊物全文译载,东京辛亥革命研究会还组织集体阅读讨论。

　　我们的编写工作之所以较早受到海外关注,应该感谢《华中师范学院学报》,因为"文革"结束后,全国重点高校学报大多持慎重态度,可能是心有余悸,害怕在涉外问题上引起麻烦。据我所知,当时除中国社会科学院的《考古》与文物局的《文物》以外,高校学报对外发行的只有中山大学与华师两家,而我的几篇新作又都发表在华师的学报上。1979年我首次出访美国、日本,外国学者曾经问"为什么华师的学报能够对外发行?"好像华师、中大有什么特别背景。其实出版总署对外发行政策对各单位一视同仁,甚至鼓励高校学报抓紧对外发行交流,因为改革开放已经确定为国策,只是许多学校主管的思想不够解放而已。

华师的学报较早对外发行,提高了学校在海外的知名度,而辛亥革命史大型学术专著的编撰,更引起北美、日本和中国港台地区民国史研究者的高度关注。正是因此契机,我有幸成为此时中外学术交流的先驱者之一。

1978年,根据中美学术交流协议来华的第一批美国学者中就有一位辛亥革命史研究者——拉特格斯大学①历史系的高慕轲教授。他主动要求到华师与我合作研究一年。他对中国文化与历史兴趣甚浓,曾经在台湾中央研究院近代史研究所进修并促进台湾地区与美国福特基金会之间的交流。

同年,日本京都大学人文科学研究所狭间直树教授、日本中国研究所北山康夫教授先后来访,就辛亥革命史研究交换意见并邀请我访日。稍后,北山康夫还托中国科学院访日代表团为我捎来他珍藏多年的宫崎滔天主编的《革命评论》杂志。

也是这一年,威斯康星大学政治系弗里曼教授、华盛顿大学柯白教授先后来访。弗里曼也是美国第一批高校访问学者,原来在华北农村研究人民公社,但他对辛亥革命史曾有潜心研究,已出版过学术专著《回归革命——中华革命党》。柯白正在研究四川军阀并担任北美《亚洲研究》杂志主编。他们两人在此先后都曾为我出访热心操劳。

1979年9月底,我赴美访问,11月又从美国赴日本访问,这是中国大陆辛亥革命史研究者第一次走出国门。这期间,我还做了一项开创性的工作,就是组建辛亥革命史研究会。我花费了更多的时间与精力参与筹建中南地区辛亥革命史研究会,并推动其各项工作

---

① 今译为罗格斯大学。

发展。

1978年春，我们编写组正集中在北京修订书稿，广东省社科院张磊突然跑来倡议建立辛亥革命史研究会，增平与我当即表示同意。那时成立学会比较简便，只要得到中国社会科学院相关部门赞同即可。最先成立而且声势颇大的是中国太平天国史研究会，已经开过若干大型学术研讨会。我们无非是萧规曹随，连会章都照抄不误。但由于顾问黎澍提醒，会太大，人太多，关系复杂，难免会出现无谓争执，不如建个地区性的小社团，多做点切实研究。我们觉得很有道理，遂以编写组成员为骨干，加上广东、广西，成立中南地区辛亥革命史研究会。

1978年年底，中南地区辛亥革命史研究会第一届理事会在中山县（今广东省中山市）开幕，北京、上海等地也有学者作为特邀代表参加。会议选举我为理事长，林增平、张磊为副理事长，决定编辑《辛亥革命史丛刊》《辛亥革命史研究会通讯》《辛亥革命史论文选（1949—1979）》，并定于1979年11月举办第一次学术年会。

因此，我从日本归来，顾不得飞武汉，而是直接去广州，参加此次学术研讨会。应该说，十年动乱，荒废太多，在中山大学举办的这次学术研讨会，规模甚小，准备得也不充分。但这毕竟是百废俱兴的发端，人人意气飞扬，同心合力推动辛亥革命史研究的奋起意志确实令我感动。我在会上报告了美、日之行，与大家分享了国外的辛亥革命史研究状况与最新动态，对于我们此后研究的学术转型影响甚大。会下，专程前来交流的香港学者王德昭特别热情，不仅没有任何客套，反而似故人归来。他一见面就与我敞开胸怀，纵谈至深夜，并且带来他最爱喝的董酒与我共饮。德昭东西兼通，在民国史特别是孙中山研究方面颇有真知灼见。我很早就很钦服，并且经常向同事与学生推介。似乎由于都有抗战时期西迁流亡的经历，我们共同语言甚多，很快就成为相知甚深的密友。

1979年11月，研究会与中山大学、广东省史学会在广州联合举办孙中山与辛亥革命学术讨论会。会议收到论文84篇,到会代表141人,其中有美、日及中国香港地区学者4人,为中国大陆举办国际性辛亥革命学术会议之先声。这次会议虽然条件比较简陋,但在海内外却产生很大的影响,所以我称之为大陆辛亥革命史研究"春天的第一只燕子"。会后,我们遵循不讲空话、多做实事的宗旨,努力在"桥梁"与"园地"两方面夯实基础。《辛亥革命史研究会通讯》由各理事单位轮流编印,到1979年10月已出版3期,由于内容充实,短小精干,深受各地欢迎。1980年9月《辛亥革命史丛刊》第一辑由中华书局出版,这是我国最早公开发行的近代专史学刊。同年12月,《辛亥革命史丛刊》又出版了第二辑,开始为国内外学界注目,以后成为权威性较高的辛亥革命史研究专刊。

当然,对于我们《辛亥革命史》编写组来说,最主要的工作还是这120万字书稿的修订出版。从1978年春到1980年,编写组主要骨干都集中在北京编稿并做最后修订。统稿工作之繁重也出乎我们意料,因为已成书稿作者分处各地,基本上没有多年合作磨合的经历,因此文风思路颇多差异,加以有若干章节水平有限,必须推倒重写,有些部分(如社会动乱、群众斗争)还需每天去"一档"(即中国第一历史档案馆)查阅原始文献。《辛亥革命史》定稿后总共120万字,远远超过原来的预计。

经过4年多通力合作,《辛亥革命史》三卷本终于在1981年10月以前如期出版,为纪念辛亥革命70周年国际会议的隆重召开献上一份厚礼。宋庆龄先生应我求索,为封面题写书名,更为此书增添光彩。林言椒和人民出版社相关人员为此书的版式、装帧、配图、复印日夜奔忙,付出许多心血,我也终生不忘。

在辛亥革命70周年到来之前,一系列学术活动相继举办,一批学术著作先后推出,辛亥革命史研究蓬勃开展起来。

早先在1961年武昌举办的首次纪念辛亥革命50周年的学术会议上,学界即已形成共识,每隔十年举办一次全国纪念性大型会议。

1981年是辛亥革命70周年,国内外辛亥革命史研究逐渐形成热潮,所以大型学术会议的举办势在必行。"文革"期间,吴玉章、范文澜等老一辈学者多已辞世,我们这些后继者深知自己的责任。由于辛亥革命70周年即将到来,研究会与湖南省历史学会于1980年11月在长沙联合举办辛亥革命史讨论会,同时商讨如何开好纪念辛亥革命70周年学术讨论会。1981年4月,还在长沙举办了纪念辛亥革命70周年青年研究工作者学术讨论会。因此,从1980年下半年开始,我就不断奔波于京广线上,为纪念辛亥革命70周年国际学术会议的召开穿针引线,同时还要赶写自己的论文《辛亥革命与江浙资产阶级》,而中南地区辛亥革命史研究会遂成为重要的推动力量。

纪念辛亥革命70周年学术讨论会于1981年10月12日至15日在风景如画的武昌东湖隆重召开,出席学者170余人,其中有日、美、加、法、澳、印、泰、朝和我国香港地区的学者44人,是一次名副其实的高水平大型国际学术会议。

日本学界对辛亥革命讨论会最为积极,来武汉开会者最多,提交论文的质量均具有较高水平。与此相应,日本历史学会还于1981年11月在东京举办相对应的纪念辛亥革命70周年国际研讨会,并且为推动中国海峡两岸学者友好交流做了大量促进工作。

对于华师刚刚建立的辛亥革命研究中心来说,通过此次会议首次向海内外学界展示了自己的实力,同时也打开了师生的眼界。政府与社会对我们也给予了较多关注,我撰写的《辛亥革命与江浙资产阶级》与《辛亥革命史研究的30年》广泛流传,《新华日报》还全文刊载了我的第一个博士生赵军的处女作《试论宫崎滔天与"支那革命主义"》。这篇文章引用了大量的日文档案文献,比较细密地阐析史事,一反过去对宫崎滔天的消极否定,因而引起较大反响。此前我从日本带回许多缩微胶卷,但由于经费短绌,连缩微阅读器都买不起,赵军只有自己动手,利用电筒制作简陋的幻灯机放大阅读,其中艰辛可想而知。不过这也几乎形成一个传统,即每过十年开一次纪念辛亥革命若干周年国际研讨会,《新华日报》都要全文刊载我们中心的一篇新锐的优秀论文,如辛亥革命80周年刊载了朱英有关晚清农会的文章等。

我们中心在此次会上宣读论文的有严昌洪(《辛亥革命中的暗杀活动及其评价》)、饶怀民(《试论〈民报〉时期汪精卫的民族主义思想》),两人的论文均有创新意义。还有唐文权(《辛亥革命前章太炎的佛学思想》)、张应超(《辛亥革命时期井勿幕的活动》),均为我识拔的自学成才的年轻中学教师,是由此脱颖而出的卓有贡献的学者。他们的成长使我深受鼓舞,并且也增加了自己前进的信心。

稍后,我又随同胡绳、陈锡祺、金冲及、李宗一前往参加东京的纪念辛亥革命国际研讨会,会上我提交的论文是《"排满"与民族运动》。

会后,我们又在美中友好协会安排下,前往纽约、华盛顿、伯克利、哈佛等地会见一些学者与其他各界知名人士,充分发挥了此次友好交流的社会效应。

此后,辛亥革命史研究进入了一个繁荣期。

为了进一步加强湖北地区的研究工作,并促进国内外辛亥革命史研究的深入开展,1984年我与湖北省领导干部、省内外知名专家学者、辛亥革命老人、全国及省内民主党派负责人等联合向国内外发出在武昌建立"辛亥革命研究中心"的倡议书,引起国内外的普遍关注,得到了中外学者及与辛亥革命有关人士的积极响应和支持。经过多方努力,武昌辛亥革命研究中心于1989年6月正式成立。

在辛亥革命史研究中,我有两个观点,一是要出成果,二是要出人才。自从1978年恢复研究生学制以来,我花了很大精力去培养年轻一代的辛亥革命史研究者。早期研究生有饶怀民、严昌洪、罗福惠、赵军等,之后都长期坚持着辛亥革命史研究,并且在不同领域卓有成就。接着是马敏、朱英、桑兵、莫士祥、韩明等,他们也在辛亥革命史园地长期辛勤耕耘并结出累累硕果。此外还有我们办的两届助教进修班,其中也有几位在辛亥革命史研究中发展得很好。

年轻学者的迅速成长，主要是靠他们自己的主观努力，但我也尽量为他们创造条件。一是营造良好的学术环境，把严谨治学与自由讨论结合起来，并放手让他们在国际、国内学术活动中与强手竞争。二是注意培养他们独立思考能力与创造精神，我不希望学生终身成为导师的影子，他们应该有自己的道路、风格与方法。三是帮助他们不断发掘新资料、开辟新领域，如商会档案与教会大学档案整理研究等，都是中国大陆的拓荒工作。

我还注重培养学生的创造性思维，积极为学生搭建学术交流平台，给他们提供机会到外面更大的讲坛上，包括在国外的学术讲坛上展示自己的聪明才智。此外，我以坦荡的胸襟鼓励学生超过自己、批判自己，勇敢挑战权威。对于毕业学生，我主张终身教育，对他们的学术研究和个人发展及至家庭生活冷暖进行追踪关怀，与学生保持着绵亘不变的感情纽带。

作为一个教育者，我对于非门下弟子的求教也倾心相授，甚至不拘一格为他们提供更好的施展才华的舞台。

1975年春夏之间，执教于苏州二中的唐文权写信向我请教有关章太炎研究的问题。我虽与他素未谋面，但做了认真回复。此后，我们两人开始书信不断，我对唐的才华和治史的勤勉多有了解。1980年，我前往苏州查阅商会档案资料，就住在唐文权家里，我们两人相知渐深。1981年10月，武昌举办纪念辛亥革命70周年学术讨论会，在我的鼓励下，唐文权向大会提交论文并且受到与会学者一致好评。1983年，我向学校申请把唐文权引进华师历史研究所，但受到了省内人事部门的阻隔，理由是唐文权仅有大专学历。我甚为不满，在国家教委高教一司司长来校考察时，借机与历史文献学研究所的张舜徽先生一起，向他说明情况，并再三强调学历不是检验人才素质的唯一标准。司长为之动容，连忙促进此事，唐文权很快得以顺利调动，他此后在学术研究上也取得了显著的成绩，为历史所的发展做了很多贡献。

我把陕西学者张应超称为"在牛棚边成长的年轻学者"。当时，张应超在西安一家工厂的附属中学执教，一家三口居住在牛棚边的一个简陋小屋里，但就在这种艰苦的条件下，他勤于钻研中国近代史和道教历史文化。1977年春，张应超给我来信表示很想为编写《辛亥革命史》贡献力量，我做了诚恳回复。自此，我们两人保持通信，主要就《光明日报》当时发表的关于章太炎的评价文章交流见解。我逐渐被张应超强烈的好学精神所吸引，鼓励他继续深入钻研，并在必要时勇敢参加讨论。同年10月，我专程前往西安看望张应超。此后连续好几年，我们两人保持书信往来，多半是就辛亥革命史研究的资料与信息进行交流，有时还就若干史事问题相互切磋。同样在我的鼓励下，张应超向武昌纪念辛亥革命70周年学术讨论会提交了论文并且通过评选。他也因此被陕西省社会科学院选聘，进入历史研究所从事研究工作。我得知此喜讯后，立即去信表示祝贺，勉励他在顺境中更要严于律己，谦虚谨慎，实干苦干。此后，张应超在史学领域劳绩显著，后曾出任陕西省社会科学院宗教研究所所长。

第三章

# 20 世纪 80 年代风起云涌的教育改革形势

1978 年 12 月,中共中央十一届三中全会召开,开启了改革开放历史新时期。在经济上,从计划经济向以计划经济为主、市场调节为辅的方向转变;从单一的公有制经济转变为以公有制经济为主体的多种经济成分并存;在政治上,健全社会主义民主和加强社会主义法制;解放思想、实事求是,重新确立了党的马克思主义的思想路线。在全社会解放思想、改革开放的浪潮下,高等教育改革十分活跃,并取得了令人瞩目的成绩,涌现出了一批勇于创新、敢于变革的教育家,他们呼吁扩大高校办学自主权,推动教育体制改革。众多高校全面开展改革,如上海交通大学的管理体制改革,武汉大学的教育教学改革,华中理工大学(原华中工学院,现华中科技大学)的师资队伍建设和学科建设,深圳大学的办学体制改革,等等。

## 一、教育体制改革破题

随着社会经济发展和高等教育的规模扩大,原有教育体制的弊端愈加明显,权力过度集中,直属教育部的高等学校权力都集中在教育部,高校在招生、教学及学术等方面缺乏自主权,导致整个教育体制封闭僵化,直接影响了办学活力和教育质量的发展,进而影响了教育事业为经济和社会发展服务。

高等教育(以下简称"高教")专业的划分和设置越分越细,培养出的人才专业能力强,但适应能力弱。高教系统是封闭的,招生分配由主管的政府部门按计划决定,学校的财政,包括学生的一切学习费用也都由国家包下来。高校既没有来自经济和社会发展需求的压力,也缺乏主动适应多方面发展需要的动力,往往只注重上级的需求,追求自我完善,其实是盲目的自我发展,导致的后果是办学效益低下。例如,高校的设置和专业的设置重复,且都追求小而全,使学校规模都很小,而且受生源和分配的限制,规模的扩大难以实现。师生比例和设备利用率低,使有限的教育经费使用不当,阻碍了高教事业的发展,以致与社会的需求相脱节。一面是社会急需的(也是不断变化着的)紧缺人才高校不能及时供给;另一面是人才积压,毕业生分配困难。总之,教育体制的问题已成了教育事业发展的主要障碍。①

---

① 刘佛年:《中国教育的未来》,合肥:安徽教育出版社,1995年。

在这种情况下，高校开始呼吁要扩大办学自主权，进行教育体制改革。

1979年12月6日，复旦大学的苏步青校长、同济大学的李国豪校长、上海师范大学（实为后来的华东师范大学）校长刘佛年与上海交通大学党委书记邓旭初在《人民日报》撰文呼吁"扩大高校办学自主权"，是20世纪80年代高校改革的"第一枝报春花"。集权太多，自主权太少，重重叠叠的行政机构对校长管理学校制造了众多困难，校长的手脚被束缚住，很难办好学校。对于人权、财权和教学科研方面的管理权要适当放开，出台制度、政策要有利于出人才。他们建议进行高校自主权试点，给予大学适当的自主权，不能统得太死。

1983年5月，全国高等教育工作会议提出，学校可以试行设立起参谋、咨询作用的校（系）务委员会。1984年5月，教育部部长何东昌在第六届人大二次会议上的发言中提出高等学校"进行校长负责制的试点"。1984年11月，中宣部和教育部在成都召开高等学校校长负责制试点工作座谈会，确定北京师范大学、同济大学、天津医学院等9所院校作为实行校长负责制的试点单位。1984年12月，中共教育部党组发出通知，在高等学校试行设立校务委员会，"高等学校校务委员会是学校工作的咨询机构，在校长领导下开展工作，并可以受校长委托，代表学校进行某些活动"。

杨万里同志在1985年全国教育工作会议上讲道："全国性的经济体制改革正在展开，科技体制改革也在着手进行，教育体制如不改革，同现代化建设和新科技革命的形势不适应的现象会更加严重。总之，我们必须及早下决心改革教育体制，否则就会丧失时机，贻误大事。这是关系'四化'成败的全局问题、战略问题，我们一定要有紧迫感，深刻认识到它的迫切性。"

1985年5月通过《中共中央关于教育体制改革的决定》（以下简

称《决定》),明确提出"教育体制改革的根本目的是提高民族素质,多出人才、出好人才"。对阻碍教育事业发展的主要障碍界定清楚,并明确提出要"扩大高等学校办学自主权"。"在教育事业管理权限的划分上,政府有关部门对学校主要是对高等学校统得过死,使学校缺乏应有的活力;而政府应该加以管理的事情,又没有很好地管起来。""要从根本上改变这种状况,必须从教育体制入手,有系统地进行改革。改革管理体制,在加强宏观管理的同时,坚决实行简政放权,扩大学校的办学自主权。""为了加强党和政府对教育工作的领导,成立国家教育委员会负责掌握教育的大政方针,统筹整个教育事业的发展,协调各部门有关教育的工作,统一部署和指导教育体制的改革。""学校逐步实行校长负责制,有条件的学校要设立由校长主持的、人数不多的、有威信的校务委员会,作为审议机构。要建立和健全以教师为主体的教职工代表大会制度,加强民主管理和民主监督。学校中的党组织要从过去那种包揽一切的状态中解脱出来,把自己的精力集中到加强党的建设和加强思想政治工作上来;要团结广大师生,大力支持校长履行职权,保证和监督党的各项方针政策的落实和国家教育计划的实现。"

《决定》是教育改革进程中一座重要的里程碑,邓小平同志做了题为《各级党委和政府要把教育工作认真抓起来》的重要讲话,使教育事业在国家各级各类教育事业中的地位得到提高。在新技术革命到来的大背景下,将教育工作的重点集中在教育体制改革上,与经济体制改革协调并进,提出"教育必须为社会主义建设服务,社会主义建设必须依靠教育"的正确方针,明确了教育发展的方向。

高教体制改革起步早,发展也较快,宏观管理体制方面进展相对较差。高校虽有了较多的办学自主权,但办学体制没有变动,投资体制也没有大的改变,高校仍对主管部门有很大的依附性。在招生分配上已改变了统招统配的情况,高校在完成国家计划招生任务外,可招收委培生和收费生,以直接满足企事业单位的需要。分配时,毕业生和用人单位直接面谈,明确各自义务和权利、使用和工作的条件等,避免了人才使用不当等弊端,对某些工作条件艰苦而又必需的专业,仍由国家计划分配,对边远地区则采取定向招生、定向分配的办法,以保证那些地区的人才需求。[①]

1986年3月,国务院颁发《高等教育管理职责暂行规定》,以法规形式明确扩大高校在招生来源、毕业分配、财务经费、基建、干部管理、教职工聘任、教师任职资格评定、教学科研、对外交流等方面的管理权限,增强高校适应经济和社会发展需要的能力。

1988年4月,国家教委下发《关于高等学校逐步实行校长负责制意见》,积极推进这一制度的实施。

至1989年初,全国已有100多所高校实行了校长负责制。当时的北京师范大学、中国人民大学、浙江大学、同济大学等在实行校长负责制方面均取得较好的效果。

1990年,中共中央颁发《中共中央关于加强高等学校党的建设的通知》,明确指出为加强党对高校的领导,高校实行党委领导下的校长负责制。在学校内部管理方面,实行定编定员、岗位责任制、聘任制、考核制、奖励制、后勤承包责任制、工资总额包干制等,调动了人们的积极性,提高了办学的效率。高校在对外服务发挥自己的优势和潜力、直接投身社会主义建设的第一线方面得了长足的发展。大部分高校搞了校办企业或与科研机构、生产单位组成联合体,在开发高科技产业上发挥积极的作用。另外通过技术攻关、转让科研成果、咨询服务等获得经费,添置教学科研设备,增加教职员工的收入,在很大程度上弥补了教育经费的不足。许多高校创收的经费已占到全

---

① 刘佛年:《中国教育的未来》,合肥:安徽教育出版社,1995年。

校教育经费的 30%～40%。①

## 二、高校改革开局

有学者指出,从具体改革的时间进程看,当时上海、武汉、深圳、北京等地涌现出一批改革先驱。

中国高等教育有"四朵金花"之说,即北京、上海、江苏、湖北,都是高校云集之地,师生众多,思想活跃,高校改革自然也就从这四个地区开始。

上海是高等教育的重镇,主要有复旦、交大、同济和上海师范大学(今华东师范大学,与今日的上海师范大学不是一回事)几所学校的改革。记得当时上海教育界几位知名校长联名呼吁解放思想,给高校办学自主权,拉开了上海也是全国高教改革的序幕,这里附上四位大学校长联名一文,以窥其状。

### 上海四位大学负责人呼吁:给高等学校一点自主权②

作者:肖关根　来源:人民日报1979年12月6日第3版

编者按:学校(包括大专院校和中小学校)应不应该有点自主权,应该有哪些自主权,教育体制如何改革才能更好地适应工作重点的转移? 这是很值得探讨的问题,希望大家积极提出建设性的意见。

本报讯　记者肖关根报道:最近,复旦大学、同济大学、交通大学和上海师范大学的校长和党委书记,对办好大学、扩大高校自主权问题,谈了一些看法和意见,现整理如下:

---

① 刘佛年:《中国教育的未来》,合肥:安徽教育出版社,1995年。
② 肖光根:《上海四位大学负责人呼吁:给高等学校一点自主权》,《人民日报》,1979年12月6日第3版。

## 一、复旦大学校长苏步青：应该相信校长能管好大学

学校自主权问题，是个教育体制问题。直属教育部的全国重点大学，权力都集中在教育部。学校要请外国学者讲学或者派人出国学习，招收多少学生，开设什么专业，等等，统统由教育部规定。这样一来，当校长的只要按照上面规定的办就是了。结果是，办出来的学校都是一模一样。拿综合性大学来说，复旦大学就与北京大学没有什么区别。各个工科大学也是一个式样。外国人来参观时，每类学校只看一所大学就行了，因为各个大学没有自己的特色。

我想，中国这么大，学校这么多，什么事都由教育部管是管不好的。为什么不给大学一点自主权呢？其实，教育部对重点大学每年的人员进出、招生人数和教育经费订个计划，做出预算以后，就应放手让学校去做。如使用外汇问题，文科和理科情况不一样，上面规定总额后，把钱交给银行或财务部门保管，使用权交给系里，需要时由系主任批准就可到银行提取。但现在不是这样，规定使用经费超过一千元的都要由校长批准。复旦大学十几个系，我怎么能具体了解每个系用钱的情况？这样的权力可以下放到系里，但我没有这个下放的权力。

我们是国务院任命当校长的，那就应该相信我们是会用好这个权的。现在学校实行的是党委领导下的校长负责制。方针政策，大的方向，党委会掌握，教学科研由校长负责。现在的大学校长一般都是学者、专家，又在一个学校工作多年，他们熟悉这个学校的情况，完全可以让他们发挥专长，把学校办得很有特色。如果让我这个校长在复旦大学做主的话，在招生考试和教学方面，就不一定完全按照全国统一规定来办。这样，说不定办得更有特色，更有效果。但是，由于学校没有自主权，现在行不通。我觉得，我们党和国家对学者和专家是很重视的，给了我们很高的荣誉和地位，但由于制度还有些缺陷，至今仍不能很好地发挥我们的作用。照现在这样的管理制度，校长的手脚被束缚住，是很难办好学校的。

## 二、同济大学校长李国豪：制度、政策要有利于出人才

现在学校没有什么主动权。我作为校长，只知道教师出差坐飞机要我签字才能报销，其他没有什么权。就以用人权来说，招聘或辞退一个教师或工作人员，都要由上级人事劳动部门批准。如我校有一位外语教师，由于本人有历史问题，肃反时被清除出学校。如今他的问题已经得到解决。这个教师教德语教得很好，我们就请他回来教书。上级人事部门不同意。学校人事部门与他们打过几次交道，他们先是说没有编制，我们说学校有编制，可他们就是不批准。这位教师已上了半年多课，但得不到承认。

再如招收研究生，今年我校物理系招收研究生时，有位考生五门功课中有四门成绩都在80分以上，只有一门功课成绩比较差。物理系领导和指导教师都认为这个考生过去学习成绩一贯优秀，是有培养前途的，决定录取他。学校党委讨论了两次，表示尊重系领导和指导教师的意见。但是，上海市招生部门一再不同意，最后还要学校打报告，由他们来批。一个大学的党委和校长都无权录取研究生，反而要由并不了解情况的上级机关来批，真是没有道理。

学校基建也是这样。设计方案要教育部点头，要上海市教育局批准。建造地点还要由市规划部门指定。最近，我们要造一个食堂，一定要按市规划部门选定的地点造。食堂在学校里又不牵涉到城市规划问题，可是硬要来管。我说，我们现在是"科员统治"，有些事部长、局长还好商量，就是一些办事人员难通过。什么事都由教育部规定，市里批准，科员把关，还要校长干什么？

这种权力过分集中的现象，可以说是几千年的封建社会的残余。重重叠叠的行政机构，有些不是帮助下面出主意，而是制造困难，卡你。这是制度上的问题，还是思想认识上的问题。有些同志总认为只有自己是聪明的，是能掌握原则的，下面的人统统是阿斗，是靠不住的，把权交给他们就会为非作歹。所以一定要管得死死的。在这种情况下，当校长的，可以什么事都不干也用不着检讨。

三、上海师范大学校长刘佛年：教育部门不要只用行政手段管学校

教育管理权有三层，中央、地方、学校。三方面的关系要解决好。从各国的情况看，由于历史发展的关系，大致分两类：一类是中央集权的如法国，大学基本上是直接受中央管的；另一类是地方分权的如美国，宪法规定教育是各州的事，各州也管得不细，大学自主权比较大。现在发展趋向是，中央集权的国家开始给地方和学校多一点自主权，如法国，在1968年闹学潮以后，就开始大学体制改革，第一条就是给学校一些自主权。而地方分权的国家，则加强了一些中央集权，中央给学校经费补助，以影响学校的教学和科研的方向。现在大家有一个看法，集权与自主，要保持一个恰当的平衡。有的东西要统一，有的事情要给下面一点权力，没有绝对的自主权和集权。

从我们的情况来说，问题是集权太多，自主权太少。这容易束缚下面的手脚，不能发挥下面的积极性，不利于迅速解决问题。近来自主权有所增加，但是还不够。另一方面，在某些事情上也有集权不够的情况。

所谓自主权，包括用人权、财权和教学科研方面的管理权。用人权方面，现在学校行政领导是上级直接任命，其实最好是学校选举产生，报上级批准任命。教育主管机关应该规定学校的人员编制。统一分配的制度也还是必要的，但教职工即使是统一分配进来的，也应该允许学校考核、选择、试用，不合格的可以不要；虽然工作了相当时间但仍不称职的，可以要求人事、劳动部门另行分配工作。另一方面，还应该允许学校招聘人员。今年上半年，我们学校试了一下，从社会上没有正式工作的人当中招考录用了一些外语人员，为外语资料和教学工作补充了一些力量。某些单位有个别的人确有专长，但又无法用其所长，而大学却很需要，应该允许把他们调进大学。总之，教职工要有进有出，才能流水不腐。

在财务方面，经费如何具体使用，可以让各校自作主张。主管机

关可以对学校经费使用情况进行检查。年终没有用完的经费不要上缴,这样可以促使学校精打细算,不突击花钱。关于奖金、加班费等,应该做一些统一的规定。过去有些不合理的财务制度应该修改。

再看教学、科研的管理权。我看,全国统一的计划、大纲、教材只能是参考性的,可以用,也可以不用,这样教学才能多样化,各有特点。再如招生制度,入学考试除用统考外,是否可以让某些学校自行招生,或允许他们自招一部分学生,这样可以让某些专业更加认真地挑选适合本专业特点的学生。要允许学校对优秀学生进行特殊培养,如提早毕业,招进研究班,或送到他校进修。要允许校院间互换优秀毕业生,留作助教。教师出国,可以让各校自行掌握。总之,教育部门要多用建议、帮助之类的方法来管学校,不要只靠行政手段来管学校。国外有的教育部门主要是到下面搞调查研究,提出建议,组织交流和给学校提供帮助。我们的教育部门能在这方面多做些工作,大学肯定是欢迎的。

四、交通大学党委书记邓旭初:该统的没有统,不该统的统得太死

有人说,大学办不好,该打校长、书记的屁股。其实打不着。目前事无巨细,唯上面的意旨是从,校长、书记没有多少自主权,屁股何从打起?

拿教学来说,统一教材、统一大纲,乃至统一习题,要求各校办成一个样;拿经费来说,专款专用,不准机动;拿人事来说,上级不批准,优者进不来,劣者送不走。

要想把大学办好,得给大学以适当的自主权。全面铺开,容易搞乱,可否先试点?我不是反对统一,有些大事应该统一。现在的情况是,该统的没有统,不该统的反而统得死死的。交大有个专业,某工业部不管,教育部不问,另一个工业部想投资而缺乏相应的资金。结果这个专业搞得半死不活。又如起重机专业,是个老专业,师资力量强,潜力大,早在1962年,就是出席全国文教群英会的先进集体,但至今科研任务拿不到,有关业务会议也无权参加,对这些专业该统而

又为什么不统？

我主张，对大学的规模、专业设置、教职工编制、学生质量的最低要求等，应由国家统一规定。根据学校规模，拨给学校相应经费指标（包括外汇），交给学校包干使用。领导机关可监督检查。学校还可以根据本校实际，同国外直接取得联系，如参加国际学术会议，开辟国际学术交流，并可接受国外的设计、科研、实验等任务。

现在大家都公认，教师比同工龄的工人实际工资低两级以上。如果给大学适当的自主权，就能在不增加国家负担，不减少国家收入的前提下，利用大学现有设备、人力、技术，实行奖金奖励制度。但是，目前有些制度象紧箍咒一样把学校限制得死死的。

在这四人中，时任上海交通大学党委书记的邓旭初领导的改革最为引人注目。为了改变机构臃肿、人浮于事、效率低下等问题，上海交通大学的管理体制改革从人事制度改革入手。邓旭初和他的一班人通过促进人才流动优化师资结构，减轻"近亲繁殖"的弊端。同时，精简机构和干部，把教职工的工作（劳动制度）、职称（人事制度）、分配（工资制度）直接挂钩，拉开分配差距。尽管只有几元钱之差，却带来了竞争和学校的生机。上海交通大学管理改革的其他措施还包括：大胆起用有创见的人才，率先接受海外捐款建设图书馆；扩大基层的自主权；鼓励教师参与社会服务，在完成教学任务的前提下，在校外兼课、开展对外技术服务，等等。这些措施现在看来并没无特别之处，但在当时却具有打破陈规、改革开拓的开创意义。[①]

此时上海师范大学刘佛年校长领导的改革也颇具声色。刘佛年在上海师范大学长期从事领导工作，历任教育系主任、教务长、副校长、校长等职。1980 年，他在华东师范大学[②]创立了国内高校中第一所教育科学学院，构建门类齐全的教育学学科架构。刘佛年是注

---

① 杨东平：《重温和借鉴：80 年代的高等教育改革》，《复旦教育论坛》，2008 年第 5 期。
② 1980 年更名为华东师范大学。

重培养理论与实践相结合的教育家,在 1981 年和 1985 年间,他创造性地开办了两次教育科学专业班(简称教科班),从华东师范大学各专业三年级学生中招募有志于学习教育科学的学生,在四年级时转学教育科学,并在毕业时撰写教育方面的毕业论文。这些教科班的学生毕业后,很多人留校工作,他们中的很大一部分都成为后来教育学领域的领军人物。华东师大开办的教科班影响很大,很多高校都借鉴了这一创举。之后,整个教育系不再招收本科生,而是在研究生的时候专门进行培养。[1] 刘佛年 1985 年在《上海高教研究》上发表的《高师教育的展望》[2]一文,具有预见性地展望了未来师范院校的任务、层次、年限、专业设置、教学内容与方法等的发展变化,强调要注重提高师资的质量。

武汉的高教改革起步几乎与上海同时。自清末张之洞兴学以来,武汉就成为高等教育的重镇。武汉高校校长的改革意识之强、措施之多、力度之大、影响之巨,远超其他地区,是当时全国高校改革的先进区,某些方面的改革甚至领全国之风骚。这主要是由于时任教育部高等教育司司长刘道玉离任后回武汉大学当校长后的锐意改革,因而得风气之先。

刘道玉在 1979 年就任武汉大学校长不久就开始进行学制改革的探索。在刘道玉领导下,武汉大学树立新的人才观,打破过去统得过多、管得过死、学校与社会脱离、人才规格和培养方式"一刀切"等弊端,重视培养通才,培养创造型人才,鼓励学生冒尖。学制改革的内容包括:实行学分制,学生在必修课之外,可根据兴趣选修若干课程,提前修满总学分可提前毕业或报考研究生;改一贯制为分段制,将四年制分为二、二两段,五年制分为二、三或三、二两段,根据学生学习情况分段毕业,两年或三年的毕业生相当于大专毕业,授予相应文

---

[1] 赵洪艳:《创新型人才成长:著名教育家刘佛年的故事》,华东师范大学,2012 年。
[2] 刘佛年:《高师教育的展望》,《上海高教研究》,1985 年第 2 期。

凭;改单一专业制为主辅修制,学生在主修专业之外,可另选一辅修专业,成绩计入总学分。这些改革不仅有利于调动学生的学习积极性,而且可以缩短一些学生的培养周期,培养不同规格的学生。据统计,仅在1977级的1194名学生中,就有40多名学生提前半年至一年毕业。此外,还实行插班制、学术假制,允许学生转系或转专业,倡导学生自学、开展大学生业余科研活动,等等。实践证明,这些措施有效地提高了教育质量,培养出了一批具有创造性的优秀人才。①

华中工学院时任书记兼校长朱九思是一位资深的老同志、老领导,也是一员思想解放、敢于作为的改革先锋。学校在朱九思的领导下,拨乱反正,锐意改革,按照教育规律和科学规律办学,采取了一系列敢为人先的措施,在较短的时间内使学校的学科结构、师资队伍、办学条件、教育质量有了极大的改善和提高。从"文革"后期开始,朱九思就不拘一格,大胆引进那些处于逆境之中的知识分子,从"文革"后期至20世纪80年代初,共调进600多名教师,建立10多个新专业,有效地解决了人才断层问题。同时,按照社会和科学发展的需要,大幅度调整学科专业,大力开展科学研究和国际学术交流,使学校由单一的工科院校发展为工、理、管、文相结合,具有学科综合性的大学,走到了全国高校的前列。②

我是1984年担任校长的,我于华师的改革在武大、华工之后,但也有自己的特色。我上任后开始深思教育的功能尤其是从大学职能的角度出发,进行了一系列的教育实践。与刘道玉的偏重教学改革、朱九思的偏重科研改革有所不同,我的改革特点主要是从大学的社会服务职能出发,加强大学与社会之间的联系,发挥出了大学在社会经济发展、文化面貌改变方面的巨大贡献。我与副校长邓宗琦等人共同努力构建并推广"一校一县"模式,即一所大学与一个县或县级

---

① 杨东平:《重温和借鉴:80年代的高等教育改革》,《复旦教育论坛》,2008年第5期。
② 杨东平:《重温和借鉴:80年代的高等教育改革》,《复旦教育论坛》,2008年第5期。

市全面合作,订立"科技与教育发展协作合同",从帮助该县编制"经济、科技、教育与社会协调发展战略规划"入手,鼓励并组织各系所与该县有关企业、事业单位分别签订专项协作合同。在我这一思想的推动下,华师最早与湖北省仙桃市开始了"一校一县"合作模式的尝试,将大学与社会紧密联系,与大学合作来帮助地方政府发展科技、教育、文化事业,同时又借助地方政府将大学的产、学、研连为一体,实现了双赢的目的。我认为如果每一所大学都能够与一个县或两三个县全面协作,则必将大大有助于全国经济、文化面貌的变化,同时也有力地促进大学自身的教育改革,促进教学、科研工作的发展,为培养21世纪所需要的新人提供良好的环境。改革过程因后面还会具体回顾,此处不详述。

深圳主要是深圳大学校长罗征启领导的改革。1983年开始招生的深圳大学,在制度创新、体制改革方面积极探索,取得了显著成效。在罗征启校长的领导下,深圳大学实行"校长治校,党委治党,教授治学"的领导体制。党委只设党办这一个部门,处不设科,系不设教研室。教职工取消午休,连续工作;每日多工作半小时,实行五天半工作制,留出星期六下午作为党团活动时间,不影响日常工作。中层干部利用"午餐会"交换信息,研究工作。学校以"自强、自立、自律"作为对学生的基本要求,让学生在实践中认识自我,管理自我,自己掌握自己的命运。建立了全新的勤工俭学制度,学校中大量教学服务、后勤服务、生活服务等均由学生承担,不仅减少了后勤职工的编制,而且培养了学生的工作精神、服务精神。"学生自律委员会"处理大多数学生案件,宿舍由通过竞选产生的学生宿舍管理委员会负责管理。深圳大学以崭新的管理模式、人才培养模式和精神风貌而名噪一时。①

可能由于处于皇城根下的原因吧,北京地区的高校改革稍稍滞

---

① 杨东平:《重温和借鉴:80年代的高等教育改革》,《复旦教育论坛》,2008年第5期。

后。有代表性的改革是时任北京师范大学校长的王梓坤领导的改革。1984年,王梓坤担任北京师范大学校长,所做的第一件事就是倡议建立教师节,以引起各方面对教师的尊重,对教育工作的重视,改善教师的政治地位和经济待遇,"身为校长,不能光考虑怎样把本学校办好。学校不是独立的,只有教育的整体面貌得到改变,教师的整体地位得到提高,单个学校的面貌才能从根本上焕然一新。设立教师节,发挥教育的影响力,是改变教育整体面貌的必要举措"。他是个积极的进取者、开拓者,在北京师大任职期间考虑将北京师大办成国内第一流的、国际上有影响的、高水平的重点师范大学。王梓坤在北京师大特别强调首先要将科研搞上去,他狠抓科研,在任期内,北京师大在国内外报刊上发表的论文数量在全国综合性大学和师范大学中排第6名,限于当时在校的教师人数,在人均比例数上已达到最高名次。学生数量增加较多,校内达8000多人,校外(夜大、函授生)也达8000多人。学生层次齐全,包括专科生、本科生、硕士生、博士生、博士后、进修生、外国留学生与高级进修教师等。在国际交往上,已同国外50所大学有协作交流。[①]

---

[①] 陈竹如、李争光:《中国数学家王梓坤》,哈尔滨:哈尔滨出版社,2001年,第165—166页。

# 第四章

# 意外就任华中师范学院（大学）校长

## 一、谬膺校职

20世纪80年代，我在最初3年全力投入辛亥革命史研究与国内外学术交流中，很多时间都是在旅途上度过的，对国内乃至校内情况反倒相当隔膜。其实，当时有一股强大的改革热潮正在国内迅速兴起，各个大学也不例外。采用"海选"办法，参照民意选拔校长就是一个"史无前例"的创新举措。正是这一举措改变了我的后半生命运。

1983年，我不在学校，却被大家"选举"为校长。其实那个选举也不是正式意义上的选举，实际上就等于一个民意测验，就好像是民选一样，用今天的说法就是"海选"，因为没有候选人。那时候学校情况很复杂，不仅学校情况复杂，还牵扯到省委。省委里面也复杂，当时原有的省委与学校的当权者之间有矛盾,学校内部也有矛盾,有反对的,有支持的。"文革"虽已结束多年,但遗毒依然存在,派性因素是其大端。学校内部也好,湖北省委也好,都因"文革"期间属于不同的派别而影响到现实工作,所以,教育部没有任何成见,只是为了客观一些,于是就进行了一次民意测验,而且没有提出任何候选人。当时选举征求意见的时候,我不在家,教育部派了一个人事司的副司长,比较年轻,他是一个思想很开放的人,他没有带任何主见。具体多少票,我也不知道,学校也不知道。因为当时票填了之后,直接包好封存了,谁也没有看。人事司副司长也不看,就直接带回北京去了。

投票不是唯一的根据,但可以说是一个重要的依据。出乎意外的是我的民意基础还不错,后来公布结果,民意测验时并不在学校的我居然得票最多。这一点我压根儿没想到。再说我从来都没想过要当校长,我只想当一个好的学者,做更多的学术工作。所以,后来说选举就有一点美化了,但确实还是根据民意来的。教育部没带什么框框来,学校推荐好像也没有。要是党委推荐的话,会有一个候选名单,但也没有。

如果要找投票之外的原因,可能跟我研究辛亥革命有关系。因为1981年出了个大书,即三卷本《辛亥革命史》,海内外受到一些好评,这个大概是一个主要原因。另外一个,大家也可能是对原有的一些党政人员有看法,而我只是一个普通的教师和学者。因为我还有些革命资历,虽然不是一个老党员,至少是一个老革命,也可能跟这个有些关系。此外,我在海外吃得开,出口转内销,我也不要学校的经费,不要别的东西,在外面跑,到处飞,建立国际交流关系,还给我们带来一些好处。那时候,对外学术交流不是很对称的,我们能够给人家的很少,主要是人家给我们一些经费、留学访问学者名额、图书资料等。我想,可能跟这些因素有关系,于是我就被大家看上了。

再一个,就是"文革"以后,可能也有这个考虑,大家都怕那些"左"派当权,怕那些欢喜整人的、上纲上线的、"大批判"很厉害的、弄权术的。我还像个读书人的样子，我也不做整人那些事，也不会，可能跟这个也有关系。因为那个年代，正好是大乱之后，痛定思痛。还有可能就是对学术成就的权重提高了。当时那一批大学校长都是些学者型的：南大的曲钦岳，天文学家；北大的丁石孙，数学家；南开的母国光，物理学家。恐怕还有一点倾向性，就是当时提的革命化、年轻化、专业化、知识化，我们当时已经年轻不起来了，但比老的还是年轻一些，还有一个，反正有三个条件。①

不过，我上任之前还是出了一点小风波。风波不是在学校里面，而是在省里面，当时学校里面已经没有问题了。学校老党委都下去了，后来实际上是不管事，所以有一段时间是真空。后来我才知道，是1983年年底，即12月份，上面已经任命了。任命书早已经下达了，但是没有给我，也没有正式宣布。主要是省委常委有阻碍，具体情况我就不清楚了，因为学校里面有些人也弄到一起，说这个新班子是刘介愚老班子的第二套班子，是换汤不换药。这是当时的一个传说，不足为凭的，但是表现在外面，就是确实不同意。借口就是有一个副校长，就是王庆生，他很得力，相当于第一副校长，在"文革"的时候有问题。说"文革"中间，他跟学生一起串联到某地，好像那里有一个领导死了，跟他有关系。这是莫须有的事情，而且王庆生早就起用了，军宣队来了之后都起用了，他如果有那么大的问题，军宣队也不会用他。他是奉公守法的一个人，很能干，他比我严谨得多。我就算再不严谨，我也不会去杀人，那不是笑话吗？所以，这样的话，跟省委有些意见相同的人就有一个借口了，一直没有正式宣布主要是这个地方卡着了。

这事也不止我们这一起，还有一个部属院校也遇到了这样的处境。后来我们学校收归部属，不属于湖北省管了，所以我们的选举就

---

① 几个"化"的补充："加之当时贯彻邓小平提出的干部革命化、年轻化、知识化和专业化，使得章开沅一下子冒尖了。"来自章开沅晚年留学记。

是教育部派人来的。那时候,对华中农学院(今华中农业大学)的校长的任命也不同意。这两件事,教育部很不高兴。教育部因为在别的省都没这个问题,唯有湖北省,卡住了两个学校,也不上报,也不跟他们讲,就那么拖着。

后来问题总算解决,是我给胡绳写了一封信,向他诉苦,希望他能向中央反映,因为省委似乎是对我们不闻不问,搁置一边。那个信也没有留底子。那时候胡绳跟我关系很亲密,他好不容易找了我这么一个人,年龄要大一点,对他的过去了解要多一点,也很好配合,正好符合他的要求。因为对外交往多一点,我还能够帮他出点小主意,所以,胡绳对我还是很了解的。有一段时间,不是说我要到中国社会科学院去吗?正是因为我后来调去当校长,所以没去社会科学院。

我说:"我本来也不想当校长,本来也没有任何问题的,我们一起开展学术交流,做学术研究,过得很愉快的。我现在倒变成一个问题人物了,用过去的话就是'挂'起来了。"我就没忍住发了个牢骚。但没想到,胡绳解决问题太快了,他与主持教育部工作的何东昌住处邻近,经常有来往。而且,何东昌还买了我那个三卷本《辛亥革命史》。何东昌对历史还蛮感兴趣的,可能因为那时候当校长,也可能跟三本书有关系。后来,这三本书帮助好几个人当了校长,我、隗瀛涛、林增平、吴雁南,出了四个校长,两个正校长,两个副校长。后来吴雁南也是正校长,三个正校长,一个副校长。所以,那时候还没有重理轻文,对文科也还蛮重视的。

所以,胡绳及时向何诉说。何先生反应也很快,他也很重视。他大吃一惊:"到现在还没有上任,把他'挂'起来了?"他也很伤脑筋,哪个省能够这样呢?已经是部属院校了,征求省的意见无非是给你一个面子,因为党的关系在省里面。作为教育部门、教育系统来讲,教育部完全有自己的任命。所以,教育部党组就很生气,就来查问这个事情。

教育部对此事极为重视,立刻打电话向湖北省委科教部质询。我们那时候归口叫科教部,即科技教育部。就是党委系统,教育厅管不了的,这事跟教育厅没关系,因为它属于党的系统。科教部部长尤洪涛是个老红军,忠厚老实的南下干部,人很爽快,原任湖北医学院党委书记,似乎很同情我们的处境。

后来,他们接了电话之后,就不能再拖了,学校弄得没人管事,很小的问题都解决不了,垃圾成堆,连一个馒头碱放多了变成黄馒头都解决不了,大家老吃那个酸馒头,甚至到了这种地步。老领导已经都被免职了,他们还怎么管这个事情?所以,只能靠职能部门自治。后来,有的老领导,能够延续下来的也是老同志了,就跟我讲。我说:"这个学校还在办,课也照上,饭也照开。"他就说:"惯性使然。"没有动力学校还在往前走,是惯性。

所以,教育部当然着急了。教育部就问这个事,这个部长也很为难。部长说:"这不是我们的问题了,是常委的事情。"那时候,他还不是常委,他是两头作难,他又不好讲。这肯定是不对的,也不讲也不答复,其他还有什么内幕我就弄不清楚了。反正他对我讲,我一听就知道了,不是他能够决定的。现在就是明确了,不能更改,唯一一个就是把另一位校领导"挂"起来。说是他在"文革"中有的问题需要查证,暂时只能"挂"起来。我直截了当地不同意省委的意见,因为王庆生早在军宣队进驻时期已被宣布解放,并且负责宣传部门工作,而华师正式成立临时党委以后,他已经出任副校长,工作非常称职,这些任命都已经经过严格政治审查,因此被"挂"起来毫无根据。尤部长没想到我如此"顶真",顿时面露难色。他说:"这是省委常委的意见,我只能奉命执行。"我感觉这实际上是对省委个别有偏见的领导妥协,给他留面子好下台阶。尤部长语重心长:"这些意见分歧可以从长计议,但新班子必须立即接手工作,否则华师目前这种'瘫痪'局面何时了结。"话已说到这种地步,我自然要顾全大局,所以没再做任何争辩。他问我有什么困难。我说自己根本不是当校长的材料,现在勉为其难,只能担任一届,另外我的学术研究有些重要任务尚未完成,希望每周保留两个下午从事写作。他见我已经答应就职,便松了一口气,笑着说:"这两个条件倒可以考虑。"

当时,我当校长的意愿不是很强烈,所以不是很积极主动。回校以后,我立即向新任党委书记高原汇报。高原书记是属于我们领导一层的,但和我年龄相差不是很大,我们都是一起南下过的,经历也差不多,因此我们很谈得来。他当时已卧病在床,还在为换届问题焦虑。他很诚恳地规劝:"我知道你不愿做行政工作,但华师目前处境这么困难,我们这些南下同志不上,谁上?这个学校还不错的,办了这么多年,现在却搞成这个样子。"高原是原来党委宣传部部长,我们相知甚深,自然不能置身度外。

后来七说八说的,把我也说动了。不管怎么说,我对这个学校还是有感情的。因为我确实没有帮派思想,但这些老同志忠心耿耿的,办了这么多年教育,受了这么多苦难,现在为什么就这样猜疑人家?这个是不公平的一个事情。我们怎么又变成他们的二套班子了呢?我还没有上任,就变成二套班子了?你怎么知道我是二套班子呢?很无聊,确实有这样的人,基本上都可以想得到的,什么事都做得出来。当时情况很复杂,搁在现在是想象不到的。

所以,后来我就下了决心了,我跟高原说:"我确实不适合当校长,但既已承诺就义无反顾努力把学校办好。"我们两人取得默契以后,便与党政新班子成员主动接手工作。

我们是老战友,一起南下,又一直在这个学校工作,现在正在为难的时候,必须要有人站出来,我们不站出来谁站出来呢?已经到了这一步,我就表了态,我说:"我既然答应了,我就义无反顾。"原来我是不想干的,闹的这样不愉快,我就更不想干了。但是,现在不是想不想干的问题,而是义无反顾。问题摆在这个地方,就是收拾残局,后来我就答应了。我回来之后,把情况跟新的党委常委都讲了,我们一致决议对王庆生是保留。大家公开地表示,下级服从上级,就把他暂时"挂"起来。但对于这个事情本身,我们认为这个决定是错误的。

这是我提出来的,如果我们松了口,这个人就糟蹋掉了,以后就不好用了,时间一过,一拖,谁也禁不住拖啊。后来果然拖了一年。

这个是无头公案,怎么查起呢?他要有问题,早就揭发出来了。"文革"的时候,死了多少人,别人都不查,来查他。那个时候,都是学生带着老师去受教育,搞串联,对我们进行教育,便于批判,我也去过,那就算"造反派"?学生打砸抢,什么事都干得出来,那我负得了责任吗?我也负不了责任,特别是我这个身份更负不了责任,就是革命教师他也负不了责任。何况还没有这个事情,还扯不上这个事情。

忙忙碌碌,直到1984年5月,湖北省委派科教部部长前来正式宣布学院党政领导名单,而教育部人事司却没有任何负责人参加,其中奥秘至今仍然难以索解。科教部部长是老干部,当领导当惯了的,先开了个小会,就常委、主要领导跟他见了一次面。他大概讲话也不小心,这个不小心也反映他形成一种惯性、一种成见了。他宣读名单以后,代表省委表态说:"省委认为这个班子基本上是好的,是可以信任的。"调子很低,仿佛有所保留。当然,他说基本上是好的,那就还有一个坏的,也可以这样理解。但你说整体上基本上是好的,这就有问题了,还有基本上不好的,我一听我就不舒服,我就很反感。我的表情被那个秘书长看到了,那个秘书长不愧为秘书长,观察很细微。当然,我已经够忍耐的了,我还没作声,他已经看到了。我很惊讶,怎么一开头就冒出个"基本上是好的",他后边又说了一句"基本上是可以信任的",那我就想"还有基本上不可以信任的"。我就琢磨这个事情,我对此自然有所对应,当即代表新班子表态,我说:"现在我不好讲,因为我没有做过领导工作,这个班子又是刚刚成立的,我才刚刚参加,大家还没有见过面,也没有开过会。"开会当然开过了,就是没有正式共事过。除决心把学校办好外,我还加上两条:"希望省委给我们一点时间,并且给以足够的信任。"察言观色的科教部秘书长对我的性格比较了解,立即向尤部长耳语数句,见面会就此结束。

当时问题太多,正式任命之后,没开会之前我就已经在学校里围着山走了一圈。我觉得学校是"山河破碎,满目疮痍",不像个样子。校园里面也是的,垃圾成堆,蚊虫乱飞。为什么说是"山河破碎,满目疮痍"? 不少单位都来占我们的地,海陆空都来占我们的地盘,学校的不少地方已经被占了。农民也是的,趁没人管的时候就来占地盖房子,那真是触目惊心。当然,我没有讲很多。一个就是要给予我们充分信任,再一个,我们又不是神仙,要给我时间。我这个话讲得很得体。

紧接着就借用了一个大教室开中层干部扩大会(含副教授以上教师与职工代表)。尤部长代表省委宣读任命名单后,照例又讲些祝贺与鼓励的话,不过关键词已改为"省委认为这个班子是很好的,是完全可以信任的"。声音也比此前洪亮得多,所以到会听众都很高兴,报以热烈的掌声。接下来我的表情就不一样了,感到很欣慰。

尤部长这个人蛮好,蛮爽快的,他跟我很要好。他说:"我一看到你,我就紧张。"我说:"怎么紧张呢?"他说:"没别的事,就是你老问王庆生的问题。"《红旗》的人到我们这,我们已经反映到中央去了,我们是真正地履行党员的权力与义务,按照党的章程办事的。我们是正式保留意见的,我不是自由主义。后来,为这个事,《红旗》来了之后,实际上它是代表中央来调查的,都反映到中央去了。但王庆生还是拖了一年。后来,有一天我为别的事情到省委去,正好被他看见了,他一改往常的态度,也不紧张了,还叫我过去。我说:"什么事?"他说:"好消息,王庆生可以工作了。"这件事他们也无可奈何,肯定是省委另外一个系统要做调查,跟他也没有关系,他也巴不得早点结束。他很高兴,我也很高兴,大家都松了一口气。王庆生很得力,后来他正式接任当校长。曲折全部如此,这是我第一次碰到这么一个问题,跟官场打交道。

现在回头再看这件事,20 世纪 80 年代的时候,我们中央有些部的指令到了省里面不一定那么奏效。这是派性因素,并不影响全局,地方服从中央,那是没有问题的,但派性的干扰太多,这是"文革"的余毒。当时干部都分为两派,其中一派是支持造反派的,都叫造反派,但是后来造反派里面把自己分为两派,一派是保守派,一派是革命派、造反派。实际上原本都是造反派,都是造反团体,但后来就有所区分了。区分了之后,教师干部包括省委里面的领导干部,都站在造反派那一边去了,他们叫"革干联",即"革命干部联合会",当时中原大学的一个老领导当了副省长,他也是老干部,和我们书记都参加了"革干联"。所以,后来保守派就把"革干联"当成犯错误的人这样来对待,这有一种倾向性。

其实都是老干部,都是忠心耿耿的,都是听无产阶级司令部,就是弄不清楚哪个是无产阶级司令部。恰好支持造反派的又出了个"四人帮",当然就更背了点理,要吃点亏。这些都是好人。我那个时候是哪一派都不要我,都批判我,所以,反倒就超脱一点。但是凡是原来参加过那些组织的,双方之间的感情都有点抵触,而我是两面都还可以接受。反正我是一个受害者,我也没有批过你,没有斗过你。你们动不动造这个反,造那个反,我是受害者。这种情况反倒成为我的一个资本了,得票多恐怕跟这个也有关系。他们里面可能有的支持这个,有的支持那个,但是支持我好像客观一些。

我开始也没有把握做好校长,一个就是非做不可,义无反顾,再一个就是自己内心讲,试试看吧,做不好就换了算了。所以我只答应做一任。

## 二、我宁可站着倒下去,也不躺着混下去

由于高原病重,我必须代表新班子做就职演说。在下午开宣布就职的大会之前,很多好心的老师对这件事很关心。一个是关心学校,另外也关心我,因为他们知道我没有做过行政工作,另外我又爱讲批评的话。他们就说:"你下午就

职,最好能够给我们描绘一下学校发展的蓝图,以便鼓舞已经相当低沉的校园人心。"但我是初来乍到校部,哪有什么现成的宏图大略,只能老老实实地承认自己必须从头学起,向老领导学习,向有经验的同事学习。我说:"我现在还没有怎么考虑到这个。"因为我对整个学校还不是很了解,这个学校不容易了解的,那个行政大楼就更难了解。我说我六年都还没有读懂这本书,没读通这本书,不是很容易读懂。现在的人,可能把问题看得太简单了,但真正想了解,想做好,不是很容易的。特别是那个时候,正是拨乱反正、百废待兴的时候,很难。我说我还没有想好。另外,我个人习惯上不喜欢用一种大话、假话、空话、喊口号式的话来鼓舞大家。我说:"可能你们要失望。"当时,要讲的东西都没有想好。另外又是一个就职的会,我也不能讲太多。

但是我们常委内部还是准备了一两张牌,让大家高兴一下。就是把创收的分配改了一下,原来是校七,院系下属二级单位是三,大头是学校拿了。过去是这样子的,创收工作开展得不是很好,大家积极性不是很高,忙了半天,大部分创收学校都收去了。而且学校工作做得不是很理想,已经弄成那个样子,半瘫痪了,钱照收不误。我们研究了一下,改革恐怕要首先从切身利益改革开始,让大家感到还有一点盼头,这是很当紧的事情。所以,我也有一两张牌,但我在会上也没讲,因为还没有正式就职,我怎么能个人做决定呢?那只有在另外一个会上,才来谈对整个改革的设想。

那天下午开会的时候,省里那位部长的调子高了一些,说了些"好的,值得信任的"话,这样能让大家都高兴高兴。恰好我讲,我还是那几句话,"让我当校长实际上是出乎我意料的,我感谢大家的信任与期待,这可以说是一次历史的选择,但历史也可能是错误的选择。我只能保证,既然站在这个岗位上,就必然义无反顾,勇往直前,与全校师生员工精诚团结,努力把学校办好。"但学校目前的状况,我跟高原书记都商量好了,在常委内部我们也考虑过,既然是站在这个岗位上来了,那就是义无反顾,跟大家一起来改变目前的状况,然后再谋求新的发展。

我说的第一步就是要改变状况,那个状况下面你要谈宏图大略那不就是无稽之谈吗?这个话讲了,大家也没有什么。结尾想讲几句鼓舞人心的话,突然想起鲁迅的《阿Q正传》,阿Q在画押的时候,他想尽量画圆一点,偏偏画不圆。后来上刑场的时候,他唱到"手执钢鞭将你打",觉得不过瘾,后来突然又冒出一句"20年后又是一条好汉"。大喊一声"20年后又是一条好汉!"我说真有点逼人,逼到这个位置。后来我说,我究竟怎么样,现在还不好说,以后大家来帮助我,共同来承担这么一个艰巨的任务。我那个话讲得也不周全,文法上还有些问题,但是也没有修饰,至少我不是念稿子,我讲的是内心的话。我情不自禁地提高声调,满怀激情地说:"我宁可站着倒下去,也不躺着混下去。"没想到就这句话,竟然博得满堂彩,连满脸严肃的尤部长也笑着鼓起掌来。就这一句话打动了大家,这句话比什么话都有力量。大家兴高采烈地散会,我终于硬着头皮过了这一关。事后,好心的友人告诉我:"大家最担心的是你不愿当校长,可你最后两句话让我们放心了,就感到华师有盼头了。"我说:"话不能这样讲,这不是我一个人,而是我们一个班子。"他们说:"班子归班子,关键还在你,你要起中心作用。"人心思治,华师再不能这样涣散下去,人同此心,心同此理,有群众这样强势的推动力量,我这个校长还有什么可以害怕。因为高原同志身体不好,所以校务实际上是由我在主持。

## 三、一个星期要给我留两天做学问

另外一个问题就是,我当校长的时候坚持做学问,这个是我上任时就提出来的一个要求。我有了这个要求之后,学校里面也有一些人对我这个要求有些非议。所以,这个要求后来也没有完全兑现。

事情是这样的，当初选我时我就不愿意当这个校长。当校长我是有条件的，一个是只做一任，再一个就是一个星期要给我留两天做学问。我说我还有很多事情没做完，要两天做业务。不过这是根本没有保证的，但既然要求了，自然会引起一些非议。今天看来，这个非议也是正常的。现在大学校长可厉害了，你弄不清他哪个是业务时间，但他东西不断地出来。

但我跟他们这些人不一样，我是要求明确的，就让我至少有两个下午，但后来我还是降低要求了。再后来连这个底线也突破了，因为形势越来越紧张，事情越来越多。半天时间都是不可能的，做不到。所以，我就把自己的时间改成早上4点到8点，黄金时间，这是我自己做了让步。我要求做一任就退下来是教育部同意的，真同意了，还不是假同意。但是后来到了任期满一届的时候，他们又不同意我退了。教育部发现我还是有点"利用价值"，连省委也是这样看的。

现在有时候校友回忆我讲的一些话，我都记不得了。可能有的美化了，有的就是加入了他自己的理解。但那没有办法，也没有录音，我自己也讲不清楚。好像我那些话没有那么高尚，没达到那样的高度，随便讲的。这个也没办法，一条条核实也很难。当然，如果校友还保有了一个美好的回忆，那也是我很大的安慰。

因为校长公务忙，我就养成了早上4点钟起来做学问的习惯。其中，《离异与回归》就是那时写的。整本书的内容都是那段时间写的。所以，我是唱高调，实际上是没有做到的，哪有两天，不可能的事情。作为校长，怎么可能呢？我也不太懂，我说给我挂个牌子。他们也没有挂，开头好像还弄了几次，后来我就不到办公室去了，结果他们就找到家里，有时候晚上都找到家里来了，所以，反而变成了夜以继日。我在《实斋笔记》上说："我那个所谓书房，就变成了办公室的延伸。"我自己也不忍心，事情太多了。我基本上没有做过项目，就是这本书。另外就是一些应景的文章，临时开个会，赶个东西。还有《张謇传》的修改，那是请了半个月假，因为要集中修改完善，去核对一些材料。此外还要寻求一点感觉，那时我还跟张謇进行对话，就住在张謇墓的对面。

张謇有一个墓园，这不是我安排的，我原先不知道，所以南通有些能人。南通原来的副市长，也是统战部部长，他原来是根据地的老党员。他是曹家的，跟张家是通家之好，等于世代交谊，实际上都是在张家做过事的几个人的后代，所以，他们有些特殊的感情。他心非常细，南通人会办事，南通、扬州这一代的人，都会办事。结果这个部长就找了这么个地方。他说："这个地方，好处在哪里呢？到图书馆也很近，不用车就可以走过去。"因为他那个时候也已经退居二线，也没什么权力了，他也派不了车，所以说这样子就方便一些，到图书馆也方便。另外一个，它在偏郊区一点，就是城乡接合部的地方，然后很方便到啬园，就是张謇的墓园。他说你写累了就到那边去。

其实，当时那就是一个职业学校，中专，现在恐怕都已经大学化了。这个学校它还有一个招待所，招待所很小，只有一层楼。再就是围墙，围墙外面就是一片很大的农家的菜园、菜地，一派农村风光。这个部长还是蛮客气的，就安排我一个人住在招待所。那是深秋了，菊花都摆满了，那个是不是有意给我摆的就说不上了，反正只有我一个人在那里享受。食堂也是我一个人吃饭，每天变着花样给我弄些东西，也不是大鱼大肉，反正做得很精致的，那已经够好的了。我也不用自己做饭，也不要到外面去吃，都是现成的，所以很可靠，就是晚上想起来有点怕人。不过，20世纪80年代初的时候，南通的治安非常好。他们唯一出的一次事情还是从上海去的。他们很得意，就是连小偷都不是南通自己的，都是从上海过来的。刑事案件有一个，也是从上海来的。所以，他们说不要紧。就我一个人睡那里，他们那些人都回家去了，有没有人留守我就不知道了，至少是那栋小楼就我一个人。越是在这种情况下，那真是很难得的一个写作的佳境，别的事都排除了。也没有人打电话进来，谁也不知道我住在这里，就等于把我隐藏在这个地方，过了将近两周的神仙生活。我记得很清楚，那是

1985年。

那段时间,事情也多,我是硬着头皮去做这件事情的。不过那个时候已经好一些了,我的位置已经稳了,基本上处于蜜月期,各方面都很能体谅我。学校领导也很支持我,他们说这么大的事情当然要支持。但时间总是不够的,就那么点时间,也可怜。后来《张謇传》还是改的多一些,但当时改的不是太多,因为从整个来讲,思路理顺了,就不是那么疙疙瘩瘩了。最开始"左"的东西还要多一些,但还是保留了一些"左"的东西,因为不好改了,来不及改了。再一个,后来材料就更多了,原来《柳西草堂日记》那一部分被弄到台湾那边去了,但后来我们都有了。我又系统地读了一遍,这样就更深化了。所以,真正做研究大概就是那半个月,占公家时间的半个月是无可讳言的,其他就是我每天早上4点到8点。

但是也有影响,我吃了早饭去上班,特别瞌睡,特别是九点到十点的时候,熬不住。黄老师最担心的就是怕我在开会的时候打瞌睡。这就很难说,有时昏昏迷迷的。但过了一阵之后,就又好了。那时候是晚上工作,现在我晚上基本上不能工作了。那几年,越是晚上我越兴奋。所以,当然问题就多了,没办法。我那时候身体也还好,基本上没有请病假的,唯一的毛病就是牙疼,我忍耐力也很强,有的时候疼得都受不了,还要讲话,还要宴请。别人都不知道,牙疼不是病,只有我自己知道,小孩子知道,家里面知道。

我早上4点到8点在家做学问,白天开会或者上班的时候,基本上没有打过瞌睡。开始有点,后来就习惯了。我不敢保证,也许我打了别人不好意思说,没有耽误事情就是了。当时我也不睡午觉,因为我在美国养成习惯了,我经常出去,那没有午觉可睡。晚上一般要到十一点的样子休息,所以睡的时间很短。

不过,我中午也不是完全不睡,就是打个瞌睡。真正完全不睡是1994年从美国回来之后那段时间,那个午睡的习惯是彻底废除了,还维系了很久。后来因为我太老了,黄老师看不过去。她说:"你开玩笑,你现在有什么必要中午不休息?"我不是不休息,是已经弄惯了。我有一个毛病,就是不晓得是不是小时候躺在床上看书弄的,我躺久了就头晕,我怕床。我说:"我对床有点怕。"畏床症,我说坐还可以。如果醒了睡在床上,非常难受,我心定不下来。我也曾经失眠过的,30岁以前没失眠过,不存在失眠的问题,倒上床就睡了。但30岁以后,经过各种事,我有时候就有些想不通,就有失眠的问题。但也没吃药,后来自然就好了。现在就无所谓失眠了,就打游击战,想睡就睡。胡绳他们每天都要吃安定,一天至少两片,他定时吃的,他不吃他完全不能睡。再一个,他们就跟毛主席一样,可能在中央做惯了,什么时候要他去,他就要什么时候去干活,所以,他也是打游击战,有时候有空他想睡就睡一下,不睡就起来。

　　我这个游击战就是我很善于休息,也不是说跟周总理来相比了,周总理接见又多,他换个鞋子都要休息。那个我确实有感觉,把皮鞋换个布鞋,往汽车一坐,都是一会休息,不要成天穿皮鞋。再一个,就是马克思的做法,变换工种,这里考虑社会结构、阶级关系,下面可能做一道数学题,那也是休息。我还是学了一些东西的,最重要的可以传授的一点就是医生讲的,医生是黄怀玉的弟弟,我相信他,他说动中求静。比如说,你想休息,并不是说你安静就能休息,你在动中求静,求一种心灵的调节,达到一种宁静的境界。气功就是这样,在运动中间求得安静,求得休息,并不是说躺在床上就是休息了。所以,我甚至感到躺在床上休息是一件很愚蠢的事情。

　　因此,我年轻的时候提倡在阳光下工作,节省能源,何必搞得晚上熬夜。一般我是不熬夜的,熬通宵更是不行的。我在《历史研究》弄过两天两夜,结果徒劳无功,叫我写那个发刊词,我写不出来。那会很难受,到后来就麻木了,想睡都睡不着。所以,我一般避免这个东西。这是生活经验。

# 第五章

# 改革前奏曲

## 一、一封信引发的改革大讨论

1984年5月的一天,我收到一封学生写来的《关于学院改革致院领导的一封信》(全文见下文附录一)。信中指出了学校存在的问题,提出一系列意见和建议。这些意见和建议都很有针对性,对学校的改革具有推动作用。

这封信,我和高原书记看过后就转给了校刊。校刊全文刊登并配发评论《高校改革的一支重要力量》。评论指出,高校改革的浪潮,正在奔涌向前。我院师生员工在这场改革中,态度是鲜明的,行动是积极的。中文系80级四班全体同学给院领导的一封信,极生动地体现了广大同学对学院改革的极大关注。他们的意见和建议,充分说明广大同学是学院改革中不可忽视的一支重要力量。

当时，胡耀邦视察了湖北，并讲话指出："年轻人框框比较少。这几年改革，冲破了框框的，90%以上是年轻同志带头干的。人家年轻人有一股子冲劲。这是极为宝贵的。"因此，学校决定展开改革大讨论，希望广大青年学生在努力学习专业的同时，关注和支持学院的改革，成为学院改革的一大助力，为办好学校做出贡献。

这封信在校刊上登出后引发强烈反响，很快我们又收到了政治系81级学生齐新月的一封信（全文见下文附录二）。看来，师生们的积极性被大大调动起来。我们趁热打铁，充分利用舆论的力量，进一步凝聚共识，推动改革。

与高原商议后，我对这封信做了批示："为配合期中教学检查，现将政治系81级学生齐新月的来信印发给大家参考。信中提出的问题和建议不仅带有普遍性，而且包含许多合理的意见。我们应当从中得到启发并且用以改进自己的工作。学生既然是教学的对象，对教学状况的了解最为真切，他们便应当而且能够成为教学改革中一股活跃的力量。我们欢迎有更多的学生就教学改革问题发表意见，并且欢迎有更多的老师引导学生一起探讨如何改革教学。我们深信，只要全院师生同心协力，集思广益，就必定可以使我院的教学改革开创出新局面。"

校刊专门开设《师生员工谈改革》专栏，把齐新月的这封信和我的批示全文刊登了出来，让更多的师生参与进来。

这也是依靠师生办大学的一次有益的探索和实践。比如生物系病毒教研室吴柏春老师写了《向院党委、院行政提几点建议》，校刊《师生员工谈改革》专栏登载。全文如下：

改革是"四化"大业的需要，是党中央的伟大号召，它既是领导者的事，也是群众的事。领导者应该始终坚持走群众路线，广开言路、思路、才路。群策群力，做到心往一处想，劲往一处使。基于这种认识，特向院党委、院行政提几点建议：

一、应建立院务委员会。华师根底深厚，有经验有见识的老干部、老教授不少,年富力强的中青年有识之士很多,院领导可以考虑经过上下协商,充分酝酿,组成一个有代表性的院务委员会,作为参谋咨询机构。它在校长的领导下,讨论研究全院的重大问题,以便于党委、行政做出决策。

二、定期召开全院教职工代表大会。四年来未见开过一次这样的会议。群众对领导意见纷纷,上面对下面不了解,甚至不理解,结果干群关系疏远,而官僚主义者有机可乘。经验证明,职工代表大会是一种很好的形式。代表们不仅可以听取学院有关部门的工作汇报,了解领导为学校做了些什么,效果如何,有何问题,领导们亦可充分听取代表们的意见与提案。如涉及学院的规章制度、重大问题、发展规划、教学科研、基建后勤乃至附中、附小、食堂、医院等问题。这不仅是领导工作走群众路线的重要途径,而且是群众当家做主人、参与政务的好形式,能调动上下的积极性,团结全院职工共谋改革大业。

三、校长应有人事大权。物色有能力、有热情、精明干练、勤恳扎实的干部组成高水平高效率的工作班子,敢于提拔那些有真知灼见的志士仁人,委以重任;敢于撤换那些老气横秋、墨守陈规陋习、混日子的不称职干部(群众称这种人是"一杯茶、一支烟、一张'参考'混半天"的干部),敢斗那种阳奉阴违、耍两面派、以权谋私的人,这是推进学院工作必不可少的。而要能做到这一点,没有一定人事大权是不行的。我认为应结合本院实际情况,建立切实可行的任免、选举、聘用、轮换的制度,使干部队伍保持朝气、有活力、有效率。

四、新班子应有新作风。我们衷心希望新的领导干部,一扫官僚主义的陈腐风气,决不可满足于坐在办公室听汇报、看报告、批条条。应该变坐办公室为跑跑基层,变整天泡在会议里,议而不决、决而不行、行而不果,浪费光阴精力为现场办公；变在上面召开汇报会为到下面去召开座谈会。如校长及主管单位领导能一个季度到系里去一次，调查研究解决问题。

五、大力抓好教学改革。企业单位的改革，无疑应讲求经济效益；但教育事实单位的改革，则不应片面追求经济效益，而应多讲求教研效率、工作效率，即快出人才，多出成果。

1. 教研室是学校的基层单位，是造就专业人才、输出科研成果的关口，其作用极为重要。应提高对教研室重要性的认识，要大力提倡学习温元凯的改革精神，群策群力建设好、改造好、管理好教研室，促进教学和科研有新的突破。

2. 我以为，目前的教学方法，一般是被动"填鸭法"，即讲—记—背—考；做实验则是厨师掌瓢式，待老师把油盐酱醋葱姜蒜齐备后，学生才去烹饪菜肴。其实，这并不利于学生"两个能力"的提高。应提倡启发主动式教学，如学生参考教材自学，教师辅导，共同讨论，然后总结、辨析、结论等。有远见的教师，不应限于课本教学，要引导学生站在教科书设置的水平线上，高瞻远瞩。这就要有新理论、新知识。现行的某些教材，内容极为陈旧，静态描述颇多，学生自学即能看懂，远远赶不上科技发展和学生求知欲望的需要，一些现在或不久的将来极需要的新理论新学科的内容，则很少安排学习。根据邓小平同志"三个面向"的提议，院领导应认真考虑尽快改变这一局面，应该压缩某些学科的陈旧教学内容（或自学、或精讲、或删去），增设新学科、新课程。当然应该师资培养具有计划性和远见性才能适应需要，鉴于我们是师范院校，我认为学生只需要具备最基本的实验技能即可胜任现行中学的教学任务。同时还应增设新课程，以提高理论水平。至于实习，则应扩大范围，增加时间，提高水平。

六、全面建立、完善学校各项规章制度。院系的领导制度，教研室的工作条例、科研条例、师资培养条例，后勤部门如设备供应办法、财务管理办法，甚至住房分配条例等，应尽快建立、完善。趋于成熟后，编印成册，人手一册，成为华师的法典。这样，各级各部门职权分明，各司其职，共同遵守，不仅便于领导掌好权、用好权，也便于广大师生员工关心全院工作，民主监督管理，办起事来有章可循，有法可依。这样，官僚主义懒汉就不好混日子了。

七、加强学报编辑部工作。学报水平如何，对华师声誉影响极大。据悉，一般大学学报的编委均由各学科领域中的权威教授组成，审稿极严格，发表文章并非易事。本院学报办得也不错，但不知是否注意到上述问题。

这篇文章刊发后同样引发了师生们的关注，进一步凝聚了改革共识，推动了学校的改革工作。后附上当时来自基层的几封来信，可以看出学校师生们对于改革的强烈愿望和建议智慧。

**附录一：　　关于学院改革致院领导的一封信**

尊敬的高原书记、章开沅校长：

我们是即将毕业的80级的学生。4月17日院刊登载了《院党委对本学期几项主要工作做出部署》的消息，大家感到：华师改革的春风来到了！的确，从1980年进校到今天，我们学习了4年，在即将离开亲爱的母校的时候，改革的洪流终于不可阻挡地奔涌过来了！这怎能不令人振奋呢？

3年多来，学院给我们的一个明显的印象就是——"静"。这种"静"，表现为缺少活力，缺乏生气，按部就班，四平八稳。两年前，举国上下改革浪潮一浪高过一浪，而我们这里却好像有一道无形的围墙与外界隔绝，学院"静"得出奇，这一个"静"集中体现在教学和生活上。我们的图书馆藏书130余万册，在武汉地区都屈指可数。但实际上，其利用率很低，如开放时间不合理、图书周转慢、阅览室座位紧张等等，教学中亟待解决的问题不少。我们学习了包括选修课在内的30多门功课，但大家明显感到新的知识、新的信息接收得太少了！经济要现代化，教育也决不能老牛拉破车！学校的基建方面，我们觉得也存在问题。

为此，我们向院领导提出一些考虑得不够成熟的意见和建议。

一、关于听取群众意见

1. 建议院刊开辟专栏，反映师生员工对改革的意见，以及学院在教学和科研等方面存在的亟待解决的问题，以此充分激发全院师生员工的爱校热情，使院刊真正成为传达群众呼声的有力工具。

2. 建议在院内设立"改革信箱"，广泛征求意见，鼓励大家献计献策，并由院领导亲自处理群众意见。对于师生们的合理化建议，我们希望院领导能够像武汉某些兄弟院校领导那样，当场拍板，敢于就地解决问题。

这几年每届学代会，同学们都提了不少意见，有些问题解决了，有些意见却如石沉大海，杳无音信，不知是否反映到院领导那里。我们建议，院领导和院内各主要部门负责人抽出一点时间，定期接见各系和院内各系学生代表，了解学生状况，解决实际问题。

二、关于图书馆的改革

从4月17日院刊的报道中，我们欣喜地看到，图书馆对学生的意见是重视的，并能迅速采取措施。但我们觉得图书馆仍有许多地方需要改进。

1. 应加快图书周转。与新的技术革命和"知识爆炸"的时代相适应，图书馆应该把最近的新书迅速购进，把无多大价值、又过于陈旧的图书清理出去。

2. 提高图书使用率。现在，图书馆里真正的教学书少，而一些"文革"中出版的内容已过时的图书，一些质量较低劣的翻译小说却还存有不少。最近又搬走了一些有较大价值的古书和"文革"前出版的图书。文科开架出库，真正有用的教学参考书比其他书籍少得多。

3. 延长图书馆的开放时间。图书馆是大家查阅资料、阅读报刊的地方。学生除了上课外,大部分时间都在图书馆里。但图书馆的开放时间太短了。晚上9点闭馆,有时还提前,学生充其量仅学习了两个小时。此问题各系学生会在此之前已提过多次。我们相信,只要图书馆一切从教学出发,问题是可以解决的。

我们还建议"过刊阅览室"晚间开放,特别是在各系写毕业论文的时候,因为除去上午上课,也就只剩下三四个下午的单位时间查阅资料,时间远远不够。我们恳请院领导拿出切实可行的措施来。阅览室的座位也一向紧张,4000多名学生靠600个座位对号入座。希望能扩大座位数量。

三、关于教学

1. 合理安排课程。三年多来,我们的课程安排明显地存在着前松后紧的现象。现在,我们已是高年级的学生了,还有三门必修课和三门必修的选修课,而且许多课均要进行期中、期末考试,有的还要考查平时成绩。功课过多,但我们还需要充足的时间准备毕业论文和锻炼培养自己的独立钻研的能力,这是造成我系学生"高分低能"的一个重要原因。

这种课程安排与片面理解"师范规格"有关。师范学院学生应该学好每一门功课,不能偏科,但这并不等于对所有的功课平均用力。有些课(如现代汉语语音、词汇等)比较容易掌握,可以让教师稍加讲解,学生以自学为主,这样既节省教学时间,又增强了学生的自学能力。

我们建议,根据我院具体情况,可以采取课时制与学分制相结合的方法,使学生学得生动活泼。

2. 适应时代要求,输进新的信息。我们现在处于知识迅速更新的时代,祖国需要我们掌握最新的现代知识,但是,现在我们的课堂里,新的信息很少。有的老师善于从新的角度,运用最新的信息讲课,而有的老师则墨守成规,完全照搬20世纪50年代陈旧的方法和知识。这种状况,与"80年代大学生"的光荣称号是不相适应的。

3. 改进教学方法。入学以来,几乎每学期我们都要遇到这样的局面:有些课由于教学内容和教学方法欠考虑,致使老师讲课一字一句照本宣科,而学生则埋头看自己带来的其他书籍。我们在教师任用上存在"教好教坏一个样"的"吃大锅饭"现象,那些"磨、泡"的老师没有感到压力,也没有改进教学内容和教学方法的迫切感。

我们建议,能否像上海交大那样,实行教师聘任制,奖励优秀教师,促进"磨、泡"教师改进教学方法,以此提高我院教学质量。

4. 改进教学方法。为了加强学籍管理,考试、考查是必要的,但考试次数增多,考试方法又陈旧、单调、刻板。一是考笔记。平时成绩,甚至期中考试都是检查笔记。学生自己的笔记,本来是供自己学习参考用的,却强调要求详细、工整,致使一部分得高分的学生又用大量时间一笔一画地重抄一遍。更有甚者,一些学生平时根本未记笔记,临时借别人的来抄一遍,也能得高分。这无疑地不利于学生有效地活泼地学习。二是考试背笔记。期末考试也翻不出新花样,只是考每个学生的"背"笔记的本领。如果说,考笔记,背笔记,对低年级学生还有一定的积极作用的话,到了高年级,此种做法就是弊大于利。它不仅限制了学生的知识面,且不利于学生的分析、解决问题能力的培养。

## 四、关于学院的基建

我们觉得,学校工作的中心应是培养德智体全面发展的合格人才,学校的基建也应为此服务。但目前有一些现象值得注意。比如:在5栋学生宿舍前面,有一个大篮球场,此是名副其实的"水泥"球场,雨天,烂泥难容脚,天晴,黄土飞扬,每天课外活动时间,都有许多学生在那里打球,是为了身体健康,其实是很不卫生的。中文系学生会和其他一些系的学生会都代表同学们向上反映了我们要求希望能尽快地把这块泥土地铺上水泥,这样可以解决西区一片学生的活动场地。

我们还建议,在全院各教室要装电扇。因为一到盛夏,学生、老师各摇着一把扇子上课,给教学带来不必要的麻烦。

以上是我们的一些很不成熟的建议,难免有偏激片面之处,请院领导谅解。临近毕业,我们提出这些意见和建议,不是为了别的,只是因为华师——这个人民教师摇篮培育了我们,我们希望她完美发达。今后,无论我们为党的教育事业工作在中南,还是在西北,是在内地,还是在边疆,我们都希望有一个充满生机的母校——一个令人自豪的,走在全国高校前列的母校,我们的拳拳之心,院领导是定会理解的。

"谁言寸草心,报得三春晖。"在实现社会主义现代化的历史进程中,我们和我们的父辈们是站在一起的。同样,在改革华师、振兴华师的继往开来的事业中,我们也和党委、和全院拥护改革并投入改革洪流之中的同志们坚定地站在一起!我们深知问题不少,困难如山,改革也非朝夕之事,但我们的心朝着一个方向;我们确认,振兴华师,匹夫有责;我们坚信:血,总是热的!

中文系 80 级 4 班全体同学

**附录二:**

**改革教学方法 培养合格人才**
——关于改革问题给院领导的一封信

尊敬的章开沅、高原二位老师:

你们是学院德高望重的长辈,当同学们得知你们当选为学院新的领导,无不欢欣鼓舞。他们把学院的改革希望寄托在你们的身上。

当我着手写这封信的时候,我的同学们既希望我写,又怕我的信会遭到冷遇。她们说:"等着到垃圾箱里找你的信吧!""真理在权威面前会显得软弱!""还是黑格尔说得好,'现实的就是合理的'。""但愿你的信能打动我们章校长的心"。这些是我当场拾来的几句,虽有点尖刻,但反映了她们的希望和忧虑。

我思考再三，决定还是做一次代言人，反映一下目前我院教学法的弊端和我的想法。因为这里必然涉及我的老师，请二位长辈相信，我绝没有半点对老师不尊，只是为了搞活目前死水一般的教学，目前的教学工作普遍存在如下弊端：

一、重视知识讲授，轻视能力培养

这个问题，是全国高校普遍存在的现象，我院也不例外。具体情况是，教师拿着讲稿照本宣科、滔滔不绝，学生在台下昏昏欲睡，或读课外书或埋头做笔记。教和学完全脱节，难怪有的学生把上课说成"上教堂"。一节课下来，收效甚微。许多同学不愿坐在课堂白白浪费时间，而愿到图书馆自习。他们把听课当作负担，如果某教师病了或有事没来，那学生会感到高兴，这倒不是学生对老师有什么成见，而是不喜欢老师那呆板的没有一点生气的"填鸭式"教学。学生宁愿到图书馆去读老师写的论文、著述，而常常不愿听老师讲课，这是因为学生权衡图书馆与课堂，在图书馆学到的知识要高出课堂几倍，学生当然选择前者。

学生不愿上课，除个别是"自由化"外，大部分是由于以上原因。有的教师，为防止学生不来上课，编了固定位置，这固然是个方法，但是学生虽来上课，但80％以上的学生读课外书、昏昏欲睡的现象无法制止。因此，编固定位置还是不能从根本上解决问题。教师应在改进教学法上下功夫，让学生感到，这堂课不听，就是一个不小的损失。你们不妨到学生中调查一下，如果他们向你们说了真话，你们就会感到问题的严重。当然，从表面看是平静的。

二、教材内容多，学生负担重

目前学生负担很重，自由支配的时间极少，低年级学生轻松一点，但课时也达40小时以上。高年级学生就更多了，还不说课外用于课本上的时间。

星期二下午、星期五下午图书馆资料室、借书处不开放，星期六下午通常是大扫除，我们根本没有时间看参考书，整天忙于教科书还晕头转向。这样下去,不是会把人变成傻子吗?能力从哪里来?

同学们深感目前狭窄的知识面,很难满足时代、人民对我们的要求。为了扩大知识面,只得挤出休息时间。晚上关灯以后,还有同学在走廊里昏暗的灯光下读书,有的甚至将下午锻炼的时间、中午休息时间全用来读书。这样下去,怎么会不影响学生的身体呢?不足的睡眠,使学生很容易疲劳,往往上午就精神不振,形成一种恶性循环。教师增加教学内容的好心学生理解,可正像一个溺爱孩子的父母,没有选择地一味让孩子多吃,这不适得其反吗?再说,目前处于知识"爆炸"时代,信息量多得惊人,不培养学生能力,整天"灌"知识,不但不能激起学生学习兴趣,反而使学生感到厌烦,教学效果更不用说了。

三、师生互不了解,教学无法相长

目前高校普遍是讲课—辅导—答疑的教学顺序。由于"注入式"教学法,教师"灌",学生"装",尽管教师很热心,学生还是提不出问题,这不是一个好现象。古人说:"大疑则大进,小疑则小进。"没有"疑问",怎么进呢?

通常,教师上完课就走,除了上课,很难见到。学生不了解教师的德行,谈不上受到陶冶。教师不了解学生的爱好、特长、性格、思想,更无法因材施教。孔子就对他的学生了如指掌,例如,他说子羔愚直,曾子迟钝,子张少诚实,子路粗俗。又说:"德行:颜渊、闵子骞、冉伯牛、仲弓。言语:宰我、子贡。政事:冉有、季路。文学:子游、子夏。"(《论语·先进》)可见古人对因材施教的重视。

四、弊多利少的考试方式

以上现象不能全怪老师,还有一个与之相联的考试制度问题,这是学生的"指挥棒"。每到期终考试前几个星期,图书馆、教室人满为患。文科学生背教科书、背笔记,背到深夜1点的大有人在,以期得个高分。那种"刻苦"劲,绝不亚于高考。北大一位同学来信,把期终考试比作"放录音磁带",这说明了背笔记的现象,不仅仅在我院存在。

这种考试,为平时不用功的同学考试突击创造了条件,我有一门选修课,平时极少听课,临考看了三天,得分同听了课的同学不相上下(考试完了就忘了,那是肯定的)。这种考试方法,严重地将学生"圈"在教科书上,即使学生平时不努力,期终考试前拼上几天,也可捞个高分。

五、培养的学生知识面窄,适应力差

不少学校曾对近几年的高校毕业生做过调查,发现学生能力差,知识面窄,往往得几年才能适应工作,尤其换一个工种,则束手无策。

高校培养的学生,一个模式,"平而不尖",大家相差不远,工业战线能采取一系列措施,增加花色品种,提高产品质量,以取得信誉,增加企业竞争力,教育战线为什么不能培养出各式人才呢?现在,大学生是"供不应求",将来教育事业发展了,大学生"供过于求",企事业单位有了选择的余地,一个模式,"平而不尖"的,恐怕会"滞销""积压"的。

尤其我们师院,教学法就更显得重要。我们是未来的人民教师,如果把目前这种教学法带到中学,岂不贻害无穷?事实也证明了这一点,目前中学也盛行着这种陈旧的、不利于人才培养的"填鸭式"。扭转这种不利于学生身心发展的教学法,落到了我们高校师生的身上,不能再等了!

出现以上情况,原因很多,不能全怪教师。还要从其他方面找原因,比如:近几年高校出现了重科研、轻教学的倾向。教师评定职称、晋级、加工资,甚至出国进修都以科研成果为主要衡量标准。教学方面大家无法衡量,教好教坏一个样,"大锅饭"人人有份。教学态度、效果没人过问,过问了也没解决,致使不少教师埋头科研,忽视教学法。

针对这种情况,我认为,改革目前教学法,应做到:

1. 制定出一套教师信得过的考核方法。一方面院系领导抽出一定时间亲临课堂听课，另一方面就是让学生评议。因为学生是授课对象，他们有权、有责任做出公正评价。对教学效果、态度好的教师，给予一定奖励，并作为晋级、加工资的标准之一，以鼓励教师不断改进教学法。

2. 减少授课时间，压缩教材内容。目前教材内容多，教师应先让学生预习，提出疑问，根据情况，对学生能看懂的少讲或不讲，对学生不能看懂的精讲。讲课应把重点放在分析方法上，让学生学会教师的思维方法。对有争论的问题，教师应着重介绍学术界对这个问题的各种观点，组织课堂讨论，让学生畅所欲言。这样，学生有充裕的时间看各类参考书。为了弄懂问题，为自己的观点找论据，学生会主动去看参考书，以求在讨论中辨明是非。教师以学生身份加入讨论，则会增加民主气氛和学生对老师的了解。这样，教师因少讲，而有较多时间研究改进教学法。学生在讨论问题时，对概念的准确性、原理的正确性、观点的鲜明性都会有进一步的认识。

大学一年级，我们上共运史，学了《共产党宣言》。老师针对社会上"共产主义渺茫论"，出了讨论题目——"理论联系实际说明资本主义必然灭亡，共产主义必然胜利"。同学们读原著，找资料、论据，论证自己的观点。打饭时在食堂争，睡觉时在床上争，连不善于言辞的同学也激动地加入了争论。在讨论中，错误的东西很难站住脚。这种讨论，提高了学生对错误观点的认识，激起了学生读原著、查资料的主动性，使学生对"两个必然"的认识提高了。这比教师在讲台上讲的效果要强得多。也只有这样，才能使学生发现问题，培养创新能力。

3. 实行开卷为主、闭卷为辅的考试制度。文科学生闭卷考试弊大于利。学生普遍对现行的上课记笔记—下课对笔记—考试背笔记—考完忘笔记的陈规感到厌倦。这种考试无法反映学生真实水平，只能检验一个学生的记忆力，而不能检验其他能力。而这种闭卷，直接指挥着教师和学生。

实行开卷考试，笔答或口答，可以培养学生综合运用原理、准确适用概念、独立分析和解决问题的能力。这些能力，不是靠背能做到的，需要长时间的积累和锻炼。

改革长期以来的积习，是一件十分艰难的事情，会遇到各种困难和障碍，也正是因为这样，改革才显得伟大。长辈们如果能在我院先办试点，把改革教学法的经验推广开去，一定会为人才培养做出巨大贡献。做好这件事在教育史上是一个大的转变，是为我们子孙后代造福。为了教育改革能顺利、稳妥进行，可从学生和教师中抽出一定人员，组成一个"智囊团"，先办改革试点，好的经验逐步推广，不好的东西逐渐克服，让华师办出自己的特色，为中华腾飞造就出更多的适应时代发展的栋梁之材。

敬请二位长辈不吝赐教，学生翘首以待！祝老师身体好！学习好！工作好！

政治系 81 级学生齐新月敬上<br>1984 年 4 月 9 日

## 二、一定要把改革进行到底

1984 年 7 月 16 日至 20 日，校党委召开全校中层干部会议，认真研究讨论学校改革问题。这次会议分三个阶段进行。第一阶段，用一天半的时间传达了学习全国高校思想政治工作会议和省高教会议精神，并以文件精神为指导，着重讨论改革的指导思想问题。第二阶段，用两天半时间，围绕学校的"五定"方案和新学年的工作计划，着重研究讨论了学院的改革问题。第三阶段，用半天时间，由我对会议做了总结。

这次会议是学校中层领导干部基本配齐后的第一次干部会议，也是学校大规模讨论改革问题的第一次会议。到会的每位同志都情绪高涨，态度认真，发言热烈。有的新上任不到24小时就参加了会议，并在会上做了发言，谈了自己的打算。一些民主党派的负责人和退居二线的同志，也积极参加了会议，并在会上发表了很多好意见。这说明大家想改革、盼改革，真正想到一起了，也反映出调整领导班子后的新气象。

大家普遍反映，这次会议意义重大，武装了思想，提高了认识，协调了步伐。具体而言，主要取得了三个方面的成果。

一是增强了改革的紧迫感。通过学习和讨论，大家更感到改革势在必行，不改革就没有出路，决不能辜负全校师生的期望。

二是更加明确了改革的指导思想。大家认为，学校的改革不只是为了抓几个钱，增加一点收入，根本目的是要通过改革，使学校更加适应国家建设的需要，适应"三个面向"的需要。改革就是要为国家建设多出人才，快出人才，出好人才。

三是初步交换了一些改革的设想，提出了一些好的建议和意见。会上除了小组交流之外，还进行了大会交流，并收到了8份书面改革的方案和意见，3万多字。这说明，干部和群众中蕴藏着巨大的改革智慧。

外语系率先行动起来，走在了学校改革的前列。暑期中层干部会议之后，外语系就趁热打铁在暑期中进行了改革的初步尝试，从领导班子到28个科室全部进行调整。外语系的新领导班子由6人组成，其中有5人是新提拔的，平均年龄由原来的53岁降到了43岁，最年轻的还只有30岁出头。新上任的系领导年纪轻，干劲足，行动快，上任后的一个星期，就把科室领导班子调整一新。假期中，该系的很多老师都没有休息，冒着40摄氏度的高温坚持工作。

外语系主任李华矩给我谈了他们的六点改革设想。第一，系权力下放,英、俄两个专业分别成立专业委员会,统管各自专业的教学、科研、行政、职称评定等工作。第二,突出师范特点,大力提高教学质量。改编原有教研室,各专业根据条件分别成立研究室、教研室,扩大室主任的职权。加强一、二年级基础课教学,调配有经验的教师充实第一线。严格要求学生,严格执行升留级制度,极力扭转分数贬值的不良倾向。第三,正确处理教学与科研的关系,大力抓好科研。进一步办好系主办的三个刊物:英语版《中小学外语》、俄语版《中小学外语》和《中学生英语》。第四,加强师资队伍的建设,建立梯队。加强人员流动,正、副系主任全部做到兼职。第五,在搞好教学、科研的前提下,承包若干社会上的教学任务。第六,扩大财源,自创基金,争取短期内试行职务津贴,并尽快过渡到一定程度的浮动工资。年度奖金要打破"吃大锅饭"的做法。

我对外语系的改革举措和改革设想非常支持,要他们大胆地闯,大胆地试,为全校改革做出表率。

1984年的华师,师生员工说得最多的一个词就是"改革"。全院上下,人心思改。改革,是大势所趋,人心所向。大家都认识到,不改革,华师就没有出路,就没有希望。这种要求改革的愿望发自每个师生员工的内心深处,大家都有改革的紧迫感、发展的危机感。在改革中求前进,在改革中求发展,成为大家的坚定信念。

大家积极行动起来,不少师生为华师的改革大业积极出谋划策,有的单位还进行了改革的初步尝试。比如中文系82级学生胡紫写了《谈考试方法的改革》、院团委副书记陈守银写了《改革团的工作 实行"二放一考"》、中文系学生赵祖勇写了《改革的几点建议》、外语系教师郑斌耀写了《会议也要改革》等。

而中文系教授朱伯石的《改革十议》很有见地,对学校改革具有建设性和指导性。院刊《华中师院》全文刊发了这篇文章。

一、改革的落脚点。高等院校的改革,落脚点应该是提高教学和科研效益,培养出符合"四化"建设需要的各种专业人才。在最近一段时间里，有些同志茶余饭后却热衷于谈论怎样多搞点钱。当然，根据各个部门、各个专业的具体情况，开展社会咨询活动和服务性的工作，增加经济收入也是应该考虑的。但是，这方面的工作应该放在高等院校改革的次要地位，否则，改革就会走上歪路。

二、明确"师范规格"。最近一段时间，出现这样的言论：要改革，就要打破"师范规格"这个旧框框。这种说法我认为是不正确的。国家兴办各种不同专业的高等院校，就是要培养出各种不同"规格"的专业人才。我校是师范学院，顾名思义，培养的当然就是中等学校的教师。

三、改革靠什么人。要胜利地完成我院改革任务，必须依靠全院教职工和同学。当然，也需要一些有胆识、有谋略的同志走在前面。

四、须"松"则松，该"紧"则紧。一提起改革，大家就想到"松绑""放权"。但我们也要看到另外一种情况，10年动乱以后，一些合理的规章制度，一些正确的严格要求被冲垮了，至今还没有完全恢复。像这样一类"绑"就要加紧。例如："教师工作规范""干部岗位责任制"。

五、人事调动要有进有出，能上能下。要使人尽其才，人尽其用，使人员在新的部门、新的岗位充分发挥他们的才能。

六、要特别重视图书馆的改革。图书馆是高等院校的精神食粮仓库，它直接关系到全院师生教学和科研的进展。图书馆要适应新形势的需要，给师生以最大限度的方便。

七、加紧后勤工作的改革。后勤工作的好坏直接关系到全院师生员工的学习、工作和生活。近几年来，后勤部门做了很大努力。应该肯定，但还不够。

八、更改校名。我院创建已有30余年，教学科研成果日益显著，在全国产生了较大的影响。应该乘改革之东风改名为"华中师范大学"。

九、对于不同的意见要善于讨论。各种不同的看法和意见在没有充分讨论之前，很难说是合理的，更不能说是保守的。必须开创良好的讨论风气，避免简单粗暴地"扣帽子"。这样，才有利于大家充分发表不同意见，有利于问题讨论得更全面、更深刻，有利于改革工作的顺利进行。

十、在改革进程中，领导部门要密切注意群众的思想情绪和意愿，对改革中出现的问题和矛盾，要善于分析和处理，权衡得失，因势利导，务必防止因不同意见的争论，形成人事关系的紧张。

历史系成了第一个"吃螃蟹"的单位。该系对教学、行政、教辅人员试行岗位津贴，在管理改革上，成为全校第一个打破"大锅饭"的单位。1984年秋季新学年开始之前，历史系反复研究并广泛征求意见，召开了全系教职工大会，决定从9月1日起试行岗位津贴这一改革措施。岗位津贴分两种，即对任课教师实行教学津贴，对行政、教辅人员实行考勤和岗位津贴。历史系认识到，改革的根本落脚点在于提高教学、科研水平，多出人才，多出成果。而改革的突破口则应争取多"创收"，改善教职工生活，解除后顾之忧。由于这项改革措施体现了社会主义多劳多得的分配原则，对教职工的劳动从经济上给予了肯定，受到教职工的欢迎和支持。改革举措推出后，该系各年级的课程全部由骨干教师主讲，一批副教授和讲师活跃在本科教学的第一线。7名副教授以上的教师，不仅给高年级和外系授课，而且给一、二年级上基础课，有的骨干教师主动要求承担教学任务。全系工作出现了新气象，这就是改革带来的好处。

为了加强学校党委对改革工作的领导，使学校各项改革顺利进行，学校专门成立了改革工作办公室。1984年9月3日，学校召开的党委常委会一致通过成立改革工作办公室，由党委常委、副校长王秋来负责，直属党委领导。改革工作办公室的主要任务是调查研究，指导试点，总结经验，推进改革，为党委抓改革工作当好参谋。这次常委会还确定外语系、农药化学研究所、机电厂、总务处修建科等单位为改革试点。常委会还希望，其他非试点单位在改革中不要等待、观望，要根据先易后难的原则，着手进行一些职权范围内的单项改革，看准一项改一项。同时充分发动退居二线的同志，请他们担任调研员，对学校的改革进行调查研究。

为了在85级新生进校后，全面试行学年学分制，1985年6月14日上午，学校领导对全体机关部门进行了动员。动员会由副校长邓宗琦主持，我和党委副书记李开蕊分别讲了话。

教务处处长孙启标首先对我国高校实行学分制的特点、历史和化学两系84级试点的情况以及85级全面试行学年学分制后将会出现的问题和困难，向大家做了介绍。

李开蕊说，学校决定从85级开始试行学年学分制，是为了多出人才，出好人才。由于没有管理方面的实际经验，将会碰到许多困难，一方面工作量大，另一方面对机关工作的同志提出了更高的要求。

我重点讲了三个方面的问题。第一，实行学年学分制是我校带全局性的大改革，需要每个部门密切配合。第二，对于学分制要有正确的理解，既不可认为学分制是灵丹妙药，可以代替教学工作中的全面改革，也不能对试行学分制而产生的新的教学秩序怀有畏惧感。第三，要有强烈的竞争意识和必胜的信心。

学校研究决定在教学领域进行九个方面的改革。第一，师范教育不仅面向普通全日制中学，而且要面向各类中等学校。第二，增加学生的自习时间、实践性环节、选修课门数及课时，减少课堂讲授总学时、规定的课本学习时间、必须门数和课时。第三，从85级学生开始，全部试行学年学分制。第四，重视教师队伍的培养、教学梯队的建设，尤其是加强对青年教师的培养。第五，除了面向中南五省重点中学试行保送生免费入学，从师专二年级学生中选拔优秀生插入本科就读等招生办法以外，还优先录取推荐报考硕士学位的优秀本科生。第六，制定新的奖励办法，如教学优秀奖、毕业生优秀论文奖、优秀教材编著奖以及学生奖学金与助学金并存等办法。第七，改革教育实习，目前已经草拟出全国师范院校教育实习改革方案。第八，利用电教中心等现代化的科学技术，改革课堂教学手段；另外，在学生中积极开展各种课外学习活动，现已组织各种社团63个。第九，积极扩大系、科改革专业结构，使学校走上多层次、多规格办学的轨道。

改革！改革！

自上到下，人人盼，个个喊，但在学校有些人眼中却有着一些片面的看法。这些人谈到改革，就振振有词，理直气壮。但提到收入，他们就支支吾吾，吞吞吐吐，欲说还休。其实，就是"谈钱色变"，认为不必用奖金来调动教职工的积极性。因此，在他们看来，改革也就不必考虑教职工的福利待遇，而只是"出人才，出成果"。

对这个想法，我是不赞同的。众所周知，教育改革的目的是"多出人才，快出人才"。但怎样才能达到这个目的呢？当然，思想政治工作是一个很重要的方面，但改革与人们的物质利益密切相关。人们盼改革，也就是希望能打破"大锅饭"，奖优罚劣，为国家多做贡献，把本单位工作搞得更好，同时也增加个人收入。

因此，就一所学校来说，要多出人才，就得充分调动教师、干部、职工的积极性。要调动大家的积极性，就得实行多劳多得、奖优罚劣。要奖优罚劣，就得发挥经济杠杆的重要作用，有财力、物力做保证。要发挥经济杠杆的作用，就得想办法广开财路，积累办学资金。实际上，增加收入与多出人才并不是对立的，二者完全是可以统一起来的。

我说，若将二者统一，好处至少有两个。其一，可以用经济手段鼓励优秀教师上教学第一线，并在保证本院教学的同时，组织多余教师对外服务，院、系和个人均可增加收入，同时也可以提高师资水平。其二，鼓励学生中的"冒尖"人才，对教学、科研、行政、后勤等各项工作的立功者均可授奖。

历史系岗位津贴从 1984 年 9 月起开始兑现。金额分别是：教师给本科生讲课，每课时 1 元；给研究生授课，每课时 1.5 元；指导实习和社会调查，每天 5 角；其他行政教育人员每月全勤，发 5 元，请假 3 天以内为 4 元，超过 3 天者不享受津贴。通过对 9、10 月份教师工作量统计，获得津贴最高的是吴量恺副教授，两个月共 85.5 元，其他数量不等。全系得到津贴的教工共有 40 人，几乎占全系教工的 70%。

历史系实行岗位津贴，促进教学改革和全系工作的实践也证明，两者是能够统一起来的。所以，我相信只要改革的措施得力，办法得当，全校师生员工一定会充分发挥自己的聪明才智，达到改革"多出人才、快出人才"的目的。

改革成效明显。半年多的时间，外语系在教学、科研以及行政管理等方面都取得了较大的进步。2014 年暑假之前，新的系领导班子成立之后，他们即坚持了每周一次的"党政联席会议"，系里的重大决策，都由集体研究决定，然后再分头执行，互相配合，协同作战。根据外语系自身的特点，系主任李华矩在全系教职工大会上提出了十六字的改革方针，即"三套马车，三股力量，统筹兼顾，多劳多得"。通过半年多的实践，证明这个方针是行之有效的。

"三套马车"，是指成立英语、俄语、公外三个专业委员会。系副主任分别掌管专业委员会的工作，各教研室的主任基本上担任了专业委员会的委员。这样，充分调动了各专业的积极性，使他们按各自的专业特点进行管理，同时又展开竞争和比赛。

"三股力量"，是指教学科研、教辅、行政三股力量。以前，有人认为搞教学科研的高人一等，但系领导不这么认为，他们说，这三股力量应该是平等的，缺一不可。它们只有分工的不同，没有贵贱之分。这样，就把全系各方面的力量调动了起来。

"统筹兼顾"，是指系对三个专业统一进行管理。例如在创基金的问题上，三个专业就大不相同，甚至悬殊得很。在这样的情况下，系里将各专业创基金按二八提存，系里得二成。同时，又将刊物的获益作为系里的基金。1985年元旦时,全系教职工人人分到了100元的奖金。

"多劳多得",是指在各专业中,打破"吃大锅饭"的局面,贡献大的,获得的物质报酬也高,如英语专业创基金的劳务费就分为五等。

我在不同场合都讲了这个话,因此大家思想都得到了解放,改革的步子往前迈得更大了。

## 三、举办新闻发布会

20世纪80年代初,大学还比较封闭,但我们率先举行新闻发布会,邀请省市媒体记者参加,主动向社会介绍学校发展情况。这种开门办学的风气在当时还是领先的。

1985年元旦前夕,由我主持,学校领导举行了一次别开生面的新闻发布会。参加这次发布会的校领导有晏章万、邓宗琦、郎郡诗。各部、处、系负责人,院、系学生会主席,院刊、广播台记者,学生新闻协会代表,省市有关新闻单位的记者,约近百人参加了会议。

邓宗琦副校长首先向大家介绍了学校的基本情况,他的讲话分为三个部分,一是基本情况,二是1984年的工作,三是对1985年以及今后几年的展望。他说,1984年学校完成的中国科学院、教育部、省科委下达的国家重点攻关项目数,相当于1983年的两倍;经费总额则相当于1983年的三倍。除此之外,学校在多项改革中取得了进展,如学年学分制、教学计划、人才培养模式等。

在讲到今后的工作,邓宗琦说,学校的"五定"方案,已经过教育部核定,到1990年,学校全日制在校学生总数将达8000人,其中研究生 500 人,进修生 600 人,干训生 400 人,各种专业将达 30 多个。今后,学校的基本任务主要是培养中等和高等学校的教师,同时,还要培养教育管理和科学研究方面的人才。

邓宗琦讲话之后,由入会代表及院刊、广播台记者当场提问,校领导及有关部、处的负责人当场回答提问。据初步统计,当场所提问题多达近百个,涉及学校规划、党的组织发展、教学、后勤等方面,会议在热烈、诚恳和坦率的气氛中进行。

最后,我做了总结性发言。我说,今天的新闻发布会开得很好,以后还要多开,加强校领导与教职工、学生的直接对话,增强全校师生员工作为主人翁的责任感。华师要走自己的路,没有全院师生员工的支持和谅解是不行的。我最后说,1985 年是牛年,牛既能"任重道远",又能"忍辱负重",我们要像牛那样,既要有广阔的胸怀,又要有奋斗的目标,只有这样,我们的华师才会有无限美好的前途。

1986 年是农历虎年,1 月 10 日,学校再次举行了新闻发布会。各部、处、系主要负责人,教职工代表以及校报、校广播台记者近 200 人参加。我和其他主要领导出席并讲话。

王庆生副校长做了长篇发言,他回顾了 1985 年的工作,接着谈了 1986 年的工作打算。他用十六字概括了 1985 年的工作,即"变化很大,困难不少,坚持改革,宏图再展"。1985 年,经过全校师生员工的共同努力,各方面的情况有了很大的好转。教育事业有了一个较大的发展,加强了对外交流,扩大了学校的影响,教学和科研取得了明显的进展,后勤工作也有了新的起色。但也存在不少问题和困难,不过这都是前进中的困难、发展中的问题。在新的一年里,学校要坚持改革,提高管理水平,努力做好各方面的工作。

与会代表就学校校风、思想政治工作、教学、科研、学生社团活动等方面提出了 40 多个问题,出席的校领导和各部、处、系负责人当面给予回答。

最后,我做了总结讲话。我希望全校师生员工学习愚公精神,脚踏实地、扎扎实实地干,使学校"一年一小变,五年一中变,十年一大变"。我还提出了"严谨扎实,开拓进取"的校风供大家参考。我指出,我们所说的"开拓",不是行为上漫无边际,而是指思想上的活跃。如果我们一盘散沙,各方面的工作就不可能腾飞。我提议,今后可以把"新闻发布会"改成"新春谈话会",让校领导和广大师生有更多直接对话的机会。

1985年2月2日至3日,学校首届教职工代表大会隆重召开。我做了题为《群策群力,锐意改革,为振兴华师而奋斗》的报告,这也是我上任10个月的工作报告。摘要如下。

一、10个月的工作回顾

我院新的领导班子是去年3月26日宣布就职的,到现在已10个月了。这段时间,我们在全国大好形势的推动下,在教育部和湖北省委的直接领导下,经过全院师生员工的共同努力,各项工作在原来的基础上,都取得了明显的进展。

第一,调整了处(部)、(系)、科(室)领导班子,开始了管理制度的改革。第二,教学、科研工作有了新的进展。去年,我们较好地完成了教育部下达的招生任务。计划内全日制普通高等教育招生2339人,成人高等教育招生1630人,均比去年有所增长。函授、业余教育去年发展较快,招生范围已扩大到河南、湖南等省。在改革教学内容、教学方法和教学管理方面,广大教师和教务部门也都做了不少工作。科研方面,去年理科新列入国家和省级的重点项目共34项(含国家重点攻关项目一个),比前一年增加一倍多。此外还接受兄弟单位委托项目11个。总共获得计划外科研经费118.8万元,比上一年增加了95万多元。这是我院建校以来未曾有过的。这一年有6项科研成果组织了鉴定,受到了国内专家的赞扬和好评。在文科科研方面,去年共出版专著48部,发表论文430多篇,其中有些著作普遍受到读者和同行们的好评。第三,后勤、基建工作有了新的起色。后勤部门新班子成立以来,从抓改革试点入手,在有些单位已开始见到成效。基建方面,去年共完成投资393万元。全年实际施工面积22651平方米,竣工面积15000平方米。第四,进一步贯彻落实了党的知识分子政策。新班子成立后,从调动广大知识分子的积极性出发,在行政工作方面,尽力采取措施为教职工改善工作条件和生活条件。

总之,过去的10个月,我院的各项工作都有进展,有成绩,改革的局面也初步打开了,这与大家的辛勤努力是分不开的。但是从院里工作本身来说,仍然存在不少问题,这些问题的存在,与我们院领导的精神状态和工作作风都是有关系的。我们必须清楚地看到并认真地解决好这些问题,才能走在改革的前列,并同大家一道把学院的各项工作搞好。

二、我院的奋斗目标和发展蓝图

我院的奋斗目标额发展蓝图是:要在今后十几年的时间里,把我院建设成为一所能够适应"三个面向"要求的,包括文、理、教、管、艺综合发展的,高质量、高水平的,有特色的万人师范大学。

1. 关于办学的指导思想。我院的办学思想是在党的十一届三中全会制定的路线、方针、政策和党的十二大精神指引下,坚持面向现代化、面向世界、面向未来,努力办好师范,认真搞好改革,为国家培养高质量的又红又专的中等学校和高等学校师资。同时,积极开展科学研究,特别是教育科学的研究,为"四化"建设做贡献,努力把我院办成既是教育中心,又是科研中心。

2. 关于学院的任务。学院的基本任务是培养中等学校的师资,同时培养部分高等学校的师资和管理人才。本、专科招生面向中南,研究生、进修生面向全国。学院的具体任务是培养本科生、研究生、专科生、进修生、干训生,以及函授生、夜大生,同时要承担科学研究任务。

3. 关于学制和专业设置。随着多规格、多层级办学的要求,我院的学制也是多规格的。本科普通班学制4年,攻读硕士和博士的研究生学制一般为3年,其余都是3年以下,最短是半年。到1990年我院普通班将增至16个系27个专业。这16个系是:除现有的11个外,拟增建图书馆学系、美术系、音乐系、教育管理工程系、高等教育管理系。27个专业是:除现有的14个外,恢复两个:音乐、美术;增设8个:计算机科学、应用语文、图书馆学、心理学、理化实验、电化教育、中等学校管理、教育行政管理,并根据现有学科的优势,增设以培养高等院校师资和研究生为主的科社、历史文献学、中国近现代史等3个专业。研究生目前已招生专业为24个,到1990年拟增至35至40个。

4. 关于科学研究机构。我院现有6个研究所、13个研究室,根据科研发展的需要和我院学科的特点与优势,拟逐步将高等教育、中国现代文学、普通语言、哲学、昆虫病毒、运筹学与控制论、农业自然资源与区划、粒子物理等研究室分期分批建成研究所,同时逐步增设一批研究室。还要在应用物理研究所和电教组的基础上建立电话教育研究中心。

5. 关于发展规模与基建规划。到1990年,我院在校生将发展到16000人,其中全日制普通班8000人(本、专科6500人,研究生500人,干训生400人,进修生600人),成人高等教育8000人(函授本科生6000人,夜大学本科生2000人),教职工达到3620人。在1990年以前,我们总共要建房10万—12万平方米,为全院现有房屋面积的45%。

6. 关于制定我院蓝图的可能性。我院的发展蓝图,是根据国家需要和学校的实际情况,并通过多次讨论、修订提出来的。制定这个蓝图的最重要的依据是我院现有的多方面的条件。我们在前进的道路上,的确还有不少困难。但是,我们的有利条件也是很多的。第一,有党中央对教育事业的高度重视,有教育部和省委的坚强领导。第二,有一支能够胜任教学科研和其他各项工作任务的、潜力较大的教职工队伍。第三,有一批在社会上颇有声望的学科。第四,有建校以来积累起来的物质基础。第五,房屋紧张状况将日趋缓和。当然,我们面前也还有很多不利条件,我们要充分地估计到并高度重视,采取措施予以解决。

三、大力加快改革的步伐

我院的改革要在党中央的路线、方针和政策的指引下,在党委的统一领导下,针对我院领导体制和管理体制中存在的各种弊端,有秩序、有步骤地进行。要通过改革,达到多出人才、快出人才、出好人才、多出成果、快出成果、出好成果的根本目的。改革要有利于加强科学管理,提高工作效率和经济效益,有利于调动广大师生员工的积极性、创造性,总体来说就是提高学校的活力。

为加快改革的步伐,我们拟采取以下改革措施:

1. 进一步改革人事管理制度。前段下发的关于人权下放的"十六条",要进一步制定实施细则,并为具体贯彻落实这个文件创造各方面的必要条件。院里研究决定,从元月开始取消综合奖,实行岗位津贴,下学期拟在工人中实行"合同制",并选择一两个单位做试点,试行教师聘用制和干部任期制。

2. 下放财权,实行一级核算、两级管理。财务改革要同其他部门的改革同步进行,并为其他部门改革创造条件。要通过改革加强计划性,方便群众,减少积压浪费,提高经济效益。

3. 抓紧教学、科研工作的改革。教学改革拟采取以下措施：①修订教学计划，改变当前培养人的模式；②实行学年学分制，要求设70%的基础必修课，20%的必选课，10%的任选课；③以培养能力为主，改革教学方法；④实行奖学金制度和中期选拔制度；⑤加强重点学科建设，扬长避短；⑥改革教育实习；⑦切实加强公共课、交叉课教学，不断提高公政、公外、公体等课的教学水平；⑧加强教材建设，更新教材内容，提高自编、新编教材的使用率；⑨加强教师队伍的建设，特别是青年教师的培养；⑩建立稳定的教学管理队伍，改善教学条件，做好教学后勤工作，努力实现教学管理的现代化。

要积极办好函授教育和夜大学。要结合定编建立起较稳定的函授和夜大教师队伍，并将编制落实到系。

科研方面的改革，要根据"七五"计划的要求，调整科研方向和科研结构，应用科学的研究要加强，经费比例要扩大，要发挥学院的优势，加强横向联系，组织一些跨系、跨学科的大型项目的协作和攻关。要使科研与学科建设、教材建设紧密结合起来。要建立严格的考核和奖惩制度，科研投资要重点择优支持，并要与经济效益挂钩。

研究生工作方面，试行硕士生兼任助教工作、博士生兼任讲师工作的兼职制度。优秀硕士生可提前攻读博士学位；优秀本科生推荐直接读硕士学位，设研究生优秀成果奖。

4. 加速后勤、基建工作的改革。后勤工作改革首先要明确指导思想，为教学科研服务，为教职工服务，正确处理改革与创收的关系，承包不能与利润挂钩。后勤改革的根本目的在于端掉"大锅饭"，提高工作效率和服务质量，使我们的后勤工作真正达到"礼貌、周到、方便、及时、低耗、优质"的要求。

服务公司作为学院后勤工作的重要补充，要广开门路，扩大服务范围和经营项目,更好地为师生员工服务。

基建工作的改革,根本目的在于把基建搞得快一些,好一些,省一些,关键是要把前期工作抓上去。要放手通过招标议标,选择施工队伍。要建立我院负责施工人员以栋号为中心的承包责任制,实行重奖重罚。

5. 广辟财源,积极创收。要在保证完成计划内招生的前提下,采取多种办学形式,扩大计划外招生,积极为学院创收。我院的各种设施,在保证自身教学、科研和职工生活需要的同时,尚有余力的,也都可以对外实行有偿开放,为社会服务。校办工厂要在内部实行企业化管理,按利润承包,以便形成稳定的创收基地。要积极开展对外科技咨询和科技服务,搞好科技成果的有偿转让,为学员创收做贡献。

要落实上述措施,改进领导的思想和工作作风是个关键。各级领导,特别是院领导,要解放思想,大胆创新,以实际行动站到改革的前列。要深入实际,深入群众,广泛听取群众意见。要加强责任制,充分发挥职能部门的作用,坚决从具体事务中解脱出来,集中精力抓大事。要大力精简会议,提高会议质量。

各位代表同志们,加快我院改革的步伐,是摆在我们面前的一件刻不容缓的大事,也是形势的发展对我们的要求。我们一定要千方百计地把它抓上去。我相信,不管我们的改革面临着多大的困难,前进的道路多么曲折,但我们的改革必须取得胜利。我院的蓝图一定要实现,也一定能实现。

1985年11月,学校召开了思想政治工作会议,我做了一个讲话,主要谈了四点希望。

这种思想政治工作会议过去开过许多次,但作为华中师范大学[①]

---

① 1985年8月,华中师范学院改名为华中师范大学。

的还是第一次。这说明在新的形势下,中央对我们有新的要求。华师列入有影响力的大学之列,既有教师的贡献,有思想政治工作队伍的贡献,也有行政工作的贡献,还有后勤队伍的贡献。这样看才是比较全面的。

我们好多做思想政治工作的同志,几十年如一日,辛辛苦苦,跟教工、学生生活在一起,很艰苦地、很细致地来做有效的思想工作。这样的工作应该和教师的工作一样受到尊重,甚至受到更大的尊重。这个学期有两项工作要抓,一是思想政治工作,二是教学工作。我们应该通过这次会议,使思想政治工作进入一个新的阶段。

过去,我们的思想政治工作有所放松,有所削弱,我们的队伍存在的问题还比较多,当然这既有上面的问题,也有我们学校自己的问题。我们要通过这次会议很好地分析一下情况,总结经验教训,提出相应的对策,把我们的思想政治工作很好地开展起来。我希望:提高认识,加强学习,关心学生,为人师表。

首先讲讲提高认识的问题。社会主义物质文明与精神文明一起抓是肯定无疑的,这本来是一个很明显的老道理,但在过去一段时间内我们忽视了。现在看来,这不是一般的问题,而是一个很大的问题。因为仅靠物质文明,建设不成社会主义;只抓物质文明,社会主义现代化建设抓不起来。因为这里面包括一个是什么样的现代化的问题,是资本主义现代化还是社会主义现代化。这是一个很严肃的问题,是关系到国家的前途和民族的命运的大问题。

现在,在一些学生当中忽视政治,甚至对思想政治工作产生一种抵触情绪,这种现象是很明显的。我们作为马克思主义的思想政治工作者,应该有自己的看法,有一种明智的、清醒的看法。

第二点是加强学习的问题。思想政治工作不是这么一强调就会加强,这里面问题很多。现在强调系统论、系统工程,最核心的理解就是把事物看成是相互联系的,看成一个整体。思想政治工作也是一样,它不是孤立的,它需要跟各方面的工作互相联系,而思想政治工作本身又是各种部类的科学知识和能力的综合运用。我们现在正是面临着一种新的情况和新的问题,我们如果还用老的那一套做法来加强思想政治工作是不合适的。过去,一谈到纪律,一谈到大的道理,很多问题就迎刃而解了;现在的青年人你要跟他们寻求共同的语言,你就要真正使自己处于一个能够引导他们的地位,你才能够说服他,否则就不那么容易。青年人往往很自信,这是可以理解的。如果一点点自信也没有,那有什么作为呢?再说,青年人的知识面,在某一个人身上不很广,但作为总和来讲,青年人的知识面还是相当广的。这就给我们的学生干部、辅导员和老师的工作带来了很大的困难,不适当地扩大知识面,他可能几句话就把你搞蒙了。因此大家必须认识到再学习的必要性,用新的科学知识、新的理论、新的思想境界来武装自己,来做一个无愧于这个新时代的思想政治工作者。

第三,要关心学生。过去我们自己束缚自己的手脚,不大敢讲群众的福利问题。现在的福利问题可以公开来讲,但不要超过我们国内、校内经济许可的范围,从需要上来讲也是这样的,因为国家、学校的财力是有限的。当然,生活是应该关心的,包括学生食堂、宿舍,我们还有许多不如人意的地方,都要尽量很好地解决。学生宿舍条件太差,不管怎样困难,明年我们也要纳入计划,加以改造。关心学生是多方面的,一个很重要的问题就是思想关心,如果仅仅就生活讲生活,就物质利益讲物质利益是不够的,在政治上、思想上不加以关心是不好的。我们应该尽自己的责任,对于学生要敢于要求,善于要求。对很多不正确的做法不闻不问,不是一个很正常的做法。

第四,就是为人师表,要严于律己,否则就很难做好思想工作。青年人对我们是很注意的。中央领导人说,让有理想的人讲理想,让守纪律的人讲纪律,最有说服力。如果自己作风不检点,怎样教育学生呢?

所以,我希望通过这个会,大家加强自己的责任感,自己提出更高的要求,通过学习,通过总结,更好地提高自己,准备开创一个思想政治工作的新局面。

## 四、认真学习全国党代会精神，集中研讨我校改革问题

1985年10月18日至19日，学校召开处系以上干部会议，认真学习全国党代会精神，集中研讨我校改革问题。我在会议开始时做了讲话。

我首先肯定了我校当前的大好形势，同时也指出了我们工作中存在的突出问题，并就进一步坚持和搞好改革问题，着重强调了四点。

第一，要加强宏观指导。过去我们工作中最大的弱点是宏观指导不够，碰到什么就抓什么，这样工作固然辛苦，但效果欠佳。作为领导首先要加强宏观指导，高瞻远瞩。作为群众或下级领导也要主动理解，对上级的态度和决策积极支持，紧密配合，只有这样才能真正把宏观管好。

第二，要坚持改革不动摇。在今后我们的工作中，应把改革放在首位，只有改革，才能创新，才能再展宏图。改革是千古未有之大变革，改革中出现这样或那样的一些问题，是不奇怪的，但改革不要搞花架子，要讲求经济效益和社会效益。希望全校师生员工积极参加改革，热情支持改革。

第三，要搞好社会主义精神文明的建设。物质文明的过渡离不开精神文明的建设，不讲精神文明，物质文明就没有方向，最终也搞不好物质文明。搞好精神文明的建设，最核心的问题是要端正党风，党风转变了就会进一步扭转社会风气。

第四，要团结奋斗，再展宏图。当前是我们学校团结问题解决得比较好的一个时期，但我们的团结不能仅仅停留在原来的水平上，今

后的团结应该是在方向和目标完全一致的基础上的更高层次的团结，这种团结更重要的应体现在思想上的一致，以及工作上的互相支持和协作上，要多唱"英雄会"，不要搞"一国三堂"。

## 五、"高"与"师"之争

对师范院校而言，"高"与"师"曾经是一个长期考验校领导智慧的问题。院系调整之初，对于师范院校的定位，本在一个"师"字，即强调师范院校应该以师范教育为本。因此，在课程设计上，与其他综合性大学不同，特别强调教育理论与教学技能的培养，并安排大量教育实习的时间。但是，曾几何时，教育部又开始强调师范院校也应该注重科研，即"高"的一面。于是乎，在很多师范院校里，围绕着究竟应该是"高"还是"师"，长期争论，摇摆不定，难得真解。此等问题，在学理层面似乎很简单，既然是师范类高校，当然应该既"高"又"师"，但在现实中，则颇不容易解决，且容易造成部门之间的矛盾。说到底，我们是"一仆二主"，上面有两个婆婆，师范教育司与高等教育司，我们必须周旋于这两个上级机关之间，为难之事甚多。

华师在这个问题上存在困扰已久。我到校部之后才知道，因为常年"高""师"之争，负责教务的部门与负责科研的部门之间已经积累了一系列矛盾。有人提议："我们应该围绕'高'与'师'的问题，在全校范围内来一次大讨论。"我想了想，觉得还是不要讨论的好。一方面，既然是师范院校，"师"肯定是要强调的，同时，作为高等院校，"高"也确实是必要的。更何况，大讨论一事，弄得不好，容易造成分裂。与其空泛讨论，不如勉力实行。因此，我学习邓小平，搁置争论：

开教务方面的会议时,我就强调要"教学为本";开科研方面的会议时,我就强调要"勇攀高峰"。这不是和稀泥,没有原则,而是在我看来,高等师范院校就应该以师范为本,同时在科研方面也要勇攀高峰。

在教学方面,我会经常到课堂上去听老师讲课。事先不会通知,但听完课之后,会和老师进行交流,提出一些建议,以切实提高教学效果。经过一段时间的调整,教学方面有些进步,根绝了"文革"期间"集体上课"的方式,每门课都有专讲老师,一步一步往前推进。但教学内容一时难有根本改观,有些人用的,还是老教材、发黄的讲稿。

我发现,教师队伍自身的素质,是影响课堂教学的一大因素。我提倡课堂讨论,但始终没有得到很好的推广,其原因,就在于很多教师的知识面太窄。华师是一所师范院校,教师队伍中,有很多就是本校毕业留校的,或从其他师范院校毕业的。师范院校的课程设置中,师范教育的课程挤占了专业课的时间,因此,师范院校毕业的人,如果课余时间自学不够,在专业素质方面是容易有些欠缺。自己知识面太窄,底气不足,自然无法组织课堂讨论。当然,我这么说,丝毫没有菲薄师范院校毕业生的意思,像邢福义,就是华师毕业的,那完全是大家风度。

相对于"师","高"的问题更迫切。因为教务方面毕竟有多年积累,有章可循,而科研方面则底子确实比较薄。科研处最苦恼的,就是我们的高水平成果不多,成果的开发与利用更差。不过,经过努力,科研方面的起色,比教务方面还要大些。

究其原因,一则科研方面原来的起点低,因此有一点进步就看得出来。

二则20世纪60年代的时候,老党委在年轻教师中选择了一些人作为重点培养对象,如马列主义的高原、教育系的杨葆焜、地理系的景才瑞、物理系的刘连寿、化学系的张景龄、中文系的王庆生等,此时都已成长起来,成为学术中坚。

三则老师们的干劲足。很多专业的老师,主动来找我谈本学科的发展趋势,站在学科的前沿,论证该从何处下手提高本校的水平。那时找校长的,不是完全没有私人请托的情况,但出于公心的占多数。这样群策群力,很多好点子都汇聚到我的面前。学校方面则在力所能及的范围内,创造条件,给予支持。

四则负责科研的副校长邓宗琦非常出色,认真负责。很多重点研究项目的设计,一些项目的推广,他都和我一道亲临一线。那时文科完全没有经费,为了文科的发展,学数学出身、曾经当过科研处处长的他,还主动从理科的经费中想方设法匀一点出来给文科。

经费确实是那时令高校领导头疼的问题。比如说,我们想恢复音乐系和美术系,上面同意恢复,但经费自筹。我们就只好硬着头皮,一块钱一块钱地抠出来,艰难地往前推进。但也总算走过来了,现在华师音乐系和美术系发展得都不错。

由于师范院校经费很有限,我们特别强调"好钢要用到刀刃上",该扶持的尽力扶持,但也绝不因为怕得罪人而面面俱到,因为那样做只会坏事,到头来会什么都做不成。民国时代的教会大学,经费方面无法与国立大学比,但也做出了很多成绩,其"秘诀"就是重点扶植一些学科,因时就利,做出自己的特色。我在教会大学读过书,对此有些印象,因此自己主政华师的时候,也走重点突破的路。

## 六、如何办好师范大学

1985年9月7日,学校隆重召开庆祝首届教师节暨更改校名大会,1万多名师生员工参加。我在大会上朗诵了自己撰写的向首届教师节的献词——《春风化雨,桃李芳菲——向第一个教师节献词》(节选)。

省市领导、各位来宾、各位校友：

我受校党委、行政的委托，谨向所有到会的同志们，致以热烈的节日祝贺！

人们常以红烛比喻教师，虽然含义颇深，却不免带有少许凄苦，几分自恋。倒是章太炎夫人汤国梨早年的诗句"春蚕不肯无情死，吐尽丝还化蝶来"（《春蚕》），更能抒发献身教育事业的人们的壮美情怀。

教师是人世间最崇高的职业。他们以自己终身的辛劳，奉献给人类文化历史长河的绵延。古今中外，人不可无学，学不可无师。人才的成长，学科的繁荣，技艺的发展，无时无处不凝聚着教师的心血与智慧。教师的劳动业绩似乎是无形的，然而他们确实是创造了世界上最可宝贵的财富，他们的劳动属于尖端的学科——灵魂工程。教师贡献极大而又自奉甚薄，他们的生活常与清苦为邻。君不见艺术形象中的教师，或穿褪色布衫，或着破旧制服，或戴深度眼镜，或执竹杖以支持病躯……这往往是现实生活的反映，并非文艺家们的主观臆测。今后即令是政府努力改善教师待遇，他们也难以臻于富有，无非是生活稍得宽余而已。然而教师在精神上却从来都是丰富的，这种丰富既表现为学而不厌，更蕴含于诲人不倦。他们勤于求知，乐于传知，食叶吐丝，采花酿蜜，自身虽苦，泽惠人间。教师是社会的功臣，社会理应报以极大的尊敬。

教师是人世间最艰难的职业。他们不仅需要具有广博的专业知识，而且需要通晓教育规律并掌握教育技能。教师的劳动产品是人而不是物，因此他们的任务不仅是传授知识，而更重要的是塑造灵魂。教师的劳动貌似平凡，实极高超，既是一种综合性的科学，又是一种综合性的艺术。语言文字以至各种新式传导、显示的设备与技术，固然是教育不可缺少的工具与手段，然而教师的风范却可以产生更为深远的影响。"桃李无言，下自成蹊。"教师的良好风范不是与生俱来的自然功能，而是长期刻苦磨砺形成的优秀素质，包括思想作风、道德操守、文化素养、生活情趣等各个方面。晚清诗人龚自珍曾有佳句："一事平生无崎岖，但开风气不为师。"（《己亥杂诗》十二）实际上，这种无声的师，无形的师，不自以为师而人尊之为师的师，乃是最高层次的教师，潜移默化的教育，其精英堪称万世师表。当然，社会上至今还存在着轻视教育、轻视教师的形形色色偏见，但那是愚昧和无知的表现，丝毫也无损于教师的地位与尊严。

教师是人世间最可爱的职业。在古今中外人们献给教师的各种美称之中，我较为喜爱园丁一词。春风化雨，桃李满园，耕耘培育，乐在其中。教师与学生的关系，应是世界上最纯洁、最真挚、最高尚的关系。学生向老师虚心求教，老师殷切期望学生成才，除此而外相互都别无他求。每一个人回顾往事，都不会忘记老师如何启发自己智慧的窗扉，如何以新知的清泉滋润自己的心田，如何一点一滴培养自己最初的实践能力。学生的成长，就是教师的最大欣慰。教师头上的白发，额头的皱纹，记录了讲坛生涯多少辛酸和甘甜！但是，教师对于学生并非单方面的给予，他们可以而且也应该从自己的教学对象那里吸取精神营养与青春活力，这就是人们通常说所的"教学相长"。学生如饥似渴的求知欲望，永远是促使教师在专业上精益求精的推动力量。学生如行云流水般的活泼思维，常常能触发教师创造新知的灵感火花。

今年9月1日是中华人民共和国第一个教师节，这是全国人民一个盛大的节日，并将产生转移社会风气的深远影响。我认为，社会需要给教师以应有的尊重，教师更应该自己尊重自己。这种自我尊重，绝不是因为有某种专长而自高自大,其确切的含义是对于教师的地位和作用的自我认识,是一种高度的教师自觉或责任感。教师应当是一个大写的词,他们肩负着历史的重任和人民的嘱托。父母把自己的子女交付教师,国家把下一代公民交付教师,这是对教师最大的信任,也是对教师最殷切的期望,而教师最好的回报是通过教育促使青少年尽早成为有益于社会的人才。

1986年年底,国家教委副主任何东昌到我校视察并讲话。他在讲话中谈到了如何办好师范大学的问题,我认为谈得很好。《华中师大报》刊发了根据其录音整理的讲话稿。

### 何东昌在华中师大的讲话

我是第一次到华中师大,很抱歉。华师是直接或间接地为中学教育服务的,这几年有很大发展,学术水平比较高,有些学科是比较先进的。

衡量一所学校有三个条件:一是看培养人才的数量和质量;二是出成果;三是看办学效率。华师按照这个标准去做,发展到校外有函大、夜大、电大;校内从幼儿园到博士生,还有各种规格的培训,能做好这些工作,说明大家做出了很大的努力。

我想与同志们谈谈几个问题:

一、关于基础教育问题。基础教育要分三步走。如果到本世纪末,全国适龄人有一半能接受高等教育的话,那么在发展中的国家来说,我们就是先进水平。到下个世纪,我们会是一个世界大国,教育大国,并且是有中国特色的教育大国。

中国有悠久的教育传统,如今又实行开放,吸收各国长处,我们应有杰出的思想家和教育家,而要出教育思想家和教育理论家,师范教育要起很大的作用。目前困难很多,但只要经济上去了,一切都很好解决,困难只是暂时的。

从去年到今年，中央做了许多事情：第一是制定了教育体制改革的决定；第二是建立了教师节；第三是关于教师的培养问题，定了一个目标，花15年的时间，建立一支合格的、品种齐全的、德才兼备的教师大军；第四是通过了《义务教育法》；第五是对今年的教师节定了两件事：一是定了国家一级的"人民教师奖章获得者"的称号，第一次获奖者1000人，第二是成立了以王震为会长的"中小幼教奖励基金会"。

建立教师队伍，已具备三个条件：一是中小学教师的职务聘任制；二是资格考核办法；三是中小学教师培训利用电视频道。

一个国家要搞好，关键是生产要发展，这是物的方面；再就是人的问题，首先是教育问题。

二、师范大学是师范性和学术性的统一。要培养合格的中学教师，没有学术水平是不行的。综合大学的学生也要走上教育战线，师范大学的学生要让他们自己愿意做教师工作。现在考师范的人数不很理想，在很大程度上跟家长、社会风气有关系，归根结底与教师待遇有关系。另一方面与教师本身也有关系，教师在课堂上发句牢骚也对学生有影响，跟大学教师灌输什么、传授什么也很有关系。师范大学的教育方法也应该是最好的。师范大学的教育研究法应有特长，应该有教育思想家、教育理论家，并通过研究提高所有教师的水平，教育学帮助其他学科的教师使各门学科渗透起来。学术性和师范性是可以统一的。

三、培养人才应适应新的要求。我们传统的教育方法是上了学向上走，这种教育思想还未改变，尤其表现在农村。我们应培养农村学生为家乡服务的思想和观念。师范大学学生的培养要适应这些新的情况，要培养学生的能力，特别是发明创造的才能。师范大学不仅要培养高级研究人才，也要培养各行各业服务的技术人才。

四、怎样使学生喜欢教师这个职业。学校除了教师的言传身教使学生热爱教师这个职业之外,还要考虑让学生下到那些最需要教师的地方去感受一下,考察一下。教育光关在校园里是不行的,要让学生走上社会,走入实践,让学生亲身感受到社会对自己的需要,也就是耀邦同志讲的"走一条正确的成才道路"。

五、培训问题。师范大学还有个培训中心。现在看来,一个学校要办好,校长很重要。教育培训中心是全口径的,各个方面的管理干部都要进行培训。现在缺乏的是一套培训的规格,即什么干部应经过什么规格的培训。教材建设还要联系实际,重点师范大学还有这个方面的任务。

我衷心地希望华中师大能给中国的教育事业做出更大的贡献,创造更多的经验。(原载于1986年12月13日《华中师大报》)

1987年1月8日,我携带着一个精致的黄杨木雕"黄鹤楼"从武汉前往香港,拜访爱国友好人士邵逸夫先生。

这个雕塑作品是武汉工艺雕刻厂的潘正斌、龙从发、徐世谱、黄江生等20多位技师,用20多天的时间雕刻出来的。雕塑与真实黄鹤楼的比例是1∶100,整个雕塑镂空的眼子就有数千个,仅鳄鱼斑爪就有150多个。"黄鹤归来"的鹤龟小雕塑是用赤金贴成的。据专家们介绍,这个高66厘米、深86厘米、宽61厘米的雕塑,是用最新的镂棱技艺雕刻而成的,是一件难得的黄杨木雕艺术品。

我此行是专为接受邵逸夫先生无偿赠款的。我校将利用这笔赠款,建成近1万平方米的科学会堂,其中包括国际学术会议报告厅、两个研究所和一座科技图书馆。

这个作品"黄鹤楼"将赠送给邵逸夫先生,以表达桂子山人对他的感激之情。

1989年4月,邵逸夫先生捐助兴建的华师科学会堂进展顺利,主体工程已基本完成。科学会堂主要由报告厅、研究所、图书馆三部分组成。整个工程按预定要求将于5月底竣工。届时,一座崭新的科学会堂将出现在华师校园之中。

## 七、把华师办得更好

1987年4月,学校召开了思想政治工作会议,我在大会上做了一个讲话。后来校报以《增强使命感责任感,把华师办得更好》为题发表了这个讲话录音稿。全文如下。

大家知道,政治思想工作在五六十年代的地位是很高的,大家是非常重视的,而且工作的成效也是很大的,因为有许多老同志包括在座的很多同志的勤奋工作,所以学校才会有今天的发展。我们是守成者,我们守成的可能好也可能不好,但是我们希望做好。我们要为后来者留下一些东西,留下一些很好的东西,越多越好。

这样我们既对得起前人更对得起后人,不要让后人指责我们,说以前那些老同志做得多好多好,凡事就败坏在我们这一代人手上,所以这就有一个责任感,有一个使命感的问题。我们国家,我们的党,我们的学校,我们的一个系,一个所,一个单位,一个部门有没有这样的问题呢?当然有,都有这样的问题。

我们在每个岗位工作的同志都要想一想,我们对不对得住前人?我们把前人留下的东西发扬了多少,继承了多少,维护了多少,发展了多少?我们又给后人留下了多少东西,也可能留下了一些不好的东西，在后人的思想里留下了一个并不怎么美好的形象，也难说，要经常想一想。现在我们建设中国式的社会主义是一件很不容易的事情，发发牢骚，说这也不对，那也不对，这也不行，那也不行，只有我高明，这是很容易的事情。因为你讲话是不负责任的，你愿意怎么讲就可以怎么讲。

但是你真正要做出一点事情来，办成一件事情来，而且办出一些成绩来，特别是认识符合中国式的社会主义，并不是一件很容易的事情。中国式的社会主义靠你靠我也靠他，靠我们这代人，靠下面几代人才能建成。这个责任谁来负呢？是靠我们来负。我们怎能就只指手画脚呢？是中央替我们来做，省委替我们来做或是哪个学校的领导替我们来做，我们自己是没有责任的，我们只是说你这里做得不对，那里做得不对，这给少了，那给少了，能不能这样呢？

我们是干社会主义的，还是吃社会主义的？这是个很尖锐的问题！这个问题可能提得简单了一点，但是我认为针对当前的社会现象来讲是存在这一问题的。所以我们做政治思想工作的包括专职的包括兼职的，如果你是一个共产主义者，如果你是一个马克思主义者，或者至少想做一个马克思主义者的，不能不考虑这个问题，我们身上所肩负的使命是什么？这是我讲的第一点。

第二点要关心学生。我们在座的很多同志做学生的思想工作也包括做教工的思想工作做了几十年，刚才戴绪恭同志也谈到了，那是代表党委的意见，对大家做了充分的肯定。很多同志是勤勤恳恳、扎扎实实、默默无闻的，在教工特别是在学生中间赢得了很高的声誉、很高的威望、很大的爱戴，这是我们党的光荣，学校的光荣，但是够不够呢？

从总体上来讲是不够的，我们这样的同志不是太多而是太少，在教师里我们也有这样的同志，一贯重视思想教育工作，春风桃李，用自己的言行来影响学生、爱护学生，处处关心学生的成长，但是多不多呢？也不够多。

社会上现在对于师范还缺乏一种正确的认识，师范的形象一是穷，二是次，穷嘛，就是钱少，次就是比别人低一等，二等货、二流货。这是对师范的侮辱，对师范的歪曲！在法国，到现在师范是最高的。但是我国到目前为止还没有扭转这种局面。但是光靠呼吁，光靠希望别人来重视我们，希望别人来支持我们，这样行不行呢？

这样不行，那不是一个有志气、有出息的办法。有志气、有出息的办法就是在现有的基础上，我们把师范院校办得更好，办出成绩来，用自己的实际成果去赢得社会应有的评价和肯定。这样才是有志气的、有出息的。我们各个部门、各条战线工作的同志都应该这样。

最后一点，刚才戴绪恭同志也谈到了，就是政治思想工作光靠学校是做不好的，还要靠社会的支持、社会的关心，现在社会又起好的作用又起不好的作用，也可能好的作用是主要，不好的作用是次要的。每次搞社会实践我们的学生收获很大，说明社会好的作用是起主导方面的。

所以我想我们党委思想明确了，通过这次会议，大家共同来总结1年多来的工作，对学潮进行反思，认为更重要的一点是提高我们的使命感、责任感，采取一些确切的措施，真正地去抓，我想会为我们的政治思想工作开辟一个新的更美好的局面，实际上今年1月份以来，从一号文件发布以来，我们学生工作是有很大的起色的。跟中央文件跟得很紧，方式也很活泼，成绩也很大，我们现在无非是好上加好，把工作做得更好。

1987年5月1日至5日，对外经济关系与中国近代化国际学术研讨会在华师隆重召开。参加这次学术研讨会的代表,既有学富五车的专家教授,也有崭露头角的青年学者。他们分别来自美国、日本、菲律宾、香港地区和国内一些知名大学和科研单位。80多位代表向大会提交了80余篇学术论文,集中展示了近年来中国近代经济史研究的学术水平,有助于总结我国对外经济交往与近代化的历史经验与教训。

我在5月1日的开幕式上做了一个讲话。我说,这次会议的中心议题是着重探讨对外经济关系与中国近代化两者之间的关系,时间的断限则是1840年至1949年。这是一个旧社会逐渐走向衰亡,而新社会却迟迟难产的时代。用今天人们习惯的语言来说,就是中国从封建社会一步一步沦落成为半殖民地半封建社会的痛苦时代。欧风美雨,西潮东渐。中外文化的冲撞交流,对外经济关系的畸形发展与中国近代化的艰难起步,主要是通过西方殖民主义用血与火促成的。整个社会结构所承受的巨大震撼是史无前例的,用当初人们习惯的语言来说,则是"开天辟地未有之奇变"。

我说,这100多年的中外关系史,对于中国人民来说,充满欺凌、压榨与剥削,因此,在既往一些有关上述议题的论著中,往往夹杂着强烈的感情因素。这是可以理解的,但作为研究方法却并非总是正确的。马克思主义认为,义愤可以产生诗人,却不能代替科学。科学需要理智,需要周密的剖析与深沉的思考。苏东坡《题西林壁》云:"横看成岭侧成峰,远近高低各不同。不识庐山真面目,只缘身在此山中。"诗作者并非不可知论者,他不仅承认庐山真面目的客观存在,而且还找出了"不识"的原因,无非是由于人们主观认识的局限。

识山固然不易,治史恐怕更难。远近高低和前后左右,指的是观察的不同角度和不同侧面。角度和侧面有别,则其映像必然有异,即所谓"横看成岭侧成峰"。然而史学决不能仅限于形貌的观察,即令是将从不同角度和不同侧面所获取的映像统统综合起来,也无非是或多或少接近于历史本来面目的比较完整的形体。如果要透过现象达到本质的认识,把握时间之间的有机联系,揭示社会发展的客观规律,要求史学家具有正确的世界观与方法论,当然还需要各种认识手段及工具的不断改善。

不同学术见解之间的争论是正常的,而且是各种学科发展之所必需。我们历来欢迎不同学派之间的相互交流、辩论、校正、补益。只要是真正的学者,只要是严肃的学术成果,我们就应该给以足够的尊重。只有如此,才能不断扩大我们的视野,活跃我们的思路,发扬我们的长处,克服我们的短处。

此次会议的主题是富有吸引力的,提交会议的论文大多也是更具有真知灼见的。我相信,会上会下的讨论也一定是非常热烈和饶有兴味的。如果我们的工作能够对于有关学科的发展有所促进,对于我国当前的开放、改革与"四化"建设能够提供有益的历史经验,那么,我们大家都将为此感到欣慰。

现在是武汉也是我们校园一年中最好的季节,绿树成荫,繁花似锦,风和日丽,景色如画。年轻的大学生们正在举办第一届"桂子山之春"艺术节,他们以各种艺术语言从事美的创作,并且把热情与友谊奉献给来自各地的尊贵客人。所有这一切,或许可以为会议提供一个比较优美的环境,并且多少弥补了我们准备工作的缺点与物质条件的不足。

最后,请允许我代表主办单位与华中师大全体师生,预祝会议圆满成功,大家健康愉快。

# 第六章

# 从改革学校环境入手

## 一、从馒头与垃圾抓起

走马上任之初,有很多不适应,连公文该怎么批都不清楚。对于学校各个部门,也完全不熟悉。为了让我尽快熟悉情况,各个职能部门的领导人轮流向我介绍本部门的职能和工作中存在的问题。基建处的人来介绍工作时,教鞭和挂图都带上了,和上课一样。通过这种方式,我才比较全面地了解了学校的运作情况。不过,我的工作,最初不是在办公室或会议室开始的。上任后做的第一件事,就是到食堂去看一看,我决心从小事做起。

正式上任以后,我决心尽量改变角色,要做一个好校长。当时最为怨声载道的,一是馒头发黄变味,无法入口,受害面最大,民怨也最强烈。二是到处垃圾成堆,虽然多次督促也无任何改进。所以正式就任大会的次日清晨,我就直奔规模最大的第一食堂,但路上我还看见新上任的伙食科科长正匆匆忙忙地朝厨房去了,接着新上任的后勤处处长在察看沿路垃圾以后也直奔食堂。我想这是个好现象,原来后勤处处长和伙食科科长与我想到一块了,这就好解决了。我只对他们说:"以后这个事情就拜托你们了。"结果,第二天就改了,因为他们毕竟是懂行的。路旁的那些垃圾堆也一扫而光了。其实问题并不复杂,馒头是面粉发酵过度变酸,然后加碱又过多,乃至变黄涩口,稍加调整就香甜可口了。垃圾是划片包干,发动学生与工人一起突击扫除搬运,校园马上就改变了模样。虽然是两件小事,但干部认真负责,敢抓敢管,确实能够唤起众多师生的前进信心。

## 二、移毛主席像

当然,馒头与垃圾毕竟是日常工作,容易见到成效,而有些问题涉及重大政治敏感问题,这就需要校级领导敢于担当与妥善解决了。例如,一号教学楼原属历史系和政治系合用,"文革"期间改为军宣队指挥部,在一楼大厅不伦不类地树立了一座相当高大的毛主席石膏像,由于没有足够的空间,既难显现庄严,又损害了原有的美好环境。众多师生均有烦言,但即使军宣队撤走,临时党委成立,也没有任何领导敢于碰这个问题。只有我这个书生气十足的校长,才会一上任就急于搬走这座伟大领袖的塑像。其实,我当校长时,校部早已搬回原来校园最高处的老楼。我可以装聋作哑,暂时搁置这个难题,但一号教学楼大厅确实到了非整顿不可的地步,学生来来往往,拥挤不堪,随身携带的餐具好些都放在塑像底座,杂乱无章,油污尤为狼藉。总之,给人的印象是"文革"遗痕仍在,而校方听之任之。一号教学楼是我常去之地,实在看不下去。

于是，我找校办主任哈经雄个别商议，他也有同感，愿与我携手合作。我知道前任领导都将此事当作烫手山芋，把这个棘手问题留给新班子了。其所以棘手，说穿了就是毛主席早已"神化"，"公安六条"明确任何亵渎都是犯罪，甚至可以定位为"反革命"罪，而这些法令至今仍未见清理废除。因此，我与经雄只能私下密商而不敢公开讨论，这点自我保护意识我还是有的，校内外等着我"出问题"的大有人在。我要经雄立即查阅相关文献，了解对这些大型领袖塑像应该如何正确处理。哈经雄到档案室，独自逐件查阅，然后神情凝重地告诉我："像这种大型领袖塑像，拆除必须经过中央军委批准，目前高校似乎尚无前例。"我一听就明白，在现在形势下，逐级上报到中央军委不知等到何年何月，甚至连学校党委常委一关都难以通过，因为只要有任何一个成员反对，大家都难以公开反驳。我笑着对经雄说："看来，我俩只能自己承担风险，不声不响把'老人家'请走。政治责任由我承担，妥善办理由你具体安排。"经雄亦认为此类事务只能"先斩后奏"，甚至"斩而不奏"，只要是正当工作，而且收效甚佳，必可得到大家默认。但我仍然私下向主持党委工作的副书记"通气"，并且对他说："此事是我个人决定，你只当我未曾告诉你。"他知道我这是保护他和其他校领导，并且要求绝对保密，便满口答应了。

经雄不愧为能谋善断而思路细密的干才。他只向我要求拨给1万元经费，名义是"改善一号楼教学环境"。随即利用一个周末晚上放露天电影，那年月看电影，特别是外国电影很稀罕，平时露天电影场每人收1角钱，往往都是全家老少带着小板凳前往观看。这一次学校特别慷慨，一晚连放两场电影院正在热播的大片，而且1角钱也不必交。那个周末，几乎全校师生员工连同家属吃完饭都匆忙到电影场就座，盛况堪称"满坑满谷"。哈经雄正好利用这个大好时机，安排若干健壮而口风甚紧的职工，迅速将"老人家"请到一处偏僻的大仓库，用大块油布周密包扎安置于一个极不显眼的角落。"老人家"

迁移之后,一号楼大厅顿时宽敞明亮起来,很快又恢复了宫灯高悬的典雅原貌。人人都感到满意,似乎也无任何人追根究底。

## 三、大学要有大树

十年树木,百年树人。树与人不可分,大学要有大师,也要有大树。20世纪50年代,华师从昙华林搬迁到桂子山上,当时树木很少,都是野草和荆棘,砂石暴露,遇到刮风天,到处都是土灰,因此,从搬迁到桂子山的第一天起,华师人就立下誓言,要把荒山变成绿树成荫的美丽校园。

经过30多年的绿化,一代代华师人为之付出极大的心血,终于把桂子山变成满山绿树花草的园林式校园。这其中,园林科老工人姚水印就是一个典型的代表。

1985年1月30日,总务处为从事园林花卉工作60周年的园林科老工人、武昌区园林协会会员、河南鄢陵县开发花卉生产顾问姚水印师傅召开座谈会,以表彰他在华师工作30年为开创和发展学校的园林绿化所做的贡献,同时也庆贺他75岁寿辰,我到会祝贺并讲话。

我代表学校党委和行政授予姚水印师傅园艺技师的技术职称,向他颁发了奖金。我高度赞扬了姚水印师傅在平凡的岗位上做出的不平凡的业绩。我强调指出,要尊老敬贤,要像尊重老干部、老专家那样,尊重姚老师傅这样的为华师做过贡献的老工人。

总务处的代表在贺词中说,姚水印几十年如一日,热爱园林事业,一心扑在园林花卉上,使我校的园林绿化从无到有、初具规模,因而多次被评为学校先进工作者、优秀党员。他对技术精益求精,在传统的技艺上,大胆创新,他制作的葡萄盆景和倒栽松盆景,选材奇特、构思新颖、造型美观,几次受到武昌区园林协会的表彰和奖励。

1985年3月22日《华中师院》第四版以《辛勤耕耘六十年——记园艺技师姚水印》为题全面介绍了姚水印师傅的感人事迹。文章转载如下:

姚水印师傅是我院园林科的老工人,今年75岁。他的家乡,河南省鄢陵县姚家花园,是全国有名的花乡。那里的农民世世代代都种花,他从15岁起,就开始了种花生涯,至今已60年了。1956年,姚师傅带着祖传的园艺技术,拒绝了高薪聘请,来到了华中师范学院,为华师的园林绿化工作了整整30个春秋。

### 勤俭办园林 荒丘变花园

昔日的桂子山,是一座乱坟遍野、杂草丛生的荒丘。初期的华师,也只有几栋教学楼和学生宿舍,零星地散落在这荒丘上。在学院党委"绿化华师,变荒丘为花园"的号召下,姚师傅带着几位工人,早出晚归,踏遍了武汉地区的荒山密林,采集种子,剪截枝条,自力更生地在现在的苗圃宿舍处办起了华师的第一块苗圃。接着,又先后在现在的化工厂、干训楼、南湖农场、大礼堂南面等处,办起了第二、第三、第四、第五块苗圃,为华师生物系的教学、科研提供了条件,为绿化美化校园提供了树苗花苗。

桂子山,过去并没有桂花树。开始时,花了10元一棵的高价,从外地买来了几十棵桂树苗。以后,经过姚师傅的嫁接、压枝,如今已遍布桂子山。有8000多棵大的桂花树,使桂子山名副其实,享有盛名,还向武汉、南京等地区出售树苗几万株。

亭亭玉立,形态多姿的水杉、雪松、池杉,遍布桂子山的樟树、塔柏、花柏、笔柏、栀子花、夹竹桃,都是姚师傅亲手培植起来的。

"十年树木,百年树人。"经过姚师傅和园林职工30年的苦心经营,如今的桂子山大树成林,绿荫掩映,常年青绿,四季飘香。春有迎春、牡丹;夏有玉兰、石榴;秋有桂花、秋菊;冬有蜡梅、红梅。另外,还有花香四季的各种月季。桂子山现有成林花木184种,8万余棵,还有成片的桂竹、楠竹,荒丘变成了花果山和绿色林带。此外,还向本市、本省和外地出售了一部分树苗花苗,支援了一些兄弟院校和单位的园林绿化。

### 巧制盆景 枯木逢春

在"四人帮"横行的年代,栽花种草被视为资产阶级的闲情逸趣。姚师傅想种花却不可能。1973年,他跟随生物系下到大冶分院,种植中草药,但他日夜思念这桂子山的花草和树木。

党的十一届三中全会,使年近七旬的姚师傅焕发青春,他除了大量栽植盆草花木外,还开始制作盆景。这是一项既需要艺术素养而又细致艰苦的工作,他一面重温祖传的艺术,一面外出学习,集思广益,取长补短,精心制作,大胆创新。

功夫不负有心人。经过姚师傅的辛勤劳动,目前已有盆栽柑橘、月季等1000多盆;精心制作的盆景有蜡梅、红梅、迎春、四季桂等20多个品种,400多盆。

姚师傅制作的盆景,功夫深,造诣高。在参加湖北省盆景协会和武昌区举办的盆景展览中,均受到取材制作奇特、新颖别致、造型美观的好评。他制作的提根盆景和倒栽松盆景,为武汉市少有,其中有红梅、蜡梅、紫薇等提根盆景,在省、区盆景展览中,均得了奖,拍了照片;他制作的葡萄盆景更具有独创精神,在武昌区盆景展览中,得了奖,做了技术表演,还拍了电视。湖北医学院附属一医院有一位名医师,看了姚师傅制作的盆景,很受感动,问姚师傅:"你是怎样使枯木逢春的?"姚师傅颇有风趣地回答说:"你们能使病人起死回生,我就能使枯木逢春。"

## 育树育花又育人

姚师傅一心扑在园林花卉事业上,兢兢业业,忘我地劳动。无论严寒酷暑,他经常是早上班、晚下班。一到苗圃,就像蜜蜂迷恋着鲜花一样,一蹲就是一个上午、一个下午,忘记了一切,忘记了下班时间。工人师傅催他下班时,他常回答说:"怎么就下班了?"有好几次,他被下班的人误锁在苗圃里不能回家。老伴病了,要他帮忙挂号看病,可他一到苗圃,也忘记了。

姚师傅以苗圃为家,这些年来的例假,他很少休息。同志们劝他:"星期天该休息啦!上街转一转。"他说:"这里(指苗圃)安静,不知怎的,我离开了这儿就感到不舒服,像掉了什么似的。"有时他休息了,也放不下苗圃,总要到苗圃转一转。

由于常年的田间作业,姚师傅患上了严重的风湿性关节炎,特别是近些年来,一遇气候的变化,他的腰直不起来,晚上躺在床上翻身不得,第二天他还是照常上班。儿子见他年岁已高,身体不好,要他搬到自己单位去住,但他不愿离开华师,离开苗圃。

姚师傅爱花木如命。花木弄坏了,他最心疼。花木被盗了,他一连几天吃不好饭,睡不好觉。夏天怕花晒着了,冬天怕花冻着了,晚上下雨,有受不得雨淋的花苗未盖,他深更半夜跑去盖好。施肥是否得当?浇水是否浇透?他都要过问,有时还要用手扒开看看。他爱花木,但不随便拿走一花一木。家里要种花,亲戚朋友找他要花,他都要先经领导批准,办了手续,付了钱,才拿走。有人劝他:"你自己种的花,拿走算了。"他回答说："公家的东西,怎么能随便拿走呢？"

姚师傅既培育树木花草,又培育人。他曾给生物系一届一届的学生介绍播种、压枝、育苗、移植的知识,并亲手传授园林嫁接技术。他对青年工人特别关心,把他们当作自己的孩子一样,言传身教,手把手地教他们学习园林技术。跟他一起工作过的同志,都为他忘我劳动的精神所感动。从他那里学技术,只要你肯学,他都热情地教。他的家教也很严,三个儿子,一个姑娘,都是共产党员,国家干部。

姚师傅忘我地劳动,得到了各级领导和有关部门的重视,多次被评为先进(生产)工作者。1976年,他光荣地加入了中国共产党,被推选为武昌区园林协会的会员。今年初,他作为知名人士,被邀请参加了振兴鄢陵县花卉座谈会,并被聘请为开发鄢陵县花卉生产顾问。今年元月三十日,我院总务处为祝贺姚师傅从事园林花卉事业60年召开了座谈会,院领导代表学院授予他园艺技师的职称。

姚师傅老当益壮,正在同园林科的职工一道,为开创华师园林花卉的新局面做出新的贡献。(原载于1985年3月22日《华中师院》第4版,作者:吴厚盛)

1985年10月12日,中央绿化委员会检查团一行到我校检查绿化工作,参加检查的专家对我校绿化工作给予了较高的评价。我校绿化工作能够取得这些成绩,与一代代华师领导、师生员工的参与支持和专业队伍的埋头苦干分不开。长期以来,我校狠抓绿化委员会的组织落实,由校长和主管后勤工作的副校长兼任绿化委员会的正、副主任,各部、处、系也有相应的组织机构。每年植树节,我们校领导都与全校师生一起,积极参加义务植树、栽花和种草等活动,我和很多校领导还经常到花房和苗圃去检查、指导工作,使学校绿化工作中遇到的问题都能得以及时的解决。

校绿化委员会顾问、原副校长郭抵,人称"对绿化最有感情的人",常常亲自到校园林科提出建议、检查工作,天气有异常情况时,还专门打电话关心。教育系副教授严正,热心绿化事业,节假日常带领居民们培植花草,使宿舍楼前花木葱绿、干净整洁。而园林科姚水印师傅更是把校园当成自己的家,把树木花草当作自己的生命,因此,我称他为华师的"绿魂"。

姚水印师傅去世后就埋在七号楼下面的梅园一角,在他的坟边有块雕塑,那就是我题写的"绿魂"雕塑。后来,我还专门写了一篇纪念姚水印师傅的文章,题为《林木深处觅绿魂——忆姚水印老师傅》,全文如下:

七号楼下,笛箫亭边,梅园一隅,草地上默默躺着一块石碑。石碑正面赫然镌刻"绿魂"二字,可惜未设碑座,加以林荫甚浓,背面的碑记文字已非我的目力所能辨认。

但我一眼就可看出,这是原绿化组姚水印老师傅永远的栖息地。

提起姚师傅,当年在桂子山真是无人不知、无人不晓,就连在武汉市也小小有点名气。姚师傅来自河南鄢陵,而鄢陵姚氏乃是一个历史悠久的园林世家,据说祖上曾到洛阳为武则天侍弄过牡丹。正如姚水印师傅为华师园林立下汗马功劳一样,武汉市许多公园景点也曾留下鄢陵姚氏后裔的心血与业绩。

桂子山本来是一座荒山秃岭,1956年9月新校舍第一期工程竣工,中文、历史、教育、政治四系首批迁来时,依然是草木稀疏,瘠土裸露,周边相当荒凉。但经过一代又一代华师人的不懈努力,桂子山终于逐渐由荒变绿,终于成为绿化面积高达70%以上的全国绿化先进单位。林木森森,芳草如茵,丘陵起伏,曲径通幽,乃是几代华师人铸就的桂子山美学诠释。

我爱桂子山,因此我特别敬重园林工人,历届的华师领导内心都对他们怀有深挚的敬意。

但是说来惭愧，由于平时忙于教学、科研，政治运动一来又因于应对批判与检讨，有时还要发配到外地荒僻农场接受再教育，所以我与绿化组职工一向很少接触。直到"文革"初期被关进"牛棚"，除经常接受批斗外，被勒令与其他"牛鬼蛇神"一起参加绿化组劳动，这才与他们朝夕相处。在盛暑烈日下，我们一起锄草施肥，挑水抗旱，默默地为维护这满山绿荫而辛勤劳作。我们以汗水洗去羞辱，在珍惜草木生命之中重新发现自己的生命价值，乃至恢复人性尊严。绿化组职工对我们从未以恶言相加，始终是平等相待，善意慰解，大家在艰苦的劳动中相知渐深，结成深厚友谊。也许是不大恰当的比喻，在"文革"的狂风急浪中，绿化组仿佛是我们的一个小小避风港，在这里可以享受暂时的宁静，缓解若干内心隐痛。

1984年谬膺校职以后，总想对绿化组表达若干敬意，其他校领导，特别是先后主管过后勤战线的副校长，也都是人同此心，心同此理。于是经集体研究决定，首先对年长而又德高望重的姚水印师傅给以表彰和奖励，因为武汉市历届花展中华师的优异表现早已有口皆碑。大约是在1985年初，我校被授予武汉市绿化红旗单位，于是校领导为姚师傅祝贺从事花卉工作60周年，并且由生物系特聘为园艺学讲师，借此也充分肯定了整个绿化组职工的辛勤劳绩。

我在校长任内，念念不忘总想为过世的后勤老职工留点纪念性标志，但人事天心两相违，直到1990年夏去国经年，此愿始终未能实现，内心深觉遗憾。凑巧最近参加省委宣传部召开的一个小会，会后有位年轻人紧握我的手，深情地说："老校长，还记得你曾为我外公做过工作60周年大寿吗？"原来20年前学校为了照顾多年单身独居的姚师傅生活，把他的女儿从河南调来，如今他女儿的女儿竟已参加工作了。我再一次感到岁月如歌,岁月如梭。

几经周折,我终于找到华师绿化委员会为姚师傅立的石碑,下面埋着他的骨灰,"绿魂"二字精炼地概括了老人平凡而又伟大的一生!

"良辰美景奈何天,赏心乐事谁家院?"远远隐约传来白先勇等改编的《牡丹亭》昆曲新腔,使我又复想起来自牡丹故乡的园林先驱者。年轻一代的桂子山人,愿你们在课余饭后,也去梅园探访绿魂。

## 四、珍爱校园草木和花卉①

我珍爱校园草木和花卉,但令我心痛的是,随意摘花、破坏林木等校园不良行为时有发生,而且有些"观众"却坐视不管,甚至在我进行阻止时表现出不屑的态度。如何维系校园文明?如何提高人的素质?如何尊重和传承社会文明?我陷入深思,先后撰写《"草木有本心,何求美人折?"——读张九龄〈感遇〉有感》(见下文附录一)、《为什么要有校园草坪?——读〈小草青青 践踏何忍〉一文有感》(见下文附录二)、《落红不是无情物,化作春泥更护花》(见下文附录三)、《栀子花引发的思考:爱护校园,救救孩子》等文,就什么是文明,什么是素质教育发表见解。文明是一种由内而外的素养,真素质教育就是每个人的自我教育,就是人人自觉去追求真善美,追求德智体的全面发展,和谐校园不等于不问是非,随波逐流,应该建立在较高的道德水平与思想境界上,否则就谈不上什么素质教育。我深切地希望上一代人给

---

① 刘莉:《史海远航——章开沅传》,南京:江苏人民出版社,2013年,第153-154页。

下一代树立良好榜样,以便社会文明代代相传。

附录一:
"草木有本心,何求美人折?"——读张九龄《感遇》有感①

张九龄是广东人,唐玄宗时官至尚书右丞相,后因受李林甫排挤被贬为荆州长史。《感遇》一诗作于贬谪以后,其中第二首云:"兰叶春葳蕤,桂华秋皎洁。欣欣此生意,自尔为佳节。谁为林栖者,闻风坐相悦。草木有本心,何求美人折。"此诗自有其身世之感与政治寓意,但如仅就景物描述而言,则颇与华师校园近似。

一天早晨,雨后天晴,林木葱郁,空气清新,路边石凳上坐着许多同学阅读或朗诵外语。我匆匆走近三号教学楼,缕缕栀子花幽香随风扑鼻,心情特别愉快。但我突然发现有几个人在林木深处摘花,并且时时发出志得意满的欢叫。我惊呆了。随即恳求她们不要摘花,却没有任何效果。我感到无奈,发现旁边还有两位衣着光鲜的女士也在观看,便提醒说:"不能摘花。""我们没有摘花,只是看看。"回答简明得体,颇有知识人风度,但似乎并未理解我的求助。周围的同学也没有任何反应。

摘花者以胜利的姿态出现了。约有四五个,都是装扮入时的年轻女性。好像是事先有所约定,那两位举止高雅的旁观者与摘花者一起消失了。她们带走刚摘下的沾着露水的成把成包鲜花,留下的是一片伤痕累累、朵花不剩的栀子树。周围坐在石凳上的同学依然没有任何反应,哪怕是一抹不屑的眼神。

突然感到孤独与无奈,欲哭无泪,欲言无声,意识到正是我们教育的失败!唯愿一个老人悲哀而又失望的眼光,可能会与某个摘花者或旁观者终生相伴。

归来只有从前人诗句中汲取某些慰藉:"草木有本心,何求美

---

① 章开沅:《章开沅文集:第8卷》,武汉:华中师范大学出版社,2015年,第442页。

人折？"

**附录二：**

**为什么要有校园草坪？——读《小草青青 践踏何忍》一文有感**[1]

阅读 4 月 5 日《光明日报》"教育周刊"，其新辟栏目《校园荣辱角》刊登了一篇短评《小草青青 践踏何忍》，并附有漫画，图文都很醒目，确有警示效果。此文提倡爱惜草坪，维护校园，联系实际谈荣辱观，这都是正确的。但作者批评的若干"践踏"现象，如"有睡在草坪上晒太阳的，有坐在草地上看书的……"却令我产生若干困惑。怎样对待草坪为好呢？特别是大学校园的草坪。

1949 年前我读过旧大学，那时的校园草坪是开放式的，学生不仅可以"晒太阳睡觉""坐在草地上看书"，三三两两师生叙谈，甚至还可以嬉戏追逐。草坪是一片充满温馨的人情味空间，是以师生为本的校园文化不可缺少的重要组成部分。1979 年以后，我在国外看过许多大学校园，情况也是如此。

在我的记忆中，1958 年"大跃进"与"教育革命"以前，大学校园的草坪依然是开放式的，学生可以在课余尽情享用。但此后在"左"倾思潮影响下，草坪被看成"资产阶级腐朽文化"，大多被铲除改为操场，经济困难时期被用以种植蔬菜、红薯……直到"文化大革命"结束并拨乱反正好多年以后，大学才逐渐恢复了草坪，而许多草坪依然是开放式或半开放式的。但近些年全国城市建设一片"广场热"，校园建设也照搬不误，于是草坪便升格为"广场"，而且还追求面积大而无当的视觉效果，以取悦于上级视察者的眼球。但学生却吃了亏，草坪成为"只能看，不能碰"的封闭式禁区。草坪诚然美丽至极，但小草却非常娇贵，大多是从国外引进的洋种，不大适宜中国的土壤，必须经

---

[1] 章开沅：《为什么要有校园草坪？——读〈小草青青 践踏何忍〉》，《学习月刊》，2006 年第 5 期。

常耗费大量自来水喷洒,又竞争不过土生土长的野草,虽然频繁地拔"土"存"洋",娇贵的外国草还是难免冻死或枯萎。于是又得大动干戈再次种植,这样造成的浪费难以数计。我记得有一次,某单位在上级领导人来视察之前,仅紧急铺种洋草皮就花费6位数以上的钱财,以至于有人气愤地称洋草皮为当代"花岗石"。

校园草坪到底是为谁铺种的?难道作为校园主体的学生理应被圈禁在美丽的草坪之外吗?有时我看见若干宠物小狗在草坪上肆无忌惮地追逐嬉戏,而学生却只能眼巴巴地站在护栏以外看着,心里真不是滋味!

"野火烧不尽,春风吹又生",中国土生的小草生命力非常顽强,对学生的肢体接触也有较高的承受力……学生本来有权享受草坪,我们不应把他们圈禁在草坪以外,这是一个重要的办学理念问题,不可等闲视之。我劝有关学校领导多考虑些实效,少考虑些政绩;多注意点节约,少追求点奢华。

清人诗云:"多情惟有是春草,年年新绿满芳洲。"小草本来是喜欢与人接触的,我们凭什么要鼓吹人与自然隔离呢?

附录三:
### 落红不是无情物,化作春泥更护花①

爱花之心,人皆有之;自珍佳句,世代流传。

但凡文明社会公民,都懂得爱护公共园林花草果木。我曾在北美旅居多年,所到校园、公园无数,从未见过"请勿摘花"之类的警示牌,因为已无此需要。有年暑假,到西北小城波伊西女儿家小住,当地有一规模甚大的玫瑰园,据说有名贵品种百余,日夜向公众开放,从未见有任意摘花者。

---

① 章开沅:《章开沅文集·第8卷》,武汉:华中师范大学出版社,2015年,第440-441页。

在美国有些州，环保意识特强，甚至连路边野生花草也给以法律保护。有一对中国老年夫妇初次赴美探亲，全家驱车出游，见郊外芳草如茵，山花遍野，遂停车摘花一束，不料有警车尾追而来，原以为是超车挨罚，却不料警察歌礼进言："本州法律规定不得随意采摘野花。"但理解老年夫妇初次前来，仅给以规劝了事。本来是欢乐出游，却于无意中触犯他邦法律，归程中全家静默无语。开车的子女为了安慰父母，放送音乐解闷，却不料正是邓丽君的流行歌曲《路边的野花不要采》。此事千真万确，是我亲身见闻，所以印象特深。

可是回国以后，每逢花开季节，我都要为校园花木担心。平心而论，最近几年校园风气确有明显好转，至少桂花连带枝叶任意攀折的情况已经基本绝迹。新建的桃李园、牡丹园也少见有人采摘。只有香气浓郁且体量较大的栀子花，仍然为少数贪婪者所垂涎，常有成束成堆肆意采摘者，嬉笑张扬，毫无顾忌。今年又逢栀子花盛开，但凡来到处难以见花。校园网上有同学反映，连花苞都看不到。可怜有些北方新生初到武汉，至今连栀子花是什么样子都不知道。前几年我曾写过短文，为自己劝阻摘花无效感到无助。现今我更为栀子花遭此浩劫深感羞愧，号称百年老校的华师校园，连栀子花都得不到应有的保护！

但我现在已经不再感到孤苦无助，因为有众多的青年学生奋起谴责随意摘花果者，他们以实际行动爱护校园，抵制不良行为。其中最突出的就是子悠同学，这个19岁的小女子敢于仗义执言，虽被打受伤仍坚守正确立场。我为此感到欣慰，因为毕竟还有这么多同学与学校一起，努力营建并且保护美好校园，我在他们的身上看到希望，看到光明。我认为应该因势利导，鼓励更多同学参与有关建设文明校园的深入讨论。和谐校园不等于不问是非，随波逐流，应该建立在较高的道德水平与思想境界上，否则就谈不上什么素质教育。

坦率地说，这几年我所看到的随意摘花者不再是年轻学生，大多是30岁以上的"闲杂人员"，好像也不一定都是"教工子弟"（没有调查研究，所以很难做明确结论）。譬如北区有两位中年妇女，常公然提篮摘花到路边卖，就不大像教工家属。但由于无人干预，有些教工家属不愿"肥水外流"，也理直气壮地参加了摘花队伍，以致今年栀子花遭灭顶之灾。这就涉及校园管理加强规范的问题，大学应该有大学的样子，不能连普通街道社区都不如。听说为避免今后偷摘枇杷，有关部门打算采取"摘花限果"的对策，这岂不是面对不文明行为的退让？为免摘果就自行摘花，那么为免任意采摘，华师是否今后就不种栀子花？

我希望大家都能面对现实，正视问题，通过理性讨论明确是非荣辱，进行积极有效的爱护校园的自我教育。

## 五、华师早期建筑群的主要设计者——怀念亡友何浣芬①

华中师范大学桂子山上，有一群20世纪50年代修建的老建筑，青砖绿瓦飞檐，活色生香，在绿树掩映下有韵有味。2012年12月，一、二号教学楼、西区一至六栋学生宿舍被列为武汉市第七批一级优秀历史建筑。2013年1月17日，《长江商报》推出《桂子山上，有我最留恋的地方》《早些时候，桂子山上是有水有鱼的》两篇报道，寻访了华师早期建筑群，但对其设计者却难下结论，而坊间一直有传说华师这批建筑与梁思成有关。究竟是谁？我看了《长江商报》的报道后，认真考究，于1月22日写下此文，指出原始基建图纸上的

---

① 章开沅：《20后寄语90后——章开沅小品文选集》，武汉：华中师范大学出版社，2013年，第255—257页。

主任工程师的名字应为王秉忱,他负责做总体规划,而具体设计者则是年轻的何浣芬,及时回应了记者采写中未能调查到具体设计者的疑惑,也回答了华师人对这群心爱老建筑设计者的猜测。

与武大的由美国著名建筑师和华工的由两位中国建筑界泰斗设计的建筑群不同的是,华师早期的建筑群并非由名家主持设计。华师档案馆完好地保存着这份宝贵的原始图纸,但主任工程师的签名本就有意"潦草"而形成自己特有的风格,与正式署名有较大差别。他的名字应是王秉忱,1910年出生于浙江黄岩,父亲王季梁是庚款第一批留美学生,曾任中国科学社总干事、《科学》杂志主编。秉忱1935年毕业于中央大学建筑系,是吴良镛院士的前辈,毕业后留校任教,抗战爆发后随校西迁重庆。1940年离开母校,应申新纱厂、福新面粉厂聘请,负责宝鸡厂房设计工作。1946年被公司派往汉口负责厂房重建,1950年曾代理福新面粉厂厂长。"申福新"资方荣、华两家与我家是两代世交,其时我叔父章学澄正好也在福新面粉厂任总工程师,所以我对秉忱略有所知。当时共和国肇建,战乱之后百废待兴,政府广泛延聘高层科技工程人士。大约在1952年,学澄被调往北京,在粮食部主持面粉加工工艺研究,秉忱也被中南军政委员会聘任为建筑处设计室副主任。设计室以后迅速扩建成中南设计院,秉忱任副总设计师(未设总设计师)。中南设计院为部属一级大院,负责中南六省大型工程设计工作,所以业务非常繁忙,而据几位资深人士回忆,"大多数是由王秉忱负责设计的"。

武汉地区两所高校华师与华工的新校区建设都属于该院管辖范围,所以设计图纸理应由王秉忱签字负责。但是,负责人不等于处处都由自己动手,那么多大型工程的设计,即使三头六臂也难以少数几个人承担,何况高校建筑规模对于那些真正大型工程来说无非是"小品"而已。那么华师早期建筑的具体设计者究竟是谁呢?我可以肯定是何浣芬,这是她亲口对我说的。

何浣芬(1925—1998)是广东番禺人,但出生于香港。1947年毕业于广州中山大学建筑工程系,毕业后仍在香港工作。1952年响应中央人民政府号召,经由澳门回到内地,被分配到中南设计院工作。王秉忱对她非常器重,放手让她在繁重的设计实践中锻炼成长,所以她出道未久就先后参与或主持了湖北广播大厦、东湖疗养院、武汉剧院、武昌火车站、广州白云机场国际候机楼、武汉二七纪念馆等重要工程的设计。何浣芬敬业乐群,勤奋好学,很快就脱颖而出,成为王秉忱的得力助手。根据现有文献及口述史料可以推断,华师、华工两校的早期建筑,很多是由王秉忱负责做总体设计,而其中部分建筑则是由何浣芬具体设计并制图。20世纪50年代初期,何浣芬与我一样,也是刚获聘任的中级职称,所以还不具备代表第二设计室签名的资格。《师大在线》2011年10月16日曾刊布华师图书馆老馆照片,"(1953)由时任中南设计院工程师的著名建筑师何浣芬女士设计",熟悉建校初期建筑内情的原华工资深人员也回忆说他们的老图书馆是何浣芬设计的,应该都是有根据的。何浣芬不仅为整个武汉市政建设,而且也为我市重点高校的早期楼房呕心沥血,其劳绩永远不会磨灭。

何浣芬为人质朴,谦逊坦率,从不自炫既往成就。即使在她成为"著名建筑师"并出任武汉市副市长以后,仍然保持平民本色。新闻媒体曾介绍其生平,说她设计武汉剧院经过激烈竞争一举中标云云。她在审阅原稿后特意加上"在副总工程师王秉忱领导下"12个字,既符合历史事实,更彰显谦虚美德,与现今某些官员掠美贪功大异其趣。但她1958年与我第一次见面时,却异常兴奋地自我介绍,"你们南湖校区的一、二号教学楼与最早八座学生宿舍是我设计的",这一下就把我们两人的距离拉近了。她没有提图书馆,也许提过而我忘记了,光靠回忆不行,必须对照原始图纸。当时没有电脑,一切都靠手绘,线条、书法只要稍加对照,便可确知出于何人之手。

我们虽然20世纪50年代初期都在武汉工作,但因为隔行如山,所以素不相识。直到1958年5月,全国青联召开代表大会,湖北省和武汉市在各界青年中推选20多人参加，她作为建筑界而我则作为社科界代表一起到北京开会，并且都当选为全国青联委员，这样才开始结识。1959年全国青联召开全委会，湖北省和武汉市有12位委员参加，我们又一起到北京开会，由于人数较少，而且又包括谢芳、王玉珍等著名年轻演员，所以气氛显得特别热闹活跃。那年是新中国成立10周年与五四运动40周年，会上会下举办了许多联谊活动，彼此私下交谈较多。她是代表团的大姐大，我是团内的大哥大，都受年轻成员的尊重与信赖，因而共同语言更多。就是在这次会上我当选为全国青联常委，此后每次全国青联开会，照例都由我担任湖北省暨武汉市代表团的所谓"团长"，实际上一切都是由随行青年团干部妥善安排好的。这种情况一直延续到1965年，所以我们这些"老委员"都成为相互极为熟悉的"老朋友"了。

十年树木，百年树人。历经百年风雨洗礼，华师学脉涓涓细流绵延在桂子山麓，行走在这青砖绿瓦、雍容典雅、曲径通幽、有灵有魂的学术殿堂，一代又一代的桂子山人总渴望从既有存在的建筑中找到与个人记忆相连接的部分，进而激起心中波澜。

## 六、林山湖格局

我很重视校园，评价一个大学办得好不好，不仅要有大师，而且也要有大树。我们不仅要为大师立传，还要为大树立传。桂子山原本没有任何名气，千百年都是穷人的乱葬岗，从一个荒山秃岭、寸草不生的孤魂野鬼萦绕的这么一座荒山，变成现在繁花似锦、绿树成荫、四季都有花香的，特别是桂花香的一个美丽的校园，我们不仅参与了桂子山的变化，而且一座山和一座大学几乎是同命运的，也参与了华中师范大学一座新型的人民大学的创建,更发展、更壮大。现在学校进入一个更新的发展形势,进入一个新的一百年、新的纪元。我们不仅有原来的昙华林、桂子山,我们很快就会拥有一个更加美丽、更加壮阔的梁子湖。我们的华中师范大学有林、有山,也有湖了,三者具备,像这样的大学,在世界上是很少有的。林山湖有机结合,这样就形成我们未来学校的格局:林山湖格局。①

有诗云:"悠悠华夏九州,巍巍武汉三镇。波通两川流水,于此昌武兴文。今之桂子山,昔日昙华林,有百年之学府,乃华中师大云。"因为先有昙华林,后有桂子山。

昙华林是华师最早的校址,这里记载了华师近50年的风雨变化,尽管当年学校曾因为战乱等原因多次迁址,但也正是在动荡与革命中,华师一步步从稚嫩走向成熟。②

在桂子山,远远不仅只有桂花。一年四季,花花不断,才是真正的华师。一二月的梅花,三月的玉兰花,四月的桃花,五月的牡丹……一年四季,校园永远不缺少花的身影。此处梅花谢,彼处又见玉兰开;一夜雨打玉兰败,明早且看桃李翘。

桃李,在华师更有深意。春季的桃李开放,不仅有桃李满园的盛景,更以"源"字阐明了作为师范院校的华师"教师摇篮育桃李"的特色。三四月份正是桃花开得最盛的时节,"桃之夭夭,灼灼其华",每逢花开,红艳艳的桃花争相斗艳。为了避免颜色的单一,240株紫叶碧桃加上穿插在红桃间的20株李树,构成桃李源。

当然,要说华师最美的"校花"当属桂花。有诗云:"华中师大花木林,百花盛开争相落。唯有桂花名声大,校花桂冠获超群。"如今的桂子山上,齐聚了中国桂花的四大品类。据不完全统计,华师校园现有桂花大树2万株,其中1800株是具有30年历史的大桂花树,并在

---

① 《章开沅老先生祝贺〈四季芳华桂子山〉出版致词》,https://v.qq.com/x/page/o0859eo1xuq.html。
② 《昙华林之梦》,http://xyh.ccnu.edu.cn/info/1018/3852.htm。

2004年时从四川引进日香桂、玉桂、佛顶珠等12种新品桂树苗。

华师种桂花树,"鬼子山"摇身一变成为婀娜多姿的"桂子山"。在20世纪50年代建校初期,几近荒芜且多乱葬岗的桂子山被戏称为"鬼子山",园艺技师李振师傅回忆道:"我们学校之前荒野一片,就是从70年代开始,教学楼陆续建成后,开始不断地栽种桂花树。"他清晰地记得:"现在田家炳楼旁边的一排桂花树,是当年在雨天种的,都种下的是小树苗,枝干都很细。"经过园丁们的细致规划和辛勤栽种,"鬼子山"成功地转型成为"桂子山"。

在学校第二任园林科科长刘有信回忆中,从1952年校园迁来现址开始,教职工日夜开荒,栽种桂树等树苗,多年过去,当年荒芜、杂草丛生的"猪头山""鬼子山"逐渐变成今日丹桂飘香的桂子山。

"千株晚桂徐吐的清芬,沁入肺腑馋到深处。"2000年10月,台湾地区著名诗人余光中来华师参加国际学术研讨会,在桂子山的那天晚上,月色正浓,桂花的香气满院,余光中先生当即作了《桂子山问月》一诗。

大学里不仅要有大师,也要有大树。美术学院门前的大朴树是一棵具有百年历史的古树,被列入武汉市二级保护古树名录。每年国家都会拨款并由专人维护这棵百年老树。这棵树比文华大学还古老。

走在校园中,常常有绿荫的陪伴,这些都是前人栽树的功劳。"像我们学校那些粗粗壮壮的法国梧桐和樟树都是在20世纪50年代建校初期栽种的。"校园管理中心园艺技师李振师傅介绍道。1953年某天,一棵小树苗被种在这里,经历了60年风雨,它们已伫立成荫,陪伴庇护着华师学子。

梅花在冰冷的寒冬带来温暖的春天气息。一树的粉色,圆圆的花骨朵儿小巧可爱,绽放的花儿笑意盈盈荡漾在枝头,在寒冷的冬日里妩媚妖娆。我校梅花大类有蜡梅和红梅,七号楼下的梅园始建于2001年,栽种数量为1875株,正月里开花时,香味四溢。

玉兰园即现在的笛箫亭中分布的有白玉兰、紫玉兰、广玉兰,"原来没有笛箫亭的时候,我们都约定俗成地称那个未命名的亭为玉兰亭。"杜主任回忆说。每当玉兰盛开之际,玉兰园就成为美术学院学生们的最佳采景写生地。

早春时节,乍暖还寒,正是玉兰盛开的时候,大大的白色花朵连成一片,如雪山琼岛,在阳光的映衬下更显明媚。在台湾电影《女朋友男朋友》中,1985年高雄的夏天,充满着玉兰花的香味,也洋溢着青春的躁动。而桂子山的玉兰花,正是属于华师学子的一片小清新。

暖暖的阳光洒在青青的草坪上,草坪上神情愉悦的人们或漫步着,或静静躺着,或三两个围坐着,好不悠闲,这场景是博雅广场不可忽视的一道风景。

除了惹学生喜爱的一大片草坪外,博雅广场道路两旁的樱花也是学生心中不忘的美。430株樱花静静地站立在博雅广场上,这是2007年时校领导和来访的日本友人携手种下的樱花树。

"不像武大引进的日本樱花,这种中国土生土长的樱花开得更红更盛,樱花树的形态更美。"李振师傅指着外院门口的樱花树介绍道。四月,草长莺飞,樱花盛开。几株白色的樱花,几树绯色的樱花,给春日的学校增色不少。

2011年11月,桂中路入选"江城最美街景"50强,一度被赞为武汉三镇不可不看的街景。作为我校主干道的桂中路也是桂子山的文化长廊,古色古香的文院历院大楼、杰出校友恽代英雕像、美丽的喷泉广场、书香四溢的老图书馆、红色的行政楼等标志性建筑物也分立两旁。

除了文化气息,安宁秀美的桂中路两旁高大挺拔的梧桐树绘成属于桂子山的一幅美丽风景画。在炎炎夏日,葱郁茂密的树冠起到了很好的遮阴效果。在萧瑟秋季,法国梧桐叶在秋风中一点点变黄,金黄落叶飘零,散落在广阔道路上,形成美轮美奂如诗如画的深秋世界。在寒冬腊月,光秃秃的枝干被大雪覆盖,结上一层薄薄的冰,为这白色世界更添冰凌之美。

在外院前面的小园林中长着一棵木瓜树,只有在结果时才会让人发现这原来是木瓜。"每次只要结果一定都被打下来,给同学们分了。"李师傅笑着说:"遇上这种可以结果并'有食用价值'的树都很抢手。"校报编辑部门前一排枇杷树在夏初会长出果实,一般情况下,校园管理中心为避免学生、小孩们随意爬树采摘而损害树木的长势,会提前采摘下来。所以,即使我们学校有很多棵枇杷树,但是很少能摘到成熟的枇杷。

外院正门口有株大大的山茶花,"这株在整个武汉市都算大的,我在《楚天金报》上见过相关报道。"每天都在门口锻炼的退休教师王老师说。据了解,这株山茶花本来是有围栏围着的,后来由于长得越来越好,围栏围不住,就不得已撤了围栏。①

南湖校区综合楼总建筑面积约9.5万平方米,大楼分为地下1层和地上11层。外观设计参照了蜂巢和键盘的造型,蜂巢意喻着华师作为师范类院校一直秉持教书育人的理念,键盘则是象征在南湖校区入驻的8个理工科专业的一个标志。其中,有60间智慧教室,设置了多处休闲区、开放式学习区,甚至卫生间都全部按五星级配置。无纸化图书馆,可以刷脸进入,更加便捷。②

梁子湖校区的建设代表华师处于一个新时期,也是一个黄金时期,这是华师发展的最好时期,大家拧成一股绳,华师一定会发展得更好。

---

① 吴轲、曾师斯:《从"鬼子山"到桂子山 盘点百年华师的美丽后花园》,http://blog.sina.com.cn/s/blog_4d3200dc0101hls4.html。

② 《9.5万平米!华师史上最大单体建筑南湖综合楼正式启用》,https://new.qq.com/omn/20191003/20191003A03ZRV00。

# 第七章

# 在人事管理上动真格

## 一、下放人事权

要改革,必须下放人事权。只有这样,才能充分调动大家的积极性。1984年10月15日,学校发出《关于我院下放人事管理权限的试行意见》的文件,对现行人事管理体制进行改革,将部分人事管理权限下放到系(所)。这项重大改革,为加强科学管理,促进教学和科研,提高工作效率,多出人才,多出成果,从人事上创造了一定条件。

根据文件规定,学校实行院、系(所、馆、部分处)两级管理的体制,将一部分学校管的人事权限下放到系(所)和教务处、科研生产处、总务处、图书馆等管理。系处管理讲师、相当讲师的其他中级专业技术职称及其以下的专业技术人员和科级及其以下各类人员,并负责副教授以上的教学人员的教学科研工作的安排、使用、进修提高、业务考核等工作。系处人事工作由系处行政主管,由系处主要负责人或一副职主管此项工作。党总支（直属支部）对系处人事工作进行监督保证。系行政设立人事秘书或干事，机关处的人事工作由秘书兼管。未下放人事管理权限的部处的人事工作，仍由学校人事部门统一管理。

下放人事管理权限后，系处有以下16项人事权。①有权在核定的本单位人员数内，制定年度人员的增减计划及落实计划指标的措施、办法。②有权任免教研室、研究室、实验室、资料室正副主任职务；科级干部的任免由系处提出名单，会同学校人事部门考核平衡后，由系处按规定任免。③有权决定所属人员的工作调动。④有权确定讲师和相当讲师的其他中级专业技术职称及其以下各类人员的专业技术职称。⑤有权对所属师生员工进行行政记大过（学生记过）及其以下的各类处分，有权对所属人员实行奖励。⑥根据学校下达的录用人员指标，有权决定录用的人选。⑦有权决定本单位的教师在保质保量完成院内任务的前提下，对外兼职兼课。⑧有权决定在国内大学、科研单位进修的人选；在自筹经费的前提下，有权按国家有关规定决定出国学习、工作、访问及参加国际学术会议的人选。⑨有权按计划制定本系毕业生分配的实施方案，审定派遣名单。⑩有权对所属人员进行政治审查。⑪根据学校下达的晋升工资的指标，有权按规定的条件确定晋升工资的对象。⑫有权按规定统一掌握使用职工福利费和学生困难补助费。⑬直接办理单位人员的请假、销假、丧葬、抚恤等事宜。⑭有权对不服从组织安排、不接受工作任务、完不成工作任务、有严重责任事故、旷职者扣发或停发奖金、工资。⑮有权处理在本单位不合用的人员。⑯根据人员的实际劳动态度、工作表现和工作成绩，按学院有关规定，确定实际发放奖金额。

文件还规定了人事权下放后，人事处对有人事权单位的主要职责及系处人事干部应遵循的原则。

下放人事管理权是全校师生员工关心的一件大事。至少有三个方面的意义：一是在改革上跨出了可喜的一步，为学校多出人才、多出成果从人事制度上创造了条件；二是强化了系（所）的职能作用，能充分调动每一个人的积极性，为办好华师而齐心协力；三是促进其他方面的改革，学院的改革除体制外，还有教学、科研、财经、后勤等方面，能够让其他部门放开手脚，大胆改革。

## 二、不归我管的事，多一点我都不管

一个学校要搞好的话，用人是非常重要的，因为教师队伍是很大的一个问题。现在大家担心的，就是本校的学生比较多，近亲繁殖，真正好的人才留不住，也进不来，很难。原来还靠分配，统一分配还要好一点，还有点交流，像上海的、长沙的、东北的。后来就改变了，主要就是湖北省自己解决自己的，地区之间的交流就更困难一些，所以，这是一个很大的问题。现在还有各种各样的政策，各种各样的优待条件。那时候不可能，当时你来就来，走就走，组织分配。那时走的人不是很多，因为他服从分配，多半都是留在这里，就是永久牌，永久牌还是占多数。所以，这是一种好的现象，安心在这里工作，素质也还不错。很多就是学校自己培养出来的，连我本人都是。所以，基本上还是原来的这个路子，这个是没有变的。

但是，因为我当校长的时候，历史条件变化了，改革开放了，思想也开放了一点，就是不拘一格降人才，还要不拘一格用人才，降了不用，也不行。比较明显的，就是我举的两个例子。再一个，像唐文权，是中学老师，就是从外地引进的。

大概就是这个情况，其他也没有什么。因为那个时候，规模也不是特别大，校长对这些重点专业、重点学科的扶植，关系更亲密一些，也更容易处理一些。因为理解多一些，很多都变成一种朋友关系了，志同道合。就是同喜同忧（一同欢喜一同忧），他们高兴，我们也高兴，他们碰到困难，我们也着急，就是这么一个情况。中间层次没有现在这么多，我们那时候，副校长也没有现在这么多。

再一个就是，我自己不揽权。那不是放权的问题，因为权本来就不在我这里，这是本身的治权，怎么叫放权呢？是你自己后来把它抓过来了，校长不要做副校长的事情，副校长不要做处长的事情。我这个人比较机械，不归我管的事，多一点我都不管。你找我的话，我就叫你去找某副校长，或者说，你找某处长，甚至于说，你去找某科长。我也不帮助你解决问题，我也解决不了这些问题，就跟他好好讲。有的不讲理的，我也很强硬。

比如，有一次因为宿舍漏雨，个别人扶老携幼到我家里。我知道那是故意的，为了给我增加压力。当时天很晚了，大概都过了十点了，那也是不礼貌的。我小孩第二天还要上学，两个孩子都在读书，而且也不方便，都是女孩子。他们就来说这个事。我说："第一，你要去找某个副校长；第二，你们要去找谁。你们现在来找我，那是没有用的，我现在找谁啊？"当然他们也明白这个事情，但有些人的态度比较情绪化，多数都还是讲理的。有少数就不走了，就赖在我家里。我说："你赖在这里有什么用呢？你们现在实际上已经是私人民宅了，没经过我的允许一拥而入，这是一。再一个，不讲法。就情来讲，我两个孩子明早要上学。你们在这里坐着，究竟能起多大的作用呢？我已经给你们讲了找谁找谁，而且我明天会通知他们。这不就行了吗？"无论我怎么说，有的还是不走。遇到一点不讲理的，就很难办，好像就是为了发泄一样。当然，这也说明工作上有些问题了，这个问题应该是一个经常性问题，早就应该解决，可为什么没解决呢？我也在想问题究竟出在了哪里。

后来，我也不客气了。我说："既然你们不走，那我走，我到办公室去。"他们一看就知道我生气了，因为我平常不至于讲这种话。因为实在不能忍受了，我实际上可以告你了，你骚扰我们，在国外讲，那就是很严重的骚扰。国外私入民宅，他们有枪都可以打死你。当然，我没有这样子讲。

我在这点上，比较遵守制度，不像现在，都是个人说了算，以此为荣，以此为乐，以此为一种炫耀，认为自己全能。我是一不抓权，二不抓财，人事跟财务我都不管。处以上归党委，一般财务跟科以下的干部，就归管人事的副校长王庆生来管。我连校部领导的机动费，我都不多要，我跟副校长都是一样的。而且，我的钱都交给校办来管，我自己不管。我自己不说你找我，我来批给你，我不这样，我都交给校办。另外，我也很小气，哪个处要我出差，或者说要我做点什么事，那个钱就由哪个处出，由分管它的副校长来批，我自己不直接报销。我像木头人一样，机械到这种程度。

当然这也带来一些好处，至少我的心思可以用在一些大的方面，也可以用在一线方面，学生的方面。我不会老在办公室里面，这个也找，那个也找。一切清清楚楚，有重大问题到校党委常委会，或者校长办公会上大家讨论。当然，事先个别交换意见还是有的，但一般来讲，不在底下拉拉扯扯。像有些东西，一个靠闹，一个靠磨、求、拉关系。那时候送礼不像现在，没有送礼成风。但有些人会磨，会巴结领导，女同志要撒个娇，也不是没有。我说我是不吃那一套的，有的人还碰了钉子，因为我要争取自己的主动权，我是学以致用。我还猛补管理学，我不仅学理论，我还学一些有用的经验。

比如一个主管就讲，管理就怕"秘书专政"，其中就有一条，说你每天的计划，不能光听秘书的，而且定了之后，不能随便被别人打破，你自己要争取主动。但是，我们这里一进办公室，马上就有人来了，有的就是校办的人,还是比较负责的人。原来有些派系,他一来就讲一套试图来影响你。我开头就比较客气,因为我不太懂。后来,我发觉不太对劲,因为话里面有某种引导性、倾向性,所以,这就很难,如果有两三个这样说的话,就会把你整个计划都打乱,我的工作时间也不能有效地保证,所以,我是自己做判断。当然,随着时间的进展,对情况了解越来越多,我的主动权就又大一些了,开始不是这样的。

再一个,开会不允许把自己能够解决的矛盾带到会上。自己能够解决,本来应该是自己解决而没有解决的,都提交到校长办公会上来,这样就会影响办事效率。这样虽然很省事,也不得罪人,有难题就到校长办公会讨论,但这样校长办公会就杂乱无章,有时候甚至离开中心议题了,所以,这个要靠校长办公室来帮助我做梳理工作。学校的思路、主体是什么,这个问题应该在哪一级解决,就在哪一级解决,不能都往上面弄。现在,有时候可能就是为一个很具体的事情,要在校长办公会上讨论很久,会开了半天都结束不了。如果这样,扯皮拉筋的事情多了,都弄到这个最上一层,大家就无法做事了,所以不能这样子。要是我们的政治局会议、国务院常务会议成天讨论一些扯皮拉筋的事,那就是一个大问题,国家那么大,事情那么多,天天不睡觉也讨论不完的。一个学校也是一样,而且这些不是中心工作的问题,往往是少数人的要求和目的没有达到,就来找学校相关领导。一些领导就做好人,就给上报到校部来。有些很简单,本来不够条件就完了。

现在也还有类似的现象,我都没作声了,因为我不是主管。但我们有的时候是主管不愿意得罪人,就让我们这些各种委员会来当恶人。我说我们做减号的,他们做加号的,减号就是把他拨走,讲 No。有时候,我们讲了 No,但他也 Yes 去了。好人就成了他们,恶人就是我们了,这我心里都明白。这是属于技巧性的了,不是什么大学问。

## 三、用人还是要出于公心

作为校长,用人很重要。用什么人,怎么用人,如何发挥人才的长处,这都是很重要的。就我而言,用人还是要出于公心,五湖四海,不拘一格。在这一点上,我做到了,自我感觉很欣慰。就是不同意见的,攻击我的,我都能够容纳。我没有因为他告了我的状,就怎么样。既包括专业方面的,也包括行政方面的、党政方面的,都是一视同仁,该怎么样就怎么样。有的跳得那么高,"文革"期间,把我当胡风集团来批判,报纸一大版,洋洋洒洒,说章开沅的密信。其实,那都是我给总支的汇报,我要争取入党,要交心,那是思想汇报,结果都变成密信。但我没有报复,他该升教授就升教授,现在很好。当然,他对我女儿也很好,我倒霉的时候也多亏他,孩子成天在他家里吃住。他太太是小学教员,很欢喜我的大女儿,几个老师也都帮了我。那时候,也只能靠他们帮衬,不然也是没办法的。所以,我总记得人家的好处。

让高校自主办学,我总是讲好校长不如好制度,我不是替自己辩护,好制度更重要一些。所以,你光靠蔡元培办北大,蔡元培一走,如果来了一个人不像话的话,北大可能就完了,好在蒋梦麟干了27年。蒋梦麟是做具体事情的,他没有提出新的思想,但是把蔡元培的思想贯彻到方方面面,把它形成一定的制度跟体制方面去了,所以,老北大的人对蒋梦麟还是很感激的。如果没有他的话,也是靠五四,那个饭吃不了几年的,北大是越办越好。但是,蒋梦麟又是一个很识趣的一个人,很识大体的人,到了西南联大时期,一校三公,都是能人。但是，梅贻琦校长最能干，能力最强，而且清华就是主导，清华又财大气粗，最有钱的就是清华。南开是私立，一个穷学校，北大又破破烂烂的。所以，蒋梦麟他就自己放权，不干扰梅贻琦的工作。所以说，他们有人就总结了"如果南开的张伯苓校长跟北大的蒋梦麟校长都要当老大的话，那西南联大就完了"。梅贻琦一个人，就可以放手把联大办的有声有色。他们也不是不管，他们从各个方面为联大争取好处来扩大影响，他们做了大量的工作，但是具体方面，就只能是一个人。那时候也没有党。不是没有党，就不让党进去，真要让党进去，那就更麻烦了。它的好处就是没让国民党进去，共产党都进去了，但共产党他们影响不了校政。

后来又有人问我，我们新中国之后，学校都是党委领导之下，然后再有校长。党的书记和学校校长的关系，从国家的设计层面来说，是要党委领导。但是，在实际运作当中，是不是也有一种情况，就是在一个具体的学校的某一个时期，书记跟校长谁当家，是不是还是跟书记和校长的个性有关系？

我认为有一些关系。这个跟校长的资历、水平，另外他管不管事有关系，有的人本来就不管事的，他也乐意受党的领导，这种情况也有。也有的党委书记特别强势，朱九思就是的，虽然他不是校长，但是他起了很大的作用，因为那个校长尽管是党员，也同民主人士差不多，党内外统战都一样，那个校长是一个做学问的人，还是靠朱九思他们。

所以我总讲，这个学校干部减少二分之一都照样办得下去，可能办得更好。你看，底下那个吓死人的最大的摊子就是学工部。我开会多一些，我看那个牌子我就知道了。学工部行政上还有好多牌子，那真是气派。怎么得了？过去我们金陵大学，整个教务处就只有一个注册科，当然学生也少。注册科就只有两个人，排课表、入学、毕业事宜都是他们做。还有一个教务长，那是上面的，底下最主要的就是一个注册科，学籍管理就是这两个人。忙的时候就找学生去打工，平常就两个人，做得井井有条的，跟国外一样，国外的教学秘书都很少的。只有我们，哪一个部门都是人满为患，而且现在都往上升，就不提到正科级也是正科级待遇、处级待遇，结果领导比科员还多，比办事员就更多。这怎么得了？

当时，我们也不能解决这个问题，只能在这个环境下工作。人多了，不做事的他还讨厌做事的，好像别的事不会干，就会招惹是非、煽风点火、无中生有。因为他没有事，闲得无聊，而且还不满，他感觉就像埋没了他，这种人还不少。像英文都不懂的人，还可以当外事处处长，他还觉得屈了才。他说他原来是管人头的，后来管砖头，管砖头就是当基建所所长，管人头是弄组织部门的。管砖头没有弄到多久，好像又见外了，不管内部的事了。他做不了外部的事，又没什么事可做，后来就只能请他下去了，所以他后来怀恨在心，把我作为一个主要的攻击目标，太"左"了。他根本就反对对外交涉，把外国就当帝国主义看待，帝国主义文化，那还讲什么。他不仅不会做、不能做，他还反对做，那要你当外事处处长干什么？那你还是管砖头去吧。他砖头也管不好，管人头就更不行，民怨沸腾，太"左"了，经常训人。平常讲个话拖长个声音，像乡长做报告一样，他本来就是个乡干部。你跟外边人打交道，这样的话，别人怎么知道你是干什么的？这是个笑话。

后来就更出乎意料，他怎么又跑去管外事去了？后来他们说他当过一阵外语系的总支书记。你不懂外语，你当什么总支书记呢？同样的，外事处更需要用外语，必须要会外语。我们原来那个副校长管外事的，也是这样子的，他基本上不能够看的。所以，这些东西总是压在他那个地方，按规定要送到他那个地方的文件，后来只要一个文件找不到了，就在他那找，十有八九是他压的，他不晓得轻重。每个文件都要翻译，那外事处就不用干别的事情了，那不就光翻译文件去了，外事处也没几个人。

## 四、不拘一格用人才

龚自珍诗云:"我劝天公重抖擞,不拘一格降人才。"我则一向主张"不拘一格用人才"。

校办主任哈经雄,是政治系早期毕业留校的吴老师向我推荐的,我曾经教过他们这个年级。上任之初,有一天在校园与吴老师偶然相见,聊了起来。

他说:"章先生,你没有带一个熟悉一点的人到校部去?可能不行吧?"他的意思是,没有自己贴心的人,很难开展工作。我没有干过行政,完全没有这么"深远"的考虑。我去校部的时候,确实没有带人,光杆一个,当"裸官"。

他说:"有一个人,你可能觉得不错。"

他所推荐的,正是哈经雄。对此人,我已有所了解。哈经雄的母亲是汉族人,父亲是维吾尔族人。他的父亲是国民党的将军,跑到台湾那边去了。他在华师教务处工作,是教研科的科长。我上任后第一次到省里参加教学研究的会议,发言稿就是他为我准备的。他掌握很多情况,说理有根有据,总结得非常好。

吴老师与我一同分析,对于哈经雄,外界有两种评价:正面的评价是他处事灵活、能说会道、点子多;负面的评价则说他比较圆滑,有时可能见风使舵。该怎么看这个人?我认真想了一下,"圆滑"与"灵活"真的不好界定,对于同一个人,爱其才者可能认为他是"灵活",忌其能者则可能认为他是"圆滑"。与此相关联,"见风使舵"只要不是出于私利考虑,也未必比"立场坚定"差,因为有些事是必须调和妥协的,世上哪有那么多"原则斗争"。从他为我所写的发言稿来看,他确实是有才干的。恰好,我还没有校办主任。校办主任是一个比较重要的职务,说是"不管部",实际上是什么都管,总的协调就靠他了。这一工作,正需要一个能够灵活处事、善于应对四面八方的干才。于是,在党委常委开会讨论处级干部名单的时候,我提名调哈经雄来当校办主任。几位常委,包括负责人事的副书记,非常尊重我的意见,因为我上任以来从未独自推荐一个人。而这个推荐,对哈经雄来说,应属是很罕见的破格提拔,因在教务处内部提升名单中,他连副处长都被否定了,而校办主任则是响当当的正处。我非常感激常委一致同意我的推荐,使我多少增强了一点识拔人才的自信与勇气。

果然,哈经雄非常能干。上任之后,上上下下,里里外外,各个方面的协调做得很好,为我节省了很多精力。那时校级班子还不齐,四个副校长中,一个被"挂"起,一个在北京学习,但华师照样运转得井井有条,这与校办主任的工作能力有很大关系。因此,我经常想:大学的运转,真的需要那么多校级领导吗?

人才运用涉及高校的"人事"问题,事实上,在中国高校,"人事"方面的故事最多,江湖最深。

## 五、"东半球"与"西半球"

中国高校的管理层,有两个并行系统,一边是以书记为首的党委系统,一边是以校长为首的行政系统。这种二元格局,在华师曾有一个形象的说法:东半球,西半球。党委是东半球,办公室集中于大楼东边;行政是西半球,办公室集中于大楼西侧。虽为二元领导,但"二元"的权力并不均等,因为按文件规定,应该是"党委领导,校长负责"。这种二元领导格局,可以说是中国高校的一大特点。

高校改革,此为关键。

在党政二元权力格局下,校长和书记之间的关系,是一个复杂的问题。就整体上看,当然是党委领导。但是,在不同学校的不同时期,也会随一些因素而变异,如校长和书记的资历、水平、个性等。

我任校长期间,党委与行政的配合堪称默契。我上任之际的党委书记是高原,他是一个老革命,我们一起南下,又长期一起在华师工作。他比我年长,是我的老领导,也是老战友。当我在为要不要出任校长而犹豫的时候,他已患癌症,但仍抱病坚持工作。他找到我,认真地对我说:"大章,现在学校被弄成这个样子,我们不出来担这个担子,怎么办呢?"我受到他的感染,终于下定决心:"我与你共患难吧!"并且表示:"我既然答应了,那就义无反顾!"

与高原共事,当然能配合默契。但是,他已身患绝症,长期住院,因此,有一段时间,是由一位副书记主持党委工作。这个副书记的资历,不论是革命资历还是学术资历,都比我浅多了,是我的学生辈,因此一般情况下,他在我面前总要谦让几分。不过,他参加党务工作的资历比我老得多,很早就进入学校党委工作,而且很早就担任领导职务,成为副书记了,所以,他大概已经形成了习惯,容易党政不分。而我又是一个死抠制度的人,因此时间一久,不可避免地有一些矛盾。

华师的供水问题老是解决不了,不得已,自己打井,挖蓄水池。这一工作,选址是关键。为此,学校请专人反复勘测,最后通过党委常委与正副校长联席会议正式敲定。没过多久,正式开工的时候,选址改变了。我们这些校长根本就不知道,只有一个管后勤的副校长知道。原来,副书记觉得原来的选址不好,便与管后勤的副校长商量了一下,私下把选址改了。对此我很不满,曾在常委会上坦率批评,对于联席会议做出的决定如此不尊重,是不正确的。你觉得原来定的地址不好,你的选址更好,那可以进一步论证,但不能如此无视先前的集体决定。何况打井、做蓄水池是行政系统的工作,副书记的举措使党务与行政界线模糊,长此下去,校长办公会就会成为摆设。

后来,在常委内部的生活会上,我正式发表了意见,自己做的决定自己破坏,这样的事情也不应该。再往后,高原书记病故,换届改选,戴绪恭被任命为书记,代行书记职务的副书记去了另一所高校,并被提为正职。戴绪恭是与我相知较深的一个学生与同事,同属历史系中国近现代史教研室,已经做了历史系主任。教育部认为我们做搭档,配合应当比较默契。果然,在学校层面,"东西半球"之间的矛盾无形中减少大半。

## 六、副校长负责制

在"西半球"内部,实行严格分工。我近乎固执地认为,校长不要做副校长的事情,副校长不要做处长的事情。财权也好,人权也好,我都不抓,全都交给相关的副校长负责。有人来找我,如果是我的职权范围内的,我就直接解决,如果不是我的职权范围内的,我就告诉他,你应该去找某副校长,或某处长,或某科长。我从不为了显示自己的"全能",对任何事情都发号施令。因为在我看来,一旦对任何事情都发号施令,就侵犯了副校长的职权,使其无法充分行使自己的权力。

有人恭维我,说我这是"放权"。我说不对,这本来就是副校长的职权,无所谓放不放的问题,我只是没有揽权而已。

我有一句气话,也是自我调侃,那就是,我任校长期间,华师是党委领导下的副校长负责制。校长不能负责,那谁负责?我开玩笑说,副校长负责。不过,这句话确实也是一种写实,我当校长的时候,华师确实是"党委领导下的副校长负责制"。

在多个场合,我都说过"我当校长时是党委领导下的副校长负责制"这句话,在某种意义上,这恰好也显示出我用人方面的一种风格吧。现在有的企业家也发现了，还在他们的网站上写文章说这个事情，我是很偶然发现的，因为他在一个刊物上面发表了，然后转到网站上。

文章认为这个做法是管理上的一种智慧。我那时候，还带点开玩笑的性质，是故意顶撞的，因为大学里根本不可能是校长负责制，那是针对"何八条"的，即何东昌提出的八条大学教学改革的意见要求。那八条不错啊，要是真实现了的话，大学教学改革就不一样了，可到现在也没有实现。我认为，现在也不需要别的，就把何东昌那八条实现了，教学改革就成功了一大半。那八条也是大家深思熟虑的，里面有普遍价值的。大学是一个相对的独立体，这很好。有很多是校长负责，教师会议来主导学校，这个都有。党委它是坚决执行的，戴绪恭、晏章万他们很认真。那时候也提出来了，发展方向就是两办合一。现在合一是合一了，但底下的部门没有合一。最后就只剩下极少数人了，一个组织，一个宣传，其他的都合一了，所以，就弄出那么个东西来。

那个是我在哪里正式讲的呢？是到武大去讲的。武大有一个人，原来是做地下党工作的，和我年龄也差不多，经历也差不多，大家无所不谈，他对我还是很维护的。后来他问我："你这个学校是怎么办下来的？"我就吹嘘我那一套，总结道："无以名之，就是党委领导下的副校长负责制。"我记起来了，他叫童茂林，原来也是地下的，做党的工作的，这个人好像不在了，退休很多年，都没有见到了，他比刘道玉资格老。他说："啊！你居然这样子来当校长，那你不是都架空了？"我这是自我架空，本来是可以不架空的，不是别人要架空。

在"副校长负责制"下，校长确实是架空了，但不是被别人架空，而是自我架空。并且，它的好处，全由这一个"空"字而来。

首先，校长"空"了，副校长就"实"了，能够放手做事，没有羁绊。能充分发挥副校长的积极性，是"副校长负责制"的最大好处。

其次，"空"对于校长本身也有很大的好处，使我能从各种日常琐屑中解放出来，以主要精力关注若干宏观问题，将心思用在发展方向、道路的方面，并且常下基层，深入到一线去，而不至于被各种事情缠困在办公室或会议室里。

我一直认为，在大学，好校长不如好制度。有了制度，就一定要执行，千万不可朝令夕改。我的一位亡友，设计师何浣芬说过一句话："如果计划不如变化，那规划就成了鬼话。"对此，我深表赞同。许多人在"计划不如变化"的幌子下，随意更改已成规章，我很反感。

对于既定制度，我严格遵守，虽然有时被批评"太机械"，也在所不顾。比如说，我的校长机动费和副校长一样多，我不多要，并且，我的钱都交给校办来管，我自己不管。哪个处要我出差或者说做点什么事，经费即由那个处来出，由分管的副校长来批，我不经手。这些规矩定下来之后，我就和大家一起严格遵守，从不越雷池一步。看似机械，但运转起来有条不紊。

既然是"副校长负责制"，副校长就应该在相关方面真正负起责任来。很多问题，必须在底下解决好，不能事无巨细地提交到校长办公会上来，不然校长办公会就会变得杂乱无章，甚至偏离中心，并且永远都会有开不完的会，校长会陷入日常碎屑的泥沼中，那就不要奢谈主动学习，更不要奢谈什么登高望远了。我是依靠校长办公室来帮忙做"守门员"的工作的，问题应该在哪一级解决，就应该在哪一级解决，不能都往上面推。

## 七、不痴不聋，不做阿家翁

在我任校长那会儿，大学里的教学科研基层单位就是"系"，还没有"院"。每个系的内部，难免有一些人事纠葛闹到学校来。面对系里的纷争，我基本上奉行唐朝皇帝"不痴不聋，不做阿家翁"的原则，不介入，不用自己的倾向性来干预。最主要的,是从正面做工作,将矛盾双方往团结合作共奔大目标的方向引导。因为被攻击的人不一定就是错的,如果盲目听信攻击者的一面之词,那肯定要坏事。

还有一些人,为着一点私人恩仇向教育部写事出有因查无实据的检举信。教育部也不好办,就转给我个人。对于这种检举信,我也认真阅读,然后收入公文柜,不做处理,也不和任何人讲。到我1990年离开校长办公室的时候,便将这些检举信一把火全烧了。做领导要有正义感,决不能纵容犯罪,不能包庇坏人,但对于那些莫须有的人身攻击,还是装痴装聋比较好。因为中国法治还不够健全,有些飞短流长的所谓"检举",如果任其外流,不仅会伤害被攻击者本人,甚至可能贻祸子孙。我认为作为一校之长,应该坚持原则,但也要宅心仁厚。

当然,装糊涂的本质是包容,但包容不等于宽恕一切,犯罪不能宽恕,歪风邪气不能宽恕。包容的同时,要有一股正气。

外语系有一位姓秦的老师,理论功底很好,在他们那个群体里,堪称出类拔萃。但是,在评正高职称的时候,却总是受到某些资深同事的干扰,甚至联名抗议,说他的学问不怎么样,所写的著作没有水平云云。我主管外语系,知道秦老师的著作甚至都受到过英语专业大师级人物李赋宁、王佐良等人的首肯,他的某些同事显然是嫉贤妒能,自己不好好做学问,却一意贬损别人。对于这种矛盾,我是不痴也不聋,而且态度非常明确。我传话给相关人员:"如果这样的话,我们干脆把外语系的职称都重新评一评,把李赋宁、王佐良等几位大佬都请来,由他们公正评审,看看究竟怎样。"在我的坚持下,那些人泄了气,年轻的秦老师的正教授职称得以顺利评上。

还有一种情况,在专业领域,唯我独大,不能容人,特别是同班同学中,更容易发生这种情况。对这种现象,过去有一个很形象的比喻:"挤公共汽车。"自己挤上去了,就不让别人再上去,设法阻挠。在这种情况下,我也不痴不聋,而是坚决维护弱者。刘守华对民间文学有很好的研究,但在中文系有些受冷落,"挤不上公共汽车"。对他,我是一直很维护。最终,他凭着过硬的成果,成为民间文学领域卓有建树的著名专家。

## 八、研究生兼任教师工作制度

为了培养研究生独立工作的能力,提高师范院校研究生的培养质量,探索学校教师队伍建设的新途径,经学校研究,决定在部分系、所试行研究生兼任教师工作的制度。

试行办法规定:

(1) 根据学校教学工作的需要和可能,从品学兼优的硕士生和博士生中挑选一定数量的人兼任助教和讲师工作。

(2) 兼任助教工作的内容包括:参加本科生的实验、习题、课堂讨论、辅导答疑、批改作业、评阅试卷、生产实习与野外调查、毕业论文评定等教学环节和教学形式的工作。兼任讲师工作的内容包括:主讲一门课程的部分或全部,参加指导本科生学年论文、毕业论文等教学工作。

(3) 兼任教学工作的时间,一般为一年,安排在第二学年为宜。

(4) 各系、所对安排兼任教师工作的研究生的教学工作任务,应征求有关导师和教研室的意见,并将安排结果分别送教务处和研究生处备案;同时有关教研室和导师要对兼任教师工作的研究生明确教学工作要求,经常指导和检查其工作质量;对少数确实不能胜任所兼任工作或因兼职而影响自己不能完成学习任务的,应及时而妥善地调整乃至停止其工作。

(5) 对兼任教师工作的研究生要给予一定的工作津贴。兼任助教工作的,每人每月 25 元;兼任讲师工作的,按授课学时计算,每学时补贴 1.6 元;在职研究生兼任教师工作的,其津贴数量参照上述标准,折半计算。但按研究生培养计划所进行的教学实践活动,不给津贴。

这个试行办法,于 1985 年 3 月 1 日正式试行。实践证明,这个办法是有效的,受到各系、所师生的欢迎。

## 九、食堂也有人才学

改革是全方位的。教学科研要改革,吃饭也要改革。学校后勤学生二食堂的改革力度就很大,效果也很明显。由国家教育委员会、共青团中央、全国教育工会组织召开的全国高等院校先进食堂、先进炊事工作者表彰大会于 1985 年 11 月 1 日至 5 日在北京举行。中央政治局委员、国务院副总理、国家教委主任李鹏到会并做了重要讲话。在闭幕会上,李鹏等领导为先进食堂、先进炊事工作者发了奖,颁布了荣誉证书。华师学生二食堂被评为全国先进食堂。

二食堂的改革成果登上了校报头版头条。1985 年 11 月 22 日,《华中师大报》头版头条以《魔力·魔法·魔方——来自学生二食堂的报告》为题进行重点报道。全文如下。

提起二学生食堂,西区的学生会自豪而得意地竖起大拇指,而东区的学生则会泛起一片感叹之声……这些,都给二学生食堂平添了一层神秘的色彩。最近,记者对它进行多次调查采访,所闻所见所感甚多,的确名不虚传,颇具——

### 魔力

"家庭餐厅"——这是二学生食堂已送走的近万名毕业生(在此进餐的学生)赠给它的桂冠。二学生食堂从它建立的50年代至今,一直承担中文、历史两系的千余名学生的进餐任务。从1985年元月开始执行伙食改革方案后,全校各食堂餐票大流通,二学生食堂每月回笼菜票45000元以上,饭票26000余斤,据此推算,其实际就餐人数达2000余人,不但西区各系学生乐此进餐,而且还有不少东区的"盲游"进餐者(在西区上课的东区学生)。特别是节假日,在二学生食堂的人数剧增,真是"桃李不言,下自成蹊"。也难怪有的学生通过广播台提建议时说,希望二学生食堂按时开饭,多做些饭菜。管理员冯其市面带难色地告诉记者:"如按时开饭,恐怕食堂的出入就成了大难题,不提前开饭确实不行啊,如果再增加饭菜量,也实在是力不从心啊!"是的,食堂也有食堂的难处,在进餐人数翻一番的情况下再增大工作量确实是困难的。

那么,二学生食堂为什么有如此魔力呢?经过详细了解,我们找到了它的——

### 魔法

管理员冯其市告诉记者说,二学生食堂能如此受欢迎,不仅仅是"天时、地利、人和",更重要的是它还有三大制胜法宝,即一靠人才、二靠管理、三靠质量。

食堂也有人才学。先说这个食堂的元老派。他们当中有的在朝鲜战场上当过炊事员的况元生老师傅,他制作的卤菜和小炒菜很受进餐者的欢迎;王合意老师傅负责每天的菜谱和业务计划,他的成本计划几乎是天衣无缝;久负盛名的高开军师傅是负责菜肴烹饪,他烹调的菜有色、香、味,独树一帜。多年来,这些元老们在各自的岗位上兢兢业业地工作,他们都以个人所长为二学生食堂赢得了荣誉。

再说年轻人。提起年轻人,老师傅们高兴地说:"他们是一代有希望的青年,我们信得过!"事实也是如此,如现任管理员的冯其市,今年刚满24岁,过去是个不受欢迎的人,现在却敢想、敢说、敢干,有计谋,有远见。再如高金汉——过去没人要的"懒汉",一跃成为今天二学生食堂骨干。他目前正同小炒能手盛文武负责做学生的"生日饭",深受大家的好评。

正是由于二学生食堂大胆起用人才、合理使用人才,并组成一个团结互助的战斗集体,他们才达到办第一流先进食堂、创第一流伙食质量、争第一流服务效果的目的!

严格管理、堵漏节约是使食堂办好办活的重要条件,也是进行改革的重要环节。

第一,不论资排辈,无论是男职工还是女职工,无论是老师傅还是年轻人,也无论是正式工还是临时工,一律同工必同酬。

第二,变固定工资制为浮动工资制。食堂采取每日计分制。当天干得好,工作负担重,任劳任怨者评10分,否则就给9分、8分、7分……

第三,严格执行奖惩制度。奖优罚劣、奖勤罚懒是严格的管理手段。曾有两个炊事员在出售饭菜时,对熟人少收或不收餐票,此事被发现后都受到了80倍的罚款,同时对揭发者进行奖励。又如有的炊事员服务态度不好,与进餐者争吵,被扣除了当月的全部奖金。

第四,堵漏节约,加强仓库管理,加强餐票和食品管理,利用边角余料自制咸菜,改食堂工作人员包伙制为进餐制。

如果说信誉是食堂的生命的话,那么,质量则是食堂的

"命根子"。这是二学生食堂创办30多年来的"治家之本"。他们首先把住成本核算关,除了每月对仓库进行几次盘存外,还经常派人来往市场,掌握价格信息,除了买进国营菜场的质优价廉的大路品种菜外,还和个体专业户签订了合同,经常购进质量好、品种时髦的廉价蔬菜、肉食和豆制品。由于购进的菜价一般都比牌价低好几分,随之,食堂出售的熟菜也就货真价实了。

为了做到饮食卫生符合食品卫生法,食堂采取了清洁包干责任制,违者受罚,把清洁工作和工作效率视为同等重要。为此,全校九个食堂,每次检查评比他们总是第一。

二学生食堂不仅伙食质量是第一流的,而且服务质量也是优质的。二学生食堂的每一个炊事员都佩戴工作号码,对进餐者笑容可掬,百问不烦,对个别"挑剌"的进餐者也耐心解释。

正是由于二学生食堂采取了这一系列行之有效的"魔法",才使它誉满桂子山,同学们赞赏道:二学生食堂就像一个变幻无穷的——

### 魔方

变,二学生食堂天天在变,这是它留给进餐者最深刻的印象。把它称之为"魔方",的确是再恰当不过了。这不仅表现在伙食质量不断提高上,花色品种的季节变化上,而且还体现在他们想学生所想,把食堂变成学生之家等方面。他们经常向学生征求意见,开座谈会磋商管理办法,了解学生的风俗习惯、口味等。为了解决开饭时间长、饭菜容易凉的矛盾,他们不辞辛苦,把饭菜放在笼里,给饭菜加盖保温。

"每逢佳节倍思亲",这话对在二学生食堂进餐的同学来说,似乎并非完全如此。在这里,大家一年四季无不体验到食堂给予的温暖,过节日时则更是这样。在传统节日里,师傅们针对来自全国各地同学们的不同风俗习惯,匠心独具地为同学们制作了丰盛的节日风俗餐。春节,在这里可品尝到山珍海味;元宵节,各种类型的汤圆,应有尽有;端午节,绿豆糕、芝麻糕、粽子、米酒,饱你口福;中秋节,月饼、银耳汤伴你欣赏圆月……

为了使烹饪出来的菜味道好,他们总是安排那些有丰富经验的老师傅、能人上第一线调味烹饪。同时,他们还十分注重传、帮、带,让年轻人给技术高明的师傅当助手,老的毫不保留地耐心教,少的全神贯注地认真学,新、老师傅配合得十分默契。

为了增加花色品种,充分挖掘师傅们的潜力,他们对创造出受进餐者欢迎的新品种者嘉奖,效果十分明显。现在,早餐由原来的五六种增加到10来种;中晚餐菜谱由原来的10来种增加到了20多种。

二学生食堂的同志们并不因此而感到满足,他们对每一个生病的同学也都给予特别照顾,不使生病的同学想家念亲。平常要是来了亲朋好友,同学们可在小炒部任意点菜招待。

最近,二学生食堂又推出了两项改革新成果。一是继续降低饭菜价格,高档菜一般不超过3角5分;小炒价一般在3角5分至5角之间。二是免费为学生做生日饭。为了使二学生食堂真正办成学生之家,他们早已将在食堂固定就餐的同学的生日摸得一清二楚,他们每天向学生公布,当天过生日的同学都可在二学生食堂免费吃一餐可口的生日饭(标准是每人1元5角)。在寒暑假过生日的同学,开学后亦可补过一次。

这两项改革成果的推出,就像在桂子山上空放了两颗卫星,立即引起了全校师生员工乃至社会的极大关注和赞赏。

中文系82级的一位同学说:"这是第一次,恐怕也是最后一次吃到学校为我们做的生日饭,它将永远铭记在我的心中。"

历史系85级的一位同学竖起大拇指,由衷地说道:"这才是真正的学生食堂!"

那么,他们又是怎么想的呢?

二学生食堂的师傅们告诉记者说:"我们的目标是使伙食质量冲出武汉,走向全国!"

(原载1985年11月22日《华中师大报》头版,记者:程小琴、刘毓)

当天的校报头版还配发了一篇评论,题为《向他们致敬》。评论这样写道:

读了这篇通讯,你会感到二学生食堂的炊事员们是多么可亲可敬!当我们捧着那味美可口的饭菜,怎么能忘记他们的辛勤劳动呢?他们将自己的青春和智慧献给了大家,同时,也赢得了大家的信任。像这样的好同志,在图书馆、印刷厂、在服务公司、在汽车队、在……不都大有人在吗?他们用自己平凡的劳动,创造着不平凡的奇迹。他们是一群为华师赢得荣誉的人们,是值得大书特书的英雄。

当我们的老师攀登一个又一个科学高峰的时候,不要忘了他们的功劳!当我们的同学吮吸一罐又一罐知识琼浆的时候,不要忘了他们的贡献!

愿战斗在后勤战线上的同志们向二学生食堂的炊事员们学习,争创第一流服务水平,为华中师大的早日腾飞,做出更大贡献!

# 第八章

# 抓好科研与教学改革的"内功"

## 一、兼容并包与不拘一格

其实,华师的改革与创新,在20世纪80年代之初已经发端,老党委的老领导们并非毫无作为,只不过是被校内外派性因素困扰,难以大有作为而已。他们也在不断反思,而且反思得更为深刻,也更为全面,因此更能提纲挈领,切中要害。

他们的改革虽然没有发诸文字与声音,然而确实是在认真推行。师范院校首先要从教育理念改起。他们的一生深受"一面倒""学苏联"之苦,他们决心根据中国国情与当代国际新潮流寻求自己的道路,而当务之急便是组织教育系骨干教师编辑出版《陶行知全集》,并且通过研究陶行知的教育理念,与凯洛夫的《教育学》彻底告别。自从20世纪50年代批判《武训传》以后,陶行知的教育思想与"教育救国"主张业已划归资产阶级或"修正主义"范畴。因此,编辑《陶行知全集》还只能低调隐秘地进行,有点像地下工作。及至十一届三中全会以后,思想禁锢解除,华师教师所编《陶行知全集》及时公开问世,而华师教育系遂成为学术界研究陶行知的先锋。华师王道俊等编撰的《教育学》成为教育部审定的全国通用教材,几十年来累经修订再版,可谓长盛不衰。杨葆焜教授创办教育经济学也是开风气之先,培养了许多杰出人才。回顾既往,我不能不重提往事,并且深深感激老校长们被遗忘的这些功德。

等到我接任校长,开拓创新已经蔚然成风,物理系勇闯核物理难关,历史系通过一书(《辛亥革命史》)、一会(纪念辛亥革命70周年学术讨论会)而为天下知,化学系一剂新农药救活一个厂(仙桃农药厂),地理系率先进军城市规划,生物系陈曲侯在昆虫病理及细胞培养研究方面取得进展,数学系廖晓昕的《微分方程运动稳定性理论的代数方法》亦产生重大影响,如此等等,不胜缕述。作为学生人数最多、师资队伍最强的中文系更是佳绩累累,也更能显示出兼容并包理念的功效。"文革"以前,中文系的中国现当代文学史学科已经崭露头角,并且受到中宣部的高度肯定。"文革"后,这个学科依然兵强马壮,硕果甚多,并且聘请冯牧为顾问。与此同时,我们又聘请湖北三位文学大佬徐迟、碧野、姚雪垠为兼职教授。著名诗人曾卓亦为历届"一二·九诗歌大赛"的主要支持者。这些文学前辈都建树卓越,但文学理念与风格则多有差异,甚至就是相互对立。我们都是一视同仁,平等对待,尽量发挥他们的积极性。其中最卖力的是徐迟,他担任《外国文学研究》主编,在周乐群的协助下把刊物办得有声有色。我虽已当校长,徐迟仍视我为同乡小弟,直言无隐,毫不客气。我们平素交往甚多,他与师母感情甚笃,师母病逝,他悲痛至极,曾邀我长夜倾诉,借以抒缓哀痛。曾卓与我更是意气相投,经常在画家李寿昆画廊把酒畅述。对《李自成》创作颇有墨守"高大全"之嫌的姚雪垠,我也非常尊敬,尽量为他的创作提供史事咨询。丁玲来校演讲,慕名听讲的学生人山人海,但会后颇多失望。因为她僻居北大荒甚久,与外界世界已经隔绝,思想、感情、心态仿佛仍然在20世纪30年代。但我依旧执礼甚恭,把她与冰心视为我自幼心仪已久的两位女神。长期研究历史已经使我养成为他人设身处地、给以理解的同理心。丁玲非常高兴,亲笔书赠《太阳照在桑干河上》,回北京后又命陈明给我写了热情的感谢信。

兼容并包就是承认学术上的多元化并且给不同流派以比较宽松的发展空间,特别是对于人文学科,必须突破教条主义乃至僵化的意识形态的禁锢。我首先从解放自己的学科框架开始。我与戴逸的经历相似,都是党史教员出身,深受"立场、观点、方法"束缚之苦。1950年以后,由于一面倒学苏联,《联共党史》更被吹捧为神圣经典,一字一句都得遵循,历史教学也有纪律束缚,不容许违背。我们正是为此束手无策,才转而决心转向中国近代史。

"文革"以后,虽然经过又一次的思想解放,但思想上的清理主要还是清除"四人帮"的遗毒与对实事求是学风的提倡。对于"文革"前17年形成的旧格局,特别是"政治挂帅"与立场、观点、方法的束缚并没有根除,甚至仍然被某些权威人士视为不可更改的"既定方针"。在20世纪80年代之初,公开非议所谓"立场、观点",仍有可能被视为大逆不道,因为这直接涉及神圣不可侵犯的党性。为了避免再次充当"出头鸟",招致不必要的麻烦,我选择比较中性的方法作为突破口,并且首先在博士生教学中试行。我每周有一个上午与博士生共同学习《〈政治经济学批判〉序言》,着重讨论史学研究的认识规律与方法论。课堂就设在家中,清茶一杯,家常之至。当时马敏、桑兵、韩明、莫世祥正好同在一班,算是正式选修的学生,轮流充当主题发言人,大家自由讨论,最后由我总结。其他研究生对此有兴趣者亦可自由参加,反正我的书房面积较大。我之所以选择马克思这篇并非很长的著作,因为他非常强调"从个别到一般",认为这是认识的出发点。但认识的过程并非到此为止,因为它还要向更高阶段发展,即另一层次的从一般到个别,从抽象到具体。历史规律性的探索固然以事实为基础与出发点,但更多的却是运用于一般观察具体事物的逻辑思维。马克思非常形象地用"蒸发"和"再现"两个词来说明上述科学认识的两个阶段,并且把前者叫作"完整的表象蒸发为抽象的规定",而后者则是"抽象的规定在思维行程中导致具体的再现"。我正是通过这些细微之处,阐发马克思主义的真正精义,启发学生摒弃教条主义与意识形态的长期禁锢。

实际上我的"试点"并非孤军作战,许多有良知的历史学家也在为此奔走呼号,借以扩大声势。1983年8月,《历史研究》编辑部与复旦大学历史系共同举办近代中国资产阶级研究讨论会。根据黎澍建议,此次会议重在讨论交流而无须提交正式论文,参与者只要交个提纲就可以了,论文可以在会后撰写。会议果然开得生动活泼,大家畅所欲言,在许多重要问题上都是针锋相对而又据理力争。我也积极参与讨论,并且发表自以为是的意见。会后,我把这些意见,结合我们平素讨论的心得,写成《关于改进研究中国资产阶级方法的若干意见》一文,分别就"概念、模式、类型、布局"等重要问题抒发己见,并且把列宁《俄国资本主义的发展》作为典型,深入阐析。我非拘守经典,选择马克思、列宁也不是因为他们是"伟大领袖",而是视其为极好的学问家来发挥其精义,所以我在文章的开头就说:"每当我阅读列宁《俄国资本主义的发展》第一版序言,总是被他那永远不知满足的科学追求精神所感动。"这也并非套话,而是我的内心独白,过去如此,现在仍然如此。此文随后经由《历史研究》刊发,在学界颇获好评,有些院校曾采用作为博士研究生指定参考教材。

在"文革"后学术界拨乱反正方面,过去中外学界比较重视我在《华中师范学院学报》上发表的那篇《解放思想,实事求是,努力研究辛亥革命史》,其实我为《关于改进研究中国资产阶级方法的若干意见》花费的心血更多,在理论探索过程中也更为艰苦。可惜当今很多年轻学者,热衷于搬取外国学者的学术模式与范畴,却不重视通过自己的活学实践摸索真正属于自己的门径与理路,因此只能跟在别人屁股后面走,乃至削足适履,敷衍成章,徒然制造学术赝品。

我对博士生的挑选也是不拘一格,看重的不是考试成绩,而是其总体素质与学术禀赋。例如何建明与郭国灿原来是攻读哲学史的,张富强原来是攻读世界古代史,毕业论文更是有关地中海考古,与中国近代史相距甚远,我都看好其各自潜在优势,优先给以录取。何建明为萧萐父的硕士生,受过良好的哲学史训练,因特殊原因,难以在武大攻博,其师遂亲自推荐从我攻读博士。哲学史重总体把握,但容易流入空疏,他来华师后在考据实证上狠下功夫,所以很快在中国近代佛道两教历史研究领域崭露头角。国灿是我亲自指导的年龄最小的学生,但天资聪颖,又有哲学理论的底蕴,所以在近代思想文化史研究方面也显示出自己的优势,可惜他分配到深圳以后却被省市政府看中,并委派担任驻港办事处负责工作,成为名副其实的香港通。后来他又担任深业集团党委副书记,虽厕身商海,仍继续香港研究的撰著。张富强在学科转换方面跨度更大,他调入广东省社科院历史所未久,就被安排到哲学所担任所长助理之类的职务,不久又奉命筹建法学所,从此便转入法律学界,也做得有声有色。我把这些不同学科背景的青年才俊汇合在一起,虽说是中国近现代史学科的研究生,但同学之间已形成多学科的经常交流,相互碰撞、融会、补益,更有利于他们的专业增长乃至就业的多元适应性。张謇有一个侄子(似名慎武),留学美国并在美国大学执教数十年,他对我们"不拘一格"选英才就很称赞,说美国无论是本科转系或就业换行都属司空见惯,他自己执教专业就交换过4次。

学生中比较奇特的一个是何燕生,他出生于佛教家庭,父亲作为居士长期在汉阳归元寺协助昌明长老做文字工作。燕生曾经出家,作为幼僧在中国佛学院学习并被选往日本佛教大学深造,回国后担任赵朴初的助手。但他俗缘未尽,放弃了追随朴老献身佛教的大好机会。他想从事学术研究,亦经由萧萐父的介绍被破格录取,随我攻读中国近代史,接受初步史学训练。随后又到日本随佛学著名学者攻读博士学位,毕业后留在日本大学担任教授,现已成为日本佛教史的大家。我与他一直保持通信联系,并经由其父与佛学界也有若干交往。

我还很注意在社会底层发现才俊。如陕西下乡知青张应超,对当地辛亥革命历史人物井勿幕等很有兴趣,曾经写过几篇文章并通过《光明日报》向我请教。我曾利用到成都开会的时机,途中在西安下车前往探视。当时他与妻、子一家三口租住郊区农家一间小房,好像不到10平方米,土炕就占了大部分空间,只能靠一台缝纫机当作方桌,连椅子都放不下。好在住房面对一座牛棚,倒也收拾得干干净净,白天牛下田耕作,他得空就在牛棚下摆张折叠小桌,坐在小凳上埋头写作,因为那里光线明亮,空气流通,远比阴暗的卧室更有利于构思书写。我看了非常感动,戏称其为"牛棚作家"。以后我们经常书信往还,我还帮助他修改论文。1981年10月纪念辛亥革命70周年学术讨论会隆重举行,他的处女作《辛亥革命时期井勿幕的活动》居然经过评审入选,而参与此会的学者只有他与唐文权不是大学与研究所的专业历史学者。由于陕西全省只有应超一人能够参与此次规格极高的盛会,所以他被西北大学历史系破格录取(与王岐山同班),毕业后被分配到陕西省社会科学院历史所,经多年勤奋工作,在道教研究方面卓有成就,并曾担任该所所长。唐文权当时尚在苏州市一中任教,是"文革"后期与我经常就章太炎研究通信探讨结识的。

文权的"西行求法",起意于1980年初,其时我从上海到苏州档案馆查阅相关文献,本来托他代订旅馆,但他却执意安排我住在其家。那是中学教工宿舍,离档案馆很近,一日三餐比较舒适方便。但房间却并非宽敞,一家四口挤住在二楼一个长条形卧室里,靠楼梯口是他们夫妇的"主卧",临街是两个儿子的住处,能够待客的只有过街楼那面所谓"书房"。由于时间比较紧迫,我也不好推辞,只有增加他们很多麻烦。但是朝夕相处,叙谈甚多,彼此都增加了了解。临别时，他表示很想从我继续研究章太炎学术思想，我当即满口答应。纪念辛亥革命70周年学术讨论会上，他提交的论文《辛亥革命时期章太炎的佛学思想》博得许多中外知名学者的极大关注，因为他对章太炎的佛学思想从早年的"不能深""不甚好"，到中年以后的"乃达大乘深趣"，乃至其后提倡建立"以唯识为宗"的新佛教，并与无政府主义及老庄思想汇合形成的浓重虚无主义，做了全面系统的条分缕析，自成一家之说，显示其功力之深。这样更增添了我引进这位青年才俊的底气，第二年便正式向学校提出建议。学校领导高度重视，立即发出商调函，但由于是隔省商调必须经过省市教育厅（局），苏州市教育局欣然同意，但湖北省教育厅却多方留难，最主要的理由就是文权没有大学本科文凭。我们虽然再三申辩，但也无可奈何。幸好1983年春，教育部高教司司长到武汉检查我校工作，临走时特别邀见张舜徽教授与我，询问有什么困难需要帮助解决。我脱口而出，改革开放已有好几年，为什么到现在还只重文凭不重水平，并且特别以引进唐文权受阻为例。舜徽先生本身就是自学成才，当即愤然起立，大声说："我连中学毕业文凭都没有。"当时，他刚刚建立的历史文献学研究所与我创建的历史研究所，在建制上都直属教育部领导，所以司长也觉得有些"离谱"。他明确答复："我个人完全同意你们调入唐文权，但部属院校在组织人事方面仍归省教育厅管辖，隔省商调还得他们出面，我可以与他们认真沟通一下。"毕竟，教育部是教育厅的上级，没过几天商调函便正式发出，文权夫妇带着两个儿子来到武汉，夫人就在华师一附中教英语，两个孩子读华师附小，彼此皆大欢喜。文权来华师历史研究所后，很快取得诸多研究成果，可惜仅同事10年就英年猝逝，临终前还在病床上书写"西行求法，寒窗十载。导引之恩，永志不忘"。其时我正在台湾讲学，讣告传来，十分悲痛，报以挽联："姑苏结交，江汉论学，风仪兼师友，人世难得有此知己。从研章始，以评陶终，清誉扬中外，苍天何不假之以年。"

1984年担任校长以后，引进人才方面更趋宽松，有许多事根本无需经过教育部（厅），只要经过校务会议或校党委常委会通过就可迅速办成。例如教育系引进谢小庆就轻而易举。小庆因为父亲曾被划为胡风集团成员，下放内蒙古牧区劳动多年。"文革"结束后，在北师大教育系毕业并留校工作，教学与科研均属上乘，可惜因家庭纠纷出了点事，无法继续在本单位工作，后经熟人介绍来我校任教。此事好像未经过我正式批准，只是由保卫处处长朱斌向我通报，因为小庆有"前科"，照例由保卫处"内控"。朱斌作为保卫处处长当属"异类"，思想颇为解放，且能顺应改革潮流，特别是关心引进新人，经常向我提供有益建议。他说你应该与小庆面谈一次，既是考察也是鼓励。为了避免不必要的怀疑，他带我到小庆宿舍会晤。

当时教工宿舍非常紧张，连来校好几年的音乐、美术两系年轻教师，也只能住在已被弃置的破旧老招待所里，没有公用厨房，就在走廊里做饭，所以小庆这些刚刚报到的年轻教工，只能住在临时借用的大教室里，比本科生宿舍还要拥挤。谢小庆拥有的空间就是一座双层床，下铺睡觉兼座椅，上铺放置衣箱与书籍杂物，还有床前一张小课桌。我一进房便见他床架上贴了张纸条："谈话不要超过5分钟。"我笑问："我们现在的交谈也只能是5分钟以内吗？"他抱歉说："由于有些不相干的人好奇，常来不着边际地闲聊，所以才贴这张纸条，免得浪费宝贵光阴。"我点头称是，开门见山就与他讨论今后的教学与科研设想。小庆个头不大，尽管在内蒙古放牧多年，完全没有那种牧马人的剽悍风度，仍然保持着斯文一脉的本色。我们一见如故，他很快就成为我谋求改革与发展的学术骨干，并且较早经过学委会评审提升为副教授。

小庆与我交往较多，但始终没有向我谈及家庭情况，我怕引起他的不愉快回忆，也从未询问过。直到他父亲谢韬平反并恢复原来的职务，为华夏研究院（民办）在武汉筹建分院，找到金陵大学武汉校友会（我是会长）合作，我才知道他是在成都时期就读金大的学长。所以我对小庆的赏识与关切完全是出于公心，并无任何私人请托。小庆从来也没有以所谓"红二代""官二代"自居，敬业乐群，不仅努力做好工作，而且非常关心华师的发展。

## 二、切实加强本科教学

1987年6月11日至12日，全校教学工作会议举办，300多名代表对这次会议评价很高："开得很好，开得太晚，这是近几年来一次空前的教学方面的会议。"在大会开幕式上，我做了一个题为《本科为本 切实加强本科教学》的讲话，引发大家的强烈共鸣。下面是整理的讲话稿。

这次会议比以往任何一次教学会议都准备得充分，人员也到得最多，情绪也最饱满。这些情况都说明，几年以来我校的教学工作、教学改革是稳步向前发展的，是取得了一定成绩的，教学工作已经引起了全体同志的高度重视。

这次会议主要解决的问题，就是以本科为本的问题。本科（包括专科生）是我们学校的主体，理应对本科给予最大的重视，对本科投入最多的师资、财力、物力以及我们领导的精力。但是，近几年来，这个问题并没有得到很好的解决。为什么会产生这种情况？原因是多方面的，主要应该由学校领导，首先是行政领导来承担这个责任。当然，也有些学校本身无法解决的问题。例如，这几年学位制度产生了明显的作用，但是在执行过程中，发展过快，没能很好地控制住发展速度和规模，这样，在某种程度上就削弱了本科的教学。这个问题仅仅从学校内部来讲，是不能解决的。学位是要强调，但是在我们这个国家，高学位在现在这样一个历史条件下，如果强调过分的话，就不太切合实际，就超过了我们现在经济发展和文化发展的现实的需要与承受能力。

从学生来讲，不管自己的条件如何，很大一部分以报考研究生为目的，从一年级就开始了，这样当然就干扰了基础课的教学。到了三四年级，更全力以赴地准备报考研究生，而报考研究生的时间又正好跟自己做学位论文的时间相冲突，这当然对本科教学有很大的影响。这个问题不是学校能完全解决的，我们要给教委汇报，从各方面理顺这个关系。高学位、高层次的学生要继续培养，而且要培养得更好，但位置要摆对，发展规模、速度要按比例，要适合实际情况，给予应有的控制。只有这样，才能理顺高层次人才的培养跟本科生培养之间的关系。

再譬如说，师范生专业思想的问题。我们叫学生立志当老师，但很大一部分，甚至于大多数毕业生都没有分到教师岗位上去，你说怎么办？社会的风气、教师的待遇、教师的地位，到目前为止，还没有提高到应有的程度，这也不是学校能完全解决的。我们要共同地探讨怎样在现有的条件之下，尽快尽多地从主观上改进我们的工作，把这个问题解决得好一点。我们是教育工作者，我们不是空谈家。讲大道理、讲空道理是没用的，我们要来研究怎么把这个问题解决得更好。当然，我不是说，我们在本科教育方面的问题就很大了，不是这个意思。

为开好这个会议，教务处准备了很多文件，也可能会有同志感到文件太多了，但必要的文件是不可少的。文件是一种规范，是一种依据，这是教学工作的各个系列行动的一种准绳、一种依据。没有这个东西，各行其是是不行的。教学要改革，但从学校的总体工作来讲，必须要有规范，规范是改革中间的一种规范，改革应在规范的引导下进行，如果没有这个东西就乱套了。我们要把大家的思想和行动规范到学校法定的文件中来，不能各行其是，所以，希望大家很好地研究这些文件，然后吸取大家的意见进行修改，把它变成正式的文字，修订成册。

大家整天讲改革，但究竟怎么改法？改成什么样子？并不一定很清楚。我们应该很好地把过去的总结一下，分析这些原因，把好的经验总结出来，同时通过大家的集思广益，把必要的规章制度健全起来，使它法定化、权威化，真正能够领导全校的工作向健康、良好的方向发展。当然，会议开得好还要靠会后的贯彻。会后的贯彻主要是靠全体教师，以本科为本也好，教书育人也好，都要靠教师。这就是要我们的教师用很大的精力，很大的力量，倾注到培养本科生和"四有"人才上去。我们既然承担了太阳底下最崇高的事业，我们就应该把自己全部的身心投入到这个庄严的事业中去。

最近，湖北省陶行知研究会在我校成立，我们要很好地宣传陶行知精神，我们准备给陶行知写一本大的传记，这个传记的名字我都想好了，叫《万世师表》。这句话不是我想出来的，是宋庆龄说的。陶行知逝世后，宋庆龄写了四个大字"万世师表"。我想，在我的晚年这个愿望能实现的话，这才是我自己真正想写的一本传记。陶行知的思想、言行太感动人了，他是把自己全部的心血都投入到教育中去，特别是投入到平民教育事业中去。这个人更伟大的是他的学历很高，他已在国外拿到了硕士学位，而且在哥伦比亚大学，他的导师已经答应他来完成博士论文，但他把学位放在一边，回到祖国来从事教育。首先是从事高等教育，当教务长、当教授、当系主任……然后又把这些地位都放弃了，到农村去，从事平民教育。我希望能把陶行知的精神、陶行知的思想作为一笔宝贵的遗产，让我们全校师生来继承、来发扬。以陶行知这个活生生的万世师表,这样一个伟大的榜样,来作为教育青年、教育我们自己的一个很好的教材。当然我们还有更多的现实榜样来鞭策自己。我们要通过这个会来更好地体现"本科为本",加强与改进本科教学,同时也希望我们的老师、我们的全体工作人员都能做到教书育人、管理育人、服务育人中去,这就是我们这次会议要达到的目的。

今年国家的财政情况不怎么好,我校今年的经费基本上只能维持去年的局面。我们要体谅国家的困难,也希望同志们体谅学校的困难。我们要用有限的投资,换取更大的效益。如果我们培养更多的、符合国家需要的"四有"人才,为社会主义建设服务,这就是最大的社会效益。

(原载于1987年6月24日《华中师大报》全校教学工作会议专刊)

1987年9月11日,全校教书育人报告会在大礼堂举行。一年来,学校狠抓教书育人工作,教书育人、管理育人、服务育人在学校教职工中出现了一个好的势头,涌现出了一批"三育人"的好典型,历史系的周翼之、数学系的黄张文、体育系的刁在箴、俄语系的李英民、中文系的江少川等五位教师先后在大会上发言。他们在认真搞好教学工作的同时,经常深入学生,和学生谈心,对他们进行专业思想、爱国主义、革命人生观的教育,取得了丰硕的成果。他们高度的责任感和拳拳之心,既赢得了学生们的崇高敬意,也赢得了老师们一阵阵的掌声。

聆听完五位教师的发言之后,我做了讲话。我首先肯定了五位教师教书育人所取得的成绩,号召全校教职工向他们学习。我明确指出,学校已经并将继续对"教书育人"的优秀教师在政策上进行鼓励。接着我着重讲了本学期思想政治工作的主要任务,即抓好两件大事:一是以学习十三大文件为中心,对全校师生员工深入进行十一届三中全会以来党的路线的两个基本点的教育;二是在全校开展以治理

"松、乱、脏"为主要内容的校风教育。教师要全面履行教师职责,要为人师表、言传身教,干部和职工主要抓工作作风和服务态度,学生主要抓学风,在桂子山逐步形成一个良好的校风,努力把华师办成全国第一流的师范大学。

1987年10月4日,校党委、校行政联合召开全校干部大会,对即将开展的校风教育活动进行了部署和动员。我和戴绪恭书记分别在会上进行了动员。

干部抓作风,教师抓教风,学生抓学风,"三风"抓好就是校风教育。根据校党委、校行政的工作计划,今年全校思想政治工作要点主要就是抓两件事:一是深入进行两个基本点的教育;二是开展以治理"松、乱、脏"为主要内容的校风教育。

我在大会上讲话指出,我校各方面的工作总的来说是较好的,但也存在不少问题,如干部的工作作风中就存在"懒、软、散"的问题。如个别教师对学生不严格要求、考试送考分的问题,个别教师对学生作业评分马虎、上课不认真的问题。如少数学生逃课、学习应付问题。所有这些问题归结起来都是校风问题,必须要严抓校风教育。校风教育要常抓不懈,一抓到底,不能"一风吹"。

校风教育关键在抓,一抓就会好起来,一不抓就会变差。学校开展校风教育动员以来,师生员工都表示校风教育抓得好,抓得及时。全校上下师生员工都行动起来,精神面貌焕然一新。比如,政治系8604班全班同学积极响应学校关于整顿校风的号召,及时召开了班风研讨会,在集思广益的基础上,确定"自强、互助、品学兼优"的班风,使之成为全班同学的行为准则。他们邀请我题写班风,我欣然答应。这是好事情,必须支持啊。

物理系也是一个典型,在校风教育中措施得力,收效显著。活动开始时,该系设立了"我为校风校纪献一计"奖,鼓励同学们积极参与校风校纪的教育。同时,他们还对学生干部实行考评,充分发挥了学生干部在自我管理、自我教育中的作用。该系还在进行活动小结时,表彰了一批先进集体和个人。

由于活动开展得扎实,物理系学生的精神面貌发生了较大的变化,在学校举行的一系列比赛中,均能团结一心,共同努力,并获得了突出的成绩,如广播操比赛、时装大奖赛、演讲比赛、拔河比赛、黑板报比赛、女子篮球联赛等,均在前三名之列,成绩引人瞩目。与此同时,同学们的学风也发生了显著变化:上课迟到、早退的现象已经基本消失;系分团委、学生会还带领同学们开展了多种形式的有益活动,如无线电协会的义务服务、元旦大型游艺活动等。

为进一步落实"本科为本"的教学思想,加强本科教育管理的民主性和科学性,经过较长时间的酝酿、准备,1988年4月,华中师范大学教学委员会正式成立。39位长期从事本、专科教学工作的教授、副教授,管理经验丰富、理论政策水平较高的教育管理专家和有较高教育理论造诣的研究员、副研究员担任校教学委员会委员。其基本职责是:①协助校长审议教学管理与教学改革决策规划;②指导教育评估工作;③负责校级主干课程建设和验收工作;④组织开展学校教材规划、评审、评奖等建设工作;⑤评审各类教学奖,督导各类奖励办法的实施;⑥向校职务评审委员会提出评审教师职务的建议;⑦收集教学反馈意见,随时向校长提出可行性建议;⑧接受校长委托审议和处理其他有关教学方面的重大事宜。

校教学委员会主任委员是王庆生,副主任委员是邓宗琦、孙启标,下设文科教学组、理科教学组和教材建设办公室。新成立的校教学委员会于4月5日召开第一次全体会议,委员们认真听取了教务处关于申报国家级、省级优秀教学成果工作的情况,讨论了相关问题,委员们开始进入角色,积极参与学校的教学管理工作。

与此同时,各系也成立了教学委员会,被聘为校(系)教学委员会委员的教授、专家们深感当上委员不仅是个人的荣誉,更主要的是代表广大教师行使民主管理的职权,责任重大,使命光荣。

为了加强学校的法制建设,坚持依法治校,依法办事,经学校研究决定,华师率先成立法律顾问室。这在湖北省高校中还是第一家。我总是说,一个好制度比一个好校长强,因为制度是管长远的。

我校法律顾问室是学校的咨询机构,不设专职编制,由我校从事兼职律师工作的同志兼任,隶属校长办公室领导,并定期开展活动。

校法律顾问室的主要任务是,为学校领导及学校有关工作提供法律咨询,承担学校领导交办的有关涉及法律事务的工作,参与制定学校有关法规制度,并为学校开展法制教育工作出谋划策。

## 三、我喜欢与学生交朋友

以生为本,这是我当校长后的一个基本办学思想。在1984年的一次干部大会上,我强调机关要为基层服务,机关干部要多交朋友,特别是学生朋友。不少机关干部都认为,教育学生是教师的事情,与学生打交道也是教师的事情,机关干部不需要与学生打交道,不需要与学生交朋友。

我就反对这个,我主张机关干部一定要与学生交朋友。教师要与学生交朋友,机关干部也要与学生交朋友,因为机关干部是为教师和学生服务的,不与他们交朋友怎么能做好服务呢。过去,我们的某些机关干部,颇有些"做官当老爷"的作风。他们不是想方设法为基层服务,为教师和学生服务,而是坐在办公室里"遥控指挥";不是想着"我为基层做了什么",而是"基层为我干了什么"。一些干部满足于开会听汇报,满足于来自基层的一鳞半爪的消息。

在交朋友方面,不要说学生朋友,就是教职工朋友也没有一两个,这样的机关干部,怎能干好工作呢?大学的机关干部不同于政府部门的机关干部,即"官"。大学机关干部不能有"官"的思维,而要把自己定位于一个"育人者"的角色,与教师是一样的,只不过一个是在教学岗位,一个是在管理岗位,说到底都是服务学生的。

在一次会上,我曾公开讲"学生是我们的衣食父母",如果没有学生,学校也就没有存在的意义和价值,所以,我们要对学生好,要关心学生,要服务好学生。怎么关心?怎么服务?就是要为基层服务,与学生交朋友,越多越好。只有与学生交朋友,我们才能了解学生在想什么,他们需要什么,进而服务好学生。

为了让机关干部重视与学生交朋友,1984年10月29日,学校召开了第一次学生改革座谈会。我和邓宗琦副校长以及有关部门负责人参加座谈会,认真听取同学们对学校改革的意见,并做了发言。

我说,你们学生是第一性的,是有发言权的,是改革的主力军。现在,我们深感到我们学校教学改革、管理改革的步子都太慢了,你们提出的许多问题都值得考虑,比如学分制的实行。要让学生灵活一些,可以提前报考研究生,提前毕业。学生也可以评选最佳老师,学校给最佳老师以奖励。我愿意做大家的朋友,大家有什么问题也可以直接给我说。在座的部门负责人,都要做学生的朋友,想学生所想,急学生所急,为学生做好服务。

邓宗琦说,今天我们开了第一个由学生参加的座谈会,今后还要开一系列这样的座谈会,学校从幼儿园到博士研究生有几个层次需要改革,不让学生参加是不能搞好改革的。现在竞争也反映到学校改革中,我们华师要么垮台,最终桂子山被别的学校占领,华中师范学院不复存在;要么努力变成一所有名望的学校,这样,大家走出去也自豪。因此,我们不要灰心,也不能死水一潭,要振奋起来,要竞争,要创造。我们改革首先要改掉旧的模式,鼓励大家提出新的模式。如果我们将来当中学教师,就要争取成为特级教师;如果要搞研究,就要成为"家"。总之,我相信大家不会让学校垮下去的。

这次改革座谈会是以教学改革为中心的,会后我还提出要再开一个以开辟"第二课堂"为中心的学生座谈会。学生座谈会让机关干部与学生面对面，心贴心，距离拉近了，做朋友才成为可能。

我喜欢跟学生在一起，只要是学生的活动，学生请我参加，我一般都会到场。1985年学校开了学生工作表彰会，学生邀请我参加，我准时到场并讲了话，学生很受鼓舞。这次讲话，还被一位名叫张爱国的学生用诗歌记录了下来。他是这样写的：

给章开沅校长

——院学生工作表彰会侧记

满屋子耳朵

迎向讲台

满屋子眼睛

盯着台上的鸭舌帽

鸭舌帽下的头脑

早被孙中山和辛亥革命填满

如今又腾出一席之地

容纳水、电

食堂和图书馆

谈起改革

他一下子年轻了十年

为提倡节约

他自愿改名"节流"

而暂时不早开"源"

掌声使雷公逊色

笑声在心尖上震颤

学生夸赞：

"校长讲话

叫人喜欢。"

校长谦虚：

"办事叫人喜欢

才是我的心愿。"

灯光驱散了暗淡

寒风何故丝丝送暖

满屋子耳朵和眼睛

注意着校长开沅

　　1984年10月5日,校园里到处弥漫着桂花香,主要路口和重要建筑都悬挂着醒目的横幅标语:"热烈欢迎日本青年伙伴!""中日两国人民世世代代友好下去!"下午1点40分,日中人文社会科学交流协会青年代表团和争取国际和平学生代表团一行14人乘车来校访问交流,我和学校主要领导亲切接见了代表团。

　　我代表全校8000名师生员工向日本人民的友好使者表示热烈的欢迎,并致以欢迎词,祝愿他们在访问期间生活愉快,访问圆满成功。日本的两位青年分别代表两个代表团致答谢辞,他们对华师的盛情接待表示感谢,祝愿中日两国世世代代友好下去。

　　代表团中有一个翻译,她就是日中人文社会科学交流协会青年代表团秘书马场节子。3年前,我到日本访问,她曾热情接待过我,给我留下深刻印象。3年后,她来到中国华中师范学院,成了我和学校的客人,因此,马场节子显得异常兴奋。

　　1981年11月,我到日本参加纪念辛亥革命70周年国际研讨会,在东京的一周里,受到了日本朋友的热情接待,特别是马场节子,自始至终陪着我,使我的访问始终沉浸在热情、友好的氛围中。马场节子待人很热情,做事很周到,也很能干,工作效率很高。她当时是以秘书的身份负责接待工作的。在日本当秘书很不容易的,得什么都会干。她虽然没有读过大学,只是高中毕业,但懂汉语、英语,而且都是自学的。这很不简单。

　　马场节子很活泼,很开朗,还很会说笑话。她是长崎人,长崎在日本的地位很像中国的上海,因此,她很喜欢别人说她是"上海姑娘"。马场节子当时33岁,任日中人文社会科学交流协会事务局秘书。自1974年起,她先后5次访问中国,对中国有特殊的好感。她很喜欢中国文学,尤其是现代文学,也爱读中国古诗,《红楼梦》《三国演义》等作品都读过。

10月5日下午,学校举行欢迎会。马场节子很快就认出了坐在主席台中央的我,她很激动,向我连连点头。欢迎会一结束,马场节子立即走到台前,与我握手,相互问好,叙旧。我俩同声地说:"我们是多年的老朋友了!"

10月6日早晨,我又和王秋来副校长一起专程前往晴川饭店,看望马场节子等5名日本青年朋友。我还特意给马场节子带了一袋苹果,并邀请她们以后再到华师做客。

为开阔学生的知识视野、普及心理知识、培养研究能力、活跃学术空气,学校第一个学生心理学会于1984年10月21日成立。

这个心理学会是由教育系的学生发起组织的,拥有会员203名,都是学校各系的学生。心理学会聘请邓宗琦副校长和王启康教授任名誉理事长,聘请刘华山等11名专家学者、教师担任指导教师和顾问。我主动要求自愿当心理学会的一个"编外会员"。同学们听说我要当他们的"编外会员"都很激动,大家热烈鼓掌欢迎我这个"编外会员"。

在成立大会上,我做了《论心理学的时代使命》的报告。为了这个报告,我还是做了一番研究。报告对心理学做了历史的回顾和现实的展望,要求会员努力学习,刻苦钻研,为心理学这一新兴学科的发展做出贡献。同学们对我的报告给予了好评,还感到很振奋。

邓宗琦副校长也发表了热情洋溢的讲话,对学会的成立表示祝贺,希望大家借助这个平台开展相关研究活动,把心理学知识普及给每个同学。

这个学会搞得很好,出了不少成果。更为重要的是,他们在桂子山上营造了良好的心理健康教育氛围。一直到今天,华师的大学生心理健康教育都是走在全国前列的。

当时,华师就很重视学生社团的发展和建设。1984年11月5日到9日,由政治系82级同学发起并组织的学生政治经济学研讨会、哲学学会、共产主义理论与实践研究会、法学学会、社会学学会相继成立。我和其他校领导以及校内外知名人士分别应邀到会并受聘任职。

11月6日晚,共产主义理论与实践研究会和哲学学会同时成立,我和党委副书记李开蕊亲自到两学会祝贺。陶军教授作为哲学学会名誉会长讲了话,他指出:"学哲学不能只限于书本,要面对现实,解决实际问题。"

11月8日晚,法学学会成立。党委副书记李开蕊作为顾问到会,作为顾问出席大会的还有省法学学会秘书长罗晶和学校有关部门负责人。可见,学校上下都高度重视学生社团的发展。

11月9日晚,社会学学会成立。我作为顾问出席大会并讲话。我说:"机遇与挑战、挑战与机遇是我们新时代的乐章。要抓住机遇,迎接挑战,或不怕挑战,创造机遇,就需要创造型人才、开拓型人才。而第二课堂就是摆脱高分低能,培养创造型、开拓型人才的重要手段。"我鼓励大家"要从狭小的课堂里解放出来,走向更广阔的天地"。当晚列席大会并担任顾问的还有著名史学家张舜徽教授、省社会学学会副秘书长于真、省社会学学会常务理事周运清等。周运清老师还做了《思维的立体与立体的思维》的专题报告。

到了1985年,华师已有60多个学生社团。1985年8月6日,《光明日报》在头版重要位置发表专题文章《华中师院学生社团有声有色》,总结了我校学生社团活动的特点和经验,并给予高度评价。为了写好这篇报道,在7月份,《光明日报》两名记者专程到我校调查学生社团活动情况,并与我校学生会干部进行了座谈,认为我校学生社团活动确实取得了较大的成绩,值得宣传推广。

1985年3月15日,我以校长和导师的双重身份,看望了刚入学的10名博士生,并与他们进行了长达3个小时的交流座谈。我说,培养博士生是一项新的工作,需要摸索。我要求每一个博士生根据自己的实际情况和研究方向与导师共同拟定计划,不做统一要求。我还告诉大家,博士生应该成为能独立进行科学研究的高级专门人才,要形成自己的一套研究方法和体系。我鼓励他们学好专业,掌握好外语,争取多参加各种学术活动,培养自己具有哲学家的头脑、科学家的态度、文学家的气质,在科学研究方面具有开拓精神,在各方面超越自己。我的讲话受到了博士生的好评。

1985年6月18日,我和另外几位校领导一起亲切会见志愿申请到边疆工作的10名应届毕业生代表,并进行了座谈。大家发言之后,我做了一个讲话:

今天晚上,同学们给我们留下了很深的印象,尤其是大家的面部表情。我在国外看到很多学校保存了很多学生的照片,有的是为学校争得荣誉的,有的是学业上有成就的,更多的则是球队的体育明星。在学校食堂、校部办公室、图书馆以及各个系,都是这样。所以,我建议把这几个同学的照片,连同他们今天晚上带有思想闪光的语言,放在图书馆前的橱窗里展出,给学弟学妹们留下一些好的印象。

我83年到新疆去了的,维吾尔族的老乡说我很像维吾尔族人,还给我起了个名字叫库尔班,所以,我今天有双重身份,一是代表学校欢送大家,二是代表新疆人民欢迎大家。我们期待着你们到边疆以后,为边疆的建设和文教事业的发展做出贡献。

我还告诫大家,一定要像边疆的红柳那样,在那里扎根、开花、结果,切不可带有内地人的优越感或以边疆的救世主自居,要与边疆的各族人民一道共同开发边疆。

1987年6月21日,1800余名即将奔赴工作岗位的毕业生齐聚学校大礼堂,举行他们在桂子山上最后的一次盛会——毕业典礼。庄严的《国际歌》后,我代表学校党委和行政做了讲话。

我说,一年一度的欢送毕业生,心情就像送自己的子女远行,送自己的女儿出嫁一样。我代表全校师生员工向全体本科、专科、研究生、夜大毕业生表示热烈的祝贺,祝贺你们走上新的岗位,祝贺你们正式走上人生之路。

我还在讲话中介绍了1987届毕业生的特点:一是毕业人数是建校以来最多的一年;二是毕业生的学习成绩、思想觉悟普遍提高;三是今年的毕业生全部奔赴教育战线;四是自愿到边疆、到艰苦的地方的有志气、有抱负的好男儿、好女儿多。

最后我对毕业生提出了三点希望:第一,以陶行知为榜样,为教育事业贡献力量;第二,在工作岗位上要虚心求实,安心本职工作;第三,开拓进取,锐意改革,不要贪图安逸,不要挫伤锐气。

## 四、我和我的学生们

赵军是我的第一个博士生,是与日本方面共同培养的,以我们这为主,论文答辩都是回来做的,最后留校工作了。他受了优待,是改革开放最大的受惠者。他当时是作为交流学者出去的,我们接受人家一个做对换,来的是一个副教授,结果把他弄去,他们也很高兴。那不止佛教大学,狭间直树,现在都是大学者了,还有更老的,岛田虔次他们,特别是野泽丰,都把他当自己学生一样看待,毫不客气地对待他。一去不讲别的,首先要求他日语过关,就抓日语,硬逼着学,在这里他学了一点,那差得远了。

赵军原来在郑州大学,他的有些同学还不服气,但有的同学还比较理解,说这个人到了华师就好像变了个人一样,在郑大不算是很突出的,顶多是中上。但是他非常勤奋,也聪明,他看那个缩微胶卷,别人也不能看,日本人又不懂,他可以看。日本人给我弄的都是原始档案,包括梅屋庄吉档案,都弄了一些。他就有本事自己做了一个放大镜作为阅读器,类似像幻灯一样的东西,他居然能干这些事情,很厉害。他动手能力很强,尽管他是学文科的,这些小花样他都懂一点。

赵军是全国第一个中国近代史的博士。当时招的本来就两家,一个是社科院近代史研究所,一个就是我们。社科院近代史研究所那时候没招,究竟是看不起还是生源不好不知道,结果好的都跑到我们这里来了,只有我们这里有。可能那时候社科院近代史所还没有来得及准备,刘大年、黎澍他们眼界又高,又没有适合的对象。我们是就地取材,本来赵军就是硕士,他愿意读博,我们就试一试。那就不惜工本,第一个,都很重视。我对他要求很严,他也没少哭过,那跟现在、后来就不一样了。

赵军还好,因为人蛮憨厚的。那时候都给他联系好了,准备叫他到日本去进修。当然了,因为他研究大陆浪人,那必须要到日本去。去之前,他小小的应酬还比较多一点,大概那时他结婚不久,是谈恋爱还是什么事,我也搞不清楚。有一天,我看见他就说:"你都快走了,还在这逛来逛去的。"当着面就把他训了一顿,他感到很委屈,但我也替他着急。我说这个东西要是弄不好,全国都看着在。他还是争气了,不仅在国内,他在日本也站住脚了。人总要靠努力。

还有严昌洪,本来都分到广西师院(今广西师范大学)去了,结果他想回来,因为他家在武汉,他很会活动,也有一些熟人,后来就从那里又回来了。那时候人才稀缺啊,当时硕士都很少,不像现在,连博士都不稀奇了,那时候硕士都抢着要,有一个都是好的。另一个饶怀民是武大毕业的,底子最厚的一个。我不是崇拜武大的,但起点就不完全一样,另外学习条件、课程设置也不一样。后来林增平要人,我就把饶怀民推荐给湖南师大了。本来我认为他是一号人物,一号种子,结果他误会了。他大概还是想留在武汉,我又不知道。我那时候脑筋有一点简单,我对林增平太爱护了,结果后来没想到饶怀民不愿意。他到我这来吵,意思是严昌洪把他拱走的,我说:"这是两回事。你去是作为全心全意、实心实意地,等于是给林老师找一个膀子。"林老师他特别需要一个这样的帮手,他那里又没有博士点,他那里的硕士生也赶不上我们这的硕士生。这是客观上讲,现在当然他有很多也做得不错,但那时候他确实还是有些困难。他那个系是"左"派聚集的点,过去都把他打倒在地,踏上一只脚,把他牙齿还打掉了两颗,这些人很厉害的。既然他要人,我就极力推荐,因为我也特别同情他。当然现在饶怀民也清楚了。饶怀民跟严昌洪现在都很好,合作得很好。后来黄老师又怪我,她说饶怀民就是那种个性。

饶怀民当时是我最看好的一个,也是实力最强的一个。有人说他后来学问方面还稍微弱一点,其实他还是做了不少,但真正有特别大影响的不多,这跟单位有关系。他做得不少,那个《清通鉴》实际上是他的项目,他把我和严昌洪拉进去,实际上就是他的项目。他是武大的学生,他的知识面更宽一点。

严昌洪是民院(今中南民族大学)的,民院的就更差一些,师资队伍又有些差。武大都是名师,像唐长孺、吴于廑,我们想要都要不到的。我不是崇拜,那是不一样。再一个,武大的课程设置不一样,它的选修课多一些。我们就是八大块,知识面窄一点。但是时间一久,各人的进展就不一样。比如跟北大一样,北大也不是个个成才,但它的基本训练是可以的。

但是从史学的专业知识来讲,那比同时间在武大毕业的,还是受了点限制,除非是武大的孬货。只要是稍微优秀一点的,那还是有水平。像吴剑杰老师就是这样,他现在也弄了一些大东西,一个人编了《张之洞年谱长编》。他原来在武大,后来又到近代史研究所了。他的字都是一笔一笔地写,还是保持了老规矩,都是严格的,同老夫子一样,所以,我对他还是很重视的。

吴剑杰也很有趣,他还蛮潇洒的,又骑摩托车,又买别墅,打麻将,打网球,他还是网球队校队的队长,抽烟还抽个不停。他到现在都最怕我,他不跟我坐一起,躲得远远的。他在我面前不能抽烟,我一咳,他就紧张。我开玩笑的,别人不晓得的还以为他对我有什么意见,我说他是有意跟我保持距离,keep distance,这是一个生活艺术。

其实我们两个都懂,别人看不出来,他看得出来,就是我内心想做什么事情,他看得出来,不要看他那个胖乎乎的样子,他蛮细心的。他话又不多,就是因为他在观察,所以他就看得出来,我原来跟他们一起玩的时候,别人不爬山,我爬上去,路远我也走过去。好多人就很担心,有的人以为我不服老、好胜。他怎么讲?他说:"章先生是自我测验,他自己测验他的体力、承受力。"这话就讲得很好,那没有一个人能够看出这个,他看出来了。我是这样子的,我那个还是有把握的,不是说乱来。

譬如到崂山,结果越走越远,走到后来都没有人了,底下紧张了,还派人来找。我就测试一下,对心脏各个方面,还是有保留的,没有拼死拼活地干。看起来是超负荷,实际上也是超负荷,还是超了,很后悔,不该的。也没有什么得意的,就是自己想试一试,我看我自己究竟能够忍受多少,过去当兵训练弄惯了的,做什么事都要对自己有一个认识。像类似这样的东西,他知道,可能说不定他自己也有这个自我测验。

所以现在别人不懂,当兵也有当兵的好处,我会目测,目测很重要,不仅是瞄准,连汽车拐弯,可能摆在哪里,大概需要多少时间,有多长的距离到这里,我心里有数。不是那么准确,但心里有个数,比稀里糊涂地过日子要好一点。所以汽车没有撞着我,就撞着别人了。应该首先撞着我的,那我一看就知道了,马上就有反应,结果就跳开了。黄老师不相信,她走路总不相信我,我说我这一点比你强多了,我的视野都是宽阔的,不要看我现在眼睛都是0.06、0.1,但是我养成习惯的,一眼扫过去,我的视野很开阔,大体上心里有数。另外那个车开过来大概是多少时间,我心里还是有数的。但现在不敢讲了,现在都乱开,没有规律可循,前后左右,连人行道都可以冲得上来的,我也不敢吹牛,但很好玩的。

陶宏开是我早期的研究生,1964年进入华中师范学院的英语系学习。1977年,考入我门下,学习研究生课程,1981年毕业后留校任教。1984年,他应邀到美国密歇根大学做了两年访问学者。在美7年时间从事素质教育、中美教育交流。1987年定居纽约,2002年退休后回到武汉,担任华中师范大学特聘教授。

罗福惠原来是学中文的,文字功底当然要强一些,另外读四部里的子部、经部,他要方便一些,所以他弄思想史。一般人弄思想史还是要麻烦一点,但他拿得下来。他后来留校,在近代文化思想史上很有成就,还协助我做了许多近代史研究所的管理工作。

马敏读书前当过工人,朱英也是。马敏1982年读研究生的时候,就参加了苏州商会档案整理工作。博士毕业以后他就留校了,后来当了校长、书记。他也协助我做了大量工作,给华师贡献不少。

辛亥革命80周年国际学术讨论会的主题是"辛亥革命与近代中国",朱英写的有关晚清农会的文章,特别精彩,《新华日报》作为代表性成果全文刊载。20世纪末,朱英已脱颖而出,荣获霍英东青年教师奖,已有学科带头人气象。2010年10月30日,我与怀玉偕朱英应神户孙中山研究会邀请,参加当地举办的"2010年神户论坛——寄语辛亥革命100周年"盛大庆典。11月2日还与朱英前往新加坡参加一系列纪念孙中山与辛亥百年的密集活动。朱英也是教育部"长江学者"特聘教授,他主要研究晚清民国的辛亥革命史、社会经济史,尤其是近代商会、商团史。

桑兵来自川大,在读博时就脱颖而出,他在广东举办的国际研讨会上,论文就入选优秀论文并发表于《中国社会科学》。他于1988年获华师历史博士学位,2005被评为教育部"长江学者"特聘教授,也是全国第一位史学方面的"长江学者",后来从中山大学调到浙江大学历史系工作,任该校资深教授。他擅长研究晚清民国的政治、社会与文化，尤其以近代中国的知识与制度转型为重点。

虞和平来自中国社会科学院近代史研究所，在近代经济史和中国现代化史研究上造诣颇深。他从1973年至1976年就读北京大学历史系。此后10年中，一直在中国社科院近代史研究所工作。1986年至1988年来我这里读博士，获历史学博士学位。1989年任中国社科院经济史研究室副主任。1994年，任该院经济史研究室主任。1997年，被评选为中国社科院有突出贡献的中青年专家，享受国务院特殊津贴。1998年，任该院近代史研究所副所长、学术委员会副主任、研究生院近代史系主任。2000年任博士研究生导师。

周洪宇可以说是我与陶行知的弟子张健共同培养的。他是恢复高考后的华师77级历史系第一届本科生，读书时任中国近代史课代表，与我接触较多。这个学生思想活跃，阅读面甚广，文史基础甚好。他毕业后师从董宝良教授攻读教育学硕士生，并且立即参与《陶行知全集》的编辑工作，已经能够独立从事陶行知研究，所以他又回历史系攻读以"陶研"为方向的博士学位。张健也惜才如命，从各方面提携帮助他茁壮成长，可以说周洪宇是他和我共同指导的。他不仅安排周洪宇到美国哥伦比亚大学教育学院进修并搜集查阅相关史料，还经常关心并指导我们的培养工作。周洪宇也不负众望，博士论文厚实创新，赢得海内外学者的一致好评，而"陶研"也就决定了他一生的命运。

1985年，郭国灿在武汉大学取得硕士学位，想报考我的博士，但按照母校湘潭大学的委托培养规定，硕士毕业后必须返校执教。我得知其困难处境后，立即派华师研究生处处长和历史研究所所长刘望龄赴湘潭大学交涉，最终促成他"硕博连读"，成为章门第四届弟子。国灿1990年工作于深圳市政府办公厅后参与创建深圳社科院，并从事国际性城市比较、特区经济、香港经济等课题研究，现任深业华东地产开发有限公司董事长。

我的学生中还有不少，有的在教育界当老师培养学生，有的在研究机构做研究,有的在政界发展,还有做企业的,对于他们的选择,我都支持。

## 五、率真为人①

如果不出差,我几乎每天上午都会到办公室,敞开门迎接前来求教的校内外学子。学生们来到办公室之后,我总是给以亲切的招呼声、慈祥的笑容、睿智而风趣的谈吐。我希望能让他们都获得满意的答案和人生的启迪,老师面对学生始终应该保持平易近人、朴实率真与乐观向上。

对身边的年轻工作人员也要关爱和体恤有加,虽然有些事情本可以交付工作人员去做,但我不想给他们增添负担,都尽量亲力亲为。我还鼓励他们多学知识和技能,做好自己的人生规划,以免虚度光阴,并为他们找寻和提供外出培训的机会。

有一年春节,一个学生偕家人带着礼物给我们夫妇拜年。知悉学生的一番好意,但我们一向节俭、生活简单,消受不了这些礼物。于是,我诚恳地对学生说:"你们一家的好意我和黄老师领受了。你们一定不要花脑筋为我们买点什么来。一是我们老年人的生活以清淡为本,吃穿有限,多余之物是浪费,处理起来更是浪费时间、精力,而且还却了你们的美意;二是我们的经济条件比你们好,已无衣食之忧,你们上有老,下有小,时时处处都要花费,你们心里有老师这就足够了。"我最高兴的是学生能送来他们新近出版的著作,这些都是我的精神食粮。

学风应为世风的先导,一个严谨的学者就应该实事求是、明辨是

---

① 刘莉:《史海远航——章开沅传》,南京:江苏人民出版社,2013年,第144—148页。有删改。

非,正确对待来自外界的荣誉。2011年,多家海内外新闻媒体对我为辛亥革命研究和辛亥百年纪念所做的贡献做了报道,有的把我称为"辛亥革命研究第一人",而且这一说法流传得越来越广。这让我坐不住了,立即给校报去信,"实话实说",实事求是地肯定了前辈学者和其他同辈学者在这一研究领域的开拓性工作,并郑重申明自己并非辛亥革命研究第一人。我感谢辛亥百年期间各界人士对我的关切,包括鼓励也包括批评。我历来反对溢美,摒弃夸张,深恶以大言欺世,但世风日趋浮躁,动辄以"第一"相夸,我不幸也被"第一"。距离事实太远,如果继续沉默就等于是承认,所以不能不实话实说,做以上必要说明。摘掉这顶帽子后,我感觉浑身轻松好多。随后,在接受记者采访时,我又围绕此事批评了当下学术界的浮躁作风,勉励研究者应该心性纯净,耐得住寂寞,我也不过是史学海洋中的一个漂泊者而已,而并非什么大师;同时向记者表示要去掉"著名历史学家"的头衔,人文学科不是体育比赛,排名无意义。

早在2004年,我应邀在广州暨南大学"星期一史学沙龙"做演讲,以一句歌词"我的青春小鸟一样不回来"作为开场白,慨叹自己蹉跎岁月太多,赢得在场听众热烈的掌声。谈及整个人类文明危机时,我诙谐地讽刺了美国总统布什,说:"一个'非典'就让我们措手不及,一个小布什就使整个世界不安宁,而且他偏偏还要连任。"在谈及史学受到社会冷落的处境时,我说:"我之所以还要继续活下去,也就是要证明史学是有用的。"2009年五四之际,我应邀给华师青年学子做报告时,表示对自己的定位已经很低了,我只是一个古董,百年老校的一个古董,只是这个古董还有点智能,如此而已。

有一位网友在华师博雅论坛里称我是"最美的中国老头"。还有一位名叫天马行的网友说:"他是一位85岁高龄的银发老人,他是一位敢说真话的历史学者,他是一位朴实真诚的可爱老人。"这位网友还说:"章开沅的治学原则是'治学不为媚时语,独寻真知启后人',他的做人原则是'真诚待人,不说假话',他的育人原则是'引雏觅食,教人求真',他的书房名字叫'实斋'。"年轻人如此理解自己,我甚感欣慰,从这种理解中我看到了社会的前途和民族的希望。我也乐得接受"最美的中国老头"这一称号,因为在我心目中,这个称号比那些"泰斗""大师"更令自己感到幸福。

## 六、青年教师是学校的未来

关于年轻人的成长和培养,我好像也没有刻意地弄出什么条例。现在搞的很多,那时候都没有,只是强调年轻化就是了,原则是有的,但没有现在这种很硬性的规定。那时候,也有一些,但也不一定合理,可能过了一点。当时,每个系的系主任都要配一个副系主任,说一定要配一个年轻的,那就是助教去当副系主任,你说这个好不好?那也不一定好,太死板了。不过他们很得意,因为他们是获益者。后来有些人做得确实不错,但是也有些人摆在岗位上静悄悄的,不懂怎么样尊重长者,还有些"文革"遗风。这个是属于统一规定的,我们无非就是执行。多数人选的还是可以的,而且后来证明还做得不错,但这不一定是一个好制度。这个不是我发明的。有些老的正处,在50岁就要退居二线,"一刀切",就是为了年轻化。有人就把账记到我身上去了。有的人一下就升两级,原来是科级干部,现在升为总支书记,就变成正处。那高兴的,好像跟我又甜甜蜜蜜,其实也不是我弄的,只是我们执行罢了。这个都不能说明是我们自己的什么发明创造。

但我对青年教师,特别是对学生的那种关心和爱护,那是一贯的,包括全部的办学过程跟日常生活、工作里面都有。我那时候都到课堂上去听课，听完之后还跟他们共同商量哪里讲得好，哪里讲得不好，也发现了一些人才。这些人才都不是听汇报、看材料的，都是我自己观察的，有些到现在还保持着联系。再就是，我维护弱者，像刘守华就是我维护的。那个不属于外部矛盾，主要是系里面自己压制了，不能容人，唯我独大。特别是同班级的，更是容易这样。过去叫"挤公共汽车"，自己上去了，就不让别人再上去了。这些话我都没有少说，总劝他们。

我最厉害的就是保护了一些年轻的人才，英语系就是这样的。有一个叫秦秀白的老师，好多年以前就走了，那是他自己走的，因为他心理上承受不了这些外在的压力。其实不是我一个人这样认为，学校都有共识，我是负责英语系的，我跟国内英语学界过去的几个巨头，过去叫几老，如李赋宁、王佐良、许国璋等，私交都很好。他们跟我好也不是别的，与我毕业的学校背景有些关系。我是金大的背景，他们因为弄外语的，牵牵绊绊都有些关系。他们也很愿意来帮助我们，同时能够把这几老弄到我们学校来讲学、开会，来参加一些研讨、咨询，怎么让英语系发展得更好，这在当时很难得，也是不多见的。他们就高高兴兴来了，秦秀白也是他们重点推荐的一个人，是他们的学生，跟毛主席身边的两个女将唐闻生、王海容是一个班的，都是特殊培养的，是一个人才，而且也有著作，最主要的是想弄一个博士点。可能他自己平常也有一点不够谦虚或者不够尊重人，又因为他是副系主任，这样可能得罪的人也就更多了一点。

首先是影响到了校内的评审，这就影响他升副教授、正教授。但他后来还是升到了正教授，因为他资历还是比较老一点。英语系也可怜，没有多少人有著作的，只有他还有两三本著作、专著。过去华师的英语系被弄坏了，我们过去在金大也是这样的，光讲试讲，就是口语训练这些东西，但是对文学、理论方面重视不够，一味强调肢体教学法。后来主要是英语系有一个权威,实际上是过去在洋行工作的,在印度大使馆也工作过,口语是很好的、一流的,但是真正讲起来没有多少学问,所以,这样就自己不做,又贬低别人,说他这个东西怎么怎么样。实际上,人家几老都承认,你为什么不承认?那时候,我们给他升正教授的时候,他们也跑来讲话,联名抗议。我正好在外边,就很为难。我讲了狠话:"如果这样的话,我们干脆重新都评一评,我们把那几个大佬都请来,看看究竟怎么样。"后来好像还是给他升了。

问题是几老都希望我们能够拿博士点,甚至于主动来关心我们,就同季羡林关心我们的南亚研究一样,所以,我们那时候得道多助。真可谓是天助啊,求都求不到的。那个时候,也没有送礼,也没有给人家什么好处,连一个荣誉教授、荣誉博士都没有给人家,什么都没有,就硬邦邦的,他们就来了,大家谈得很投机,特别是王佐良与我私交很好,因为我多少还弄点文学。我英文不好,但那些作家的东西我还看了不少,我欢喜看。我学英文很多都是看小说,看小说有兴趣,就同小学生看《红楼梦》一样,认不得字就猜,有时候就查一查,所以,他讲到哪里我多少知道一些,莎士比亚我也能够谈一谈,当代的我也能够谈一点,因此,他们还蛮高兴。他们也没想到一个校长,又不是英语专业的,对英语这么关心。因为英语系分工归我,其他人都不愿意管,也比较难办。本来就是英语、俄语,原来就有些矛盾,再加上一直重视口语训练,不重视理论跟文学方面的培养和素质提高。

谢小庆在这里也是议论纷纷,后来评了副教授走了。在这一点上我是比较坚决一点的,也不光是我,因为那时候年轻化已经是共识了,但是没有后来走得这么远。这个太过分了,45 岁等于一个生死线。不到 45 岁算青年,一系列政策都来了。46 岁、47 岁都没份。这太过了,特别是学术上,怎么能这么来划分呢?党政工作还好说。

但在那个时期,年轻人还是很活跃的,志气发舒,特别是研究生,都高高兴兴的。尽管条件不好,他们住的都是破破烂烂的房子。特别是西一村,好像通铺一样,等于抗战时候我在四川教室那样的房子。房间都是篾条、泥巴糊的,声音都是这边讲话,那边就能听得到,没有任何隐私可言,"通家之好"。但是他们很团结,心很齐,一心一意,上上下下都是想把学校办好,所以,我觉得很有依靠。我总有一个感觉,我就像一个爱游泳的人,在大海里游泳,水的比重很高,就把我托起来了,不需要很多力量,就起来了,很舒服,也很幸福。

那时候没有制度化,即没有很多具体的政策,主要是一种理念,大家形成了一种共识。一般来讲,都是希望年轻人能够成长起来。所以后来,一年一年的,这些年轻人都起来了。物理系的蔡勖就是一个怪人,他跟刘连寿两个顶顶撞撞的。后来刘连寿死了,蔡勖还是很感谢他,讲了很感人的话。但就是这样的人,我们还是用了,还很重视他。他也确实不错,很能干,这样才能一代代传下去。

物理系内部也不是说彼此间没有问题,也还是有门户之见,也有互相看不起,经常互相告状的也不是没有。这些事,作为学校来讲,不能介入,就是不要用个人的倾向性来干预这些东西。最主要是从正面,往好的方向来引导。因为被攻击的人不一定都是错的,有的连周培源都欣赏,那你们为什么老去否定人家?因为教科书跟别的专著不一样,教科书必然是要用很多别人的成果,他只要说明了就行了,没有任何人说他是抄袭,说明他还是融会贯通了。那时候有几个人能够谈相对论?所以,我们都一视同仁,在适当的时候要保护一下,但也不会有过多的施舍,给他站个台,表示支持。不然的话,光听一面之词,只能研究粒子,一枝独秀,那也不行,方方面面都要照顾。研究天文的杨老师,他们有很多建议我们都采纳了,差一点就自己弄个天文馆了,他们都很能干的。人只要发挥他的聪明才智,那就是最大的财富,就怕都郁郁寡欢、怀才不遇,那就糟糕了。他做不成那是因为客观条件,学校的财力不足,时间来不及了。学校真要弄个天文馆,那也很好。没有做成的事太多了。

## 七、华师人要有华师意识

1988年3月3日,华师1988年工作会议召开,全校中层以上干部参加。上午,部干班负责人黄锦汉传达了全国教育工作会议精神,副校长王庆生报告了学校1988年工作的总体设想。下午,有关职能部门负责人登台汇报本部门1988年工作的设想和打算。我和戴绪恭书记最后做了讲话。

我说,这个工作会议开得很好,各部门把自己的工作和盘托出,增加了工作的透明度。要办好华师,就要有华师意识。华师是所有华师人的华师,每个华师人都要为办好华师做好自己的工作。尽管有很多难处,但大家的精神状态很好,看得出有雄心、决心和信心,是务实的,不是在讲空话。今天把很多底都交给大家了,希望得到大家的理解和支持。学校太大了,要办好一件事确实不容易。但我想大家只要都有华师意识,华师荣,我荣,华师强,我干,那么华师就一定能办好,一定成为全国第一流的师范大学。

我提出的"华师意识"在师生中引发了共鸣。1988年3月14日的《华中师大报》头版专门刊发了一个短评,题为《"华师意识"赞》,是这样写的:

"华师人要有华师意识",这是章开沅校长提出的口号。

这个口号提得言简意赅，振奋人心。

学生具备了"华师意识"，就可以勤奋学习，把自己培养成合格的人民师资。

教职工具备了"华师意识"，就可以努力工作，处处为桂子山争光，为华师争气。

但是，我校仍有少数人"华师意识"淡薄，他们不以全局利益为重，处处囿于个人的小天地，自觉或不自觉地干出有损于华师的言行来。"自己折自己的台"，这种现象必须通过大家的努力，逐步得到消除。

桂子山人团结起来，让我们努力增强"华师意识"，把华师办得更好。

1988年9月8日，1700多桂子山新人在校大礼堂上了进校的第一课——开学典礼。我发表了热情洋溢的讲话，我首先代表学校热烈欢迎桂子山的新生力量，并向这些跨年代的新战友们提出了三点要求，即要有三个意识，第一个就是要有"华师意识"。

一是要有"华师意识"。自同学们跨上桂子山的那一刻起，就是华师人了，是华师人，就要为自家做贡献。从今天起，华师就是我们共同的家园，我们要爱护这个家园，建设这个家园，让这个家园更美好。

二是要有自立意识。从中学到大学是人生的一个大转折，新时代的青年要自强、自立、自尊、自信，特别是应加强自立意识的培养，摘掉"抱大的一代"的帽子，做一个顶天立地的新时代大学生。

三是要有竞争意识。80年代末，青年在当今商品经济的时代一定要加强竞争意识，敢于竞争，敢于争天下先，敢于争做第一。这个时代是一个到处充满竞争的时代，无论哪个行业，都在竞争。教育也是如此，我们与其他国家都在竞争。教育强，民族才能强大，国家才能强盛。

## 八、着眼于培养21世纪的新人

1988年我代表中国大学参加了保加利亚索非亚大学百年校庆,并在大会上做了一个发言。这个发言可以看作我对培养21世纪新人的基本看法。我在会上说①:

此次会议的主题是"21世纪的大学——发展、问题、前景及预测",但我只想就一个问题发表意见,即当前大学教育的着眼点应是培养21世纪的新人。

现在已经是1988年,还有12年,20世纪就要结束,21世纪就要开始。今后培养的大学生,如果按照每个人一生有40年的工作时间来考虑,他们一生的大部分以至全部时间都将工作、生活于21世纪。超前性是学校教育(尤其是高等教育)应有的属性。因此,今天的大学就应注意如何培养学生,使之能够适应21世纪的工作与生活。

21世纪的世界将会出现什么样的状况?未来学者们已经做过形形色色的预言,包括各种截然不同的乐观的与悲观的判断。但至少有一点可以肯定,即本世纪末和下世纪初,已经突破与行将突破的各种新技术,特别是新能源与新材料的开发,必将迅速应用于生产并带来社会生产力的飞跃发展。而这种生产力的新进展,又必将引起社会生活、社会思

---

① 章开沅:《着眼于培养二十一世纪的新人——在保加利亚索非亚大学百年校庆大会上的讲话》,《华中师范大学学报(人文社会科学版)》,1988年第6期。

想、社会结构,乃至整个世界格局的深刻变化。所谓教育的超前性,就是要预见并力求适应这种深刻的变化。

当今的大学,为了迎接新的科学技术革新浪潮的挑战,大多调整了自己原有的专业结构,即增添新专业并改造老专业,与此相适应的则是课程设置、教学内容、教学方法乃至教师知识结构的更新。这些当然都是必要的,但人们在应付眼前事变的过程中,往往容易忽视更为长远的战略目标:21世纪所需要的大学毕业生,究竟是适应性较强、基础知识比较广博的"通才",抑或是专业性特强而知识面较为狭窄的"专才"?

我的主张倾向于前者,理由如下:

(1) 所谓新技术或高技术,多半是许多学科交叉或边缘学科的产物,知识面过于狭窄的"单一"专门家很难在技术革新的潮流中做出较大的贡献。当代科学的发展,具有从分离走向综合的趋势,不仅是自然科学、应用科学内部与外部的相互渗透,而且还有人文科学内部的相互渗透以及与自然科学之间的相互渗透。因此,在课程设置方面,包括基础课、专业课、选修课,就必须适应这种由专到博、由分到合的新趋势。

(2) 为适应现代化建设的需要、强调理论与实际结合,特别是加强各种应用科学的发展,这些都是必要的和正确的。但是,在任何时候都不能忽视基础理论,因为基础理论毕竟是科学发展的源头与根本。一些基础理论的重大突破,特别是带体系性的突破,往往是科技革新浪潮的先导;而任何科技的重大进展,又必须经过理论的总结与升华,才能对科学本身的发展产生较大的推动作用。只重技术而忽视基础理论的国家,可能获益于一时,但迟早将会遭到历史的惩罚。

(3) 当今和未来的技术革新日新月异,新学科的纷然杂陈与老学科的分化改组,不断对大学的专业结构与课程设置给以冲击。面对这些接踵而至的冲击与挑战,大学既要有应变性,又要保持相对的稳定性,而预见性则是相对稳定性的前提。因为,科学技术与国民经济的格局总是在不断变化,今天供不应求的热门新学科,若干年后也有可能成为"产品"大量积压的"老"学科。有经验的大学校长都懂得,除了国家某些特别急需的短缺专门人才以外,一般专业设置都不宜太专太窄,而必须考虑其得以比较长远存在的基础,以求避免刚刚培养出来的新式专门人才就面临就业困难的畸形状况。

我们强调比较广博的基础与通识型的人才,但绝不意味着可以忽视实际与放松培养学生的实践能力。理科学生需要加强实验课、野外作业以及适当参加工农业生产实践。文科学生则需要加强社会调查,适当参加生产劳动与社会服务,多方面接触社会实际。学校当局要注意发挥学生会、研究生会、各种学生自己组成的学术团体与社会团体的作用,引导他们实现自我教育、自我管理、自我服务。鼓励学生利用假期回故乡或到边远地区以智力为当地建设服务,这样不仅可以培养学生热爱祖国、关心社会、献身"四化"的优良品格,而且可以检验与发展其在校学习的收获。公费上大学,曾经长期被认为是社会主义的优越性,但实践已证明其弊端甚多,它与国家包分配一样,是"铁饭碗""大锅饭"在高等学校中的表现,容易滋长学生的依赖性,而不利于刺激他们学习的积极性。所以,我国一般大学已将公费改为奖学金与助学金制度,并与学籍管理中的评估优秀学生、留级、淘汰等奖惩制度相结合,把竞争机制引进大学教育,促使学生勤奋学习,早日成才。同时,鼓励并引导学生开展多种形式的勤工俭学,培养学生的自立精神、劳动技能与劳动习惯。

为了加强学校与社会之间的联系,我们正在试验"一校一县"模式,即一所大学与一个县(或县级市)订立"科技与教育发展协作合同",从帮助该县编制"经济、科技、教育与社会协调发展战略规划"入手,鼓励并组织各系、所与该县有关企业、事业单位分别签订专项协作合同。从学校来说,是借此把教学、科研、生产联为一体;从县(县级市)来说,则是以高校为依托,通过加强科技、教育的发展,以求当地经济、文化的振兴。经验证明,一个人口在一百万左右(包括城乡人口)的县(县级市),可以比较全面地为一所大学提供科研与社会实践基地,而且大体上适应于一所大学自身的需要与承受能力。中国现在有1600多所大学,如果每一所大学都能够与一个县或两三个县全面协作,则必将大大有助于全国经济、文化面貌的变化,同时又必将有力地促进大学自身的教育改革,促进教学、科研工作的发展,为培养21世纪所需要的新人提供良好的环境。

大学不仅需要向社会开放,而且需要向世界开放。大学走向国际化,这是时代的潮流,也是教育改革的重要组成部分。所谓国际化有两重含意:一是广泛引进国外最新信息,引进国外先进的教学、科研成果,引进水平较高的外籍专家与教师;同时又要努力接受外国留学生与进修学者,并且在正常的条件下接受外国民间团体与个人的资助或捐献,借以改善教学与科研条件。二是勇于推动学校走向世界,有步骤地引导重点学科投入世界范围的交流与竞争,鼓励有成就的教师带着新的科研成果出国参加国际会议,而更为重要的则是支持某些重点学科在校园内举办国际学术会议,向世界展示自己学科与学校的水平;同时还要逐年增加派出留学生与访问学者,增加与外国大学或研究机构的合作科研项目,广收并蓄,择善而从。

我所在的华中师范大学,是中国屈指可数的古老大学之一。它的前身文华书院(Boone college)建立于1871年10月2日(正式开学),创办人是American Church Mission的主教Williams和牧师Yen Yun Kiung。1924年文华书院与武汉地区其他几所教会高校合并,改名华中大学(Hua chung or Central China University)。1927年在雅礼协会(The Association of yale in China)的帮助下,原来设于长沙的雅礼大学的理学院(The School of Science of yale in China College)也并入华中大学。长期以来,华中大学与美国耶鲁大学等校保持着密切的联系。1949年以后,由于人们都知道的原因,这种联系中断了30多年。直到1982年以后,经过我校与雅礼协会(Yale-China Association)的共同努力,才在新的条件下与新的基础上恢复与发展了这种双边的协作关系。此外,我们还与美国、英国、意大利、西德、日本等其他大学建立了全面的或专项的协作关系。1987年5月在我校成功地举办了"对外经济关系与中国近代化"国际研讨会,明年我校还将先后举办"中国教会大学史""多粒子动力学""世界格局中的当代中国文学""天体物理学"等五个国际学术会议。一大批不同学科中外学者的到来,将更加活跃校园的学术空气,并把我校与世界进一步连接起来。

索非亚大学是保加利亚最古老、最有声望的大学,也是我访问的第一所保加利亚大学,我愿以此为发端,不断发展我们两校之间的友好交流关系。同时,也借此机会表示,我们愿意与东欧、苏联其他大学建立友好交流关系。在21世纪,世界将更加联为一体,中国将更为开放地走向世界。大学是培养社会精英的园地,让我们经营好各自的园地,并通过我们之间的友好合作,促进与加强各国人民之间的友好合作。愿21世纪将出现一个前所未有的和平、友好、繁荣、幸福的世界。

# 第九章

# 建设新的校园文化

## 一、整风

一件简单的事务就这么轻而易举地完成了,但更为困扰的问题仍然堆积如山。20世纪80年代初期,粉碎"四人帮"以后,对"文革"错误的批判虽然告一段落,但"文革"遗留的派性对立阴影仍然明显存在,而且成为改革开放大业的严重障碍,所以胡耀邦接任总书记以后,首先就抓整风,彻底清除派性,否则连党内都存在分裂,还谈什么全国一致向前看。党中央雷厉风行,向各省派出联络组严加督促。恰好派来湖北的联络组负责人是胡德平,他对中央改革开放方针理解甚深,极力贯彻,特别朴实低调,对青年俊彦尤为关心,所以很受各界人士欢迎,不仅促使整风克服党内派性取得明显成效,而且在活跃思想方面也曾努力推动。当时武汉大学刘道玉校长、华中工学院朱九思校长和我,思想比较解放,并且都特别注意发挥众多学生的主观能动性与聪明才智,所以武汉地区一度极为朝气蓬勃。

从华师内部来说，整风主要是由党委来抓，两位书记都兢兢业业做了大量卓有成效的工作。我只做了点拾遗补阙的事情，比如为王庆生副校长不断向中央来人申诉，主要由我出头露面，仗义执言。我认为把他"挂"起来，显然是省委和内部有派性的人物在作祟，如果连这种恶劣做法都不纠正，那还谈什么肃清派性流毒。我们党委常委内部意见完全一致，我们的不断申诉终于得到中央有关部门的认可。有一天下午，尤部长找我去谈话，满面春风地笑着说："开沅同志，这段时间我一看见你头皮都发麻，唯恐你摆出庆生问题而我又无力解决。现在上级已经明确指示，庆生可以恢复副校长工作了。"他的坦率使我深为感动，但整整一年庆生都被莫名其妙"挂"起来，不仅让他蒙受不白之冤，而且严重影响了我们的工作。因为按规定，华师校行政领导是一正四副，在我这个新手校长就任的第一年，一位副校长无法就任，一位副校长仍在北京学习，只剩下我与郎郡诗、邓宗琦两位副校长勉力支撑全部校务，其困难苦楚可想而知。幸好大家同心协力，总算渡过重重难关。

上任头一年主要是学习如何当校长，因为前任党政两位刘老都没有留下任何叮嘱。介公（刘介愚）主要是回避暗中操纵"第二套班子"嫌疑，刘若曾校长也未正式履行任何交接手续，只是由校办转交给我一小页纸，上面写着不问可知的教职员人数、学生人数等寥寥数行文字，我至今都不明白用意为何。他年近80，但仍不愿离休，自告奋勇继续当部干班班主任，教育部勉强同意后他可能过于高兴，就把校长例行的一应交接手续忘掉了。最使我为难的是，他在离任前把本年度学校经费几乎花光。直到12月31日上午，新任财务处处长愁眉苦脸地跑来找我，说是教职工年终福利费发不出来，而那时银行又不肯贷款。我记得两人相对无言，苦于年关难于筹款。福利费发还是不发，迟迟下不了决心。湖北省教育厅虽然欠我们几笔"代培费"，但毕竟它是上级，年关索债难于启齿。眼看已近中午，下午银行就要提前下班，幸好校属机电厂闻讯救急，说他们在银行还有一笔存款，大约有五六十万,可以提前取出应急。我与财务处处长两人做决定,年终补助照发不误,以后再抓紧归还机电厂存款。即此可见,当年学校经费竟然窘迫到如此地步。

当时教育部也穷,很难指望他们有什么额外补助。像我们这样中央部委直属大学在各省市者,处境更为困难。记得《光明日报》驻汉记者樊云芳首次前来采访,问我脑子里最想要的是什么东西?我脱口而出:"钱!"那时新上任的大学校长都为钱发愁,但又苦于门路不多。大家最羡慕的是西北大学校长张岂之,他上任未久便利用地质系的优势,分别与中石油等部门签订合作办学长期合同,很快就获得2000万元办学资助。我平素只知研究学问,与外界很少接触。幸好校办给我配的秘书陈万柏,通过他的级友小稽与南阳油田总经理建立联系,以春节拜年方式探讨合作办学方案。我与总经理年龄相若,经历与志趣均有相似之处,所以一见如故,迅速达成协议,一次性获得600万元资助,同时还为我校提供廉价的天然气,而我们的回报就是为油田代为培养人才。

有了这600万,校部讲话办事都增加了一点底气,加上办学创收提成,校系两级分配改为3∶7,系所积极性提高,有些事就自己主动办了,不再只知向校部伸手要钱,也减轻了我们若干思想压力。虽然学校依旧很穷,连重建美术、音乐两系教育部都不拨经费,全靠多方张罗,但总比过去那样拮据而又束手无策前进了一步。

不知不觉,我的角色逐渐转变。作为校长我不能不重视学校整体,过去完全站在教师立场,对校部,特别是对行政干部批评较多,而自己又提不出什么好的建设性意见。现在却逐渐发现学校领导和本层干部聪明才智并不比一般教师差,干活更为繁杂且责任压力更大。校级领导换届以后,中层干部变动甚多,其中有些是上级要求干部年轻化,刚过50岁就提前退居二线。但这些党政工作老手,丝毫没有放松对自己的严格要求,一切以全校工作大局为重,兢兢业业地站好最后一班岗。比如校办主任张洪,原来是刘介愚等老领导一手培养起来的得力干部,眼看就要向新人交班了,但处处都为我这个毫无行政经验的所谓"学者型"校长着想。他和其他原有中层干部按照党委安排,轮流向我做工作汇报,不仅谈工作情况,而且还介绍本单位的职能与作用。有些干部非常认真,汇报时还带有图表与指示棒,我也认真听讲,仿佛是上课。通过听取汇报,我等于进了一期学习班,总算对校部工作有了总体感觉,弥补了前任校长根本未与我正式履行交接沟通的严重缺憾。

1985年春,各级领导班子已经调整完毕,校务工作顺利运转,"恢复正常教学秩序"早已完成,并且正在向革新层次发展。加上两位副校长,王庆生恢复工作,王秋来在京学习归来,校部领导大为加强,我就可以集中力量从事为时近一个月的出国访问了。

## 二、提倡美育逸事

在改变学生精神面貌方面,我大力提倡学生自治,发展学生社团,并向蔡元培学习,大力提倡美育。

1985年,我作为高校代表到北京参加党的代表会议,同行的有新闻界的代表、《光明日报》湖北站的樊云芳。

党代表会议在北京开得似乎比较平顺,无非是例行程序,听取各方面反应而已。晚上一般未安排活动,所以有些省市领导便抓紧干点"私活"。武汉市委书记王群急于处理众多纺织厂积压已久的花布,找著名服装设计师李艳萍制成若干新颖款式借以促销花布。樊云芳随同采访,借以扩大宣传,但她回来却悄悄告诉我:"李艳萍本来是舞蹈演员,因膝盖受伤,才转行干服装设计,许多北京名媛,包括西哈努克夫人都曾找她设计定制过,其中有若干精品已在巴黎布展。她很崇拜你,希望同你谈谈。"那时我耳聪目明，清清楚楚听见是用的"崇拜"这样夸张的语言，不免大吃一惊。我的衣着比较随意，不大注意时尚，所以对服装设计一窍不通，但我在"文革"前由于长期参与全国青联活动，与白淑湘等那一代年轻芭蕾舞演员结识，知道腿膝伤痛对她们的严重威胁。当时这些舞者流行的语言是："我们的艺术生命是短暂的。"没有想到这样的厄运居然迫使李艳萍转业，因此我对她非常同情，因为这意味着一位花季舞者的消失。当晚，艳萍在空政文工团工作的丈夫亲自开车来接我，樊云芳陪同我前往她家采访。由于我与歌舞界平素接触甚多，所以大家有许多共同的话题，谈得非常投机。我对李艳萍伤退后毅然决定转业，经中央工艺美术学院（今清华大学美术学院）培训后，刻苦钻研，居然成为蜚声中外的设计名家，感到非常佩服。当时，我正在提倡美育，并且重建美术系，因此决定聘请她担任兼职教师，并且为全校学生做一次关于美育方面的大型讲演。李艳萍与丈夫都很高兴，当即表示接受邀请，访谈堪称圆满结束，因为这更加增添了李艳萍的声望，而我们正在筹建的服装设计专业（已有两位青年教师）则能得到及时的帮助。后来，她真的在丈夫的陪同下，来华师做了报告，是由美术系出面请的。中国高校公开讲服装设计，听说那是最早的一次。以此为契机，我校美术系建立了工艺美术专业。

　　回宾馆以后，樊大记者深夜执笔，迅速写成一篇通讯，第二天的《光明日报》立即在头版刊登。虽然仍属短篇通讯，但周围缀以花边，倒也赏心悦目。特别是那标题"大学校长夜访女设计师"，真使人感到是过去报业所谓"花边新闻"。我对通讯的内容无可挑剔，只是觉得那标题可能会引起不良反应。樊云芳连忙向我道歉，但说这是那一版责编代为拟订，没有经过她的同意，特别是没有经过她过目。但也无可奈何，因为已经公开发表，如果发表什么改正错误的声明，反而会兴师动众，只有听之任之，如有质询，再做答复。我也深知樊云芳决不会恶作剧，所以并未深究。幸好那时的政治气氛相当宽松，外界对这则新闻倒是兴味甚浓，评价较高，特别是已调京工作的那些老领导、老战友,给我开玩笑:"你这个大学校长,白天商量国家大事,晚上跑去访问女设计师!"但是,也有人表示理解,一些以前在华师工作过的老领导看了,对我说:"哎呀!就是需要这样的校长!"他们也希望高校能够有所变化,增添活力。

从此,外间有这样的说法,武汉有三位教育家,即朱九思、刘道玉、章开沅,即教育部三所直属大学的校长。武汉显然在教育改革方面开风气之先。

## 三、名家报告会我都会出席

把名家请进校园为师生讲学做报告是我一直倡导的。凡是名家的报告会,只要我在学校,一般都会出席聆听。1984年10月12日晚,美籍华人李惠英女士应邀给全校学生做报告,我和几位校领导都出席了。当晚,几千名学生把大礼堂挤得满满的,连窗台上都趴满了学生。不少干部、教师、工人也参加了报告会。

李惠英是美国记者、作家,南加州大学研究员。在1982年4月于芝加哥举行的纪念辛亥革命70周年的国际学术讨论会上,我结识了李惠英。两年后,在参加新中国成立35周年庆祝大典及有关活动后,我邀请她给全校学生做报告。她欣然应允并为师生做了一场精彩的报告。当时,她充满激情的生动演讲,不遗余力从事爱国活动的真挚感情,深深打动感染了全场听众,赢得了大家热烈的掌声。

1984年10月13日下午,80高龄的著名作家丁玲来校为师生做了一场报告。她首先就现代文学的分期和新文学史的写法等问题发表了自己的看法。接着主要谈了她走上革命道路,尤其是投身革命文学事业的过程,并回忆了当年在延安等地与毛泽东等老一辈革命家相处的情景。最后,她还讲了"四人帮"对她的迫害。她的报告生动、风趣,语言幽默,赢得了2000多名师生热烈的掌声。报告会结束后,学校领导与丁玲合影留念。

1984年11月12日,著名台湾学者、哲学家陈鼓应教授携夫人及子女一行四人来校参观访问,并与学校部分专家、教授开展学术座谈。我接见了陈鼓应先生,并主持了学术座谈会。参加学术座谈会的专家有张舜徽、陈安湖、曹方久、林双忠、黄曼君、熊铁基、彭立勋等十余人。座谈会后,我陪同陈鼓应一行参观了图书馆和历史系文物陈列室。中午,我又宴请了陈鼓应先生一家。

1985年6月7日、8日,著名作家姚雪垠到学校连续做了两场学术报告。第一场学术报告的题目是《访法见闻》,第二场的题目是《关于历史小说的新道路》。姚老在报告中谆谆告诫青年大学生,不论是当一个历史学家还是一个历史小说家,都必须提高自己的史学修养和古典文学修养。这与我一直倡导的观点一致。

1986年5月15日,"文坛三老"、著名作家姚雪垠、徐迟和碧野从我手中接过聘书,担任我校兼职教授,并登上大学讲坛。多年来,这几位令人瞩目的文坛巨星在紧张的笔耕间隙,常常到桂子山给师生们讲学。他们渊博的知识和令人仰慕的创作实践,让大家受益匪浅。几位著名作家虽然都已进入古稀之年,十分珍惜所剩不多的宝贵时间,但是,对于培养青年、奖掖后人,却都舍得花时间、费气力。在接受聘书时,几位著名作家还对学校的有关工作提出了宝贵的意见。

"我到过美国,也到过中国大陆和台湾,要问我最喜欢什么地方?我还是愿意回到大陆!"这是旅美台湾著名学者陈鼓应教授1986年6月6日晚在我校演讲时讲的一句话。陈鼓应这次到校讲学是应我的邀请,数千名学生在露天电影场聆听了陈鼓应教授的演讲,他谈了台湾地区知识界的有关情况和庄子、尼采的哲学。他以自己在台湾30

余年的亲身经历,介绍了台湾地区的政治、经济、文化等,满怀激情地表达出对社会主义祖国的向往。

演讲之后,陈鼓应教授又即席回答了同学们提出的有关台湾青年、台湾知识分子等方面的问题。他在整整3个小时的演讲中,以深厚的感情、丰富的例证以及诙谐、生动的语言,赢得了大家一阵又一阵热烈的掌声。

我出席演讲会并讲了话。陈鼓应对华师的学生留下了很好的印象。在这里,他还意外地见到了他在台湾的大学任教时的学生、我校外语系教师刘玲惠。两个人聊得很开心,这是一个意外的惊喜。我对他们两人说,这真是"人生何处不相逢啊",陈教授的到来,给我们的校园增添了喜庆的颜色。

著名物理学家、联邦德国柏林大学物理系教授孟大中应我的邀请来校做短期讲学,时间为1个月。1984年10月27日,孟大中教授给学校部分干部、教师做了《我对中国教育与科研的看法》的报告。孟大中是德籍华人,他虽然长期生活在国外,但对祖国非常热爱。我们请他帮助物理系发展学科建设,他很愉快地答应了。到华师不久,孟大中教授就提出了两点要求:第一,要把他作为回娘家的赤子看待,在吃住上不搞特殊化;第二,与国内教授享受同等工资待遇,也不用公款出外旅游。

每天孟大中与学生一起在食堂排队买饭,然后与学生一起边走边吃,边吃边聊,有说有笑,成为校园的一道风景。有一次,孟大中下课晚了,等他到食堂打饭时,炊事员给了他一个"闭门羹"。孟大中挨了呵斥,不但没有生气,反而高兴地说:"这说明我像个中国人了!"在华师工作的1个月,他把全身心都扑在教学上,不仅没有去葛洲坝、荆州古城观光旅游,就连近在咫尺的东湖也没有去过一回。

孟大中教授在华师工作的1个月里,给我们留下很好的印象。于是,我们经研究后决定聘请他为学校的名誉教授。拟好的报告递交给了教育部,不久教育部就正式批准华师聘请德籍华裔物理学家孟大中为名誉教授。

1984年11月10日,学校召开了隆重的聘任仪式。我和副校长王秋来以及教务处、物理系等有关方面的负责人参加。物理系的部分教师、研究生、本科生也参加了聘任仪式。我代表学校向孟大中教授授予大红聘书和纪念品。

接着,我发表了热情洋溢的讲话:"这是一个喜庆的日子,也是一个家人团聚的日子。孟大中教授虽然长期生活在国外,但他的心总是向往祖国的。他不但是一个天才、勤奋的学者,而且是一个真正的中国人,他有一颗赤诚的心。"我最后补充说:"孟大中教授正当盛年,是一颗正在上升的明星。"

孟大中教授在接受聘书后也讲了话,他说:"使中国富强起来,是每一个有中国血统的人的共同愿望,不管是在世界的哪一个角落。尤其是1978年以后,每一个海外游子都盼望祖国强大起来,也愿意为中国的强大而贡献自己的力量。"

随后,物理系刘连寿教授以及教师代表、研究生代表、本科生代表也先后发言,对孟大中教授的学识渊博、治学严谨、为人正直等方面给予了很高的评价,并希望孟教授以后常来华师。

很快,物理系就筹建了高能核乳胶实验室。实验室建立后,在所长刘连寿教授的领导下,依照"从速建室、跟踪前沿、快出成果、走向国际"的宗旨,在高能物理的理论和实验两方面做出了许多卓有成效的工作,在国际国内产生了广泛影响。

1985年初,蔡勖副教授赴瑞典隆德大学进行实验合作研究,取得了突出成果。同年底,该室成为欧洲核子研究中心(CERN)的EMU-01国际实验合作组成员。在欧洲核子研究中心的最大加速器上进行当时世界上最高能量的重离子碰撞实验。

1986年4月,蔡勖代表该室赴美国华盛顿大学参加EMU-01工作会议,报告中国方面的研究现状。9月,由我校主持召开了中国高能核乳胶会议,编辑出版了论文专集,在11月召开的国际超高能宇宙线相互作用学术会议上,该室又向大会报告了他们在我国人造卫星载核乳胶中发现的宇宙线高多重数事例研究成果,引起国内外同行的关注。高能核乳胶实验室通过国际合作,不断地提高研究水平,已经跻身于国际实验室行列。

在孟大中教授的帮助下,我校理论物理学科发展得很快,尤其是粒子物理研究所所长刘连寿教授、蔡勖教授与孟大中教授展开密切合作。他们抓住当时世界上能量最高的加速器——欧洲核子研究中心的质子反质子对撞机(SPS)启动运转的时机,以分析SPS的新结果为前沿研究对象,提出了强子-强子非衍射的"三火球模型",成功地解释了许多复杂问题。"三火球模型"在文献中被广泛引用,被国际同行称为"刘-孟"模型。

三火球模型和刘连寿指导学生研究的"平移不变的口袋模型"一起,于1985年获得国家教委科技进步二等奖。后来,刘连寿在从核-核碰撞的"多源模型"到高能碰撞中非线性动力学的自仿射分形,以及夸克喷注和胶子喷注性质的理论物理研究方面,先后取得了一系列创新成果。

孟大中教授特别爱国,在为数不多的德籍华人中,他是一位具有较强民族感的华裔科学家,对中国去联邦德国学习和研究的学者、进修教师关怀备至,并从各方面给了大量的帮助。

1985年10月17日,在我校为国际知名的民间文艺学家、美籍华人丁乃通先生举行的欢送会上,我正式聘请丁乃通先生为我校客座教授。

丁乃通先生于1941年获得哈佛大学英国文学博士学位,后为美国西伊利诺伊大学教授,著有《中国民间故事类型索引》《中国和印度支那的灰姑娘型故事》等,是民间文艺学历史地理学派的著名学者。他是应我和中文系主任、全国故事学会副主席刘守华副教授的邀请于9月中旬来我校讲学的。在一个多月的讲学期间,他为我校民间文学研究生和选修故事学的本科生做了关于历史地理学派方法、国外民间文艺学进展和故事分类、世界著名民间故事类型研究等一系列学术报告。

丁乃通先生热爱中国民间文学事业,在会上,他将自己从美国带回的一批珍贵的民间文艺学书刊,还有他这次讲学的报酬捐赠给了我校民间文学研究室。到会师生向丁乃通先生表示了深切的谢意和敬意。

后来,我校民间文学学科发展得很快,在国内具有重要的地位,这与丁乃通先生的支持和帮助是分不开的。

## 四、有特色的校园文化

从1984年举办首届"一二·九"诗歌大赛起,学校每年都举办这项大型赛事,一直持续至今,已有30多年。如今,"一二·九"诗歌大赛已是华中师范大学响当当的一个校园文化活动品牌。

1984年12月9日,校团委、学生会和诗社联合主办的"武汉高校'一二·九'诗歌邀请赛"在学校隆重举行。武汉地区14所高校的近两千名诗歌爱好者齐聚华师,白桦、曾卓、骆文、管用和、熊召政等20多位著名诗人应聘作为评委。《人民日报》《江汉早报》《湖北青年》《长江文艺》《芳草》以及武汉人民广播电台的编辑、记者也参加了大会。

团省委副书记倪德斌、省学联秘书长彭小海莅临到会。比赛开始前,我和倪德斌发表了即兴演讲。我在讲话中首先对各位"老少诗翁、大诗公、小诗妹"表示热烈欢迎,然后接着说:"每一个时代都有每一个时代的诗歌,生活中不能没有诗,正如生活中不能没有音乐和鲜花。"我希望诗人们用火热的诗歌讴歌时代、讴歌生活,我们的民族正在走向未来,诗歌应该歌颂所有为"四化"献身的人们。

老诗人白桦和曾卓分别上台朗诵了诗作《青春不会消亡》和《献给年轻的歌手们》,他们火一样的诗情,激起了全场一阵又一阵热烈的掌声。随后,近30名男女同学上台朗诵了他们创作的《我歌唱生活》《中国——三十五岁的青年》《在写入党申请书的时候》等诗作。他们用炽热的情感,热情讴歌了"一二·九"学生运动,表达了新一代大学生决心继承先辈的革命传统,积极投身改革洪流的决心。

比赛结束后,评委们根据思想内容和表现形式,评出创作奖7名、表演奖6名。这一活动极大丰富了校园文化生活,调动了青年大学生读诗、学诗、写诗的积极性。同时,这一活动有机地融进了爱国主义教育、思想教育、国情教育等。

武汉地区首届"一二·九"诗歌大赛结束后,《华中师院》院刊记者采访了老作家和诗人白桦。这个采访很有意思,全文如下。

问:您到华师来过几次,对华师的印象如何?

答:来过两次。第一次是1981年春天,这次是第二次。我觉得华师是一所很不错的学校,同学们都很热情。我刚才在台上也讲过,你们有一个好校长,有一个好学校,也有很好的同学。

问:您对这次诗歌大赛的印象怎样?

答:总的看来是不错的。以前很少有这样的活动,今后应该多开展一些这样的活动。不光要有书面程序的结果(指评奖),还要有学术上的结果。评选时不仅要邀请专家提意见,而且要让广大听众提意见,使这一活动既是竞赛活动又是学术活动,希望下一次诗歌大赛在创作上、朗诵上比这次水平更高。组织也是很重要的一个方面,组织得不好,别人就没有兴趣。这次音响效果就不太好,音乐时断时续,时强时弱。

问:您对大学生诗歌创作有何看法?

答：我认为完全可以形成"校园诗歌"。大学生写自己身边的生活，听起来很亲切。比如你们学院朗诵的《女孩的世界》，没有豪言壮语，但听起来很亲切、很逼真。但是，我觉得学生们将诗歌变简为繁，显得拖沓，心胸也不是很开阔，时代感不强。诗人是时代的人，理应反映时代精神，要站在历史的高度，世界的高度，反映时代中的自己。总之，要宣传时代精神。

问：您最近有何新作问世？

答：我很长时间没有发表什么作品了。《当代》1984年第六期将发表我的一部中篇小说《遥远的故乡》，明年《清明》第一期将发表我的一个长篇《小鸟听不懂大树的歌》。此外，我还将陆续发表一些诗作。

（原题《诗歌要宣传时代精神——白桦采访记》，载于1984年12月14日《华中师院》第3版，作者：赵代君、陶龙）

我比较重视"第二课堂"的开辟，因为"第二课堂"是一个广阔的育人空间，比如学生演讲团就轰动了整个湖北。

学生演讲团是1984年暑假成立的，22名成员全都是学生。1984年7月9日到20日，他们冒着酷暑，到武汉、宜昌、沙洋等地的监狱演讲了36场。

在演讲中，他们针对犯人的思想活动和改造表现，痛切地批评犯人的昨天，真诚地期望犯人同旧我决裂，用劳动的汗水冲刷罪恶的灵魂，在改造中求得新生。演讲团演讲内容丰富，哲理深刻，事例生动，语言亲切，感情真挚，发人深省，催人奋进，强烈地震撼了罪犯的心灵，许多罪犯流下悔恨的泪水。

听了演讲后，犯人自发地交流体会，畅谈感想，通过写决心书、感谢信、写诗作画等方式，表达痛改前非和向往新生的心情。一个犯人给演讲团同学写了一封长达6页信纸的信，信中说："我被逮捕时没有流泪，判刑没有哭泣，听了贵团生动的演讲，我哭了，泪如泉涌，惭愧的泪水,渗透了我的衣衫。"

这个演讲活动受到省劳改局系统工作人员的广泛好评。他们说:"这种演讲好,真正打动了犯人的心灵,这种教育效果多年来少见。"这一活动的开展,也让同学们接触了社会,了解了生活,锻炼了独立工作的能力,增长了才干。

我在湖北省荆州监狱寄给学校的一份关于演讲团演讲的情况反映上做了批示:"暑期演讲团成绩巨大,不下于一个科研成果。"演讲团看到我的批示后深受鼓舞,表示要继续演讲下去,为社会服务。

后来,演讲团还利用星期天的时间开展演讲活动。1984年10月21日,学生演讲团受湖北省劳改局委托,利用星期天到大军山省少管所演讲,近2000名少管所学员听了演讲。这是继暑期演讲之后,华师学生演讲团的第39场演讲。

演讲团8名同学先后登台演讲。他们真挚的感情、深情的呼唤、亲切的话语,深深打动了少管所学员的心灵,赢得一阵又一阵热烈的掌声。

1987年5月初,天气晴好,花木争妍,"桂子山之春"首届艺术节隆重举行,艺术节是我倡议的,但具体操办主要依靠音乐系和美术系。学生会和研究生会也很活跃,提出了很多富有创意的方案,我当即采纳,并委托他们全盘筹办,具体事务由校办与后勤部门协助。

开幕式舞台上,大家亲切熟悉的校文工团的歌舞表演,令人称奇赞叹的杂技魔术,民族气息浓郁的地方戏曲和充满异国情调的花腔女高音荟萃一台,专业演员和业余歌手竞相献艺,令人目不暇接。

与此同时,在树木葱郁的林荫道上,"文化商品一条街"从图书馆门前向西延伸,两旁的书画表演、摄影展览、法律知识咨询、湖北风味小吃制作等活动吸引着众多师生员工和校外来宾。宽敞的马路一时间摩肩接踵、人来人往、水泄不通、热闹非凡。

艺术节期间,武汉市音乐界人才协会、武汉音乐学院、省汉剧院纷纷来校演出,校学生、教工文艺大奖赛举行决赛,音乐系、体育系、政治系与某部队文工团搭班组合,同台献艺。5月4日晚,校"一条龙"优秀节目综合演出更是牵动着桂子山男女老少的心,从幼儿园小朋友到两鬓斑白的老教授,从普通教师到校党委书记,个个大显神通。幼儿园的小朋友讲的故事《小马过河》令人捧腹大笑,校党委书记戴绪恭的京剧清唱《借东风》赢得满堂喝彩。5月8日,3000多人的大型舞会更是把桂子山的节日气氛推向高潮,彩灯绚丽,舞曲悠扬,千人齐舞,场面壮观。

艺术节期间,研究生会策划了一个武汉市的博士生、硕士生大联欢,把全武汉的博士生导师也请来进行交流。那时武汉的博士生导师还不多,开经验交流会的时候,一个会议室就坐下了。艺术节上,校办还把武汉的一些著名小吃,像老通城豆皮、四季美汤包、小桃园鸡汤等店家,都邀请到华师,在图书馆前的主干道两边摆摊设点。那时我们刚好召开一个经济史国际研讨会,来了许多海外著名学者和国内的大专家。他们一看,学生的歌舞表演很有水平,还能吃到各种美味小吃,都赞不绝口。

这次艺术节是我校为了全面贯彻党的教育方针,加强校园精神文明建设,丰富校园文化生活,培养德智体美全面发展的人才举办的。这次艺术节得到校内外许多单位的大力赞助和支持。从收集到的反映看,本届艺术节内容丰富,节目水平较高,师生员工都很满意和高兴。

校外来宾、山东省政协副主席、孔子第76世孙孔令仁女士说:"华师能举办这样一个艺术节很不简单,我一定利用可能的机会,为贵校的艺术节大力宣传。"

通过社团、艺术节等载体,学生的精神风貌被提振起来。我与学生的关系,也堪称融洽。学生会和研究生会成为我开展工作的重要依靠力量,尤其是研究生会,很多人都有过工作经历,也很有头脑,很有抱负,经常会向我提出一些很好的建议,我也虚心采纳。他们这些人中不少在毕业以后都有了较大成就,如王振耀、郭志斌、王宏维等。

我觉得高等学校,特别是综合大学,艺术学科实乃不可缺少的建制,仿佛景区必须有水才能增添灵气一样。而对人才的培养,德、智、体固然不可缺一,而美的心灵尤不可少。这也是蔡元培教育理念的高明之处,我无非是继承发扬其精义而已,谈不上什么创新。

1988年5月4日至13日,华师第二届"桂子山之春"艺术节举办。在10天的艺术节中,评选出了我校大学生的"十大歌星""十大笑星""十大舞星""十大诗人",他们轮流登台献艺,展示了桂子山人的艺术才华。《野山》《黑炮事件》等新时期中国探索电影同时与师生见面。学生书法、绘画展览也为桂子山艺术节增添了光彩。学生的节日学生办,第二届"桂子山之春"艺术节的一个突出特点就是以学生为主体,节目小型、多样、灵活、新颖。

为了锻炼学生,第二届艺术节完全交给了学生。首届艺术节以其规模大、层次高给桂子山人留下了深刻的印象,师生都寄厚望于第二届,希望办得更热闹,更畅快。组织者也希望能办出特色、办出水平,让大家满意。然而这届艺术节,学校没有给一分钱,全部费用只能从团委、学生会的日常开支中挤出。舞台上的灯光、音响设备都是适合开会而不适合演出,想另外租,却没有钱。工作人员全是学生,时间只能从休息时间中挤,晚上忙到半夜,午觉取消,常常饭也顾不上吃。没有权,赤条条的学生,说话没有分量。所以,这一个又一个的困难摆在学生们的面前,怎么办?自己想办法。

最后,他们一一克服了困难,第二届艺术节还是取得了圆满成功。这届艺术节活动,学生直接参加、参与的近两万人次,参赛的有500多人,几番周折,几多辛苦,历经重重意想不到的困难,越过种种叫人不知所措的障碍,艺术节终于大获成功。而其中的笑星决赛这种幽默晚会在武汉高校还是第一次,增强大学生自我教育、自我组织、自我服务能力的目的达到了,变被动接受为主动参与的尝试成功了。这就是育人,全方位育人,多渠道育人。

1984年暑假期间,学校德育教研室在制定教学计划时,我就指出:"对大学生进行德育教育,这一工作很重要,是一项有意义的工作,应该聘请德高望重的教师来上这门课。"同时,我还毛遂自荐:"倘若我合格的话,我乐意当你们的兼职教师。"他们听了很高兴,专门给我安排了一次课。

1984年11月2日,我给全校84级学生上德育课。我讲课的题目是《当代大学生的历史使命》,我从"使命和使命感""正确处理红与专的关系""确立奋斗的目标"等三个方面,运用历史和现实的大量材料,鼓励大学生成为德智体全面发展的合格大学生。报告中我用了很多生动的例子,所以学生们很喜欢,全场不断响起热烈的掌声。

1985年3月4日,政治系82级在上新学期的第一堂课——哲学课时,上课前几分钟,我从教室后门走进去在后排找了一个座位坐了下来,与学生一起听了这节课。直到下课后,大家才发现是我,于是就聊了起来。我问了大家一些情况,关于教室的设备、教学的效果、任课教师的表现等,同学们你一言我一语地说了起来。听了大家的反馈和意见,我简要回答了同学们提出的相关问题,然后就走进了历史系82级的课堂。

我听课一般是不提前给老师打招呼的,就是随机听课,看看真实的教学情况。大学校长一定要经常到课堂听课,要深入教学一线了解老师们具体的困难和问题,然后帮助老师去解决。同时,这也可以了解学生的真实想法,对课堂教学的意见和建议,这是很有价值的。

坐在办公室里听汇报是了解不到真实的课堂教学的。我的主张就是要了解上课就要到教室里去,到课堂上去,听听老师是怎么讲的,看看学生是怎么反应的。大学校长要抓教学,课堂是绕不过的,这是一个前提和基础性的工作。要改进教学,提高教学质量,就必须了解到真实的情况,发现真正的问题,只有这样才能真正有利于教学。

## 五、《朝晖》专刊

学校改革如火如荼地进行，学生们也积极行动了起来。历史系83级主办的改革专刊《朝晖》，引起了全校师生员工的关注。我听说后也专程到图书馆门前从头至尾详细地看了一期他们办的专刊。

《朝晖》是由历史系83级团总支和学生新闻协会联合主办的，它的目的在于给院里提出一些改革建议，激发同学们的改革积极性。办刊前夕，他们专门走访了学校改革办公室的有关人员，了解了学校的改革动向。《朝晖》开辟有《国内外教育动态》《改革在兄弟院校》《假如我是一个领导》《改革建议》等栏目。

我看后很高兴，事后特地到历史系。我说："历史系83级同学们的这一举动很好，专刊提出了许多宝贵的改革建议，很有参考价值。它说明同学们都很关心改革，也使我们领导在改革中充满了信心。"

我希望全校师生员工都来做改革的促进派。我还专门请历史系83级辅导员娄章胜转达我对同学们的问好。

后来，83级同学得知我对他们的表扬以后都非常高兴，表示会继续办好《朝晖》，在改革中献计献策，为办好华师做一点力所能及的事情。

## 六、校园新风

1985年的出访，促使我完成角色转变，决心认真履行校长职责，把华师办成名副其实的中央直属高校。至于如何办好，我的内心自有两个榜样，一个是北大校长蔡元培，一个是晓庄师范（今南京晓庄学院）创办人陶行知。对于蔡元培，主要是学习他倡导学术自由，具有"兼容并包"的宏达气象；对于陶行知，主要学习他的"生活即教育"与深入社会实践。我深知教育改革千头万绪，谈何容易，但如能牢牢抓此两端，至少不会走上歧途，徒劳无功。

我幼时因又瘦又矮，从未想过以后会当大学校长，但对蔡元培却非常崇敬，其原因就是常常翻阅父母卧室书架上那些五四人物编著的书刊。父亲保存他早先在凹山铁矿参与管理工作时的照片，头戴安全帽，身穿矿工服，并且亲笔写下蔡元培风靡全国的口号"劳工神圣"。及至进入高中，阅读五四人物作品渐多，更对蔡元培的学术理念与教育思想有所理解与信奉。其中当然也包括国立九中邓季宣的深刻影响，他的自主办学精神与广延各派名家前来演讲的博大胸怀，成为我在精神世界的导向。当然，最使我产生亲近感的却是陶行知，他对儿童教育的创新、"小先生运动"的倡导与儿童工学团的推广，都使我对他标榜生活教育心向往之。及至1946年进入金陵大学以后，我更为理解与尊敬这位大教育家与民主斗士，甚至公开批评金大电化教育中心只知道宣传武训而忽视已被誉为"当代武训"的杰出校友。抗战期间，我长期生活与求学于乡间，所以对乡村教育的倡导者，包括晏阳初、梁漱溟、陶行知特别敬仰，并且把晓庄学校视为促使中国走向富强的奠基石。这些零零星星的思想积累，促使我在校长任内产生"一校一县"全面合作的构想。

回想起来，20世纪80年代的政治环境还是比较宽松的。领导人都相当开明，因此当时的大学校长拥有较大的自主办学空间。我们这些"民主青年"出身的大学校长，大多倾向于学生自治，并且特别苦心经营自由讲学，借以形成良好的大学校园学术风气。比如，中文系邀请丁玲、姚雪垠，虽然他们比较囿于正统，有些言论已经流于陈旧，但我仍然极为尊重这些文学前辈，并且同意中文系成立姚雪垠研究中心，而且我与他平素私交甚笃。有些知名人士，尽管已受处分并为"左"派人士众矢之的，我也亲自主持大会，并发表热情洋溢的欢迎词，使他们非常感动。至于海外知名人士，形形色色，各抒己见，亦使众多师生大开眼界，逐渐与国际接轨。

我们还鼓励学生社团健康发展，很多社团开成立大会时，校长都亲自参加并热烈祝贺，有些社团负责人多年以后还记得我讲过的一些话。从我的内心来说，更希望能把学生会、研究生会办成解放前的学生自治会那样，自己管理自己。学生多已成人，为什么还要设那么多班主任、辅导员如同保姆那样时时刻刻管教呢？我在任期间，与学生会、研究生会的主席相处，既是师生又如朋友，他们可以随时找我交流意见，或要求解决什么难题，或提出具体建议，而我总是从善如流，大家共同谋求学校的进步。有些学生头头年龄稍大，已有相当丰富的工作经验，他们策划的一些大型活动，我都放手让学生具体筹办，学校各部门无非是提供必要的经费、材料以及人力资源而已。

## 七、所谓反对"资产阶级自由化"

平心而论，20世纪80年代的办学环境，大学确实享有较多自主，校园空气也比较轻松活泼，我们这些校长的工作常有得心应手之感。

记得在1986年秋季开学之初，新任中宣部部长朱厚泽亲自来湖北调查研究,曾在我校开小型座谈会。首先由他简单介绍"三宽"(即宽容、宽松、宽厚)理念的形成及其精义,然后开门见山地说:"我现在最迫切需要知道的,就是你们正在想些什么?"他的心情可能殷切,但大家都沉默无语。因为事先缺乏准备,大家对这位刚从贵州省委书记调任的新部长比较陌生。陪同前来的省委副书记钱运录有些尴尬,连忙敦促大家发言,并且点名说:"章校长喜欢放炮,你先讲。"我不懂"放炮"是褒是贬,顾不上与他计较,便笑着说:"此刻我在想,朱部长自己想着什么?"引发哄堂大笑,气氛随之活跃。部长点头称是,并且推心置腹地说:"所谓'三宽'不是我个人意见,更不是短期应对的策略。这是经过政治局认真讨论,每个常委都赞成的长治久安的国策。"他尽量为我们扫除疑虑。厚泽人如其名,于敦厚处显露儒雅,毫无官僚架子,又善于引导启发,所以大家谈得非常尽兴,对于党中央的新思路寄予厚望。

会后没过几天,我到北京参加教育部的会议,正好与回北京的朱部长同一车厢。他上车较迟,但很快便发现我,并且热情邀我到房间聊天。由于年龄相近,早期又有许多类似经历,所以一见如故,推心置腹,谈了两三个小时方才告别。谈话具体内容现在已记不清了,大体上都与学术自由、思想解放、知识分子政策等话题相关。谈话给我留下的印象似乎不如座谈会上那么乐观,彼此对于"三宽"贯彻所面临的阻力都很担心。

人们又常说无风不起浪,但对于阶级斗争老手们来说,无风亦可起浪,有风更掀大浪。

时局变化虽然未使我受到任何冲击,可思想上却相当苦闷,因为"文革"后我已决心不再讲任何违心之言,但校长的身份不容许我再直言无隐,所以内心已经产生退隐的消极念头。正好1987年暑假有空,便去参加了陶行知研究会在南京举办的骨干培训班,我与浙江省社科院历史研究所所长胡国枢都被邀去讲课。会后胡国枢邀我顺道到杭州旅游,并答应亲自陪同我回祖籍湖州寻根。我的老家在吴兴县菱湖镇荻港村（今湖州市南浔区），当时尚无公路通行，只能乘机动木船在芦苇丛生的港汊中缓慢行进。当时我的小女儿雪梅已经就读于浙江大学光仪系，我很想到荻港定居离休，便于她就近照顾，并且当时离休干部如果在家乡已无自家房屋，可以补助9万元修建住宅。国枢理解我的内心苦闷，欢迎我到杭州。但又说你现在精力旺盛，过早离休太可惜，不如到杭州找所大学教书，换换环境调适心情。他在浙江省很受重视，与许多领导都说得上话，所以很快就得到浙江省政协王主席的热情关切，经与教育厅商妥，由该厅向湖北发商调函，内定我担任浙江师范大学校长。师大校址在金华，考虑到我年事已高，在西湖边提供两室一厅住宅，每周只要去金华办公两天即可。进展之快与条件之优厚都使我非常惊喜。

　　喜讯带回武汉，全家都欢欣鼓舞，特别是雪梅巴不得我立刻搬到杭州，这样她每周就有家可回了。浙江省求才若渴，很快便发来商调函。但湖北省领导与华师都不肯放人，并且通过教育部不予批准，说是章开沅接任校长未久，学校刚有起色，不宜过早调动。就这样，我与曾祖父维藩公一样，归隐荻港的美梦顿时化为泡影。

　　不过平心而论，我与湖北省党政领导关系尚称融洽，特别是有些老领导真是看着我成长的，对于我的优缺点，怪脾气，大多一清二楚。如果不是他们的理解、信任与宽容，我可能早已在既往政治运动中遭遇灭顶之灾。更重要的是我对华师的感情太深。昙华林是我成家立业之地，而桂子山的一砖一瓦都铭刻着我们已经逝去的浪漫青春。所以无须领导多方劝说，我就放弃了告老还乡的冲动，照旧办学治学，一切如常。

　　中央领导的以身作则，也给省、市领导及其下属人员带来了深远影响，官气较小，实干甚多，对专家学者也比较尊重，仅就我亲身经历，追忆几件往事。

　　省委书记关广富，他原任中国人民银行湖北分行行长，对工业、农业、金融业非常重视，对文化教育则力不从心。有次他亲自带队到华师调查研究，还邀集少数师生代表开小型座谈会。会议一开始，他就鼓励大家给省委提意见，但会场沉默无语，结果又是陪同的副书记钱运录"救火"，笑着命我"带头开炮"。我也只有打破沉默，就中央直属院校在武汉处境的困难，批评省、市委领导关心支持不够。本来这些意见也不算尖锐，但我结尾却脱口而出，说了一句积压已久的内心独白："我认为解放以来湖北省领导没有一个人比得上张之洞那样重视教育。"关书记可能缺乏心理准备，站立起来，走来走去，满面通红，仿佛关公再现。陪同前来的新任科教部部长何界生原来是武汉医学院（今华中科技大学同济医学院）团委书记，对我比较尊重，同时也知道关书记的脾气——站立起来，走来走去往往是"冒火"的前奏。她慌忙说："章校长是学者，是学者。"我又犯迷糊，不知"学者"一词是褒是贬？但她的提醒立即生效，书记果然冷静下来，坐下平静地与师生交流，座谈会总算平安无事，大家松了一口气。事后听说关书记曾派人到武大历史系，问武大的中国近代史教授："章开沅为什么说湖北省历任领导都比不上张之洞那样重视教育？"那位老师解释说："这是章先生的学术观点，他历来都是挂在嘴上讲，并非针对关书记。"关广富无非是躺着中枪，听说他以后也没有再提此事。

不过有件事，我自己觉得有点对不住关广富。记不清是哪一年，湖北省社联首次颁发科研奖，他热心支持并且带头提交一篇自己写的政治评论文章。此事我完全没有过问，直到报上公开报道评审结果，才发现他的文章被评为三等奖。我觉得参与评审的学者非常严肃认真，省委书记的作品竟然只评为三等（即最低一等）。但具体负责经办的社联专职副主席也过于马虎，如果事先把这篇文章抽出，可能更为妥善。不过关书记倒也胸怀坦荡，听说他不以为意，还高兴地告诉别人："我居然也评上奖了！"可见当时的高级干部还不是多么"特殊化"。至少带头参与申报，而且不是秘书代劳，这本身就该称赞。

党的十三大正式召开之前，举行过准备性的全国代表会议，我竟然作为湖北高校唯一代表参加此次盛会。湖北代表团开会，各代表吃住乃至娱乐都在一起，大家一律平等相待，亲切如同家人，我感到关书记对我并未存有任何芥蒂。关广富并非老干部，是解放战争期间在东北参加革命工作，然后随军南下的。他离休以后曾创建孔子学会并聘请我为顾问，仍然保持着故旧情谊。

湖北省领导班子中资格最老而学历最高的是韩宁夫。他是山东大学的学生，抗战全面爆发前就参加了革命工作。由于年事已高，已经不再如过去那么朝气蓬勃、干练敏锐，但是忠厚诚朴，颇有长者风度。80年代事多会也多，而且很多会需要他参加以示郑重。有时一天他要参加好几个会，而且直到开会做报告时还问秘书："我这是开啥会呀？"大家都忍俊不禁，但对老前辈仍然极为尊重。有次省教育厅组织各学科评审正高职申请，由我担任组长并且集中住在宾馆，大约一周工作结束，教育厅厅长邹时炎突然跑来，说是韩省长今晚宴请慰劳大家。我说不必了，现在教授们都急于回家，也不想惊动省领导。邹时炎原来是我们历史系的学生，所以我们无所不谈。他认为省长是诚心诚意感谢大家为学科建设辛劳，为什么老师们还不领情呢？我说过去书记、省长请客，都是客人先到齐，然后首长缓缓而来，客人站在门口列队欢迎，这到底是谁请谁呢？时炎是我非常喜爱的学生，长期当过小学校长，因此领悟力特强。他大笑说这个好办，现在就可以改进，宴请由省长先到坐候。当晚，韩省长果然笑容满面，站在门口与我们一一握手，大家鱼贯就座。看到革命老前辈如此平易近人，大家反感到惭愧。席间谈笑风生，共话湖北教育大业，气氛非常融洽。

那些年，教育部部长蒋南翔、副部长黄辛白等，大多也是"一二·九"时代的北大、清华、燕京等名校的学运领袖人物，国家教委副主任张健则是跟着哥哥张劲夫追随陶行知的晓庄、育才早期学生。他们不同于那些"外行转内行"的党、政、军干部，早就了解什么是正规大学以及教育与学校的基本规律，因此与我们这些新上任的学者型校长很容易沟通,像是兄长与老师一样循循善诱,平易近人。有次在北京开会,黄辛白的卧室正好与我邻近,他抓紧时间与我交流,因为当时许多学校都在把学院改成大学,教育部直属师范学校只有西南师院与华中师院迟迟没有动静。他问我们为什么迟迟没有申报改名,我说学校的好坏并非取决于校名,加上我们学校对外交流起步较晚,这两年刚刚进入快车道,已与10余所外国学校建立全面合作交流关系,校名一改,海外学校反而不知我们是否新建学校。黄辛白笑着说,你讲的道理我都懂,但在目前形势下,你们如果不改名,连招生都要吃大亏,因为人们总是认为大学比学院好一些。经他耐心解释,我才知道改名不宜过迟,于是很快就申报改名华中师范大学,但毕竟迟了一步,很多正式出版的高校介绍材料都把我校列入学院一类,而湖北大学、哈尔滨师范大学等省属学校反而与综合性大学列入一类,在生源方面确实已经造成损失。

张健是陶行知喜爱的少年学生,因此对陶行知研究情有独钟。80年代中期,他与方明等高层人士通过中国陶行知研究会,把"陶研"推向全国各地,而且已经蔚然成风。但是从学术水平来看,"陶研"尚属回忆录与普及水平,真正具有功力的学术专著寥寥无几。由于我校较早编辑出版《陶行知全集》,而且已有一个精干的"陶研"团队,所以指定由我担任全国"陶研"项目的总协调人,但主要是依赖挂靠在教育部的中国陶行知研究会开展工作。张健经常与我以电话直接联系,他对我主要有三点期望:①撰写一部具有学术研究性的陶行知传记,作为"陶研"提升学术品位的导向;②培养一个以"陶研"为主体的优秀博士;③帮助中国陶行知研究会协调全国布局并举办各种学术交流活动(包括国内外)以及宣传普及陶行知教育思想。

我在校长任内,大体上完成了这三方面工作。首先是与唐文权合作撰写了《平凡的神圣——陶行知》学术专著,华师的"陶研"团队也发表了许多水平较高的论著,并且举办陶行知教育思想国际研讨会,共同提升"陶研"的学术水平。其次是先后培养了三位以"陶研"为终生事业的博士,而首先取得博士学位的周洪宇可以说是我与张健共同培养的。他不仅安排周洪宇到美国哥伦比亚大学教育学院进修并搜集查阅相关史料,还经常关心并指导我们的培养工作。而我们自己最大的收获是很快便融入这个全国性的"陶研"群体,与终生师陶、研陶、践陶的方明、张健、胡晓风、胡国枢等著名学者成为共同奋斗的亲密战友。同时也结识了成千上万自称为"小陶子"的中小学教师,他们在全国各地青少年中播撒陶行知教育思想的种子,并且用自己的爱心滋育下一代的茁壮成长。就人文社会科学而言,"陶研"群体可以说是最大的研究群体,陶行知是他们心中的圣贤,而晓庄被视为圣地。能够融入这个伟大的群体是我一生中最大的幸福,因为接上这个丰盈的地气,才更使我坚定了"爱满天下"的信念与追求。

总体来说,20世纪80年代的大部分时间,是我一生工作中最为平顺的岁月,占尽天时、地利、人和,事业有成,家人平安,夫复何求?

# 第十章

# 率先走高校社会服务新路

## 一、张謇与近代化模式①

19世纪末20世纪初,张謇在创办和经营大生纱厂等一些近代企业的同时,也积极摸索着一种地区近代化的模式。研究并弄清这种探索,对我们当前建设有中国特色的社会主义现代化,是有借鉴意义的。张謇是怎样进行探索的呢?他在南通以一个县为单位,进行实业、教育、慈善3个部类的试验,让南通这个县在中国走向近代化的历程中走在前列。他所说的慈善,实际上范围很广,不仅是社会福利、社会保障,还有很多市政建设都包括在内。这就提供了一个值得思考的问题,像中国一个这么大的国家,要想走向近代化、现代化,由于各个地区的情况

---

① 本节引自章开沅:《章开沅文集:第5卷》,武汉:华中师范大学出版社,2015年,第381—383页。有删改。

都很不相同,就应该容许地方根据自己的实际情况,获得自己相对的抉择性,让地方有更大的自主权。张謇当年就是这样设想的,而且也是这样做的。中央主要是给宏观指导,制定政策;地方,特别是县一级的地方,应该实行地方自治。他这样做了,而且取得了一定的成效。我们的国家长期以来社会发展比较迟缓,有一个很重要的原因,就是大一统这种传统观念根深蒂固:中央太强,地方太弱;政府太强,民间太弱。而张謇所提出的以县一级从事地方自治的模式,到今天为止,跟我们的思路仍有某些相通的地方。这是第一点。

第二点,他根据地方实际情况,从县情出发,发展国民经济。南通盛产棉花,他就根据这个优势,首先办纺织厂。有了纺织厂,需要棉花基地,又办起了通海垦牧公司,然后又带动了机器制造业、食品加工、交通和其他各个方面企、事业的发展。这也是一个很给人启发的做法。

第三点,张謇从一开始,就很重视教育与实业的同步发展。大生纱厂是1899年建成的,1902年他就开始筹建南通师范学校,所以他终身都是把实业和教育放在同等的地位来发展的。一直到大生资本集团破产后,他仍然支持南通教育事业的发展。在他临死之前,他还为南通师范学校、南通女子师范学校购置了田产,并把它作为校产,所以这一点也很值得我们重视。

第四点,张謇在从事实业、教育、市政建设的发展方面,很重视调查研究,很重视做科学的预测和规划。他的步伐是相当稳健的,不大轰大嗡,不追求浮名。他办教育,就不像清朝政府那样先从大学办起。他是先从师范办起,从小学办起,然后由小学到中学,到专科学校,然后到大学,这样就符合循序渐进的规律。再如办小学,他事先做了全县的调查,也了解了农村小学生从家庭到学校去学习,距离多远比较合适,然后再确定在一个乡建立多少初等小学,或者是高等小学,然后再拟定整个教育发展的计划。所以,从这个角度来看,张謇在南通的做法,有值得我们今天借鉴的地方。

但我这样说，并不是认为张謇当时所探索的南通模式已经完美无缺，而且在当时的历史条件下，没有社会制度的根本变革，也没有一个好的政府。在军阀混战的情况下，他所有的努力最后并没有取得预期的效果。在他的晚年，他自己也违背了科学，违背了规律。他按照自己的主观意志，把南通的地方自治规模办得太大，要求又过分急躁，所以他的事业的发展，从速度、从规模来讲，都超过了他自己资本集团所能负荷的能力，因此最后失败了。这个沉痛教训同样也是值得我们今天借鉴的。所以我想，在研究中国近代化的时候，张謇所探索的南通近代化模式，是可以作为一个重要的研究课题的。

最后，我想我们的历史学家，不仅要写书，要研究，还要做点实事。我们学到一点东西，最好还要身体力行。前一阶段，对历史为什么服务的问题，史学的社会功能问题，讨论得很多，什么为政治服务啊，为现实服务啊，为"四化"服务啊，等等。所有这些讨论，都是有意义的，但我认为也是不够的。我认为历史学家不仅要为政治服务，还要干预政治；不仅要为现实服务，还要干预现实；不仅要为生活服务，还要干预生活。不要忘记，历史学家也是国家的主人，而且历史学家还有自己的优势。正如司马迁所说的那样："究天人之际，通古今之变，成一家之言。"历史学家通过研究历史，鉴古知今，而且预测未来。历史学家应该有自己的主张，而且也可以利用自己的主张来影响政治，来促进国家现代化的发展。所以本着这个精神，1987年8月在南京参加张謇国际学术讨论会以后，我回到湖北，带领了20多位专家，到我们学校附近的一个市（县级市），叫仙桃市，做了考察，而且与仙桃市签订了科技与经济、文化协调发展的长期合作协议。当时我就有一个设想，我希望仙桃能办成湖北的"南通"，也希望仙桃市政府及其各个团体能够跟我们合作，办好这件事。我有一个小小的"野心"，就是通过我们华中师范大学与仙桃市的合作，也创造一个模式，创造一个"一校一县"合作的模式。我们全国有一千多所大学，如果每一所大学都同一个县结合起来，而且用张謇那种精神来帮助这个县，让它在经济、科技、社会各方面都能得到协调的发展,我想这个作用是很大的。我举这个例子,是说明历史学家并不是书呆子,不应该成为某些人瞧不起的一介穷儒,我们也有自己的优势。以华师为例,我们学校有1000多名教师,而张謇当时手下的人才堪称专家的,充其量不过二三十人。一个学校每年的经费有一两千万元,而张謇创办大生纱厂的时候,只有2000多元股金。所以我们与仙桃市的合作也是有基础和信心的。这就是说一个历史学家可以做的事情很多,不仅是研究史学(当然主要是研究史学,否则就不再是一个史学家),而且应该把研究史学所得到的一些收获、一些历史的经验与教训,能够在现实生活里面发挥更大的作用。

总的来讲就是一句话:历史学家应该增强自己的主体意识,史学应该维护自己的科学尊严!

## 二、走出去办学

我认识到,高校办学一定要走出去,与政府、机关、企业等进行合作办学。一方面,大学的人才培养、科学研究等可以服务社会。另一方面,大学的发展空间和资源会大大拓展。

学校先与武汉军区空军机关进行合作办学。1984年9月7日,华中师范学院与武汉军区空军机关共建精神文明大会在湖滨剧院召开。我和其他党政负责人都出席了这个大会,武汉军区空军(以下简称武空)政委康星火等领导也出席了大会。

下午两点,当我校与会师生员工进入会场时,受到部队官兵的夹道欢迎。王秋来副校长宣读了华中师范学院与武空机关共建精神文明的规划。我和康星火政委先后讲话,大意是双方要在共建活动中,互帮互学互促进,共建共利共提高,让军民共同培育的精神文明之花开得鲜艳夺目。

学校与武空机关共建精神文明规划共九条。①华师发挥自己的智力优势,帮助部队培养人才。从下半年起,为高炮某师开办一个50到60人的专科夜大班,部队按有关规定提供办学经费。②学校为空降兵某师办100到150人的函授大学专科班,部队按规定提供办学经费。③学校不定期为武空机关干部举办写作知识等讲座和咨询。④华师学生不定期到武空开展社会实践活动,为部队干部战士咨询、辅导提供方便。⑤武空协助华师对学生进行爱国主义、革命英雄主义教育。双方互相组织先进人物做报告。⑥武空组织有经验的医护人员,不定期给华师副教授以上知识分子体检。⑦武空与华师在开展太阳能研究方面进行合作。近两年内,武空协助华师修造太阳能游泳馆。⑧武空每年为华师学生搞好军训工作,采取"请进来"或"走出去"的方法逐渐完成学生的军训任务。⑨双方经常开展情况交流,开展文体活动,增进友谊,促进共建活动的发展。

以上各项活动,由华师宣传部与武空群联部共同联系协调,并且每半年检查落实一次。

不久,历史系83级就计划给武空通信营举办10期历史知识讲座,第一讲已于1984年11月9日在武空举行。课后,同学们还举行了收集教学意见的座谈会。通信营指战员非常满意这一活动,并表示在适当的时候给历史系83级的同学们上一些军训课。

此后,华师与武空的合作一直进行得很好,成效显著。一直到现在,华师每年的军训仍由空军雷达学院教官负责。

1986年4月,我和河南石油勘探开发公司(南阳油田)经理孙希敬共同签署了《关于定向委托培养大学本科生及研究生的协议书》。这是我校与企业的首次合作,有利于双方的共同发展。

根据协议精神,我校将根据国家教委有关文件的指示,为南阳油田定向培养一定数量的本科生和研究生。同时,为了提高南阳油田的教学质量,我校将每年派遣一定数量的教师、专家前往该处讲学或指导工作,并将对方有关学校管理、教学管理等方面的情况列为我校的科研项目。另外,我校一附中还与南阳油田第一中学结为姐妹学校,双方采取相互学习、相互交流教学经验等多种方式,力争使对方的第一中学通过3年的努力,达到地区重点中学水平,通过6年的努力,达到河南省重点中学的水平。

为了支持我校改善办学条件,南阳油田同意按照国家有关规定,于1986年6月底以前,一次性拨给我校基建设备投资费160万元。同时,在6年之内,每年按平价供应我校石油液化气60吨。我校将首先利用南阳油田资助的160万元修建一栋14层楼的学生公寓,届时将大大改善我校学生的住宿条件。

## 三、仙桃模式

与此同时,我也认真发扬陶行知的"晓庄精神",鼓励学生走出校门,融入社会生活。而学校本身则精心构筑"一校一县"全面合作模式,通俗地说,就是学校以县为社会实践基地,县则借用学校的智力支援,在文化教育、经济科技方面加速发展。在这个问题上,学校党委常委与校务会议已有共识,其中出力最大的是邓宗琦副校长。邓宗琦在20世纪50年代中期毕业留校,在数学系任教多年,成为学术骨干。"文革"后又较早进入校部工作,在科研部部长任内卓有建树。他们的优点是勇于进取,深入基层,亲临前线,并且善于调动下属人员的积极性。我接任院长以后,由于行政领导班子一共只有3人,所以在教学科研方面,我们共同商议最为密切。我们经过调查研究,缜密考虑,决定把化学系与仙桃农药厂的成功合作经验扩大成为"一校一县"的试点。

仙桃是个县级市,原来叫沔阳,位于比较富饶的江汉平原,离武汉很近,交通极为方便,但是由于工业基础甚弱,所以县域经济迟迟难以提升。其中唯一尚有市场需要的农药厂,由于技术陈旧与经营不善,已经濒于破产。华师化学系张景龄教授从苏联留学回国以后,长期从事磷化学的无害农药研究,其优异科研成果已在山东大面积推广应用。仙桃新任市委书记,原本是武汉市洪山区委书记,由于曾与我们合作办学(干部硕士课程班),对华师的师资状况比较熟悉,所以很快就引进张景龄团队制作的农药新品种,而且迅速取得成效,农药厂经济效益转亏为盈,当时号称"一剂新农药,救活一个厂"。而该厂对我校农药化学研究所回报也极为丰厚,记得当时连校长办公室都没有装空调,只有农药化学研究所拥有几台仙桃农药厂送来的空调,使全校教工都为之眼红。

从1978到1988年,经历了十个春秋,走过了十载寒暑,我校与仙桃市全面合作的新路子越走越宽广。在这10年中,校市全面合作的路子大体经历了三个阶段。

首先是"一所一厂"单项协作阶段。1978年底,我校农药化学研究所研制的农药新品种"水胺硫磷"被列为国家重点科研项目,并在仙桃市农药厂进行中间试验。未经过很长的时间,这家濒于倒闭的农药厂就扭亏为盈,1984年盈利超过50万元。到了1988年初,这个厂已成为仙桃市所有企业中产值超过千万元的工业大户。在对该厂进行技术支持的过程中,我校还积极为厂里培训人才,现已有4人达到大学本科水平。

其次是参与仙桃市总体规划阶段。1985年底,我校主动承担了指导编制仙桃市经济、科技、社会发展总体规划的任务。自1986年初开始,我校专家指导小组从规划编制方案的制定、规划工作人员的培训、材料的收集和综合分析、单项行业规划的起草和总体规划的最后完成,都给予了全面具体的指导,同时还参加和承担了大量的实际工作。1987年7月,在仙桃市总体规划专家评议会上,与会专家和省科委对我校指导编制的《仙桃市经济、科技、社会发展总体规划》给予了很高的评价。

最后是校市全面长期合作阶段。循着这一案例，我决定把农药化学研究所的成功经验扩大到与仙桃市全面合作。这种模式不仅可以服务社会，为地区经济与社会发展提供必要的智力支持，而且能够在现行体制上推进学校的发展，释放学校的能量，同时又可争取社会资源来支援学校。1985年底，我主持编制了《仙桃市科技经济社会协调发展总体规划（1986—2000）》，校市由以前单一的厂所合作进入经济、科技、教育和文化等诸多方面的持久协作。在评审仙桃市发展总体规划时，我提出："学校既有责任和义务帮助仙桃市把规划变为现实，也有条件这样做。"1987年8月和9月，我和其他校领导两次带领有关人员到仙桃市考察，并同该市绝大部分科局和主要企业的负责同志进行了对口座谈。在此基础上，双方签订了进行全面长期合作的协议。到1987年底为止，已正式签订成果转让合同3项，共同申请获得国家"863"高技术研究课题1项，确立定向研究开发课题6项，委托开发课题4项。

1987年9月3日，我和邓宗琦副校长应仙桃市市长张道恒的邀请，率领有关系、处负责人一行23人，对仙桃市进行了为期3天的访问和考察。双方在平等、互惠、互利的原则下，就全面合作的前景进行了深入细致的商洽和讨论，最后达成了6项协议。早在7月16日，《仙桃市经济、科技、社会发展总体规划》就在我校通过了专家们的评审和鉴定。这次签订的6项协议，主要是关于技术转让、技术开放和技术开发等方面的内容。其中关键的一项是将张景龄教授等首创的农药新品种甲基异柳磷运用于仙桃市的农业生产中，实践证明新品种效果非常好。化学系有关专家还研制了水胺硫磷和增效磷等农药，这几种农药皆成为仙桃市农药厂的主要产品，深受广大农民的喜爱。

此次活动，《光明日报》记者樊云芳全程参与，并且于9月27日发表以《校市联姻》为标题的长篇通讯，从而引起省、市领导与许多高校的重视。湖北省委反应最快，及时安排各重点大学派遣骨干教师，下放挂职担任分管科技工作的副县（含县级市）长，推广"仙桃模式"（亦称"仙桃经验"）。1988年秋天，居蜜的妹妹（居正孙女，与我私交甚笃）居美，作为世界银行驻中国专家，也对"校市联姻"感兴趣，专程前来访谈。她说世界银行愿意支持这个项目，因为不仅在中国可以推广，而且在整个第三世界都值得推广。但是世界银行不能对个别大学直接资助，必须做大，达到一定规模，比如选择100所质量较高的大学与100个县对口衔接，经由国家计委制订方案，才能获得世界银行的必要资助。她非常热心，答应在世界银行介绍我们这一创新举措的深远意义。这当然是好消息。可惜不久发生的一系列事件，使居美与我的美好愿望化为泡影。

樊云芳虽然从复旦大学毕业不久，但已经是新闻界一颗冉冉上升的新星，她与我可以说是忘年交。因为我们在1985年曾随湖北代表团前往北京参加中国共产党全国代表会议，前后将近半个月都是集中住在宾馆，朝夕相见，加以又都关心高教改革，私下交流较多。她性格爽朗直率，在我心目中仿佛仍是校园内的女大学生，不像那些从业多年的新闻记者那样深沉圆滑。她也没有把我当成什么采访对象，而是处于师友之间轻松叙谈，相互交流，直言无隐。她也不同于世俗媒体人，一味吹捧少数名校，而是对整个国民教育，特别是师范院校，热情关注，并且认真参与总结经验，促成创新模式。"仙桃经验"实际上乃是学校与媒体合作的结晶，无远弗届，影响深远。

湖北省充分肯定了这种"校市联姻"模式，并把它变成一种制度，加以推广，还安排其他高校与相应县（市）对口协作，派遣一个管科技的常务副市长或副县长负责科技利用。与仙桃成功合作后，华师又先后与湖北房县、武汉合成纤维厂、湖北第二汽车制造厂建立了合作关系，还与珠海市香洲区达成教育、科技全面合作的协议，为香洲区提供从幼儿教育到成人教育等全方位的服务，收效良好。

1988年12月1日，中国教育报讯：湖北高校纷纷与县（市）挂钩，形成了一校一县（市）对口协作的局面。有27所高校和43个县（市）建立了长期稳定的对口协作关系。高校共组织了377批专家学者1874人次，分赴对口协作县（市）考察，参与制订县（市）级经济发展规划40个，对360个工程项目进行了五项论证，有184个开始实施。帮助县（市）企业解决技术难题240个，使108个企业取得了较大经济收益。[①]

我说，加强校、市（县）联系，既可以促进市（县）的科技教育事业发展，又可以对学校的教学科研工作进行检验。如果全国以前多所大专院校都与有关的市（县）合作，将会对我国的科技教育事业带来重大的影响。

几年合作下来，仙桃市取得了非常好的社会效益和经济效益。仙桃市还委托华师培养干部，在此基础上，双方合作创办了仙桃学院。

1996年8月29日，仙桃学院在3号教学楼正式挂牌，华中师范大学仙桃学院董事会同时成立，刘庸教授任仙桃学院院长，仙桃市政府随即向我校划拨450万元基础建设费。学院首届定向招收的40位仙桃籍学生根据高考成绩招收到位，学生公寓仙桃楼也破土动工。

一石激起千层浪。仙桃学院的典型性、示范性很快显现，一些市、县也表达了希望与学校合作的意愿，在众多要求与学校合作的地方政府中，我校与天门市政府的友好协商又很快达成共识。1997年7月30日，《华中师范大学与天门市人民政府教育科技合作协议》签字仪式和华中师范大学天门学院挂牌仪式在学校举行，校长王庆生、天门市市长孙昌松在协议上签了字，校党委副书记翟天山、天门市副市长傅文尧为华中师范大学天门学院揭牌。协议在互惠互利的基础上，体现了校市教育、科教、文化、经济全面战略合作的"双赢"方针。

---

① 忻福良：《中国高等教育改革大事记（1978—1989）》，上海：同济大学出版社，1991年，第151页。

这样，由我校努力构建的、面向 21 世纪以江汉平原基础教育现代化为主题、教育科研为先导、人才培育为依托、科技产业为支撑的高等教育为地方经济社会建设服务的格局正在形成。

1998 年 2 月 28 日，由天门市政府出资兴建的天门楼学生公寓在仙桃楼对面奠基，当年 9 月新生入校时即投入使用。人们笑称这两个联姻为"天仙配"。高等学校社会服务的功能就这样展开了。

# 第十一章

# 走出国门办学

## 一、校长出访

我是很重视国际交流的。早在1984年,我就多次邀请海外学者到学校讲学。1984年6月4日下午,美国耶鲁大学社会学副教授戴维斯·弗莱德曼女士应邀到政治系做了关于美国社会问题的学术报告。报告主要是关于当代美国的老人问题、妇女问题和家庭问题等。她还回答了师生们提出的一些问题,现场气氛非常热烈。整个报告是用比较流利的中文讲的,受到师生们的热烈欢迎。

1984年6月10日到16日,应历史系印度史教研室邀请,加拿大多伦多大学教授、世界佛教研究协会主席、国际东方学大会主席巴沙姆教授来校进行为期1周的访问讲学。在校期间,巴沙姆教授做了"印度社会的模式""印度教发展的诸因素""佛教兴起的历史背景"三场学术报告并举行幻灯片放映会,与大家就有关印度佛教、文化、历史等问题进行座谈。巴沙姆教授的讲学受到师生的一致好评。6月16日上午,学校举行了欢送仪式,我出席并讲话。我对巴沙姆教授不辞辛苦、远涉重洋来我校讲学表示感谢,并邀请他在方便的时候再来华师做客。巴沙姆教授愉快地接受了邀请。为了表彰巴沙姆教授在印度史研究的地位和贡献,学校特聘请他为历史系印度史研究室兼职教授,我向巴沙姆教授颁发了聘书和华中师范学院校徽。巴沙姆教授对授予他这一荣誉和此次在华师受到的盛情款待表示感谢,并表示愿为华师的发展和增进学术交流尽自己最大的努力。

1984年6月23日,来自美国加州大学多明山分校的16名学生来校学习4周,主要是学习汉语。在开学典礼上,我发表了热情洋溢的欢迎词。学员茱莉亚·沃格勒代表她的父亲、莱克伍德市市长沃格勒先生,将莱克伍德市城门的一把金钥匙赠送给我。

但是,教育部最担心的、最感到不满意的就是学校国际化的问题、学术交流的问题。它一句话就是:"华师的国际文化学术交流与它的地位极不相称。"不要说与所有的大学相比,就是在教育部直属的6所师范大学里都落后了。我们当时只与一所国外大学有交流:爱丁堡大学。但这不是英国的爱丁堡大学,而是美国宾州爱丁堡大学。与这所学校的交流,多亏了李绍昆先生。李先生在此任教,并负责对外交流。他对华极友好,尽力把对外交流的经费往中国倾斜,在中国高校中,因为他仰慕我校研究墨子较深的詹剑峰教授,所以又尽量往华师倾斜。因此,我们对爱丁堡大学和李绍昆先生,打心底感激。

但对外只有这么一所交流大学,实在太寒碜。本来也不至于这般景象的。比如说,在我就任校长以前,因为雅礼协会与华中大学的深厚渊源,它已经愿意和我校建立交流关系,教育部也同意了,但在校内却被否决了。当时校内"文革"遗风犹存,"左"的影响较大,负责此事的副校长陶军徒唤奈何。

这迫使我不得不亲自抓紧国际学术交流问题。由于经费短绌,我只带了一个助手,翻译兼秘书花海燕。当时华师外事处只有两位工作人员,一个是花海燕,男的;另一个是宋淑蕙,女的。那时出外交流的机会不多,因为我带了花海燕,宋淑蕙还有点想法:"你光带着小花,不带我。"我说:"我带着你,不方便呀。"我和小花一块,为了节约开支,可以共睡一个房间,多方便。宋淑蕙素来敢于直言,风趣地说:"那你们就不怕同性恋嫌疑?"说归说,小宋还是很努力地工作,她能理解学校的难处。我们同心协力,办成了许多大事,外间对这两位得力助手,称之"金童玉女"。

小花毕业留校并不久,其实从未出过国,但他是英语系高才生,毕业后留校在外事处已经积累了两三年的工作经验。由于负责外籍教师的接待工作,又参与举办过好几届外国人汉语培训班,所以英语口语与写作均属得心应手,特别是在美国已初步掌握若干重要人脉。我平时与他接触较多,所以敢于让他走上出国交流第一线,而他也确实干练灵活,没有辜负大家的期望。

此次出访,主要是在美国,1985年4月13日从北京出发,直到5月底才经香港回到学校。这是我第一次以校长身份出访,可以说是心中根本没底,不知能不能有较大进展,因为我们不是国际上的知名大学,规模与层次较差,又是师范院校,容易被外国大学误解歧视。但是出乎意料,两个人跑了一圈,居然与13所美国较具规模的综合性大学正式签订了具有实质性内容的交流协议。

反正三件事,一个教学是主体,一个是科研基本上发展的雏形已经有了,给别的方面的发展创造了条件。还有一个最重要的突破是外事突破,那太明显了。在此期间有一所名牌大学的副校长,率6人组团访美,前后也花了1个月时间,却只找到一两所交流学校。相比之下,教育部自然改变了对华师的看法。

当时,国际间的校际交流已成为办学趋势。于是,我以现代大学的通识人文教育为指针,主张"在开放中求改革,在竞争中求发展",而"开放是向社会开放,向世界开放;竞争是走出湖北,走向全国,走向世界,在全国和世界范围内奋发图强"。

其所以如此,有许多重要因素,大体上可以归纳如下。

第一,我们有一个热情而又全力支持的主请单位,即雅礼协会(Yale-China Association)。该会与原华中大学有半个世纪的合作办学情谊,新中国成立后虽然关系中断甚久,但自改革开放以来,他们一直在寻找华中大学学脉究竟延伸在何处,殷切希望在新的基础上重新建立友好学术交流关系。1979年我访问耶鲁大学时,已与该会主席石达结识,由于他是研究中国现当代史的学者,双方共同语言更多。20世纪80年代初,在他们的帮助下,华师已经开始与耶鲁建立相对稳定的学者、学生交流关系。此次由于我正式应邀出访,所以再次修订原有交流协议,使之更加完备并提升层次。此外,他们还主动为我们联络哈佛大学与波士顿大学的访问,在这两个学校虽然实质性收获不多,但都是由校长亲自接待,对高校管理经验的交流,使我获益匪浅,特别是在办学理念上更有所提升。同时,他们对我们这个师范院校的实力与抱负印象也比较深刻,特别是对我有关学术自由与自主办学的不懈追求极其赞赏,这样在客观上也使我此次访美受到其他学校更多的关注。否则,也不会有那么多学校主动邀请我们并签订许多具有实际措施的交流协议。

第二,我有一个倾心相助的老友,即刘子健,他不仅为华师与普林斯顿大学的持久学术合作多所策划,还为我此次访美设定"南进"方略。他认为,华师国际交流起步太迟,现在美国北部,特别是新英格兰地区的常青藤学校与中国内地大学交流已相当频繁,因此结交门槛也相应提高,以华师目前的实力与水平,最好是南向发展(包括中西部),那里美中学术交流过去大多以台湾地区高校为主,因此给大陆高校的空间较大,华师可以抢先前往,必有重大收获。我有自知之明,迅速改变访美布局,避免一窝蜂地往美国顶尖大学硬挤,以免浪费时间。正好我校英语系教师杨亲德在驻美大使馆教育处担任一秘,他所联系的学区田纳西州有一所孟菲斯州立大学,属于百名以内的中上水平,原来与台湾地区高校交流密切,现在正顺应形势变化,急于找一所大陆高校结成全面合作的姐妹学校。我当机立断,迅速前往参访,果然受到空前热烈的欢迎。校长非常重视我们"中央直属高校"的地位,对我本人的学术声望也相当重视,所以很快就签订了全方位的合作协议,交流几乎覆盖我校文理全部学科(当时华师尚无工科)。签订仪式非常隆重,各种媒体云集并纷纷报道,当晚还在著名饭店顶层餐厅举办庆祝盛宴。田纳西州州长为此还向我赠送荣誉公民证书与金钥匙作为纪念品。

第三,中国驻美大使馆教育处对我们的及时帮助。由于华师英语系有两位教师都在该处工作,而且参赞也非常重视我们这次出访,所以在信息与资源两方面得以迅速掌握。两位秘书在孟菲斯州立大学几乎是全程陪同,这对初次陪同校长出访的海燕等于是一次实践培训。与孟菲斯州立大学全面合作以后,通过教育处的主动联系,邻近地区的俄克拉荷马州立大学也立即邀请我们参访并迅速签订交流协议。该校原来与台湾当局的关系更加密切,许多台湾地区高官的子女都把该校作为赴美深造的跳板,先到该校学习一两年,然后再转入层次较高的大学。在双方中间起枢纽作用的是一位黄教授,他曾带领"少棒"(少年棒球)在国际比赛夺冠,因此赢得了蒋氏父子赏识,他向我出示与两代"蒋总统"合照的老相片,他站在领袖座椅的旁边,很像当年蒋介石陪侍孙中山的标准照。也正因为如此,他深受俄州大校长的倚重,以后很快就提升为副校长。由于中美建交后形势的急剧变化,校长和他本人都急于与大陆高校进行交流,以谋该校更快的发展。正好我们走进他们的视线,他们自然不会放弃机会,而我们也乐得给以"顺水人情"。这份协议究竟落实了多少,我已记不清,但我与该校校长及黄先生倒是交上了朋友,此后曾有多次会晤与信件往还。当然,这些都是属于泛泛的朋友圈边缘,谈不上什么深交,但以后竟引起北京高层有关方面的重视,并由中国社会科学院出面洽谈,筹划在该校设立中国文化研究院,而且已经内定我为校长人选。但此事后因各种缘由以致搁置。

第四，我们在交流中比较强调"专业对口"，讲究实惠而不盲目追求数量与规模。"孟菲斯效应"迅速扩大影响，邻近高校邀请交流者渐多。我校交流资源有限，很难做到有求必应，只能择善而为。我们离开孟菲斯州立大学后只顺道访问了一所州立大学，即俄克拉荷马州立大学 Stillwater 分校。目标很清楚，因为它刚从水牛城纽约大学引进一位生化专家，连同团队与实验室"一锅端"，而这正好与我院化学系张景龄教授领导的无害农药研究对口。双方欣然签字并交换文本。由于他们的校长出差在外，所以午宴只能请一位已退休的原校长前来作陪。这位老校长年龄其实并不比我大，但他拥有丰富的校级领导经验，并且总结归纳为 3 个"P"，即 problem（问题）、patience（耐心）、prospect（前景）。他怕我听不懂，仔细解释说，第一个"P"要善于发现问题，第二个"P"是耐心解决，第三个"P"是争取良好前景。我觉得很有道理，因此始终铭记在心，尽管用中文来表达，3 个 P 似乎是"3 个屁"，很好笑。我们两校之间人员交流、合作研究、资讯分享都做得很好，对农药化学研究所的发展颇有裨益，但谈判签约仅只旅途中花费将近 3 个小时，这也可以算是高效率一例了。

第五，因 1978 年以后，学校与我本人对外交流渐多，在美国已形成初步的朋友圈（包括曾在华师任教、访学、培训汉语的各界人士）。他们对我此次以校长身份出访非常关切，用各种方式给以支援，我们也充分发挥了他们的媒介作用。比如原香港著名妇女精英李惠英，与我相识已久，且曾在华师演讲。她定居美国后，其夫在加州大学长滩（Long Beach）分校任教，为政治系著名东亚问题专家。我们访问该校并签订交流协议后，她热情邀请我与海燕住在她家，并用简易汤饭咸菜等中式家常便饭招待我们，说是怕我们西餐吃腻了。夫妇俩人利用周末，还为我们举办了盛大的家庭聚会。会前，她问我可否邀请韩国民运领袖金大中的女婿前来会晤，因为金大中是她丈夫的好友。她家客厅中还挂着金大中用毛笔写的"实事求是"大型条幅，笔墨酣畅，颇有颜体气概。其时金大中已在狱中，但在洛杉矶仍然设有办事处,由其婿负责。我一向对金大中比较仰慕,而且又纯粹是私人友谊交往,所以立即应允。当晚,其婿果然来了,一行有五六人,其中有私人保镖,显然是害怕韩国政府有"小动作"。不过因为客人很多,无非握手寒暄交换名片而已,根本没有机会个别叙谈。当时还没有想到金大中以后会竞选为总统,但与金大中领导的民主党若干社会精英,则至今仍然保持着友好联系。辛亥百年期间,他们还组织各界友好人士,专程前来访问我校,并接受我的建议参观赤壁遗址,决心共同谱写新的《三国演义》(中日韩),谋求亚洲与世界的福祉与人民幸福。这可以说是此次出访意外的巧遇。长滩分校与华师历史、外语等人文学科交流持续稳定发展,亦为我校青年教师出国进修的重要途径之一。

热情邀请我到家中寄宿的还有耶鲁选派到华师教英语的优秀毕业生 Nancy,大家习惯于叫她小兰,她与外语系学生及外事处工作人员已经如同家人一般亲密。她的外祖父是匈牙利移民,可能先辈有蒙古人血统,因此总说我像她外公。她家住在纽约附近,离普林斯顿大学(后简称普大)不远,所以邀请我们访问普大时就住在她家。其父是某州政府负责教育管理的官员,经常不在家,母亲在纽约世界银行总部亦为高层管理员,与正上中学的小兰妹妹两人相伴。我们访问普大时,小兰的母亲开车把我们接回去,而且执意安排我住在阁楼小兰原来的闺房,并说这是小兰的主张。阁楼可用面积不大,但布置得比较雅致舒适,一切保持原状,可以想见当年这个美国女孩的生活与学习状况。她似乎很爱阅读,可能属于当年激进与叛逆的一代,因为沿墙书架上摆满了书,其中有许多介绍中共与毛泽东的书籍,甚至还有若干马列英文版经典著作。小兰的母亲很忙,早餐由我们自理,中餐多半由普大安排,她下班才能为我们准备简易晚餐,这也是我们之间仅有的叙谈时间。她一见面就出示家庭相册,小兰外公确实与我相像,因为我当时属矮胖型,身高只有1米68,但体重却经常是70~75公斤,而脸又较宽大。我们在他家丝毫没有做客的感觉,小兰虽然只在华师任教两年,但已对中国怀有深厚感情。任职期满后,她也没有回美深造，而是留在香港法新社当记者，继续关切并报道中国的迅速发展。

与此相类似的情况还有很多很多，我们此行一路与浓浓挚友情相伴。只有两人，花费甚少，而国际交流已经迅速走上快车道，教育部自然非常满意，全校师生也更加增强了在竞争中求发展的信心。

回国途中，由于香港地区邓缵绪等众多校友的热情邀请，我们顺路前往参与当地华中大学和华中师范学院校友会的正式成立典礼。由于历史原因，我校早在20世纪50年代初就可以招收港澳地区的学生，他们毕业后其中有一部分陆续回到香港，大多从事文教工作，亦有少数从事工商业且稍有成就者。邓缵绪家庭为香港新界土著，父亲原是海员，年老退休，所以夫妇两人回港照顾。由于香港英政府不承认华师学历，所以择业困难，曾以摆地摊、卖电器零件为生。经过多年努力，已经在制造业方面站稳脚跟，且成为业内头面人物。他很感念华师物理系把他培养成材，在卧室床头只挂两幅照片，一为慈母肖像，一为母校毕业文凭。正是由于他的倡导，并且先后得到中文系两位校友陈满棠（原名陈喆）与钟淼发的全力支持，华中大学与华师香港校友会才能迅速聚拢，先是参加中国教会大学香港校友会，稍后又正式成立自己独立的校友会，而且这是成立最早、发展最为健全的内地大学校友会。我与海燕住在陈满棠家中，因为他是香港富裕世家，母亲至今仍在湾仔经营一家名为大白的海上豪华餐厅。陈满棠住在旺角，有一套两室一厅的空房，正好可以作为以华师校友为主的招待所，浴室厨房与电话、电视俱全，还雇有菲佣照料生活，为我们提供了极大方便。

校友会由邓氏企业承办，会场租用一家酒店的大厅，到会校友有50多人，为历次聚会人数最多的一次，可能与校长亲自参加有关。当时内地高校尚无校友会之类的民间社团，有教会历史背景的老校也还未有此倡议。但校友们对母校的眷恋与关切使我深受感动，我充分肯定他们自行举办校友会的重要意义，并且表示回武汉后立即筹备成立华中师范学院校友总会，并且邀请香港校友派代表参加。香港是当时中国大陆通向台湾地区乃至海外的重要通道,校友会的成立为华师走向世界增添了新的活力。陈满棠回港后,母亲曾训练他经营餐饮业,但他的兴趣仍然在文化教育,并且已经创办了一个民营通讯社,与中国新闻社直接挂钩,因此,他在香港商界、学界交游甚广。黄侃的女婿、台湾地区著名学者潘重规为了推动两岸学术交流,共同弘扬章、黄之学,听说我已经来到香港,急命其婿杨克平(香港企业家)通过陈满棠与我晤谈。商定由我出面,请港大作为主办单位,筹备召开章太炎、黄侃学术研讨会,经费全部由杨克平提供。港大校长王赓武与我原来都曾在南京读历史系,他在中大,我在金大,所以相知较深。他立即接受我们的建议,并指定赵令扬与李锷两位教授负责参与筹办。台湾学者由赵令扬负责前往联络,内地学界则由我分别邀请。由于两岸学界都有此共同愿望,所以工作进展顺利,此会于1989年隆重举办,并且结果相当圆满,为两岸学术交流起了明显倡导作用。

访美之行顺路访港,却意外结交了港、台地区一批学界大佬,这确实是意外的重大收获。

## 二、与国外大学建立合作关系

我一上任就在大会上提出,要鼓励教师走出国门,到国外去进修学习,开阔眼界。1984年10月17日,我和几位学校领导以及有关部门的负责人专门听取出国进修人员的工作汇报。

参加工作汇报的有外语系、教育系、化学系、应用物理研究所的5位教师。他们都是到美国有关大学进修后刚从国外回来的。他们汇报了在美国选修的课题和取得的研究成果,也谈了在异国的所见所闻所感。

除此之外，他们还在国外交了很多朋友，为宣传中国、扩大中国的影响做了不少工作。

出国进修人员还对学校的改革提出了很多宝贵的意见。我听了他们的汇报后很高兴，为大家取得的成绩感到欣慰。我说："桂子山满山是宝，桂子山人蕴藏了无穷的潜力，只要我们共同努力，就一定能把华中师范学院办好！"我要求相关部门积极出台政策，支持中青年教师走出国门，到国外大学进行访问交流。

1985年4月13日至5月15日，我赴美进行了为期大约1个月的访问和讲学活动。当时跟随我赴美访问的有外事处秘书花海燕。我先后访问了美国耶鲁、哥伦比亚、普林斯顿等13所大学，着重了解这些学校的教育、教学、科研等方面的情况，参观了他们的图书馆、博物馆和先进教学设备，同雅礼协会、孟菲斯州立大学、俄克拉荷马州立大学、加州大学长滩分校签订了合作协议意向书，同普林斯顿大学、加州大学多明山分校、斯坦福大学达成了合作的口头协议。

我每到一处，都受到了主人们的热情欢迎和盛情款待。我在规模有5万学生的俄亥俄州立大学、加州大学长滩分校和加州大学伯克利分校访问时，分别向这些学校的师生做演讲报告。在加州大学多明山分校访问时，这所学校请我介绍中国教育和华师办学的情况，并为我的到访进行了录像。在美国访问期间，我代表学校与孟菲斯州立大学签订协议结为了姐妹学校。

从美国回来后1个月，即1985年6月21日，我在学校大礼堂为全校师生做了一场访美见闻的报告。作为学者，我曾多次出访美国，但以校长的身份出访还是第一次。我在此行中与美国的5所著名大学签订正式合作协议，还与一些大学达成口头合作协定。我着重谈了在美国各个高校的见闻和思考。

针对一些人对国外了解不够、盲目迷信的倾向，我介绍了在美国和香港地区了解的一些情况。我说："生活不稳定是这个社会的普遍现象,贫富高度悬殊是其突出表现。"我在报告的最后指出,"华师在海外的声誉是意料不到的好","但我们丝毫不能满足,因为人家的赞誉与我们的实际情况有较大距离"。

我这次访问美国为华师今后加强同美国高等学校的全面合作和交流奠定了坚实的基础,对促进华师教学、科研和管理工作的改革具有十分重要的意义。

1985年6月15日,美国加州大学长滩分校一行5人专程来我校参观、访问并正式签订双方校际交流的协议。我会见了长滩分校来宾,彼此进行了亲切友好的交谈,最后达成一项为期3年的校级交流协议。协议规定:双方每年至少互派两名学生留学。从当年8月开始,我校派两名研究生去该校攻读人文科学方面的学位;同时,接受该校两名学生来华师学习中国历史文化和汉语,并承担部分英语教学任务。按照协议规定,1986年9月,该校的第一副校长将来华师讲学1周;同时,华师也派出人文科学方面的教授去该校讲学。

1986年2月24日,应我的邀请,美国孟菲斯州立大学校长卡宾特博士与该校国际交流处主任马斯卡利博士以及夫人一行4人到我校做交流访问。1985年,我去美国访问时与这所大学签订了正式校际交流协议书,卡宾特校长是为了落实具体交流项目专程来访的。美国田纳西州的孟菲斯市,濒临密西西比河,该校有学生25000多人,其中博士、硕士研究生7000多人。1986年2月25日,双方举行第一次会谈,气氛愉快友好。双方认为,两校的学校规模及在本国的地理位置有许多相似之处,两校的合作与交流有着广阔的前景。2月27日,我与卡宾特校长分别代表本校就两校交流具体事宜签订协议。

一个月后,1986年3月30日至4月3日,应我的邀请,雅礼协会驻香港办事处主任歇尔顿先生访问我校。我和王秋来副校长一起会见歇尔顿先生,并就该协会资助我校的有关事项达成了协议。协议主要内容:

我校增派3名文科方面的教师去美国学习,在过去的两年中,我校已经派遣4位教师去美国学习,这样就增加为7人;增派两名外籍教师来我校任教。这两名教师将于1986年8月到达我校,这样实际上每年有4名协会资助的外籍教师来校任教,他们为我校出国人员提供咨询服务,并免费赠送了一批资料。

随着国家对外开放政策的不断发展,我校的外事活动也日益增多。一是由我校邀请来短期访学的专家逐年增多,按照计划,1986年有30多名外国专家、学者访问我校,其中有相当一部分是履行校际交流协议而来的。二是在我校长期担任教学任务的外籍专家也比以往任何时候都多,已由1985年的4人增加至1986年的7人。三是我校出席国际学术会议的人数不断增加,到1986年4月,我校接到国际学术会议邀请书的就有10余人。

应我的邀请,美国普林斯顿大学教授米切纳率领的"人文及社会科学研究方法讲授团"一行5人,于1986年6月8日至11日来我校访问、讲学。我和其他校领导会见米切纳一行人,并与他们就两校进行学术交流与合作交换了意见。讲授团在我校期间,共进行了两场讲座,米切纳教授等分别为政治、外语等系的师生讲授了"美国立法制度""美国文学研究的40年""美国多元文化中的宗教因素"等专题。

1986年6月10日至13日,美国康奈尔大学政治学教授洛伊来校访问和讲学。他出席了《青年论坛》等单位在我校举办的青年政治学者座谈会,还为科社所研究生讲了"法律、政策与政治科学"专题讲座。在此期间,我会见并宴请了洛伊教授。

1986年11月25日,我、王庆生副校长、王秋来副校长及有关部门负责人听取了今年我校出国人员的汇报。今年学校派出教师参加了11个国际性学术会议,是近年来最多的一年。如刘连寿教授参加了第二十三届国际高能物理会议,邢福义教授参加了第十九届国际汉藏语言学会议……派出学者参加国际性会议可以结识朋友,沟通信息,加强合作,从而达到面向世界的目的。大家还谈到了接班人的问题,老教授们希望能有更多的中青年教师脱颖而出,尽可能地在一些国际性会议上亮相。会上,大家还谈到在我校召开国际性学术讨论会的问题。大家建议,学校要多举办国际性学术会议,扩大学校的学术影响,促进学校的对外合作与交流。

受美国加利福尼亚大学聘请,我校地理系邵清於副教授1986年12月2日离汉赴美授课。加利福尼亚大学是美国历史悠久的大学之一,在伯克利、戴维斯、旧金山、洛杉矶等城市分别设有文学和自然科学、法律、工程等近20所学院。邵清於此行是为设在洛杉矶分校的建筑与城市规划研究院的全体研究生上课,系统讲授"第三世界的城市化·中国的城市化"和"中国区域规划及区域政策"两门课程,时间为半年。美国大学研究生聘请中国地理学专家系统授课还是第一次。邵清於也把此次赴美授课看作是增进中美两国人民友谊、为国争光的极好机会,临行前做了充分的准备工作。

1986年10月到11月,我出访了澳大利亚、菲律宾、新加坡和香港,与国外及台湾、香港地区的历史学家共同探讨有关学术问题,并纪念孙中山先生120周年诞辰。1986年12月5日,我在露天电影场向全校师生做了出国访问报告。我向师生介绍了异国的风土人情、社会状况,也介绍了自己在出访中的一些逸闻趣事。我每到一处,都受到当地主人的热情欢迎和接待。我访问过程中,体现出了新中国学者的风范,也扩大了华师在海外的影响力。

我校外事活动的频繁开展,扩大了我校在国际上的影响力,对我校教学、科研等方面的工作也起到了促进作用。学校对出国学习人员非常关心和爱护。春节期间,学校专门派遣有关部门的负责人到各专县去慰问他们的父母和亲属,让大家在国外能免除后顾之忧,集中全力学习。

## 三、校友是办好大学的重要力量

校友工作是大学办学的一项重要工作。20世纪80年代初,大家还没有认识到这项工作的重要性和必要性,所以普遍没有重视起来。华中师范学院是较早开展校友工作的高校之一。

1984年11月3日至4日,来自全国各地的校友200余人回到母校,参加华中师范学院暨华中大学校友座谈会。全体校领导参加了这次座谈会,我首先致欢迎词。我说:"华师的发展不是无源之水、无本之木,而是有其源和根的!所以,我们隆重举办了这次校友座谈会,就是要和大家一起追溯我们的源,寻找我们的根。"

邓宗琦副校长给校友介绍了华师取得的各项成就以及到1990年和本世纪末的具体发展规划。大家畅所欲言,集中谈了校史问题。代表们还提出了许多有益的建议,如:成立校友会并设立专门性机构;建立韦卓民先生纪念馆,等等。一些校友还献出珍藏数十年的华大史料和照片。

1985年5月22日,访问香港期间,我在九龙尖沙咀海运大厦主持召开了华中大学暨华中师范学院港澳校友会。出席当天校友会的有50多人,其中有的校友还专程从澳门赶来参加聚会。据初步统计,已联系上的华师在香港地区的校友有100多人。他们之中,既有20世纪40年代从华中大学毕业的校友,也有60年代从华中师院毕业的校友。这批人,在香港从事各种职业、各种类型的工作,有的还是拥有众多公司和工厂的企业家,搞生意的人很多,为香港地区的繁荣做出了不少贡献。

校友会的气氛非常热烈,与会的代表非常感谢母校的领导来看望他们，大家兴高采烈地追溯华师这个根，并表示愿为母校的发展壮大贡献自己的力量。有些校友几十年没有见过面，校友会用一根红线将大家串了起来，人人高兴异常，欢声笑语不断。我代表学校和个人，欢迎他们回内地来参观、访问。

校友会上，大家还选出了由 7 人组成的领导小组：会长邓缵绪，副会长蔡焕堂，秘书长钟森发，总务陈满棠，康体肖曼霞，公共关系陈建生、余妙丽。另外，大家还推举出 3 位德高望重的老前辈担任顾问，他们是杨五昌、连凤卿、何森，其中有两位是老华中大学的校友，有一位是美国朋友。

校友会上，与会代表还商议了联络和交流计划，他们盼望能经常看到和听到母校的信息和出版各类书报杂志。会后，全体代表合影。

除了校友会，我还四处邀请老校友回母校讲学任职，为母校建设出力。比如 20 世纪 50 年代在我校工作过的老校友田家农、陈铁、何汉等人，应我和其他校领导的邀请，于 1985 年 11 月 8 日至 13 日回母校进行讲学活动，并被聘为兼职教授。

文化部外联局顾问田家农被聘为我校历史系兼职教授，他原来是历史系副主任，曾担任过世界近现代史的教学工作，这次回校给历史系的高年级学生、研究生和部分教师做日本史的专题讲座。中央高级党校副研究员、党校年鉴编辑部副主编何汉也被聘为历史系兼职教授，他原来是我校第一任团委书记，后从事中国古代史的教学工作，这次给历史系师生做秦汉史专题讲座。广东省社会经济发展研究中心研究员陈铁被聘为政治教育系兼职教授，他曾任政教系副主任，从事马列主义理论课教学工作，这次给政教系师生做港台经济研究的专题讲座。这些讲座都受到师生们的热烈欢迎。

1987 年 11 月 23 日，武昌中华大学武汉校友会在我校成立。近 200 名武汉地区中华大学老校友欢聚一堂，共同庆祝武昌中华大学武汉校友会成立。武昌中华大学系中国学府中由陈时于 1912 年 5 月 13 日创办的私立大学。建校以来，中华大学培育了各方面的人才，校友遍布长城内外、海峡两岸、欧美各国、东南亚等地。参加成立会的校友年龄最大已经90岁。

我在讲话中说,校友会的成立,不仅是要我们缅怀前辈,继承中华大学创办人的优良校风和办学经验,更重要的还在于校友会是一个智力集团,它是调动海内外校友的重要力量,振兴中华民族凝聚力、向心力的重要桥梁。

1988年初,华师校友总会筹备工作领导组成立,我亲自挂帅担任领导组组长,邓宗琦、晏章万等担任副组长,组员有21人。筹备工作领导组下设办公室,办公室主任由邓宗琦担任。不久,华中大学、中华大学校友会分别举行理事会。其中,华中大学第二届理事会一致推举我为联谊会名誉理事长,中华大学校友会第一届理事会一致推举王秋来副校长为名誉会长。

经校领导研究决定,为了加强校友联络工作,扩大华师在社会上的影响力,为创办第一流的师范大学而努力,华师于1988年10月成立华中师范大学校友总会。

1988年10月23日,华师近300位校友回到母校参加华中师范大学校友总会成立大会。他们之中,有的来自美国、新加坡,有的来自欧洲、东南亚各国,有的来自全国各地乃至港澳地区,年龄最小的20多岁,年龄最大的已是九旬老人。10月23日上午9点,大会开幕,戴绪恭书记致开幕词,我致欢迎词。我说,我们今天在这里成立校友总会,是华中师范大学的一件大喜事,这表明学校的工作将要进入更加灿烂的明天。华师是一所具有悠久历史的学校,在它的历史上出了不少仁人志士,也出了很多学术名家。校友的感情,是超越国界、超越意识形态的一种崇高、奇妙的感情。大学时代是人生中最美好的年华和时光,它使人激动,使人难以忘怀。所以,即使走得再远,无论在哪,都不会忘记自己的母校。母校就像母亲一样,时时被大家牵挂着、惦记着。你们的关心是母校前进的强大动力,你们的支持是母校发展的强大力量。母校的发展离不开你们的支持,离不开你们的关心。我希望大家以校友总会的成立为契机,共商振兴母校大计。

邓缵绪是华师港澳校友会会长,对母校感情很深,是华师好校友的代表。

1957年邓缵绪从华师物理系毕业,后来在汉口体育学校和广州体育学院工作了4年。他的夫人陆维煜女士就是他在广州体院工作时认识的,从师生关系变成了同事关系,后又变成了夫妻关系。

1961年,邓缵绪夫妇怀揣1元港币去了香港,开始了艰难的求职生涯。当时,邓缵绪的父亲在香港从事厨师工作,勉强维持生活,根本不可能在经济上接济他。为了生活,他们四处求职,四处写信,但结果总是令人失望。

当时,半导体刚刚兴起,这种奇妙的东西能发出声音,让不少人惊叹不已。而邓缵绪在学校学了真空管,这一知识真救了他的命。于是,邓太太每天在家焊接半导体,有时一天竟装配达60个(这个数字在旁人来说是个奇迹)。邓先生就拿着装好的半导体四处推销。就这样,他们慢慢积攒了一笔资金,用现在的话说就是"第一桶金"。后来,他们的事业慢慢发展起来。到20世纪80年代后期,邓缵绪已成了十几家跨国公司的董事长,资金达数亿港元。

邓缵绪对母校充满了深厚的感情,从20世纪70年代开始,港澳的华师校友每年就在他家里聚会一次,大家在一起喝茶,一起交流,学生时代发生的事情、闹出的笑话,就这么谈了几十年。他们在一起不是叫学名,而是叫绰号和化名,显得格外的亲热,就像一家人一样。

在一般人看来,邓缵绪是事业上取得成就的大老板了,但他工作仍然勤奋,生活依然清苦。夫妇俩每天不吃早餐,中餐也只是吃个盒饭而已。为了工作,邓缵绪每周往返于欧洲、东南亚和香港之间。邓缵绪有5个孩子,他们全部在美国读书,没有人照料他们的生活与学习。邓缵绪是故意这样安排的,他要让孩子们从小就学会生活自理,从小养成独立生活的能力。

邓缵绪非常关心母校的建设,以各种方式支持母校的发展。华师领导去香港访问的第一站几乎都是去他那里,他都是热情接待,就像家人一样。

1984年7月,陶军副校长到深圳出差,邓缵绪专门到深圳拜访,对母校有了更加广泛的了解。1985年春节,我签署委托书给邓缵绪,表示接受他们关于成立校友会的建议,并委托他们进行筹备。1周后,邓缵绪主办了校友春节聚餐会,钟淼发转达了母校的意见,30多位与会校友一致赞同成立校友会。

1985年5月22日,在香港九龙尖沙咀海运大厦,50多名校友出席欢迎我的宴会,并宣告华中大学暨华中师范学院港澳校友会成立,会长由邓缵绪担任,秘书长由钟淼发担任。在港的校友,华中大学毕业生有30多人,华中师范学院毕业生有170多人。

校友会成立后,邓缵绪协助母校开展对外开放活动,同雅礼协会亚洲区总部建立了联系,邀请刘介愚、陶军等到港考察,接待去港参加研讨会和经港的研究人员,协助校友在港举办画展。此外,他们还接待了到香港探亲的武汉、广州、珠海、深圳校友。这些主要得益于邓缵绪会长的领导和重视,尽管他商务繁忙,但对校友工作仍然尽心尽力,而且承担了绝大部分的经费开支。

港澳校友和母校心连心,多亏有个好的带头人——邓缵绪。1988年10月23日,华师校友总会成立时,邓缵绪专程赶回母校参加成立大会。他高兴地说,母校发展很快,物理、化学等系的实验室都不错,特别是绿化工作搞得好。他也直言不讳地说,华师的校园规划搞得不太好,缺乏精心的安排。有些学生宿舍的外墙太破烂,缺乏必要的维修和保养。

邓缵绪还建议说,学校应开设第二专业,让学生学到的知识更多些,知识面更宽些。这样,在今后的工作中会得到意想不到的好处,比如学外语的,同时还学点管理、经济之类的知识,将来在工作中就能驾轻就熟了。

这次回母校参加活动,邓缵绪会长还把港澳校友会赠给母校的礼物亲手交给了我。他说,港澳校友会希望成为母校通向世界的一个桥头堡,港澳的校友们都希望为母校发展可尽一份心,出一份力。

## 四、华师学术走向世界

为了提高我校的学术地位,加强与世界各国的学术交流,增进友谊,1986年我校教师积极参加了国际上许多重大学术会议,他们不仅为大会提供了具有一定学术价值的高质量论文,而且还提出了一些具有开创性的新理论或有独到见解的发言。有的老师还被选为会议小组的召集人或主持人,在不同程度上产生了一定的学术影响,获得了世界各地专家学者的一致好评,为我校赢得了学术声誉。可以说,1986年是我校学术"走出去"的黄金时期。

在1986年里,华师共有12名教师参加了14次重大国际学术会议,会议内容较广,涉及不同学科或同一学科的不同领域。其中,以自然科学为主,社会科学类也占有相当大的比重。主要情况如下。

(1)我应澳大利亚悉尼大学历史系和新加坡国立大学历史系、国际亚洲历史学家学会秘书长发来的邀请,分别出席了在悉尼大学举行的纪念孙中山诞辰120周年国际研讨会和在新加坡国立大学召开的第十届亚洲国际历史学会年会。在1986年10月7日至12日召开的孙中山国际研讨会上,我向大会宣读了论文《孙中山与宫崎兄弟》,对会议产生了一定的影响。会议结束后,我在澳大利亚国立大学和菲律宾大学进行了为期两周的学术访问,取得了很好的效果。之后,我又于10月25日参加了第十届国际亚洲历史学家学会年会,向大会提交了论文《孙中山与中国国情》,对孙中山的历史地位与作用进行了较深入的探讨,受到与会专家的极大关注和好评。10月31日至11月2日,我又赴香港参加了孙中山学术报告会及隆重纪念孙中山120周年诞辰的活动,圆满地结束了长达1个月的学术访问。

(2)农药化学研究所所长张景龄教授于8月31日至9月6日参加了在西德波恩大学举行的第十届国际磷化学会议。来自30多个国家的496名代表参加了这次会议。大会共收到报告和墙报382篇,张景龄教授和南开大学陈茹玉教授共向大会提交报告4篇和墙报7篇,内容主要涉及"磷化合物活性与机理""磷杂环化学""磷化合物的立体化学"等多个专题,张景龄还被大会指定为"磷杂环化学"专题的助理主席之一,深受与会学者的重视和欢迎。

(3)粒子物理研究所所长刘连寿教授于7月16日至23日参加了美国贝克利举行的第二十三届国际高能物理会议,向大会提交了4篇论文。参会代表共有1500人,其中华裔代表50余人,我国有18人参加。这次会议从总的情况来看,在高能物理方面没有什么重大突破和进展,大统一理论所预言的质子衰变尚未发现,而且超对称理论所要求的各种"伴子"还未找到,超强理论有可喜的成就,但离接受实验的检验还很远。但这次会议有一值得注意的新动向,就是高能重离子碰撞越来越受到各方的重视,这是因为人们预测到一种新的物质形态——夸克物质,在实验室里创造出来并被探测到,已经有了现实的可能性。此外,代表们还期望高能量加速器的运转和出现,也许能推动一场重大的发现等。

(4)中文系邢福义教授于9月12日至14日参加了在美国俄亥俄州立大学举行的第十九届国际汉藏语言学会议,向大会上宣读了论文《论"一X,就Y句式"》,受到与会代表的关注。来自中国、美、法等国家和香港等地区的专家学者约200人参加了会议,大会共收到200多篇论文,涉及面广,而且比较注重新方法论的运用。大会突出的特点就是以中年学者为主流,青年学者也相当活跃,整个会议充满浓厚的学术氛围。

（5）生物系陈曲候副教授于8月18日至22日赴荷兰出席第四届国际无脊椎动物病理学会会议。与会代表近400人，来自40多个国家和地区。会议的主要议题是关于农业害虫及医学害虫的病原体，如病毒、原虫、细菌、线虫等的实际应用上，同时也包括了大量关于这些病原体的基础研究和生物技术研究等内容。陈曲候向大会提交了两篇学术论文。

（6）地理系邵清於副教授于7月21日至25日参加了在日本东京中央大学举行的东北亚工业结构学术讨论会。

（7）粒子物理研究所的李家荣教授和蔡勖教授，于4月13日至17日参加了在美国加利福尼亚州举行的第五届国际超相对论核-核碰撞会议（又称为1986年夸克物质国际会议），与会代表将近160人，会议主要涉及高能物理的许多领域，理论上有不少新的进展和突破，而且值得高兴的是以探寻夸克物质为直接目标的加速器实验，已有近十个国际协作组织相继开展。会议揭开了关于"夸克物质"实验探索的序幕。

（8）物理系张镇九副教授于6月30日至7月11日先后参加了在比利时举行的第26届列日国际天体物理会议和在瑞典举行的第11届国际广义相对论与引力会议。

（9）粒子物理研究所蔡勖于4月10日和11日代表中国高能核乳胶协作组参加了在美国西雅图举行的相关工作会议，该协作组是以探寻夸克物质为直接目标的国际协作组中的一个，成立于1984年初，包括中国、法国、加拿大、苏联等8个国家的14个研究所或实验室，我校的粒子物理研究所便是其中之一。

（10）物理系教师彭金生于10月至12月赴意大利参加国际理论物理中心工作。

（11）教育系教师张东浦于8月12日至28日赴泰国参加视听设备训练班学习。

（12）中文系教师胡亚敏于4月30日至7月30日赴香港中文大

学学习和研究。

1987年，华师共有教师80多人次参加了38次重大国际学术会议，而且已有12名教师通过交流渠道获外资资助出国学习与研究。华师还与意大利、美国等地诸多大学建立了校际交流关系，美国普林斯顿大学资助我校3000美元以发展教育史料的整理与研究，我校生物系的生防研究项目也得到了世界卫生组织的大力资助，这在华师有史以来是第一次。此外，在1987年里，华师接待了20多起短期讲学，来访外宾200余人，举办有暑期中国语言与文化留学生班，创汇达2万余美元。

1988年，是国家实行改革开放的第10个年头，华师的对外学术交流呈现出稳步发展的趋势。1988年由华师主办或参加主办的全国性学术会议有16个，地方性学术会议31个。华师教师68人应邀出席了44个国际学术会议，邀请专家来华短期讲学64次共122人，邀请国际知名学者28人次。

1988年，我先后出访英美四国，与多所大学签订校际交流协定。5月22日至23日，我在美国纽约哥伦比亚大学出席了由美国北美20世纪中华史研究会组织召开的中国民主运动史国际学术研讨会。研讨会的中心议题是"辛亥革命前后中国民主运动之得失"，我在会上提交的论文是《"排满"与民主运动》，并做了一次演讲。另外，我还与台湾学者张朋园教授约定了互访。

5月30日至6月20日，我前往耶鲁大学宗教学院进行了短期研究活动。我广泛查阅中国教会大学史的档案材料并复印了该方面文献数千页，我也与该校签订了双方交流协定。

6月28日至29日，我在英国南岸理工学院中国研究中心与伦敦的中国学者进行了两天交流，就伦敦各校中国研究中心的建设问题谈了我自己的一些建设性意见。此后，我派了我校公外系李亚卿教授前往该中心签订了校际交流协定。

10月5日至6日，我又应邀到保加利亚参加索非亚大学百年校庆活动。针对80年代大学教育面临的挑战与展望问题,我在庆祝大会上做了精彩的演讲,主题为"20世纪的大学——发展、问题、前景及预测"。我与索非亚大学也签订了校际交流协定。

通过与这些英美发达国家频繁的国际交流活动,拓宽了我们师范院校的对外交流渠道,也为1989年即将在华师召开的中国教会大学史国际学术研讨会积极准备了条件。

为了加强学校的科研建设,有利于人才的培养,华师在1986年举行或主办了一系列重大学术会议,既有大规模的国际性学术会议,也有学校内各系、所的学术交流座谈会。从社会科学战线到自然科学的探索,到新的交叉学科的开拓,涉及社会的各个领域,内容十分广泛和丰厚。

据不完全统计,在1986年里,我校教师出国参加国际学术会议的有12人次,共参加14次重大国际会议。从7月初到年底由我校主办的全国各领域首次的学术研讨会共3次,在我校举行并由我校负责召集的全国性学术会议共6次。此外,我校还举办或参加了许多不同规格的学术讨论会或年会。可以说,1986年是我校学术盛会的黄金时期。

这些学术会议有几个突出特点:首先,会上各派自由讨论,各抒己见,畅所欲言,真正做到了"百花齐放";其次,中青年相当活跃,崭露头角,富有开拓、创新精神;再次,老中青共聚一堂,切磋见解,交换意见,各沙龙平等对话,互通信息;最后,会议形式丰富多样,打破传统会议上一统包干的单一模式,实行高效率的"短平快"节奏的发言,会议开得紧凑、热烈,学术气氛浓厚。

"开拓"是时代的精神,同时也是这些会议的风尚。一场场学术会议在我校召开并获得圆满成功,不仅加强各地专家学者的学术交流,而且也提升了我校的学术水平和地位,大大促进了科研和教学的发展,有利于高级人才的培养。会议期间,我校许多教师、研究生和本科生参加了会议,并在会上积极发言,大胆地提出了自己的见解,受到与会代表的好评。

大家通过学术交流，不仅增长了见识，开阔了视野，而且也增进了友谊，有利于青年教师的成长和我校科研梯队的建设。另外，我校教师向会议提交的大量具有一定学术水平的较高质量的论文，给会议注入了一股清新血液，形成了自己的特色、力量和学术优势，促进了学科建设发展。

此外，教师通过主办学术会议，既提高了我校的声望，也锻炼了教师的组织管理能力，从而更好地团结协作、共同提高，使我校的科研走出学校，接近和赶超世界先进水平。

1986年在全国产生重要影响的学术会议主要有：纪念孙中山诞辰120周年暨辛亥革命75周年学术讨论会、《陶行知全集》编委会第三次会议暨学术讨论会、中共党史人物传第四次学术讨论会、首届青年现代汉语（语法）学术讨论会、全国首次青年史学工作者学术研讨会、全国比较教育研究会第五届学术年会、中国高能核乳胶协作组会议、科学社会主义面临的新课题盐田会、郭沫若史学研讨会、体育统计方法应用学术研讨会、湖北省李四光研究会学术年会、湖北杂文学会首届学术研讨会。

## 五、搭建东西方学术交流的平台

1978年，美国拉特格斯大学历史系高慕轲教授、威斯康星大学政治系弗里曼教授、华盛顿大学柯白教授先后来武汉访问交流，并向我提出访美邀请。也是在这一年，日本京都大学人文科学研究所狭间直树教授、日本中国研究所北山康夫教授先后来访，与我就辛亥革命研究进行交流并邀请我访日。这些学者回国后遂分头联络,使得这一计划最终于1979年9月顺利实施。我由此成为改革开放后较早走出国门的人文学者之一,同行的还有武汉大学萧致治教授。

经1个多月的时间,我和萧致治访问了美国多所高等学府。① 当时中美之间隔绝已整整30年,我们作为中国大陆高等学校人文学科的第一批访问学者,所到之处都受到热烈欢迎,因为无论是美国学者,还是在美华人学者都迫切想了解中国的变革与现状,以及中国近30年来的学术研究状况,有些学者甚至从阿拉斯加或数百里以外的地方连夜开车赶来和我们交谈。这期间,我做了《大陆中国近代史研究的现状与趋向》和《大陆辛亥革命研究的现状与趋向》的主题演讲,两篇讲稿均由《亚洲研究》杂志译载。美国的学术活动非常重视演讲后的讨论,而且美国学生思想比较活跃,每场演讲后,我都与他们进行亲切交流,主题并不局限于某一专题,而是涉及中外史学研究异同的各个方面,现场气氛轻松愉快。有一次在华盛顿大学历史系与研究中国的学生交流时,其他系的学生也来旁听,有一个中文系的台湾女生,当场决定改学历史,全场报以热烈掌声。我还参加了多场座谈会,与柯白、杜敬轲、魏斐德、杜维明、孔飞力、刘子健等美国学者就中国近现代史领域的相关问题开展热烈讨论,从中了解到美国学者的研究旨趣、方法及成果等。台湾学术界非常重视此次出访,《中国时报》特派两位资深记者追踪采访,并在该报上做了比较客观如实的长篇报道,认为大陆的人文社会科学实力不容低估。

美国之行结束后,应日本东京大学与京都大学联合邀请,我于同年11月7日直接从美国乘机抵达日本,先后在东京大学和京都大学做了为期两周的访问讲学。在东京大学文学部田中正俊教授的陪同

---

① 包括华盛顿大学、斯坦福大学、加州大学伯克利分校、威斯康星大学、密执安大学、哥伦比亚大学、普林斯顿大学、马里兰大学、耶鲁大学、哈佛大学以及芝加哥大学。萧致治教授因不适应美国的生活,加以晕车,他在结束哈佛大学访问之后提前回国,章开沅只身访问最后一站——芝加哥大学。

下，我参观了日本最大的亚洲研究图书馆——东洋文库，其关于中国和中国文化研究的丰富收藏让我大开眼界。我还参观了东京大学东洋文化研究所，并与该所前任所长佐伯有一先生交谈，对研究所的成员以及研究方向，尤其是其印度史研究情况做了详细了解。此外，我深入了解了东京辛亥革命研究会开展的系列学术活动与学术研究状况，并应邀参加了该研究会的例会。我在会上介绍了中国的辛亥革命史研究情况以及个人观点，其中主要涉及对"资产阶级中心论""资产阶级决定论""资产阶级高明论"等极"左"思想的批判。报告以后，在场日本学者野泽丰、菊池贵晴、久保田文次、小岛淑男等反应各异，讨论热烈。结束东京访问后，我在狭间直树教授的陪同下，到京都大学人文科学研究所访问，参观了该所收藏极富的书库，以及京都大学图书馆和文史哲图书馆，并复印了过去日本刻印的《海国图志》等资料。该所办有辛亥革命研究班（相当于研究会），前任所长为小野川秀美先生，他长期潜心研究突厥回鹘史并从事宫崎滔天全集的编辑。时任所长为儒学造诣很深的岛田虔次教授，我与他们就辛亥革命史研究情况多次交流。在研究班的例会上，我做了相关报告，竹内实、狭间直树、小野和子等就辛亥革命时期工农作用、资产阶级与农民关系等展开讨论。研究班有集体阅读讨论专题系统资料的优良传统，每次例会都周密计划，成员事先认真读书（以专书为主），分头研究，讨论非常认真且很深入，最后都有作为集体研究成果的系列论著问世。研究班成员除本所师生外，还包括外校外地学者与研究生。我深感这种细水长流而又扎扎实实的做法，比只注重开大型学术会议而缺少经常的合作研究，更富有成效。我回国后借鉴这一做法，也举办了师生均可参加的小型学术讨论会。华师中国近代史研究所把这一做法沿袭至今，并且还发展了海峡两岸、两岸四地学者均可参加的研究生论坛。

此次美日之行，是我第一次走出国门，也是中国大陆的辛亥革命史研究者第一次走出国门。在与美日学者的交流中，我初步了解到外国的中国史研究状况以及史学理论与方法,亲眼看到国内外辛亥革命史研究水平的差距,并初步明确应从哪些方面尽快缩小这些差距。同时,我搜集了许多有关辛亥革命史研究的重要资料、信息及有代表性的学术著作,并且以真诚朴实和儒雅的谈吐赢得了美日学者的尊重,与他们结下了深厚友谊。尤为重要的是,中国的辛亥革命史研究在我和萧致治二人的介绍下为海外学者所重视和推崇,并由此逐步走向国际。

我认为,真正的学术超越一切世俗,没有民族、国界之别。20世纪80至90年代,我又频频受邀赴日本、美国、澳大利亚、菲律宾、新加坡等国家和台湾等地区访问交流,向海内外学者广泛介绍中国的近代史研究尤其是辛亥革命史研究状况。

1981年11月,我和陈锡祺、金冲及等随同胡绳再次访日,参加东京的纪念辛亥革命70周年国际学术会议。我提交了论文《"排满"与民族运动》,指出"排满"不仅仅是对于清朝政府的民族压迫和民族歧视政策的愤怒抗议,而且是近代中国民族运动发展到一个新阶段的重要表征。报告以后,我与法国的白吉尔、苏联的齐赫文斯基等学者展开讨论。会后我又应邀参加京都大学人文科学研究所举办的小型讨论会。紧张的学术讨论之后,日本友人狭间直树等热情招待了我们,大家一起把酒言欢,海阔天空,国籍之别似乎已不复存在。京都会后,我与金冲及前往熊本县荒尾市拜谒宫崎滔天的家墓与旧居,受到地方政府、议会和中日友好团体的热烈欢迎。离开时,市府以古老的礼俗——送至边境并品尝当地特产荒尾梨两片来作别。

1982年4月,北美亚洲学会在芝加哥举办"辛亥革命与民国肇建——70年后的回顾"学术研讨会,邀请两岸学者参加专门讨论辛亥革命的分组会,双方均有较强的学者阵容:大陆由胡绳领队,成员有我、赵复三、李泽厚、李宗一等;台湾由曾任国民党中央副秘书长的秦孝仪领队,成员有李云汉、张玉法、张忠栋、林明德等。会议安排我作为大陆方面的答辩人评阅台湾学者的论文,张玉法则是代表台湾学者的答辩人。答辩伊始,我善意而豁达地表示,台湾学者的5篇论文与我们共识甚多,只要稍做文字技术处理,均可在我主编的《辛亥革命史丛刊》上发表。这一席话自然而然地拉近了两岸学者的距离,全场响起热烈掌声。随后,双方因辛亥革命性质问题观点不一,展开争辩。在接下来的自由发言里,台下听众提出许多问题,我与张玉法多次应答。这次会议开启了中国海峡两岸学者隔绝30多年后的首次直接学术对话,《华侨日报》《纽约时报》《芝加哥论坛报》《香港新晚报》等多家中外报纸予以报道。其影响也比较深远。事隔10多年后,一些海外同行见到我时还说:"我们是在芝加哥会议时才认识你的。"而学术争论引起的芥蒂已被岁月逐渐消融,取而代之的是两岸学者的相互理解、坦诚交流以及深厚的同胞情谊。1993年我在台北与秦孝仪重逢时,秦热情笑称:"我们是芝加哥老战友。"

1986年是孙中山120周年诞辰,我在1个月时间内先后应邀参加了澳大利亚、菲律宾、新加坡三国的学术活动,可谓日夜兼程,风尘仆仆。在以孙中山与国际关系为主题的悉尼国际研讨会上,我提交论文《孙中山与宫崎兄弟》,追溯了孙中山与宫崎兄弟相识相知的过程,认为他们之所以结合的共同思想基础,是以民族主义为出发点的大亚细亚主义,同时也包括民权主义及主观社会主义等思想因素,而且由于中国传统文化对日本影响甚深,孙中山与宫崎兄弟结合的全过程又带有东方传统文化的古朴色调。会后,我与同行学者戴逸、金冲及等,先后应邀访问澳大利亚国立大学和墨尔本大学,与澳洲学者进行学术交流。离澳后,我又应邀赴菲律宾国立大学讲学与访问。我是对方正式邀请的第一位中国历史学者。当时菲律宾出现政变迹象,首都马尼拉发生骚乱,但为了践约,我仍多方努力获得签证,冒险入境。因孙中山、宫崎兄弟皆与菲律宾独立运动有密切关系,颇受当地人民尊重,我仍讲演《孙中山与宫崎兄弟》。演讲结束后,应菲律宾学者要求,我介绍了他们比较生疏的当代中国大陆。菲律宾大学历史系主任丘吉尔等东道主还利用各种方式把我介绍给许多有代表性的人士，并设法安排我到比较安全的一些名胜古迹参观访问。菲律宾学者与民间对中国的友好感情给我留下极为深刻的印象，而我也被丘吉尔等菲律宾友人融入他们的记忆。1996年，为庆祝菲律宾1896年革命100周年，马尼拉举行国际学术会议，又热情邀请我作为中国大陆唯一的代表参加。结束访菲之行后，我应邀参加在新加坡举行的第十届国际亚洲历史学家学会年会，宣读了论文《孙中山与中国国情》。

1990年8月，我辞去校职，应邀担任美国普林斯顿大学、耶鲁大学、加州大学圣地亚哥分校的客座教授，一边给学生授课，一边进行合作研究，前后三年有余。其间，除偶尔游览一下当地风景名胜外，我把更多时间投入研究教学以及与学界的交往之中，从中了解到众多海外汉学家高炳翊、闵斗基、白吉尔、巴斯蒂等对中国史学的关注和成就，也了解到海外历史学者研究的新动向，以及中外学术交流之间潜在的阻碍与趋向。此外，我做了多场演讲，引起许多学者的共鸣。有一次在俄亥俄州立大学做史学研究反思的主题演讲时，一对老年夫妇竟冒着大雨开车百余里送两位年轻学者前来听讲，这一幕的感人场景，我至今记忆犹新。1993年6月，我应日本熊本县及东京辛亥革命研究会等单位邀请访日，做了《关于孙中山研究的思考》《史学寻找自己》等多场演讲，与井上清、藤井省三、中村义、小浜正子、小岛淑男、野泽丰等新旧老友畅谈尽欢。同年8月，我应邀到台湾政治大学历史系短暂执教并进行学术研究。由于众所周知的政治原因，20世纪90年代初台湾地区与中国大陆交流并不多，台湾学者往往把大陆学者理解为逞强好斗的"中共"。有一次上课时，我笑问："你们大概很少见过'中共'，我就是'中共'，'中共'可怕吗？"听课者对这个风趣且富有人情味的"中共"倍感亲切，有一位女生当即答道："老师很可爱。"引得大家哄堂大笑，气氛顿时活跃。其间，我做了《大陆师范大学的发展方向》《对历史系学生的希望》《大陆学者看台湾》《跨世纪的思考》等演讲，并与张玉法、张朋园、邵玉铭等台湾学者就中国近代史研究情况多有交流。我还与历史所张哲郎先生及政治大学校长张京育就两岸关系交换意见。我坚持认为,两岸关系仍须经济、文化交流先行,渐进积累然后政治之认同、整合才能水到渠成。1994年3月,我结束异乡羁旅生活返回武汉。对于这4年生活,我每日都有简单记事,从中可见证这一时期中西学术交流的历程。

1995年,我任香港中文大学崇基学院第14届黄林秀莲访问学人,在该校进行讲学与合作研究。这个访问学人计划于1982年启动,规格甚高,首届访问学人为诺贝尔物理学奖得主、著名物理学家杨振宁教授。在该校的前两周,我有很多演讲活动,每次气氛都很热烈,欢迎横幅及海报从整个校园一直张挂到大学火车站,周会演讲听众达1000多人,后来者只有坐在地上。我自称:"这是我在海外受到的最隆重接待。"

至20世纪末,我的中西学术交流之旅远远不止以上所述的经历。长年孤身在海外游历,我不免感受到"独在异乡为异客"的孤寂。但让我欣慰的是,海峡两岸学者逐渐消除成见,增进交流,在许多共同的研究课题上取得了可喜成绩,并且中西学术交流也更趋频繁。

进入21世纪,大陆与海外的学术交流已成为平常事,但我并未停下学术交流的步伐,仍乐此不疲地往返于东西各国之间,搭桥铺路。我多次赴日本、美国、荷兰、法国、英国等地讲学或参加学术讨论会,尤其是年逾八旬以后,在日本和英国的访学取得许多实效,如在我的推动下,华中师范大学分别在2005年和2006年成立了池田大作研究所和涩泽荣一研究中心[1],以推进中日学术交流和民间交往。这一时期,我对史学有着深深思索,无论是在中国还是在世界其他地方,史学已经正在并将继续遭到冷落,这是有目共睹的不争事实,史学的冷落有着长期的历史文化背景,其根源乃在于人类文明业已生病。

---

[1] 涩泽荣一(1840—1931),日本近代产业之父,创办、培育了数百家公司企业和数百项社会事业,曾积极促进中日友好。在涩泽荣一财团的支持下,华师涩泽荣一研究中心邀请了多位海外学者前来访问讲学,并向关西大学派遣多名学生访学、攻读硕士或博士学位。

面对这样的难题,我呼吁历史学者走进历史,理解历史,把自己重新体验并赋予生命的真正历史奉献给人类。

1992年,我即将离开耶鲁大学时,该校两岸同学会的一位同学即席赠诗一首,表达他们对我在中西学术交流方面劳绩的敬重:"桃李满天下,文章惊鬼神。讲学广会友,寻道每怀情。侃侃谈国事,谆谆励后生。男儿轻聚散,唯愿海河清。"同年5月24日,美国奥古斯坦那学院为了肯定我作为学者、教育家、人道主义者的贡献,授予我荣誉法学博士学位。2005年和2006年,日本创价大学和关西大学也分别授予我荣誉博士学位。

要说自己的中西学术交流体会,我认为,真正的学术应是全人类的公器,真正的史学其价值必然超越国界为世界所认同。为了史学的国际化,包括把外国优秀史学介绍进来,把本国优秀史学介绍出去,国际学术交流是历史学家义不容辞的责任。从1979年开始,我有幸在这方面参与了大量工作,不仅加强了中外史学的交流,而且增进了中国学者和外国学者之间的了解与友谊。至今,我们历史研究所与日本、美国有些著名研究所的交流与友谊已经延续到第三代人了,与我国香港、台湾地区有些学术重镇的交流与友谊也正在向中、新生代延伸。同时,在旅居海外期间,我又与外国留学或任教的众多中国年轻学人建立了广泛的联系,为他们的学业成长与回报祖国多少也做了一些力所能及的工作。

# 第十二章

# 当校长时的酸甜苦辣

## 一、学校改名我不太积极

中原大学是邓小平一生中创办的唯一的一所大学。1948年8月,邓小平在赴西柏坡出席中央召开的政治局会议期间,专门找当时的中宣部部长陆定一商量,希望中央能够从华北大学抽调一些干部支援创办中原大学。会后根据邓小平同志的建议和要求,中央决定从华北大学抽调孟夫唐、刘介愚、梁维直、李光灿等一批干部和教员,同由上海撤退到解放区的原《新华日报》社长潘梓年南下到中原大学工作。与此同时,中央还任命著名历史学家范文澜任校长。因范文澜长期未到任,实际上由潘梓年任校长。范文澜后来在不同场合谈到中原大学在解放战争中的伟大贡献,在多部涉及邓小平题材的电影和电视剧中也都提到了中原大学。

中原大学是新中国成立前以及成立初期创办的新型革命大学之一。它是在革命大发展时期,中国共产党为吸收、教育知识分子,使他们经过较为短期的学习和思想锻炼,即能够适应革命工作的需要而创办起来的干部学校。新中国成立后,学校随着国家各类建设人才的急需而迅猛发展。最后经过1952年的院系调整,以建立起一批新的高等院校而完成其历史使命。中原大学这台巨大的工作母机,以最经济的实践和最佳的办学效果,为许多刚建立起来的党政机关输送了一批批新干部,为人民的教育事业积累了宝贵的经验,为中南地区建立起培养新中国高级建设人才的高等院校奠定了坚实的基础。中原大学结束后,从中原大学分离出去的中南政法学院、湖北艺术学院、中南民族学院、华中师范学院和中南财经学院等,均已成为中南五省重要的高等院校(后来中南政法学院与中南财经大学合并,于2000年组建成为新的"中南财经政法大学"),为我国社会主义教育事业的建设和发展做出了巨大的贡献。

1985年前后,中国大学改名成风。但我对改名的态度不太积极。我为什么不太积极呢?我认为,华中师院这个牌子已经打出去了,你改个名字别人反倒不知道了。华中工学院后来改成华中科技大学,都有教训的,开头人家都还要摸索,弄半天。我总讲这个话,法国巴黎高等师范学校,那都是几百年的老校,到现在都没有改。苏黎世联邦高等工业学校,它也没改,那全世界都有名的。我还蛮迂腐。但后来糟糕了,他们编的那些手册、目录,把我们摆的比湖北大学还靠后。他们是综合性大学放一类,哈尔滨师范大学、安徽师范大学,都排到我们前面,我们学院反倒还排在后面,这就导致一些问题。本来教育部也奇怪,现在直属高校只剩下两个师范院校,一个我们,一个西南(师范学院)没有申请,别人早就申请了,你们怎么按兵不动呢?某次开会时我正好跟黄辛白副部长住的房子斜对面,我就问他,黄部长也很好的,他也是学生出身,大同大学的,我就跟他谈了这个问题,我说我们学校要改名,就跟他讲了一下。他说:"你们早就应该办,怎么拖到现在呢？"所以，我之前不是很积极。但是，后来因为已经决定要改了，校名是个大事，而且我们有这个资源，有这个机会，就应该争取一下。结果运气也很好，就顺利地改为华中师范大学。

华中师范学院改成了华中师范大学，因为前身是中原大学，我就想请邓小平同志为学校题名。于是，学校研究决定进京请邓小平同志题写"华中师范大学"校名。1985年6月20日遵照《中原大学校史》第四次编委会的建议意见，学校指派宋才发和张启社同志一道送《中原大学校史》定稿本到北京，请邓小平同志审阅。邓小平同志在百忙之余审阅书稿后，通过秘书转告宋才发："《中原大学校史》书稿可以公开出版。"邓小平还指出："这部书稿不仅是一部校史，而且是我党我军在解放战争和建国初期一个很重要的侧面反映。"他还就该书照片的选用发表了具体意见：建议选用1984年长城出版社出版的《中国人民解放军历史资料图集》中的照片。1985年7月15日，中共华中师范大学党委常委、校行政领导专门听取宋才发关于《中原大学校史》编写工作的汇报以及邓小平同志对书稿出版的意见。听完汇报后，我率先兴致勃勃地临时动议："应当派人到北京去，争取小平同志为我校题写校名。"此建议得到了与会校领导的一致赞同。根据我的建议，7月16日学校办公室草拟了《关于请中央顾问委员会主任邓小平同志题写"华中师范大学"校名的信》。在请示中共湖北省委、湖北省教育厅和国家教育委员会之后，华中师范学院于8月24日正式行文，现将原文照录如下。

邓小平同志：您好。

我院前身是1948年7月二野、三野在河南宝丰创办的中原大学。1951年初，中南军政委员会酝酿以中原大学教育学院为基本力量，在改造旧大学的基础上，建立一所系科齐全的综合性高等师范大学。8月16日，中南军政委员会正式决定将中原大学教育学院和私立华中大学合并，建立公立华中大学。经全国性院系调整，1952年11月，撤销了公立华中大学校名,改为华中高等师范学校。随后又经中华人民共和国教育部批准,于1953年10月24日,将"华中高等师范学校"改名为"华中师范学院"。

自1951年成立公立华中大学30多年来,我院一直保持着中原大学的优良传统和中原大学教育学院的师范特色,为中南5省乃至全国输送近4万名合格的师资和其他战线的人才。因此,我院是国家教育委员会所属的6所重点师范院校之一。这6所院校已有4所改名为"大学",为了使委属高等师范学校名称统一,并有利于开展国际学术交流活动,我们已报请国家教育委员会,将校名由"华中师范学院"拟改名为"华中师范大学"。

因您既是中原大学创始人和领导人之一,又是党和国家德高望重的领导人,所以,我们恳请您在百忙中抽时间给我们题写"华中师范大学"的校名。明年正值我校建校35周年,我们想在这大喜之日正式挂出您题书的校牌。

诚致

敬礼

华中师范大学(代章)<br>1985年8月24日

1985年8月25日,宋才发带着近万名师生的嘱托,专程赴北京请中共中央顾问委员会主任邓小平同志题写华中师范大学校名。宋才发撰文说:"我深知自己的公关能力和活动能力非常有限,要在短期内办好这件大事难度实在太大。"但他考虑到自己是华中师范大学培养出来的人才,自古"养兵千日,用在一朝",使命不可违。况且建议请邓小平同志题写校名,不只是我的个人意见,而是全校教职员工和学生们的共同心愿。

后来宋才发撰文回忆说:"即使我最终无法办成功,真的彻底丢了自己的面子,也必须使出浑身解数去努力争取。正是在这种义无反顾的情况下,我绞尽脑汁多管齐下,为争得小平同志题写校名而拼命一搏。譬如,在一周时间内我两次登门请《红旗》杂志总编熊复同志给小平同志写信;请曾与邓小平、刘伯承出生入死的海军副司令员兼参谋长杨国宇少将指点迷津;请邓拓夫人、中国国际广播电台台长丁一岚同志从中斡旋;尤其是请原中联部副部长、中顾委委员赵毅敏同志向小平同志转呈华中师范大学的请求信。尽管各方应我的请求都在竭尽全力,终因当时党中央正在筹备召开党的全国代表会议,题写华中师范大学校名一事暂被搁置。我本来就是一个办事急性的人,面对小平同志到底能否题写校名确实心里没有底,所以,尽管我白天马不停蹄奔跑于各部委之间也不觉得累,但是晚上一踏进湖北大厦宾馆就如坐针毡。好在《中原大学校史》出版前夕,我两次登门拜访中顾委委员赵毅敏同志,并请他题写《中原大学校史》书名。他出于对华中师范大学的诚挚感情和我俩之间的忘年之交,对请小平同志题写校名一事倾注了极大的耐心和热情。我还三次登门拜访《红旗》杂志总编熊复同志,请他为《中原大学校史》作序。我这次登门请他帮忙,他不仅乐意写信引见,而且表示愿意通过其他方式给小平同志传递信息。邓拓夫人丁一岚既是陶军教授的亲密朋友,也是小平同志家里的常客。她老人家一边宽慰我不要着急上火,在百忙中抽时间为我办理相关手续去参观中南海和毛主席在中南海的故居,以缓解我过重的精神压力,一边积极为我出主意想办法,极力从中斡旋并直接与小平同志家里电话联系。中央办公厅、中顾委有关同志对此事也极为关注,中央秘书局、中顾委有关负责人还分别接见了我。"

这是宋才发首次披露邓小平同志题写"华中师范大学"校名的全过程。为了叙述方便和保持历史的本来面目起见,下面原文照录《华中师范大学情况反映》1985年第8期刊载的宋才发向校党委常委和行政领导做的专题《情况汇报》。

8月26日至9月1日,我赴北京完成学校领导交给的

"请邓小平同志题写校名"的任务。现将完成的情况简要汇报如下：

赵毅敏同志接到我转给他的《关于请中央顾问委员会主任邓小平同志题写"华中师范大学"校名的信》后，连同我上次转交给他的《中原大学校史》，并附了他本人"请邓小平同志为华中师范大学题写校名"的亲笔信，一并由其秘书余贤成同志送交邓小平同志的秘书。因小平同志这几天一直忙于外事接见，赵毅敏同志本人没有与邓小平同志见面，小平同志秘书也没有向小平同志提及此事。

邓小平秘书请赵毅敏秘书转告我：他已经为题写校名问题尽了最大努力，已经把东西（指信和书）放到小平同志办公桌上了。可是3天过去了（28—30日），小平同志没有翻动过，这几天他一直忙于接见外宾。并且他说："现在我是做到最后一步了，就看小平同志自己的意见了。如果他没有什么顾虑的话，有赵老亲自给他的信，他一定会题写的。中央对小平、陈云、耀邦同志的题词、题签控制较紧。小平同志直到现在，还没有为任何一所师范大学题过校名。如果他担心这样一题写，会引起连锁反应的话，我就没有办法。鉴于中原大学是华中师范大学的前身，他若有很深的感情，我估计他是会题写的。我准备等他看了此信之后，再问问他，看看他的态度再说。此事不能急，急不得，要有耐心，还等几天吧。让他空下来，写了就及时给你们寄去。"

因学校很多事情都在等着题写校名才好办，所以，根据临行前校办主任对我的嘱咐，我请赵老的秘书余贤成同志再给邓小平同志秘书一个电话，示意尽快办。邓小平同志秘书回电话说："在半个月左右给华中师范大学一个明确的答复。若题了，由赵老秘书余贤成给校办打一个长途电话，然后寄去。若题不了，亦由赵老秘书在半个月后去封信，说明具体原因。"

赵毅敏同志对我说:"我已经尽了最大的努力,到时我见了小平还要提一下这件事。现在关键看小平同志自己的兴趣怎样。你回去告诉学校领导,这个忙我是帮定了的。他可能题,也可能不题。如果题写了就及时寄去,他若不题我也没有办法,不过这几天他的确太忙。"

有关领导对邓小平同志题写"华中师范大学"校名也非常关心。1985年10月4日,赵毅敏委托他的秘书余贤成同志给我来信说:"宋才发同志:关于你校请求小平同志题写校名的事,我几次催问小平同志的秘书,但现在还没有决定是否题写,不知是因为忙,还是另有什么考虑。如有消息,我会再通知你的。我还在继续催办。关于小平的照片,他们提供的线索是长城出版社出版的《中国人民解放军历史资料图集》(1984年出版)中有小平同志各个时期的照片,你们可以从中选定,并与出版社联系复制。因小平处一直没有决定,所以现在才写信,致歉。顺祝愉快。"

然而,在党的全国代表会议和繁忙的外事接见活动之余,邓小平同志再次翻阅《中原大学校史》书稿后欣然挥毫命笔,写下了"华中师范大学"的竖式题书。中共中央办公厅秘书局于11月21日就邓小平同志题写校名专门发文:"华师校长办公室:现将小平同志1985年11月20日为你们题写的'华中师范大学'送去,请查收。请不要发消息,不要登报宣扬。"11月23日,中共中央用专机将小平同志题写的"华中师范大学"题书送达中共湖北省委办公厅,由中共湖北省委办公厅通知宋才发及校领导迎接。

其实,邓小平迟迟没有写,大家一直很着急。究竟写还是不写,就是不落实。我也是干着急,我说找谁好呢?我也不是很爱交际的一个人,其实我的老关系还是很多的,我也不晓得利用那些老关系。所以,我利用十三大代表会议的机会促成了这件事。

那时候剧院晚上都有活动,有一天,剧院办了京剧晚会,我也去了。我爱听京剧,清唱,因为真正爱听京剧的是喜欢听清唱的,那才叫听京剧,不是看京剧。在剧院里,我回头一看,大吃一惊,因为身后坐着的就是我们的老上级,原来华中局的宣传部部长——赵毅敏,他也是学校创办人之一,原来纪念册上都有,他还到我们学校做过报告。他是邓小平的老部下。他是中顾委的,代表会他们也参加,也列席。我一看是他,我脑筋里就想了一下,这不是送上门来的吗?很好的机会啊。我就利用休息时间找他,想请他帮忙这个事情。我自报家门,还喊他老称呼,我说:"赵部长,可能您不记得我了,我听过您报告。"他说:"您原来在哪里?"我说我原来也在二野,中原大学,他就知道了。我说:"您那次做报告把我们教员狠批了一顿。"实际上他就是批评陶军他们的,陶军想转外交。陶军是燕大的,新华社英语广播也是他主持的,他确实有他的长处。他后来晚年过了一把瘾,做教科文组织的副代表。我就说:"您那个时候来做报告,一句名言影响了我很久,'什么叫重要?什么叫位置?一个单位有你也不多,没你也不少。这就好吗?'这句话很重要,在哪里也不能变成'有你也不多,没你也不少',我就希望自己不要做这样的人。"他说:"这个话你还记住了,我都记不清楚了。"他很高兴。

后来我就说:"赵部长,我有点私事要找你。"他也蛮好的,说:"什么事啊?"因为他一开始情绪就很高,而且他人也蛮随和的,他不怕这些大知识分子,因为他也是留苏的学生。他们兄弟两个都是大专家,文化程度很高。他说:"你有什么事,你就说吧。"我说我们请邓小平同志给我们学校题校名,到现在还没有写。他说:"小平应该写啊,这个学校是他创办的。这个事太简单了,我给他打个电话就行了。"

那时他们都退了,关系很好,他经常与邓小平联系。这个事打个电话就行了,原来都是上下级,很熟的人。他大概就打了电话,后来我回来没多久就寄来了邓小平的题名。其实,我就起了点催促的作用。

赵部长是真正起作用的人,而不是我。他们弄不清楚,以为我有什么关系。我没有什么关系,平常都没有来往的,跟邓小平同志更没关系。不过,有一个中原大学的学生,就好讲一些,有一种亲切感。

喜讯传来,全校为之振奋。11月30日,华中师范大学校党委、校行政联合召开老干部、老教授和民主党派负责人座谈会,欢呼邓小平同志为华中师范大学题写校名。大家认为:"邓小平同志82岁高龄能为我校题写校名,不仅是对我校的关心,而且是对整个师范教育事业的关心和爱护,这是我校历史上光辉的一页。"校领导认真领会邓小平同志题写校名的意义,决心要努力把华中师范大学办成一流的师范大学。至此,在宋才发做出不懈的努力之后,总算圆满地完成了我代表全校师生交给他办理的一件神圣而又艰巨的任务。现在小平同志题写的"华中师范大学"手迹,不仅镌刻在华中师范大学校门的正上方,而且作为异常珍贵的历史文物,永久地保存在华中师范大学校史存列室里。

当时学校得了邓小平的题词,全校师生都很振奋,大家都很高兴。我倒没什么特别高兴的,但还是觉得有种光荣感。因此,我也就变成了两个校长,华中师范学院最后一任院长,华中师范大学第一任校长。但是,现在很多人喊我都还喊"章院长",那是早一点毕业的,也包括一些工作人员,一些干部,喊惯了,我听着也蛮亲切的。我一听就知道这是老同志,改不过来,院长也很好。

## 二、极不平凡的一年

1985年对华师来说是不平凡的一年。这一年,华师发生了很多大事。

这一年的8月,国家教委批准我校正式改名为华中师范大学。从此,学校发展进入一个新时期,从华中师范学院迈入华中师范大学。

这一年的9月,我们欢度了全国第一个教师节。作为一所师范大学,教师节是我们真正的节日,全校教师备感光荣和自豪。

这一年的11月,我们捧回德高望重的邓小平同志为我校亲笔题写的校名。邓小平为我校题写校名,是全校师生员工引以为荣的大事,它必将载入我校的史册。其一,邓小平很少题词,给师范大学题写校名,更是首次。这充分表明中央领导同志对教育事业,尤其是对师范教育的重视!其二,我校能获此"殊荣",表明我校在前段工作中是做出了一定成效的,在国内也是有一定影响的。其三,从今往后,我们肩上的担子更重了。只有全校师生员工"团结奋斗,再展宏图",才能无愧于邓小平同志题写的"华中师范大学"校名。

对此,学校组织召开了不同层面、不同群体的代表座谈会,让师生员工畅谈邓小平题写校名的感受。

校领导层面进行了认真学习和讨论。大家一致认为,邓小平同志亲笔为我校题写校名,是对我校师生员工的极大关怀、极大鼓舞和极大教育,也是全校师生员工的极大光荣。大家都说,邓小平同志非常重视教育事业,非常重视知识,非常重视人才的培养。我校作为一所师范大学,它的基本任务就是要培养合乎"四化"建设要求的中等学校的师资,因此,我们一定不能辜负党中央和邓小平同志的殷切期望,热爱教育事业,热爱师范专业,努力把我校办得更好,多出人才,出好人才。

大家还说,邓小平同志是我校的前身之一——中原大学的创始人。中原大学是一所具有光荣革命传统的大学。邓小平为我校题写校名,就是希望我们继承和发扬光荣的革命传统。我们要紧跟党中央,努力把自己培养成为有理想、有道德、有文化、有纪律的社会主义新人,努力使我们学校形成"严谨求实、虚心进取、勤奋好学、为人师表"的良好校风。

我和大家一致认为,邓小平同志为我校题写校名,是我校搞好改革、办好学校的一个强大的动力,因此,我校要借此东风,在全校范围内开展"爱国家、爱学校、爱师范专业"的教育活动,进一步调动全校师生员工的积极性,努力提高教育质量,努力提高学术水平,努力把我校办成文、理、教、艺、管的多层次、多学科的综合性的第一流师范大学。

1985年11月30日上午,校党委、校行政联合召开老干部、老教授和民主党派负责人座谈会。到会的老同志怀着激动、喜悦的心情,轮流传看镶嵌在镜框之中的邓小平同志的手迹,一个个争先恐后地发言。

大家都说,邓小平同志在82岁高龄能为我校题写校名,不仅是对我校的关心,而且也是对整个师范教育事业的关心和爱护,这是我校历史上光辉的一页。我们不能辜负党中央对我校的关心,要切实办好师范,办好教育,要使全校师生都知道,"得天下英才而育之,大乐也",进一步明确师范的办学方向,"万众一心搞师范"。为了进一步办好师范,大家还对学校的思想政治工作、教学工作、后勤工作提出了很多意见和建议,比如建立普通教育博览馆、校史馆以及牵头召开全国师范教育学术讨论会等。

当天下午,学校召开教职工代表座谈会,畅谈邓小平同志题写校名的感想。会上,"老华师"抑制不住内心的激动,回顾了我校的光辉历史,决心为党贡献余力;"新华师"展望灿烂的明天,信心倍增,同时感到肩负的沉重的责任感。大家一致认为,中央领导在百忙之中为我校题写校名,一方面是对我校的褒奖,是我校师生员工的荣誉,另一方面是对师范教育寄予了更大的希望。我们要乘着这股东风把我校教学、科研和后勤工作搞上去,振兴华师,为国家培养更多的开拓性人才。

当天下午,学校还召集各系学生干部代表,畅谈邓小平为我校题写校名的重大意义。学生代表发言说,邓小平同志为我校题写校名,这是对我校师生的关怀和勉励,充分体现了党和老一辈无产阶级革命家对师范教育的重视。我们应学习老前辈的艰苦创业精神,为把我校建成第一流的师范大学而勤奋学习。

针对学校的现状,学生还提出了一些有益的建议。中文系赵代君说,应把校风教育与改革联系起来,一方面推动改革,另一方面克服学生中一定范围内存在的懒散作风。外语系孙友忠说,我校不仅应该培养大批合格的人民教师,还应该培养大批第一流的专家、学者。校学生会主席王慧轩说,希望学校领导多办实事。

学校各项事业发展很快,到1986年,在校生已经超过万人,成为名副其实的万人大学。如何检验各个单位的工作成绩,我在全校干部、教师大会上提出了判断的"五个标准"。

1986年9月19日,全校干部、教师大会召开。这次大会由邓宗琦副校长主持,我从对过去一年工作的回顾、工作中存在的问题、新学年中准备做的工作等三个方面做了讲话。我提出:"今后,检验某个单位的工作是否有成绩,要从五个方面去看:是否坚持了改革的方向,是否加强了教学第一线,是否有利于青年人才的冒尖,是否有利于人才流动,是否有利于促进学校各项工作的开展。"

我说,过去的一年,是我校教育事业大发展的一年。现在,全校各类学生已接近15000人,其中在校研究生人数已超过500人。全校已有18个系,26个专业,8个研究所和17个研究室。教学、科研以及后勤等方面的工作,也都有了突飞猛进的发展。

我指出,我校在目标管理、计划管理等方面还有薄弱环节。今后,我校改革的步子可以加快,但发展的规模不宜太快。特别是要加强教职工以及研究生中的思想政治工作,要解决干部、工人中劳逸不均的问题。

我说,在新的学年里,我校要加强"两个文明"的建设,端正办学思想,努力提高办学质量,树立良好的校风和学风。要修订岗位责任制,进行各项人事制度的改革,力争把我校建设成全国有影响力的师范大学。

对于教师们普遍关心的职称评定问题，我说，这项工作计划在年底前完成。其他系列的职称评定工作也将相继进行。

为了青年学者的发展，学校设立了青年社会科学研究基金。随着我国改革开放的进一步发展，社会科学研究呈现出空前的繁荣。一批中青年学者迅速崛起，活跃于社会科学研究的各个领域，给整个学术界注入了一股新鲜的活力。

在这种形势下，对青年学者的培养，对于学校的前途具有决定意义。为此，学校在文科经费十分紧张的情况下，通过艰难的努力，设立了青年社会科学研究基金。第一批资助的15个项目于1986年9月落实。

研究基金旨在通过安排项目的方式，重点扶植有培养前途的青年教师，特别是重点学科和有广阔发展前景学科的青年学术骨干。期望通过"七五"期间或更长时间的努力，取得一批具有较高学术水平的研究成果，把他们逐步推向学术领导地位，在国际国内学术界建立影响，争取进入"国家队"的行列。

## 三、充满火药味的座谈会

1988年9月15日，我和其他几位校领导与部分教职工代表开展座谈会，商讨如何开好10月下旬举行的第二届教代会。因为关于学校的分房问题，大家意见很大，心中积累了很多怨气，所以这个座谈会一开始就充满火药味，代表们的意见尖锐直率：

"请问校领导在决策民主化方面有何措施？"

"本届工会主席是由领导圈定,还是由代表大会选举?"

"教代会不能开会当权,会后无权!"

……

如此充满火药味的意见,足足提了两个多小时。代表们你一言,我一语,个个争着发言,以至于座谈会的主持人不得不提醒大家,给校领导留点时间回答问题。

我说请大家尽管说,有意见就说出来,不要放到心里,今天就是让大家说意见的。大家有意见就说,大胆地说,放到桌面上来说,这本身就是一种民主化的表现。我们都是华师的一员,大家是平等的,对华师的责任是一样的,谁都想把华师办好,把学校办好,把所有问题都解决。

但我也直言不讳,坦诚地说,对不起,大家提的有些问题我的回答恐怕不及格。加快民主治校的进程,不仅要求校领导发扬民主作风,更重要的是要建立一种民主机制。我希望教代会的权力再大一些,重大决策由教代会拍板,现在把所有的矛盾都集中在校领导这里,所有的问题都由校领导决策,这样往往费力不讨好。

我接着说,大学治理,权力集中不好,要分权。行政权力要分,学术权力也要分。权力必须要下放,这样才能调动大家的积极性,才能发挥各级各类组织的作用。这就需要一个好的制度,教代会可以算作一个。把教代会组织好开好,充分发挥代表的作用,在学校重大事项上进行决策,这就是分权的体现,也是民主的体现。我们正朝着民主化的方向走,这需要一个过程,希望大家都参与进来,为这个进程做贡献,今天就是一个很好的开端。

其他几位校领导也发表了各自的见解。大家一致认为,现在我们决策、执行机构为一体,没有咨询、监督机构,从管理机制上是不健全的。欢迎教代会认真讨论目前在教职工中引起争议的"教职工住房分配综合记分法"。

1个多月后,华师第二届教代会暨第十次工代会召开。

1988年11月3日,我在第二届教代会上做了《加强民主管理,坚持改革开放,推动我校教育改革的深入发展》的报告,全文如下。

各位代表:

我受校行政的委托,向大会做报告,请代表们审议。

(一)首届教代会以来的工作回顾

我校首届教代会是在1985年元月召开的,距今已有3年多了。3年多来,我们在国家教委、湖北省委和学校党委的领导下,经过全校师生员工的共同努力,各项工作都取得了明显的进展。

(1)学校规模有较大发展,学科建设日益完善。

(2)办学指导思想日益明确,教学改革逐步深入。

(3)科学研究不断加强,学科特色逐步形成。

(4)改革职称评定制度,教师队伍结构日趋合理。

另外,3年多来,我校的外事、财务审计、校友联络、附校、安全保卫等工作也都取得了一定的成效。

总之,3年多来,我校各项工作从总体上看,成绩是主要的,但是,我校存在的问题和矛盾仍很突出,主要表现为:教育经费十分有限,制约着学校各项事业发展;学校内部的领导体制、管理体制尚未完全理顺,管理水平不够高,影响着学校整体效益的提高;教学内容、教学方法的改革刚刚起步,教与学双方的积极性未能充分调动起来,影响着人才培养的质量。特别是在学校各项工作中,改革适应经济和社会发展需要的有效机制还没有确立。

(二)今后一个时期的任务

从总体上讲,我校在今后一个时期的主要任务,就是要进一步贯彻落实我校第六次党代会所提出的学校发展目标。即按照着重巩固提高、在提高中逐步发展的方针,把我校建成高水平的综合发展的师范大学,使我校成为我国首先是中

南地区培养"四有"教育专门人才和开展科学研究的重要基地之一,按照这个总体目标,我校各项工作的具体任务是:

(1)在学校规模上,实行控制发展、着重巩固提高的原则。

(2)教学方面重点坚持以本科为本,为中等学校培养合格师资。要从提高教育质量入手,进一步端正教风、学风,树立良好的校风,对学生严格要求,严格学籍管理,同时,要加强教师职业素质和职业道德的培养,使教师做到教书育人、为人师表,并在教师职务评聘中把教书育人作为考核的一项重要内容。

(3)科研方面首先要加强重点学科的建设,争取在1990年前后新增6个左右的学科博士学位授予权,再争取20个左右的硕士点,并在已有一个国际级重点学科的基础上,再争取两个学科成为国家级重点学科,到1990年,在校研究生争取达到700人左右,其中博士生60人左右,并逐步创造条件成立研究生院。同时,要使承担的国家、中央部委和省市重点项目发展到200个左右,并争取有更多的项目获奖,要进一步发展同国外特别是国际间的学术交流,以扩大我校特别是我校重点学科在国际上的影响。

(4)人事制度方面进一步深化改革,在今年内完成定编定员工作,并在定编基础上逐步试行人员经费包干,要进一步扩大各系、所的人事权力,逐步完善对各类人员的分类管理,真正实行教师聘任制、干部任期制和工人合同制,要在职称改革工作的基础上,使专业技术职务评聘工作转入经常化轨道。

(5)基建后勤方面,进一步完善我校发展总体规划,并争取国家教委早日批准。"七五"期间,要利用有限的基建投资,搞好以桂子山为主体的校园建设,近期内要着重抓好科学会堂、高层公寓等重点项目的建设。同时,要逐年维修现有住房,要逐步改革住房分配制度,要逐步实现住宅商品化,要逐步改善医疗保健工作,要进一步提高校园绿化建设和管理水平,绿化覆盖率达90%以上。

(6) 有偿服务方面,理顺有偿服务与教学、科研的关系。高等学校开展有偿服务活动的宗旨,是在完成教学、科研任务的前提下,面向社会,进行人才、知识和技术的扩散。我们要主动适应社会需要,充分利用学校智力密集和多学科的综合优势,积极开展有偿服务活动。开展有偿服务活动,必须加强领导、科学管理、统筹兼顾,处理好完成国家任务和开展有偿服务的关系。从具体项目看,目前除进一步开展各种形式的合同办学以外,主要应从以下三个方面努力。一是加强科技开发力量,注重应用科学研究,扩大科技开发的经济效益。二是逐步改善校办工厂的条件,扩大生产力量,增加新的产品,使工厂效益能够逐年增加,使之成为我校有偿服务收入的重要部分。三是广开渠道,形成我校新的有偿服务的基地,要利用我们现有的科研成果和条件,开办新的效益高的工厂,开发校门19栋的商业网点等。

(7) 管理体制方面,根据国家教委、省高工委和学校党委的工作安排,我校拟在明年实行校长负责制。

(三) 坚持改革开放,深化学校各项工作改革

如何深化我校各项工作的改革?根据我校这几年的改革实践和具体情况,根据社会整体改革的进程。我们首先必须在指导思想上明确以下几个问题。

一是在改革的方向上,要坚持为我国以经济建设为中心的各项建设事业服务,为基础教育服务。这种服务主要体现在努力培养合格的教育事业发展急需的中等学校师资,并为我国教育理论、教育思想的发展做出贡献。

二是在改革的方针上,坚持"稳定规模,提高质量,调整结构,理顺关系,加强管理,提高效率"的原则。

三是在改革步骤上,做到审时度势,从实际出发。

为了有效地推进我校各项改革的深入发展,我们采取的主要措施是:

(1)实行党政职能分开,逐步改革学校内部领导体制。

(2)引进竞争机制,增强内部活力,提高办学效益。

具体而言,我们的设想是:

①在教学工作中,从以下几个方面引进竞争机制。

其一,进一步完善和推广教学质量评估制度,并在教师中逐步试行挂牌讲课,让学生在同类课程中自由选择主讲教师,从而促使教师开展教学竞争,以利提高教学质量。

其二,改革教学优秀奖评奖办法。为保证评奖质量,改变以往分配指标的办法,减少评奖名额,鼓励全心全意搞好教学的优秀教师,并将奖励与工资挂钩,教师在聘期内评上教学优秀奖,工资上浮一级。

其三,在学生中实行中期淘汰制和一门进多门出,以调动学生学习的积极性;对研究生招生制度实行改革,挑选少数品学兼优、全面发展的本科毕业生直接升入研究生;在毕业生分配制度中逐步实行双向选择制,让优秀学生能够优先选择单位。同时,逐步实行不包分配,由毕业生根据需求信息,自行选择,学校推荐,用人单位择优录用的新制度,取消毕业生的"铁饭碗"。

②在科研方面引进竞争机制,就是要增强科研的活力,大力发展重点科研项目和重点学科,鼓励出名学者、名学科、名研究所、名技术、名产品、名专著,使科学研究更好地为"四化"建设服务,为提高教育质量服务。

③在人事干部管理工作中引进竞争机制,就是要鼓励人

才竞争,打破干部、教师、工人的"铁饭碗",实行优胜劣汰。

(3) 改造和加强学校思想政治工作,充分发挥思想教育的积极功能。

(4) 加强民主建设,增强民主意识,完善民主管理体制。

在这方面,我们主要应做好以下几个方面的工作:

①增强学校管理和重大决策的透明度,充分发挥教职工在学校管理中的主人翁作用。

②建立民主协商对话制度,创造民主和谐的政治气氛。

③健全教职工代表大会制度,尊重教职工的民主权利。

过去,我们对这项工作重视不够,从1985年成立首届教代会以来,学校领导对教代会的地位未能给予足够的重视,使其作用未能得到充分的发挥,这是我们必须纠正的。从现在开始,我们对于教代会的地位,应给予高度重视,并充分发挥教代会的作用,教代会也应该主动积极地开展工作,行使自己的权力、支持学校的工作,彻底改变过去那种教代会形同虚设的状况,使全体教职工都能够通过教代会这一组织形式积极主动地在学校管理中参政议政。

各位代表,党的十三届三中全会分析了当前的经济形势,指出了治理经济环境、整顿经济秩序的重要性,对今后的全面深化改革和稳定发展经济做了部署,这是一个可以大有作为的时期。我们必须齐心协力团结一致,振奋精神,群策群力,去实现我们的伟大事业,夺取新的胜利,只有这样,我们才不愧于这个大有作为的全面改革的时代。最后,祝大会圆满成功。

我在报告中首先回顾了首届教代会以来的工作,针对我校今后一个时期的任务,按照着重巩固提高、在提高中逐步发展的方针,用10到15年或更长一些的时间,把我校建成高水平的综合发展的师范大学,使我校成为我国首先是中南地区培养"四有"教育专门人才和开展科学研究的重要基地之一。为此,要深化学校各项工作改革,尤其要引进竞争机制,如在教师中试行挂牌讲课,让学生自由选择主讲教师,在学生中试行中期淘汰制和一门进多门出等。

11月4日,与会代表畅所欲言,就校长负责制、教学改革、后勤、财务、两代会的职能、工会的地位和作用等发表了自己的看法和建议,气氛热烈,民主空气浓厚。

第二届教代会期间,我回答了省教育工会负责的相关问题,提出教育工会应有自己的立场的观点。

我说,教育工会要实现观念变化。所谓观念变化,就是教育工会究竟代表谁的利益,有没有自己的立场?我认为,教育工会要有自己的立场。

第一,教育工会自己必须承认有自己的立场。因为从整个工会系统来讲,过去是不承认有工会的立场,只承认有党的立场,工会在党的领导下,站在党的立场,这是没有问题的。但是党代表很多方面,有共青团、妇联、工会等方方面面的团体,而每一个不同的团体都有自己不同的特殊利益,过去不敢承认这个特殊利益,这是不承认现实,不是唯物主义者的态度。现在是群体利益,有各种不同利益的利益群体,或者是社会群体。在工会这个大的社团中,各产业工会应有自己不同的利益,比如我们教育跟其他行业相比,利益就有所不同,这是不能掩盖的事实。

第二,整个社会及党政部门也必须承认教育工会有自己的立场。从过去的情况来看,强调工会的桥梁纽带作用过多,强调工会的代表维护作用较少。如果工会不能代表和维护职工的具体利益,不能把对上负责和对下负责一致起来,桥梁和纽带就是断的,结果是工会在人们心目中威望不高,知名度不高。

其原因一方面是党政不够重视,没有把教育工会摆在应有的位置。另一方面,也是由于教育工会没有坚持自己的立场,发挥应有的作用。教育工会从人员素质、智力结构上来讲都具有优势,要充分利用这种优势,要旗帜鲜明地体现教育工会的立场、风格。

1988年底,校领导经过研究,决定从我校26名副高职称指标中拿出10个指标,解决青年教师中的拔尖人才问题,这样有利于全局和华师的发展。

对于这10个指标,学校规定报名者在学历、学位上均没有要求,但在教学、科研、外语等方面都要有突出的成绩,不能有某一方面的缺陷。机关的党政管理干部只要符合条件的,也可以报名参加竞争。

评议经过了如下几个步骤:

一是自由报名。

二是各独立的系、所单位在报名的基础上各推荐一名。另外,重点学科、有3个以上专业的系,还可分别多推荐一名。

三是将全校38名参加竞争者的材料在行政楼四楼会议室展示3天,使大家都做到心中有数。

四是评议组认真讨论、评议,并进行预投票。

五是将预投票的结果反馈到各单位及参评本人,广泛征求意见。

六是全面综合各方面的意见,严格执行评议条件,由评委最后确定10位人选。

1989年1月15日,经学校职称改革办公室和职称评议组最后确定,中文系刘九洲,历史所马敏,政治系曹阳、胡万福,科社所许耀桐、俞思念,中文系孙文宪,化学系张久俊,地理系傅爱民,数学系赵东方等10名青年教师被评为副高职。

这次职称改革力度是比较大的,引起了不小的轰动。但大家都心服口服,因为一切都是透明的、公开的,这样做的目的也是为了激励年轻人成长,有利于拔尖人才的发展。

## 四、行动比语言更重要

我的信心就是在这些具体工作上形成的。现在看来都是笑话,但在当时来讲有很大的满足感。人们也是互相观望,看你是讲空话还是干实事的。一看,好像上上下下都是干实事的,讲得并不多,不是动不动就开大会,就是用行动来体现我们真正的办学。

大概这样过了很长一段时间,因为我还需要一个适应过程。最初我进办公室都不适应,我就发愁。公文怎么个批法我都不清楚,后来我一看,也不难,多数就写个"阅""已阅",毛泽东就打圈,那更简单。我当然不敢用那个圈,就是"阅""已阅"。大概分成几类,怎么个写法,后来我一想,也不太难,看一看就了解了,就是这个情况。大概就是这样子,我当校长有一个短暂的适应过程。

说短暂也不短暂,因为各个部门都要熟悉。这点他们都很好,他们前任还有经验一些,实际上等于给我办学习班,各个部、处都向我汇报,介绍职能,介绍工作中存在的问题,一般不超过两个小时。他们都很能讲的,而且讲的都很能抓住要领。说明人才还是有的,就是处在那么个状态下面,他不能充分发挥。保卫处都是拿着教鞭,拿着图,我就当上课一样。保卫处负责人原来还是审查我的,是材料组的,军宣队留下来的。这时候,他老老实实地向我汇报,我对他也很客气。这样我才基本上弄清楚学校的保卫系统是怎么布置的,过去不知道。过去我不是党员,又没做过党政工作,现在这才比较全面地对学校怎么运作有个通盘的了解。

那时候,班子也不齐。高原是一把手,后来不幸得了癌症,病情比较严重,一直在养病。班子还没有搭起来,就在讨论干部任用时,他就病倒了。开始没有诊断出来,是作为感冒治的,结果后来发现是癌症,就耽误了。王庆生作为副校长,对学校情况最熟悉,能够掌握全盘,结果又被"挂"起来了,他就老老实实地去编他的文学词典去了。还有一个副校长,正式任命的,可以连任的,但又在教育部干部学校学习。所以,当时学校班子干部都不齐,但是这也说明不一定需要那么多干部。

就这样,剩了两个副书记,一个管后勤的副校长,一个管科研的处长,一个教务处处长,后勤是财务、纪检都管。人事处的人开始没回来,大概就算我兼管。财务我不管,这是后勤管的。不像现在大学的校长,财务都管的,而且首先抓财务跟人事,两大要害校长都要亲自抓。

那时候,我从一开始就分工负责。我分工就是管两办:校办、外办。外事就是我直接管,因为王副校长(王庆生)没回来,而且没有外事处处长,因为当时没有适当的人当处长。外事处就一对金童玉女——花海燕和宋淑蕙。原来觉得好难好难,后来弄了一段时间,发现只要熟悉了这个运作的过程、机制,好像也不是太难。

那一段时间,需要磨合,磨得很厉害。为什么磨得很厉害?经常碰钉子。省委对我们态度不好,基本上是不好,总把我们跟老党委结合在一起,说我们是二套班子。其实老党委完全不管事了,一个是年纪太大了,再一个,他们自觉,不给我们带来问题,他们知道他们一插手就更麻烦,都躲得远远的。原来一起南下的老领导原本亲热得很,那时候就都疏远了。后来过了几年,慢慢又好了,我们也很尊重他们。那不是我们疏远他们,那是他们有意疏远我们,我们也能够体会得到。

经常有事必须要经过省委的同意,特别是处级以上的干部任命。那时候是晏章万管这个事情,腿没少跑,很难。但是,有的时候难是一个方面,但另外一个方面,我也觉得很高兴。我也不说我有什么群众观点，我只是凭我自己的感觉，好像这么多人，平常都不是很熟，都没讲过话的，都很关心我们的事情。

1984年大概就是这么一个情况，至少在头一年里面没有什么宏图大略，主要是熟悉环境，建立正常的教学秩序，改变校园里的基本面貌。所谓改变面貌，就是把那个"山河破碎，满目疮痍"、"文革"遗留的印象在人们的头脑里清除掉。再加上，也弄了点实惠，系里面的下属单位一个一个赚得盆钵皆满，他们确实也尝到了甜头。

原来创收的分配是系里面三，学校七。我们就倒了过来，学校三，他们七，他们得好处更多。学校那个三也不能给校长"发咸蛋"，那个钱是动用不了的，都是办公务的。后来，好像又有点协调，微调了一下，可能底下分多了一点。

不管怎么样，办班的积极性搞起来了，而且业务开展得很好，外面还有好评。不像别的大学，我们还是正儿八经地办学，我自己也到第一线去看他们，各方都很得了好处。为什么得了好处呢？就是把周围的关系也弄好了。空师的，本来跟我们互相对立，争我们的土地，积怨甚深，后来都变成好朋友了。跟周围的海陆空、洪山区，通过这个事情都变好了。他们都想提高一点干部水平，另外多少也总想提高一点学历，而且知道我们办得那么认真，所以就这样子改善了地方关系。可以想象得到，学校拨乱反正，开始走上一个正常的发展轨道，这样才可以想一想进一步发展的问题。

那时候，苦是学校的苦，校部苦一些。后来，黄老师（黄怀玉）老笑我们，家里面的东西都是她从历史系领的，不断地拿来，我回去却什么都没有。到了过端午节的时候，人家又是粽子之类的一大堆。后来，校办也是觉得很不好意思，搞的校长也很没面子，校长自己也没什么东西可以带，就用卖废报纸的钱买了点粽子、盐蛋，每个校长都发了一点。

那个时候都还不错，我觉得比现在好。现在是争利，各种各样的好处，越是上级就越多，那时候至少讲还有点清廉。但也好，这就给群众一个印象：是想做事的人。再一个，私心还不是那么多。有人建议我们给校领导盖好房子，我不同意。结果坚持不了，仍然要把好房子分给领导。

分房子的时候，最好的一栋房子就现在刘家峰住的那一栋。有人赶紧来问我："是不是人事有些调动？是不是变动？"我一口就回绝了，没有变动，没有必要变动，原来怎么分的现在还是怎么分。他们赶紧一夜之间就把钥匙拿到手，唯恐学校有反复。没有。我们坚持公平分配，就是原样。大家心情还是好的，只有在这个基础上，才能谈得上学校面貌的总体变化。

## 五、不能光靠做报告

我们通过改变分配方式，以及校部领导人的清廉，使全校老师们的精神面貌发生了改变，使大家提高积极性。另一方面，20世纪80年代华师的学生精神面貌也非常好。我当校长的时候，大家就觉得前途很美好，学习有劲头。

其实，学生这一块的积极性，他们的精神面貌的改变，不光是我一个校长，或者是我一个人的功劳。是当时的党中央，好像是胡启立具体抓这个事情。胡启立是提倡学生自治的，因为他本来就是清华学生会主席。他比我小一些，我们都是那么过来的。过去叫学生自治会，所以这个时候，胡启立在一个讲话里明确地提出"学生三自"，就是自治、自理、自立。现在讲以学生为中心，还没有真正做到，那是要真正把学生当成一个独立的人格来看待。

学生社团的大发展是这个时期。可以说20世纪80年代社团发展红红火火，各种各样的社团都出来了。我不知道现在怎么样，那时候，反正就是校长跟两会——学生会和研究生会有私人的交往，而且交情很好，一直到后来，就是他们离校以后还是很好。像王振耀，他现在在北师大做慈善，办了个研究院，他当过研究生会的主席。还有后来的郭志斌。

我也说不上来，反正我很喜欢学生，不管是本科生，还是研究生。特别是研究生，研究生很有经验了，很多本来就是有些工作经验的了，他们经常还有些好的建议。

这是一个方面。再一个，我确实采纳了他们的意见，他们能够参与学校决策，有些好的建议实际上是他们提出来的。现在有的校庆，就完全让学生会来办，不仅仅是校友会了。以学生会为主，校友会、校办协助，有些学校就尝试这个。我们当时没什么校庆，我们举办了艺术节。

艺术节是我提倡举办的，但艺术节怎么做，就是他们不断地丰富、发展起来的。后来有一个盛举，就是所有的博士生导师都来大聚会，而且开了一个研讨会交流。那是第一批博士生导师，人数还不多，一个会议室就可以坐满。

另外，武汉地区的研究生在这里大联欢，那也是盛况空前的。武大没做，我们做了。武大的、华工的，都到这里来了。全武汉市重要的小吃，都在桂子山上设摊点。就在桂中路这条路上，老通城的豆皮、小桃园的鸡汤、四季美的汤包，都可以吃到。那真是像赶庙会一样，很热闹的。因为我在国外看到他们有些类似的活动，以学生为主体办的。国外都是学生自己做的，他们国家多，每一个国家都摆一个摊点，也做得非常热闹，还有文艺表演，都很好。

我们正好利用这一个会又开了第一次关于对外贸易的经济史的讨论会，也请了一些国际上有名的专家来，国内的大专家也来了，经济史领域的一些高手都来了。而且，大家一看学校这么热闹，节目也很不错，还可以吃到各种美味，所以评价很高。

怎么说呢？这个就不是光靠做报告。我不太相信开大会、做报告，而是用这种方式来和学生交流。大家说很愿意听我做报告，那是一个方面。我借个机会跟大家交流交流，也不是把这个东西作为一个主要方式。我认为主要的还是靠跟学生之间建立一种很诚挚的朋友关系，既是师生关系，也是朋友关系，亦师亦友，平等对待。不是动不动就给他灌一大套，给他训话，要么就批评。那种管理也有，在教育学上有一个学派就是这样子的。我还不大会做那个东西，因为我当学生当惯了的。

当时学生对学校来讲，他们的作用很明显。而且对学校的领导来讲，学生也是一股很大的支撑力量。武大的青年学生对领导也很支持，这不是哪一个学校独有的，华工就非常爱护朱九思老校长，华师来讲，也是一样的。现在口头上讲是一个主人，实际上是个过场。现在学生自己也有些问题，比如现在学生会在招新的时候是各种社团里面人气最旺的一个圈子。

这个不好啊。过去都是一种兴趣爱好，爱弄什么就参加什么，也很活跃，没想过跟权力结合在一起，跟以后的就业、升官好像不太牵连。这些主席都是很有能耐的，而且有的我们就准备留着当副校长，但是留不住，后来被北京的单位挖走了。怎么说呢？就是言教不如身教，要用你的行为来教育他们。当然，他们后来也很关心我。

我还参加过党的十三大之前的党代表会议。我当过党代表，当时湖北高校就我一个。我要是更循规蹈矩一点，很可能就是十三大的代表，但是失之交臂。我也没想过这些事情，叫我去，我去就是了。去了之后，也有些事情，黄老师还批评过我。像"夜访女设计师"，只有我干得出来，别人干不出来，但是我是体现我的教育思想，请她来做时装报告。与美学有关，所以由美术系请的，后来美术系建立了工艺美术专业，也就是做时装设计和各种设计。所以，美术系送我一个屏风也是对的。

华科大（华中科技大学，即原华中工学院）的根叔，今年的开学报告我看着很高兴，不是别的高兴，而是很多思路跟我原来的思路是一样的。一个是提倡学术自由。我们那时候的讲座遍地开花，跟雨后春笋一样。虽不都是请外边的人讲，但外边的人也讲得多，包括刘宾雁、白桦都来过。当然我们也请老"左"派，像丁玲、姚雪垠都来过。姚雪垠本来是老右派，结果后来他变成老"左"派了，思想还比较"左"一点。所以，根叔一个讲的就是学术自由，一个就是所谓教育家的一个良心，再一个就是担当。这是我经常讲的，不仅要有头脑，腿要勤快，还要有一颗红心、两个肩膀。他提了这个问题。现在推动改革，如果没有这个东西，怎么改？而且他有很好的一个东西就是他提倡反思，这也是我的思路。你不反思，你原来都做得那么好了，就是进一步创新的问题了。那还有什么好改的？它很多东西都是原来老路子上的创新，而且很大的一个问题是话语创新，弄些花样，花拳绣腿。所以，华科大的校长这次又得了个满堂彩，外面北京、上海来的校友都很高兴，认为这还像个一流大学校长讲的话。

所以，原来我也是说我没做什么事，刘道玉他是全心全意来做校长，朱九思干了一辈子校长，我说我就干了那么几年，我还能够谈教育吗？看来好像还可以谈，至少我这个话没有错，只是没有得到充分的响应而已，而是另外一种追求。我并没有说我怎么样，这只是一个转变的开始。这个转变要从理念开始，不只是一个口号，要跨越。都说要跨越，什么叫跨越？有些人也说要创新，创什么新？党员思想都没有解放，知识分子思想都没有解放，还创什么新呢？

所以，我觉得这个问题，我自己现在也没有很好地讲，但是我的一生中最美好的回忆就是跟学生在一起，而且在任校长期间，跟学生在一起那么融洽。学生也不是没有问题，学生那一年为了毕业分配问题，好像不是很如意。一些学校的学生到了毕业的时候就爆发了，分配了之后，大家一起吃饭的时候，就发泄出来了。大家就砸瓶子，把小瓶打碎，喝了酒装疯，成为风气了。但是我们学校没有，我跟学生在一起吃饭，我还做了点小小的好事。一个桌子上有两个女生，同一个宿舍的，有两三年不讲话，原来都很好，之后闹翻了，互相不讲话了。后来别人告诉了我,我就给她们调解了,大家握手言欢。

后来,几十年以后,我在深圳开校友会,还有一个学生讲:"您还记得吗?你跟我们一起吃饭,帮我们不说话的都和好了。"校长面子大嘛,大概就是这个情况。所以,作为一个校长来讲,这就是一种幸福感,而不是叫他们歌功颂德。他们就觉得你还不是那么讨厌,能够跟他们心相通,平等对待,他们的建议能够对学校的决策、对学校的工作还能够起一点作用,无非如此而已,也没什么大道理。

## 六、一定要有所不为

经常有人问我:"你当校长的时候,对上面的一些东西有时会有所不为,你是怎么做到的?"说实话,这是一个比较敏感的问题。主要的问题在哪里呢?最早有人公开发表了一篇文章,写稿子的人表述有点问题,说我"不同意的就不执行"。不可能不执行。这里有两种情况:一种就是我不传达,或者说我不沾边;再一种就是全国的统一政策,我们没有办法改变。其中,最主要的是三个问题。

一个是创收。有些创收我是不同意的,包括现在有些创收我也不同意。比如,降低高校的资质,变相的办野鸡大学,变相的卖学历。我们学校相对讲还好一点,但就是那样,也不是那么清爽,这是一种。现在也是这样子,要你办事,但没钱,那怎么办?当然有些其他的东西。

再一个更不好的就是叫作职称改革,一改改得公务员、党政人员两个都要,哪边高就往哪边靠,而且那是两头要,很多的虚假现象。

还有一个是分配问题。分配不公,走后门的、有背景的就好一点。但讲起来,动员的时候都慷慨激昂的,要到最艰苦的地方去、最需要的地方去。这样的人是有,那也是值得表扬的,问题是这样的动员不就是有点骗人。

本来我刚当校长的时候,开学、毕业、分配包括创收,我都至少做过一次报告,学生也欢喜听。后来,有些内幕情况了解得多了,有些报告我就不做了。职称改革的报告我就不做了,我不能做,我的许诺不能实现。我也不能公开反对,都是统一布置的一些东西,还影响了全校的一些个人意义的东西,还有学校名声的问题。我不等于没做,只是消极的不讲,不去动员,就是不支持,这是一种不为。

另一种不为就是不阳奉阴违。再一种就是公开地对上级某些不当的东西持保留意见。虽不说反对,实际上就是反对,因为根据党章,根据组织原则来讲,党员可以保留自己的意见。而且我们是下级党委自己保留意见,就是关于王庆生副校长"挂"起来的问题,我们不同意,我们经过常委讨论都不同意,这个我已经讲过了。至少有这三种不为的情况。

那个时候,比现在宽松一些。说起来现在更开放了,但是从思想方面,我觉得20世纪80年代好一些,现在好多人留恋那时候。不是哪个校长好,是整个大环境要好一点,所以,能够有所作为而不为的也不多。跟中国科技大学不一样,中科大它属于科学院的。像朱清时他就有些不为,叫他扩大招生他就不扩大。他说就这样,还能够维持。我们真正不为的还不是太多,至少有一点,就是还有所保留。这个表述很不好表述,就说"我不执行,让别人执行",这话也不对,我们还是共同承担责任的。所以,我可能用这三种表述形式比较准确一些。不是能够完全不为,至少我不说违心的话,这是最起码的,这是一种不为。当时电视台摄像机对着我,录音在旁边,我不讲就是不讲,我讲了他也不敢登,他要篡改。所以,这是我最起码的一个底线,就至少不要骗人。

所以,我认为我还是留恋那个时代。也不是说那个时代就那么好,但也不是那么坏。至少在我个人感觉某些方面,校长发挥的空间大一点,教育部容忍的程度要高一点。我在网上看到一则这样的材料,是我们华师的一个校友,他在向中学生讲课的教案里面讲了一个事情,说教育部一个部长有一次约我9点钟参加一个活动,然后我8点50就到了,教育部长9点过10分都还没有到,然后我起身就走了。那位部长当时非常生气,但是后来又打电话给我说:"章先生,您做的是对的。"

这个故事是错的,完全是靠想象编造的。这个故事讲的人太多了,其实不是这样的。当时是一个司长,我记不清是哪一个司的了。这个司长还挺好的,实际上他受委屈了,他不是有意迟到。他是约了一批年长一点的、有点影响的教授学者,比如就有张舜徽先生,我在那里算年轻一点的了。我本来等得就有点不耐烦了,恰好又看到一些事情,看得很不愉快。有些退休的老教授,还要自己到财务处去领工资,排好长的队。这个事情,系里也是一个问题。我印象里还比较早的时候,那时候我还是一般的教师。后来我任校长之后,我不允许这样子了。这两个事放到一起去了,都是对老师的不尊重。实际上,是学校内部的问题,但我不知道。我就把气出在那个司长身上去了,我就走了,表示抗议。而且我给校办具体负责的人打了招呼,我就走了,不然他怎么会知道这个事情。当然,他事后没有打电话给我。都是过了若干年,我不再当校长了,他年龄也到了,我们俩都退了二线,所以比较超脱了。我不记得在一个什么场合,他见到我了。

他说:"章校长,我有个事情不能不给你讲一下,不然以后你老记住这个事,好像认为我这个人怎么架子这么大。那次不是我要迟到。"他说他那天下午还有事,他记住要和我们谈话,但学校接待的人一定要让他去看一个东西。这话也不错,但是当时连句交代都没有。

如果这样讲，我就不会走了。一个是，没人管就把我们丢在那里，就好像我们是可有可无的人一样，也没地方坐，后来好像找了个地方，但好像都没开门，大家就站在那里。我们看财务处也站着一批，都是老人，我心里就很不舒服。我还算小的了，但是我觉得很不愉快。这个人很好，他说他回去之后，还到处把我这个事情当成一个美谈来跟别人介绍，说就是需要这样的人。我严格按照时间的，我连到省里开会，我都是这样子的。

我甚至把省长韩宁夫同志的请客方式都改变了。那时，各个学校都没有教授的审批权，就连武大都一样。正教授都是统一放在省里来审批的。权力没下放的时候，学校只有副教授的审批权，后来才有正教授的审批权。那时，我也算是一个评议组的组长。当时，好像还是文科算一个，理科算一个，这样来分的，还有艺术。教育厅的厅长是我们学校的校友。有一次，厅长告诉我们晚上要和省长吃饭。其实那个话我可以不讲的，这也是多事，还是属于政治上不成熟。

我说："我们都想回去了，就不吃饭了。"具体办事的那个厅长就不好说话。他是下级，是奉命来请的，正式来邀请我们去吃饭。我带头讲这个话，就是不想吃饭，要走。他说："那怎么行呢？省长都安排了，东西都准备了。"意思就是非吃不可了。他就问我为什么这样子，他知道我有点古怪，自己学生怎么会不知道？

见到韩省长后，我说："我对韩省长您有点意见。"他说："你有什么意见呢？"其实韩省长是山东大学毕业的，他文化程度蛮高的，人也蛮好，很朴实的一个人，不是那种很张扬的，不是一个政客型官员。我说他到处开会。当然也不是他一定要去开会，去了之后他就弄不清楚，我碰了几次都是的。他讲话讲不出来这个会是什么会，讲不清楚就问秘书这是什么会啊。我说这个事不好。我说："除了这个以外，还有一个，那不是您一个人的问题。我认为现在政府首脑请客，一个最不好的事情就是客人先到，主人后到，而且主人来的时候，大家起来夹道欢迎。到底是谁请谁?"韩省长一听,他原来以为都是这样子的。所以,人有时候逆向思维很重要的,他还没想起来这个事情。他大概弄惯了的,都是这样子的,结果没想到知识分子里面还有这种看法。

他说:"你放心,我会改过来的。"后来,我们就高高兴兴地去了,我们就看他怎么改了。本来就是一个气话,饭肯定还是要吃的,就只是不愉快。结果他果然先到了,所以大家突然对韩宁夫的印象一下子就变好了。因为他毕竟年轻一些,他是解放后成长起来的。我们去的时候,韩宁夫站在门口,他还特别亲热,他喊道:"开沅同志。"我高兴死了,所以我老记得韩宁夫这个人不错。

还有一个副省长,是我们金大校友,算是我的学弟了。他其实不是金大的,是金大附中的,也姓韩,民主人士,好像他没有入党。有一次,我跟他谈的时候就讲了韩宁夫的故事。他后来一下子觉悟了,改变很厉害。他本身也不是党员,所以顾虑少一点。有时开会,他说:"我不讲了,也没什么好讲的,大家开会。"他自己也反感,说不是他愿意这样讲,是会议主办方非要你来,又非要你讲,没话找话讲。有一次,大概什么座谈会,规模小一点,一看都是比较熟的人,他就自由一下,他说:"没什么好讲的了,会是你们开的,你们谈就行了,我听一听。"说明官场也还有一些有头脑的人。这都是小插曲了。

我这样做当然也可能会得罪一些人,就觉得我是个刺儿头。钱运录一开口就说:"章校长,你不是爱打炮吗?你放炮。"他说我是一门钢炮,好像我是专门放炮的,我说我又不是炮手。每年春节的时候,大家聚会了,就叫我开头,其实我也没什么讲的。春节的时候,放什么炮呢?

有些校友把我夸大了,美化了,我没有那么厉害,不可能的事情。外国校长他也要听董事会的,也不是能够为所欲为的。

## 七、要学会通盘考虑问题

所谓通盘考虑，就是经过大概1年的样子，情况熟悉一些了，单位之间的协调跟新班子内部的磨合都顺了。另外，就是跟学生之间的蜜月期也过了。这时候，学校的工作要是没有个总体的起色，没有一个前进的方向，光是你好我好大家都好，快快活活的，嘻嘻哈哈的，那也不行。

当时我首先考虑的就是学校究竟是干什么？华师背了个历史的包袱，就是"高""师"之争，定位带来不少问题。教育部有几个司，有高教司、科研司、师范司……按道理来讲，师范院校跟师范司的关系最密切，但师范司的权力太小，师范司在各个司里面就算是个二等公民，它又没多少钱。所谓穷师范穷师范，连师范司都"穷"，它没钱，现在当然钱多一些了，但也不是很多，那个时候更可怜。但是，它管师范管得真厉害，面向中学有一整套东西，但他们对科研没多大兴趣。

但是到了教育部，当时还没有现在这个指标体系，但它总还是有一个衡量的尺度，又把我们放入综合性大学一类。所以这样的话，学位点、博导的评议都吃很多亏。这在历史上就是一个很大的问题，就在"高"跟"师"之间。本来是高等师范，但是是求"高"还是求"师"呢？侧重点在哪里呢？历史上都有争论，大概争论了将近20年，至少十几年。

过去我们的老领导刘介愚为这个事很伤脑筋，校部也是很自然地分成两派，教务处就以"教"以"师"为主。科研处压力很大，又照教育部的办，又照全国的办，就是上不去。当然，理论上是可以的，辩证地结合，既"师"又"高"，既"高"又"师"。但是，实际上在实践中"师"要占很大的比重。现在因为有非师范专业，那就好说一些了。过去都是"一刀切"的，光教育实习就分两步，三年级见习，四年级实习。实习就实习一个月，那你要谈什么写论文、训练，都谈不上。教育厅也是抓师范，地方也抓。每年的教育实习，都是校长带头下去。

后来，我一到学校里面，就面临了这两重压力，一个是教务处，一个是科研处。科研处最大的问题就是我们高水平的成果还是不多，成果的开发跟利用更差。教务处就认为，好像就是有些老师不务正业，好高骛远，老师应该是全心全意来做好教学。有人建议就这个问题来个大讨论，我说："需不需要讨论呢？"后来我学邓小平，"50年不争论"。我还做不到50年，5年都不一定做得上。我只答应做一任，我就把不争论的时间延长，因为弄得不好，容易闹"分裂"。所以，我就采取暂时搁置的办法。反正，我的办法就是科研跟教学并重。

但从华师来讲，科研要适当加强。因为教务处有这个章程可循，有多年的积累，已经有很好的一个队伍了。但比较欠缺一点的就是科研，这是客观存在的一个事情。因为我们是教育部直属学校，属于综合性的师范大学，不是一般的大学，说完全不考虑科研也不行。"高"也要，"师"也要。教务处开会，我就高唱"教学为本"；科研处开会，我就讲"解放思想，勇攀高峰"。

另外，我跟邓宗琦副校长合作得很好。邓副校长是管科研的，他做得很出色。很多重点的研究项目，一些推广的项目，我们两个都是经常到第一线去，所以我还能够讲点道理。包括物理系，我是看着他们成长起来的，老师们也愿意跟我谈心。那个时候，私人委托事情的也有，但不像后来那么厉害，很多事拉关系，有私人的要求。那时找我谈话的人多半出于公心，研究天文的搞个天文台，研究生物的，物理系、化学系，各有各的东西，都是谈学科发展，谈科学前沿，怎么创造条件提高科研水平的问题，都有这个精神，一股脑地想着发展。特别是后来校名也改了，变成师范大学了，邓小平同志还题了字，那是很大的鼓舞。为大学题名，邓小平同志一般是不随便写的。当时，大家都有这个干事创业的劲头。

另外，我们经常到课堂听课。我们也不事先通知，走到哪个教室就听哪一节课。现在都是经常事先通知，摄影记者跟着跑，然后照几张相片。我们听课说去就去了，不仅去了，还要跟授课老师交换意见。因为我们还有点经验，是老教师，中学教学实践中摸爬滚打那么多年，还可以讲出一点道理来，学科我也还可以谈一点。

所以，教学与科研这两个，也不能说有多少创造，略有起色，但是根本局面没有改变，教师队伍本身被限制住了。另外，我提倡课堂讨论始终没有得到很好的推广。教师怕讨论，师范院校的老师，知识面太窄了。我们原来本校师范毕业的、外面师范来的人数多了一点。不是说师范生都不好，很多师范生也很好，像邢福义老师就是大家风度。一大批人，文学院更多。但是，有一段时间，过去的课程设置被限制了，就八大块，谈多了就谈不出来，老师害怕学生讨论。所以，只能说是朝这个方向有所努力，但不是很理想，教学方面有些进步就是了。那些老教材、发黄的讲稿，都没有完全根除。不过，比以前弄乱的教学、集体上课好多了，现在总还是正儿八经一步一步往前走，往前推进。

科研就比较明显一些，因为原来起点低，起点低进步起来就快一点。像物理系好多优秀的人才就涌现出来了，最重要的还是粒子物理。这个也要感谢老的党委，他们确定的这些重点人物都起作用了，基本上没有错。化学系的张景龄，研究无公害的绿色农药，成绩很突出。反正尽量地发挥他们的长处，虽然条件很有限，钱也很少。我多次讲过的，当时买一个核磁共振，反复论证，80万块钱，学校下决心买了。只要是能够做到的，学校就尽力做到。好在当时大家都有那么个劲头，现在看来，基本上没有错，一直延续到现在，已经经过了三代人以上了。文科当然占一点优势，理科也不简单。理科现在后劲很足，这个就是一个可持续发展的。你看着它好像不动，但它基础打得好,路子正,总有一天会强大的。比较难一点的大概就是数学系,现在数学系也变好了,老大难的问题都解决了。中文系是发展得最快的,因为它跟宣传部跟得最紧。那个东西也有问题,那么多人都来研究鲁迅。现在真正的改革还是在这之后的改革,像民间文学,都是20世纪80年代以后才四面开花,所以到现在为止也丰收了,像文艺学、文学理论都研究得很好了。外国文学,徐迟亲自关心,来编刊物、当主编,哪里找去?现在外国文学还是一枝独秀。今天我也不说是居功,就是做了一点事情。

## 八、制度虚设很可怕

有不少年轻人听说过,我当校长的时候,学校好像还真正是校长领导,书记在我的面前比较退让一点。这个情况比较特殊,其实我不是争权的人,我是一个放权的人。还有一个就是,正儿八经的书记病了,从他病到病亡拖了1年。

那个时候,上级也没有让他退,大概也没有适当的人选。因为党委书记形式上还是要经过党委会选举,一届一届的,必须要走整个那套程序,所以不好办。再说他正在病中,也不好免去他的职务,这种考虑也有。这个书记是一个比较优秀的党员领导,也是个学者。现在搞得红红火火的科社所就是他弄的,他资格老。所以,正是这个原因,当时是由党委副书记来代理主持党委工作。但是,就这样的话,他的资历就比我迟得多了,因为都是我的学生一辈的,是原来政治系的学生,这些学生我都教过的。不管怎么样,多少对老师总是要客气一些。另外,那个时候已经强调年轻化跟学术化,我不属于年轻化,但我跟那些老的相比,我也算年轻的了。其实最重要的就是学术化,这个他也要让几分,这时候正是我搞学术比较顺手的时候,载誉而归。这也是我的一点优势。校里校外,就包括在教育部里面,大家都看得重一点,还是占点便宜。所以,因为这个事情,我们相互都是很尊重的。

但我们也不是没有矛盾,也有。主要是党政关系,一直有这个问题,以党代政的问题比较大,在习惯上尽管是平级,总是比政要见官大一级,至少大半级,现在实际上就是这样子的。马敏书记就比校长要高一点,过去也是这样子的。但是,我那个情况,恰好因为我太老了,他又是我前面带过的政治系的学生。但因为他在党务工作的资历,那比我老得多。他很早就进入党委工作了,而且很早就担任党委的领导工作,当了副书记,所以,他已经成了一个习惯,好多事就不分的。我这个人又死抠制度,我觉得我没有错,所以后来跟他有些矛盾。

但我后来越来越妥协,到现在我根本就不闻不问了。这是很可怕的一个事,制度虚设,对一个国家来说是一个很大的危机,不仅是一个学校的问题。华师恐怕问题更严重一些,以前的谷士文校长不是走了吗?他对我们学校最不习惯的就是不坚持制度。他没少谈这个问题,所以,我对谷校长还是很钦佩的。因为恰好我自己也是这样看待制度的。每次评职称的晋升、开会评议等,经常在变,而且这些变往往是根据少数人的强烈要求,或者是领导倾向于某一个人,就好像是因人设制,导致那个条例经常变化。分房子也是一样的,它一下子对这个有利,一下子对那个有利。我倒霉的就是总把我圈到外面去了,它不让你上,它总有道理。结果,我的学生都住得比我好。这是一个情况。

所以,每次都讲这个问题。有时候,一个中午就可以把一个条文给改了,有些系它就改动快,马上消息传出去,临时就作数了。我都觉得不好意思,后来我就没当校长了。我从国外回来之后,我还参加了一些评议会。当时谷士文校长他也不生气,也不发脾气。但他后来忍不住了,他说:"不能这样子,已经说了很多次了,不要这样子弄,就算是错了，错就错，以后再改，如果真需要改，不合理的，以后再改。"不能因为一个会上，某个人上不去，就马上改了，怎么能这样子呢？这个事我也不清楚最后怎么弄的。所以，在这个问题上有些争执。

我是很反对以党代政跟党政不分的，那你办什么学呢？行政这一摊子就不好工作了。不该党管的事，党管了。党管了之后，它还取代了你原来一些会议的决定。有时候，事情也不是多大一个事情，但却影响了行政效率。

你不要看我这个人平常讲话很自由，我不是属于无政府主义者，我组织纪律性很强，规章制度我也非常地遵守。我是强调法制的，强调规章治校的，不强调个人专断。学校一些重大的措施，我都是提交常委，事先还通气，然后再开会，做正式决定时我才去拍板。我从来没说我发一个指示要怎样就怎样，要谁升就升，我不干这种事情，也不强加于人。这样的话，有的人就好笑，说章开沅当校长有笑话看的，以为成天要吵架。结果没想到大家相安无事，一心一意办学，总算过了6年。认识虽不完全一致，但大家心还是很齐的，相互理解。所以，我还是觉得在一个极其艰难的条件下，谈不上校长负责制，知其不可为而为之，争取多少有一点独立性、自主性，贯彻自己的一些抱负跟办学理念，这个讲法大概就比较准确一些。

## 九、学校不要介入院系内部纷争

站在学校层面，对院系内部的纷争，我主张学校不要介入。这就像一个大家庭，两个孩子互相攻击、吵架，作为家长的话，应该是公平的，不能偏私。因为从利益来讲，分配问题也是学校很大的一个问题。

作为组织者,学校管理最大的困扰就是在分配上。资源就这么一点,你要发展某一学科,别的学科可能就有意见,只有那么多资源,那就只有你自己权衡、判断,你要把资源用到刀刃上去,该支持还是要支持。太怕得罪人,方方面面都照顾到,那只有坏事,什么都弄不成。

所以,这点跟我研究的教会大学有点像。教会大学实际上跟国立大学不能比,人家以为它有钱,但它能有多少钱?它没有专款,钱都是募捐的。但是,它就在那么一个情况下,规模又小,队伍又少,人员又少,偏偏还弄出些东西来了,那就是它重点扶植了一些学科,它有自己的特色,因时就利。

所以,这一点我们还是很明确的。就是过去老党委确定的几个重点,反正势头都不错,该支持还是要支持。文科那时候不需要什么支持,讲老实话,都是我们自己讲良心话。写一组规划,写好大个数字。因为现在手段高明了,科技进步了,耗费也大一些。再一个,就是出差费又高了。其他的做什么呢?包括数学,都是这样子的。物理、化学、生物,这些都需要一些投入,特别是音乐跟美术,那没办法的,非开支不可。文科多半是讲空话,就是戴高帽子。文科又没有正式的经费,它也不会争,因为它认为没有争的权利,都是挪用人家自然科学、理科的经费,这也没什么好争的。所以,文科也弄出来了,也不错,大家都蛮克己的。

这种院系内部的矛盾是普遍的,我所在的历史系也有,不会没有的,但都提不上台面,都是些鸡毛蒜皮。其中一个就是过去政治上总有依靠的一面,再一个就是挨批斗的。这个客观上就造成了一种隔阂,受重用的和不受重用的,本身就有一些。另外,就是还有个人在做人方面,有的人合群一些,也有些人脾气比较古怪一些。这个不奇怪,哪里都是这样子。有的人古怪得出奇,我们历史系怪物还不是太多,还不够怪。所以,包容,特别是对一个校领导来讲,要有一颗包容心,非常重要。但是你决不能宽恕犯罪,不能宽恕歪风邪气,那是不行的。当校长要有一股正气,始终要顶住,坚决反对歪风邪气。一般像有些事情不用介入，多做团结工作。

过去我也经常讲一句话，唐代一个皇帝把自己的女儿嫁给郭子仪的儿子，小两口吵架，公主就告到皇帝那去了。郭子仪就带着儿子去负荆请罪，皇帝付之一笑，他说："不痴不聋，怎做得阿家翁？"阿家翁就是做家长的意思，糊涂一点就完了。这就表现了两个方面，郭子仪他也不是偏袒自己的儿子，皇帝亲家也体现了一种宽容，没说我女儿受了欺负。这样才能是一个兴旺景象，才有这个"之治"，那个"之治"，因而出现盛世。

学校也一样的，要大气，小事就不要计较，包括别人对自己怎么怎么样。特别是不要无缘无故地去干预别人小两口吵架，那是吃力不讨好的，多做水泥匠和稀泥。因为真正的是非不是太多，大是大非就更少。

但这个"左"的东西，对办学是很不利的，很多问题都涉及这个问题，你也不能去处理。所以，我说读不懂就在这里，只能装不懂。怎么会不懂呢？有的书记不会当，他把一些老的东西，阶级斗争理论弄得很多，他跑到人家墙壁外面偷听人家的谈话，又被别人发现了。你说我怎么办？党委可以去批评他，我不能批评他，我连讲都不好讲。我要讲了，党委又有意见了，怪我管这个事做什么，可能还认为他是好的，尽忠职守。

其实也没有讲什么，只是他心里有鬼。或者是他忠心耿耿，只有他为党为国，把别人都看低了，怀疑一切，这事多。我最后离开学校的时候，把有些检举信包括上级教育部转来的检举信，全部烧毁了。因为我在任的时候，我就没有处理，不必处理，都是一些私人的恩怨，但是攻击的内容不好。有些人都不在了，不仅影响了个人评价的问题，还甚至于影响到人家的子女、亲属。你没有调查，就8分钱邮票弄到北京去了。北京也不好办，就转回来，没有转给党委。他们本身就是让我自己有一个空间，就是让我一个人处理。我还是很慎重的，因为我不会包庇罪人、坏人，人都是很好的，有的是很好的学者。有的人就是自己疑神疑鬼，多疑，以为自己老婆喜欢谁了。这不是开玩笑吗？还是个领导，怎么能这样子呢？这种事你完全可以跟人家谈，或者跟老婆谈，必要的时候你可以离婚。他也没有，人家家庭夫妇感情很好，人也不是那种拈花惹草的人。所以，人长漂亮了也麻烦，又有才又有貌。这个没办法的事，讲不清楚的。

所以，我不认为这是一个错误，我也犯不着到处去调查。因为一讲就等于散布开来了，也没有办法调查，这种事情举不出一条真凭实据。你抓住了没有？你也没有抓住，都是些迹象。夫人一见到人家就很高兴，或者在什么场合又多讲了几句，又没有亲密的动作，这算什么呢？都是怀疑，后来把它构成一个幻象。这种人也有的，女的对男的怀疑可能更多一些。夫妻之间也是出于一种相互信任的关系，要老怀疑的话就没有办法过日子了，那除非你不跟女的接触，那是不可能的事情。在这个过程中间，有的人是不是有些想法，男方或者女方，也难免，但也不一定都成为事实，都还是有克制的。人就是这样，欲望跟道德之间有一个平衡，都在寻求平衡中间过日子。过去那些道学家，表面道貌岸然，成天内心还是在天理跟人欲之间斗争，他不说没有欲望，他说在斗争。这是真正懂得一点学问的人，懂得人生的人才讲得出来、总结出来的。道学家别的话我听不懂，这个我听得懂。反正道学家我很讨厌。这都是题外话，不谈了。

## 十、大学行政楼是一部深奥的大书

我曾说过，大学行政楼是一部很深奥的大书，我读了6年都没有读懂。所以后来就有人问我，当校长的6年里，我在行政楼"这本大书"中间读到了一些什么？或者我认为没有读懂的又是什么？读懂的地方，前面都讲了。我自己认为是一个收获，虽然改进很有限，但毕竟还给人们留下了一点印象。那时，我使整个学校的气氛，包括学术的气氛比较正，功利主义还不是太厉害。在对待教育部方面有些东西，不敢说是反对，但是有所为，有所不为。自己的东西有所为，上面有些东西我们有所不为，或者是按照自己的意图来理解。那个时候比较好的是，上级不像现在管得这么死。现在管得太死了，什么都管。究其原因，现在可能就是工科思维的问题，太现代化，太工业化了，什么都纳入工程系统。无论做什么都称之为"工程"，各种工程项目满天飞。结果呢，规章制度特别琐碎，指标体系特别高。学校明明做不到，那上级何必还要弄成那样呢？所以，不是学校不执行规章，而是那个规章本身就做不到，很不合理。这是读得懂的地方。

读不懂，主要是人事关系的问题。党政之间，我们学校分别叫东半球、西半球，党在东边，政在西边，总是疙疙瘩瘩的，不是很顺。这也不是个人的问题，个人很难左右的。我说的读不懂，多半是体制上的原因，还是体制造成的。

我讲的是两个高层领导之间的冲突、摩擦，下面这类事情更多。宣传部有一套东西，组织部有一套东西。关于人员的运用，总是不能采取一种正当的方法来解决。这是一种，我读不懂。

另外一种就不好说了，那就是人事关系比较复杂一些。因为他们在这做得久，我是临时上去的，比较超脱，弄得也不是很清楚。原来最大的问题就是派性，派性解决了就差不多。但其他的还有些恩怨，也有种种的猜疑。有些领导人很好的，平时很好，但大家总怀疑他在树立私人势力。实际上，他是按照党的组织路线来用人，这个用人当然不一定都与办学宗旨相吻合。可能人很好，用人多半跟党比较近一点，听党的话，循规蹈矩的，但是往往能力有所欠缺。行政要做事，往往在才的方面要求多一点。另外，我讲的有的人可能平常吊儿郎当的，干起活来真是不顾一切、奋不顾身，放得下架子的。这种人该不该用？当然该用了。但这样的人不一定得到重视，甚至以后用种种的理由弄开了都有。

所以,这也不是很奥妙。如果从宏观来看,这还是一个体制的问题,很多矛盾都是产生于这里,不过,它用各种各样的人事纠纷掩盖了这样的矛盾。外国也不是没有人事关系,也有。同样是有的,但是,它那个单一一些。所以,干活的给不干活的管,讲得不好听的话就是这样,这是一道难题。

我这个也是一句牢骚话,6年也没有读懂。如果不改的话,我就读不懂。改的话,可能就不存在这个问题了。本来是按制度办事,西方称"orientation"。到哪个学校,你是一个新人,首先要接受"orientation",就是岗前培训。我们这弄一个星期都还弄不清楚,人家就是顶多两个小时,把相关文件给你一看,适当地给你做一点解释。而且,讲的最主要的不是讲工作,不是讲义务,而是讲权利,你在这里你享有什么样的权利,怎么样维护你的权利。这个它是立足于人,一切为了人。所以,我一去就觉得奇怪,它没说你要遵守什么,要好好教书,根本不是这个,首先讲权利,就是让你不吃亏。这样大家就认为这个学校不错,它把它简单化了。也可能太简单了,不会务虚,中国人太会务虚了。

# 第十三章

# 主动辞去校长一职

## 一、主动辞职与自我放逐

尽管政治风云瞬息万变,但吉人自有天相,我不仅平安无事,而且先后获准两次出访。一次是1988年10月与北京外国语大学王福祥校长应邀参加保加利亚索非亚大学百年校庆;一次是1989年10月与北京师范大学王梓坤校长前往布拉格参加联合国教科文组织举办的世界教育大会。

索非亚大学在保加利亚的地位相当于我国的北京大学,其百年校庆之隆重有过之而无不及。国家主席日夫科夫不仅在开幕式发表主题讲演,而且在晚间举行家宴热情款待各国贵宾。我的印象是烤了一只完整的小猪,菜肴极其丰富。当时,西欧、拉美地区到会的校长较多,可能由于较少见过中国大学的校长,他们纷纷要求与我合影留念,并且大声自报家门:"我来自某国,代表某大学"云云。但此行印象最深的却是日夫科夫热情洋溢的演说,因为他一开头就说"索非亚是自由思想的摇篮",而当时的"苏东坡"仍然是无产阶级当政国家,此语堪称"石破天惊",可惜为时已晚,无从挽救即将到来的灭顶之灾。

一般外宾讲的多半是礼貌话语,我自然也难以脱俗,但事前提交过书面发言稿,题为《培养面向21世纪的新人》,着重介绍我们"一校一市"的全面合作模式。由于保加利亚也正兴起改革开放潮流,其中央党报居然以头版全文刊登,可见连体制内的媒体也意识到非改变不可了。

会议期间,也有若干花絮。一是由于英语国家来宾较多,以致英语翻译奇缺,给我配备的一位翻译竟然只能讲西班牙语。她虽然是一位教授,但又高又壮,很像一位举重运动员。我们简直无法沟通,会议组织者只能派一位英语系女生作为全陪翻译兼导游。小姑娘聪明伶俐,英语娴熟,热情活泼,为我提供了很多帮助。另一是保加利亚表示 yes 或 no 的肢体语言与我们相反,yes 摇头而 no 点头。有次我散步较远,回来叫 Taxi(出租车)。一报宾馆,司机连忙摇头,我用蹩脚的俄语问他是否表示 yes,他又连忙点头。我连问几个司机,都是如此情况,只有步行回来。我很奇怪 Taxi 司机如此拒绝乘客,外语大学王校长大笑,说你事先功课做得太差,所以吃亏了。但保加利亚人毕竟是很可爱的,每逢我们盛赞巴尔干半岛风景优美时,他们总是谦虚地说:"保加利亚国家太小,要求上帝给人多分配土地时,土地早已被分光了,上帝看我们可怜,便撕下天堂的一角赠送我们,因此索非亚至今仍有'天堂一角'之称。"另外,保加利亚人食量很大,连很纤秀的女士都可以连吃好几块大牛排。我想保加利亚人经常夺得举重冠军,可能与此有关。

1989年10月,联合国教科文组织在布拉格举行世界教育大会,邀请王梓坤与我作为中国代表参加。经过教育部批准,我们两人结伴同行。到达布拉格以后我们被安排住进宾馆。会议规模很大,但与会人员会下交流较少。我与梓坤都不善于交际，幸好临近房间住着两位泰国女学者，一位年龄较大，是泰国著名的朱拉隆功大学校长，另一位是国会议员，有中国血统并且能说华语。正是这位议员意外发现我们两个中国人，感到非常亲切，主动与我们结识。从此我们总是结伴行动，倒也不感寂寞。我与梓坤都被安排在大会上发言，并且受到许多代表的关注，因为他们以往对中国教育了解甚少。说来也很可笑，他们曾把北京师范大学理解为是北京市属大学，而华师就是中国师范大学，经说明后，他们才弄清楚，并把我们都列入世界大学教育理事会名单。

会议结束后照例有晚宴，由捷克工会组织出面招待。我们这些资深教育工作者（大约有20余人）则应邀参加布拉格市长亲自主持的小型酒会。我们原以为酒会一般会有菜肴，至少提供饼干、奶酪之类。结果只有酒和饮料，没有任何可以充饥的食品。回到宾馆，餐厅已经关闭，空无一人，附近又无任何餐馆。那时捷克仍然是计划经济，蔬菜食品非常短缺，我们4人（包括两位泰国女士）之前毫无准备，只有面面相觑，幸好梓坤老谋深算，不慌不忙拿出两个苹果和两个面包。他说自己食量小，是平常进餐未吃完带回来的。我们4人毫不客气，聊以充饥。

会后，中国大使馆教育参赞把我们接去小住并安排参观，因为他的女儿在北师大读书，所以带有家长谢师之意，非常热情亲切。使馆的伙食非常丰盛，因为食品都是从国内运来的，我们总算补充了一点营养。在此期间，大使亲自接待了我们，但提出要我们为使馆人员讲国内有关情况。因为局势仍然不明朗，他们虽然坚守岗位，静观事变，但传言颇杂，很难做出判断。盛情相待，无以为报，只有讲点亲身见闻，我俩便异口同声地答应。没想到晚上一进会场，只见墙上挂块黑板，写着会议通知："邀请王梓坤、章开沅两位校长就国内情况'吹风'。"我一见"吹风"二字就有点紧张，因为我们和他们一样，根本不了解目前高层的真实意向，怎么能随便"吹风"？但听众非常踊跃，连厨师和工人都来了。我们只能硬着头皮讲,但只能说是亲身见闻,不代表官方与单位。我们讲的都是很具体的真情实况,不做任何政治评价,更没有任何"假大空",所以大家听得聚精会神。我们讲完后,提问非常踊跃,一般我们都是据实答复,只说真相,不加评论。

次日清晨,大使与我们共进早餐。中午我与梓坤自行吃简易客饭,却发现桌上摆着一碗精致大菜,我们正犹疑不敢动筷,厨师长快步走来笑着说:"昨晚的报告太精彩了,这是我们食堂对你们的慰问。"旁边也有使馆年轻官员附和说:"来使馆好几年,听到的报告很多,有些还是高层官员讲的,都没有你们讲得这么实在真切。"但参赞夫人却为我们担心,借陪同散步的机会悄悄说:"我们这里是个小使馆,人员不多,彼此都互相了解,大使也一贯比较开明。你们即将前往中国驻苏大使馆,那里人多复杂,特别是有些记者身份不明,你们讲话需要谨慎一些。"我们心头一震,觉得应该清醒一些,因为毕竟是在国外,情况更加复杂敏感。

布拉格国际机场较小,登机有两个楼梯,一个是抵达出口,一个是转机。梓坤笑着说:"两条道路,自己选择。"我至今也没有弄清楚这句话的含义,之后在北京教育部开会重逢,我俩也没有再说这件事。因为我们走的都是一条路,事实已经做出回答。

人们只看见我自由来去,风光依旧,但却不了解我的处境已很尴尬,实际上就是危机四伏。当时,我的学生赵军、马敏已按原定学术计划分别去了日本与美国,已有一种议论,仿佛是我有意让他们逃避,但他们自己浑然不觉,又要求妻子出国陪读。我自己也浑然不觉,居然让外事处与人事处为她们及时办了出国手续。我觉得理直气壮,因为"陪读"已成风气,当时完全合法,不料暗中对我的攻讦立即升级,有人公然污蔑我私下给马敏 2000 美元,并且直接向教育部投诉。若干已毕业离开华师的学生奉命回校,他们白天挨批判,晚上就悄悄到我家中诉苦骂街。有天晚上,连武大校长刘道玉也来我住处大发牢骚,他已被取消校长待遇,只能步行而来,其私宅电话也被拆除，所以事先也未给我打招呼。他既然不怕以嫌疑之身来到我这嫌疑之地，我当然也只能不畏嫌疑与他畅谈。

我们自认为是坦坦荡荡，但仍不免有极少数人暗中算计。幸好教育部党组对我校党委还比较信任，对我本人有大体上的认可和理解。他们把所有这些署名投诉整理归纳成12条，并要求调查澄清。实际上也只是一个姿态性的回应，因为明眼人一看就可以知道，这12条统统都是"事出有因，查无实据"。教育部人事司领导私下说："一所大学居然有二十几个中层干部私下联系投诉校长，你们是独此一家。"（此话是戴绪恭告诉我的）我这人一向自认为只有公敌，没有私仇，所以至今对这些联名投诉者，也没有任何记恨。因为这些中层干部，大多是我担任校长后由于年龄限制，被迫退居二线，挫伤了他们继续上进的雄心。这本来是中央干部年轻化的统一安排，有的人却迁怒于我，仿佛是我带有成见地把他们闲置起来。这些人长期从事党政工作，自认为是老资格，甚至是"老虎屁股摸不得"，其实由于长期受"左"的熏陶，他们已经很难充当改革开放的前驱者，甚至成为改革开放的绊脚石。当然他们绝大多数都是好同志，他们也未尝不是自认为忠于党和国家，而对我的揭发乃是一场严肃的路线斗争。其中有一位乔达世，与我同属中原大学南下老战友，我们常戏称他是"乔老爷"（有一出传统剧目叫《乔老爷上轿》）。十一届三中全会后，他曾首先仗义执言，在全校中层干部大会上要求为我彻底平反，我对他非常感激。他为人忠厚诚朴，从来没有阴谋暗计，但他对我的有些改革措施持不同意见，在反"资产阶级自由化"期间诚恳对我进行规劝。我深知他是出于公心，害怕我犯错误，所以不以为意。他坚定不移拥护中央决议，可能认为我已滑落太远，所以才大义灭亲，参与联名上书投诉。不过我们私交未受任何影响。这之后，特别是晚年，我们都和好如初，时时相互关切，所以我仍然认为他是一个好同志与好兄长。

总之，我去意已决，全属自己决定，未受他人任何影响。

1990年春，国务院学位委员会召开学科评议组召集人会议，布置恢复正常学位相关评审工作。何东昌做报告时,我的座位正好面对讲台,便抓紧时间写了一个请辞校长职务并出国访学的书面报告,趁中间休息时亲自交何。我给他说:"我这一生最大的遗憾就是没有留学,没在国外进行较长时间的研究学习,我想补这一课。我已经推迟了三四个这样的机会了,我再不出去我就没有机会出去了。"何东昌已知我有辞意,当即收下,但并未有任何表态。没有想到他竟然非常重视,当天晚上就派高教司司长前来宾馆看我。这位司长倒也热心肠,开门见山地说:"东昌已和我们商量,初步同意你出国学术交流,并仿照南大曲钦岳校长先例,夫人陪同出行,但最多只能是3个月。"我喜出望外,千恩万谢,回校就通过党委正式申报请辞与出国手续。当时,我的任期已满,但仍留任校长,其他书记、副书记、副校长,除个别因年龄原因离休外,也都继续留任。我实际已经以学术工作为主,特别是学科评议组工作相当繁重,出国讲学与开会亦较频繁,王庆生实际上已承担常务副校长职务,他过去与戴绪恭在校部宣传口是老搭档,完全可以统率学校工作全盘正常运转。所以我接受普林斯顿大学与神学院的联合邀请,决定首先去美国合作研究中国教会大学史1年。

何东昌自己也跟我做过工作,他说我也不算老。那时候最老的是复旦大学的谢大姐,她比我大好几岁,她解放前就在工作,又留过学。由于何东昌的关心与华师党委的支持,我迅速得以出国学术休假1年。但何东昌附了一个口信:"如果校长一职找不到合适的接任者,你还得随时回校。"我理解为礼貌语言,所以满口答应,但也未曾料到,此去异国他乡竟达三四年之久。

所以就接着办了正式手续。后来看到我这个情况,党委也就同意我不再继续干了,他们也知道我不愉快,实际上就是已经有去意了,不像原来那么卖力了。

所以我不是免职,应该是主动请辞。正式免除校长职务,我记得好像是1991年。我是1990年出去的,都快1年了。1991年春节的时候,大概是二三月间,党委书记戴绪恭打电话来,原来是王庆生代理,后来就取消"代"字,正式接任。大家觉得很紧张,高校工委都派人留在这里,怕出事。结果一切平静,事毕竟过了这么久了,大概他们也做了很多工作,没有怎么样。

后来,我就采取这个办法,因为我人已经在外面了。教育部没要我回来,就说明已经找到人,那我就更理直气壮了。我是每年换一个学校,每换一次我都办一次手续,我都跟教育部正式请假的。先由党委,再由党委报到教育部,教育部不回信,那就等于默认。过去有个规定,过50天不回信就等于默认,所以,教育部没说批准也没说不批准,那我就作为默认看待。

后来我觉得这样也不是一个事,觉得还是在国内发挥作用大一些,那里毕竟是一个课题,再好也是人家的国家。再一个就是语言文字也没有完全过关,在交流上还是受一些限制,也不可能充分发挥自己的水平,我写还是用中文写作,英文比较困难,磕磕碰碰地弄贝德士的东西,弄了好长时间,那我写中文就快一些。后来语言文字慢慢好一些了,而且我人也熟了,有那么多好的资料,我要大"捞"一把再回来,最后连资料和钱都弄回来了。所以,这样就到1994年我才回来的。

我离开国内时走得比较匆忙,因为当时"两清"尚未结束,有少数人仍揪着我不放手。我恐行前又出现变故,便借出席香港近百年中日关系国际研讨会之机,提前于8月11日出国。为了不惊动他人,只有怀玉独自送我到汉口机场,心知此次是长别离,但亦只能隔栏相望,千言万语,会心而已。

飞机准时起飞,中午到达启德机场,我顺利过关入境,顿时轻松半截。此会由香港对日索赔会会长吴溢兴全力支持,他亲自开车直接把我送往香港中文大学会场,随后又把我的行李顺便带往即将入住的宾馆(远在香港市区)。上午的会议已经结束,我一进餐厅便见到老学长唐德刚、吴天威(均为此次对日索赔会领导人),大家非常兴奋,边吃饭,边聊天,畅述国内近期情况。同时还看到从台湾地区来的张玉法、蒋永敬,久别重逢,更为亲切。

饭后大家就在会场休息。主持会议的副秘书长、香港中文大学的谭汝谦博士通知下午由我主持一个分组会议。他发现我短裤汗衫,连衬衣都未穿,脚上穿的又是凉鞋,而随身衣箱已被送往港岛,大吃一惊,但并不慌张,连忙开车回家取了一套干洗过的西服衬衣领带和擦亮的皮鞋,迅速帮助我沐浴整装。我重返会场居然衣冠楚楚,因为他与我身材相仿,衣服非常合身,众友人都佩服谭博士精明能干。

会议整整开了两天,增进了大陆与港台学界的相互了解,特别是展现了三地同胞热爱祖国与反对日本军国主义复活的同仇敌忾。8月13日上午,我和与会外地代表依依告别后便从宾馆搬到陈满棠校友家,直到8月20日离港赴美。这一周时间主要是华师众多校友之间的频繁聚会。由于荒唐无稽的流言太多,他们对我的安全非常关心,现在看见我神态安详,还能获准去美国享受1年的学术休假,自然深感欣慰。校友的深挚爱校情谊,使我低沉的心态转向昂扬,鼓励我又一次走上人生的新旅程。

陈满棠整天陪同我与各处校友会晤,几乎成为我的司机兼秘书。他的夫人非常细心地检查我的行李,发现我竟忘记携带御寒的冬衣,而我即将前往的美国东北部冬寒尤其严酷,特地为我买了一件既厚重又大方的苏格兰羊毛外套,还有其他若干过冬的衣物,真使我有雪中送炭之感。20日上午11时,陈满棠与另一从深圳赶来的校友送我去机场,由于多年未见,相谈甚欢,竟把机票起飞时间13:00误看成13:30,结果行李已经托运,人亦经过安检出境,却误了这个航班,而下一航班是次日清晨。这一夜我只有在机场候机室休息,陈满棠赶忙为我送来一大袋零食与好些新出报刊,供我独自消磨长夜,这应该算是此行一大挫折。

8月21日8时许,美国联航值班小姐交给我两张登机卡,告诉我"改为到东京换机直达纽约,行李亦直接托运到纽约"。我高高兴兴立即登机，下午 3 时到达东京，然后转机，经过长途飞行，在美国东部时间 21 日下午 4 时到达肯尼迪机场。出入境手续非常顺利，马敏又亲自开车来接我，久别重逢分外喜悦，却未想到一连串难题即将困扰我。

由于是暑假，刘子健教授的助手林蔚原来预定的普林斯顿神学院蟠音堂宿舍未能直接入住，而林蔚夫妇又去波士顿度假未归，马敏只有设法让我暂时借住在比较偏远的 Lawrenceville 傅雅芳处。傅雅芳原为北京外贸大学（今对外经济贸易大学）学生，已在当地一所中学教中文，工资虽然不高，但提供免费公寓，一楼一底三室一厅，颇宽敞。楼下是厨房、浴室与客厅，只有一间卧室，已有人长期租住（租客是谈小龙，复旦大学著名遗传学家谈家桢教授之子，已在当地就业）。楼上只有两间卧室，是我与雅芳各自的空间。傅、谈两人都要上班，早出晚归，白天只剩下我一人，倒也清净，但问题是两口大箱被误送到西雅图，衣物与文稿都未随身携带，生活极为不便，又无法看书写作，所以颇感寂寞，在香港已趋振作的情绪又复低沉。

幸好刘子健闻讯专程前来慰问疏解，并与我探讨合作研究如何进行。雅芳虽然很忙，但仍抽出时间，开车带我就近参观，并邀集一些学有所成已经就业的大陆年轻人与我会晤交流，亦有助于我后来 3 年多与这一代留美学生融洽相处。8 月 31 日暑假结束，我搬进普林斯顿神学院正式寓所，雅芳亦离开了 Lawrenceville 中学。她把自己的一批英文小说赠送给我，作为孤身在外的晚间休闲读物。她似乎是美国文学专业，这批书多半是关于美国早期殖民地时代的长篇小说，人物生动，故事曲折，情境历历如绘，对于了解美国早期历史有很大帮助。我在普林斯顿的 1 年，每晚就寝前总要看几页 bed book，有时竟看到凌晨，可见对我有多大的吸引力。当然，如果不是雅芳赠送，我自己是不会找这些文学书籍阅读的。

因为一些原因，1989 年甚至 1990 年毕业的学生和研究生找工作都受到了比较大的影响。

其中有个学生叫何建明,他的情况特殊一点,他好像分配有点困难,跟这个是有关系的,他好像还是支部书记。他是萧萐父老师介绍来的,是萧老师很得意的一个学生,当儿子一样管着,有时候训他训得很厉害。何建明很怕萧老师。他后来到北京去了,萧老师还骂他忘本,说章校长在你最困难的时候接受了你。

萧老师还有一个学生,就是现在武汉大学国学院的院长郭齐勇,郭齐勇的答辩是我当主席的。后来重点就是查哲学系,特别是哲学史,就萧老师那个单位。正好相反,陶德麟先生比较稳当,萧老师比较像自由派。他们认为这是一个窝子,就重点查。

所以两个事情,一个是何建明到我们这里来了,再一个就是郭齐勇的论文答辩我们全票通过,给优秀。所以郭齐勇对我也很好,后来捎带又介绍了一个叫何燕生的和尚,现在在日本,混得还不错,也是教授,研究佛学的。赵朴初是把这个和尚作为接班人培养的,原来就等于是给自己当机要秘书。他是佛学院的学生,后来送到日本进修,在日本也拿了一个学士学位回来,那就已经走向国际化了,他佛学还是不错的。结果他凡心未退,要娶老婆。他原来是归元寺的,他父亲是一个居士,在归元寺还有一点影响,大概就又找了萧老师。萧老师又把他介绍到我这里来,何建明也做了些介绍,我就把他留了下来,所以我们这里还有一个和尚学生。

这个姓何的跟着我读硕士,好像也做了点工作,我记不清楚了。但他后来又走了,因为他在日本有一个留学的机会,他就去读博士了,拿到了博士学位,也结了婚。他在日本很弄了一些大著作。所以,这就是学外文的好处,他能用日文写作。本来人民大学想要他回来,好像条件不如意,他不干。后来就把何建明弄去了,他们那里也正好缺一个弄佛学的。这都是余波。

还有我们院里的沈志安老师,当时就是因为受到影响,参加工作的时候要到下面去搞一年,在这下面搞一年的过程中染上了血吸虫病。这个可能对他个人而言,也是一个余波。要是没这个事情,参加工作了就不至于到下面去搞一年,不到下面去就不至于染上这个病,沈志安老师身体也因此一直就不是很好。

在一些很小的县里面,农村里面很偏的地方,都有那个时候分下去的大学生,还有很多很好的大学生,有很多人才。所以,很多回来的校友跟我一见面,一握手,就说:"校长,我不好意思来见你,给你带来麻烦了。"我说:"我对不起你们,你们吃苦头了,我又没吃什么苦头。"就多一重感情,没有办法的,这些事情,都分得不好。但这些人中,有些人很能干,很快又上去了,都是人才。

20世纪90年代以后,高校入学的时候,普遍要搞军训,跟这个也有关系。那时军训很严格,要下到部队去军训,跟现在不一样。我小女儿就是的,军训就在部队,非常艰苦,现在都形式化了。这个军训算什么呢?那时候的军训真正是过连队生活,而且都是野战军的连队。连队很苦的,不要看军队那么神气,那是大院里的军官神气,野战军的连队很苦的,吃的东西很差,有的还吃不饱。现在可能改进了,因为又过了这么些年。原来大院里的人,一个个显得好像风度翩翩的。

## 二、开启一个新的航程

我常给学生讲:"毛泽东一生做了两件大事,我一生做了两件小事:一是把中国的辛亥革命史研究推向国际;二是把国外的教会大学史研究引进来。"20世纪80年代末,在我和其他学者的共同努力和推动下,中国的辛亥革命史研究已走向国际。年过花甲,我开始投入教会大学史研究,从而在史学的海洋里继续新的航程。

1985年春,美国友人、普林斯顿大学历史系刘子健教授与宗教系威尔逊教授来访,建议我从事并推动中国教会大学史研究。刘子健教授向我列举了三个理由:"一是因为你曾在教会创办的金陵大学求学;二是因为你现在工作的学校前身华中大学也属教会背景;三是因为你既是历史学家而现在又担任大学校长。"刘子健教授列举的三大理由可谓点到穴位,使得我难以拒绝,便当场同意了这一提议。

19世纪末期,西方基督教会先后在中国创办了16所教会大学,其中13所由新教教会创办,另外3所由天主教教会创办。早期教会学校因与西方殖民主义及所谓"基督教征服中国"有关联而引起中国人反感。20世纪20年代,教会大学在日益高涨的民族主义浪潮中成为众矢之的,受到攻击。20世纪50年代中期,教会大学并入其他大学,从此在中国大陆绝迹。美国学者和中国台湾地区学者在20世纪50年代即已着手研究教会大学史,而中国大陆作为中国教会大学的故地,却因长期受"左"倾思潮的影响,一直视教会大学为"帝国主义的侵华工具""文化租界""反动堡垒",教会大学史研究自然成为一个长期冰封的领域,鲜有学者敢于涉足。

其实,我早在1979年秋初次访美和80年代初几次出访美国期间,就曾与刘子健教授就如何在中国大陆开展教会大学史研究进行了交流,刘子健教授建议从保存于大陆各地的教会大学档案入手。我因此决定从华中大学档案入手,并积极争取从湖北省档案馆收回华中大学的全部历史档案。1986年初经湖北省政府主管领导同意,华中师范大学档案馆综合室正式将这批档案收回自己保管。这批档案共约800卷,包括大量的中英文资料及一部分照片、图表,是研究教会大学和编写校史的珍贵史料。但因为校务繁忙,加之又要赴美交流,我只好指导学生余子侠和马敏整理这批档案。两位青年才俊即刻着手对资料进行了初步梳理,并以这些资料为基础,撰写了相关论文。

与此同时,远在大洋彼岸的刘子健教授等热心于研究教会大学史的友好人士，积极争取北美有关基金会和学术机构的支持，来推动这一领域的研究进程。1986年夏，刘子健教授的助手林蔚博士专程来汉，与我以及华师具体从事华中大学档案整理的方燕、马敏、刘祖芬等磋商如何整理和利用这批档案。同年10月，美国亚洲基督教高等教育联合董事会在纽约举行会议，刘子健、林蔚、威尔逊、鲁珍晞等约20名学者应邀参加，专门讨论了与大陆学者合作的问题。而我同时也在积极推动国际合作研究中国教会大学史的进程。

1987年春，我与从美国专程赶来的林蔚，以及来自北京大学、苏州大学等多所高等学府的20位中国学者，在四川大学召开了一次小型工作会议，计划把国内有志于从事此项研究的学校与学者联络起来，并就如何加强此项研究做了粗略规划与协调。我结合自己早年在金陵大学读书的体会，论述了教会大学史研究的意义和方法，以及教会大学作为中西文化交汇之地的特殊历史文化意义。1988年，我赴美检阅了13所教会大学史档案全宗以及贝德士文献中《基督徒奋进在华五十年》的部分书稿。

1989年6月，由华中师范大学和普林斯顿大学共同举办的首届中国教会大学史国际学术研讨会在华师召开，林蔚、鲁珍晞、曾钜生、米切尔（加拿大）、范·西蒙斯（美国）等40余位海内外学者出席会议。我作为会议主持人在开幕式上致辞，充分肯定了教会大学史研究的意义。我在讲话中指出，教会大学史是近代中西文化交流史和中国近代教育史不可或缺的篇章，研究教会大学史，必将促进对这两者的探讨，乃至对中国政治史、革命史和中外关系史研究也有一定意义。而从事这一研究，应该排除民族情绪与历史成见中的某些偏颇因素，保持更为客观的、全面的、科学的态度，严格划清学术与政治的界线，从各个侧面与不同层次探索其发展流变与社会效应。此外，中国教会大学史具有极为丰富的资料宝藏，但中国教会大学史研究在国内起步较迟，起点也较低，从事这一研究的人员数量既少又分散，因此迫切需要加强有关单位之间的合作与协调，包括总体规划、课题分工、信息与资料的交流等。

　　与会学者从中西文化交流的角度，探讨了教会大学的缘起和办学特色、教会大学的社会功能与历史地位、教会大学与民族运动、教会大学与中国教育现代化、教会大学与知识分子等诸多问题。会后，因此时我已到国外，会议论文整理编辑工作交给了周洪宇负责。在他的协助下，由我和林蔚共同主编的论文集《中西文化与教会大学》于1991年正式出版。这次研讨会开国内之风气，被视为近代中国教会大学史研究的里程碑，正如林蔚为会议论文集撰序时所说："标志着中国自80年代初勃兴的若干研究趋向又有了新的进展，这些研究趋向乃是中国与西方世界重新接触的合乎自然的结果。"在我的主持下，华师又分别于1993年和1995年召开了韦卓民学术思想研讨会和社会转型与文化变迁国际学术研讨会，会议主要论题仍集中于教会大学史研究，而国内其他学术机构也多次召开相关国际学术研讨会。

　　对于国内外举办的这些会议，我无论再忙，都尽量参加，提交论文或发表演讲，就如何研究教会大学提出了自己的见解和意见，如"不是仅仅就教会大学研究教会大学，也不仅仅是在教会史的范围内来研究教会大学，而是从更广泛的文化史角度、特别是从文化交流的角度来研究"。我撰写和发表了《中国教会大学的历史命运——以贝德士文献（Bates' Papers）为实证》《教会大学与20世纪20年代的中国政治》等文章。前者把教会大学定位为中西文化交流的产物，对它近百年来在中国大陆产生、发展和消亡的过程，以及它在不同阶段发挥的教育和宗教功能做了宏观考察；后者则着重探讨了教会大学在民族主义潮流中与中国政府之间关系的演变，以及演变的原因和历史经验。

　　因早期教会大学的教师多半为外籍传教士，通过研究教会大学本身，我还把视野拓展到教会大学史人物研究上，如贝德士、韦卓民、容闳等，发表了《贝德士与金陵大学》《巨大的流产——贝德士与中国基督教史研究》《我对韦卓民的认识》《西学东渐与东学西渐——对容闳的再认识》《先驱者的足迹——耶鲁馆藏容闳文献述评》等文章。对于《贝德士与金陵大学》一文,香港礼贤会李志刚牧师曾评论道:"是一篇很有历史价值的论文……不但有助于学者对贝德士在金陵大学的认识,更可了解贝德士在20世纪20年代至40年代对中国教会和中国社会所做的贡献。"

此外,我也不遗余力地开展基督教研究。1990年至1993年旅美期间,通过与西方学者的交流,我深切感受到"如果研究教会大学而不研究基督教,就无异于研究某个历史人物而不研究其思想渊源,特别是其深层核心部分"。在美国的最初两年,我都在神学院(普林斯顿与耶鲁)潜心阅读教会史与宗教社会学书籍。1991年海湾战争的爆发,促使我认识到民族与宗教是20世纪乃至21世纪困扰世界的两大复杂问题,也更加认识到"包括基督教在内的宗教研究,其意义已经远远超越文化、艺术、教育、历史、神学等专门领域,实乃涵盖整个人类相互理解、沟通乃至和谐相处的终极关怀"。经多年耕耘,我发表论文多篇。2005年,我精选10余篇论文和部分贝德士藏札,以《传播与植根:基督教与中西文化交流论集》为名出版。通过深入考察基督教在中国的传播史,以及在此过程中中西文化的碰撞、交流、沟通和融合,我指出基督教在中国的植根与落户仍然是一个有待继续艰苦努力的漫长过程,而其"传播与植根"的必由之路乃是构筑中国本土化的世界观与价值观。2007年是马礼逊入华宣教200周年,世界华福会学术与文化事工协调委员会与宇宙光全人关怀机构等团体,热情邀约我提供1册有关华人宣教史的书稿,我便自选并研究撰写了6篇文章,以《贝德士文献研究》为名出版。此书以贝德士遗留的大量文献为基础,对中国教会大学的历史命运、传教士在中西文化交流中扮演的角色以及贝德士与中国基督教史研究,做了深入考察和解析。

为了推动中国教会大学史和基督宗教史研究,1994年初,我在华师创建了国内首家中国教会大学史研究中心，美国亚洲基督教高等教育联合董事会联合鲁斯基金会，向中心赠送了13所教会大学档案的缩微胶卷。这批微缩胶卷很珍贵，但在海关时遇到障碍，时在香港的周洪宇、郭国灿和香港中文大学宗教系吴梓明等人反复商量协调，费尽心思，终于将这批10余箱微缩胶卷通过免检的深港公务车运到深圳，再展转运到武汉。经过十几年的努力，中心取得可喜成绩：在鲁斯基金会的多次资助下，陆续购进大批在华基督教档案及有关基督宗教研究的书籍，成为国内教会大学与中国基督教史研究资料收藏最丰富的单位，10多年来接待了一大批海内外学者；与香港中文大学崇基学院合编了16期《中国教会大学史研究通讯》；出版了《基督教与中国文化丛刊》（共6辑）及《中国教会大学史研究丛书》两辑（共16册）；培养了一批有志于研究基督教的青年学者。中国教会大学史研究中心开创了国内基督教研究的风气，随后，国内多所高校也成立了基督教研究中心。2001年，教会大学史研究中心更名为东西方文化交流研究中心。从2004年至2008年，在亚洲基督教高等教育联合董事会和章开沅基金的共同支持下，研究中心每年举办中国基督教史研究暑期讲习班，每期招收20余名正在高校致力于基督教史学习和研究的年轻学子前来学习。每期暑期讲习班，我都到会发表演讲，给大家鼓励和指导。

进入21世纪，在许多中外学者的共同努力下，中国教会大学史研究成果累累，而且整个基督教史研究也蔚然成风，涌现出许多年富力强的优秀学者，出版了许多具有较高水平的学术专著。这一可喜趋势看来还将继续下去。这无疑是对我及其他中外学者在这一领域开拓进取与辛勤耕耘的最好回报。

# 第十四章

# 高教改革见解

## 一、文明危机与世纪之思

我对人类文明危机关心已久，1989年春天，我在香港大学举办的并有两岸学者参加的章太炎、黄季刚国际学术研讨会上发表《〈俱分进化论〉的忧患意识》一文，明确指出章太炎在1906年对风靡一时的进化论进行深刻反思，他对"善恶俱进"的担心，"已经不再是传统士大夫那种古老忧患意识的简单重复。它突破了宗庙社稷、王朝统系的狭隘框架，也超越了忧国忧民、愤世嫉俗的固有格局，而是把自己的视野与思路引向更为广阔的空间与更为长远的时间。他关心的不仅仅是自己的民族与国家的命运，而且是整个文明、整个人类，乃至人类栖息于其上的地球、地球运行于其中的宇宙的发展前景"。

海外游学近 4 年,更增进了我对文明危机的全球视野,所以回国之初即大谈人文精神,倡导人性复苏。但我最早形诸文字的却是在香港一次主题为"基督教与儒学对话"的例行年会上,人数不多,实为座谈,我也只交了一篇简短的发言提纲,未想到立即引发香港学者的关注,梁元生甚至打趣说:"应该让章开沅当文化部部长。"回校以后,我正式写成论文——《文化危机与人性复苏》。之后在台北举办的两岸三地教会史研究现状研讨会上作为主旨演讲,会后由《宇宙光》结集出版。

  1997 年暑假,在南京举办的全国陶行知研究骨干培训班上,我做了《新的时代,新的课题》主题报告,又简要介绍了上文的主要精神,向遍及全国为数众多的"小桃子"们呼吁:"时代呼唤人文精神,精神文明急需健康发展,而关键乃在于人类的自我完善,在于培养一代比一代更为健全的新人。在新的条件下,所谓新人至少应该善于处理三种关系:①人与人的关系;②人与自然的关系;③人与电脑的关系。……我们要像陶行知那样,永远走在时代的前面,走在教育改革运动的前沿,行其所知,行以求知,切实履行现今天降之大任,在实践中丰富与发展陶行知教育思想。我想,这就是此次陶行知研究骨干培训班意义之所在。"此时,正好教育部组织相关学者编写《面向 21 世纪我的教育观:高等教育卷》,我在索非亚大学百年校庆大会上的讲话《着眼于培养 21 世纪的新人》被收入其中,因为我的教育理念就是来源于陶行知的教育思想,我们华师走的就是"晓庄道路",社会即学校,生活即教育,努力培养真、善、美的大活人。同年秋,我在华师为中南神学院举办的宗教文化研究生课程开学典礼上发表《世纪之思》的演讲,我说:"作为 20 世纪的人类一员,我与基督徒有心灵相通之处,我也有某种意义的负罪感。20 世纪的人类对后世不好交代。前 50 年有两次世界大战,死了许多人,后 50 年,世界大战没有了,但局部战争不断,而且仍然用高科技杀人。科技的发展不一定是人类的福音。当前人类最大的危机是精神文明的缺失,是物欲横流,单纯追求物质享受……无论走到哪里都可以见到,单纯的物欲追求导致了许多社会问题:资源浪费、自杀、吸毒、犯罪,还有环境污染等,人类正在毁灭自己。"我呼吁:"全球有识之士,不分信仰,不分主义,不分党派,不分国界,携手起来,吸取一切健康有益的精神资源,来建设新的人类文明,来挽救全人类!"

21世纪是一个什么样的世纪?21世纪的新人究竟如何培养?人类文明应该何去何从?这些都是我在世纪转折之际苦苦思索的问题。2000年被称为千禧年,人云亦云,仿佛新世纪一来,天降吉祥,国泰民安,一片盲目乐观情绪。作为历史学家,我觉得有责任引导社会进行理性思考,对新世纪和新时代进行深刻的理性思考,不能像小孩子过年那样陶醉于太平盛世的酣梦之中。2001年,我在台北举办的20世纪的世界与中国研讨会上发表了《世局变迁与宗教发展》,更为明确地宣布:"21世纪已经来了,许多人都曾热衷于鼓吹新的千禧年的光明前景,我倒是更为深切地沉浸于世纪末的隐忧。当今人类文明(包括西方与东方)的最大缺失,就是重物质轻精神、重科技轻人文;而道德沦落与社会(包括国际社会秩序)失序,乃是弥漫全球的严重灾害。高科技的迅速发展,固然给人类带来物质生活水平的空前提高,但金钱追逐与利己主义的泛滥,包括个人、集团、国家等不同层次,也为人类带来无穷无尽的灾难,例如战争残杀、环境破坏、资源浪费、毒品流行、犯罪率增高、贪污腐败成风,等等。许多高科技的成就正在被某些人用于作恶多端,乃至威胁整个人类的生存。在这样的紧要关头,世界上一切有良知的人们应该迅速奋起,加强沟通,增进理解,寻求合作,共同发掘世界各地历史文化遗产中的精粹,并且努力构建全球化进程中新的价值体系,营造健康向上、和谐高雅、丰富多彩的新文化,共同挽救整个人类的沉沦。"

同年,在香港浸会大学举办的纪念辛亥革命90周年研讨会上,我做了题为《珍惜辛亥历史遗产——以世纪意识为例》的演讲,认为"世纪"一词是辛亥那一代先驱者从海外引进的,而他们的世纪意识从一开始就与深层的忧患意识结合在一起，即所谓"国家兴亡，匹夫有责"。也许我们对世纪的了解比前人更多，而由于大众传媒的发达，"世纪"一词早已是家喻户晓。大约从1999年开始，全国乃至全世界都弥漫着日益高昂的世纪鼓吹，当然其中大多是对新世纪美好未来的企望，但也夹杂有不少政治权谋与商业炒作，于是出现了"世纪热"，出现了"世纪话语权威"，甚至形成了世纪迷思（myth），时间量度转化成为价值标准。这种浅薄的"千禧年"狂热影响深远，又是百年前那一代首先在中国宣扬世纪意识者所难以想象的。今昔相比，我总觉得现今流行的世纪话语，缺少几分当年的真诚，更缺少当年那么深沉的忧患意识与强烈的自我鞭策意识。不过事实是最好的教师，正当许多人纷纷把新世纪挂在嘴上、映在荧幕上、涂在招牌上时，无论在世界还是在中国，都出现一系列令人震惊的事件。当代"八国联军"侵占科索沃，以高科技为手段的狂轰滥炸，殃及我国驻南斯拉夫大使馆。最近纽约大楼的轰然倒塌更象征着恐怖主义浪潮严重威胁着全球人类。人类心烦的事还多着呢，环境污染、资源浪费、艾滋病蔓延、吸毒与犯罪率猛升，还有那挥之不去的世界金融危机与经济萧条的阴影……全球化使我们可以分享现代文明的福祉，全球化也使我们必须分担现代文明的灾难，任何一个国家都与世界连成一片，任何一个国家都难以独善其身！因此，我们在考虑21世纪中国的命运时还必须同时考虑全人类的命运。

  作为历史学家的这些凶险预言，与当时那一片争相歌颂文治武功，不仅建议修筑世纪坛、撞世纪钟，甚至还想铸九鼎等狂热行为，是多么的不协调。而轻信克林顿政客谎言的一些人，终于从太平盛世、中美联手主导世界的陶醉中醒悟过来，然而却为时已晚。"治学不为媚时语，独寻真知启后人。"有担当的人文学者更应该勇于发出自己的正义呼声，所以我此后转向更为频繁的国际对话，而首先就是与日本创价学会的池田先生长达近两年的对话。

## 二、没有深刻反思不会有真正改革[①]

### ◆ 我做不到一个正教授应该做到的工作量了

2013年11月25日,我把退休报告交给了华师党委书记马敏。在报告中,我说明"病情频仍,早有退休之想",同时申明:"年迈退休,应属当然,荣誉可能终生,工作自有了时。现今学校、学科形势大好,后继有人,英才辈出,实乃敝人急流勇退、圆满谢幕之良机,庶免挂名装点尸位素餐之过失。"

其实早在2011年前我就提出了退休想法。自己身体已大不如前,很多工作有些力不从心。做不到一个正教授应该做到的工作量了,首先是不能讲课了,不能也不想几年出多少著作、发什么等级的论文了。

"资深教授"的待遇,是自己工资的两倍还不止。事实上,我每个月的工资都花不完,还有编写《大清史》等著作的稿费。享受这样的待遇,让我内心不安,这不合理,压力很大,拿得不好意思。

当时,正赶上全国纪念辛亥革命100周年,作为国内辛亥革命史研究的开拓者之一,我想退也退不了。

2013年,没想到华师又要举行110周年校庆,如果这时退下来,怕引起各方不必要的猜测,我又只好暂时作罢。

华师110周年校庆结束后,我以书面形式正式向学校提出辞职。

收到我报告的第二天,马敏到办公室看望我,两人促膝长谈,马

---

① 雷宇、章开沅:《没有深刻反思不会有真正改革》,《中国青年报》,2014年3月31日第6版。

敏也真正了解了我的良苦用心。

随后,马敏把我的想法传递给了学校党委会。经过校长办公会认真讨论,学校同意我荣退。

2014年全国两会后,马敏与校长杨宗凯等人一同来到我办公室,把学校的决定告诉我。听到请辞的要求终获同意,我很高兴,又办成了一件事,从心理上解除了我的压力。

◆ 打破学术头衔终身制,"最简单的就是从我自己做起"

为何请辞?

我曾多次呼吁打破学术头衔终身制,但一直以来都是雷声大雨点小,都在观望,还没有进入状态。

一个更大的背景则是,中共十八届三中全会研究了全面深化改革的若干重大问题,提出了改革院士遴选与管理体制,优化学科布局,提高中青年人才比例,实行院士退休和退出制度。

新一轮改革的呼声,我怎么响应呢?最简单的就是从我自己做起。在我看来,国家制定学术头衔终身制,本意是想让学者无后顾之忧地进行科研,但现在却本末倒置,追求学术地位的人比钻研学术的人多得多,高校学术发展深受其害。学术头衔终身制把高校变成了一座围城,走进这座围城,就等于拥有高待遇、高津贴。

2013年,原铁道部运输局局长张曙光用巨额资金包装自己参选院士一事被曝光,引发了全社会对"至高荣誉"背后附加巨大利益的追问。

我有两位外国朋友都是院士,一位是法国人文科学院院士、巴黎高等师范学校教授巴士蒂,另一位是日本学术院院士、京都大学教授岛田虔次。

在评上院士之后,我曾半开玩笑地问巴士蒂:"当上院士有什么好处?"巴士蒂一本正经地回答说:"当然有,有一套院士服。"

而岛田虔次评上院士之后,他的收入没有增加,房子也还是以前的房子。

我在台湾地区讲学时,结识了著名华人科学家李远哲。李远哲是美国国家科学院院士,曾获得诺贝尔化学奖,他获得的特殊待遇就是校方在停车场里划出一个车位,标注"李远哲先生的优先车位"。

我呼唤院士、资深教授们形成一种共识:到了年龄干不动了,就主动退位让贤,把更多的机会让给年轻人,让院士退休制度化、常态化。

现今的大学,各种资源都向有官位、有地位者集中,造成诸多学术上的不公平,不当这个资深教授,更多的是希望对打破学术头衔终身制有点推动作用,否则大学没有希望。

◆ "行政化背后是官僚化"

为什么我这个小小的事情,一个老人的正常退休,会引发这么多涟漪?跟目前高校改革步履维艰、阻力很大是有关系的。

新中国成立以来,中国高等教育经历了几次大折腾。一是20世纪50年代的院系调整,"现在有几所老校都很难说,一所老校的损失成了另一所新校的收获"。另一个是肇始于20世纪90年代末,以拉动GDP为目的仓促上马的高校大扩招。还有一个就是发生在世纪之交在全国范围内由行政主导的大规模高校合并运动。

教育是有自身发展规律的,这些做法显然对教育有伤害,有破坏。这些问题都是不断累积的结果。

在谈中国教育成就的时候,有关部门会习惯性地使用"实现了跨越性发展"这一说法。我觉得,这种提法值得商榷。所谓跨越,就是超常规,这就不可能做到科学发展。

还有,当前高校以规模论英雄的评价机制,也是用GDP思维代替教育规律。"从量上考虑多一些,从数字上考虑多一些,教育变成了一个产业,像搞劳动竞赛。"弊端是,忽视了数字背后的内涵,同时,数字本身还可能作假。

教育部一位老部长的理念让我印象深刻:从来不提跨越式发展,让各个学校在自己的层次上,根据自己学校的特色,发挥最大的优势。

我认为,首先要观其位。一下就躁动起来,都想当暴发户,哪有那么多跨越?先慢走,再跑步,然后才有可能是跨越。

历数近年来目睹的怪现状:有的地方院校一步登天变成一类学校,一个系变成一个学院,一个学院变成一所大学,一所大学大到下面要再设学部。

同样让我费解的,作为院士评选的标准,数论文篇目成了一个标杆,在高校一度出现用 300 篇论文、500 篇论文成就一个院士制造工厂,"一个人真有那么多重要的成果吗"?

对于备受社会关注的高校去行政化,我认为,问题的核心不是行政体制本身,是背后的官僚化、官本位。

在我看来,行政是一种科学的管理,行政是为教学、科研服务的,现在变成行政就是管理学校的一切了,有的人本事不大,权力不小,一切异化了。

一位教授就曾在我面前揶揄自己,系主任变成一个科级干部了。

这位教授是教育部一个直属基地的首席专家、学科带头人,在海外也有着很高的学术声誉,但在学校里,甚至不能参加中层干部会。

这种官本位的浸透贻害深远。

我曾经亲历过一个课题项目的变形,越申报越大,意义也越来越宏大。

当时我建议,能否部分分解一下,有些内容三五年做不出来,能不能 10 年做好?有人说如果这样,还怎么管理呢?对方的回应让我惊愕,但后来一想似乎也对,毕竟一个领导在这个位子上也就三五年,到时成绩从哪里出来?

没有深刻的反思就不可能有真正的改革！回归常识，回归大学本位、教育本位，少一点各种各样的评比检查指标体系，少一些用办工厂的办法办大学。

◆ **我懂得世故，但我们总该增加一点内省精神**

量化评审是学风不正的根源之一，我们的教育已经生病了，谁在"折腾"中国的大学……

在接受华中师范大学校长一职时，我讨价还价，每周要有两天独立做学术的时间，虽然最终也无法兑现。

我如今每天还在手机上获取信息，请辞"资深教授"的消息传出，有人质疑我炒作，但让我高兴的是，响应和鼓励多一些。也有网友评价我，"很可爱的老头儿，但是有点天真"。

我是学历史的，我经过了那么多的事，我懂得世故，懂得理解各方，但我们总该增加一点内省精神，有一点自我批评的精神。

随着年龄渐老，医生建议我卧床静养，原来叫高危人群，现在的诊断书上又加了两个字，叫"特别高危人群"。我还是过得有滋有味，精神抖擞，现在，我把做点工作、做点学问当成是养生之道。

面对今天学者的经济待遇越来越高，但是社会声誉似乎不断下降的现象，我很痛心。

在我看来，一大原因就是很多学者自身的道德感在下滑，把对自己的要求降得太低，而金钱的魔力也在作怪。现在的大学教师不再重视教书育人了，心思都放在了科研项目、专著论文上。但教师没有办法，不这样做职称就上不去，就不能当教授、当博导。利益化早就让人心理失衡了。

真正的学者应是怎样的一类人呢？真正的学者要具有超越世俗的纯真与虔诚，奉献更重于谋生，其终极目的则在于追求更高层次的真善美，唯有如此真诚，才能不趋附、不媚俗、不出违心之言。

## 三、教育改革应尊重历史规律①

我们高校最大的痛苦即缺少相对持续稳定且行之有效的办学准绳。不断把墙推倒重来,又不断地整顿纠偏,乃至形成周而复始的恶性循环。人们只有在尊重历史规律的前提下,才有可能实现超越。

中国新式高等教育已有百年以上的历史,这些大学虽然有许多不同的类型、层次、水平,但凡能延续流传至今者,大多经过漫长的艰苦而又曲折的奋斗历程,并且留下极为丰富的经验教训。认真总结这些经验教训,对于当前高等教育的健康发展必将有所裨益。历史同样呼唤人们面向未来,它只为现实提供借鉴与智慧,绝非单纯诱使人们沉溺于怀旧之情怀。

在百余年中国新式高等教育的发展过程中,有一大批筚路蓝缕、披荆斩棘的先驱者,他们呕心沥血、殚精竭智,为中国现代大学的奠基与成长做出无可磨灭的贡献。我们应该永远铭记这些先驱者的劳绩,特别是其中那些办学有成的著名校长,他们和他们所辛苦经营的著名大学,乃是中国高等教育史上的块块丰牌。他们教育思想的丰富精粹,办学理念的卓越高远,以及实践业绩的泽惠后世,至今仍然受到中外学者的肯定与尊重。可以说,无论是其成功或是错误(甚至失败)之处,都给后世留下了一笔极其宝贵的遗产。

现今的高等教育的整体,无论从数量、规格、师资、设备、水平哪

---
① 章开沅:《教育改革应尊重历史规律》,《学习月刊》,2004年第10期。

一方面来说,当然都远远超过了历史上的那些大学。然而这些老大学毕竟为当代高等教育的发展奠定了最初的基础,它们的校园、师资、学生、图书、设备不仅是历史的遗迹,而且至今仍然为许多大学的发展做出贡献。历史本身就是一种资产,而某些重要的无形资产的价值甚至远远大于其相关联的有形资产。所以,这些年来,不少精明的高校管理者都极重视保存本校的历史痕迹,除档案文献以外还努力维护古老的建筑、景观乃至图书设备,用意在于彰显其悠久而又丰厚的历史底蕴。这些工作当然非常重要,但迟至现在也只能说是亡羊补牢。

其实,更重要的还是应该认真总结这些既往办学者的经验教训,继承与发扬其优良传统,避免其已经走过的弯路,克服其弊端遗留的消极影响。只有这样,历史才能成为财富而不是包袱,而人们也只有在尊重历史的前提下才能实现对于历史的超越。也只有这样,我们才不会重复前人已经走过的路,真正以前人已经达到的高度为起点去攀登新的高峰。我反反复复地老生常谈,绝不是无的放矢,更不是因循守旧。因为1949年建国以来,我们由于不尊重历史而蒙受的损失与走过的弯路,已经太多太多,而且这种错误往往是周而复始地出现。真理不怕重复,至少是对于那些不知历史为何物而盲目自信的所谓权威人士,更应该经常忠言直谏(请原谅我又用了一句陈腐话语)。我们这一代高等教育工作者,亲身经历此类弯路太多,因而才有如此深沉的感慨,也才有如此深切的醒悟。

教育史是人类史的一个重要组成部分,其所以重要就在于它是着重研究人类如何改造与优化自己,包括相关理论、观念、方式、方法及其实践等方面。现时人们总是片面强调教育必须适应社会的需要,殊不知教育还必须正确引导社会的走向。教育史不仅记载着教育如何随着社会的进化而不断发展变化,同时也记载着教育如何促进社会进化,特别是具有前瞻性的教育如何纠正时弊乃至推动社会变革。教育并非总是被动地亦步亦趋地随着社会的变化而变化,教育的发展具有前后自相延续的相对独立性,而其中恰好蕴含着绵延千年衔接古今的内在规律。如果背离教育的基本规律,任何貌似新奇的变革终将遭到失败,甚至遗留长远的负面影响。这类惨痛的经验教训,我们经历得还少了吗?

20世纪80年代,我也曾参与高校管理工作,深知校长责任的重大,不仅其办学理念、谋划决策关系着学校的发展走向,而且其一言一行所体现的品格、作风,也悄然无声地对众多师生员工产生某些影响。甚至在卸职多年以后,偶然在外地遇见相识的或已忘记姓名的校友,经常可以听到"某年某月某会曾听过你的报告,你说过的某几句话给我印象特深"之类的亲切怀旧话语。我给学生做报告一般不带讲稿,往往采用对话交流方式,学生虽然听得兴趣盎然,但我自己却唯恐口无遮拦而可能给他们以某些误导。所以每逢听见过去的学生复述我的若干"佳句"时,我的内心深处往往涌生惶悚之感。也正因为如此,才使我对于历史上这些著名大学校长理解渐深而敬佩日增。他们当年的办学条件比我们差,困难比我们大,可以利用的资源比我们少,但是却能与众多教职员工同心协力、苦心经营,把学校办得各有特色,并且培养出一批又一批优秀人才,在国内外赢得与日俱增的声望。可以说,他们的生命与学校已经融为一体,而学校的声名正是他们与众多教职员工一起用心血浇灌铸成。所以,在人们的心目中,一所名校往往与一位或几位校长的名字紧紧联结在一起,如北京大学与蔡元培、清华大学与梅贻琦、南开大学与张伯苓、浙江大学与竺可桢、金陵大学与陈裕光、金陵女子文理学院与吴贻芳等。

中国历史上的优秀校长之所以能把自己的大学办成海内外公认的名校,首先就在于他们具有明确的办学理念,并且把人格的塑造放在首要地位。在他们看来,知识传授与能力训练只是手段,新型的全面发展的人才的培养才是主要目标。因此,在要求学生努力读书的同时,更强调要学会做人,而人格教育遂与通识教育合为一体。同时,他们都具有世界眼光,不仅注意教育与国际接轨,加强对外学术交流，而且经常关注世界教育改革潮流，并且瞄准发达国家顶尖名校，以一流标准严格要求自己。此外，他们还善于节约运用有限的资源，决不好大喜功，贪大求全，而是在一定时期集中力量办好若干重点专业和重点学科，以求形成自己的特色，并在某些领域形成学校的优势。当然，他们都是长期工作在教育第一线的科学家，深切理解并极为尊重教育的内在规律，譬如重视基础、循序渐进、学用结合等，因此才能以较少的资源获得较大的效益，使学校的发展蒸蒸日上。

这些校长本身就是全校师生员工的学习榜样，他们的人格魅力、深厚学养、儒雅风貌，处处都如春天的细雨一样润物于无声。言教不如身教乃是多数著名校长的准则，他们反对哗众取宠，恪守职业伦理，注重行为规范，这些都对学校优良传统的形成产生了深远的影响。当代大学校长在国际视野、知识更新与管理能力等方面可能有超越前辈之处，但是在尊重教育内在规律、恪守伦理行为规范和艰苦奋斗勤俭办学等方面，恐怕仍然需要继续向先驱者学习。对于当前社会风气的某些不良影响，并非所有高校主管人员都能高度自觉且富有成效地抵制。因此，大学校园风气的败坏，乃是最可怕的败坏，因为这必将影响一代新人的健康成长，甚至正如海外某些报纸的直言：意味着社会良心的迷失。我们并非过高期望大学的作用，而是希望大学应该自觉地承受更为重大的社会建设的责任，不仅是物质文明，而且是精神文明。

回顾前人已经走过的道路，我对现今大学校长任期制的具体运作还有一点看法，即千万不可也不必机械执行。因为熟悉一所大学的内部情况与外部环境，需要花费很长的时间才能真正地有所认知，而制定学校发展的目标与规划，以及相应的制度、条例等，则需要更长的时间才能检验其利弊得失。在短短四五年期间，是很难实现一个校长的宏大抱负与施政方针的。实践表明，校长与领导班子的频繁更换或更换幅度较大，对于一所大学的发展并不一定有利，有时反而产生负面作用。校长与教职员有一个相互认识的过程，其所花费的精力与时间,远远超过对于校园、建筑、图书、设备的熟悉。平心而论,仅仅了解一所万人以上的大学的全面情况,没有三五年很难形成校长自己的真知灼见。萧规曹随容易被等同于因循守旧,但其中确有合理的成分,即应该尊重前任的经验教训:对于那些行之有效的大政方针,不必也不应轻率地加以变更。譬如蔡元培有关兼容并包、择才而用乃至提倡美育等精彩教育理念,从蒋梦麟到胡适等后任校长都能承续推行并加以发扬光大,这样才能在数十年内形成北大优秀的传统校风——北大精神。如果每来一位新校长,下车伊始便哇啦哇啦宣称什么学校发展的新纪元,另提一套未经深思熟虑的新目标、新蓝图、新口号,势必会造成师生员工思想混乱,很难形成新的共识与默契。新中国成立以来,我们高校最大的痛苦即缺少相对持续稳定且行之有效的办学准绳,不断地推倒重来又不断地整顿纠偏,形成周而复始的恶性循环。

当然,强调大学校长在学校的地位与作用,绝非提倡人治,更不是提倡家长制的独裁。对于大学来说,民主作风与学术自由具有同等重要的意义。每一个办学卓有成效的著名校长,大多具有较强的民主观念,至少是能逐步推行教授治校、努力发挥教职员工的积极性的。与个人资质相较而言,应该承认制度更为重要。任何优秀的校长总有自己的任期(或长或短)限制,但健全的行之有效的规章制度往往可以延续数十年。我在海外一些名校工作,深感规章制度相对稳定的重要性,而严格遵守规章制度更为重要。我每到一所学校,开学伊始接受入校教育,时间不过两个小时,主要是介绍学校重要规章制度,不像我们对新教职员工的岗前培训要花费3天乃至1周,而且要花费很多时间"务虚"。我常爱说一句话:"铁打的营盘流水的兵。"校园譬如军营,师生如同士兵,老师(包括校长)职工和学生一批批来了,又一批一批走了,如同连绵不绝的流水,但名校如同铁打的营盘,历经世事沧桑而长盛不衰,靠的就是一套人人必须遵循的合理制度。光靠校长自身的聪明才智是治理不好大学的。

## 四、培养学生要堂堂正正①

导师变成"老板",学生成为课题的廉价劳动力,变身"打工仔"……不知道从什么时候开始,这种异化的师生关系竟然成为一种比较普遍的现象。

说实话,我很难理解这种现象。老师与学生的关系,应是世界上最纯洁、最真挚、最高尚的关系。学生虚心向老师求教,老师殷切教育学生成才,除此之外别无他求。

老师要自己尊重自己。这种自我尊重,绝不是因为有某种专长而自高自大,其确切含义是对于教师地位和作用的自我认识,是一种高度的自觉和责任感。这种责任感,表现为对学生的关怀,表现为时时刻刻都把学生放在心上,否则他就不称职。学生应当尊敬老师,但老师只有爱护学生,才能赢得他们发自内心的尊敬。

我带研究生时,经常让他们去我家里讨论,一般每周两次,至少是一次,其他院系有兴趣的研究生也可以旁听。此外,中国近代史研究所还定期举行学术讨论会议,所内所有的教师和研究生都参加。会议内容往往是先由教师或研究生逐一报告自己近期的研究论文或研究设想,然后师生各尽所能,畅所欲言。

给学生营造一个宽松的环境也是必要的,这样才能培养学生的创造性思维。创造就要允许失误和失败,老师不要把学生变成自己的影子,亦步亦趋,而是要鼓励学生超过自己。在学术研究上,导师与

---
① 章开沅:《培养学生要堂堂正正》,《成才之路》,2011年第1期。

学生是平等的,不要趋同,没有禁区,学术资源要与学生共享,学生也可以批判老师,不敢挑战权威的学生是没有出息的。

老师不仅要在学生在校时关心他们,毕业后也不要放松教育,我把这种终身教育称之为"追踪教育"。学生毕业后,为师长者应该继续关心着他们的学术研究和个人发展,关注着学生的路子走得是不是正确,及时给予指导。

教学作为一种互动,最可贵的是师生之间的思想交流。相互问难、热烈讨论以及课余无拘无束的对话,从治学经验到人生真谛,处处都体现了传道、授业、解惑的复合功能。老师堂堂正正地培养学生,一代又一代新人就在这样水乳交融的过程中成长起来。

## 五、我们缺少生动活泼的学习环境[①]

### ◆ 教育首先是要培养好公民

什么是好的教育?教育首先是要培养好公民。无论一个民族,还是一个国家,甚至整个世界,人的素质教育是最为重要的。在目前国家还没消亡的情况下,国家的根基就是公民,所以教育应该把每个人培养成一个好的公民。

但现在的基础教育以灌输知识为主,高等教育又以就业为导向,涉及公民教育的内容可谓少之又少。当下的教育应该做些什么样的改变?从小学就应该抓

---

① 王克己、章开沅:《我们缺少生动活泼的学习环境》,《同舟共进》,2015年第3期。有删改。

紧德育,讲现代社会做人的道理,包括个人与集体,包括与家庭、朋友、社会、国家如何正确相处,由浅入深,由易到难,这至少是一个努力的方向,不能等闲视之。这才是真正的人生起跑线,不抓好这个起跑线,就有可能让年轻人走上邪路,乃至祸国害民。

解放前大学有公民课程,中小学好像没有公民课程,但也注意公民教育,如公民应有的守法观念与做人准则。国民党掌权后特别加强党化教育,意识形态很强势,有些公民课程的老师就是国民党党务系统派来的,不学无术,空话连篇,所以学生很反感,逃课者多,就是听课者也敷衍了事。真正起正面作用的,倒是一些好老师、好校长的言传身教。他们爱国敬业,在颠沛流离的环境中,安于清贫,心无旁骛,诲人不倦,用心血滋润着我们幼稚的心灵,使我们终生受用无穷。记得小学毕业时,教导主任(音乐老师)指挥我们唱毕业歌,即电影《桃李劫》的主题曲,一开头就是"同学们,大家起来,担负起天下的兴亡"。那正是抗战全面爆发的1937年夏季,我们热血沸腾,壮志凌云,从那一天起就决定把个人命运与祖国命运联结起来。

在这五六十年来,基础教育经历了很大的变化,我是亲眼看到的。现在的基础教育进入一个新阶段,学生以独生子女为主。独生子女在家是被宠爱的"小皇帝",但他同时又有孤寂感,因为没有兄弟姐妹,有时候连玩伴都没有,如果父母工作一忙,那就更孤独了。这样会使孩子产生一种什么心理呢?总体来讲,就是以自我为中心。如果大家都以自我为中心,那就很容易相互冲撞,引发问题。过去怎么会有同学随便杀害同学的现象呢?现在一个宿舍的同学,很可能会因为一双球鞋有臭味,或者其他小事,就起严重冲突。

◆ **教育不应成为金钱的奴隶**

我觉得现在基础教育的问题,包含有社会因素、家庭因素,也有人口结构因素,都交集在一起了,目前还是难以解决的。农村有很多留守儿童,是最容易受伤害的群体,很可怜,也很委屈,有一种遗弃感,几个孩子由一两个老人带着。城里的孩子又要参加奥数培训和各种特长培训,既受宠也可怜。

我现在年龄大了,有的人希望我写回忆录,写当年上学的情境。最近我们做了一个电视节目《国立中学》,朱镕基也是国立中学的,他念的是国立八中,我念的是国立九中,唐德刚念的也是国立八中。我和唐德刚是好朋友,他比我大,年纪跟邓稼先差不多,我读初中时,他们读高中。

我们上学的时候,没有压力。因为战争,家长不在身边,没有人盯着。当时新闻媒体没有这么发达,除了公认的大名校外,学校间没什么排名,老师完全是出于职业道德、责任感以及对学生的感情把学生教出来的。学生之间也不会拿自己的学校和别人的学校比,家长无从要求,大家能够上学,就很高兴,自由自在。

另外,尽管当时生活很艰苦,但衣食无忧,公家全包下来了,并且没有什么休闲消费的可能。大家都没钱,但精神很愉快,充分利用精神消费来享受。买不起书,就是在图书馆或书店看书,阅读很自然地成风了。

我觉得学习的主要动力还是兴趣,求知欲产生于兴趣,产生于好奇心。学生本来应该有好奇心,但现在为什么没有呢?因为我们的教科书和老师的教育方法有欠缺,老师讲课不很吸引人,一讲历史就是让人记年代、地名。历史哪里是这样的呢?历史是最丰富、最生动的,是有生命的。我们现在缺少一个生动活泼的学习环境。

家庭和社会是孩子的第二课堂,要给孩子一个好的风气。但现在社会上的精英是怎样的呢?钱理群讲了一句很刺激人的话:我们的大学特别是名校,培养了一批精致的利己主义者,他们用种种美好的外衣包装自己,使别人几乎看不出来,这其中就包括了一些学校领导,甚至个别教育部的领导,能说会道,长袖善舞。我多次用长袖善舞形容他们,别人以为我用了一个褒义词,其实它是一个贬义词。长袖就是京戏的水袖,舞起来很好看,但那是做给别人看的,取悦于他人的。

香港地区为什么过去比较好呢？它靠的不是民主，而是法治。现在香港地区有很多问题，当然有香港地区自己的原因，有港督的原因，也有我们的原因。在香港地区违法的，有一些是大陆过去的人，他们不知不觉就违法了。曾经有一个很优秀的女研究生，名校毕业，到香港地区去读博士，送给导师两万块钱，导师害怕了，就告了她。香港人的"讨厌"就在这个地方，很刻板，不讲人情，但这又是他们的优点，我们现在最缺的就是这个。比如这位导师，他当然可以选择不收、不举报，但他的法治观念太强了，如果知情不报，他自己不仅会受到道德谴责，也会受到法律意识的谴责，觉得自己违法了。

我觉得这种事情不是一个小问题，而是驱动力的问题。现在市场经济这么发达，怎样把义和利统一起来，是个大问题。那些搞市场经济的西方国家之所以能够维持，一是因为有较好的法治体系，另外还是靠道德自律。正常的市场经济不等于把个人的利益驱动发展到无边无际，成为主宰一切的东西。这些年教育最大的问题，就是提倡教育要为市场服务。我说教育万岁，但市场不能万岁，因为没有市场的时候就有教育，将来这个市场能不能保持下去还很难说，新的分配制度也不是不可能出现。

教育应该为社会服务，但是教育之所以为教育，是否仅仅为市场经济服务呢？有的领导公开提出要搞"经营教育"，我觉得很可笑。教育不是超世俗的，但不应成为金钱的奴隶、市场的"跟屁虫"。现在从小学开始，就教孩子要出人头地，长大后挣大钱、做大官，这个社会怎么安定得下来呢？每个人都拼命往上奔，想方设法，我讲得可能重了一点——这是很可怕的，不声不响的可怕。最可怕的不是一般人摆脱不出来，而是教育家也摆脱不出来，有一些教育家至今还没有醒过来，包括目前教育改革的领导者与推行者。没有深刻的反思，就没有真正的教育改革。

总的来说，现在的基础教育还是不错的，我说它有问题，主要指公民素质、思想德育方面。现在的小孩在知识和技能等方面都很强，多才多艺，能歌善舞。家境好一点的，从小就可以到处旅游。我总说，老年人不要在自己混得还不错的时候，就把过去讲得很美好。我们那时候是没办法，哪里能学钢琴，我们只能抓蛇，把蛇皮扒下来做胡琴，跟现在差很远。但现在的孩子有个很大的问题，就是做人的问题。不过这也不能怪孩子，他们不是天生就这样的，孩子很多观念都是来自社会，不完全来自学校。

### ◆ 我有两个榜样：蔡元培和陶行知

先从家庭教育开始。现在有很多锐意改革的学校都很无奈，认为最大的阻力是家长。

我家旁边就是幼儿园，我发现小学生也有两面性，在学校很顺从，不丢垃圾，但一出校门就变了，到处乱扔垃圾。我想这可能跟家长有关，很多家长自己穿得很漂亮，在家也很讲卫生，但到了外面就随便丢垃圾，最根本的还是靠社会风气的改变。比如孩子说谎，哪个孩子天生就是这样的？他是受了社会风气的影响。现在连一些政府官员都会说谎，搞教育评估的时候，学校也要说谎，并且是从上到下有组织地撒谎。

我们自己都要反省，儒家讲慎独，但现在这些都没有了。很多人为了眼前利益而不讲诚信，因为讲老实话就吃亏。大学也是这样，人家都作假，你不作假，人家能评上优秀，而你顶多只能评上良好，你会怎么办呢？但不管怎样，必须改变这种状况。

大学教育有很多好的成绩，但我今天主要讲问题。先不说别的报纸，就说我们的校报，拿过来一看，一片莺歌燕舞，国际一流一眼在望，那还有什么改革的必要呢？真可怕，这是我们大学自己的媒体。现在学校形势一片大好，看起来天天都在变，日新月异。大学国际化的趋势也很好，这是很自然的，全球化是阻拦不住的，教育部也有这个要求。有的大学已经和国外的大学合作办学了，这是很大的进步。

另外，现在新一代的教师都接受了很专业的科学训练，眼界也开阔。从研究条件来说，现在的实验室是过去没办法比的，这些都应该加以肯定。

但大学里真正德才兼备、科技和人文并重的领导人，像杨叔子、李培根这样的，虽然也不少，但还是欠缺一些。再一个，像我们华中师范大学，本来人文学科比较好，但现在很急迫地发展理工科，甚至还要摆脱师范的名字，我对此是有意见的。"师范"没什么坏处，但有些人巴不得把"师范"二字去掉。

现在很多大学都在向综合性大学方向发展，而且是重理轻文，偏得太厉害了。讲来讲去，还是大学的人文精神不够，说是以人为本，其实是以官为主导。在学生福利方面，装空调有求必应，伙食越办越好，还会给很多补贴。但大学最需要的是批判精神，教育如果不以批判为导向，那就等于认为社会一切都是好的，我们只要能适应就好了。现在这个问题还没解决。

我有两个榜样，一个是蔡元培，一个是陶行知，一个强调学术自由，一个强调走向社会。所谓"走向社会"，就是学校要为社会树立一个好的导向，帮助社会，改变社会，而不是只讲学校为社会服务，不讲批判，不讲导向，也不讲改善。

◆ 师生关系的变异

现在师生关系问题也很严重，在本科阶段，大学老师上完课就走了，给学生的感觉是又熟悉又陌生。到了研究生和博士阶段，理工科的学生都称导师为"老板"，现在文科学生也有这么称呼导师的，师生关系似乎变成了打工关系。

客观原因有两条：一是扩招过度，学生太多；二是老师的负担很重，虽然教学负担不算很重，但是科研课题的指标很离谱，一定要在核心期刊上发表论文多少篇。我认为这两点是大学校风退化的主要原因。

这也跟社会风气有密切关系。一般来讲,学校的风气应该比社会好,过去有一句话:"学生们毕业了,要到社会上去,要小心社会的大染缸把你染黑了。"但现在哪是这样的,学生一进校门,就开始被染黑,大学里变相贿赂、卖官鬻爵的现象也很多。就连那些重大的科研项目,谁敢把整套运作过程公布出来?我倒是希望参与者把申报的全部过程都老老实实地公布出来,但这样的人马上就会变成人民公敌。这是既得利益者有恃无恐之处。

　　我同意钱理群讲的,现在大学里充斥着"精致的利己主义者"。大学一股脑地想成为985工程的院校,连211工程都不满足了。可哪有那么多第一流?都是第一流,谁是第二流呢?我是个很没有志气的人,喜欢自称天生老二,总认为别人比我强,这个比我好,那个也比我贡献大,我是诚心诚意的,因为我首先看人家的优点。但现在有些人老是巴不得别人不行,自己就有机会上去。

　　我常说,学风应该成为世风的先导,指的就是高层教育机构的大学必须保持较高的道德水准与批判精神,这样才不至于与社会上的不良风气同流合污。人们常说,大学应该是社会的良心,现在有几所大学能够承受如此美誉呢?这是民族的悲哀,教育的羞耻。在反腐斗争进入攻坚阶段的今天,我希望有更多的大学老师猛省,首先是自我革命,成为真诚的推动改革的先锋,这样高等教育才能扫除积弊,重获新生。

　　大学需要一些默默无闻、老老实实教书的人。浙大表扬了一个教学模范,奖了100万,奖金由校友提供。那位老师是教微积分的,微积分是高级数学和基础数学相结合的一个连接点,所以讲课者要有较高水平。他把课讲得生动活泼、深入浅出,让学生感觉像听段子一样。学校给他选修课的学生定额是150个,但有1000多人选他的课,后来学校给了他两个大教室,通过录像,他在这个教室讲,另一个教室也可以听。像这样的教师,全国能有多少?

　　现在很多老师把课堂教学当副业,投入的精力很少。这种情况很普遍,所以现在我只跟媒体讲,不在私下跟别人讲,哪怕吃饭闲聊的时候我也不讲,因为讲一下周围就有人不高兴了。在过去,政治指挥棒很可怕,但现在是金钱至上,这个指挥棒更厉害,诱使很多人一心只想着现实利益。

我们的大学在管理上,在制度建设方面,问题还是很多的。现在整体上是学风不好,有些人急于求成,数据造假,甚至抄袭,总想达到短平快的效果。但做研究怎么能短平快呢?好的研究都是苦练成功的,一出手就想短平快,那是笑话。哈佛大学的罗尔斯可以十年不发一篇文章,最后写出了一本《正义论》,影响巨大。中国好像难得有这样的人出现。我们的制度定得太死。现在的大学掌权者,很多是工科专业毕业的,习惯以工科思维从事管理,这确实比过去有很大进步,每个细节都给你管到实处了,但问题是,对教育来说,有些东西是不能那么管的。我们不讲别的,光讲教育评估,很多弄虚作假。科研项目应该用科学态度、科学精神、科学方法来做,但我们在科研项目的申报程序上,表面上看非常严格,实际上是形式主义。虽然有所谓的中期检查,但最后结项都是通行无阻,名也有了,利也有了。

我现在最担心的是"新三届"的知青一代,这代人很能干,他们现在是引导潮流的。但问题在于,他们懂事的时候恰逢中国最乱的局面,他们经历过"文革",在几乎是无政府的状态下,他们有的人学会了说谎,甚至办一些违法的事情。现在官场的核心是这批人,学校的核心也是这批人,同社会一样,风气很不好,只要上面有政策,他们在下面就能弄出对策,而且得心应手。加以上面的有些政策本身就有问题,于是下面就公开作假。有些人成为教学评估作假专业户了,还被别的学校请去做顾问,拿很多钱,专门讲怎么应付上面的政策,这怎么得了!

◆ 教育领域有很多东西,是一万年不变的

我是保守主义者,愿意接受经验教训。原来我响应教育改革,但后来改革太多了，我就怀疑了。1950年代初的院系调整也是改革，思想改造也是改革，从1958年教育革命开始，中国的教育一直在不断地改革，改到"文革"就更糟糕了，没有教育了。

不断改革，固然有非改不可之处，同时也源于过去的"不断革命论"。但教育和政治还不是一回事，教育领域当然也可以有革命，但一般来讲，这种革命，或者说根本性的改革，都是渐进的。从科举到现代学堂，有一个漫长的过程，科举混不下去了，新式学堂很自然地就发展起来了。新式学堂原来完全照抄美国、欧洲、日本的模式，逐渐成长起来。到了五四以后，中国就出现了一些有自己特色的高等学府，南开、清华、浙大等都是不错的，最典型的就是后来的西南联大。对学生的培养也不完全是国外那一套，还有很多我们自己的东西，比如强调学生要有风骨、个性、独立人格等。

教育领域其实有很多东西是一万年不变的。我们现在搞教育方法的数字化改革，数字化是个好东西，做课件也尽量利用新的科学技术，但要知道，仅仅做到数字化是不够的。我刚才讲到浙大教微积分的那位老师，他利用新媒体技术上课，其实课后还有很多事情辅佐的。首先一条，他的学生那么多，但没有冷待哪个学生，外面有人向他请教，他也用微信回复。现在最大的问题，就是师生关系疏远。学校都在抓信息化，但它不能完全代替课堂教学，代替老师跟学生之间的亲密接触，要不然何必办学校呢？何不只留几个学校，把讲课内容都做成课件，全国统一发行，组织几所管理机构就行了？

教育要讲春风化雨，一代一代地传承，我们身上有很多老师的影响。我非常感谢国立九中的邓校长，他虽然不认识我，我们也没有任何直接接触，但他直接影响了我们一代人。我们那个学校办了不到8年，后来出了6个院士。

比如邓校长是个不爱讲话的人，但很有人格魅力。我们学校的学风很好，有一点北大的味道。邓校长是留学生，跟陈独秀是好朋友，两家是世交，但比陈独秀年轻一点。他年轻时和陈独秀的两个儿子到法国勤工俭学,后来分道扬镳,那两个当共产党去了,他继续求学,从法国到德国,学哲学的。

我们国立九中的正校长是国民党中央委员,安徽人,在九中当校长是挂个名,学校靠他在重庆活动、搞经费,具体管事的是邓副校长。邓为什么影响那么大呢?我为什么一直提倡学术自由呢?因为我在中学接受的就是这样的教育。我们学校经常举办讲座,那时候条件差,没有大礼堂,都是露天的,2000人聚在大操场听讲座。凡是到重庆的,邓校长认识的、和他有关系的名流,或者和安徽有点关系的,从学者作家一直到抗日将领冯玉祥,他都拉过来讲演。有人来讲公民教育、如何做人,也还有一些左联作家演讲进步主张,什么都有。这样的校长怎么能不影响我一辈子呢?

## ◆ 普通老师应该怎么做贡献

中国的传统儒学里,最精粹的东西是什么?就是仁。两个人以上,就要讲仁,包括你自己怎么做人,也包括你怎么处理人际关系,然后派生出义利之辨。义就是公义,利就是利益,这是维持社会的基本纲常。

我经常跟我们的青年教师讲,你们要考虑生存和发展,如果都像我这样就没饭吃了。我一本书可以压20年不出版,但你们的书不出版,会怎样呢?我不出版书,没有哪个撤我的职……现在这套评估系统定得太死了,要生存,多少还得顺应它。

在这个基础上,哪怕再普通的老师,也要有一个是非观念,不能稀里糊涂地过日子,不能随波逐流,要有自己的独立判断。作为老师,要有两条底线,一是政治底线,二是道德底线。政治底线是法治问题,你不能犯法,要做一个好公民。我更强调的是道德底线,你在学校为人之师,人师是不好当的,涉及做人的问题。我们都是读书人,过去的士大夫,自己要讲廉耻。我很早就讲了,革命现在要革到自己头上了,我们怎么办教育?怎么样教学生?一茬又一茬的学生会受我们的影响，所以我们要做好自己。

但高校老师现在不太好做人，我们每时每刻都在教人作假。项目经费一下来，马上就大批量地作假了，因为经费不用掉就报废了，报废了不说，上面还说你没有用，所以要突击花钱。现在的985院校，连文科创新基地都有2000万以上的经费，这个钱花不掉，就想一些名目来评奖，没有现钱，就搞各种报销。我特别理解周围青年教师的苦处，所以我说不要学我。对普通老师也不能苛求，因为这些弊端跟政策有关系，即所谓政策性腐败。将来这些报销的单据，不知道会怎么处理。我很希望它们能够保存下来，将来的人研究21世纪前20年的学校状况，专门研究一下学校的财务，是很有必要的。

## ◆ 要成为合格公民，还要经受很多基本训练，包括社会精英

我去美国的几个学校都是好学校，第一是普林斯顿大学，第二是耶鲁大学，第三就是加州大学。他们开会很少，一般也不开什么大会，老师很自在。在加州大学圣地亚哥分校我有两个兼职：一个在第五研究院，就是泛太平洋研究院；另一个是历史系。我算是跨单位的，但我们顶多每个星期碰一次头，一次半个小时，大家交换一下意见就完了。

而我们自己的大学呢，做一个科研项目，手续繁多，一年到头都压在身上。光申报就是一个漫长的过程，然后还有中期检查，最后还要总结验收，都要开会。我在国外也拿过多次基金资助，但都没报过账，人家把钱给了你，你自己花就是了，不过一定要用来做研究。人家一般都是一次性买卖，做完之后再来一次评估，也不需要开什么会。而我们这儿动不动就开会，专家组来检查，还要接待，还要填很多表。

他们的大学也有教学评估，但评估方既不是政府，也不是学校，是第三方，有一个专门的行业。我就被检查过。他们事先跟我打个招呼，到时候就来了，学校不需要准备，老师、学生也不需要准备。他们来了，大概10分钟的样子，发表格让学生填写，学生写了什么也不允许我看，写完之后就收走了。然后，他们根据学生的评价，以及其他一些侧面的了解，对

我做出评估，最后发给我，也发给学校。这个评估是很重要的，学校下学期聘不聘你，很重要的参考就是它。结果还不错，说我的课很生动，有这样的评价就可以继续开课。

除此之外，他们的老师法治观念比较强。每个人一间办公室，里面的电话可以打国际长途。你的办公室只有你自己有钥匙，别人进不来，所有电话都是你自己打的。而美国的银行和邮局的账目都很明细，每个月给你一张表，涉及公务的电话，你就不用做记号，但是打给朋友和家人的私人电话，就要把它们都圈出来，最后在你的工资里把这部分电话费扣掉。

这在中国可行不通。而且后来我们干脆规定了，科研项目经费可报销家庭电话费。所以，中国的改革很不容易，中国人要成为合格公民，还要经受很多基本的教育训练，包括我们这些所谓的社会精英。

我觉得可以借鉴一下过往。比如当前，教育界不少人都在谈论民国时期的大学。人们的这种讨论，某种程度上是基于对现今大学的不满。

事实上，在相当长的一个历史时期，我们对民国教育的认识不足。民国教育是中国教育史上不可改变的一段，而且是很重要的一段。它完成了打破晚清教育的全盘西式移植，探寻切合中国特色新式教育模式的初步过程，培养了邓稼先、杨振宁等一大批大家，这是事实。我也曾受益于那时的大学教育。今天，我们应该客观批判历史，不能再像"文革"时期那样任意贬低、批判它。

民国时期的大学也有不如现在的地方吗？太多了。某种意义上说，那时的大学跟现在不可比。过去的大学哪像大学，很多大学就三五百人，还没有现在一个学院、一个系大，有的系才一两个学生。现在的大学办学规模多大啊！那个时候的科研条件也差，查资料、搞研究，困难很多，非常不便。

民国的大学很穷，科研经费普遍非常紧张。公立大学尚且经常拖欠教员的薪资，更不要说私立大学了。那时大学的经费来源主要是靠社会募捐。抗战时期，浙江大学西迁，竺可桢还带着学生在街边摆地摊筹集办学经费呢。那个时候的大学校长，哪像现在这么阔气，有国家财政拨款。

有人说,现在的大学生不如过去的中学生,这也不全面。现在的孩子多有才华。他们几乎人人有特长,个个会才艺,吹拉弹唱了不得,过去的学生灰头土脸的,跟现在怎么比?完全没有可比性。

## 六、高校"跨越"发展之我见①

进入 21 世纪以来,中国大陆高等教育"跨越"发展之声不绝于耳,而且确实见诸声势浩大的行动。成绩似乎令主事者陶醉,经常挂在口上的主流话语是"2007 年,我国高等教育在校生总规模超过 2700 万人,居世界第一,高等教育毛入学率达到 23%,成为名副其实的高等教育大国"。但是这些耀眼数字背后究竟隐藏着什么?所谓"跨越"发展给教育带来的是祸是福?人们认识并非一致,甚至存在深刻分歧。

2009 年年初,中央政府发布了《国家中长期教育改革和发展纲要》并公开征求意见,随即引发一场全国范围内的讨论,网络上的各种争议更为火热。3 月 2 日,《长江商报》以两个版面全文刊载了武汉大学前校长刘道玉的《彻底整顿高等教育十意见书》,其具体建议是:①废除自学考试制度;②取消不合格的在职研究生学位;③砍掉一半大学的博士授予资格;④大学必须与所谓的"独立学院"脱离关系;⑤让成人教育回归职业教育;⑥停止大学办分校;⑦整顿大学的科技园和研究院;⑧实行教授定编和流动制;⑨砍掉 2/3 的大学出版社和学报;⑩整顿"大少爷"办学作风,严查大学财务支出。据《长江商报》

---

① 章开沅:《高校"跨越"发展之我见》,《学习月刊》,2010 年第 1 期。

"高教十症调查结果（3月12日公布），近2000名网友投票，除第1、9两条外，其余8条意见均获7成以上的网友力挺"。

当然，高教之病并非仅限于这10条，而这10条也不一定都是最为严重之症，但这毕竟是一位资深大学校长率先响应政府号召，全面系统地坦陈自己的批评与建议，理应给予应有的尊重与理解。

我与刘道玉教授相识已久，而且都是在20世纪80年代出任武汉地区中央直属高校的校长。他虽然比我年轻，但在高校行政管理方面却比我出道早得多，而且还曾在教育部担任过重要工作。我非常敬重他对教育事业的革新精神与执着追求，对他此次提出的批评建议更深有同感。应该说，他是20世纪80年代那批大学校长的杰出代表之一，他的意见包含着众多师生积压已久的共同心声。但我不想重复列举或补述当今高等教育的各种弊端，而宁可探索我国高教何以在错误的道路上走得这么久，这么远，危害又这么深！

就我记忆所及，20世纪80年代高等教育基本上是正常发展的，尽管在体制、教学、科研各方面的革新仍然步履艰难。90年代以后，问题的严重性首先出现于教育产业化作为决策的推行，而主要驱动力又来自比教育部更为强势的国家计划委员会。我至今还记得若干权威人士在报刊和电视上发表的那些梦呓或狂想，仿佛高教一经形成规模宏大的支柱产业，就可以财源滚滚，带动国民经济的发展。没有经过任何民主咨询，决策究竟有多少科学性也不得而知，1999年就从上而下地仓促敞开"扩招"的大门。扩招加上此前也是从上而下促成的高校大合并，形成一味追求扩展办学规模的狂热。

中国社会经济的迅速发展，诚然需要加速高等教育的发展。国民素质的普遍提升，也需要教育由精英教育向大众教育转型。但是，无论从哪一方面来说，总不能以牺牲整体质量来换取发展以转型，否则教育即令转化成为庞大的产业，也只能视之为高成本、低效益而虚有其表的泡沫经济。很不幸，由于中央政府与教育部门的强力推行，并且以"跨越"一语要求高等教育勉力推行21世纪新一轮大跃进，大学遂成为严重受害的灾区。

紧接着又是在"跨越"号召下出现弥漫全国的"升级"狂热。中专升为大专,大专升为学院,学院升为大学,其实好多学校根本不具备应有的升级条件。许多正规大学也不安于现有定位,甚至连"教学型与研究型"这样的双重身份都不满足,一定要往"研究型综合大学"蹿升,而已经具有"研究型综合大学"特殊身份的所谓"985"大学,又纷纷向"世界一流"狂奔。真可以说得上如痴如醉,举国癫狂。

大学内部的各系也不安于现有定位,纷纷争先把握这个千载难逢的"升级"良机,于是好多系、所上升为学院,个别系还分身成为几个学院,有些研究所也不甘落后,自行提升为牌号甚大的研究院。某些"特大"大学由于下属学院太多,校领导管不过来,又在校、院之间设立"学部",俨然泱泱大国气派。相形之下,原有许多系、所的地位则江河日下,往往自嘲为无非"教研室"。与过往相比,现在的大学,管理机构名目繁多,层次重叠,已经越来越像庞大而又复杂的官僚机构,与原先标榜的"精简、效率、效益"革新目标背道而驰。

大学现在确实很忙,因为学校越办越大,学生越来越多,教师的教学负担也越来越重。特别是年轻教师,为了从助教升为讲师,讲师升为副教授,每年还要达到发表若干论著的所谓"刚性指标"。校、院、所各级领导更忙,因为"扩招"也好,"升级"也好,并无相应足够的财政拨款,还得"自筹"财源,弥补经费不足。于是便想方设法"创收",乃至变相推销形形色色的"学历",当然更少不了"跑步(部)前(钱)进",争招生数额,争项目经费,争科研课题,争学位授予点,等等。而教育部及其下属各司局又巧立各种名目,精心设计烦琐的申报、评审、验收等手续,其中仅本科教学评估一项,就把全国高校折腾得劳民伤财、人仰马翻……试问,在这样劳民伤财的纷纷扰扰之中,大学领导又有多少余闲精力用于改善管理,以期实实在在地提高教学、科研水平呢?高校素质的整体下降已经成为有目共睹的事实,而更为严重的是急功近利、弄虚作假导致的诚信流失。我们现在还有大学精神吗？今后大学精神的重建恐怕不是一两代人的真诚努力所能完成的。此等教育的积弊，不仅年深日久，且盘根错节，彻底整顿，谈何容易。

从深层根源来剖析，主要的问题仍然是主管教育者对教育本身缺乏正确的认知。教育的对象是人而不是物，教育者与被教育者之间需要良性的互动，而不是单向的"灌输""塑造"。从广义来说，教育无非是人在改造客观环境中的自我完善，因此教育最重要的是调动受教育者自我完善的内在积极性。教育的起点与归宿都是爱，都是人性的完善与提升，所谓"以生为本"，说到底就是以人性为本。现今教育当局主管者把各项重大措施都名之为"工程"，实际上是忘记了人性不同于物性，学校不是工厂，教育更不同于制造业的生产流程。说到底，教育是细致的教化，而不是简单的制作。

把教师比喻为"灵魂工程师"，这未必完全确切，但教育的根本毕竟是人格的养成，这已经是人所共知的常识。教育工作的主干是思想工作，即令是知识传授，从广义来说也是属于思想工作范畴。因此，积60年高教工作的亲身体验，我总觉得它应该是一种慢工细活，教师更像是精心培育花木的园丁，必须按照植物的生长规律与季节的环境变化，循序渐进地从事本职工作，而最忌讳的就是急于求成和揠苗助长。诚然，教育必须适应社会的发展变迁，但是教育毕竟又有自己的相对独立性，并不总是亦步亦趋地跟随社会。教育具有长期性与持续性的特点，其中存在着绵亘千古、衔接古今的内在规律。"薪火相传"一语是教育这个行当的绝妙写照。教育固然需要与时俱进、不断革新，然而教育在任何时代都不能忽略必要的前后承续与相对稳定。与其主观武断地通过行政命令推行一个紧接一个折腾大学师生的所谓"创新"或"跨越"，倒不如让大学保持一个相对安宁的环境，也许顺乎自然的萧规曹随比什么"开辟新纪元"之类的豪言壮举更有利于高等教育的发展。教育诚然不是孤立的存在，大学更不应该回归成为游离社会之外的象牙之塔，但是，由于教育的发展总是与校园内外的各种社会因素相牵连,所以其任何重大变革都是一桩繁密而又细致的系统举措,都需要经过长时间的反复实验与不断校正,才能取得比较完善的成效。从历史来看,无论古今中外,成功的教育改革往往表现为渐进式的积累以及作为其结果的"水到渠成"。

"文革"以前,多次疾风骤雨式的群众运动,不仅未能实现教育革命的预期目标,反而严重损害教育本身,特别是挫伤了众多师生员工工作和学习的积极性。这个教训极为沉痛,但似乎已为现今教育当局所忘却,并且在新的历史条件下以新的形式重蹈覆辙。现在虽然不再有人公开侈言政治挂帅的群众运动,但是动辄以政府行为推行全国一盘棋的"创新"举措,依然忽视教育的连续性与相对稳定性。朝令夕改,而且政出多门,让许多大学无所适从。以前"教育革命"主要靠政治威权,现在却主要是靠市场经济的"利益驱动",以形形色色的各类"工程"与相应的"课题""项目"经费促成"跨越"导向。同时,又拟订各种烦琐而脱离实际的指标体系与评审程序,迫使大学顺从就范。如果说,过去的大学是屈从于政治压力,现今的大学是倾倒于金钱的魔力,各种腐败现象都是由此产生。政界"跑官",大学"跑点",而且都一同"跑步(部)前(钱)进",这已经是无人不知无人不晓的"潜规则"。

大学的堕落已经令人难以容忍。最近,为浙江大学所谓院士课题组"抄袭舞弊"事件,教育部也曾严词痛陈要下"猛药",但"猛药"似乎只是针对大学生,学术道德教育主要针对学生,真是匪夷所思!我认为,追根求源,如果现行教育体制依然原封不动,中国教育改革只能停留于修修补补,根本难以革除错综复杂的各种积弊。因为,大学根本没有自我完善的空间,而恕我直言,许多大学校长也没有自我完善的胆识,甚至没有自我完善的内在醒悟。因为其中有些人已经习惯于唯命是从、随波逐流,把学校作为个人晋升之阶,千方百计在"跨越"与"创一流"的虚热中显耀自己的政绩。种种事实表明,在目前这样管理体制下,大学很难在教育改革中有根本的转变。

教育改革，千头万绪。我认为，当务之急是两个回归：一是回归大学主体，一是回归教育本性。而关键首先是体制改革，让大学独立自主地按照教育自身规律来办好教育。多年以来，我与华中师范大学几位教育史教授始终坚持陶行知研究，编辑出版《中国著名大学校长书系》，并且又在去年出版我校前辈校友余家菊先生的《教育哲学论稿》，目的都是温故而知新，希望人们在教育改革问题上能够在源头上做更为深层的探究。我深信，大学应该把握自己的命运，大学必须自我完善，大学也能够自我完善，大学的希望在于大学自己！

## 七、好制度比好校长更为重要①

◆ 只有讲奉献才能做教育

国庆前夕，我在华中科技大学教育管理博士班演讲，题目是《我看大学校长》，我讲得很坦率，三个题目：①大学校长也是人；②大学校长很累，要具备一流社交家的聪明才智；③大学校长要有忍辱负重的精神，为了理想工作。蔡元培先生曾慨叹：我本是可以做点学问的人，但在校长任上我只有顾全大我，牺牲小我。

◆ 对教育工作者的人格修养有哪些建议？

作为一名教育工作者，不论职位贵贱，一些东西还是要牢记在心的。一是要有清醒的头脑，不要认为存在即合理，人不能只是顺应社会，还应改造社会。牺牲生命可以，但牺牲原则绝对不可以。社会良

---

① 章开沅：《章开沅文集：第 10 卷》，武汉：华中师范大学出版社，2015 年，第 317—319 页。

心主要在大学,人类文明危机的问题,一些社会沉沦问题,都需要教育工作者匡谬扶正,形成强大的、正义的社会声音。二是要明辨是非,坚持正确的,反对错误的,以自身的良好行为体现道德规范。三要以正确的舆论影响社会。教师不是孤立的人,他影响的是一批人,应自觉注意自己的一言一行。好教师应有一种本能,"爱满天下为己任",也就是温总理讲的"办教育要有爱心"。为人其实不难的。有人认为干教育工作是苦行僧,这要看如何理解。爱心不是简单的范畴,快乐体现在各个方面,有追求,人生就是快乐的。孔子所谓的"己所不欲,勿施于人",西方强调的"睿智博爱"均是一回事。应该学会享受教育带给人的美好生活,会享受生活之人,生活才更有意义。

◆ 做教育是很幸福的

教师要定位好自己的角色,最重要的是寻找到自己的感觉。教师所起的作用应该是承上启下的,是一个桥梁,他是传授文化问题的一类人,文化的"薪火相传",人类文化的发展,都离不了老师。韩愈在这个方面讲得很清楚,"传道、授业、解惑",一定要明白。

教师要有幸福感,幸福并不意味着占有得更多。现在虽是市场经济时代,但市场经济不能只靠利益驱动,在任何时候,"利""义"问题都要认真看待。要爱自己的学生。教师不仅是个教书匠,还要跟学生有默契、有交流,不论是眼光还是语言,这是其乐无穷的。交流是无限的,互动是快乐的。应尊重学生,平等对待,做老师的乐趣是学生给的。与学生建立朋友关系,不要讲死板的东西,多讲信息与方法,给学生更多帮助,不是很快乐吗?

不论是作为大学校长,还是作为学者,抑或作为一名普通的教师,学生都始终是我最为关心的对象,教育是我生命的寄托,能得天下英才而育之是我重要的人生追求。我喜欢教师这个职业,我喜欢学生,学生也喜欢我,这就是最大的幸福。我觉得,遍及海内外的学生就是我数十年史学研究与教学生涯的最大成果。有那么多理解、信任、喜欢我的学生遍及国内和海外,对于我这样的凡夫俗子来说,已经足以自慰了。

我与学生保持很好的联系,或许可以称之为"追踪关怀"。尽管他们毕业了,但是我还是很关心他们的,他们也很关心我。这些学生不仅学术上找我,就连他们家庭上、生活上的一些事情、问题也会找我。这也是我们很好的感情纽带。

谈到学生们的成绩,主要是靠他们自己争气吧!如果说我起到了什么作用的话,那就是给他们营造了一个相对宽松的、比较享有更多自由思考空间的环境。同时,我也让他们有更多的机会到外边更大的讲坛上,包括国外的学术讲坛上展示自己的聪明才智。我愿利用我自己的经验和积累的知识帮助年轻学生更好地成长。我把他们视为希望之所在,至于我个人的志愿,无非是甘当铺路石,让青年学者成长的道路稍为平坦一点,可以比我们前进得更快更远。

### ◆ 为学不求名与利

我常说学术界需要的是"流浪汉","流浪"是跟求知联系在一起的。做学术研究要不断开辟新领域,判断很重要,要有前瞻性,有社会责任感。不要过分相信自己,要有协作意识,团队精神,现在不是常说资源共享嘛!

现在很多做学问的人起点很高,条件很好,客观条件也很优越,不好的是有些人急功近利。我想说的是,学问是没有名利、功利的。

真正的学者要具有超越世俗的纯真与虔诚。工作对于他们来说,奉献更重于谋生,其终极目的则在于追求更高层次的真、善、美。唯有如此真诚,才能不趋附、不媚俗、不出违心之言。我经常引用的一句诗是"治学不为媚时语,独寻真知启后人",要保持独立的学者人格,必须明确治史为求真,是为保存民族文化,学术不是求名求利的公器。

## ◆ 好制度比好校长更为重要

20世纪80年代,我也曾参与高校管理工作,深知校长责任的重大,不仅其办学理念、谋划决策关系着学校的发展走向,而且其一言一行所体现的品格、作风,也悄然无声地对众多师生员工产生某些影响。甚至在卸职多年以后,偶然在外地遇见相识的或已忘记姓名的校友,经常可以听到"某年某月某会曾听过你的报告,你说过的某几句话给我印象特深"之类亲切怀旧话语。我给学生做报告一般不带讲稿,往往采用对话交流方式,学生虽然听得兴趣盎然,但我自己却唯恐口无遮拦而可能给他们以某些误导。所以每逢听见过去的学生复述我的若干"佳句"时,我的内心深处往往涌生惶悚之感。也正因为如此,才使我对于历史上这些著名大学校长理解渐深而敬佩日增。他们当年的办学条件比我们差,困难比我们大,可以利用的资源比我们少,但是却能与众多教职员工同心协力、苦心经营,把学校办得各有特色,并且培养出一批又一批优秀人才,在国内外赢得与日俱增的声望。可以说,他们的生命与学校已经融为一体,而学校的声名正是他们与众多教职员工一起用心血浇灌铸成。所以,在人们的心目中,一所名校往往与一位或几位校长的名字紧紧联结在一起,如北京大学与蔡元培、清华大学与梅贻琦、南开大学与张伯苓、浙江大学与竺可桢、金陵大学与陈裕光、金陵女子文理学院与吴贻芳等。

当然,强调大学校长在学校的地位与作用,绝非提倡人治,更不是提倡家长制的独裁。对于大学来说,民主作风与学术自由具有同等重要的意义。每一个办学卓有成效的著名校长,大多具有较强的民主观念,至少是能逐步推行教授治校,努力发挥教职员工的积极性。与个人资质相较而言,应该承认制度更为重要。任何优秀的校长总有自己的任期(或长或短)限制,但健全的行之有效的规章制度往往可以延续数十年。我在海外一些名校工作,深感规章制度相对稳定的重要性,而严格遵守规章制度更为重要。我每到一所学校,开学伊始接受入校教育,时间不过两个小时,主要是介绍学校重要规章制度,不像我们对新教职员工的岗前培训要花费3天乃至1周,而且要花费很多时间"务虚"。我常爱说一句话:"铁打的营盘流水的兵。"校园譬如军营,师生如同士兵,老师(包括校长)职工和学生一批一批来了,又一批一批走了,如同连绵不绝的流水,但名校如同铁打的营盘,历经世事沧桑而长盛不衰,靠的就是一套人人必须遵循的合理制度。光靠校长自身的聪明才智是治理不好大学的。

教育应该首先治疗自己,然后才能治疗社会、治疗全人类。

## 八、大学为什么越走越远①

我很久没有做这种大一点的报告了,没有别的原因,就是健康的原因。因为我有心血管的病,不能太兴奋。但我又很想念同学们,和年轻的同学们在一起,是我最愉快的事情,所以是一个矛盾。

今天到这里来,我还是有些担心,我已经得罪了武大的同学。武大的同学从去年就不断地和我说,甚至跑到我这里来,送鲜花来慰问。我说我有病,我不能讲。但今天我又到这里来和大家讲话,他们已经知道我在历史系讲过一次,他们很不高兴,说我们这么热心地来找你讲话,你不来。他们说,我们武大的学生要求是蛮高的,不是什么人都能去的。但是没有办法,武汉太大了,学校太多了,只要一开这个口,就不得了。

刚才马校长抬举我,但是我奉劝大家不要对我期望太高,我定位

---

① 本小节为2009年3月26日章开沅在华中师范大学的演讲录音整理而成。

已经很低了：我只是一个古董，百年老校的一个古董，只是这个古董还有点智能，如此而已。我不会讲出很多特别精彩、特别是耸人听闻的话来，只是一些平平淡淡的话。这是一点。

另外一点，为什么我会破例来参加这个活动，因为这个活动太重要了，不是一般的重要。大学要负责任，那首先就是要校长负责任，那么杨校长、马校长你们就要负责任。之所以讲这个话，不是一般的情况，是因为现在已经到了无以复加的地步了。前不久时，武汉哪个大学一个研究生自杀了。今天我在网上看到徐州师范学院教授罢课了，因为申请博士点，几年都没有申请到。失去了博士点，就失去了一切。四十几个教授联合起来罢课，这样学校还像个学校吗？就是因为博士点就闹到这种地步。所以周济部长说下"猛药"，我看他是有些想法的。今天校领导在这里，我说的话我自己负责任。出了些问题，都是底下的问题？都是学生的问题？都是教师的问题？都是大学的问题？怎么样造成这样的问题来？怎么把问题弄得现在越来越严重？

我不只是在这里讲，我在昆明等很多地方都讲过了，为什么不多点自己的反省，很多问题是怎么造成的？所以今天我讲话就有两个方面，一方面是为了寻找根源，另一方面，同学自己对自己要有严格的要求，学校自己对学校自己要有严格的要求。也不能说什么问题都是上面的，都是社会的不好影响了我们，我们自己干什么？大学是什么？大学本身就是一种道德精神力量，大学为什么这么容易受到社会上坏的影响呢？大学为什么急功近利、学风浮躁乃至舞弊丛生？在这种情况下大学越走越远，教育部自己不知道吗？很多问题还是教育部自己造成的，就是那一套指标体系，所谓量化的、刚性的指标体系，把底下的逼死了，有很多都是这样。过去也不是没有这样的问题，相对来讲，要少得多。现在为什么这么多，这么严重，而且累积而不改呢？

刚才马校长说得比较客气，说类似的事情我们学校也有。不是也有,而是有的问题还很严重。去年,贾学政事件发生以后,我讲过一句话,就是"脓包总是要出头的"。这个问题我早几年前就说过,因为我已经受过很多的刺激和屈辱。不是我个人的问题受到的屈辱,而是因为我们学校某些人学风不正,被别人批判,我不知道。我在美国待了4年,所以很多情况我都不知道。有次会上,人家讲了半天,我在底下坐着,我听着以为是别的学校的。揭露的人也不是一般的人,是很好的学者,他对我很客气,下来以后对我讲:"章老,没想到您今天来了。"他后来给我讲,就是贵校。你们说我作为一个前任校长,作为一个在这里工作了一辈子的教师,听到这样的事情做何感想?贾学政的事情也是一样,我没有把自己置身事外,当作跟我没什么关系,我跟这个学校的关系太密切了。我在这里要承担责任,我不在这里也有自己一定的责任,作为教师有一个教师的责任。我们没有把学生教好,没有把学校的风气树立得更好,我们不够坚强,我们没有能够抵制住社会恶劣的影响。

今天我来只是跟大家倾诉一下我内心的一些话。一个80多岁的老人,经历了半个世纪以上的沧桑,他是如何思想的,他也有自己的痛苦。我不是一个很坚强的人,我也有自己的软弱。我是一直提倡树立良好学风的,"学风应该成为世风的先导",这句话最早是我说的。我支持和倡议用各种方式揭露社会上的不良现象,但我认为我自己并不是很坚强。

现在有个教授揭发自己的学生,说学生抄了他的东西。网上有很多议论,有的说这个教授是应该的,也有人同情那个学生,说那个教授不应该,怎么自己揭发自己的学生呢?你们知道我是哪种人?我要是遇到这种情况,我会不会揭发我的学生?(在场学子:会)

谢谢大家,谢谢大家过高地估计了我。不会,不会。有比我年轻的人抄了我的书,几乎四分之三的都抄去了,《历史研究》把这个材料给我看了,要批判。我一看,他的老师是我很好的朋友,不是一般的朋友,而是长期合作的朋友。他的学校也是我们的兄弟院校,这个人也不是很差的人,他抄得不错啊,抄得不露痕迹啊。我说我这个书还不错,还有人抄啊,还换用一种方法,好像会引起更多的读者感兴趣,心就软了。

我最大的问题就是不忍心伤害年轻人,如果我做了,至少在人生最重要的年代他会受到很大的伤害。当然,他自己负责任,但不能因为我。所以我有种种的顾虑,包括对自己的学校,对自己的学院,对不对啊?同学们,我这样做对不对啊?(在场学子:对)不对啊。我的年轻朋友杨玉圣,大家知道,学术界的"打假英雄",他把我看作一个很好的人。他是有什么话必给我谈,很直率的,他把我引为同道。对于维护学术道德,反对抄袭,他也寻求我的支持,我是非常支持他的。他在北师大待不下去了,就到中国政法大学去了,他是个很可爱的人啊,他是真正的勇士。他就批评了我,不是批评我本人,而是批评我这种思想。特别是年长的学者,不大愿意谈这个。

老人心肠是有问题的,太宽厚了。都那么宽厚的话,就是允许问题存在了。所以杨玉圣讲,这等于助长了不良行为。所以说我本人就那么轻松?每日每时这些都刺激着我,我是该讲还是不该讲,想得太多。我不是勇士,所以今天我很高兴,看到研究生会这个创意。你们起来了,我需要你们的支持!(全场鼓掌)需要你们的支持!年老的人活动能力、呼声和勇气都是有限的。

春节我在广州过的。我最小的孙女,今年刚满 8 岁,小学二年级。在美国生,在美国长大,在美国受教育。她回来也给我带来了很大的刺激。本来是很好的事,每次回来都很高兴,但今年春节不是那么愉快。不是这个孩子不好,这个孩子很可爱。她开始思考问题了,开始提出问题了,譬如说我们一起出去,那个斑马线,亮着红灯是不允许过去的,却有人过去了,她就提出问题了:"中国允许吗?"类似这样的事情,就是有规则而不遵守,她都要问:"中国允许吗?"比如在家里,让她做什么事情,她就会问"我必须吗?",如果不是必须的,那就尊重她的选择了。在美国,孩子是习惯思考问题的,看到问题就会做出自己的判断。她是美国人,她有美国的国籍。她问这样的问题,就是站在美国的立场上问她的祖父:"中国允许吗?"

你们想象一下,作为祖父,我怎样回答,说"中国允许",那么中国就是这个样子?说"中国不允许",那为什么又有那么多人就这么过去了呢?这是经常发生的事情,也是我经常思考的问题。中国没有制度吗?包括这个学术道德、学术规范,整本整本的都有,写在书上,挂在口上,就是不遵守,就像走路闯红灯一样,这是不允许的。

武汉市民公约早就有了,不准在公共场合吸烟。然而到市政府开会,到学校开会,那个会议桌上摆着烟灰缸。对于这个事情,我没少说。我自己不抽烟,所以吸烟的见到我,就会很紧张。我经常咳嗽,我一咳嗽他们都紧张。(大家笑)为什么一边写着不允许抽烟,一边又摆着烟灰缸呢?有的为了应付我,临时撤掉了,说章开沅要来了。(大家笑)年轻的朋友,我跟你们坦率地交流,都是很普通的事情。归根到底,就是中国不规范的事情太多了,明知故犯的事情太多了,这是很可怕的事情。这就给种种不良的行为很大的空间,甚至自由违法的空间。你既然做不到,为什么定这些制度呢?

教育部就是专门制定这些制度的机构。硕士生、博士生就读期间要发多少论文等,我是模糊思考的,有的人想得很仔细,把在校人数和可以发表论文的刊物做了对比,是完全不够的,翻两番、翻四番都是不行的。这是做什么呢?为什么要这样规定呢?最近研究生处覃处长说要弄个奖学金,里面又有这么一条:要发表几篇以上论文。我说算了吧,明知是不好的规定,为什么还要用呢?他发表了两篇就代表他有水平吗?我说这要改一改。我就建议,即使没有发表一篇东西,他交上来的稿子也没有发表,如果真实水平是这样的,可不可以给他奖学金呢?我认为是可以的。现在就是根本不考虑质量,就是数量。这个过程中埋没了多少英雄豪杰呢?他没有发表就是不好?

我这一辈子写了这么多东西,出了这么多书,我自己客观认为,能够流传下去的,可能就是一本《张謇传》。我1962年开始动手写,

1964 年在北京，花了两年时间总算把它写好了，但稿子一直没有发表，你说稿子是好还是不好呢？谁也不知道，我也说不清楚。后来我本人受批判，稿子就没人要。"文革"的时候，幸好我把地板撬开，藏到地板底下去了，不然被找到就烧掉了。后来到了 1985 年，中华书局跟我旧事重提，他们知道我有这个稿子，就出吧。所以我基本上是 1964 年写好，到 1987 年才正式出版，后来也受到很高的评价。同时也在日本翻译出版。你说怎么样呢？所以发表的不一定就好，没发表也不一定就那么不好，它有一个过程。

我提出"两个回归"，这是要给教育部提的。一是要回归大学本位，一是要回归教育本位。什么叫回归大学本位呢？现在把大学管得像一个行政机关，完全是行政命令的，我很同情现在大学里的领导。就像我家乡的胡校长给我说的，他说："章先生啊，现在当校长、当院长不一样啊！"

我说，是不一样。两个不一样，一是当时的校长他可以谈点不同的意见，比如有的会我就不去，有的事我就不干。有些动员报告，我就不去，我不同意你的意见。讲话的动员我不同意，我不能欺骗学生，我就是不讲。现在可能吗？好像有个朱清时，中国科技大学的校长，这个人很了不起，他可以有所不为。"文革"以前和"文革"期间，大学所受的是政治压力，种种的政治运动给你戴种种政治帽子，比如"反革命"。现在没有了，却是另一种压力，就是教育部制定的指标体系，各种各样的评审制，都是有含金量的。其实就是金钱的压力。

过去的大学可能是屈服于种种政治的压力，今天这样说就不对，我想是屈服于金钱的压力。怎么说没有博士点就没有一切呢？他没有经费了。现在每一个项目都是有含金量的，不止一点含金量，原来是几万、几十万，现在是几百万、上千万甚至上亿。你说教育部没钱吗？教育部有钱。它的钱都花在哪里了呢？就是种种刚性的指标。是用办工厂的方法来对待科研，对待教学。

这个我是愿意公开辩论的，在公开的场合，今天校领导在这，我这句话能不能到武大去讲呢？武大有人讲的，有个叫刘道玉的，比我讲得更彻底。他们武大的学生现在对我进行"策反"，武大的把他们出版社的人也动员了，让我也写一本。我说，我不写。我这个人从来都是独立自主的，我愿意干什么、不干什么是由我自己决定的，你种种的劝说对我没有影响。我可以做的事情很多，需要我做的事情也很多。

为什么刘道玉做什么，我就也要做什么呢？刘道玉在武大弄得那么有声有色，我也没有和刘道玉学。因为他弄的那套东西我不觉得稀奇，他说是创新，而我上大学时就是这么过的，学分制啊，转系啊，等等，哪个是刘道玉自己发明的呢？都是老大学固有的东西，那么你可以做你的，我也可以做我的。因为他比我年轻，我是非常尊重他的，我们私交很好。但我不会是别人怎么做，我也怎么做，去制造轰动效应。

去年我们学校出了这么个事情，本来不是一个很大的事情。一个小小的贾学政，不过就是抄了几篇文章，而且也不是什么很重要的文章，这个事情我们没有处理好，要反省反省。现在都不反省，好像就剩下我老头子在反省。这个就不好了，我们自己的学生我们怎么不反省？教育部部长为什么不反省？一有问题都是底下的问题，"教育产业化"也是底下的问题？我最寒心也最痛苦的是，90％以上的大学校长都认为教育评估是好的。但就是这个情况，大学校长不敢讲，好像朱清时在某一个会上这样讲。大学校长愿意这样吗？教育部有权有钱，我讲得很不恭敬，但讲这样的话实在是忍无可忍，明明是办了一件很大的错事，这个伤害不是一代人、两代人能消除的，这是诚信的败坏，公开的作假，大面积的作假。这在教育史上是空前绝后的事。是不是绝后我不知道，至少是空前的。

马校长和我毕竟有一段师生关系，是我非常寄予希望的学生。但是我看到马校长带着人去飞机场迎接评估委员会的主任，给他献花的时候，我的心在滴血啊！不那么做行吗？如果我在这个位置上会不会这么做呢？很难说。丁烈云书记经常和我讨论一些问题，我总是讲，胳膊拧不过大腿啊。我现在不当校长了，办成办不成和我有什么关系呢？这是一个在职与不在职的问题。不要认为我多高明，我给大家讲了，我这个人是很软弱的。我不是一个钢铁战士，就是有些善良，有几分真诚，如此而已。其他有什么好处呢？没有什么好处。但是我不能再沉默下去了，所以给了我这个机会，我今天要讲一讲。

我最高兴的事是学生起来了，这是我们力量的源泉，最后解决问题还是靠老师、靠学生。老师应该起来了，大家也在签名，行动起来了。但归根结底，教育部要改变。教育改革首先要改革教育部。你下面再改，上面还在继续。教育部是很庞大的，而且还是很有力量的一个机器。它不断地制造量化的指标体系，然后运用这些指标体系来进行非常烦琐的而且无处不在的评估。然后就是评审、验收，一个还没有完，一个又来了。我们一个小小的研究所就在不断地迎接评估、申报。我们的教育部难道就是这样来管理学校吗？用这种办法来显示自己的能力？现在设备比过去好，花花脑袋比过去多，教育部下面有很多司，会出各种花样。正所谓"年年有新政，月月有花招"，闹得大学里面就不能安安静静的、平平正正地来办好教学。

我在昆明会上，很多老书记、老校长，北大的、清华的都去了，他们要我讲一讲。有很多我已经讲了，今天当着马校长、杨校长、谢书记的面，本来不想再讲，可是看到学生这么好的创意，也让我鼓起了勇气，把我内心的话讲一讲。不想多讲了，再讲也没什么意思了，大概一条，我在寻找这个根源。不管找到哪一层，该谁负责任谁就要负责任。好多问题还是原来遗留下来的。从原来的国家教委开始到现在的教育部，问题越来越严重。现在已经是非改不可了，这是一条。

另外一条，希望大家有决心、有勇气、有抱负，敢挽狂澜于既倒。因为这个问题已经太严重了，已经形成一个网络，无处不在。现在谁要是坚持斗争的话,就可能成为"国民公敌",这会损害学校的整体利益,我的痛苦就在这个地方。我不愿意牺牲华中师范大学的整体利益来成就我个人的功名、自己的品格。我宁可受某种耻辱、某种心灵的折磨,我也不愿意做这种事情。以前武大把刘校长弄得太过了,哪有这种道理呢?以一个"莫须有"罪名把一个已经不在任校长的校长待遇去掉了。这种事情是不是只有在湖北才会出现呢?不能再讲多了,我听说在座的都是支部书记,学生骨干比较多。我相信大家有自己的辨别能力,我今天讲的话,哪些对哪些不对,哪些过分哪些不过分,为什么这样讲,我是采取这样一种很坦率的方式来讲。我不是来讲真理的,对大家教育的,我只是把我自己内心的痛苦说出来。今天占用的时间是不是多了?下面是不是要交流下?

生:如何看待"以生为本"的问题?

章:你怎么看的?

生:我觉得"以生为本"就是学校要以学生的利益为重。但是我觉得有些学校打着"以生为本"的旗号,却并没有实际的行动。我想请问您如何看待这个问题?

章:我听得不一定很准确,也有些理解了。"以生为本"的内容是很丰富的,也很难在这里做详细的论述。"以生为本"是没有错的,就是把学生看作教育的根本。教育离开了学生还讲什么呢?我自己从来都认为老师要把自己的位置放正,把学生放到很重要的位置。一句话,就是相互依存的。我总讲,没有学生就没有老师。过去私塾老师对自己都有自觉的约束或者督促。有句话说得很难听,但也很现实,西方人也是这样看的,就是"学生是老师的衣食父母"。"衣食父母",这句话讲重了,但实际上就是说要把学生放到一个比较重要的位置。我现在不是想谈这个问题,我想说的是,首先要把学生当作一个人,不是当作一个物。现在讲管理,包括教育部的管理,最大的问题在于用管物的方法来管人,用管物质生产的方法来管教育。教育最重要的是教化,而教育部则是想尽种种办法制定制度和指标。我提出了这样的意见,教育部有些人就讲,没有这套指标,我们如何去管理啊?指标是应该有的,但重要的是,指标要合乎人性,而不仅仅是合乎物性。这大概是从20世纪八九十年代以来就存在这个问题,就是用管理企业的办法,甚至是生产流水线的办法,来进行学习的管理,这没有不失败的。我的问答可能文不对题啊,因为隔得太远了(听不清楚)。谢谢。

生:您认为大学教育应该以什么为导向呢?

章:这个可以作为教育系招研究生的试题啊。这个导向的问题比较复杂。我们不是绝对地反对"教育产业化",只是反对把"教育产业化"作为最高的追求和目标。因为教育不完全是个产业,也不应该成为产业。教育在很大程度上还是一种国家视野,是人民的一种权利。我是不赞成以"教育产业化"为导向的,有些学校的校长已经提出过这个问题了。如果卖豆腐现在很热火,那么就增加一个豆腐专业?这个当然是在说笑话。与其说市场导向,不如说是社会发展的需要,这样可能更好一些。你全拉入市场里去了,没有买的我就不卖,怎么可能这样子呢?教育有很多东西是不经过市场的,比如国学。市场的需要是经常变化的,今年有这样的变化,明年有那样的变化,学校有自己相对的稳定性。一些是社会的基本需要,像这样的基础专业,不管市场需不需要,都是必须要开的。特别是像文、史、哲这样一些学科,关系着国民素质、民族素质,甚至于民族精神健康的延续,这就不能说市场需要我就办,市场不需要我就不办。即使市场完全不需要,你也要办。我不是为历史来讲话,你说现在历史学,有多少市场需要呢?师范院校好一点,中学开有历史课。几年以前,浙江大学把它们历史系教师的编制缩小到25个人,我曾公开地批评,一个是强调历史的重要性:浙江是个小省,但是一个历史学强省。我说:"你们这样的做法,就是自己把自己的强势丢掉了。"难道说你引进金融,就可以振兴浙江的史学么？这个问题很复杂的，不能简单地说需要或者是不需要。怎么样来具体掌握？不要把市场需要看作是金律，就是一切都要跟着市场。教育要作为先导，不仅是世风的先导，还要作为社会改善的先导。现在就是过分强调了学校服务于市场，服务于社会，但没有想到这个社会是不是就是最健全的。学校要来改造社会，学校还要掌握社会最需要的导向。在国外，这个问题也在争论之中，我总认为，大学不要自己把自己贬低了，变成了市场的雇佣，社会的跟班。现在问题就出现在这个地方了。现在一些学者在学术上的堕落，抄袭还不是主要的，学术品格的堕落，这就是很大的问题了。凡是存在的都是有根据的，为社会上一些不良的现象，编造种种理论来稳固这些不合理的事物，这个比抄袭还可怕，还可恶。

我再补充几句，今天下午我主要是和大家交流的，不是那么很有章法，给大家发的材料可以看一下，那个上面是主要谈学术道德的。我讲了很多问题，而且讲了问题的严重性，讲到了关系到教育、关系到国家生死存亡的这样一些严重的问题。但我给大家讲一句，我不悲观，我不失望，我寄希望于青年。历史学家看过的东西太多了，经历的事情太多了，一个最重要的醒悟，就是各种事物特别是社会的发展都是经过各种曲折、各种坎坷，甚至大起大落，但最后总是往前走的。我对这一点深信不疑。所以大家不要看到有这么多问题，就灰心了。另外，包括学者、人文学科社会科学家在内，跟利益相结合了，用自己的学术工作来追逐利益，好像也可以显赫于一时，但他们不能持续于长久。现在有些弄虚作假、投机倒把、一夜暴富，虽然是暴富起来了，时间也不长。相反有一些实事求是、埋头苦干的却没有得到应有的评价，这也不是没有。但是有一条，一个人要有理想，要有抱负，要有自己道德的底线，要过好每一天。到临终盘点自己的时候可以说，我是清清白白的。那样才好。谢谢！

## 九、回归大学主体，回归教育本性[①]

回归大学主体，回归教育本性，是我很早就讲过的话，学者兼作家马国川（以下简称"马"）于 2009 年 6 月 2 日在武汉华中师范大学中国近代史研究所采访我时，我又再次谈到这个问题，这里选取该文部分内容，以见我的观点。

### ◆ 被中断的大学传统

马：从简历上看，解放前您曾经在金陵大学读书。

章：1946 年我进入金陵大学读书。金陵大学是教会大学，很不错的一所大学。那时有一句话叫"北有燕京，南有金陵"，金陵大学是和北京的燕京大学齐名的。燕京大学培养了一大批新闻和外交人才。金陵大学在农学方面是最棒的，在台湾地区经济起飞期间，台湾的农复会起了那么大的作用，其中很多就是金大的校友。

马：金陵大学和燕京大学都是私立大学。

章：南开大学、东吴大学也是私立大学啊，还有一些教会大学，这些大学都是办得很成功的，对国家的贡献也很大。这些大学解放后都被国家统一接收了。

马：您是金陵大学的肄业生？

章：我没有毕业就参加了革命，1949 年随着南下的大军来到武

---

① 马国川：《大学名校长访谈录》，北京：华夏出版社，2010 年，第 3—18 页。

汉，在中原大学教育学院工作，也就是现在的华中师范大学前身。不久我就受到了批判。

马：为什么？

章：当时办学强调政治思想教育为主，像党校一样办高校，真正的学科建设谈不上，基础理论也谈不上。在一次大会上我把这些意见说出来了，结果被批判为"否定党的教育路线问题"。那是1950年，压制批评就有了。后来我一直戴着一顶摘不掉的"世界观没改造好"的帽子。

马：新中国成立之初进行大规模的院系调整，您亲历了当时的历史。

章：现在看来，大规模的院系调整问题很大。主要是两个问题：一个是走苏联的道路，过分专业化，连课程都单一化；再一个就是把一些好的教会大学、私立大学完全收编为国有，而且将原有的公立大学也打乱了，包括北大、清华这样的学校都变成了专业性大学，旧传统完全断掉了，历史断裂了。20世纪80年代刘道玉教授在武汉大学搞得那么有声有色，我是非常敬重他的，但实际上他搞的学分制啊，转系啊，等等，都是老大学固有的东西，我上大学就是这么过来的。

马：遗憾的是历史被人为地割裂了。

章：后来我做了大学校长才体会到，历史上那些著名的大学了不起，尤其是那些著名的大学校长们真正了不起。他们当年的办学条件比我们差，困难比我们大，可以利用的资源比我们少，但是却能与众多教职员工同心协力、苦心经营，把学校办得各有特色，并且培养出一批又一批的优秀人才，在国内外赢得了与日俱增的声望。可以说，他们的生命与学校已经融为一体，而学校的声名正是他们与众多教职员工一起用心血浇灌而成的。所以，在人们的心目中，一所名校往往与一位或几位校长的名字紧紧联系在一起，如北京大学与蔡元培、清华大学与梅贻琦、南开大学与张伯苓、浙江大学与竺可桢、金陵大学与陈裕光、金陵女子文理学院与吴贻芳等。

◆ 学生是教育的根本

马：从新中国成立开始，您一直在华中师大工作，1984年您被任命为华中师大校长。

章：我是被选举出来的。当时进行教育改革，教育部派人来主持选举，不记名投票，实际上是民意测验。

马：海选？

章：就是海选。选举完就把票收走了，后来就宣布我得票最多。学校里奇怪，我更奇怪，我当校长是历史的误会，我没有当过副校长，连系主任都没有做过，最大的"官"是教研室主任。我从来不想当校长，连系主任都不想当。我和教育部谈，当校长可以，但每周我要有两天的学术研究时间，不然我不干。教育部也答应我了。当然，后来一忙也顾不上学术研究了。那时候的经费没有现在这么多，发展不像现在这么快，办学条件很差，但是办学的大环境、办学的自主性比现在好得多。

马：您上任后面临的是一个怎样的情况？

章："文革"中学校糟蹋得不像样子，可以说是山河破碎、满目疮痍。在湖北省委主持的大会上，有人建议我在会上讲讲打气的话，描绘描绘宏伟蓝图。我没有准备，不知道说什么好，最后勉强讲了几句，我说"我宁可站着倒下去，也不躺着混下去"。就这两句话打动了学校的很多中层干部，他们说，本来对你没有信心，但这两句话我们听进去了。也有些人觉得章开沅肯定干不好，脾气不好，也没有行政经验。可是我当校长干得挺舒服的。政治我不在行，但有好意见我就吸收。我把大家的智慧集中起来形成一个目标，这个目标是看得见摸得着的，然后大家一起往前奔。一个校长有多大本事？就是要靠大家的积极性。

马：您是以一个学者的姿态而不是以官员的姿态来治校的。

章：说不上，我有自知之明。当时我在学校内部讲，华师是"党委领导下的副校长负责制"。为什么是副校长负责制？副校长比我能干，他们哪一个都做过很多行政工作，当然由他们负责。校长干什么？我协调他们，集中他们的智慧。

我做校长，与其说我是听上面的，还不如说我是听下面的。学生会主席都可以指导我，比如，我们举办大学生艺术节，这是武汉举办的第一个大学生艺术节，大部分工作都是研究生会协助校办做的，我没有起什么作用。

马：听上面的还是听下面的，这是一个问题。大学校长到底应该对谁负责，这至今是一个没有解决好的问题。

章：我认为大学校长更应该对学校负责、对学生负责、对老师负责，而不只是对上面负责。对学生负责，就要倾听学生的意见，所以我经常到学生食堂与学生一起进餐，与学生聊天。我给学生做报告一般不带讲稿，往往采用对话交流的形式，学生虽然听得兴趣盎然，但我自己唯恐口无遮拦而可能给他们以某些误导，所以还是时常提醒自己讲话要注意。

我一直主张"以生为本"，把学生看作是教育的根本。教育离开了学生还讲什么呢？我自己从来都认为老师要把自己的位置放正，把学生放到很重要的位置上。一句话，就是互相依存。没有学生就没有老师，说"学生是老师的衣食父母"这句话或许重了，但一定要把学生放到重要的位置上。首先要把学生当作一个人而不是当作一个物。现在讲管理，最大的问题在于用管物的方法来管人，用管物质生产的方法来管教育。教育最重要的是教化，而现在教育行政部门则是想尽种种办法来制定烦琐的制度和指标。我提出过这样的意见，有些人就讲，没有这套指标，我们如何去管理啊？指标是应该有的，但重要的是，指标要合乎人性，而不仅仅是合乎物性。用管理企业的办法甚至是生产流水线的办法来进行学校管理，这是不可取的。

◆ 我们现在还有大学精神吗？

马：1990年您卸去校长职务后到国外讲学，直到1994年才回国，那时国内的大学有什么变化吗？

章：我1990年到美国讲学，1994年回国。刚回来时还没有到现在这个地步，这十几年发展得太快了，变化也太大了。1980年代的高等教育基本上是正常发展的，尽管体制、教学、科研等方面的革新步履艰难。但20世纪90年代以后，"教育产业化"作为决策开始推行，仿佛高教一经形成规模宏大的支柱产业就可以财源滚滚，可以带动国民经济的发展。没有经过任何民主咨询，决策究竟有多少科学性也不得而知，1999年就从上而下仓促地敞开"扩招"大门，加上此前也是从上而下促成的高校大合并，一味追求扩展办学规模的浪潮开始形成了。

马：但是中国社会经济的迅速发展，难道不需要加速高等教育的发展，以及不需要高等教育向大众教育转型吗？

章：当然需要，但是无论从哪方面说，都不能以牺牲整体教育质量为代价，否则教育即令转化成了庞大的产业，但也只能沦为高成本、低效益和虚有其表的泡沫经济。不幸的是，高等教育开始进入新一轮"大跃进"，大学成为重灾区。紧接着又是在"跨越"号召下出现弥漫全国的"升级"热潮，中专升为大专，大专升为学院，学院升为大学，其实好多学校根本不具备升级条件。许多正规大学也不安于现有定位，甚至连"教学型与研究型"这样的双重身份都不满足，一定要往"研究型综合大学"蹿升，而已经具有"研究型综合大学"特殊身份的所谓"985"大学，又纷纷向"世界一流"挺进，真可谓有些热火朝天了。

大学内部的各系也不安于现有定位，纷纷争先把握这个千载难逢的"升级"良机，于是好多系、所上升为学院，个别系还分身为几个学院。有些研究所也不甘落后，自行提升为牌号甚大的研究院。某些"特大"大学由于下属学院太多，校领导管不过来，又在校、院之间设立"学部"，俨然泱泱大国气派。相形之下，原有许多系、所的地位则江河日下，往往自嘲为无非"教研室"而已。

马：那您认为在市场经济条件下，大学教育是否应该以市场为导向，或者您认为大学教育应该以什么为导向？

章：我不是绝对地反对"教育产业化"，只是反对把"教育产业化"作为最高的追求和目标。因为教育不完全是个产业，也不应该完全成为产业。教育在很大程度上还是一种国家事业，是人民的一种权利。我不赞成以"教育产业化"为导向，与其说是市场导向，还不如说是社会发展的需要，这样可能更好一些。你全拉入市场里去了，没有买的我就不卖，怎么可能这样子呢？教育有很多东西是不经过市场的，比如德育。市场的需要是经常变化的，今年有这样的变化，明年有那样的变化，但学校有自己相对的稳定性。一些是社会的基本需要，像这样的基础专业，不管市场需不需要，都是必须要办的。特别是像文、史、哲这样一些学科，关系着国民素质、民族素质，甚至于民族精神的健康的延续，这就不能说市场需要我就办，市场不需要我就不办；即使市场完全不需要，我也要办。

不要把市场需要看作是金科玉律，一切都要跟着市场转。教育要作为先导，不仅是世风的先导，而且还要作为社会改善的先导。现在就是过分强调了学校服务于市场、服务于社会，但没有想到这个社会是不是健全的。学校要参与改造社会，学校还要掌握社会最需要的导向。我总认为，大学不要自己把自己贬低了，变成了市场的雇佣、社会的跟班。现在问题就出在这地方。

马：您认为大学精神是什么？

章：我经常在想我们现在还有大学精神吗？今后大学精神的重建恐怕不是一两代人的真诚努力所能完成的。大学之光在于文化的积淀、精神的传承和学脉的延续。教育在任何时代都不能忽略前后传承与相对的稳定，因为教育本身具有人所共知的长期性与持续性的特点。教育必须适应社会的变迁，但是教育的发展又具有自己相对的独立性，有其绵延千年、衔接古今的内在规律。教育的个性在更多的时间里经常地表现为渐进式的积累以及作为其结果的"水到渠成"。对于一所大学来说,深厚的文化积淀、独立的大学精神、源远流长的学脉,正是其闪烁的大学之光,它照亮民族、照亮人类。

◆ 制度比校长更重要

马:现在当校长和20世纪80年代不一样了。

章:不一样。"文革"以前和"文革"期间,大学所受的是政治压力,种种的政治运动给你戴种种的政治帽子,比如"反革命"。现在没有了。但却是另一种压力,就是各种指标体系,各种各样的评审制,都是有含金量的。说到底其实就是金钱的压力。

马:与过去相比,现在的大学管理机构名目繁多,部门重叠,越来越像庞大而又复杂的官僚机构。

章:这与我们原先提倡的"精简、效率、效益"的革新目标背道而驰。现在大学的行政化已经很厉害,再加上商业化,问题很多。

马:您认为现在的大学缺失了哪些优良传统?

章:一个是传统文化的缺失。过去真正的民族精神没有传承下来。我们也学国学,但不是专门讲国学。过去大学一二年级读国文,"孔曰成仁,孟曰取义""读圣贤书所为何事?"这些都是很起作用的。现在这些都不讲了。一味地炒作国学,但却把真正构成民族脊梁的元素丢掉了。历史上每次炒作国学都是一次倒退,都是对新文化的一种反动。

另外,好的革命传统也没有继承下来,这是很可怕的。革命也有好传统,比如"延安精神"倡导的勤俭节约。你看我们现在连个信封都不愿意多用一点,纸也不愿两面用。再就是跟群众打成一片。我做校长的时候,我经常到食堂和学生一起吃饭,到学校理发店理个发,很愉快。师傅跟你聊天,小青年跟你开个玩笑。我在学校里走过来走过去,年轻人见了面就问好,很温馨。现在不一样了。

马:根本问题还是体制问题。

章:是的。好制度比好校长更为重要。比起好校长来,现在好制度更为缺失。强调大学校长在学校中的地位与作用,绝非提倡人治,更不是提倡家长制的独裁。对于大学来说,民主作风与学术自由具有同等重要的意义。每一个办学卓有成就的著名校长,大多具有较强的民主观念。至少是能逐步推行教授治校的,努力发挥教职员工的积极性。与个人资质相较而言,应该承认制度更为重要。任何优秀的校长总有自己的任期(或长或短)限制,但健全的行之有效的规章制度往往可以延续数十年。我在海外一些名校工作,深感规章制度相对稳定的重要,而严格遵守规章制度更为重要,我每到一所学校,开学伊始接受入校教育时间不过两个小时,主要是介绍学校重要的规章制度与自我维护权益。不像我们对新教职员工的岗前培训要花费3天乃至1周的时间,而且要花费很多时间"务虚"。我常爱说的一句话是,"铁打的营盘流水的兵"。校园譬如军营,师生如同士兵,教职工(包括校长)和学生一批一批地来了,又一批一批地走了,如同连绵不绝的流水,但名校如同铁打的营盘,历经世事沧桑而长盛不衰,靠的就是一套人人必须遵循的合理的制度,光靠校长自身的聪明才智是治理不好大学的。

马:现在大学里存在很多问题,您认为问题的根源在哪里?

章:首先需要反思我们的教育量化指标体系。现在量化指标体系太多,然后运用这些指标体系来进行非常烦琐的而且无处不在的评估,再然后就是评审、验收,一个还没有完一个又接着来了,闹得大学里面就不能安安静静地、平平顺顺地办好教学。教育要改革,一是要回归大学本位,一是要回归教育本位。

其次,大学自己也要反省。也不能说什么问题都是体制的、体系的问题,或者都是社会环境的不好影响了我们。我们自己干什么?大学是什么?大学本身就是一种道德精神力量,大学为什么这么容易受到社会的影响呢?尽管现在的主政者已把大学的定位从精英教育改为大众教育,但大学(特别是著名大学)就整体而言仍然是培养人才的最高学府。因此,大学校园内风气的败坏,乃是最可怕的败坏,因为这必将影响一代新人的健康成长。

社会良心主要在大学,人类文明危机的问题,一些社会沉沦的问题,都需要教育工作者匡谬扶正,形成强大的、正义的社会声音。大学要明辨是非,坚持正确的,反对错误的,以自身的良好行为体现道德规范。大学要以正确的舆论影响社会。

马:大学的自省很重要。教师不是孤立的人,他影响的是一批人,应该自觉注意自己的一言一行。

章:所以教育应该首先治疗自己,然后才能治疗社会,治疗全人类。

马:现在大学里存在各种学术抄袭的丑闻。

章:真正的学者要具有超越世俗的纯真与虔诚。工作对于他们来说,奉献更重于谋生,其终极目的则在于追求更高层次的真、善、美。唯有如此真说,才能不趋附,不媚俗,不出违心之言。我经常引用的一句诗是:"治学不为媚时语,独寻真知启后人。"要保持独立的学者人格,必须明确治史为求真,是为保存民族文化,学术不是求名求利的私器。现在一些学者在学术上的堕落、抄袭还不是主要的,学术品格的堕落,是更大的问题。凡是存在的都是有根据的,因为社会上一些不良的现象,就编造种种理论来稳固这些不合理的现象,这个比抄袭还可怕、还可恶。学风是世风的反映,学风又应成为世风的先导。学风随世风堕落,随波逐流乃至同流合污,是最可怕的事情。我是一个80多岁的老人,经历了半个世纪以上的沧桑。我一直提倡树立良好的学风,学风应该成为世风的先导。我支持和倡议用各种方式揭露大学里存在的不良现象。

马:学风问题越来越严重,已经到了非整治不可的时候了。

章:我不悲观,我不失望,我寄希望于青年。历史学家看过的东西太多了,经历的事情太多了,一个最重要的醒悟就是,各种事物特别是社会的发展都是经历过各种曲折、各种坎坷,甚至是大起大落的,但最后总是往前走的。我对这一点深信不疑。另外,虽然包括少数学者、人文学科的社会科学家在内,跟利益相结合了,他们用自己的学术工作来追逐私利,好像是可以显赫于一时,但他们不能持续于长久。一个人要有理想,要有抱负,要有自己的道德底线,要过好每一天,到临终盘点自己的时候可以说,我是清清白白的,那样才好。

◆ **回归大学主体,回归教育本性**

马:普通民众现在对大学很关注,对大学有诸多不满意的地方。

章:孔子说"知耻近乎勇"。大学本来应该是道德精神比较高的地方,但现在大学里边已经不怎么讲礼义廉耻了。我现在最担心的和最痛苦的在哪里?过去认为理所当然的事情,现在成为不正常的了;过去不正常的,现在却成为理所当然的了。过去我是国务院学位委员会历史学科第一、二届评议组成员、召集人,学位评议真是很严谨,而且大家都有个怪脾气,越来巴结、走动最勤的人越是上不去。有一位名校的党史专家就是通不过。

马:对于高教积弊,您认为该如何彻底整顿?

章:我认为首先要对教育本身有一个正确的认知。教育的对象是人而不是物,教育者与被教育者之间需要良性的互动,而不是单向的"灌输""塑造"。教育的起点与归宿都是爱,都是人性的完善与提升。所谓"以生为本",就是以人性为本。现今教育各方面的各项重大措施都名之为"工程",实际上是忘记了人性不同于物性。学校不是工厂,教育更不同于制造业的生产流程。说到底,教育是细致的教化,而不是简单的制作。

把教师比喻为"灵魂工程师"未必完全贴切,但教育的根本毕竟是人格的养成,这已经是人所共知的常识。积60年高教工作的亲身体验,我总觉得教育应该是慢工细活,教师更应像精心培育花木的园丁,必须按照植物的生长规律与季节的环境变化,循序渐进地从事本职工作,而最忌急于求成和揠苗助长。与其主观武断地通过行政命令推行一个紧接着一个的折腾大学师生的所谓的"创新"或"跨越",

倒不如让大学保持相对的安宁,也许顺乎自然的"萧规曹随",这比什么"开辟新纪元"之类的豪言壮举更有利于高教的发展。从历史上看,无论古今中外,成功的教育改革往往都表现为渐进式的积累以及作为其结果的"水到渠成"。

马:"文革"以前就搞过教育革命,但一事无成。

章:"文革"以前多次疾风骤雨式的群众运动,不仅未能实现"教育革命"的预期目标,反而严重损害了教育本身,特别是挫伤了众多师生员工的积极性。这个教训极为沉痛,我们应在新的历史条件下避免以新的形式重蹈覆辙。现在虽然不再有人公开侈言政治挂帅的群众运动,但是动辄以政府行为推行全国一盘棋的大举措,依然忽视教育的连续性与相对稳定性。政出多门而且朝令夕改,让许多大学无所适从。以前"教育革命"主要靠政治威权,现在却主要靠"利益驱动",以形形色色的各类"工程"与相应的"课""项目"经费促成"跨越"导向。同时,又拟定各种烦琐而脱离实际的指标体系与评审程序,大学被迫应付和顺从。

马:种种事实表明,在中国目前的教育管理体制下,大学的改革还有很长的路要走。

章:和国家面临的问题比起来,高等教育体制只是一个方面,只是病灶之一而已。在中国目前政治体制改革滞后于经济体制改革的情况下,只有靠党的领导。现在民主渠道比过去好一点,包括我们可以在网上发表一些不同的意见。不过,我们的力量还太小,声音太微弱,需要形成一种声音。现在已经证明了,正义的东西、正确的东西形成很大的声势后是会发挥作用的。

教育改革千头万绪,不容易改,也不能乱改,应该有步骤,但首先要有决心。如果大家都没有信心,那怎么改?我认为当务之急是两个回归:一是回归大学主体,一是回归教育本性。而关键肯先是体制改革,让大学独立自主地按照教育自身的规律来办好教育。我深信,大学应该把握自己的命运,大学必须自我完善,大学也能够自我完善。大学的希望在于大学自身！

## 十、教育之目的不是为了适应市场需求①

不能说现今人们不重视教育，从国家领导人到地方官员，从社会到家庭，几乎人人都在谈教育，关心教育，教育几乎成为随时可以听见的话题。也不能说现今教育没有发展，岂但有发展，而且是大发展，号称史无前例的"跨越式"发展。其规模之大、层次之高与速度之快，堪称举世瞩目。

然而，仍然有为数极为众多的人为教育犯愁。因为教育确实是已经生病，虽不能说"病入膏肓"，但也算得上疑难重症，问题成堆，盘根错节，整治匪易。概括起来，可能就是我们的教育不适应经济社会发展的要求，不适应国家对人才培养的要求。

但是，什么是"经济社会发展的要求"，什么是"国家对人才培养的要求"，这些本来就可以做不同的理解，即使是教育部门实施的各项重大举措，也都是以决策者对上述两种要求的认知为依据。而问题正出于他们认知的偏差。

厦门大学潘懋元教授曾说过："社会需求是多样的、复杂的，具有双重性。第一，在基本要求上，社会需要高校所培养的人才具有高度

---

① 章开沅：《教育之目的不是为了适应市场需求》，《中国青年报》，2014年9月24日第2版。

的责任感。第二，在具体要求上，社会需要高校的专业结构与社会的人才结构基本一致，大学生能充分就业。因此，高校在培养学生的过程中，若要满足社会需求，就不能抛开学生社会责任感的培养，而仅仅满足于找到一份工作。"

潘老的话大体上是明确的，但似乎言犹未尽，没有把问题点透。按照我的理解，并且用大白话来表达，就是目前的学校"重教书而轻育人"，没有真正把知识传授与品格陶冶密切融合在一起。这好像是学校的问题，老师的毛病，但归根到底还是因为主政者方针、政策乃至教育理念的缺失。对于某些主政者来说，所谓"社会需要"就是"市场需要"，所谓"人才结构"就是"就业结构"。"人才"现今已经沦落成为"人材"，才智之士已经降格成为材料资源，无非是金钱奴隶而已。

殊不知，市场只是社会的一个组成部分，而且是在一定历史条件下的产物。市场服务于社会，服从于社会合理发展的健康趋向，但不能也不应主导社会生活的整体，正如不能用无形的手完全取代"有形的手"一样。因此，教育固然需要适应市场需求并且经过市场调节，但教育并非仅仅服务于市场，而是服务于整个社会。从历史文化长河的绵延来看，教育可以延续到永远，而市场仅只存在于一定的历史阶段。教育应该比市场站得更高、看得更远，如果教育只能俯首帖耳听从"市场指令"，那才是教育的堕落、文明的悲哀。

而现今对教育的最大杀伤力，也正是作为市场原始驱动力的利润追逐，包括日益膨胀的个人利益谋求。金钱至上与急功近利的风气恶性迷漫于校园内外，学术腐败与贪污腐化已经成为败坏教育的罪恶之源。学风应该成为世风的先导，而现今的学风在某种程度与不良世风却是同流合污，许多热爱教育的有良知的教师，无不痛心疾首地感叹："校园已经不再是一片净土。"而各级教育管理部门用以评估和调教众多学校的那些层出不穷的所谓"指标体系"，更把"重量轻质""重科研轻教学"，乃至弄虚作假、浮夸成风等弊端，推展到极致。

就教育谈教育，是说不透当前教育问题症结的。必须超越教育，把教育与社会发展需要结合起来,特别是与人类文明危机结合起来,才能够把教育存在的根本问题看清说透。几年前,我参加以"两岸教育革新与发展——教育哲学与历史"为主题的研讨会,两岸专家学者进行切磋与交流,其中不乏真知灼见,对当前两岸都正在进行的教育改革工作都有借鉴意义。

会议主办者在"活动缘起"中指出:"面对多年来如火如荼展开的教育改革,现在应是一个厘清问题、策划未来的时刻,而教育学术界更有责任共同面对问题,对症下药。毕竟,教育改革是具有高度时代意义的工程,推动教育改革需要热情,更需要专业。若没有精密的诊断,将会事倍功半;如果没有全民的意识,建立由下而上的革新动力,则难以落实;行政体系的热忱,更须根据各种理论和实务加以推展,才能进退有据,进而致力于建立有效可行的教育改革机制,俾利长久运作。"

深愿全社会关心与呵护教育,教育是关系民族、关系人类千秋万代的大业,希望有更多的有志之士参与研究、讨论、试验、创新,共同谋求教育的兴利除弊、革故鼎新,开拓出持续健康发展的新局面。

## 第十五章

# 展望新世纪

## 一、与池田大作对话

2005年12月,我出访日本创价大学,与该校创始人池田大作晤谈。我们两人一见如故,从此便敞开心扉,就共同关心的人类问题展开对话。

池田大作是世界著名的思想家、哲学家、教育家、文学家、社会活动家、国际人道主义与和平主义者。他倡导"人间革命",即摆脱"自我中心",从人与人、人与自然甚至与宇宙的立场把握自己,同时提高自己的人格素养,尊重、关爱所有生命的"和谐""共生"与"创造"。自1972年以来,他先后与汤因比、佩西、鲍林、诺曼·卡曾斯、戈尔巴乔夫、常书鸿、金庸、季羡林等几十位各国政界、文化界、企业界、宗教界、学术界名流对话,广泛深入地探讨与人类生存息息相关的各种问题。

早在金陵大学就读时，我便修读王绳祖老师讲授的汤因比的《历史研究》，被其深刻的历史观深深吸引。1985年，我阅读了汤因比与池田大作的对话集，对两位先生百科全书般渊博的学识异常倾慕。2005年6月，时任华师校长的马敏访问创价大学，与池田大作先生晤谈，提议池田先生与我开展对话，池田先生欣然应允。同月，华师成立池田大作研究所，我出任名誉所长。经过一番准备和联络，最终促成该年12月13日双方正式对话的开始。

2006年10月，华师池田大作研究所与创价大学联合举办和谐世界与和谐社会——池田大作思想国际学术研讨会，我应邀出席，并发表《殊途而同归——我与池田先生的相遇与相知》的演讲，道出我们颇为相似的人生经历：都出生于家道中落的商人家庭，都在战争中坎坷成长，都曾少年辍学、在社会底层从事卑微劳动，二战后期都服过兵役却未上战场，都爱好文学，都敬仰孙中山、周恩来、汤因比等伟人，漫长人生道路上都曾得到良师的引导，也都曾为谋求人类和平、反对不义战争奔走呼号。2007年3月底，我应邀出席创价大学开学典礼，并再次与池田先生晤谈。其后，在长达1年多的时间里，我们两人穿越时空的阻隔，以通信方式畅谈历史、教育、人生、环境、资源、青年、服务民众、老龄化、民族、宗教、和平等诸多问题。

对话一开始，我们两人就都对史学价值予以高度认同。池田先生认为只有阅读历史、学习历史，人类的未来才有和平，才能胜利，才能走上正轨；我认为优秀的史学是文化的宝贵财富，是属于全人类的遗产，应该作为瑰宝流传千秋万代。谈及教育，我们都深感它是至高无上的"圣业"，强调良师为社会培育人才的重要性，"尊师重道"不仅是东方文明的传统美德，更应该成为全人类的美德；从事教育者要注重"教学相长"，要特别重视青年，要培养他们，真诚对待他们，与他们一同进步，促成"薪火相传"。针对老龄化及因此而带来的劳动人口减少、养老金、医疗保险等一系列社会问题,我们两人主张老年人要"老有所为",应多与年轻人交流,为培育年轻人服务,同时社会要尊老,为老人提供必要的保障体系,以求"老有所养""老有所乐"。

我们谈得较多的是中日友好。甲午战争之前,一衣带水的中日两国有着2000余年的友好交流历史,然而近代日本走上"脱亚入欧"的野蛮军国主义道路,对中国屡次横加侵略,使中国遭受巨大损失,日本自身也付出了惨重代价。追忆这段历史,我和池田先生都深刻认识到"和则两利,斗则两伤"的沉痛历史教训,主张两国要秉持正确的历史观,汲取历史经验教训,"求同存异",相互理解,相互尊重,相互信任,相互学习,保持睦邻友好,共同开创"和谐友好的亚洲"新局面。

面对21世纪科技急速发展引发的各类问题,我认为人类应该戒除贪欲,进行道德自律,而历史学家不应该保持沉默,更不应该无所作为,必须同社会各界有识之士一起,共同纠正现今文明的缺失,并且用自己的学术精品,用自己的智慧与热情,营造健康向上的、使人类免于继续沉沦的精神文明。池田先生以"人间革命"作为解决问题的出发点,认为要改变地球的命运,首先必须改变人类自身,"所有国家和地区必须自觉地为地球家族携手同心,从各方面通力合作,共同解决当今世界面临的各类问题"。展望22世纪,我们两个人都一致推崇孙中山"天下为公""世界大同"的理念,呼吁各国培养公民的"世界公民"意识,全人类超越国籍、民族、宗教等界限,共建"地球民族主义"。作为审慎的乐观主义者,我们都对人类美好的未来充满信心,并将希望寄予青年人。我呼吁青年人树立正确的人生观,加强历史使命感和社会责任感,"一定要树立走向光明未来的理想,坚持与黑暗、邪恶做斗争的决心、勇气、毅力与智慧";池田大作认为"青年与青年的交流,才是开辟崭新的友好大道的关键",他希望21世纪的青年能够架起国与国之间坚固而伟大的友好桥梁。

对话中，我特别强调史学智慧对人类未来生活的价值。我认为，历史不仅是对人类集体在过去发生某个事件、产生某种结果的记忆与记录，历史的重要意义在于记忆中蕴含的智慧。人类的智慧是集体记忆积累、升华后的产物。有了丰富的智慧，就能重新考察现在，就有可能正确开创未来。我也尤其强调历史学家的重大使命，那就是"要切实地教育和启发人类，告诉他们为了避免过去的悲剧重演，人类必须克服自己的贪欲、愤懑和愚昧"。池田先生对此深表赞同，认为"人类如果不学习历史的智慧，必定会为社会局势和个人情感所左右"，同时也认为我这些史学见解有助于他的"人间革命"的实现。

对话录的日文版以《人間勝利の春秋》为名，由日本株式会社第三文明社于2010年出版发行；中文版以《世纪的馈赠——章开沅与池田大作的对话》为名，由湖北人民出版社2011年4月出版。我俩的对话引起日中读者的强烈反响。曾在华师中国近代史研究所攻读博士学位的吉田咲纪，毕业回国后与其他8位毕业于创价大学的日本青年，分别撰写了对话录读后感，并以《中日友好——对话录读后感》为名编辑成册，在2012年8月邮寄给我。他们在读后感中表达了愿意为中日友好贡献自己力量的决心："今后，我重新决心作为创价大学及华中师范大学的毕业生，带着两位老师的心，在中日友好的大道上奋勇前进。""我在中国待了8年的时间，越了解中国越喜欢中国。我绝不会忘记像章老师、池田老师等中日友好的伟大先人，带着'饮水思源'的心态，感恩、报恩，努力推动下一代的中日友好！"……还有中国读者说："如果大家能运用这种历史的智慧去考察一切，那么历史就不会成为少数人的历史了。"①

---

① 张建智：《章开沅与池田大作的未来愿景——读〈世纪的馈赠：章开沅与池田大作的对话〉》，《华中师大报》，2012年1月10日第4版。

## 二、与青年共同走向光明未来①

**池田大作**：在此，我想请教章先生，您对21世纪以及22世纪的世界有何畅想呢？

**章开沅**：我是一个谨慎的乐观主义者。对于未来，我既不悲观，更非绝望。在我80多年的人生当中，我看到越来越多的人站出来反对霸权主义，反对战争；我看到越来越多的人寻求社会正义和社会公平；我看到越来越多的人不畏艰难险阻，对世界贫困地区进行救助；我看到越来越多的人成为热心的环保者，"保护环境、节约资源"已变成全人类的共识。众多的有识之士为此奉献生命的同时，我还看到以公益为目标的非政府组织层出不穷，日趋成熟并逐渐跨越国界。这些就是社会进步与人类文明的最终希望。

池田先生带领的创价学会就是希望的象征。创价学会的各位怀抱一颗对人类广博慈爱的心，为和平友好不懈努力。对人类和世界而言，创价学会是无可替代的瑰宝。创价学会今后一定会得到更好的发展。因此，我确信22世纪的世界一定比现在更加美好。当然，人类文明痼疾已经根深蒂固，绝非一两个世纪之内就能彻底化解，还得要有好几代人锲而不舍的持续奋斗。

**池田大作**：感谢您对我们的热烈期待。章先生对未来的坚定畅

---

① 章开沅、池田大作：《世纪的馈赠：章开沅与池田大作的对话》，武汉：湖北人民出版社，2011年，第160—162页。

想，一定会让很多年轻人受到鼓舞。

我和章先生一样，也是乐观主义者。法国著名哲学家阿兰有一句名言："悲观主义者属于情绪，乐观主义者属于意志。"甘地也曾说："我始终是个乐观主义者，这是因为我抱着一个坚定的信念——最后正义一定会繁盛——这是无须证明的。"我也坚信，这种有信念的乐观主义才是创造美好未来的原动力。

正如您指出的，如今，历史的潮水正朝着和平的方向、共生的方向奔流，当然，这是历史的潮流。随着交通、通信的不断发展，"全球一体化"意识正在逐渐发展，今后的全球化将使强权大国主义、本国中心主义再无立足之地。同时，"政治力量论"和经济"利害论"横行的"弱肉强食"的世界也已经走到尽头。我认为，唯有"文化之道""对话之道""地球公民的大道""人间革命的王道"才能从根本上引导人类走向和平、和谐与共生的道路。

肩负未来重任的青年的心中怀有的希望、勇气、信念和智慧，都将决定未来的命运。为此，我多年来一直把所有心血都灌注在教育事业上，信任青年，培养青年，因为，必须信任他们。我希望今后还能与章先生一起，勇敢开创人性教育的道路。

我们的对话已近尾声，请章先生寄语青年。

章开沅：很高兴能与池田先生共享对青年的热诚期盼。中国近代思想家章太炎曾说："善亦俱进，恶亦俱进。"意思是，正义的力量愈强，邪恶的势力也随之愈强。在全球化市场经济高度发展的今天，追求个人利益作为人类本能的驱动力，可引人为善，也可引人为恶。因此，实现和谐社会、和谐世界，仍需要一个漫长艰险的过程，而自然环境的恶化趋势仍然难以迅速遏止。

不过，历史毕竟是人类自己创造出来的。只要有志为善之人团结起来，共同奋斗，总会促进历史向好的方向发展。重要的是"勿以善小而不为",个人为善之力虽小,但绝不能放弃为善而战。任何的犹豫和旁观都会助长邪恶与黑暗的气焰。如果将众人为善之心聚集起来,并有效运用,那么这股力量将会变成翻天覆地的巨大能量。因此,我要对青年说:"一定要树立走向光明未来的理想,坚持与黑暗、邪恶做斗争的决心、勇气、毅力与智慧。"我希望未来的青年能够确立正确的人生观,不断加强自身的历史使命感和社会责任感,以更高的精神境界推动社会进步。

池田大作:章先生的这番鼓励对青年来说非常重要,所有青年都应当铭记于心。

唯有不懈奋斗的人生,才是伟大的人生。佛法阐释,在任何社会、任何时代,佛与魔、善与恶的对抗永无休止。同时,佛法明示,人要达到认识"大我",充满慈爱、智慧和勇气的崇高的生命境界,就必定要与"三障四魔"等各种魔障相抗争。只有不畏艰难、战胜魔障的人的心中才会升起和平、幸福的人间革命的旭日。因此日莲大圣人有言:"面对三障四魔,资者喜之,而愚者怯之。我相信肩负创造21世纪、开启22世纪重任的青年们一定能在'贤者之路'上勇敢前行。"

能与尊敬的章先生交心对话,我感到万分高兴。衷心感谢您1年来的支持。

章开沅:哪里,应该是我向池田先生表示由衷的感谢。池田先生是伟大的"对话之王",您超越了国家、民族、宗教和意识形态,在世界各地展开了大量成功的对话。您通过对话的形式,成就了一项伟大事业,您把人与人联系到一起,并使大家共同提高、共同努力构筑和平、和谐的世界。池田先生对人类的贡献,是人类史上的光辉壮举。能与池田先生展开一系列的对话,是我晚年一大幸事,实在感激不尽。

## 三、一群志同道合的师友

"独学而无友,则孤陋而寡闻",术业有成者必有一群志同道合的师友相互砥砺、共同进步,我也不例外。在半个多世纪的学术生涯中,我秉持"相见以诚""言必信,行必果"这一原则,与海内外众多人士结下终生不渝的友谊。

我交游广泛,既有杨东莼、刘大年、黎澍等前辈耆宿,也有戴逸、李时岳、林增平、王庆成、罗荣渠、金冲及、胡绳武、隗瀛涛、吴雁南等同辈精英。即便对于活跃于当代学界的一批中青年学者,我也从不摆老师的架子,与他们平等交流,结为知心朋友。

在这些大陆友人中,与我相知最深、合作甚密的同辈学者当属林增平。我与林增平相识于1961年的武昌纪念辛亥革命50周年学术研讨会,但会后并无来往。"文革"期间两人在各自学校都被重点批斗,虽偶有相遇,但未敢叙谈。1976年大型学术专著《辛亥革命史》的编纂为两人提供了亲密合作的机会,在相互问难与探讨中友情与日俱增,"林章配"遂成为海内外学界的佳话。随后我们共同创建辛亥革命史研究会,合作编辑《辛亥革命史丛刊》,合作举办一系列辛亥革命史学术研讨会,乃至合作培养青年教师和博士生等。

我们的合作获得了丰厚的回报,正如我在一篇文章中所说:"两湖地区年轻一代中国史学者群体的崛起,也渗透着我们两人的心血与精力。可以毫不夸张地说,我们合作的成效,在某种程度上已经辐射到全国,其影响且已为众多海内外同行学者所认知。"可惜林增平先生在1992年匆促辞世,给学界留下永远的遗憾,也引起我无限的感伤和长久的缅怀。我与林增平的学术观点、治学方法、表述风格并不完全一致，之所以能在合作上取得诸多成效，缘于我们"在长期的合作中，却能互相尊重，互相包容，求大同而存小异，有争论而不伤和气，所谓和而不同是也"。

我晚年投身中国教会大学史研究，突破了中国研究基督教的长期禁区，在推动这一领域向前发展的过程中，我与中国两岸四地的很多学者结下了深厚的友谊，特别是与台湾著名基督教学者、中原大学林治平教授的交往，从20世纪90年代一直延续至今。我们两人因共同的研究旨趣而相识于台湾，虽然信仰不同，但相互尊重，鸿雁往来，切磋学术，友情甚笃。我和林治平都属虎，但年龄相差一轮，所以互称"虎兄虎弟"，连林治平夫人、著名作家张晓风都自称"虎妹"。醇厚的友谊并未影响我们两人学术观点的争鸣。林治平对我开拓基督教史研究的气魄颇为钦佩，曾用"从险学到显学"一语来概括我在大陆的贡献。我不赞同这一说法，曾在一次学术会议上说："中国基督教研究在目前的情势中依然限制重重、困难甚多，离显学还有一大段路要走。"林治平办有《宇宙光》杂志，每出新刊，必在第一时间寄赠给我，而我也会给他寄赠自己的新著。我俩之间的友谊还促使各自所在的两所大学成为友好学校，林治平曾多次带领中原大学师生来到华中师范大学参加"荆楚文化夏令营"活动，这个活动成为每年两校交流的保留项目。此外，我们夫妇于1993年至1994年在台湾讲学期间，与政治大学近代史研究所蒋永敬、胡春惠、张哲郎、李国祁等知名学者夫妇也都结成莫逆之交。

日本方面，小野川秀美、岛田虔次、野泽丰、田中正俊、小岛淑男、狭间直树、久保田文次、藤冈喜久男、陈来幸、容应萸、宫崎蕗苓、东史郎、加藤实、松冈环、池田大作、涩泽雅英等日本学界和社会名人，均是我的至交，其中我与野泽丰的交往更为密切。野泽丰是东京辛亥革命研究会的创始人，推动中日学术交流的先行者，曾自费出版研究中国近现代史的《近邻》杂志。1979年初次见面时，双方就为彼此的直率所吸引。1993年8月,我们夫妇本应去台湾政治大学访学,却因签证问题而滞留东京。野泽丰慷慨相助,热情邀请我们入住他在骏河台大学的宿舍,长达两个月。虽然双方语言不通,但我们每天都可以通过在纸条上写汉字来交流,我至今还保存着一些我们当时日常生活沟通和进行学术探讨的一些纸条。野泽丰夫妇的热情、纯朴和善良使我们夫妇感到亲人般的温暖。离别前一天,野泽丰夫妇烹制了丰盛晚餐为我们饯行。此后,野泽丰每年仍旧给我寄送《近邻》杂志,并且两人多次在国际会议上重逢,交流新知。1997年,野泽丰用300万日元在华师历史文化学院设立"野泽丰奖学金",奖掖青年学者,并不顾高龄先后4次到校为学生颁奖。此外,野泽丰还曾向我创办的中国近代史研究所捐赠大批书籍。2010年底,我们夫妇赴日本与会时突闻野泽丰先生因病逝世的噩耗,悲痛不已。回国后,由夫人黄怀玉执笔,撰文回忆了我们与野泽丰夫妇温馨相处的点点滴滴,深切地表示:"野泽丰夫妇是我们的楷模,值得我们永远怀念!"2011年10月,纪念辛亥革命100周年国际学术研讨会在武昌东湖宾馆举行,在我的提议下,与会10余位中日学者举行了野泽丰先生的追思会。

韩国方面,我与闵斗基及其众多弟子结下深厚友情。闵斗基是韩国史学大家,曾培养出一批优秀弟子,我称他们为"闵家军"。1981年11月,我与闵斗基在东京纪念辛亥革命70周年学术会议上相识,两人一见如故,做了推心置腹的长谈。虽然中韩两国政府尚未结束敌对状态,但我们两个异国学者却从此建立了深厚友谊,而且每有佳作问世,必会相互寄赠。1986年10月,我们两人在新加坡纪念孙中山诞辰120周年国际研讨会上重逢。闵斗基殷切提出到中国从事研究的愿望,得到了我的赞同。在我和其他中国学者的热心帮助下,闵斗基得以实现以私人身份来华访学的梦想。闵斗基还与其他韩国学者共同策划了中国现代史料研讨会,以庆祝辛亥革命80周年。这次会议于1991年6月在国立汉城大学举办,我和骆宝善、张宪文三位中国学者应邀参加。这是"二战"后中韩学术界首次高规格交流,并成为两国即将正式建交的先兆之一。此后,中韩两国正式建交,我与闵斗基得以频繁到对方国家进行学术互访,为推动中韩学术交流贡献更多力量。2000年,闵斗基教授与世长辞,他的夫人将其遗著《与时间竞争——东亚细亚近现代史论集》寄赠给我。2002年8月,我们夫妇利用到汉城(今首尔)参加国际研讨会的余暇,专程看望闵斗基夫人,共叙昔日友谊,一时传为美谈。

欧美方面,我与刘广京、鲁珍晞、余英时、柯白、陈志让、唐德刚、高宗鲁、李又宁、居蜜、周锡瑞、邵子平、李绍昆、白吉尔、巴士蒂、韩柯等一大批学人建立了长久友谊。比如鲁珍晞教授,她与我都曾受业于贝德士,又共同从事和继续着贝德士生前的遗业——《基督徒奋进在华五十年》的学术研究,除探讨学术外,每年还通过信函交流各自的生活和研究情况。2002年,鲁珍晞应邀担任章开沅基金第一任学术讲座教授,我亲自迎接这位老朋友的到来,到招待所了解鲁珍晞夫妇的住宿情况,并且主持了讲座。再如中国近代史研究专家周锡瑞教授,1992年至1993年我在加州大学圣地亚哥分校访学期间,双方共同为学生开设课程,相互切磋。还有法国当代中国研究创始人之一白吉尔教授,她与我在关于资产阶级等问题的探讨中成为求同存异的知心朋友和学术伙伴。白吉尔曾花费大量时间、精力和财力,从法国外交部档案和陆军部历史处档案中复印了大批珍贵的辛亥革命史料,全部赠予我及《辛亥革命史》编写组……类似的学术交流不胜枚举。这种交流除推进双方的学术发展外,也促进了中外文化交流。正如我与法兰西科学院院士巴士蒂的交往,被法国驻汉总领事赞誉为"中法文化交流的一个典范"。

"得一知己,死而无憾。"正是因为拥有如此众多相知甚深、合作甚密的海内外友人,我的内心经常洋溢着幸福感。关于我们夫妇俩与海内外友人的情缘,我曾在一篇文章中这样写道:

> 我们不善交际,也不爱交际。但一生所到之处,多有善良人士为同学、同事、邻居乃至成为好友。从小到大,得他人

帮助甚多；每遇患难，有挚友相濡以沫。此为极大幸福，深情厚谊，铭记心头。

改革开放之后，我们走出国门，交友圈更为扩大，无论是中国的香港、台湾，还是海外的日本、北美、欧洲、澳洲各地，我们都有许多相知甚深，交往密切的友人，亲如一家，生死不渝。

我们与这些朋友，不仅有密切的学术交流与合作研究，而且有共同的社会善举，如维护南京大屠杀历史真相，促进中外学术交流，设立高级学术讲座，奖掖青年学者成长，等等。我们都是真诚的国际主义者，我们的一切努力都着眼于人类的友好相处与祥和幸福。

## 四、最好的养生之道

2011年是辛亥革命100周年，作为在辛亥革命史研究园地耕耘近60年的资深学者，我早在2010年就开始忙碌起来。

我率先呼吁海峡两岸在武汉为辛亥百年"庆生"，因为正是武昌起义的枪声促成了清政府的终结。如何纪念？我认为不能为了纪念而纪念，不要使纪念承载过多与辛亥革命无关的东西，如扩大商机、表现地方官的政绩等，更不能把纪念办成一个"嘉年华"，使它沦为盛世装点。最好的纪念应是海峡两岸放下党派分歧，吸取辛亥革命的经验教训，扎扎实实做一些有利于民生的实事，如深入进行学术研究、加强遗址保护、建设辛亥百年纪念网站等。我还提出，不仅要纪念起义的"第一枪"，更要纪念走向共和的"第一步"，要盘点辛亥革命在过去100年中的贡献和影响，以及辛亥革命的现实意义。

刚刚进入 2011 年,我就在一次会上自我调侃说:"辛亥百年还没有到,我已被消费得差不多了。"同事和家人都希望我减少一点活动,多些休息。但对于来自四面八方的盛情相约,我总是不忍拒绝。这一年,我接受了海内外数十家重要媒体的采访,如新华社、《人民日报》、中央电视台、东方卫视、湖北卫视、凤凰卫视、台湾中天电视、日本广播协会(NHK)、朝日新闻社、韩国《朝鲜新闻》等。每次采访,我都谈得饶有兴味;每次记者发来采访稿后,我都悉心阅览或校改。

这一年,我也频频应邀出席海内外的辛亥革命学术研讨会以及相关庆典活动。1月在香港中文大学、香港大学演讲《百年锐于千载——辛亥百年反思》和《理想与现实——孙中山的亚洲梦》;4月在韩国新罗大学、韩国国会图书馆演讲《辛亥革命与亚洲的未来》和《辛亥革命与今日中国》;5月在华师为辛亥革命百年纪念讲座做开幕演讲;6月在中山大学演讲《辛亥革命研究的省思》,在香港中央图书馆演讲辛亥百年;7月中旬在北京国家图书馆古籍馆为中央部级领导干部演讲《辛亥革命百年反思》;10月,迎接来校访问的韩国"亚洲论坛"学术社团,出席该团与华师中国近代史研究所合办的辛亥革命百年纪念高峰座谈会并致辞……频繁地演讲,我的声音几近嘶哑,但稍做调适之后,我又精神抖擞地投入新一轮的紧张工作中,许多校内外人士都慨叹我昂扬的精神风貌。

在这难遇的"百年",我更多的是对历史延续性与复杂性的深刻思考,讲得最多的话题是"三个 100 年":辛亥革命前的 100 年,是孙中山革命思想和革命纲领酝酿和形成的时期;推翻帝制到当今的 100 年,特征是辛亥革命后的中国社会变迁与发展;从现在到未来的 100 年,昭示出中国乃至世界的发展走向。只有纵观这前后 300 年,才能相对准确地认知辛亥革命的历史地位与深远影响。

从历史延续性来说,我强调除了关注事件本身外,还要注意事件的前因后果,尤其是对未来的长期影响,以及后继者当如何从事件中吸取经验教训。我指出:"从历史的广角镜来看,辛亥革命开辟的走向共和之路,至今我们继续在走。我们不能把眼光局限于革命,共和的追求不仅限于革命,更多的还得靠后继者的锲而不舍地追求与实践。"因此我主张放大眼界,把两岸四地作为一个整体,来研究辛亥革命以来的中国民主进程。就历史的复杂性而言,我认为历史不是一眼就可以看清真相,需要做长时期与多维度的整体考察。比如"共和国观念从此深入人心"这类提法过于笼统、抽象,实际上,对于众多草根民众来说,远远谈不上深入人心,即便肤浅理解已难能可贵。因此,要全面客观地认识辛亥革命,讲透正反两方面因素,不能无限度地溢美。

我尤其关注第三个100年,提出:"要扩大视野,把中国置于全球化及至整个人类文明走向的大背景中来考察。要勇于面对当今及今后中国乃至整个人类面临的新问题,特别是在多极化国际新格局中的和平发展与大国责任。"同时,我希望世界各国人民从辛亥革命中吸取历史经验教训,保护环境,珍惜资源,和平共处,携手共进,共享文明福祉和幸福新世界。

针对近年来部分学者贬低、丑化孙中山的倾向,我也发出了自己的呼声,主张"设身处地""知人论世",客观评价孙中山的功过。孙中山并非十全十美,他也犯过不少错误,甚至有过严重过失,如始终坚持海外"输入式"的少数志士潜入沿海城镇举义的僵化模式,导致1911年春黄花岗起义失败。但是孙中山提出的"三民主义",对当今政治体制建设仍具有借鉴意义。他晚年关于世界主义,特别是世界主义与民族主义之间关系的思考,对当今国际关系的处理具有重要参考价值。在我心目中,孙中山"应该是近代中国最高层政治领袖中堪称'世界公民'的第一人"。

辛亥百年临近,很多相关著作问世,一些作者纷纷请我作序。我虽戏称"文债累累",但都如约完成,如《宫崎滔天家藏——来自日本的中国革命文献》《辛亥革命图史》《辛亥革命史事长编》《辛亥革命百年纪念文库》等。其中《辛亥革命百年纪念文库》是华师中国近代史研究所与广东省社科院孙中山研究所共同策划的大型丛书,被誉为辛亥百年纪念的厚重献礼,我不仅做了总序,还提出了编撰建议。同时,我对《辛亥革命史》三卷本的全面修订再版也付出诸多心血。此外,我还为社会各界辛亥纪念活动提供咨询和建议,如湖北和广东等地的辛亥纪念庆典、辛亥革命题材的动漫影视创作、武汉辛亥革命博物馆展览、鄂军都督府的复原等。而且,我还接待了多位辛亥志士后裔和辛亥历史爱好者,并为首义中学、辛亥革命纪念园等单位题词。

面对如此多的活动,我毫无厌倦和无奈的情绪,我认为能够忙起来那说明我这个老人活得还有点价值,忙也是一种休息。我心中还有一个愿望,那就是建立一所与辛亥革命有关的首义大学,以便辛亥革命研究的资深学者可以继续从事研究,从而把"敢为天下先"的首义精神传承下去。

最近几年,因为已步入高龄且精力有限,我每年招收博士生的名额较以前减少,保持在2~3名,学生大多从事基督教史研究。对于这些学生,我常常深感愧疚:"自己这几年都很忙,很多校内外安排的活动都推不掉,反倒和学生接触的时间减少了。"为此,我总会叮嘱学生有困惑就与我联系,只要学生前来求教,我必定耐心给予指导;对于他们的论文写作,我也记挂在怀,每每发现与哪位学生研究课题相关的资料,都会欣喜万分,立即相告;等学生呈上论文后,我常常悉心阅读,提出中肯的建议。

我把与学生面对面的平等交流视为最好的养生之道。2010年,中国教会大学史研究中心几位即将毕业离校的学生在资料室聚会,畅叙昔日友情与校园生活,这一幕刚好被我碰到。我乐呵呵地问:"你们在谈什么啊,我很久都没跟这么多年轻人聊天了,要不我也加入进来吧。"接着,我亲切地讲述了年轻时浪迹川江的经历,说:"正是因为那时的艰苦,才使得我的身体得到了锻炼,不会因为湿气、冷气使腿脚不舒服。你们看,我现在一大把年纪,仍能提油米走上四楼……当然,我并未觉得自己有多伟大,只是我比别人经得起事。人的一生要经历很多大大小小的困难,没什么困难是过不去的,一切要向前看。"对于未毕业的学生,我说:"你们要努力,我自己现在已没用了,但我给你们加油!""要经得起事""给你们加油",成了我对教会大学史研究中心历届学子的谆谆教诲和鼓励。

我最喜欢那些朝气蓬勃的本科生,常常说"我一见本科生就疯了"。自1984年担任华师校长后,我虽然不再为本科生授课,但时刻关心他们的健康成长。1994年自海外回国后直至2005年,几乎每年新学年开学时,我都不顾高龄,为入学新生做一场演讲,我的演讲作为大学的第一堂课永记在学生的心中。对于当今一些大学生出现的沉迷网络、社会责任感缺乏等现象,我呼吁社会、学校和家长不要一味地指责,因为"年轻总是与错误相随"。我主张首先应该改革当前已经生病的教育体制,而家长不要总以自己的成就去设定孩子的未来。此外,我还以自己的大学学习经历与人生感悟——"做人要固守自己的道德底线,清清白白度过每一天,反对黑暗,追求光明",来勉励当今大学生珍惜大学时光,不要在学校与专业上总是"这山望着那山高",要少埋怨些环境,多要求些自己,并且要学会理性的独立判断,千万不要人云亦云、随波逐流。2007年,湖南省益阳市一位高考生给我写了一封信,诉说了学校急功近利的教育方式给学生造成的负面影响。我认真诚恳地给予回复,勉励她不要受环境影响,要经得起任何挫折与挑战,把命运掌握在自己手中。

生命不息,研究、写作不止。对于张謇研究,我虽然因身体原因于2002年宣布告别,但却又无法放下,我以"拉拉队员"自命,勉励从事张謇研究的学者能够"用张謇的精神研究张謇,以严谨的研究发扬张謇精神",从而"把张謇研究提升到更高境界"。2011年6月,我应邀到香港浸会大学参加基督教史研讨会,会上我宣布无法告别基督教史研究,因为众多学人对我寄予希望,业师贝德士教授的未竟事业——《基督徒奋进在华五十年》也需要我。同样,我也无法告别南京大屠杀研究,因为"正义与邪恶的斗争仍未终止""日本右翼分子仍在这个问题上攻击我们,攻击我的老师贝德士"。此外,鉴于《南京大屠杀的历史见证》出版时比较仓促,其中有些遗漏和不成熟之处,我一直深感遗憾,打算在接下来的时间里把它修订再版,并与同事计划推出贝德士文献系列书籍。忙碌之余,我还在撰写《国学人生与人生国学》,还在不断地接受校内外学者的邀约,为他们写稿或撰序……

## 五、我的人生追求[①]

尽管我年轻时曾有种种浪漫的幻想和不切实际的抱负,但却命中注定只能当一辈子教师。不过,我欢喜教师这个职业,我欢喜学生,学生也欢喜我,这就是最大的幸福。古语云,人生得一知己,死而无憾。我有那么多理解、信任、欢喜我的学生,遍及国内和海外,对于我这样的凡夫俗子来说,已经足以自慰了。

我对于以豪言壮语装点起来的伟大空话历来非常讨厌,更不满于有些人常常把史学变成政治的婢女。我与楚图南先生素不相识,也从未参观过戴震纪念馆,但却非常欣赏楚老先生为该馆题诗中的两句:"治学不为媚时语,独寻真知启后人。"20世纪80年代以来,我经常以此自勉并鼓励自己的学生。我认为,史学应该保持自己独立的科学品格,史学家应该保持自己独立的学者人格。无论在政治压力还是金钱诱惑之下,都不能忘记这个根本。优秀的史学是文化瑰宝,应该属于全人类,而且可以流传于千秋万载,这就是有些真正的学者所追求的永恒。尽管史学在社会上受到冷落,甚至还不免受到某些无知的干扰,但历史学者不应妄自菲薄,必须保持学者的尊严与良

---

① 章开沅:《章开沅文集·第8卷》,武汉:华中师范大学出版社,2015年,第14—16页。

知,以自己高品位的学术成果争取社会的理解和支持。我深信,除非是史学自己毁灭自己,只要还有一个真正的史学家存在,史学就绝对不会灭亡。何况当今真正的史学家绝不止一个,而是一批乃至一大批。勇敢地迎接权势与金钱的挑战吧,史学与史学家们!

我一向关心青年学者的成长,把他们视为希望之所在。但我从来不敢以"人梯"自喻,因为我缺乏应有的学术高度,一部分是由于丧失的时间太多和思维的空间有限,一部分是由于自己的少年失学与勤奋不足。时下流行的"人梯"之说已失原意,常见平庸之辈也高唱"甘当人梯",使人未免啼笑皆非。"人梯"之说大概是由牛顿的名言引申而来,然而牛顿的原话是:"我之所以比别人看得远些,是因为我站在巨人的肩膀之上。"试问,如果是站在侏儒的肩膀上,难道也能看得比别人更远吗?人云亦云,不求甚解,随波逐流,大抵如此。当然,我并非贬抑一般长者扶掖青年的热情,因为"甘当人梯"毕竟比"踩着别人肩膀往上爬"高尚得多,至少是有益无害。我在这里只不过是从更高的学术标准出发,同时也结合自己的切身体会,说明"人梯"自有严格含义,并非人人可当,正如"大师""人师"的称号也非人人都可以领受一样。至于我个人的志愿,无非是甘当铺路石子,让青年学者成长的道路稍为平坦一点,可以比我们前进得更快更远。有一个深夜我忽发奇想,觉得自己的一生好像一只忙忙碌碌的老鸡,成天到处啄啄扒扒,如发现什么谷粒、昆虫之类,便招呼小鸡前来"会餐"。1979年在东京大学搜集宫崎滔天和梅屋庄吉的档案文献,1980年在苏州市档案馆勘察苏州商会档案的史料价值,1991年在耶鲁大学神学院图书馆检阅中国教会大学史档案的收藏状况,都为本所中青年教师的学术成长起了若干导引作用。而经过他们不懈的协同努力,便开辟了商会史研究、教会大学史研究等新领域。这正是我感到聊以自慰之处。

真正的学术应是全人类的公器,真正的史学其价值必然超越国界而为世界所认同。为了史学的国际化,包括把外国优秀史学介绍进来,把本国优秀史学介绍出去,国际学术交流是历史学家义不容辞的责任。从1979年开始,我有幸在这方面参与了大量工作,不仅加强了中外史学的交流,而且增进了中国学者和外国学者之间的了解与友谊。至今,我们历史研究所与日本、美国有些著名研究所的交流与友谊已经延续到第三代人了,与我国香港、台湾地区有些学术重镇的交流与友谊也正在向中、新生代延伸。同时,在旅居海外期间,我又与在外国留学或任教的众多中国年轻学人建立了广泛的联系,为他们的学业成长与回报祖国多少也做了一些力所能及的工作。当我离开耶鲁大学时,该校两岸学会的王宏欣同学即席赠诗:"桃李满天下,文章鬼神惊。讲学广会友,寻道每怀情。侃侃谈国事,谆谆励后生。男儿轻聚散,唯愿海河清。"诗中虽有溢美之语,但其恳挚之情确实使我深受感动。40多年来,无论课内课外,校内校外,国内国外,我为年轻一代历史学者的成长,耗费了不少精力与时间,对自己的著述或多或少有些影响,但我永远无怨无悔,因为学术的小我只有汇入学术的大我才能进入永恒。

总而言之,为造就青年学者开路,为发展学术交流搭桥,这就是我的人生追求。

## 六、南京大屠杀的历史见证

1937年12月13日,日军攻陷中国南京,在南京城内外进行了惨绝人寰的大规模屠杀,时间长达6个星期之久,这就是震惊中外的南京大屠杀。战争结束后,日本右翼势力对这段历史始终不予承认,到了20世纪80年代,他们日益猖獗,竟然公然发表否认南京大屠杀的言论。日本右翼势力的丑恶行径,引起海内外许多爱国人士的愤慨,他们通过各种方式维护历史真实,捍卫祖国的尊严。1988年,我应邀赴美参加中国民主运动史国际学术研讨会,在一次会议休息时间,唐德刚、邵子平等友人提出成立对日索赔会,并且当场召集发起人签名活动。作为祖国大陆学者的唯一代表,我毅然提笔签名。旅美华裔女作家丛甦在一旁笑问:"你敢签吗?"我也笑着回答:"死且不惧,何况签名乎?"

会后,我前往耶鲁大学神学院图书馆,在该馆珍藏的贝德士文献中发现了一大批"南京安全区国际委员会"的档案,包括该会来往公文及其许多成员的私人信件、日记、备忘录、文稿等。我当即意识到这批档案是研究南京大屠杀弥足珍贵的原始资料。在粗略检阅这批资料后,我对贝德士有了更深的了解,被贝德士和"南京帮"置生死于度外、大无畏救助中国难民的精神深深震撼,深感这群外国友人的英勇事迹应该永远镌刻在中国的史册上。我也被贝德士"给人类以慈悲,给全球以和平"这句话所深深感动。同时,这些资料也将我的记忆拉回到青少年时期,日本帝国主义的血腥侵略迫使我们一家西迁,颠沛流离。1946年我辗转回乡与离别八载的祖父相聚时,祖父一句"乱世人不如太平犬"的喟叹道出不少家族的辛酸和痛苦。可此时的日本右翼势力仍在大肆宣扬南京大屠杀虚构论,试图篡改历史。作为战争的亲历者,作为受害最为深重的国家的公民,作为一名历史学者,我无法容忍"血写的历史"被掩埋。年近古稀的我决心从事南京大屠杀研究,还原历史真相。

但是,因为时间仓促,加之校务牵挂,我未及详细阅读这批文献。1991年7月,我受到耶鲁大学历史系邀请并获得鲁斯基金会的资助,专程前往该校神学院图书馆潜心系统阅读贝德士文献。这部文献共131盒,1162卷,涉及内容广泛,关于南京大屠杀的资料并不集中,而且很多是手写体,增加了查阅的难度。为了方便查阅,我与妻子黄怀玉就住在靠近神学院图书馆的学生宿舍。我在图书馆特藏室档案堆里泡了整整8个月,经逐卷查阅,从中整理复印了1000多页有关南京大屠杀的珍贵史料,记录并翻译的资料有厚厚的四五本笔记。但是因为不分昼夜地埋头于故纸堆,一边看,一边翻译,一边做笔记,我之后为此付出了沉重代价:右眼视力陡然下降至 0.06,近乎失明。

1994 年春,我结束海外之旅返回武汉,开始对手中资料初步加以清理归类,为进一步研究做必要的准备。同年 10 月,应湖北人民出版社邀约,我很快写成《南京大屠杀的历史见证》一书,并于次年 7 月出版。我在书中对贝德士文献做了初步介绍,并以此为依托,向读者展示了南京大屠杀的真实面目,尤其是贝德士等一批美国传教士生死与共、无私救援 20 多万难民的英勇事迹。1995 年,应香港三联书店邀约,我与旅美华裔女导演汤美如合作,编译出版了《南京:一九三七年十一月至一九三八年五月》。此书图文并茂,收录了我和谭道平、罗慕士(美国)、洞富雄(日本)等学者的相关文章,以及贝德士等美国传教士对南京大屠杀的真实记录;也收录了亲历南京大屠杀的两个中国人的叙说,以及汤美如的电影摄制组两次在日本采访退伍军人、前情报员等的记录。

这两本书均在抗日战争胜利 50 周年之际问世,对这一周年纪念具有重要意义,但是更为重要的是,它们复原了历史原貌,有力回击了日本右翼势力的谬论,并且使得贝德士文献的史料价值,以及当时留守南京的外国传教士为中国人民所做的贡献,逐步为海内外学者所知晓。而此时,日本右翼势力展开攻击,诬指南京大屠杀是"20 世纪最大的谎言",诋毁贝德士是"伪证制造者"。对此,我撰写《到底是谁在制造伪证》一文,以确凿且充分的史实予以严正驳斥,并且以无可辩驳的事实说明,贝德士关于南京大屠杀的记载都是客观公正的,经得起考验,日本右翼才是真正的伪证制造者。我同时协助吴天威、郭俊鈜等金大老校友,与耶鲁神学院图书馆特藏室负责人斯茉莉合作,由她出面编辑出版了英文版《美国传教士对南京大屠杀的见证,1937—1938》。此书正式公布了一批没有经过任何加工的"南京安全区国际委员会"英文原始档案,更增添了资料的权威性,并且贝德士文献直接为西方人士所了解。

为了进一步证明《贝德士文献》的真实性和客观性,以及充分反映耶鲁大学神学院图书馆特藏室相关藏档的全貌,1998年5月,我再度偕妻子前往耶鲁大学神学院图书馆,对南京大屠杀有关藏档进行"竭泽而渔"式的全面搜索。回国后,我与华师历史研究所同事刘家峰等历经8个月的辛苦工作,编译了《天理难容——美国传教士眼中的南京大屠杀(1937—1938)》一书,并于1999年9月出版。该书主体文献是贝德士等10位美国传教士在南京的日记、书信、备忘录等,它们是对南京大屠杀翔实的记录,可谓铁证如山。与此同时,在邵子平、吴章铨和斯茉莉等友人的帮助下,其英文版于2001年出版,日文版由我的日籍友人加藤实先生用两年多时间翻译出版,并且加藤实先生自费购买了1500本送给日本友人,以便让更多的日本人了解战争真相。2005年,为配合抗日战争胜利60周年纪念,我对此书的部分内容做了删减,同时增录了史迈士等人的信函,以《美国传教士的日记与书信》为名,作为《南京大屠杀史料集》第4册,由江苏人民出版社和凤凰出版社出版。

同样在2005年,我花费大半年时间编著的《从耶鲁到东京:为南京大屠杀取证》一书,由广东人民出版社出版。我之所以取此书名,原因在于50多年前,贝德士以包含大量证言、证据在内的档案,在东京国际法庭上严正指控日军罪行,事后又把这批档案带回耶鲁,走的是从东京到耶鲁的路线,而自己的南京大屠杀研究,却是始于在耶鲁发现贝德士文献,进而将活动延伸到日本。该书记录了我从事南京大屠杀研究的缘起、经过,以及我在从耶鲁到东京这一良知之旅中同日本右翼势力的不懈斗争,是我从事这一研究近15年的一个总结。

我最喜欢贝德士的一句话:"如果事实说明了一个现代军队的种种野蛮行径,那就让事实说话吧。"为了让读者接触当时当地的第一手材料,从而清晰地认识历史,我在编著这些书时,都维持了历史档案原貌。而同时,我对人性有着深层思考,始终以客观、公正的态度来看待日本民族和日本人民,并清醒地区分日本政府和日本人民。1995年,我在台北参加纪念抗日战争胜利50周年学术会议时说:"人们都说,对于战争责任的反省,日本不如德国,我不愿意说日本人不如德国人,而宁可说日本政府不如德国政府,因为我深知绝大多数日本知识分子和广大人民都是强烈反对军国主义复活的。"在同一年出版的《南京大屠杀的历史见证》一书中,我郑重声明:"我愿意将这本书献给广大善良的日本人民。"

除了著述,我还积极参加有关的社会活动,揭露南京大屠杀的真相:1991年底出席纽约举办的纪念南京大屠杀受难同胞联合会,演讲贝德士的功绩;1995年在台北演讲《尊重历史,超越历史》,后又宣读论文《让事实说话——贝德士眼中的南京大屠杀》;1997年8月,在南京大屠杀遇难同胞纪念馆参加中日学生夏令营授旗仪式;1997年12月,在东京举行的纪念南京大屠杀60周年国际研讨会上,做了题为《一个中国学者对南京大屠杀的认识过程》的报告,并于会后与其他学者一起手提灯笼,举行盛大游行,向南京大屠杀中的中国受害者表达悼念之情;1998年6月,参加亚太和平与公正联合会在纽约举办的日本证人访美代表团报告会;1999年,参加东京举办的战争犯罪和战后赔偿问题国际市民研讨会,揭露南京大屠杀的历史真相;2000年12月,在日本关西地区做巡回演讲,足迹遍及冈山、神户、大阪、京都等地;2003年12月12日,在中山大学历史系做南京大屠杀的学术演讲;2007年12月10日,在华师做题为《从牛津到金陵:为了忘却的纪念》的演讲……其间,我还接受了中日数家媒体的采访,发出了自己正义的呼声。

受我和其他中日维护历史真相人士的精神感召,越来越多的日本民众加入同日本右翼势力做斗争的行列,越来越多的年轻学者投入南京大屠杀研究中。我对这些年轻学者的相关研究都倾力扶持,曾认真审读美籍华裔女作家张纯如《南京大屠杀》的书稿并提出中肯意见。在我的关心下,曾在华师中国近代史研究所攻读硕士学位的彭剑，顺利完成关于南京大屠杀研究的硕士论文；长期研究日本浪人与大亚洲主义的赵军，在 2012 年推出专著《日本右翼与日本社会》。

张纯如曾说："忘记南京大屠杀就是第二次屠杀。"在我看来，研究南京大屠杀，是一个历史学者理当承担的一份社会责任。严酷的现实教育我们，不能忘记历史，也不容许篡改历史。而作为历史学家，我更应该捍卫历史的真实、历史的尊严。同时，我们回忆充满恐怖与罪行的往事，绝不是为了复仇，而是为了寻求真理与伸张正义，也是为了吸取历史经验，教育包括日本在内的全世界人民，反对侵略战争，维护世界和平。

## 七、知识分子的历史使命感①

"知识就是力量"，这是人们都很熟悉的一句西哲名言。但是，作为知识有生命的载体的知识分子，却不一定都有足够的力量。而且知识分子生活得还太累，因为他们不自量力，像耶稣背十字架一样，也心甘情愿地背起一个沉重的包袱——历史使命感。

这种"力不胜任"之苦，中国知识分子吃得最多。其所以如此，就是因为他们不仅以文化的传承者自居，而且还以道统的传承者自居。2000 多年以前，孔子最看好的传人之一曾子就说过："士不可以不弘毅，任重而道远。仁以为己任，不亦重乎？死而后已，不亦远乎？"(《论语·泰伯》)负重

---

① 章开沅：《章开沅文集·第 9 卷》，武汉：华中师范大学出版社，2015 年，第 138—142 页。

而任远,当然太累,这是由于他们一定要以仁为己任,一定要在荆棘丛生、坎坷不平的"道"路上走到生命的尽头。

在古代的经典作家中,孟子堪称士大夫——知识分子的典型,因此,他对知识分子的历史使命感,以及由于这种使命感而遭遇的困苦,讲得最为透彻。

《孟子·万章上》中有一段话:"天之生此民也,使先知觉后知,使先觉觉后觉也。予,天民之先觉者也;予将以斯道觉斯民也。非予觉之,而谁也?"这种"舍我其谁"的气概当然令人钦佩,但既然要把自己放在非同凡人的"天民之先觉者"的特殊地位上,就不可避免地要像耶稣那样受苦受难。所以《孟子·告子下》又有一段话:"故天将降大任于斯人也,必先苦其心志,劳其筋骨,饿其体肤,空乏其身,行拂乱其所为,所以动心忍性,增益其所不能。"

中国传统知识分子之所以常受磨难,是由于他们被夹在道统与君统之间,常常面临着严峻的两难抉择。长期受儒家文化熏陶的知识分子,当然希望生逢有道明君与太平盛世,君统与道统相符合,给他们提供施展"内圣外王"之学的足够空间。但现实往往不尽如此,君统与道统相悖时有发生。"君有道则仕,君无道则隐",未尝不是聪明的办法。但或则由于君统的网罗严密而无从逃遁,或则由于知识分子以天下为己任,偏偏要抱持道统与君统对抗,其结局之惨烈可想而知。不过,"天下兴亡,匹夫有责",应该看作是中华文化的优良传统,具有这样高度责任感的知识分子乃是民族的脊梁。正是由于这样的知识分子一代一代薪火相传,我们的民族与国家才得以繁衍与兴盛,并且在19世纪中叶以后历经劫难而并未丧失自己的生命活力。

19世纪末和20世纪初,由于民族危机和社会危机更加深重,历史使命感给知识分子带来的心理压力也更为深重。孙中山说过:"中国土地人口为各国所不及,吾侪生在中国实为幸福。各国贤豪,欲得如中国之舞台而不可得。吾侪既据此大舞台,而反谓无所措手,蹉跎岁月,寸功不展……岂非可羞之极者乎?"(《在东京中国留学生欢迎大会的讲话》)这段话集中地表现了当时先进知识分子强烈的历史使命感与时间紧迫感。但是，这些新式知识分子的历史使命感已经不同于传统知识分子的历史使命感，他们不再为天道与君命承担责任，转而为国家与民族承担责任，因而便无须在道统与君统的夹缝中挣扎。他们既反对道统，又反对君统，并且以未来的主人翁自居，为建立一个独立、民主、富强的新中国而奋斗。清朝君主专制主义统治的终结和中华民国的建立，可以说就是这一代知识分子把历史使命感化为实际行动的结果。

民国建立以后，特别是五四以后，知识分子摒弃了陈旧的道统与君统，却又作茧自缚，背上了新的包袱——主义与法统，其沉重并不下于道统与君统。主义与信仰结合而成为意识形态，法统则是国家权力的语言符号，因而都成为各派政治势力争夺的目标与依据。由于过去道统与君统长期绵延的影响，或许由于其本身就具有道统与君统的残余，主义与法统在20世纪的中国曾具有特别强烈的垄断性格，即坚持要求定于一尊。主义之争与法统之争都需要流血，需要最后决胜负于疆场。于是无兵无勇的知识分子更加处于弱势地位，他们的历史使命感往往被权势者利用以遂其私，近代极权主义给知识分子留下的自由空间，甚至比君主专制主义时代更小。非友即敌乃至化友为敌的政治运作，使知识分子很难扮演独立的角色，在两军对垒之间更不容许有任何中间道路。但是，中国知识分子并没有完全因此妄自菲薄，他们仍然抱持强烈的历史使命感，或奔走呼号，或流血牺牲，或献身于实业、教育，或全力投入科技文明，在各个领域为中国现代化做出极为重要的贡献。

我非常珍重与珍惜知识分子的历史使命感。知识分子是社会培养出来的，知识分子应该反馈社会，对社会承担责任。或许可以说，没有历史使命感的知识分子，不是真正的知识分子。但是，我又不能不指出，中国知识分子的历史使命感是有局限的。他们的历史使命感大多表现为追求国家独立富强的自觉，却难以表现为对个性解放与维护人的价值及尊严的强烈诉求。因此，这样的历史使命感，还不能称之为真正具有现代意义的历史使命感。

常听到一种说法,仿佛中国知识分子"价廉物美",是世界上最好的知识分子。对此我从来不敢苟同,价廉属实,物美则未必。中国确实有一大批为国家富强与社会进步做无私奉献的优秀知识分子,他们的高尚品德与辉煌业绩赢得海内外人士的广泛称赞。然而在某些当权者及其追随者心目中,知识分子的"物美"与"最好"却是他们"逆来顺受"的性格弱点。1949年以后的很长一段时间里,知识分子被挂靠在资产阶级的边缘,顶多是在资产阶级的前面加上一个"小"字,而其世界观据说比资产阶级还要资产阶级。因此,知识分子(特别是"旧社会过来的知识分子")被置于"接受再教育"的低下地位,无论受到什么不公正的待遇、批判乃至处分,都需要以"三个正确对待"自我排解,即正确对待组织、正确对待群众、正确对待自己,不得有任何怨言与腹诽。平心而论,按照这种模型塑造出来的知识分子,诚然便于统治,但却说不上是发育完全的现代知识分子。

在这里我们必然要联想到中外人士对知识分子不同的界说。在西方,知识分子不是一般的读书人或有专业知识、技能的人,而是关心人类命运、社会进步的社会精英。我手头有一部1986年7月中国大百科全书出版社出的中文版《简明不列颠百科全书》(*Concise Encyclopaedia Britannic*),它对知识分子的定义是:"知识分子(intelligentsia),指19世纪末期俄国的知识分子,是中产阶级的一部分,他们受现代教育及西方思潮的影响,经常对国家落后状况产生不满。知识分子由于对社会、政治思想有强烈兴趣,而沙皇政权的专制独裁和残酷镇压机构使他们感到沮丧,于是在法律界、医务界、教育界、工程技术界建立了自己的核心,但包括了官僚、地主和军官,正如陀思妥耶夫斯基、屠格涅夫及其他作家在他们的作品中生动描述的那样,这个阶层为20世纪早期的俄国革命运动奠定了领导基础。""intelligentsia"一词本身即源于19世纪后期的俄国,因此这个定义在西方具有相当普遍的代表性。当代学者麦克·康芬诺在其《18和19世纪俄罗斯的知识分子和知识分子的传统》一文中,把近代俄国知识分子的特征归纳为：①深切关怀一切有关公共利益之事；②对于国家及一切公益之事，知识分子都视为他们个人的责任；③倾向于把政治、社会问题视为道德问题；④有一种义务感，要不顾一切代价追求终极的逻辑结论（ultimate logical conclusions）；⑤深信事物不合理，须努力加以改正。① 正如余英时所指出，这一概括，除第四项外，与中国传统的士颇为相近，至少是在某种程度上相通的。

中国人对知识分子有自己的界定。出版于20世纪90年代且具有较高权威性的《汉语大词典》，"知识分子"词条的释文是："有一定科学文化知识的脑力劳动者。如教授、工程师、会计师、编辑、记者、文艺工作者等。"这种解释与1979年出版的《辞源》与《辞海》（修订本）的同一条目释文大体相同，只不过删节若干毛泽东著作中摘引的词句而已。显然，中国辞书对知识分子界定的范围比较宽泛，尽管列举的例子倒类似西方习惯称呼的"自由职业者"。因此，辞书编纂者认为，除了"有一定科学文化知识"及"脑力劳动"以外，无须给以其他有别于一般劳动者的特殊陈述。在20世纪70年代末80年代初，中国知识分子对于这样的释文一般都能接受，因为劳动者在现代汉语中具有极为光荣的含义，在特定时空环境下甚至代表一种社会、政治地位。所以知识分子从准资产阶级被划进劳动者的行列，至少是可以使他们在心理上得到某种程度的满足。

但是随着改革开放步伐的加快，以及现代化建设对于科学技术知识需求的急迫，中国知识分子的地位与作用显得日益重要。一部分知识分子逐渐获得新的时代觉醒，他们一方面继承传统士大夫的优良传统，另一方面从西方有良心的知识分子那里汲取营养，并且希望在社会生活中发挥更大的作用。他们正在做跨世纪的深沉思考，其勇往直前与锲而不舍的精神，使我不禁回想起辛亥与五四之间那一代先进知识分子。在19世纪和20世纪交接的时代里，他们编辑过

---

① 余英时：《士与中国文化》，上海：上海人民出版社，1987年，第3页。

《二十世纪之支那》杂志,探写过许许多多诀别旧世纪、迎接新世纪的诗文。我们至今仿佛能听到他们深情的呼声:"二十世纪之支那,于世界上处如何之位置?吾人爱之,不能不思索也。""其兴也,则且将挟其一切哲理、一切艺术,乘此滚滚汩汩飞沙走石二十世纪之潮流,以与世界之文明相激、相射、相交换、相融合,放一重五光十色之异彩。"我们正在做前人没有做完的事业,21世纪给我们提出更为严峻的挑战,同时也给我们提供更多的机会。负有历史使命感的知识分子在21世纪必将有更大的作为,成就更大的业绩。

不过,我决不希望知识分子自视太高、自律太严、自责太深,因而活得太苦、太累。知识分子也是人,有自己的价值与尊严,也有自己生活与工作所必需的条件。在随着经济发展而增多的社会福祉中,他们理应享有与自己贡献相应的份额。社会应该给知识分子以宽厚,如果以苛虐的手段压抑知识分子,国家所受的损失必定比知识分子更大。这是历史所遗留的教训,我们再不能重蹈覆辙。只有在政府与知识分子之间建立良性的互动关系,中国才能更好更快地全面实现现代化的宏伟目标。

## 八、治学不为媚时语[①]

顾炎武与友人书曾云:"尝谓今人纂辑之书,正如今人之铸钱。古人采铜于山,今日则买旧钱,名之曰废铜,以充铸而已。所铸之钱既已粗恶,而又将古人传世之宝舂锉碎散,不存于后,岂不两失之者乎?承问《日知录》又成几卷,盖期之以废铜。而某自别来一载,早夜诵读,

---

① 章开沅:《实斋笔记》,西安:陕西人民出版社,2008年,第312—313页。

反复寻究,仅得十余条,然庶几采山之铜也。"(《亭林文集》卷四)以"采铜于山"与买旧钱以铸劣币相对照,与焦裕禄"别人嚼过的馍不香"寓意相通:就史学而言,则如同章学诚所云"笔削谨严""别识心裁",然后庶几能得佳作。以亭林之博学多才,早夜诵读,反复寻究,一年"仅得十余条",此《日知录》所以历经300余年而魅力仍不稍减。

真正的学者与真正的科学家、艺术家一样,都具有超越世俗的纯真与虔诚。工作对于他们来说,奉献更重于谋生。其终极目的则在于追求更高层次的真善美。唯有如此真诚,才能不趋附、不媚俗、不做违心之言。也只有这样的心术,才能获致"秽史自秽,谤书自谤"这样的觉悟。而现今专事剪刀糨糊、电脑拼接,剽窃之法日巧,附会之智愈工,以出书多而且快自炫之徒,对此能无愧怍?

对真善美的追求,不仅需要毅力,需要胆识,更需要大无畏的气概。孟子曰:"居天下之广居,立天下之正位,行天下之大道。得志,与民由之;不得志,独行其道。富贵不能淫,贫贱不能移,威武不能屈,此之谓大丈夫。"(《孟子·滕文公下》)这是我国数千年来士大夫的优良传统,也是真正的学者区别于政客、市侩的根本特征。真实是史学的生命,求实存真是历史学家无可推卸的天职,因此也就更加需要孟子所提倡的大丈夫刚直的浩然之气。

楚图南前辈为戴震纪念馆题诗云:"治学不为媚时语,独寻真知启后人。"20世纪80年代以来,我常以此语自勉并勉励青年学者。我认为史学应该保持自己独立的科学品格,史学家应该保持独立的学者人格。史学不是政治的婢女,更不是金钱的奴仆。优秀的史学是民族的文化瑰宝,而且可以为全人类所共享,流传于千秋万载,这就是真诚的历史学者终生追求的学术永恒。尽管史学在社会上暂时受到冷落,但历史学者千万不可妄自菲薄,必须保持学者的尊严与良知,以高品位的学术成果争取社会的理解与支持。我深信,除非是史学自己毁灭自己,只要还有一个真正的历史学家存在,史学就绝对不会灭亡。何况当今真正的史学家何止一个,有的是一批乃至一大批。

勇敢地迎接权势与金钱的挑战吧,史学与史学家们。

## 九、荣誉可以终身,待遇应该"退休"①

2011年前我就想退休了。那时身体大不如前,有些力不从心,而我还享受资深教授的待遇,这不合理,压力很大。我早年曾参加过革命,是离休人员,想全身退下来,只拿离休工资。结果赶上全国轰轰烈烈纪念辛亥革命100周年,想退也退不了。连着开会,我病了两场,太太也跟着我累病了。我想,这下我可以退了吧。没想到,华师又要举行110周年校庆,如果这时候退下来,我怕引起各方不必要的猜测,只好作罢。校庆结束后,我再一次提出退休。前不久,马敏来看望我,我再次提出退休问题。这一次,他们答应了。

这个院士制度本身就不合理。荣誉可以终身,待遇应该"退休"。年纪大了,力不从心,有些工作也难以胜任,怎么能继续拿高工资和津贴呢?十八届三中全会明确表示将对我国的院士制度进行改革。对于改革,我举双手赞成。我应该有个姿态,带头自我革命,不当这个资深教授,希望对打破学术头衔终身制有所推动,对改革有所推动。

我国的院士制度应该从根本上改革,像国外一样,只有荣誉,没有其他。现在的院士制度实际上有些变味甚至畸形了。院士的补贴

---

① 章开沅:《荣誉可以终身,待遇应该"退休"》,《商周刊》,2014年第13期。

并不太高,但兼职太多,有些人身兼数所大学的教授。高校引进院士也是不惜血本,引进费、安家费、科研启动费等动辄数百万元。院士是终身的,其待遇也是终身的,这个不合理。

我有两个好朋友,都是院士。一个是法国人文科学院院士、巴黎高等师范学院教授巴士蒂,另一个是日本学术院院士、京都大学教授岛田虔次。在评上院士之后,我曾半开玩笑地问巴士蒂:"当上院士有什么好处?"巴士蒂一本正经地回答说:"当然有,有一套院士服。"岛田虔次评上院士之后,他的收入没有增加,房子也还是以前的房子,没有什么变化。

我在台湾地区讲学时,结识了著名华人科学家李远哲。李远哲是美国国家科学院院士,7年后又获得诺贝尔化学奖。这要是在中国大陆,那可就不得了,从国家、省、市一直到学校,都会给各种奖励和荣誉,包括房子、车子等各种福利待遇也少不了。但是,他获得的特殊待遇就只是一个车位!李远哲告诉我,加州大学伯克利分校的停车位一直很紧张,他获奖后,校方在停车场里划出一个车位,标注"李远哲先生的优先车位"。

退休以后,我会对人生重新做一些安排,歇一歇,力所能及地做一些研究,然后会会老朋友,过一个轻松的晚年。

# 第十六章

# 晚年忆故人

## 一、我与杨东莼先生20年的交往[①]

今年是中国近现代杰出的马克思主义学者、著名历史学家、翻译家、教育家和社会活动家,华中师范学院(后改为华中师范大学)首任院长杨东莼先生115周年诞辰。为表纪念,华中师范大学出版社近期推出了《杨东莼文集》和《杨东莼大传》。前不久,在纪念杨东莼115周年诞辰暨《杨东莼文集》《杨东莼大传》出版座谈会上,著名史学家、教育家章开沅先生深情回忆了与杨东老20余年的交往。本报整理编发章先生在会上的发言,以飨读者。

从我个人来讲,华师有两个人对我的影响很大,相处久一点。一个是刘介愚同志。介愚同志我是从河南跟过来的,从中原解放区跟过来,在一起40多年。但是也有遗憾,我当时思想比较幼稚,问题也

---

① 章开沅:《我与杨东莼先生二十年的交往》,《中华读书报》,2014年12月3日第7版。

多,他们很关心我、关照我、培养我。但我这个人呢,想做事情,想多做一点,但做得不好。他们能理解我。我跟介愚同志没有什么私下的交往,主要是我自己很自卑,我做业务还比较自信一点,但一想到突出政治,就有点自卑,尽管他是我的老领导,关系那么深。

我唯一接触比较多的,跟得比较久的,就是杨东老。从1954年一直到1975年,有20余年的时间。杨东老1954年来华师,那时我在华师历史系教中国近现代史,杨东老也研究这个。有时他开会、接待外宾,就把我带在身边做助手。

杨东老离开华师以后,对学校建设和发展还是很关心。1963年,中央要筹建中国近代社会历史调查委员会,胡乔木建议交由杨东莼筹备,杨东老一直没有忘记华师,就把华师作为一个参与单位列进去,共同筹备。这时候,他就以筹备委员会的名义把我调过去,参加一些具体的工作。筹备工作还处于开始阶段时,就碰到新的政治运动。那时候搞"四清",人手不够,很多协作单位抽人回去参加农村"四清"运动,不久就剩我一个人守摊子了。

1964年,我写了一篇有关李秀成评价的文章,结果被作为全国重点批判对象,不得已只好回华师。回来后我受到批判,不能教书,不能写文章,但实际上那会批判力度并不大。后来有人说这是对我包庇,其实真正的原因是那时人都下去参加"四清"社教去了。我是被省里的"四清"工作队清理出队的,其他人,连我夫人都下去参加"四清"工作队去了。在那种困难的情况下,我既不能写文章,也不能发表文章,也不能教书,那怎么办呢?当时我正患黄疸肝炎,家里有三个孩子(自己一个,表弟的两个孩子放在这里代他抚养)。那时候,我们一个资料员,人挺好的,她孩子也小,我们经常在一起,就很熟悉了。她笑我说:"我看你对全国性的批判,好像还满不在乎的呢。"我说我不是满不在乎,我是无事可干啊。我不想看书,也不想写东西,觉得此生已经无望了。

这时候,又是杨东老对我伸出援手,把我调到北京去了。那会纪念孙中山100周年诞辰,杨东老是筹委会的副秘书长,我就协助他和廖承志秘书长处理一些事情,包括大型文集的出版,如《孙中山选集》《宋庆龄选集》,还有《六十年来中国与日本》等,所以我跟宋庆龄在那时候有点接触,有若干书信往来,主要是文集的事。后来宋庆龄还记得这个事情,还给我们写过信,题写过书名。那时候明显是杨东老在帮助我,他怕我垮掉了。他虽然人不在华师,还是想着我。他那时候还没有灰心,还想着恢复中国近代社会历史调查委员会,他一直认为这是中央交给他的一个任务,他应该做好。但是很快"文革"爆发,我们又分开了。

回来后,武汉"文革"已经开始。有人揭发我,我成为全校重点批斗对象,要我写检查,写交代材料。1974年,《历史研究》复刊,我被借调到《历史研究》编辑部。这其实是北京的两个好朋友帮助我,他们看我可怜,说章开沅这人没干过什么坏事啊,只不过写写文章,偶尔说话随便一点,怎么能老这样批斗,所以就把我列入筹备中的编辑委员会名单中。《历史研究》编辑部其实也是"四人帮"领导下的文革小组下属单位。

我又去了北京,一到就去看杨东老。杨东老处境也不好,我受批判的时候,其实他也在受批判。他是作为投降主义路线被批判的,这个批判以李维汉为对象,李维汉是统战部部长,杨东老是党组成员,他跟李维汉的观点是一致的。

我去看他,他很开心,但知道我在《历史研究》编辑部,他就说,你是来到一个不恰当的地方做一个不恰当的工作。意思是干不长的。果然,《历史研究》复刊后不久,被当成"文革"中"批林批孔"的工具。有一次,编辑部要我写一篇《论〈訄书〉》的文章,这书艰涩难懂,只有求助于杨东老。他介绍我去找马宗霍,马老是章太炎的弟子,是中华书局的老编辑、著名教授。好不容易文章写出来了,马老夸我"写得不错啊",我真是受宠若惊。

1975年,《历史研究》改组,我意识到该刊物是政治斗争的是非之地,就坚决要求回原单位工作。我对于政治运动深恶痛绝。搞运动要有动力、有对象,但搞起来,要找对象就有对象,要有动力就有动力。

走的时候我去和杨东老告别。这也是最后一次见杨东老。杨东老刚在医院打完吊针,他听说我要离开《历史研究》,反而高兴了,说:"我说你干不久吧?"我们谈论起局势,我说看不清,杨东老说:"不是你看不清,我们也看不清啊!"那次见面后,我还以为以后还能见到他。

总的来说,杨东老让我进入一个更高的境界。在我困难的时候,他没有放弃我,总是雪中送炭。在我迷失方向的时候,他指引我如何向前走。

对华师来讲,杨东老的到来可以说是华师正式教育的开端。他原来长期在大学教书,他的课教得好。另外就是,他长期在桂林办干部学校,为共产党培养了一大批人。他在广西经营多年,广西对杨东老的怀念比湖北要大。他到国务院工作以后,每逢开人大、政协会,广西的人大、政协代表都要集合在一起,一定要跟杨东老见个面,让他给他们讲讲形势与政策。所以,杨东老是懂教育的人,也善于管理。他是很好的教育家,是内行。他在我们学校检查工作也好,到别的学校参观考察也好,一定要看食堂、厕所。一个是进的(食堂),一个是出的(厕所)。然后再看看图书馆、实验室啊什么的。他认为吃饭是最根本的。这是一个关心民生、以生为本的理念。

同时,他对青年教师特别关心。他不止关心我一个人,还同情并帮助一些著名人物,我自己知道的就有王芸生、徐盈等。徐盈对他最感恩,那会他被划为"右派",一拨一拨地批判,杨东老都保护他。

这是从教育家来讲。从革命家来讲,他早期是做群众工作的。大革命失败后到日本,为了搞清楚马列主义的源头,他翻译马列著作,从根源上把马列理论弄清楚。从日本回来以后,他表面上教书,实际上都在干革命。解放后在大学工作,后来又到国务院,都做得不错。

后来又做统战工作。在文史资料工作上也很有建树,现在所说的口述历史,其实中国最大规模的口述史就是关于北洋资料的整理,这个当时就是杨东老领导的,交给我和溥仪两个人负责。他是一个真正的马列主义者。我不是美化杨东老,在那个混乱的情况下,他能明确地反对"文革",抵制"文革",就很不错了。现在唯一的问题是他发表了一篇文章《何物自由主义》。我后来听他儿子(杨慎之)讲,这是杨慎之代笔的。杨慎之是个才子,很会写。杨东老是写不出这种文章来的,他本人就是一个追求民主自由的人。

在学术上,他年轻时就一举成名,翻译的摩尔根《古代社会》现在还是最好的译本。

应该说,我们每个人都能从杨东老身上学到很多东西。我们要像他一样,做一个有头脑的人,既紧跟时代,又不盲从潮流,有自己的独立思想。同时,他真的是以自己的行动、人品影响人,教育人,他的大师风范给人非常深的印象与影响。

## 二、难忘风雨同舟情——忆陶军①

时间过得真快,我与陶军同志相识并共事38年,而他的猝逝至今也有30余年。抚今思昔,感慨万千。

我们相遇于烽火连天的岁月,抗战已经结束,内战仍然蔓延,是革命把我们聚集在一起。1948年11月我从南京北上,越过国民党封锁线投奔向往已久的解放区,并进入开封中原大学接受短期培训。陶军则是这年5月从华北南下,正好就在中原大学担任教员,不过并

---

① 章开沅:《难忘风雨同舟情——忆陶军》,《武汉文史资料》,2020年第5期。

未到我们20队讲过课。所以直到1949年4月我培训结业,留校分到政治研究室当研究生并担任助教,这才有机会见到慕名已久的陶军。

我与他并非同一教研室,但我们中共党史组的指导教师方衡却与他是生死与共的亲密战友。他们是燕京大学同学,并一起参加地下工作,1941年太平洋战争爆发前又一起潜入晋察冀根据地,在著名红色报人邓拓领导下参与《晋察冀日报》编辑工作。据方衡说,邓拓对陶军很欣赏,因为他是中英文俱佳的才子,这一期间还曾兼任报社英语翻译。1948年,方衡与陶军又一起随刘介愚南下,参与中原大学的创建与教学工作,两人形影相随,如同手足。正是通过方衡的介绍,我对陶军更加钦佩,而他似乎对我也比较关注。可能由于都是世家子弟,加以都曾就读于教会大学,情趣比较相近吧。

革命形势如同风卷残云,1949年4月下旬,解放军迅速发起渡江战役,一举解放南京、上海、武汉等重要城市,随后就是全国解放并且成立了中华人民共和国。形势一片大好,但我们的思想却有些混乱。一些像我这样参加革命未久的青年学生,满心指望奔赴前线杀敌,但解放大西南,乃至海南岛等战役,我们一次又一次的参军申请都未获批准,命中注定难圆决胜于疆场的美梦。而陶军这些颇有抱负又风华正茂的教员,也有各自的盘算,希望能够更好地发挥自己的聪明才智,他本人就颇想离开学校转入外交战线。校部为此特地请华中局宣传部部长赵毅敏为全校干部讲演,为我们解决思想问题,因为我们留校工作者已经面临着新的更为艰巨的战斗任务,那就是为建设新型人民大学而奋斗。赵部长的训话入情入理,大家听后颇受感动,反正大家都以革命战士自居,已经习惯于一切服从组织分配,所以很快就摒弃私心杂念,斗志昂扬地投身人民教育伟业。

1949年7月,中原大学全校迁至武汉。我们政治研究室随同校部住进一座废弃的大型汽车修配厂,因陋就简,经过1个多月的紧张准备,迅速恢复短期干部培训工作以适应新中国建设各条战线的紧

**陶军教授和老伴杨景星的合影**

迫人才需要。我们已顾不上自己的学习,下放到各队参加教学工作。我被分配到 57 队,因为队主任就是原来 20 队的主任牟政,是他点名把我要去的。这段时间,大家都忙得昏天黑地,与陶军很少见面。但是中南军政委员会教育部根据中央指示,要求中原大学立即向正规人民大学转型。学校把原来的几个分部,改组为政法、财经、教育、文艺四个学院。57 队学员毕业以后,我被分配到教育学院。教育学院初步设立政治、教育、历史、俄语 4 个系。陶军任政治系主任,兼管俄语系工作;常春元任教育系主任;方衡任历史系主任。学院规模不大,仅占厂房面向千家街侧门几座楼,正对门的一座主楼只有两层,楼下是院部各个部门办公室,楼上是王自申院长、郭抵副院长与陶军、方衡等系主任的宿舍。各系专职干部极少,只有一位助理员(专职,相当于行政秘书)与一位助教(相当于教学秘书)。助教均由随校南下的政研室人员兼任,我担任历史系助教,杨宏禹、朱辕、严华分别担任政治、教育、俄语三系助教。助理员也都是中大南下干部，记得历史系最初是古堡，政治系是张洪，他与我曾同在20队一个学习小组。正是因为规模小，人员少，所以大家几乎天天都能见面，或商量工作，或业余闲聊。王自申院长是追随老师徐特立参加革命的，早在1929年已经入党，虽然年不过半百，但大家都尊称为王老。他也确实像是一位老前辈，待我们如同家人子弟，经常絮絮叨叨谈延安往事，殷切期望我们继承优良革命传统。

教育学院虽然较小，但在武汉乃至全省却颇有影响。这不仅是由于王老德高望重、诲人不倦，陶军等资深教员的政治理论报告也脍炙人口，风靡三镇。特别是陶军的风度、学养与口才，赢得各界（特别是学界）人士的赞赏，几乎是有口皆碑。尽管总是一身简朴军服，但其神态气质自然流露风采。各个单位争相邀请，他难以应付，有时命我代劳。可能是相知已深，每次演讲事先只交我一纸英文提纲，寥寥数行，让我尽情发挥。我自幼内向怕羞，从来不敢在大庭广众下讲话。南下武汉后，虽然为中大数百学员讲过辅导大课，也没有多大长进。但陶军却能看出我的某些潜在优势，放手让我到校外大场面经受磨炼，逐步增强了我做大型报告的自信。我不知道是否由于陶军与牟政的推荐，王老等院领导还安排我当研究生会负责人，并且作为青年代表参与院政治学习委员会，具体负责组织教职工每天早点前一小时的政治学习，包括自学、讨论、测验、考评等。据说当时院内外有所谓"三元"之说，即高原、常春元、章开沅，说我们政治理论学习刻苦，能起带头作用。我当然有自知之明，从来不敢与前辈相提并论，但这些反映客观上对自己起了鞭策的作用。

1951年，中原大学与华中大学合并，陶军奉命作为军代表负责前期筹备工作，并多次前往昙华林为华大师生做政治思想工作报告，并且与知名学者、进步学生广泛交友，深入调研，堪称是促进华大改为公立的先锋。

华中师范学院建院以后，陶军担任副教务长，与教务长、著名物理学家卞彭等原华大领导人密切合作,顺利完成了院系调整,华大从教会大学转变为公立大学,而中原大学也实现了从政治培训向正规大学的转型。1953年王老不幸病逝,刘介愚接任华师党委书记,他本来就是陶军的老上级且两人共事已久。中央又把著名的马克思主义学者、原广西大学校长杨东莼调来华师担任院长,这样更加强了华师的领导,开启了华师早期发展的新局面。

20世纪50年代,高等教育圈子里有所谓"外行领导内行"之说。大约是由于形势发展急速,为了加强党对高校的领导,调派了一大批党政领导干部进入大学。这些老同志长期从事以战争为中心的革命工作,即令读过大学也不熟悉如何在新的时期建设史无前例的新型人民大学,何况其中还有一些文化程度较低的工农干部。中央非常重视这个问题,所以反复叮嘱这些新上任的大学领导:"尽快从外行变成内行。"相较而言,华师的领导班子多数曾经受过高等教育,而且在解放区也曾多年从事文化教育工作,因此他们的转型很快,而且容易与原有教职员工相互沟通。

杨东莼就任之始,就高调呼唤"建设社会主义需要真才实学"。校党委在1955年以后及时把工作重心转向教学、科研与学科队伍建设,而教务处则成为这一转变的轴心。因为那时没有科研处,只是在教务处设立科研科。1956年至1957年,华师认真贯彻中央"双百"方针,并动员全校教师"向科学进军"。陶军作为副教务长,协助书记、校长统筹调度,工作极为出色。他对青年教师的培养特别关注,鼓励我们参加校内外各种学术活动,并且在1957年创刊的《华中师范学院学报》连续刊登我的长篇论文《关于中国近代史分期问题》与《关于太平天国土地政策的若干问题》,对我真是极大的鼓励与鞭策。1956年的春天曾被誉为"科学的春天",在"双百"方针带来的宽松环境中,新中国第一代教育家比较志气发舒而又得心应手,从规模与水平两方面为新型正规人民大学奠定了最初的基础。

1957年整风,党中央提出发动群众向党提出批评意见。陶军作为党内高级干部,也带头参与鸣放,提出许多中肯意见。但却被某些"左派"人物视为"反党之言",几乎被带上"右派"帽子。三年经济困难后期,党内有识之士力挽狂澜,调整路线,使国民经济逐步得以恢复。陶军作为教务长及时提出"恢复旧家园"口号,引导全校师生走上教学与科研的正途。为加强学科建设,校党委拟定了各个学科带头人培养名单,根据陶军的具体策划,物理、历史两系分别总结刘连寿与我的成长道路,上报省委加以推广。其实我们仍被许多人当作重业务轻政治的异类,"教育革命"期间还曾当作"小白旗"被拔,而现在居然被树立为"又红又专"典型,华师党委(包括陶军)需要多大气魄才能如此旗帜鲜明。忆及这张名单,对照华师几十年来的发展历程,深感当年华师老领导的知人之明与高瞻远瞩。

我与陶军仍无私下交往,但他经常关注并支持我的工作。1959年我下放回校后,他曾批准我请假1个月,为上海海燕制片厂郑君里导演试写《太平天国》文学剧本。1960年暑假以后,他又批准我全力投入纪念辛亥革命50周年学术讨论会的筹备工作。1963年,他与校党委更主动给我两年学术休假,还与北大侯仁之教授联系,让他向邵循正教授推荐我到北大进修。这1年多的北京访学对我的学术生涯起了关键性提升作用。

在此期间,华师还在若干重点学科试招研究生,陶军对学位制度寄予厚望,曾经感慨说:"如果多年以后华师校园能有十几个博士生晃荡晃荡(安徽话,到处走动之意),那该多好!"但是,为时不久,政治风浪又干扰了大学正常工作。抓阶级斗争与"社教运动"普及全国,师生几乎无法正常上课,而所谓学术讨论已经转化为政治声讨。我也因为李秀成评价问题被中宣部定为全国重点批判对象。我不知道陶军对此做何感想,但省委宣传部与学校党委对我是理解与同情的,所以并未受到严重的处分与冲击。而老院长杨东莼则借用"纪念孙中山诞辰100周年筹委会"名义,再次把我借调到全国政协,参与学术方面的前期工作。

**学生时代,陶军在燕京大学未名湖畔留影**

  1966年5月,"文革"正式发动以后,所有这些"救援"都化为泡影。陶军首先被定为华师"三家村"黑帮代表人物,在官方媒体上以整版篇幅声讨,我也很快奉命回校作为"黑线"人物接受批判。造反派曾经召开全校师生员工大会,高悬"横扫一切牛鬼蛇神"横幅,强迫我们以"喷气式"姿势戴高帽、挂黑牌接受批斗。及至军宣队进校,我与陶军又被发配到梁子湖东风农场接受工农兵再教育。我们在农场的处境有所好转,因为当地农工根本不关心华师内部的斗批改,将我们一律视为城里来的大学老师,虽有距离但不失相互尊重。特别是带队的军宣队萧副指挥长,原本是北京的大学生,参军南下后多少保持书生本色,对我们这些曾有相同经历的知识分子,似乎怀有较多的理解与同情。因此,我们在农场全心全意投入双抢劳动,几乎没有什么政治性的学习与批斗大会。我与陶军、杨宏禹等按军事编制分在一连一排,连长是原校党委秘书周振辉与党史教员陶凯。周振辉一贯态度温和,平易近人,而陶凯过去与我们更是朝夕相处,关系亲密。我们一个排集中住在农场仓库一间大房中,统统睡双人床,生活虽然艰苦,但大家平等相待,几乎忘记了桂子山依然延续着的"文革"。我们白天紧张劳动,晚上无事却尽可三三两两闲聊,因此这段时间是我们与陶军交流最为密切的岁月。尽管省委与校内"左派"势力对陶军穷追不舍,甚至还以省委正式文件把陶军定为"漏网右派"(但全国仅此一例),我们这些南下老战友都漠然视之,在我们心目中,陶军依然是我们的革命前辈、老领导、好老师。有次周末,陶军夫妇热情邀请老友们餐叙,把盏品鱼,谈笑风生。突然农场的大喇叭响了,有人高声呵斥:"现在有些不三不四的人,忘记自己的身份吃吃喝喝,拉拉扯扯,你们别认为已经没事了!"这声音很熟悉,显然是华师的某位"左派"。我们感到愕然,但随即哈哈大笑,照样"吃吃喝喝",因为这种警告我们早已习以为常,而且相信周振辉、陶凯绝对不会为此责怪。

我于1973年提前回到桂子山,因为历史系已经招收工农兵学员,恢复教学工作。不久,陶军也回到华师,虽然戴着"右派"帽子,但至少政治、历史两系老师对他仍然保持内心尊重。正好历史系涂厚善、刘继兴等世界史教师承担着商务印书馆《印度社会》等南亚史相关代表作的翻译任务,陶军的英语水平甚高,也被安排进入这个团队。他们在"文革"后的译著工作非常出色,为以后成立印度史研究中心奠定了基础。

1976年秋,"文革"结束,老书记刘介愚从武大调回华师,陶军也得到彻底平反并担任副院长。院长刘若曾原任陕西省教育厅厅长,也是终生热爱教育事业的前辈,所以新老领导相处比较融洽。陶军再次"恢复旧家园",提出学校应尽快结束混乱局面,重新建立正常秩序。同时,华师与中山大学率先恢复学报,并且公开向国外发行,可以说是开风气之先。1979年秋,我初次访美,所到之处都有人问,连北大、清华学报都未能公开向国外发行，你们学校为什么能够如此开放？陶军是主管外事的，我校又接受了第一批美国高层学者来华进修（如高慕轲等），还接受了耶鲁大学青年英语教师轮番来外语系工作。外事处的年轻干部热情干练，他们与耶鲁大学的年轻人很快打成一片，并且利用暑假办了好几期美国人学习中文的培训班，扩大了华师在海外的影响。

但是，华师校领导的工作并非一帆风顺。"左"倾思潮和"文革"期间派系斗争的遗毒，使得有些人总是把学校老领导官复原职看成是"走资派"复辟。在20世纪80年代初期，这些人自以为是对革命忠诚，实际上已成为改革开放的严重阻力。陶军虽然早就平反，但仍然被认为有"崇洋媚外"嫌疑。例如，耶鲁大学的雅礼协会一直在寻找往昔合作办学伙伴——老华中大学。经过反复调查核实，终于认定华师是华大的继承者。由于读过教会大学，陶军比较珍惜这段历史情谊，很快就与雅礼协会正式签订了新的学术交流协议，并且及时上报教育部。可笑的是，校内居然有人无理取闹，认为这是帝国主义文化渗透，并且迫使校党委取消这一协议。他们还想进一步兴风作浪，幸好教育部及时批示同意华师与雅礼协会的交流协议，才使得这些人偃旗息鼓。但华师取消协议的通知已经发出，雅礼协会无从接受这一尴尬局面，只有暂停相互交流。直到我接任院长再次访问耶鲁大学，才重新延续了这段历史情缘。

1981年至1983年，陶军出任中国驻联合国教科文组织副代表，总算圆了他30多年以前企望转战外交战线的美梦，并且在国际舞台上展示了他的风貌与才华。但是由于年龄限制与健康原因，他最终回到华师这个永远的老窝。其时正好碰上学校领导班子换届，根据中央"年轻化""专业化"的原则，原有的老领导基本上都退下来了，陶军虽挂名"顾问"，但已不再介入校部工作。他从不计较这些名利得失，仍然一如既往敬业乐群，在极其简陋的条件下呕心沥血地参与华师出版社的创建工作，这是他最后遗留给母校的又一项重大劳绩。

他虽然年近古稀,但仍然朝气蓬勃,充满乐观与信心。华师已经进入改革开放的新阶段,在学术水平与对外交往方面突飞猛进,他那"有十几个博士在校园里晃荡晃荡"的梦想早已成为现实,华师前程似锦,这对一个老校长真是莫大的安慰。然而天不假年,1987年他因心脏病猝发而辞世,发病正好在校门附近,我赶到时他已被抬上救护车。由于他昏迷未醒,我只能眼睁睁地看着救护车急速驰去。从此天人相隔,却又未能最后告别。唯一使我得到安慰的,是他那安详的面容,似乎没有任何痛苦,更不显任何悲伤。

再喊一声陶军同志! 风雨同舟38年,怎能忘记那些共同战斗的岁月,患难与共,艰危共担。我虽不是千里马,却始终难忘你知遇之恩,正是你的关切、期许与多年的引导,才使我多少能为新中国的教育事业做出应有的贡献。你的名字已经为好几代华师人所铭记,并且必将融入源远流长的华师学脉之中。

## 三、与张舜徽先生共同走过的岁月[①]

2011年是辛亥革命100周年,也是张舜徽先生百岁寿辰,真所谓人生如梦,转眼就是百年。往事并非如烟,思念依然绵绵。

### ◆(一)良师

余生也晚,与舜徽先生初识,是在1950年。那时,中原大学刚刚分设政法、教育、文艺等学院。我们教育学院暂时利用千家街校区,只有政治、

---

① 章开沅:《与张舜徽先生共同走过的岁月》,《华中师范大学学报(人文社会科学版)》,2011年第50卷第3期。

教育、历史、俄语 4 个系,领导与教员绝大多数都是从原中原解放区来武汉的所谓"南下干部"。根据中央方针,中原大学开始从干部培训向综合性正规大学转型,但是教师队伍却严重欠缺,所以听说张舜徽教授即将前来任教,大家真是求贤若渴,喜出望外。

舜徽先生是"组织分配"来的。因为他此前曾在华北人民革命大学政治研究班学习,已经过初步"思想改造",所以我们认为他不同于旧大学留用人员。他来教育学院报到以后,是我经手帮他安置在政治研究室那栋二层小楼楼上西侧,至少在我心目中他已经进入新型人民教师队伍。由于家眷未来,他的政治学习、工作与生活,都与我们这些年轻人打成一片。

那几年政治运动不断,舜徽先生很难发挥自己专长,所以我们也摸不清他学问的深浅,因为他的著作在解放前正式出版的不算很多,而中大教育学院早期各系仍以中学政治、教育、历史等课在职教师短期培训为主,课堂上讲的都是基础知识,最注重的又是所谓立场、观点、方法。这些当然不是舜徽先生的长处,但他毕竟经过革命大学政治学习,不仅虚心改造,而且颇能顺应潮流。记得我们每天早上的政治学习是社会发展史,他结合中国文字流变阐明劳动创造世界,用毛笔端端正正书写学习心得,足足有厚厚的一大本,大家(包括王自申院长)看了都非常赞赏。

1951 年暑假,我们随同中大教育学院与华中大学合并,而且迁入昙华林。但是一开始并没有直接转入教学正轨,而是全体师生都下乡参加土地改革。历史、教育、物理、数学等系分配到青山区 13 个乡,住处相当分散。我因为被留在土改大队部当秘书(分管宣传),整个土改期间都难以与舜徽先生见面,只是听说他工作积极,情绪甚好,能与群众打成一片。那时他才 40 岁,一向又勤劳耐苦,自然有良好表现。土改结束以后,回校复课,他主讲《中国历史要籍介绍》,在当时那种历史条件下,可以说是得心应手并开风气之先,因此在校内外逐渐赢得好评。但在 1952 年,教学并非学校工作中心,思想改造运动才是压倒一切的政治任务。不知道什么原因,思想改造中,我被分配到地理系,与历史系反而隔开了。当时历史系教师分别来自几个学校,彼此都不大熟悉,反而不如地理系是清一色老华大,共事已久,相知较深,气氛也比较和谐。听说历史系有的学生比较过激,甚至把进步教授送子支边等感人事迹都说成是"自我表现",加上校报和广播台任意点名批判,使得有些教授惶惶不安,气氛十分紧张。因为华中大学原来是外国教会办的,已被定性为"帝国主义文化侵略堡垒",原华大领导成为全校批判重点,而原华大教授(包括解放前比较进步者)也就不同程度地受到牵累。舜徽先生是真正的"外来者",加以已经有过"思想改造"的训练,比较容易适应这种环境,且历史清白,从未介入政治,遂得顺利过关。

总体来说,直到1957年为止,舜徽先生在校内还是较受重视的。因为他经过"革命大学"陶冶,而且是从"中大过来的",被主要领导看作是"自己人"。杨东莼院长对他极为重视,亲自介绍他参加民主促进会。他教学效果特好,在校内外已是有口皆碑。特别是1956年"向科学进军",他那些厚积薄发的学术佳著连续出版,《中国历史要籍介绍》(后经修订再版改名《中国古代史籍举要》)更成为风行全国的大学教科书,大大提高了他在学术界的知名度。

当时,华师历史系的教师来自四面八方,但真正堪称名师者甚少。钱基博先生年事已高,深居简出,与外界接触极少,所以舜徽先生理所当然地成为学术上的一面旗帜。"桃李无言,下自成蹊",我虽然不是他的入门弟子,又从事不同学科,但经常有缘随侍左右,先生为我释疑解惑,使我获益匪浅。特别是他那种恢宏渊博的学术气象,深深地感染了我。就连他凌晨即起勤奋治学的生活规律,也成为我终生难变的习惯。

但是树大招风,这面旗帜为时不久就被变成"白色"。

在1958年那样"火红的岁月","教育革命"的大字报铺天盖地,舜徽先生又理所当然地成为全系乃至全校最大白旗。1957年冬天,我已奉命前往当阳草埠湖农场"劳动锻炼",每天早出晚归在大田劳动,后来又不分昼夜巡堤抢险、大炼钢铁,根本不知道校园内如何风云变幻。后来还是历史系革命师生担心我受不到"群众教育",逃避"接触灵魂",把针对我的大字报油印编辑成册,名曰《西瓜集》,厚厚一大本,我这才领略到这次批判比思想改造的批判火力更为猛烈,"上纲上线"也更为狠毒。舜徽先生在校园中成为革命大批判的围攻焦点,其处境困难与内心痛苦可想而知。"人生何处不相逢",他原来在西北讲学,我原来在南京读书,是革命把我们汇聚在一起。我们同属"中原人",成为较受组织信任的"革命动力",可是1957年以后渐行渐远,逐步滑向"革命对象",他是"大白旗",我是"小白旗",形影相随,遂成难友。

在我的记忆中,1961年至1963年,知识精英们曾经过了一两年比较舒坦的日子。周恩来、陈毅等为提高知识分子社会地位曾经做过许多工作,"双百"方针郑重重申,提倡实事求是学风并促进学术争鸣,高级知识分子在物资那样匮乏的岁月,生活上也得到特殊的照顾,还可以开什么放言无忌的"神仙会",即所谓"白天出气,晚上看戏"是也。许多老知识分子志气发舒,文思泉涌,舜徽先生的许多佳作都是在这些年付梓问世的。但是他的心情并非十分舒畅,因为1956年学术职称评审时确实吃亏,只定为四级。但当时他没有什么意见,一则是师范院校三级以上教授定额较少,二则是他的著作多半是在1956年以后陆续出版,三则是王自申院长很会做工作,经常告诫我们"中大人":"你们应该顾全大局,以新的更为严格的标准要求自己,因为你们是经过革命洗礼的。"由于被共产党当作"自己人",当时确实有个别老先生放弃了解放前的教授职称。为了"顾全大局",舜徽先生也就不屑于计较教授级别了。但是到了20世纪60年代中期,教授因级别而产生的待遇差别实在太大,只有三级以上才能享受真正的所谓"高干待遇"。舜徽先生的教学与科研水平,早已超过许多三级甚至二级教授水平,但仍然多年稳定在四级不动。大家都为之抱不平,他终于直接向省委主要领导上书陈情。省委与学院都非常重视,当时我正好被杨东莼院长借调到全国政协文史资料委员会协助征集北洋史料,刘介愚书记遂委托我设法了解北京学界高层人士对舜徽先生的评价。我平常见生人就脸红,哪有此种能耐,主要是靠东莼先生个别征询陈垣等学术大佬的意见。舜徽先生早年曾在北京游学,经常请教相关前辈,所以他们对这位自学成才的后起之秀早已了解甚深。东老与陈垣等都很直率地发表了意见,既充分肯定舜徽先生的学术成就,同时也有若干诚恳的劝勉。我及时向学校党委汇报,经过相应手续,舜徽先生终于提升为三级教授,我们都为自己的前辈高兴。那时候的人都很务实,本来也未尝不可以争个二级,但能评上三级也就心满意足了。

不过知识精英们的舒坦岁月很快就结束了,早在 1962 年,已经敲响"千万不要忘记阶级斗争"的警钟,1963 年就见诸行动,雷厉风行地开展社会主义教育运动。而与农村暴风骤雨阶级斗争相伴随的,则是各个人文学科的所谓"学术讨论",实则有"讨"无"论",一个又一个学术界的头面人物被揪出来,作为资产阶级思想的代言人加以讨伐。1964 年开展的有关李秀成评价问题的讨论,不仅把罗尔纲先生,而且连我们这些年轻学者都成为"重点批判"对象。舜徽先生的文献学幸好离现实很远,总算还暂时保留一片净土,让他继续潜心从事自己的名山事业。

但不过 1 年多,史无前例的"文化大革命"席卷全国,舜徽先生与其他知识分子一样,仍然未能幸免于这长达 10 年的民族巨大灾难。

◆ (二) 难友

武汉地区的"文化大革命"是以武汉大学批判"三家村"开始的,而华师则以批判陶军为起点。不过这好像都是省委内定的,照搬"北京模式",与其说是群众运动,不如说是"运动群众"。但省委派到各校的工作组连同其操纵的革委会很快就被"砸烂"了,代之而起的是各派造反组织的群众专政,武斗与批判随之急剧升级。校系两级主要领导都被定位为"走资本主义道路当权派",舜徽先生与我则成为"资产阶级反动权威",成为全校性的批斗对象。用当时的历史话语来说,张先生作为权威是当之无愧,而我却真正是受之有愧,不仅学术水平太低,连职称也不够格(高教七级讲师),所以在全校批斗大会上,给的黑牌上改写为"反革命修正主义分子,刘邓黑干将"。前半截是泛指,倒也无可挑剔,后半截则是过分抬举了我。历史系学生人数不多,善于"文斗",不擅"武斗",这是我们"牛棚"难友们的运气。本系造反派除按过我们的头,让我们坐"喷气式飞机"以外,基本上未动手打人。张先生听说曾被打过两巴掌,但那是总务处的个别职工,全校有名的打手,对舜徽先生也够客气的了。同时,他和我的工资都被扣发,存款亦被冻结。我没有什么存款,他比较多,因为稿费多。我每月工资100元,扣60元,只发40元生活费。他被扣更多,子女又多,生活自然十分困难。当然"文革"后被扣工资都归还了。

"文革"初期,批判烽火比较集中于舜徽先生,因为他的目标确实太大。但历史系的红卫兵比较理性,惯于思考。也可能是由于在北京"串连",看过与我关系比较密切的人民大学、中华书局等单位的大字报,经商讨认定张舜徽先生是"死老虎",章开沅是"活老虎":前者经过1958年"教育革命"早已批倒,后者则是中宣部黑线在桂子山的代理人,至今尚未显露原形,因此大批判的火力转而集中于我。湖北省社科界还成立了"批判章开沅联络站",校园内的"批章"大字报更是铺天盖地。相形之下,舜徽先生倒是显得被冷落了。他本来与我们同居"牛棚",稍后被允许晚上可以回家。再往后连"批章"也难以为继,及至军宣队入驻,经过一段时间集中斗批改以后,全校(包括历史系)教工一分为三,一小部分留在桂子山坚持"革命",大部分分别安排到大冶和京山劳动锻炼,而这三部分名义上都是斗批改,实是虚有其表,无非是上传下达、例行公事而已。正是在这样特殊的状况下,舜徽先生又有幸留在武汉,虽说已被逐出原有住房,但毕竟得以在那澡堂改造、阴暗潮湿的书房里独自伏案写作《说文解字约注》，深思熟虑，一笔不苟，据说毛笔都写秃50多枝。

1986年山东大学王仲荦先生来汉讲学，偶感风寒，住武汉陆军总医院就医，我赶紧前往探视。他当时精神尚好，心态也非常平和，起床坐在沙发上（非如外间所说"在病榻上"）娓娓叙谈太炎先生家事及其全集出版状况。临别时特别提到1983年《说文解字约注》的出版，他曾对中州书画社极力推荐，并且充分肯定舜徽先生的勤奋与成就。其实仲荦先生在"文革"期间，因不满校园各种乱象，长期拒不下楼，其倔强性格也曾传为美谈。这些老辈学者已经把自己的生命融入中国固有文化，并且经由中国固有文化的涵泳，形成自己的品格与灵魂。他们与"文革"格格不入，并且以多种多样的方式来守望和维护中国传统文化精粹的绵延。仲荦先生20世纪60年代初与我在中华书局结识，之后成为忘年交，对我的教诲、关怀、提携一如舜徽先生。但没想到这竟成为最后的诀别，他回山东不过十几天就去世了。

◆（三）芳邻

昙华林校园较小，教工宿舍容纳有限，50年代初，我们原中大人的家属多半是就近租房居住，租金由学校支付（供给制，自己无钱可付）。舜徽先生家属来后，由于子女较多，街道上没有适当房屋可租。幸好师母在昙华林小学任教，遂由该校提供简易平房两间，全家挤在一起。师母贤惠勤劳，把房间布置得井井有条。虽然没有专用的书房，倒也窗明几净，孩子们上学与就寝后，舜徽先生依然可以潜心治学。屋旁还有闲地，师母课余种菜，先生抱瓮灌园，瓜棚豆架，自给有余，不时还送鲜菜给邻里尝新，别有一番家庭情趣，羡煞我们这些"王老五"。

我与舜徽先生来往虽多，但真正成为邻居还是在"文革"以后。20世纪80年代初，教育部为落实知识分子政策，拨给华师30万元专款在桂子山上西区盖了一栋四层楼房，有两个门栋，东头主要住校级领导，西头住资深教授，也有个别革命年龄特长的党政干部。舜徽先生等知名教授都住进新楼，只有我这个刚提升的资历最浅的教授，也破格住了进来。舜徽先生住二楼，我家正好在其上顶楼。这栋楼虽然简易粗糙，但是有四室一厅，浴室、厨房俱全，已是当时全院最好的宿舍。我家自"文革"以来长期苦于住处逼仄，有段时间两个女儿共享一张饭桌写作与学习，妻子只能打游击。书籍的处境更差，多半只能置于柜顶床下。舜徽先生的藏书最多，其困苦当然更甚于我。经过此次搬迁，人书都得以意气发舒，各自拥有真正属于自己的书房，这才有舜徽先生学术生涯最后那10多年的晚霞满天。

舜徽先生一家都是睦邻模范，孩子们轻言细语、彬彬有礼，师母关心年轻同事，经常介绍家常生活经验，不时还送味美泡菜并传授制作方法。舜徽先生每有新著问世，必定用报纸包好送来。他赠书的特点是从来不在书上写字，而是把敬语端端正正写在纸条上夹于书中，用意是受赠者如果用不着还可以转送给别人。后来我看到许多日本老派学者也是这样做法，不像我们赠书总是在扉页大笔一挥，仿佛非要别人接受不可。我们轻易不敢打扰前辈，偶尔到他书房请教，那真是一座小图书馆，琳琅满目，美不胜收。许多珍贵善本都有自己的一段来历，从本地藏书家借来的贵重典籍，更是视若拱璧，精心保护。"文革"前有一两年我在北京常到行老（章士钊）家拜访，他的藏书更多，足足有两间大房摆满书架，但那主要是靠太炎先生的侄女帮忙经管。舜徽先生完全是靠自己陈列、保洁乃至定期养护，虽然辛苦也是乐趣。读书、爱书、敬书、护书，这才是一个真正的完整的读书人，我从他那里懂得了什么叫作嗜书如命。

舜徽先生举手投足都是中规中矩，非常文静儒雅，但却具有鲜明的个性与勇于开创的胆识。在我的记忆中，他在1963年将旧作《广校雠略》在中华书局增订出版，已经在北京老辈学者中引起若干议论，后来又首先倡言"中国文献学"，更面临众多非议。但他毫不动摇，直抒己见，并且用自己的学术成果来回应那些反对意见，最终还是赢得了学界的普遍认可。学位制度恢复后,由于中国近现代史是个年轻学科,我又没多少学术积累,所以不敢申报博士点。也是他老马识途,带头申报,并且鼓励我申报,这样才为华师历史学科争取了两个首批博士点。说来惭愧,当时我还真是缺少这样带头冲刺的勇气。

他是自己苦学成才,所以也很同情爱护那些自学成才的后辈。例如程涛平,就没有读过什么正规大学,主要靠自己刻苦钻研在楚史研究方面脱颖而出。他报考华师文献所研究生,我因以前与他同在《历史研究》获奖,曾略为介绍相关情况,舜徽先生非常欣赏,慨然允许报考并最终录取。事实证明,程涛平不仅在楚文化研究,而且在武汉相关历史文化景点的营造方面都做出重大贡献。

还有一个唐文权,原来在苏州中学教书,只有大专学历,也是靠自己苦学,在章太炎研究方面颇有成绩。他愿意离开世代定居的秀美姑苏前来从我共同治学,却受阻于教育厅没有大学毕业证书的门槛。正好1983年教育部高教司司长到历史系看望舜徽先生与我,并且很诚恳地问我们有什么为难的事情需要他帮忙。我立刻提出唐文权的调动问题,并且说:"我这个博导也只有一张初中文凭。"因为以前两次被开除,1948年在金陵大学又为去解放区而辍学。舜徽先生怒形于色:"不应过分强调学历证书,我连小学毕业证书都没有呢!"司长为之动容,答应代为向教育厅转达这个意见。教育厅很快就发出商调函,唐文权如愿来到我们历史研究所,并且由于学术成果优异,没有几年就从讲师提升为副教授、教授,在国内外学术界备受赞赏。

最近,我看到舜徽先生的西北挚友冯国瑞(仲翔)《绛华楼诗集》,内有《送张舜徽教授南归》,写于1946年先生离别兰州之际。诗云:"世谁尊朴学,子独厌虚声。九畹滋沅澧,三苍力抗衡。危言宁岂废,漫夜有独行。张翰秋风感,临歧话后盟。"两位好友,一别近20年,由于冯氏早逝,"后盟"终未实现,但此诗却早已为舜徽先生的一生做了最好的概括。这才是真正的知己！

## 四、悼念郎郡诗老战友[①]

2017年1月初，由于寒潮警报过于夸张，我与内人提前到广州避寒，直到3月9日才回武汉。由于积压事情太多，每天忙忙碌碌，不知华师寒假有何较大事故。今天上午，孙女昕昕从美国以手机微信转来一篇文章，题为《音容宛在 教诲永存》，开题词是"他用毕生之力让华师一成为华中教育领域的精英"。我的心顿时收紧，难道郡诗竟猝然先我而去？一看文章，果然如此，文章是通过华师一附中公众号于3月15日发布的。我与郡诗有通家之好，他的媳妇与我的女儿在湖北省妇幼保健院是亲密同事，昕昕与他的孙子昭昭又是华师附小同班同学。由于住宅相邻，过去经常交往，所以她在第一时间抓紧转告我们。

郡诗虽然大我一岁，但体质比我健壮，虽然近几年因病多次住院，却都能化险为夷，安然回家，照常每天晨起散步、健身，与我叙谈如故。所以最近一次住院我们以为可以平安无事，却未想到竟成永别。多少往事涌上心头，只有通过悼念文章为他祈求冥福。

我与郡诗虽然都属中原大学南下干部，但由于不在一个部门，所以没有机会结识。直到1950年8月中旬，中南工农速成中学办在中原大学校区内，而且从中南五省选调的优秀中学骨干教师委托中原大学教育学院代为短期培训，这才有机会经常见面。最初筹建中南工农速成中学的干部总共才六七个人，而担任副校长的就是我原先在20队的队主任牟政，所以大家很快就互相结识。中南工农速成中

---

[①] 来自微信公众号"桂子先导"。

章开沅先生（左4）和郎郡诗校长（左3）踏春赏花（2010年3月摄）

学的创建，事关重大，时间紧迫，因陋就简，且无前例可循，真可以说是白手起家，筚路蓝缕。牟政很快就奉调创办新中国第一所拖拉机学校，所以从中南工农速成中学到华师一附中的创建与转型，领军人物与奠基功臣，确实是郎郡诗。他把青壮年华全部奉献给这所华中地区名校。

郎郡诗校长

老郎于1974年从华师一附中调大学部工作，由于我仍属"重点批斗对象"，难以个别接触。"文革"后我又忙于国际学术交流，经常奔波于外地,仍无任何私人交往。迟至1984年4月,我谬膺华师校职,他连任主管后勤(包括财务、基建、总务等处)的副院长,我们才朝夕相处,同甘共苦。加以住处接近,我们的儿女乃至孙辈成为亲密的同事、同学,所以更增加许多亲密感。

我常自称"谬膺校职",并非故作谦虚,因为此前我埋头学问,毫无党政实际工作经验。回想起来,从1984年到1990年我能连续担任6年校长,未出大错,且有若干创新建树,受益于校部同事(特别是几位副校长)甚多,因为他们在学校管理方面已有丰富经验。记得上任之初,他们为帮我尽快进入校长角色,整整花了1周时间,安排各个部处负责人轮流向我"汇报",实际上等于是办了一期"校务入门"学习班(国外称之为"orientation")。老郎主管的基建处和总务处与校园环境及师生生活关系最为密切,所以讲解特别详细。基建处处长张炳昌手执教鞭,指点挂图,俨然上课。我亦随时虚心求教,连校领导批阅过的文件也认真拜读,发现老郎的批语最为认真、切实,而且文字简练,书法端正,有时连下属呈报文字上的缺失都加以改正,给我留下极为深刻的印象。

华中师范大学老校门

我们这个班子可以说是受命于危难之际。原来的领导班子已被宣布免职,而我们却迟迟未能正式上任。由于派性流毒未清,有些人仍然把老领导看作"走资派",而我们乃是"旧党委的第二套班子",省委内部也有人附和。所以国务院的正式任命书虽已在1983年12月正式下达,却被省委科教部压住,迟迟没有宣布。原有学校主要领导为避免外界猜疑,很少与我们接触,连私下交接都不可能,华师校部形成两个多月"真空",基本上处于半瘫痪状态。"文革"期间校园遭受严重损害,此时依然是"满目疮痍",垃圾成堆,馒头发黄,工作漏洞处处可见,众多师生怨声载道,焦急而又无奈。后来经我以个人名义(新任党委书记病重)向教育部党组紧急反映,在党组主要领导的严词督促下,省委才勉强同意正式宣布换届,但仍然以莫须有的罪名,把一位副校长"挂"起来。恰好另一位留任的副校长又仍然在北京"继续学习",只有我与郎郡诗、邓宗琦三人勉力支撑,维持全校行政工作正常运转。记得我们正式就任的第二天早晨,就狠抓改进馒头与清除垃圾两件"大事",真是可笑而又可悲。但老郎与总务处同心协力,雷厉风行,校园环境与师生生活立即大有改进。宗琦对教学、科协统筹兼顾,不仅迅速恢复正常教学秩序,而且与我携手狠抓科研,勤下基层,深入社会,在"校县(仙桃市)全面协作"的创建方面开风气之先。

后勤涉及全校师生乃至家属的衣食住行与医疗卫生及文化娱乐,实乃全部校务工作的坚强后盾,老郎的责任重大与辛勤劳累可想而知。此前35年我都是当教员,每时每刻都享受后勤的服务而不了解其艰辛,正是通过与老郎的亲密共事与经常交流,我才逐步深切理解后勤在大学的重要地位与作用。尽管当时办学条件差,资源非常匮乏,连自来水都难以正常供应,学校必须自己掘井取水。但他从不叫苦,更无牢骚,任劳任怨,埋头苦干,切切实实解决各种难题。他尽管是老革命,一附中又办得声名鹊起,但一经分工主管后勤,就全身心投入并且热爱此项工作。他从来不是坐在办公室里发号施令,经常到基层现场调查研究,具体指导下属工作。他对正在建筑的几处工地情况了如指掌,其熟悉程度不下于基建处的工程负责人员。他热爱华师的美丽校园,对常见的林木、花草、鸟类都能随时叫出名称,我通过他的指点受益甚多。我们都对园林工人非常尊重,为姚水印师傅祝寿并礼聘他担任生物系讲师,在各高校引起很大轰动。他本来想把元宝山林区改造成为休闲健身的公园,并且为终生奉献园林的姚师傅,老炊事班长、桂香园创建者邬时楷以及手不离扫把、所到之处一片清洁的教学楼管理工王相林,立石碑或铜碑作为永远的纪念。可惜元宝山已被少数邻近村民违章建筑全部侵占,老郎的宏愿只有梅园"绿魂"石碑得到实现。

华中师范的梅园石碑镌刻"绿魂"是为了纪念姚水印老师傅

回想我就任第一年,因担任国务院学位委员会评议组工作,教育部又委托我作为全国陶行知研究的总协调者,此外还要为学校与本学科的国际化经常奔波于海内外各地,有时离校数周乃至1个月,学校行政工作的整体运转,全靠宗琦与老郎两位副校长协同推进,井井有条,蒸蒸日上,实在功不可没。所以即使第二年王庆生恢复工作,王秋来结业回校,行政领导班子全员配齐,我仍然延续这个模式,即"党委领导下的副校长负责制"。我经常强调"分工负责,各得其所",校长应该放手让副校长独立工作,而副校长应该放手让各部处长独立工作;校长不必做副校长的工作,副校长不必做处长的工作,各负其责,严格按制度办事。我不是说应该推广这个模式,但就华师这6年的实际运作而言,党政同心协力,领导班子团结融洽,所以学校总体素质才有明显提升。作为校长,我对两位主持工作的副书记与几位副校长非常敬佩并充满感激（高原书记癌症晚期，住院甚久并病故）。

老郎无论从年龄或革命伍龄来说，都是我们这个领导班子的老大哥。他对教育事业的无限忠诚，对华师（包括一附中）的诚挚热爱，忠于职守、严于律己、公私分明、作风正派、遵纪守法等美德，处处都成为我们的表率。说件生活小事吧，他住在楼上连煤气罐都是亲自扛，从不动用后勤职工，直到古稀以后仍然如此。离休以后，他担任离休干部总支书记，也是如同在职期间一样，不仅关心离休干部的生活、学习与健康，而且也经常关心并配合整个老协工作。我与他私下交流甚多，他非常关心学校工作的健康发展，经常利用座谈会与教代会忠言直谏，并且热心参加学校各种公益活动。而他对华师一附中的爱，乃是终生的大爱，因为他为这所名校奉献了一生中最美好的岁月。即使调离以后，他仍然密切关心华师一附中，尽可能地给以协助与建言，所以华师一师生至今仍然如此尊敬热爱这位老校长。

章开沅先生（左2）和郎郡诗校长（左4）珍贵合影

蒙蒙春雨，又逢清明。逝者已矣，生者应该更加珍惜余生，发挥余热，尽心尽力，为我们共同从事的教育事业继续奋斗！

## 五、笔墨缘结五十年——寄语《历史研究》①

不知不觉《历史研究》已经办了 50 年,作为从创刊号开始的老读者以及经常投稿的老作者,自然不免有若干沧桑之感。

在我早年印象中,《历史研究》仿佛是一座史学殿堂,从第一期开始就以严谨的学风与极高的水准出现,刊物上经常出现众多名家名文,确实具有大家气象。

但是这个殿堂并非高不可攀,它通过学术讨论把各个年龄段的优良成果都吸引进来,特别是注意提携出道未久的年轻学者。现今被许多人认为是不屑一顾的史学讨论的"五朵金花",虽然存在着历史条件和认知水平的局限,然而当时确实活跃了学术氛围,形成了自由讨论风气。即以中国近代史分期问题讨论而言,尽管已有范文澜、胡绳等名家撰文在先,但同时也刊登了当时尚属年轻的戴逸的长篇争鸣文章,就连我们这些远离京师的小人物的一孔之见也都给以刊布。特别是在争论中直来直去,丝毫不讲客套,给我留下极为美好的印象。

但是,就历史学科建设的长远效应而言,更为重要的恐怕还是优良学风的示范与倡导。黎澍接手主编以后,特别发表范老《反对放空炮》一文,提倡切切实实研究,纠正空谈浮夸之风,确实起了拨乱反正的作用。《历史研究》发表的文章绝大多数都言之成理,持之有故。

---

① 章开沅:《寻梦无痕:史学的远航》,北京:北京师范大学出版社,2011 年,第 394—395 页。

50年来,编辑部人员虽然换了好多茬,但这一优良传统始终得到保持。特别是近些年纠正浮躁学风,《历史研究》更为明显地起了表率作用。

刊物与其所从属的学科一样,生命活力全在于勇于创新。《历史研究》貌似持重求稳,然而在关键时刻却也敢于直面重大问题,刊发观点鲜明的争论文章,"文化大革命"前如历史主义与阶级观点之争,"文化大革命"后如近代史线索之争、洋务运动之争,特别是黎澍发动的历史动力之争等,无疑都不断推动了史学的持续发展。

创新还表现为大胆发现新人,大胆起用新人,包括尽管备受争议而确有真才实学、真知灼见的新人及其新作。在这方面黎澍已经为我们树立了良好榜样,希望今后的主政者也能继承与发扬,这样刊物才能永葆青春并洋溢活力。

不过《历史研究》最使我心烦的,就是那副改来改去总改不过来的老面孔。说白一点就如同清朝"馆阁体"书法,方方正正,中规中矩,严肃有余,活泼不足。名刊可能有名刊的包袱,正如老字号有老字号的墨守。我衷心希望《历史研究》能够放下包袱,摒弃墨守,不仅在选题、内容上拓展空间,而且在栏目版式方面也要有所革新。

《历史研究》在众多史学刊物中具有无可置疑的重要地位。中国是个史学大国,在世界范围的史学发展过程中,《历史研究》应该有自己的定位与特色,既要关注当代西方史学的最新趋向,并且从中吸取必要的启发与借鉴,同时也不可单纯追随西方的热门论题、话语,应该努力促进真正具有中国气派的现代与传统相衔接的优良史学体系的形成与发展,从而力争走在世界史学潮流的前沿。

《历史研究》还应该关注现实,关注社会,关注当今世界一些关系人类命运与历史走向的重大问题,诸如人文精神、道德规范、国际格局、环境资源、宗教民族等举世关注的紧迫问题。21世纪的人类首先应该考虑人与人如何和谐相处?人与自然如何和谐相处?这不仅是一个国家的大事,而且是整个世界的头等大事。在这些全球性的大课题的研究与讨论中,应该让人们听到历史学家的声音。《历史研究》应该为关注这些现实重大问题的中外学者提供讲坛,这不是历史学家急于自我表现,而是各个学科成员都应履行的历史职责。

古人说:"车轻道近,鞭策不用;鞭策所用,道远任重。"我愿与《历史研究》的编者、作者、读者和所有关心当今史学发展的人们以此语共勉。

# 附录

## 一、如何"读懂中国"？章开沅先生这样说①

> 桂子山上有这样一位老人
> 他已93岁高龄
> 但仍然每天去办公室研究学问、接待来访
> 他就是华中师范大学老校长
> 著名历史学家、教育家、荣誉资深教授
> 章开沅先生

◆ **励精图治　学者楷模**

作为吴玉章人文社会科学终身成就奖获得者，章先生以超越世俗的奉献精神和纯真虔诚的学术信仰，在史学诸多领域做出了开创性的学术贡献。

1981年，章先生与林增平先生主编的《辛亥革命史》，是世界上第

---

① 《如何"读懂中国"？章开沅先生这样说》，http://www.thepaper.cn/newsDetail_forward_4639186。

**第七届吴玉章人文社会科学终身成就奖颁奖典礼的现场**

一部研究辛亥革命史的通识性、综论性大型专著。20世纪90年代初,先生在华中师范大学创建了国内首家中国教会大学史研究中心。

**章开沅先生接受记者采访**

1988年和1991年章先生两赴耶鲁查阅一手文献和史料,先后完成《南京大屠杀的历史见证》以及《天理难容——美国传教士眼中的南京大屠杀》两本著作,在国际上首次详尽揭露了日军在南京所犯下的滔天罪行,有力驳斥了日本右翼分子试图掩盖历史罪行的无耻谎言。《抗日战争研究》等学术期刊以书评的形式对先生的历史正义感和学术贡献给予高度评价。

◆ 以史为镜　家国情深

章先生是治中国近代史的学术大家。在他看来,治史不能止于记录和回望,更应懂得阐释与思索：

历史学家不仅仅是历史的守望者、记录者、宣扬者,也是历史的创造者、参与者,所以我主张参与史学,就是经世致用的。我研究辛亥革命,总结辛亥革命的灵魂和精神,特别是武昌首义的精神,就是"敢为人先,敢为天下先"。

章开沅先生持华中师范大学校报

作为改革开放后最早开展国际学术交流的中国学者之一,章先生以其深厚的学养和独特的人格魅力,与海内外学术界建立了非常紧密的联系。先后受聘担任耶鲁大学、普林斯顿大学、加州大学、香港中文大学等许多著名学术机构的研究教授或客座教授,让世界听到了中国的声音,华师的声音。

◆ 师者榜样　甘为人梯

先生治学求道时心无杂念,宁静守拙,也敢于自我革命。三年内

**1957 年,章开沅先生在桂子山新校区**

他四次请辞"资深教授",主动放弃自己的名誉和待遇,成为中国打破学术头衔终身制的第一人。

他胸怀坦荡,平易近人,无任何门户之见。1983 年至 1990 年先生担任校长期间,以学者眼光治校,提出高校一切工作应以学生为中心,学生是我们的衣食父母。"我一辈子没有别的,就是欢喜学生,到现在也欢喜学生,特别欢喜本科生、小可爱。这种爱是一种本能,总想为学生,为青年人做点什么。"

"治学不为媚时语,独寻真知启后人。"先生甘为人梯,桃李满城,培养和影响了一批活跃于社会各界的中青年知名学者。大学之光在于文化的积淀,精神的传承,学脉的延续。章先生的治学之道、治教之法,导引一代代桂岳学子求真求实、奋力前进,将"求实创新,立德树人"的华师校训永远铭记于心。

## 二、章开沅：精神的世界无人可挡[①]

在外界看来，章开沅成才的道路有些"难以想象"。

那是解放前他曾两度辍学，高中都没读完，在漂流长江的船上打过工，在青年军里当过兵；金陵大学求学两载后，本想做个跨马佩枪、文武双全的战地记者，却被中原大学截留，阴差阳错闯进了史学的殿堂。

时光荏苒，而今已是鲐背之年的章开沅头顶诸多光环：华中师范大学原校长、中国大陆近代史学家中的"两个半"之一、国内社科界辞去"院士待遇"第一人……但他更喜欢所在城市评出的"好人章开沅"。

他不认同今天的父母对孩子培养"不能输在起跑线上"的理念，积60余年的教育经验，他认为"教育首先是要培养好公民"，最忌因社会压力而急于求成和揠苗助长，"用生产流水线的办法来进行学习管理，没有不失败的"。

回望青葱岁月，这位历史学家说："中学是世界观、人生观以及品格养成的基础时期，不要急于求成，要善于做自我选择。"

自诩"90后"的他时常劝诫青年学子，学习的主要动力是兴趣，求知欲产生于兴趣，产生于好奇心。

---

[①] 雷宇、王雅兰、刘振兴，等：《章开沅：精神的世界无人可挡》，《中国青年报》，2017年5月8日第11版。

◆ **激发兴趣更重要**

章开沅的中学时代是在战乱中度过的。

抗战爆发后,章开沅和家人离开家乡安徽芜湖,随着西迁的难民潮进入当时的大后方重庆。章开沅幸运地进入条件较好的江津国立九中,从初一读到高三。但他从此与家庭长期隔绝,完全靠学校和老师照管。

九中校部是由当地宗族祠堂改建的临时学堂。伙食谈不上营养,"吃的是霉烂且混杂糠、稗子、米虫之类的所谓'八宝饭',而且经常难以填饱肚皮"。今天的章开沅回忆,"真正起正面作用的,倒是一些好校长、好老师的言传身教"。

在副校长邓季宣的带领下,九中学风严谨而开放,经常请学者专家为学生做报告,包括左翼作家魏猛克、音乐家马丝白和抗日将领冯玉祥等,皆为一时之选。

中学时章开沅酷爱语文,高一语文老师姚述隐更是激发了他对语文的兴趣。姚述隐中等身材,着一袭长袍,操北方口音,教学深入浅出,"听课简直成为美的享受"。

章开沅沉醉在《桃花源记》的意境中,曾与同学顺着溪水去寻找书中的桃花源。如今回眸,章开沅笑言"始终没有找到一个山洞,更找不到魏晋时候的人",但充满回味。

因为勤奋写作,文风冷峭,章开沅一度有"小鲁迅"的美称,"这多半得益于姚先生的熏陶"。他对学生的作文批改认真,遇有佳句则朱笔圈点,批语亦耐人咀嚼。章开沅曾用古文写《李白传》,因被夸赞"天才横溢,出手不凡"而备受鼓舞。

偏居一隅的中学生活中,亲密的师生关系也弥补了彼此远离亲人的遗憾。一次化学测试中,章开沅因表现出众,化学老师像父亲一样,用实验烧杯和酒精灯做红烧牛肉来奖励他,"那是我吃得最好的一次,一辈子都记住了"。

他笑言,彼时根本没有"学霸"的概念,即使邓校长的亲侄子、后来成为"两弹一星"元勋的学长邓稼先,"也并不引人注目"。

同学们常利用课外时间用蛇皮、马尾、竹子做胡琴,一时间几乎人手一琴,弦歌不绝。刘天华的名曲《良宵》《病中吟》《光明行》,章开沅都会拉,"基本可以上台演出"。

◆ 读有字的书,更读无字的书

"我相信'开卷有益',打开一本好书就是幸运的开始。"青少年时代的阅读生活为章开沅提供了一个全新的精神世界。

他从丰子恺的画,冰心的散文,鲁迅的《故事新编》《朝花夕拾》中汲取中国文学的营养。从《茶花女》《三剑客》中了解西方的文学世界。除《西游记》《封神榜》外,章开沅一度痴迷武侠小说,常常看《彭公案》《施公案》《七剑十三侠》,连吃饭都会忘记。

"这些书让我在年少时就养成了爱读书的习惯,丰富了想象力。"时下的年轻人更青睐电子阅读,章开沅觉得无可厚非,但希望要选择有品位的、内容丰富的书。

抗战最困难时,一部由商务印书馆出版,可以随身携带的小开本《万有文库》,让章开沅受益最大。这部书从文、史、哲、经,讲到天、地、生、化,从亚里士多德的思想讲到爱因斯坦的相对论,"尽管看得似懂非懂,却也增长了不少见识,特别是激发了我强烈的求知欲"。

把书本上获取的点滴知识与自然现象相印证,是章开沅高中时最大的乐趣。约上同学,中午到田间观察小麦叶上的霉菌,晚上躺在山坡草地上寻找喜爱的星座,或是跪在远处坟山上捕捉"鬼火",辨别究竟是浮游的磷光还是萤火虫。

语文老师朱彤带同学们参观著名诗人吴芳吉故居时,还专门去过一处劳动条件极为恶劣的煤矿。原本够苦的难民学生,看到那些赤身露体、瘦骨嶙峋的工人,在黑暗且积水的洞穴中匍匐着掘煤或拖煤,有的工人两眼已经失明却依然勉强背煤,"这才知道世界上还有更苦的人"。

距离高中毕业的最后半学期,因某些原因章开沅被迫肄业。才18岁的他,不仅无书可读,生活亦没着落,辗转到一艘从重庆运米到泸州的木船上打工,夹杂在船工纤夫里体会旧社会的百味杂陈。

船上的生活更像一个帮会社会,抽鸦片、赌博,甚至黑道白道都有,"那种痛苦于我而言为人生最痛!"别人抛弃的两张旧报纸成了他唯一的读物,从头版头条到末版末条,甚至每则广告他都会逐字逐句琢磨。

章开沅的心灵和现实所处困境,今天的青少年无法想象,之所以没有学坏,"正是因为幼时坚持读书让我拥有了一个精神世界,这个世界里没有坏人,都是我崇拜的人"。

章开沅想起了曾浪迹在伏尔加河上的高尔基,想起了读过多遍的《我的大学》,这给予了他精神力量,甚至雄心勃勃要做"中国的高尔基"——即使社会病态,也不要随波逐流;处在人生最低谷时,不妨阅读社会充实自己。

回首往昔,他庆幸曾在社会底层与善良质朴而又粗犷豪放的劳动者同舟共济,得以深入体验人生、观察社会,困顿时的际遇反而滋养了自己的治学治史之路,"真实是历史的生命。这段路加深了我理解和阐释历史上的人和事"。

## ◆ 做人是人生真正的起跑线

当今社会,"培养孩子不能输在起跑线上"的理念大行其道,作为教育家,章开沅常与青年一代探讨成人与成才的关系。

"现在父母老师总希望按照成人的意志把孩子的人生预先设计好,这是极大的不尊重。"对此章开沅痛心疾首,"这剥夺了孩子的人权"。

多年来,章开沅不断呼吁,没有深刻的反思,就没有真正的教育改革。

章开沅对自己中学时期宽松自由的学习环境称赞有加:"不公布成绩,没有排名,更没有'学霸'这个称呼。"

但就是在这样的环境下,国立九中办学不到8年时间,却培养出6位院士,其中还有章开沅的室友、比兄弟还要亲的小汪耕;而他自己,也是最早一批教育部评聘的资深教授。

在他看来,现在的小孩在知识和技能等方面都很强,"多才多艺,能歌善舞",但在公民素质、思想德育方面还有不足。中小学教育更应抓紧德育,由浅入深地讲如何与外界正确相处。"这才是真正的人生起跑线,不抓好这个起跑线,就有可能让年轻人走上邪路,乃至祸国害民。"

家庭教育同样值得重视。

"现在有很多锐意改革的学校都很无奈,认为最大的阻力是家长。"在章开沅的家旁边有一个幼儿园,每天经过,他注意到一个现象:小学生也有两面性,在学校很顺从,但一出校门就变了,到处乱扔垃圾。

他分析,这可能和家长有关,这些人用种种美好的外衣包装自己,能说会道、长袖善舞,却只是"以自己的利益为中心"。

在他看来,在市场经济的环境下,教育要沉得住气,不应做市场的"跟屁虫"。

这位老人自己的治学路为此写下最好的注脚。1962年章开沅着手写作《张謇传》,历经两年完成,直到1987年才得以正式出版,被称作其"史学生涯里程碑",连他自己都说:"我这一辈子写了这么多东西,能够流传下去的,可能就是一本《张謇传》。"他总结道:"不要急于求成,凡事都得有个过程。"

他劝诫家长不要太屈服于当前的教育制度,同时也鼓励青少年发掘自身的力量,善于做自我的选择,中学阶段激发兴趣很重要,培养独立思考能力,能够明辨是非,无论将来读什么样的大学,都能成才,"精神的世界无人可挡"。

## 三、周锡瑞：问学章开沅先生①

我个人对于辛亥革命的研究始于1969年。当时,中国正经历着"文化大革命",有关中国历史的严谨研究因此停滞,而美国学者则根本无法来中国大陆学习。如同其他西方学者,我的研究只能在香港和台湾地区进行。通过阅读20世纪50年代中国出版的资料及索引,我发现很多资料只有在中国大陆才能找到。同时,也发现了由一批满怀热情的中国学者开展的中国近代史的扎实学术研究。因此,1979年中美两国邦交正常化的大幕一拉开,第一拨中外学者的交流就上演了。我成为第一批来华进行历史研究的美国学者之一。这也是我和章开沅教授在1980年见面的缘起。

那年抵达武汉之时,正值春节假期,自然是一个不方便安排接待的时候。然而,章先生无论是与我见面,还是讨论中国辛亥革命研究,以及"文化大革命"后的中国大学如何恢复正常的工作,都十分亲切,毫不见外。当时,章先生和林增平教授合编的《辛亥革命史》即将完工,他本人对辛亥革命这个主题的驾驭程度远超我的想象,不禁让我觉得自己像是刚入门的学生。

在汉期间,我还了解到,他曾经在北京图书馆看过我的拙著《改良与革命:辛亥革命在两湖》的原版(*Reform and Revolution in China*:

---

① 中国近代史研究所:《章开沅先生九秩华诞纪念文集》,武汉:华中师范大学出版社,2015年,第20—22页。

*the 1911 Revolution in Hunan and Hubei*)的原版,并慷慨地推荐到中华书局,使其得以翻译出版。后来,他又为该书的中文版慷慨提笔作序。可见,我个人对于中国近代史的研究能够为中国读者所知,实际上得益于章先生的大力引荐。我对此永怀感激之情。

我对于章开沅先生个人事业的另一次重要理解和认识是在1987年中山县(今广东省中山市)举办的关于孙中山先生的国际会议上。相比1979年至1980年我首次来华访问,当时的中国学术氛围生机勃勃,与会学者可以更加公开地讨论和辩论他们所关心的问题。有一次晚宴上,章先生建议我见见他的两位研究生。当天晚上,两位年轻人就来到我入住的酒店房间,他们就是马敏和桑兵。说实话,我现在已经不记得我们那天晚上讨论的细节了,不过我清楚记得,那天晚上我们聊了很久,并就如何开展中国近代史研究进行了广泛讨论,包括研究哪些课题,如何提出问题,哪些是重要问题,使用什么研究方法,等等。

那次讨论让我感受最深的一点,就是章开沅先生在华中师范大学历史系(当时未成立历史文化学院)营造的严肃和认真的学术氛围。两位年轻学者的研究结论都是通过对史料的严密考查和对史料内容及意义的透彻诠释而得出来的。显然,他在鼓励他的学生了解欧美和日本学者关于中国研究的研究内容,使他们在透析尽可能宽广的领域和方法之后,做出自己正确的选择。正是通过那次长谈,以及后来多次和章先生的其他高足接触,使我明白了并更加清晰地认识到:通过章先生的指导及个人示范,他培育和培养了一批学者。这些学者开拓了我们的眼界,让我们对于中国近代史有了全新的理解。

在我学术生涯的头20年,我没有机会带博士生。在俄勒冈大学,学校既没有足够的研究生经费,也没有相应的图书馆资源来开展中国史研究生项目。直到1990年,加州大学圣地亚哥分校给我提供了一个职位,我才得以和我的同事毕克伟(Paul Pickowicz)一起开设了中国近代史专业博士学位项目。经过1年多的规划和筹备,我们在

1991年和1992年间迎来了第一批博士生。但是,说实话,我们当时真不知道怎么带博士生。特别是如何开设中国近代史史料学这门课,我们无从下手。虽然我1965年在加州大学伯克利分校上过魏斐德(Frederic Wakeman)开设的中国近代史史料学,但是那个大纲已经完全过时了。万幸的是,正在那年,章开沅先生来美国访学。在他结束了耶鲁大学的研究工作后,我们有幸邀请他到圣地亚哥分校协助我们建立新开设的研究生专业。

我第一次给博士生开设了中国近代史史料学课程,当然,那次是我和章先生联合授课的。他给了我很多宝贵的指导,指出新近出版了哪些史料、哪些书目和索引可供使用,以及可以参考哪些工具书。我们的学生有机会请教章开沅先生,他也就学生们的研究课题提供了专业、中肯和细致入微的建议,并指导他们如何开展研究。我可以毫无保留地说,如果没有章开沅先生的慷慨支持,加州大学圣地亚哥分校中国近代史专业研究生项目就不可能取得它所获得的成功。

就我个人而言,更重要的一点是,在圣地亚哥分校的那一年,章开沅先生除了是我的学术长者,他和他的夫人还成了我们一家的挚友。当时,我事务缠身,对于这位高级访问学者招待不周自是不言而喻。不过,我们利用午餐和晚餐的等机会多次见面。每次交流,我都被他的睿智所打动。章先生言语不多,但每次谈话都是思想缜密,句句真言,很有分量。即便他不赞同你的观点,也不会直接反驳,而是很礼貌地建议你从问题的其他角度再去思考。

鉴于他在中国漫长的学术生涯,我们不难想象他经历过的挫折和困难。可是在他身上,你丝毫看不到半分的埋怨和不满。最重要的是,他总是面向未来。无论道路如何崎岖坎坷,他总是坚信未来可期,充满光亮。

最近几年,我有几次机会回到华中师范大学访问,现在还受聘成为中国近代史研究所兼职教授。在华师,我又看到章开沅先生身上取之不尽用之不竭的力量和能量。现在,他经常来办公室会见访客,撰写文章,还一口答应为我的新书《叶:百年动荡中的一个中国家庭》作序。序言洋洋洒洒,言辞周密而亲切。他对于华师、近代史所以及中国近代史研究的挚爱与执着丝毫没有因为岁月消减分毫。无论是作为学者、教授和个人,章先生都永远是我学习的榜样。

## 四、马敏:春风化雨 润物无声——略谈章开沅老师对我治学道路的影响①

开沅师已年届80,尽管我们丝毫意识不到他的"老",但80年的风风雨雨毕竟是一个漫长的人生旅程。回顾自己的人生,开沅师最感自豪的一点,就是在海内外培养了大批学有所成的学生,他曾动情地写道:"40多年来,无论课内课外,校内校外,我为年轻一代历史学者的成长,耗费了不少精力与时间,对自己的著述或多或少有些影响,但我永远无怨无悔,因为学术的小我只有汇入学术的大我才能进入永恒……为造就青年学者开路,为发展学术交流搭桥,这就是我的人生追求。"

虽然从不轻言为"人师",但很明显开沅师是高度重视作为"师"的社会责任和人生追求的。在他看来,所谓"师",无非是"甘当铺路石子,让青年学者成长的道路稍为平坦一点,可以比我们前进得更快更远",而在我们做弟子的眼里,开沅师始终是最令我们敬重的师长,兼具严师与慈父的双重角色。

关于"师",通常喜欢引用韩愈《师说》中的诠释:"师者,所以传

---

① 马敏:《微言希声——马敏谈史论学集》,武汉:华中师范大学出版社,2016年,第30—35页。

道、授业、解惑也。"在一般意义上，这已说清了"师"的基本内涵，但就学术传承和学者的成长而言，我们切记不要忘了韩愈在《师说》中开宗明义的一句话："古之学者必有师。"师者，导师也，即年轻学者学问上的领路人。俗话说："师傅引进门，修行在个人。"一个人能否成才，根本在于自身的努力，但明师的点拨、良师的熏陶也至为关键，无师自通的天才毕竟是少之又少，所以古人云："学士简练于学，成熟于师。"（王充《论衡·量知》）学者的成熟有赖于良师的指点，学派的形成有赖于延绵的师承。"师"既是照亮后学的红烛，又是传承学问的桥梁。

我在许多场合都说过，能遇到章开沅先生这样的明师、良师，是自己一生最大的幸事，也是能够进入学术的殿堂、学有所成的关键。回顾起来，自己的治学道路无不受到开沅师的深刻影响，他在关键时刻的点拨，对于我学业上的快速成长起到了至关重要的作用。记得开沅师曾很形象地说过："觉得自己的一生好像一只忙忙碌碌的老鸡，成天到处啄啄扒扒，如发现什么谷粒、昆虫之类，便招呼小鸡前来'会餐'。"细想一下，自己不正是那群不时参与"会餐"的小鸡之一吗？从最初的辛亥革命史研究、资产阶级研究，到后来的商会史研究、现代化史研究、教会大学史研究，无一不是在开沅师的导引下，寻得门径，渐入佳境，通过不断努力最终取得了若干学术成就。

就我个人的治学而言，目前得到海内外学术界认可的主要有两个领域：一是商会与绅商群体研究，二是教会大学史的研究。而这两方面的兴趣，均是缘于开沅师的引导而发生。

1981年本科毕业后，我幸运地考上华中师范大学中国近现代史专业硕士研究生，正式成为章开沅先生的入室弟子。读研不久，为训练我们治史的基本功夫，在章开沅老师的倡议下，我同本所老师刘望龄教授和学友朱英一同前往苏州市档案馆参与整理苏州商会档案。沉潜于浩若烟海的商会档案中，不仅给了我从第一手资料出发治史的严格学术训练，而且萌发了若干在当时堪称前沿的问题意识。不过细究起来,这些所谓的问题意识也是受到开沅师潜移默化的影响。譬如对商会的研究,还在大学本科的专题讲座课上,开沅师就曾经饶有兴味地介绍过亲往苏州检阅苏州商会档案的情况以及他的一些思考,这堂课给我留下极其深刻的印象,并引发了我研究近代社会经济史的兴趣。同时早在20世纪80年代初,开沅师即在《辛亥革命与江浙资产阶级》这篇名文中,对晚清江浙地区的商会、商团、市民公社等资产阶级社团组织做了初步的研究,提出商会"是早期江浙资产阶级社会活动的最重要的舞台""商会的成立,明显地增强了资产阶级在社会生活中的地位和作用"等著名的论断。这些论断极大地影响了随之兴起的商会史研究。正是在这一意义上,我们认为章开沅老师是中国商会史研究的早期开拓者和倡导者,引领了这一新的学术潮流。

再譬如我自己能够注意到晚清绅商群体问题并在这方面做了有益的探索,其中的启发之一,便是来自开沅师多次对资产阶级集团和群体研究重要性的强调。不然,即便沉浸于汗牛充栋的商会档案资料中,也有可能让这个重要课题于不经意间悄悄滑过。同样是早在20世纪80年代初,开沅师便强调,在从事资产阶级研究时,"在资本家个人和资产阶级整体(或其某一阶层的整体)之间,多做一些集团(如资本集团、行业、商会以至商团、会馆等)的研究,然后再进行类型的归纳与区分,所得结论可能比简单的上中下层划分更切合实际一些"①。在开沅师对张謇的开创性研究中,他已明确地运用"群体"的概念来分析张謇社会角色的转化,指出:"张謇是过渡性时代、过渡性社会中的一个过渡性人物,他以一个农家子弟经过科举成为士人群体的成员,又从士人群体的低层逐步上升到高层,然后再从士人群体向商人群体转变,进入新兴资产阶级的行列。"他同时指出:"群体这

---

① 章开沅:《关于改进研究中国资产阶级方法的若干意见》,《历史研究》,1983年第5期。

个概念毕竟不能代替阶级和阶层,但如果对这个概念运用得当,则有可能丰富和发展阶级分析的方法。"①这些论述都直接启发了我对绅商问题的研究,并成为许多思考的源头。

我曾以"曲径通幽"来形容自己介入中国教会大学史研究的愉悦之情,深以能在这一领域开辟出自己学术生涯的新局面而为荣。而其中金针度人,将我引入这一新兴学术领域的也正是章开沅老师。

由于众所周知的原因,教会大学和教会史研究在新中国学术研究中始终是一个敏感的问题,20世纪80年代以前很少有这方面的学术成果问世。20世纪80年代以后尤其是20世纪90年代以来,这一领域越来越受到学术界的关注,并逐渐形成一股教会大学史研究热,推动了若干专门学术机构成立和一大批相关研究成果的问世,培养出一批业已崭露头角的新生代学者。章开沅老师在教会大学史研究的发端和兴起中扮演了关键的重要角色,也可以说是国内这一研究领域最重要的倡导者和践行者。

据开沅师的回忆,他之所以决定将研究重点转向基督教史研究,始于1985年美国普林斯顿大学刘子健与威尔逊两位教授联袂来访,建议他从事并推动中国教会大学史研究。次年,普大的林蔚教授再次来访,考察相关大学并具体探讨在大陆联合开展教会大学研究的可能性。我随开沅师接待了林蔚教授,对教会大学的情况有了初步了解,并首次知道我校前身之一即十三所新教教会大学之一的华中大学,正是在时任华中师范大学校长的章开沅老师的关注下,华中大学的珍贵历史档案已由省档案馆移交校档案室,为研究华中大学的历史提供了良好的资料条件。根据开沅师的建议,我决定暂时中断有关绅商问题的研究,转而以华中大学为突破口研究中国教会大学的历史。

1988年3月,我又随开沅师参加了在四川大学召开的首次合作

---

① 章开沅:《章开沅文集:第5卷》,北京:中华书局,1986年,第7页。

研究教会大学史工作会议,以顾学稼、张寄谦为首的21名中国学者同专程从美国赶来的林蔚教授出席了这次重要的会议。会上,章开沅老师就教会大学史研究对开展中西文化交流史研究的意义做了重要讲话,并代表华中师范大学欣然应允于次年6月在我校举办首次中国教会大学史国际学术会议。与会学者围绕教会大学史研究的意义、方法及中外学术合作的可能性等进行了热烈、深入的讨论。这次成都会议及次年(1989年)6月在武汉华中师范大学校园召开的首届中国教会大学史国际学术研讨会,成为以后持续10余年之久的中国内地教会大学史学术研究热潮的起点,标志着中国近代史研究中一个新的学术领域的诞生。我对自己能亲身参与和见证中国当代学术史上的这些历史性时刻而深感庆幸,同时也非常感谢开沅师将我引领进了这一片广阔的学术天地,在这里我结交了一大批心地善良、学风纯正的中外学者,并在他们的提携下为教会大学史和基督教史的研究做出了自己力所能及的贡献。

教师的职责不仅仅在于知识的传授,而更在于人才的培养。好的老师教给学生的往往不仅是做学问的方法,还有做人的道理。"桃李无言,下自成蹊",老师的良好风范和道德操守无形之中一定会影响到学生。这种春风化雨、润物无声的人格魅力可以说是"师道"的最高层次,也是教师的最神圣的义务。在这方面,开沅师给我们做出了最好的表率,所有章门弟子从老师那里学到的不仅是治学之道,而且是为人之道、处世之道、生活之道。回顾起来,在治学与做人相统一的意义上,开沅师在下列数方面给我留下深刻的印象,也可以说潜移默化地影响了我的人生态度:

其一,宏大气象。在为人与治学上,开沅师给人最突出的印象就是淹贯浩博,气象宏大。尽管也学有专精,根基扎实,但开沅师的学术路径似乎更趋向于博,趋向于通,趋向于创臻辟莽、前驱先路的开新。开沅师曾比较他与亡友林增平先生的学术风格和路径:"林公憨厚而我豁达,林公扎实而我开放,林公长于细密而我追求宏观,林公旧学根底深厚而我略知西学。如此等等，不一而足。"开沅师和林公是最知心的学术知音，这里的"憨厚"与"豁达"、"扎实"与"开放"、"细密"与"宏观"只是治学风格的不同，并无高下之分。其实，在一定意义上，他们都是那种博古通今、具有广阔学术视野和恢宏学术气度的一代宗师。增平先生能在30岁出头之际，便以一人之力编成新中国第一部完整的中国近代史教材，就是其具有非凡学术气度的明证。开沅师在开新方面也是不断实现自我超越，从辛亥革命史研究和张謇研究到现代化史研究和教会大学史研究，每一次研究领域的转换无不表现出开沅师过人的学术眼光和惊人的洞察力，同时开辟出一片广阔的学术新天地。

其二，学者人格。开沅师最为强调史学要有自己独立的科学品格，史学家要始终保持自己独立的学者人格。在他看来，史学在本质上是一门求真的学问，真实是史学的生命，"求实存真是历史学家无可推卸的天职，因此也就更需要孟子所提倡的大丈夫刚直的浩然之气"。而事实上，开沅师最令人钦佩的，就是不管环境如何变化、际遇如何沉浮，他始终能保持自己的一颗赤子之心和刚正不阿的独立人格。如他自己所言："尽管史学在社会暂时受到冷落，但历史学者千万不可妄自菲薄，必须保持学者的尊严与良知，以高品位的学术成果争取社会的理解与支持。"我记得一位国外学者曾告诉我，章开沅先生给他留下的最突出印象就是始终能坚持自己的学术见解，有一股浩然之气。这实际上也是大多数人对其的印象和评价。对我们，开沅师常以楚图南为戴震纪念馆的两句题词相赠："治学不为媚时语，独寻真知启后人。"这里面既包含了他对人生的追求，同时也是对我们后辈的勉励。照我自己肤浅的理解，这两句话的含义，是要求我们在做人上，要有独立的人格，襟怀坦荡，一身正气，不媚时趋俗，不急功争利，一心求取学术的"真经"；在治学上，应有自己的独立思考和独立追求，以最终形成一种独立的学术风格，展现出自己的独特个性。唯其如此，方能成为开沅师所讲的那种"不忘根本"，既能"铁肩担道义",又能"妙手著文章"的"真正的史学家"。

其三,参与史学。"参与的史学与史学的参与"是开沅师近些年常讲的话题,也在一定意义上体现了他的史观。这种史观强调历史学家要有强烈的参与意识和社会责任感,不仅要书写历史,还要参与创造历史,融入历史,为人类正义事业和社会发展做出自己的贡献。开沅师认为,"面对当代人类文明的严重缺失,历史学家不应该保持沉默,更不应该无所作为。我们必须和其他人文科学、社会科学乃至广大科技专家中的有识之士一起,共同纠正现今文明的缺失,并且用自己的学术精品,用自己的智慧与热情,营造健康向上的使人类免于继续沉沦的精神文明"。历史学家究竟怎样参与现实生活呢?开沅师的答复是主要用自己的史学成果来参与,"历史学家不仅应该积极参与现实生活,而且应该成为把现实与过去及未来连接起来的桥梁,用自己的研究成果丰富与影响现实生活,并且与人民一起追求光明的未来"[①]。开沅师所提出的"参与史学",十分发人深省。史学要找到自己的出路,不被社会所漠视,首先就应该自强和自省,在社会发展中明确自己的地位和责任。这就要求史学家不要困守学术的象牙塔,而要主动地走出书斋,关心社会,参与社会,通过自己的社会活动和学术成果来影响历史的进程(尽管可能是微不足道的),"营造健康向上的使人类免于继续沉沦的精神文明",直接或间接地创造历史。任何对现实社会生活的漠视、逃避和事不关己的清高态度,对一个成熟和正直的历史学家都是不足取的。其次,仍需提倡"古为今用"(不是简单的影射史学或为我所用),加强古与今的对话,在我们的史学成果中打通古今,贯穿古今,真正使史学成为构筑过去、现实与未来的桥梁。"人事有代谢,往来成古今。"历史发展存在连续性,过去、现在与未来之间并没有截然的界限,因此,许多史学研究的课题将来自

---

[①] 章开沅:《现代化研究与中国近现代史研究——寻求历史与现实的契合》,林言椒主编:《中国历史学年鉴1995》,北京:生活·读书·新知三联书店,1995年,第3页。

对现实问题的关注,应勇于从历史的角度解读现今社会发展亟须解决的问题。参与的史学只有在史学的参与中才能得到实现。

以上并不完全的概括多少体现了开沅师持之以恒的史学追求和对我们弟子的要求。这些追求和要求说到底是对史学境界的追求,即开沅师近年来所讲的"追求圆融"。"圆融"的观念来自佛学,对史学研究而言,"圆融"可以是陈寅恪点明的"神游冥想,与立说之古人处于同一境界",也可以是王国维强调的"入乎其内,故有生气;出乎其外,故有高致"的佳妙境界,但总结而言,仍还是对真善美的追求。求真、求善、求美乃史学的最高境界和终极追求。只有在对真善美的不懈追求中,我们才能像开沅师揭示的那样发掘出"蕴藏于史事深处的大智慧""唯大智慧之发现始能出良史出大家"①。

在治学的道路上,我虽然实在欠缺开沅师所言的"大智慧",也很难成为"大家",但还是要以老师的要求自励自勉,一步一个脚印去追求真善美,追求达于圆融的境界。这样,或许能不辜负于老师的厚望。

## 五、王奇生:师门四年记②

◆ 与先生相处,他并不如传说中严厉

1993年,我从中国第二历史档案馆调至华中师范大学历史研究所工作。其时开沅师还在海外讲学。翌年春,开沅师回国。记得第一次见开沅师的情景,

---

① 章开沅:《境界——追求圆融》,《史学月刊》,2004年第6期。
② 中国近代史研究所:《章开沅先生九秩华诞纪念文集》,武汉:华中师范大学出版社,2015年,第57—60页。

此前从师兄们那里听到一些开沅师如何严厉的"故事",见面前难免有几分惴惴。那天特意提前到所里,等见到开沅师,罗福惠老师刚介绍我,开沅师即含笑点头说:"啊,你的《中国留学生的历史轨迹》写得还不错,离开台湾前,我将它转赠给了中研院近史所图书馆。"两句话就解除了我的紧张心理。事后我和何建明说:"老师和蔼可亲,没有传闻的那么可畏啊!"

之后数年和先生几乎朝夕相处。先生一直是煦煦春阳,从未疾言厉色。亦因为此,我和建明在先生面前说话、聊天也非常放松,有时甚至有些放肆。以至于朱英老师对我们说:"以前的学生和章老师说话都紧张,你们俩和章老师说话真随便。"后来又听师母说,先生从美国回来后,性情变得温和多了。

据我的观察,章门弟子可划分为前后两个时期,前期的成才率明显高于后期。这和先生对弟子态度的由严转温,不知有没有一定关系。也许只是巧合吧,因为整个学界都有"60后"不如"50后"的趋势。

◆ 史学的真正危机在于题目越做越小

1994年9月,我和建明都跟随开沅师读在职博士。开沅师没有正式给我们开过课,而我们在与先生的日常接触中几乎随时随地都有受教的机会。历史研究所办公条件不错,每人有一间办公室。在所4年间,大部分时间能在研究所见到先生。除了正式向先生请教问题,更多的机会是和先生闲叙,而闲叙中的受益更远胜于课堂。也因为是闲叙,即使不成熟的想法,也敢于向先生提出,请先生指点。先生或赞或否,有时一两句话就能让学生开窍。

对于博士论文选题,我没有考虑继续做留学史,而想另辟新径。当时大体聚焦于两个题目:一是教会大学的校园文化;一是国民政府时期的基层政权。先生对这两个选题均表示认可。而我权衡再三,最终选定基层政权研究。当时国内的民国史研究尚处于起步阶段,学界的兴趣还集中于中央层面,对基层政权几乎无人问津。对民国档案的利用,大家也都指望中国第二历史档案馆,尚少有人利用地方民国档案。而我有意利用省县档案馆所藏档案来做研究,得到先生的赞许与鼓励。

开沅师对学生的论文选题,向来给以宽松自由的思考空间,鼓励学生自由选题,"走自己的路",绝不强勒学生跟随自己的兴趣去做。亦因为此,章门弟子的选题是多元的、开放的,几乎每人都有自己独立的领地,甚少交集。开沅师本人的研究更是多点开花,而且点与点之间还跨度很大,每一领域几乎都是开拓性的。辛亥革命研究、张謇研究、商会研究、教会大学研究、贝德士与南京大屠杀研究等,莫不如此。学界的常态是,一旦在某一领域有所成就,就固守那一领域,矢志不渝。这样做的好处是驾轻就熟,可以精耕细作,只是难免有学术"内卷化"的风险——有增量,而无增长。而开辟一个新园地,需要数年的积累才能有产出。但每一园地的开辟,均具有很高的学术创新度,并可引领年轻学者。开沅师对自己的学术多元取向,自解为"喜新厌旧":"颇似一个流浪成性的行者,经常漂泊在没有航标的江海。"不过开沅师也承认:"我并不认为这是多大的失误,因为自觉只有这样才能为后继者探索新路,扩展更大的学术空间。但也正因为如此,我的治学从来没有驾轻就熟的轻松,经常是'80岁学吹鼓手',必须从头学起,从头做起,永远都在艰难的探索之中。"

这些年来,我内心非常敬佩老师这种"喜新厌旧"的精神,亦试图拓展自己的研究领域,更深感开拓新领域之艰辛。开沅师曾告诫:每人必须有一块属于自己专精的领地才能在学界立足,但视野一定要贯通,中国近现代史不过100多年,眼界不可太过局促。后来先生又提出应该"走出中国近代史""走出中国史",认为史学的真正危机在于我们把题目越做越小。先生还告诫,不能做一个浑浑噩噩的史学家,"你的思想境界,你的事业,你的关注,特别是一种终极关怀达到了什么程度,这才决定了你作为史学家的价值的大小"。开沅师一贯主张"参与史学",认为史家必须有适度的现实关怀,史学不仅仅是回顾过去,还应立足现实,面向未来,关注整个历史的走向,以及当前人类面临的一些重大问题。史学应该在对过去的研究和现实的需要之间适当地寻求一种契合点,但强调"参与史学"不是御用史学,不是应用史学,不是影射史学,不是离开历史研究的参与。开沅师的这些史学理念,我不仅铭记于心,亦内化于自己的研究实践中,只是先生的境界难以企及。

日本学者认为开沅师是中国大陆学者中较早也较多地把社会学方法引入历史的研究者。自20世纪80年代以来,先生的研究即形成了自己的风格特点:非常强调社会环境、社会群体与社会心态的阐析。先生对辛亥革命的研究没有局限于单个的人物与事件,而是从社会运动的视角来观察,如从社会动员的角度探讨辛亥革命时期的"排满"宣传;从社会心态的角度描述辛亥以来知识精英"只争朝夕"的急切与急迫情绪等,均别出新意与深义。先生认为群体是个人与阶级之间的中介,值得重点研究,故章门弟子中有多位致力于社会群体之研究。我的博士论文最终定位于《国民党基层权力群体研究》亦基于此。之后我的研究,无论是民国政治史、国民党组织史,乃至近年来的中共党史研究,均适度借鉴社会学的理论与方法,致力于政治史与社会史的结合,关注社会运动、社会动员、社会心态等,有别于传统政治史侧重"人物""事件""过程"之路径。

大体而言,社会科学比较注重规律、结构、一般性、普遍意义等"不变"的一面,而历史研究则重视"变",注重具体的历史情境,强调因时、因地、因人而异。社会科学重视"求解""求是",历史研究则重视"求真""求实"。在社会科学的学者眼中,历史学者只会"就事论事",不能上升到宏观的理论高度讨论问题;而历史学者则瞧不起社会科学的学者空谈理论,食洋不化。其实不同学科各有优长,是可以互补而不必互斥的。只要有助于理解和解读历史,任何学科的方法均可借鉴。在历史学与社会学相结合方面,我是深受开沅师影响的,只是先生的功力实在难及。去年重读先生发表于1991年的《辛亥革命与"只争朝夕"》一文,其感受仍十分震撼。

◆ 先生对我的关怀和帮助

记得开沅师说过:"我不过是一只老母鸡,东扒扒,西啄啄,扒出一点东西就让小鸡们来吃。"这句话很能形象地表述开沅师对弟子们的细心呵护与关照。先生不仅开辟一些新领域引导学生们去做,更为学生创造和争取各种学术资源与机会。去年台湾中研院近史所前所长陈三井先生出版学术回忆录《轻舟已过万重山——书写两岸史学交流》,内中提到,1995年,章开沅先生专门给他(时任所长)写信,介绍王奇生申请台湾的中华发展基金,希望三井所长协助。我记忆中,当时只和开沅师闲聊中提及申请台湾基金一事,没想到先生私下为我写信求助。而先生从没有告诉过我写信一事。若不是20年后看到三井教授的回忆,我还一直蒙在鼓里呢。

1997年,我北上入中国社科院近代史所读博士后。1999年出站后,近代史所希望我能留所工作。当时我为此事深感为难。因为要让华师"放人"是一件难事,更感纠结的是,华师历史研究所将我从中国第二历史档案馆调来工作,第二年就让我在职读博士,不仅受恩于老师,也受恩于历史研究所,未曾为历史研究所效力即要求调离,于情于理都说不过去。我将自己的心事向先生坦陈,没想到先生的回答是:"能进近代史所工作,十分难得,我的学生不一定都要留在身边,对历史研究所而言也是如此。哪里更有发展前途,就鼓励去哪里。当然,不要告诉别人是我鼓励你离开的,否则不好向校方交代。"我一直保守这一"秘密",现在说出来,想必已无妨。

学界前辈罗尔纲先生写过《师门五年记》,姑仿作《师门四年记》。朱英老师限我写3000字,只好将4年随师受教的点滴先简要写出,更细致的记述留待以后吧。

## 六、周洪宇：章开沅先生的高教改革与教育思想①

章开沅先生是我的恩师。我从1978年3月起在华中师范大学（当时仍为华中师范学院）历史系读书时直到现在，先后随开沅先生读本科和博士。得其信任，本科阶段担任中国近代史课代表，参与组织与武汉大学历史系77级同学开展有关李秀成的学术讨论，毕业以后又在其指导下从事陶行知研究和中国教育史研究，迄今已有三十七八个年头。数十年追随，时相过从，亲承謦欬，受益良多。

开沅先生80华诞纪念时，华师近代史研究所曾向我征文，因彼时忙于繁杂行政未及交稿，一直倍感遗憾。所以，这次开沅先生90华诞纪念，年前华师近代史研究所再次向我征文，我不假思索，当即应允。本想细细回顾，从容撰文，不料杂事缠身，稍一恍惚，又到截稿时间，遂以近期与刘大伟博士合做一文为基础，再做适当补充改写交上。时间虽然逼仄，唯初衷如一，是否达到本文主题所标示，就有待各位师长赐教了。

毫无疑问，作为一名历史学家，章开沅先生在辛亥革命史研究、中国商会史研究、南京大屠杀历史文献研究、教会大学史研究方面都有着开创性的学术贡献，在国际上享有盛誉。这一点早已为学界所公认。

但与此同时，开沅先生也是20世纪80年代以来一位有思想、有

---

① 中国近代史研究所：《章开沅先生九秩华诞纪念文集》，武汉：华中师范大学出版社，2015年，第91—112页。

作为、有贡献、富有巨大影响力的教育家和改革家。他不仅在教育史研究方面诸如教会大学史、陶行知研究等领域取得了重大的成就与声誉,而且还在60余年的教育历程中提出了自己独特的教育理念与方法,并在1984年至1991年间担任华中师范大学(1985年改名为华中师范大学)校长一职期间,推行自己的教育理念与方法,从而为社会培养出了一批诸如马敏、桑兵、朱英、虞和平、赵军、罗福惠、严昌洪、饶怀民、韩明、莫世祥、王杰、马小泉、乐正、张富祥、郭国灿、王奇生、彭南生、熊贤君、余子侠、宋亚平、何建明等中青年杰出人才,形成了广为学界称誉的"章开沅学派",扩大了华中师范大学在全国学术界和教育界的影响力。

对于教育,作为一名有着60多年教学经验的老兵而言,开沅先生显然有着其独特的看法。他将教育放在至高无上的地位,认为"教育是关系人类命运的一个根本问题,关系到人类未来的命运"。他以为,教育的本质即育人,"教育最重要的是做人教育,是道德"。教育首先是要"培养好公民","无论一个民族,还是一个国家,甚至整个世界,人的素质是最为重要的。在国家还没消亡的情况下,国家的根基就是公民,所以教育应该把每个人培养成一个好的公民"。

但现今的教育却是一种"重知识而轻道德,重科技轻人文"的教育,这种以分数至上的教育已经背离了教育的本质,是一种毁灭社会、毁灭自然、毁灭人类自身的教育。故而开沅先生在各种场合一再强调,教育应该"是一个人类改造自己、完善自己的方式和过程","是把十字架背负在身上,救赎自己"的过程,所以"教育最重要的是调动受教育者自我完善的内在积极性"。

他还强烈批判了当下教育中以烦琐制度和指标来衡量教育成效的做法,认为那是一种生产流水线的管理方法,最终导致教育归于失败,而真正的教育"最重要的是教化,是春风化雨、潜在无声的感应"。开沅先生这些对于教育本质的看法,体现出了一个老教育人对教育异化甚至反教育行为的担忧。改革开放以来,受到社会上一些"经济至上"思想的影响,教育也在逐步异化,开始追求产业化的过程,简单地以数据量化指标来衡量其成果,而忽略了对人的根本性关怀以及育人的本质目标,因此出现了大量的"反教育行为"。顾明远先生就曾指出:"教育的根本目的是育人,培养德智体美全面发展的人才。……'育人为本'不应再停留在号召上、口号上,而应该针对育人中存在的问题,加以批判和纠正,与反教育行为做斗争。……陶行知先生说过,好教育培养出好人,坏教育培养出坏人。反教育就是一种坏教育。"从这一与我不谋而合的观点来看,章先生与顾先生都已经发现"我们的教育已经生病",并试图寻求一种"反教育"的、回归育人本身的教育方法与途径。开沅先生这一对于教育本质的看法,显然是其本人对自己一生教育经历的总结回顾后的真言。在经历了国民党党化教育下的两次被开除、建国初期对苏联赞可夫教育的"一边倒"弘扬、"文革"中教育被摒弃造成的社会紊乱,以及改革开放后对教育产业化的官方推动,开沅先生从近现代中国教育的这四大段历程中返璞归真,回归到教育就是为了"教人做人"这一最根本的教育目的上,体现出了他对教育本质问题的深入思考。

正是有着对教育本质问题的深入思考,开沅先生在学生培养方面亦体现出了他的这一思想精髓。在华中师范大学工作的几十年间,他培养出了几十位博士,其中不乏一些学界、政界精英,如长江学者桑兵教授、朱英教授和王奇生教授,华中师范大学前党委书记马敏教授,海南省前省委副书记李宪生博士,中央统战部副部长潘岳博士等。但无一例外的是,这些学生都是深受先生育人为本的教育思想,谋求"做人教育"。他以为,"治学不为媚时语,独寻真知启后人",所以他在教育过程中始终强调"求实存真",以求真求善为本。这些思想都对他的弟子们产生了深厚影响,不仅影响了他们做学问的态度,也成为他们做人的根本。当然,开沅先生这种育人的手段也是颇为高明的,正如他自己所谓的"春风化雨、潜在无声的感应"一般,潜移默化之中将大爱撒播于学生心间,将自己的教育学术生命在学生的身上得以延续。他曾有一段生动形象的自喻:"我是一只忙忙碌碌的老母鸡,成天到处啄啄扒扒,看到什么食物就招呼小鸡前来深扒会餐,我则继续向前寻找……"正是有了开沅先生这种博爱的育人态度,对后学弟子的无私提携,华中师范大学章氏一门的学术命脉才得以薪火相传,生生不息。从笔者研究教育的角度来看,开沅先生首先是一名教育家,其次才是一名史学家。笔者觉得余子侠教授有句话说得很好:"我这里绝对没有贬低史学家而抬高教育家的意思,只是认为教育家与史学家之不同,在于教育家做的是培育正在生活着的人的功夫,而史学家做的是对过去人物的研究。虽说今日冠以'教育家'之名者比比皆是,但恩师是一位真正的教育家,因为他具备了教育家的真实秉性,掌握了一个教育家的教育艺术或技巧,诸如因材施教、善叩两端、重启善诱、诲人不倦,尤其是爱心育人和身正为范。我始终认为,个人平生未能进入更好的高等学府深造是一种终身的遗憾,但遇到湖州章先生这样的恩师,是上帝给我最有价值的补偿!"

开沅先生对学生的这种博爱精神,体现出了他强烈的以生为本的教育思想。开沅先生自投身教育事业以来,始终将学生的需求放在第一位,对学生的学习兴趣、发展志向只会提出一些指导性的建议,展现出了老一代教育人身上深厚的因材施教的特点。他以为,教师与学生是一种相互依存的关系,没有学生,就不再需要老师的存在,所以学生是教育的根本,所以无论作为一名大学校长,还是作为学者,抑或是作为一名普通教师,他始终将学生作为最关心的对象,以博爱的精神去帮助学子们实现其所在追求的改造自我、完善自我的教育过程。正如他自己所说的,"教育的起点与归宿都是爱,都是人性的完善与提升,所谓'以生为本',说到底就是以人性为本"。

除去教师的身份以外,开沅先生还曾在1983年开始担任华中师范学院院长一职直至1991年。这8年的教育行政管理工作让先生以更宏观的视角对中国高等教育有了高屋建瓴的思考,并且还将其思考转化为了实践成果。20世纪80年代,在历经了"文革"阵痛之后,开沅先生作为一名大学校长,开始深思大学之职能并将其付诸实践。笔者一直有个不成熟的看法,高等教育通常具有三种职能(即人才培养、科学研究、社会服务)或四种职能(外加文化传播)。

而20世纪80年代中后期武汉地区的三所国家重点高校武汉大学、华中工学院和华中师范学院则分别代表了高等教育三种职能的三种不同取向。大致可以说,20世纪80年代初期,武汉大学校长刘道玉先生率先拉开了我国大学教育改革的序幕,他推行的学分制、主辅修制、导师制、插班生制等方法迅速革新了我国高校人才培养模式。而华中工学院(今华中科技大学)校长朱九思先生则从科学研究着手,从全国延聘高水平教师,突出科研特色,一举将这所教学型的地方院校办成全国闻名的研究型大学。章开沅先生则从大学的社会服务职能出发,加强大学与社会之间的联系,发挥出了大学在社会经济发展、文化面貌改变方面所做的贡献。

开沅先生在主政华中师范大学期间,与副校长邓宗琦先生等人共同努力营造并推广"一校一县"模式,即一所大学与一个县或县级市全面合作,订立"科技与教育发展协作合同",从帮助该县编制"经济、科技、教育与社会协调发展战略规划"入手,鼓励并组织各系、所与该县有关企业、事业单位分别签订专项协作合同。

在先生这一思想的推动下,华中师范大学与湖北省仙桃市开始了"一校一县"合作模式的尝试,将大学与社会紧密联系,用大学来帮助地方政府发展科技、教育、文化事业,同时又借助地方政府将大学的产、学、研连为一体,实现了双赢的目的。对于主政期间发挥大学社会服务职能这一做法,先生甚感欣慰,并认为"如果每一所大学都能够与一个县或两三个县全面协作,则必将大大有助于全国经济、文化面貌的变化,同时又必将有力地促进大学自身的教育改革,促进教学、科研工作的发展,为培养21世纪所需要的新人提供良好的环境"。

对于大学的社会职能,我国高等教育界始终存在着不同的看法。

有些人认为大学要保持其学术纯洁性和稳定性,不应跟随社会需求而做出调整,这样会使得大学染上过于功利主义的色彩。所以开沅先生敢于在20世纪80年代这一社会主义市场经济氛围还不甚浓烈,保守主义者和改革者仍在博弈的时代中,将大学与社会发展变化相结合,利用大学来服务社会,同时又依靠社会力量来办学,不可说不是一种敢为天下先的开拓者姿态。

为了能够让大学更有效地服务社会,开沅先生认为教育必须要有一定的超前性,能够预见未来社会发展的变化及需求,所以作为大学而言,必须要培养出一批适应性较强、基础知识比较广博的通才,才可以迎接21世纪新科技浪潮引发的挑战。正是有了这一独具匠心的超前思维,他强调要在专业结构调整、课程设置、教学方法、教师知识更新等方面都要做出相应的改革才能够培养出通才型学生。他认为,在课程设置方面,需要包含基础课、专业课、专修课,从专到博,由分到合,这样才能实现科学内部与外部的相互渗透,以及人文社会科学与自然科学的相互渗透,打通学科之间的障碍,将知识由分化的单科体系逐步变成为综合性知识体系。开沅先生不断强调,在高科技的时代,一旦缺乏将学科交叉的能力或者整合边缘学科功能的能力,都将会因为知识面的狭隘单一而很难在技术创新的时代有更大的作为。与此同时,他还指出,正是因为学科交叉和边缘学科的兴起,对大学专业结构和课程设置产生了重大冲击,倘若不能及时依据社会变革进行大学专业学科及课程的调整,很有可能在未来积压大量的当下热门学科毕业生。所以,他指出:"除了国家某些特别急需的短缺专门人才以外,一般专业设置都不宜太专太窄,而必须考虑其得以比较长远存在的基础,以求避免刚刚培养出来的新式专门人才就面临就业困难的畸形状况。"

强调广博与通识的同时,开沅先生还非常重视基础理论课程的建设,他认为基础理论是科学发展的源头和根本,引导着科技浪潮的更新,推动着科学不断向前发展,所以无论是强调广博还是通识,都必须重视理论与实践结合的深入发展。故而,除了标准的课程以外,学校还应该能够引导学生参加社会实践与服务,接触社会的方方面面,学习到大学课程以外的更多知识。结合开沅先生上述观点可以发现,他在教育理念方面有着过人的超前思维,在约30年前,开沅先生已经看到了新技术、新能源、新材料对教育所产生的巨大影响。

时至今日,他的预判也越发地得到了验证,尤其是新能源、新材料引发的第三次工业革命,已经对世界教育领域产生了重大影响,一场巨大的教育革命正在悄然兴起,"以网络教育、游戏化学习、虚拟社区与现实课堂有机结合的新型教育模式的不断涌现,打破了目前教育的时空概念,实现了超时空的学习和超时间的互动,从而给我们的教育带来了前所未有的挑战和机遇"。从今日反观开沅先生当年的言论,不得不佩服他在教育思想方面高人一筹的预判性,也正是因为他有了这一超前思维,也为华中师范大学在随后数十年的发展奠定了思想根基。

当然,作为一校之长,开沅先生对于大学的管理发展层面也有着自己精辟的论道。

第一,他认为要想成为一所海内外公认的名校,校长必须要有明确的办学理念和目标。他枚举了近代历史上著名的大学校长如蔡元培、梅贻琦、张伯苓、竺可桢、陈裕光等人的事例,赞赏了这些前辈学人在办学过程中的先进理念与方法,认为正是他们将学生"人格的塑造"放在首要地位,才造就了这些名校的诞生。"在他们看来,知识传授与能力训练只是手段,新型的全面发展的人才的培养才是主要目标。因此,在要求学生努力读书的同时,更强调学会做人,而人格教育遂与通识教育合为一体。"

第二,开沅先生强调"好制度比好校长更为重要",大学需要建立起一套完整缜密的规章制度,在提倡民主作风与学术自由的前提下,规范学校管理,追求教授治校,努力发挥教职员工的主观能动性,群策群力,为大学的发展提供全方位的支持。对此,先生曾谓:"校园譬如军营，师生如同士兵，老师（包括校长）职工和学生一批一批来了，又一批一批走了，如同连绵不绝的流水，但名校如同铁打的营盘，历经世变沧桑而长盛不衰，靠的就是一套人人必须遵循的合理制度。"

第三，开沅先生认为大学的发展必须要具备开放的精神，开放不仅仅是面向社会，而且还要面向全世界。他指出："大学走向国际化，这是时代的潮流，也是教育改革的重要组成部分。"这种国际化要求大学能够走出去、引进来，即大学能够从国外引进先进的设备、制度、思想以及优秀的教师、留学生，同时能够向世界输出思想与人才，只有这种双向互动，大学才能够长效发展，立于世界之巅。在这一方面，他也是以历史前辈为参照，认为近代中国的知名大学校长们"不仅注意教育与国际接轨，加强对外学术交流，而且经常关注世界教育改革潮流，并且瞄准发达国家顶尖名校，以一流标准严格要求自己"，才有了近代教育的发展。

第四，开沅先生认为大学管理发展一定要注意集中优势，节约运用有限的资源，办好若干重点专业和重点学科，形成学校独有的特色，在部分学科方面成为该领域的权威。主政者切切不可好大喜功，贪大求全，这反而会令大学发展置于困境之中。

第五，开沅先生非常重视大学教师队伍建设问题。他不仅鼓励在某一领域卓有成就的教师出国参加重要学术会议，向世界展示学校建设与学科发展的水平，还逐年增加向海外派遣留学生与访问学者的人数，为教师提供多元化的进修路径。这一做法让教师在国际交流中扩大了学术视野，提高了自身水平，对教师的成长起到了重要作用。简而言之，开沅先生对大学的管理发展是经过了长时期深思熟虑的，其思考范围囊括了办学理念、制度建设、学科发展、教师队伍建设、国际交流等多个层面，用先生自己的话来概述，也就是"回归大学主体""回归教育本性"，让大学能够按照教育规律来办学，培养社会所需要的各种人才。

晚年的开沅先生对教育的反思也越来越深刻，尤其是对高等教育中出现的诸多问题,他予以强烈的批判。他认为,高等教育由精英教育向大众教育转型是无可厚非的,但在转型的过程中万万不可以牺牲质量来换取表面上的繁荣,"否则教育即令转化成为庞大的产业,也只能视之为高成本、低效益而虚有其表的泡沫经济"。

在这一"泡沫"的影响下,高等学校纷纷寻求跨越式发展的"大跃进",注重各种量化指标的攀比,忽略了教学科研在高校中的应有地位,不仅造成了大学整体质量的下降,更为严重的是急功近利、弄虚作假所造成的诚信流失。他以为,大学的堕落已经到了让人难以容忍的地步,其后果则更为严重,因为大学的堕落、大学风气的败坏势必将会影响一代新人的成长,也意味着社会良心的迷失。教育已经生病,"教育应该首先治疗自己,然后才能治疗社会、治疗全人类",在激烈的批判之余,他冷静地为高等教育开出了一张药方:"与其主观武断地通过行政命令推行一个紧接着一个的折腾大学师生的所谓'创新'或'跨越',倒不如让大学保持一个相对安宁的校园,也许顺乎自然的萧规曹随比什么'开辟新纪元'之类的豪言壮语更有利于高等教育的发展。"

通过对开沅先生教育思想的梳理可以发现,他通过多年教学管理岗位的实践已经形成了自己独特的教育思想体系,并产生了良好的教育效果。笔者认为,开沅先生首先是一名教育家,其次才是一名史学家。纵观他多年的教育思想可以发现其中有着几点独到之处。

一是强调以人为本。在其教育生涯中,他始终将育人放在第一位,强调人的自我改造与完善,强调以博爱之心助人完成教育过程。他反对急功近利、违反教育规则的纯粹以智育评判人的教育方式,而是突出人在教育中的主体性,突出人的自我发展,以便达到"教做人"为目标的教育。这一以人为本的教育,既以人的自我完善为终极目标,又以人的主观能动为发展过程,同时辅之以"爱满天下"的外在推动,真正实现了他心中理想的教育模式,这也正是开沅先生所谓的"能得天下英才而育之是我重要的人生追求"。

二是极强的前瞻性。以史为鉴，可以知兴替。他作为一名历史学者，观古鉴今，从教育史的发展中判断出日后教育发展方向，尤其是他在约30年前对21世纪新能源、新材料出现后人才培养模式的判断，与今日教育发展方向别无二致，体现了他作为一名学者的敏锐洞察力。他的国际化、开放性等方面都展现出他对历史走向准确的判断，这也是作为一名大学校长必须具备的基本素养。

三是强烈的批判意识。开沅先生强调真学者要能够超越世俗的纯真与虔诚，去追寻更高层次的真、善、美，正所谓"治学不为媚时语，独寻真知启后人"，他在对待教育时弊尤其是高等教育问题时就体现出了其求真务实的特性。他对大学人文精神的堕落、高校跨越式发展等问题的批判无一不入木三分，为后人指明了教育改革的方向。

开沅先生的思想、学术和实践，深深地影响了我后来的学术发展和人生道路。

开沅先生是笔者接触最多、最密切、对自己影响也最大的老师，无论是读本科时，还是后来随他攻读历史学博士时，开沅先生都给了我受益终身的教诲。在"文革"期间，开沅先生因为在《光明日报》发表文章，要求实事求是地评价李秀成，被批为"白专典型"，并被剥夺了学术研究与发表论文的权利。"文革"结束之后，开沅先生的学术研究迎来了改革开放的大好环境，高质量的研究成果不断涌现。1979年，他发表了《辛亥革命史研究中的几个问题》，提出"解放思想、实事求是"的学术理念，开学术风气之先。他时常教导我们，学历史要养成超前的眼光与视野，这在他个人身上有着很好的体现。

我们在读本科时，开沅先生系统地给我们讲中国近代史和辛亥革命史。在20世纪80年代中期之后，开沅先生因为担任学校校长后行政方面事务过于繁忙，便不再专为本科生授课，我们这些"文革"后的前几届大学生算是赶上了末班车。开沅先生喜欢与学生们交流，尽管不再为本科生授课，但他一直以举办人文讲座的形式与本科生交流，自称是"20后"与"90后"之间的对话，每一位华师人都能感受到他在学生中的崇高威望。开沅先生之所以在华师享有如此高的威望,是与他竭诚为华师服务的拳拳之心分不开的,就像他自己说的那样,他对工作"没有拿它当饭碗,而是以此为乐"。

开沅先生教学,注重发挥校外资源的作用。当时系里已经安排了不少名师给我们授课,如涂厚善、吴量恺、王瑞明、熊铁基、邹贤俊、陈辉、刘望龄、戴绪恭、谭克绳、董方奎、吕名中、李国祥、崔曙庭、徐俊、黄振等,但他觉得这远远不够,为学必须取法诸家,博采众长。在他的力邀和主持下,我们又有幸聆听到刘大年、戴逸、陈旭麓、林增平、龚书铎、李时岳、金冲及、王庆成、张磊、汤志钧、姚薇元、路遥、胡滨、宁可、赵俪生、朱士嘉、陈铁健、朱宗震、庞卓恒、赵吉惠、毛昭晰、朱寰、齐世荣和日本岛田虔次等国内外一批史学名家的教诲。

尤其值得一提的是,1980年12月份,受教育部的委托,开沅先生在华师举办了第一期中国近代史教师进修班。一批国内外享有盛誉的史学名家,如戴逸(教授,曾任中国人民大学清史研究所所长、中国史学会会长)、王庆成(研究员、近代史专家,曾任中国社科院近代史所所长)、汤志钧(研究员、经学和戊戌变法史专家,曾任上海社科院历史研究所副所长)、姚薇元(武汉大学教授、鸦片战争史专家)、萧致治(武汉大学教授、辛亥革命史专家)、路遥(山东大学教授、义和团史专家)、胡滨(山东师范大学教授、义和团史专家)、张磊(广东省社会科学院原院长、辛亥革命史专家)、朱士嘉(湖北省图书馆研究员、地方史志专家)、陈辉(华中师范大学教授、辛亥革命史专家)、刘望龄(华中师范大学教授、辛亥革命史专家)以及岛田虔次(日本京都大学教授、中国哲学史专家)等先后为进修班学员讲课。全国各大高校,包括重点大学,从事中国近代史研究的优秀中青年教师选派来汉学习,为近代史研究培养优秀的后备人才。开沅先生既是组织者又是授课者,他在开班的时候做了《中国近代史教学与研究的几个问题》的专题报告,引起了大家的强烈反响。后来主讲的老师基本上也都是结合自己的研究领域,来谈历史学研究中的问题与方法。我们历史系77级的同学正好赶上了这么好的学习机会,就跟着这个教师进修班一起上课,给他们讲我们就去旁听,给我们讲他们也来旁听。

开沅先生一直以育人为乐,他曾将自己比喻为"一只忙忙碌碌的老鸡,成天到处啄啄扒扒,如发现什么谷粒、昆虫之类,便招呼小鸡前来会餐"。开沅先生育人首重为人品行,次在思想意识,再其次才是学科知识。开沅先生对我的指导,就是如此,不仅是学问上的指点,更重要的是在思想上、做人上给我的帮助。几乎每次上门求教,他与黄怀玉师母都要对我强调这一点。他的指导对于我现在从事行政工作也很有助益。他有句话给我的印象很深,记得是在20世纪80年代末的时候,当时他还在华师校长的任上,说"政治家应该有点学术头脑,学者也应该有点政治智慧,应该懂一点政治力学",政治力学主张各种社会和政治力量的平衡,各种社会和政治利益的平衡。我后来走上学者从政之路,一方面是时代的机缘,另一方面是笔者一直牢记开沅先生的那番教诲,希望自己作为一名知识分子,能多尽一点社会责任以报效国家。

开沅先生教育思想深邃,前瞻性强,对于当下教育中存在着的诸多问题,他往往能一语中的,一针见血,同时又能够为未来教育做出正确的预判,这些能力都是因为他站得高、看得远。开沅先生对教育本质问题的思考,对教育改革前进方向的探究,对人才培养模式的变革,对大学管理发展路径的探索,对21世纪教育走向的预断,都显示出他对教育问题早已有了长时间的系统科学的思考。他的教育学术研究重点突出,涵盖全面,他以教会大学史为依托进入教育史研究领域,对教育史理论研究发表了极为精辟的结论。他的教育史研究涵盖全面,既有中国教育史亦有外国教育史,乃至中外教育交流史,但同时又重点突出,成为教会大学史和陶行知研究方面一代宗师。

开沅先生结合实际,知行合一,将其"参与史学"的思想贯彻于教育科研当中,将理论与实践结为一体,借助"一校一县"帮助地方发展经济,将学术研究、大学教育与社会服务融为一体。他率先垂范,人格感人,对学生可谓是春风化雨、润物无声,将大爱奉献给每一个学生,甘做学生前进道路上的铺路石,先生尝谓:爱在华师,是所谓大爱,爱是教育的本源,是教育的出发点与归宿。而开沅先生,正是这种大爱的践行者！

1919年4月21日，陶行知先生在《时报·教育周刊》发表了著名的《第一流的教育家》一文。陶行知以为，教育者只有"敢探未发明的新理""敢入未开化的边疆"，才能算得上"第一流的教育家"，敢探未发明的新理，即创造精神；敢入未开化的边疆，即开辟精神。创造时，目光要深；开辟时，目光要远。总起来说，创造、开辟都要有胆量。在教育界，有胆量创造的人，即创造的教育家；有胆量开辟的人，即开辟的教育家，都是第一流的人物。

倘若按照陶行知先生的标准来核对，开沅先生俨然就是陶行知先生心中所想的"第一流的教育家"。他"敢探未发明的新理"，不仅在教育理论方面提倡国际化、改革课程培养模式、加强大学的社会服务功能，还在教育史研究领域不断开辟出教会大学史等诸多新地；他"敢入未开化的边疆"，从武汉到仙桃，将大学的科技人文带至经济落后地区，帮助这些地区提升人文素养、开挖科技与经济强点，可以说，开沅先生不愧为当下教育界和学术界第一流的人物！

2015年4月30日于武汉东湖之滨

## 七、周洪宇：章开沅先生的最后岁月

章开沅先生去世以来，在学术界和社会上引起了广泛关注，不仅是章门弟子，所有了解章先生的师生校友和社会各界人士，都在以各种方式悼念缅怀先生。先生的学问道德、人格魅力让无数人为之感动和崇敬。

夜深人静，端坐桌前，这一年来与先生有关的点点滴滴，忽然一一浮现于脑际。

◆ 最后的一年

2020年初,因疫情肆虐,先生遇到了晚年生活最大的一个坎。不知由何而来的新冠疫情在世人不知不觉中悄然而至,随即很快波及武汉、湖北及全国。作为抗击新冠疫情中心区和主战场的武汉,师生众多的武汉高校的防疫问题成为重中之重。1月底,华中师范大学按照省市防疫指挥部统一要求,严格实施防控工作。先生和师母虽然年事已高,但平素最不愿意麻烦他人,什么都是自己动手。家中虽然请了阿姨,但阿姨不住在家里,只能定时代购日常生活用品。疫情暴发的初期,因校医院暂时关停,老人日常所需药品也断顿无供,因此影响了病情治疗。现在想来,这场突如其来的疫情对先生这样90岁以上高龄的老人的身体无疑是雪上加霜。

我得知后,深感问题严重,不宜久拖,必须尽快解决。特别是听说先生有次去近代史所在附近台阶跌倒之后,我更是心急如焚。先生此前曾委托我打听本地养老院的情况,我便找了学生明武帮忙,明武在市民政局正好负责这项工作,当即与市里条件最好、住养医护一体化的泰康之家·楚园的杜鹃总经理联系,杜总很快给我来电话介绍详情。我有些不放心,专门驱车先到现场实地"侦查"一番。经过比较,觉得楚园十分适合当下状况的先生。杜总还告诉我,泰康的东升董事长对此十分重视,愿意提供最好的条件照顾校长。而且此前先生和师母曾亲自到此处看过,并在一棵开满繁花的树下留影,笑容灿烂,显然对此处印象不错。我以为既然如此,先生入住楚园应无问题。没想到,当晚我将有关情况向先生和师母汇报后,两老仍然顾虑重重,我只得与先生女儿章明明和马敏师兄等人商量,看如何劝说二老尽快入住楚园。

这一期间,同学们都很关心先生的身体健康状况。海南的宪生、深圳的国灿、广州的王杰、开封的小泉、南昌的艳国等外地同学纷纷来问询。2020年11月19日,潘岳师兄来汉代表国务院侨办参加

2020年湖北省华侨华人创业发展洽谈会，行前在京专门与夫人到商场精心为老师购买了一件衣服，还提出要到先生家里登门看望，我与马敏、南生师兄弟陪同。不巧前一晚先生在家又摔了一跤，听说还是住在同一单元的福惠师兄帮忙扶起来的，因而无法接待各位师兄弟。大家得知后都很着急，深感这样下去非常危险，只有马上入住楚园，随时有专业医护人员陪伴与治疗，一切才有保障。潘岳、马敏和我三人轮流电话问候劝说，先生和师母才有所松动。后来经过各方工作，包括此前已经入住楚园的武大前校长刘道玉亲自手书一封，先生和师母终于在12月26日住进楚园。我们紧张的心情才稍有缓和。

我与楚园杜总约定，叮嘱她及时告知先生和师母入住后的情况，以便我掌握协调。记得入园当天上午，杜总就联系了我，说先生肺部的病灶有点大，加上前期缺乏专业的护理，皮肤有压疮。按先生家人的叮嘱，他们表示会在不增加先生身体负担和创伤的情况下进行精心护理，尽最大努力延长先生的生命，并提高先生的生活质量，让他住得开心。此外，杜总还给我发来了先生入园后与专程来看望他的老朋友刘校长、社区总经理、康复医院老年科主任等人的合影，看来情况还不错。那天我正在北京开全国人大常委会会议，无法陪同进园，只能表示回汉后找时间看望并感谢大家。

先生入园后身体恢复得不错，5天后压疮就已收口，精神也在慢慢恢复中。春节期间，杜总告知我，先生的压疮外伤已彻底康复不再疼痛，精神状态也比较好。因为疫情管控，元旦至今，先生的亲属都不方便来楚园探视，身处广州的女儿明明、女婿董黎教授也无法回来。但是两位老人在园里生活得很开心，先生能参加绝大部分的活动，包括唱歌、手工、趣味运动会等，师母更是积极分子，场场不落。先生在小视频里还说："现在要赶我走我都不走了。"2月21日做手工活动，先生还做了几枚手工书签，富有创意地用一篇旧作题目《春江水暖鸭先知》做标题，非常雅致。生活上两位老人已经完全适应这里的生活，和邻居们相处也很愉快，楚园的照护也很专业。唯一美中不足的是疫情还没结束，亲友故交们不能常来探望，期待春暖花开的时候一切恢复正常。杜总还发来了几张先生做手工的照片，看到先生和师母开心的样子，得知两老的身体都在康复之中，弟子们都感到很高兴，觉得先生一定能战胜病魔，安度百岁。

先生是个时刻都在关注民族和人类命运的人，尽管年事已高，身体状况不好，但仍然密切关注国家和世界局势发展，思考疫情对民族与人类未来的影响，还经常与住在一起的刘道玉校长等人交流看法。学校赵凌云书记、郝芳华校长组织师生结合疫情展望教育改革，先生知悉后撰文一篇，畅谈所思所得，并给学校加油鼓劲。

先生的文章题目很有趣，叫《野叟献曝，三言两语——疫后教育变革展望》，文章写道："何谓'疫后'，何有'疫后'？'新冠'肆虐，乃是现代人类文明危机，又一次大爆发，源远流长，日益张狂，仿佛是'天长地久有时尽，此恨绵绵无尽期'。何谓'常态'，何有'常态'？我们必须以'常态'的心理对待现实的'非常态'。疫情高峰，诚然必须集中全力奋勇抗击，但民生自有全局，我们总不能被小小病毒牵着鼻子走。但此次疫情之严重空前绝后，对世界，对中国，对社会，对个人，都是全方位带有根本性质的变化。我们只能面对现实，因势利导，尽量往正确方向前进，切不可痴心妄想，一切恢复如旧。"

他说："学校由于人口密集，首先成为重灾区，学生回家隔离，校园形同虚设。教育为立国之本，岂能长期中断，现应尽早复课。网课诚然已经发挥巨大作用，但毕竟代替不了师生之间的教学相长与情感交流。桃李芳菲，生机勃勃，这才是校园应该恢复的常态。我一向主张把灾祸当成老师，把'公害'变成'公利'，让人类在创深巨痛之后醒悟过来，共同谋求人与自然和谐相处，乃至人与人、国与国和谐相处。当今之世，固然难以侈望国泰民安，但至少我们经过疾病严酷磨炼的中国人，还要同心协力，办成建设小康社会，并且通过'一带一路'重新整合新世界等等大事呀！希望论坛诸多贤达，能够从更大的格局思考教育如何改革。"先生还在文末特地高呼"华师加油！"

从先生这篇短文，足见先生的格局之大，视野之广，思虑之深，情怀之浓。95岁高龄身患重疾的老人尚且如此乐观豁达、心怀天下，足令晚辈后生汗颜。

◆ 最后的一月

或许是冥冥之中的某种预感，从去年年底先生入住楚园以来，我心里总有些不踏实，特别是5月初我的另一位恩师，即我的硕士生导师，93岁高龄的董宝良先生去世后，我就提醒自己督促华中科技大学出版社尽快抓紧编辑出版我们为先生整理的《回归大学之道——章开沅口述史》。此书是我任总主编的《当代中国高等教育改革口述史丛书》的一册，包括20世纪80年代以来活跃于中国高等教育改革前列的一批知名大学书记校长，如北京大学丁石孙校长的得力助手、常务副校长王义遒，西安交通大学校长史维祥，湖南师范大学校长张楚廷，武汉大学校长刘道玉，华中工学院（今华中科技大学）校长朱九思、杨叔子等人的口述史，开沅师也是这个时期的风云人物之一，自然也在丛书之列。

为了确保这套口述史的真实性、客观性和可信性，几年前我与出版社就定了个规矩，每本书的整理者，最好都是传主的弟子或助手，如果可能的话，请当事人自己来完成。道玉、楚廷两位校长就是亲自动手，不假他人。先生口述史的整理者，我最初考虑请在近代史研究所工作、与先生平时接触最多、最熟悉先生情况的师兄弟们承担，但一了解，他们都在忙于协助整理出版先生的那套多卷本文集，一时无力顾及。后来考虑请先生的助手刘莉承担，一问她也在协助先生整理最新版的《章开沅自传》，这本书是继谭徐锋策划、彭剑整理、北京师范大学出版社出版的《章开沅口述自传》之后又一本重要自传，先生很看重此书，刘莉也为此投入很大精力，暂时无暇他顾。

出版社负责人了解这些情况后，认为时间已过去数年，其他传主的口述史大多已出版，此书不能再延迟下去，便督促我自己来做。我到近代史所向先生做了汇报,先生觉得专门来回顾与反思20世纪80年代前后高等教育改革史,对当今高教改革也有助益,可以试试,但也明确表示他现在精力有限,无法再专门费时口述,只能应对几次,其他都靠我自己设法整理。刘莉很帮忙,听说了此事,主动将其整理的部分资料供我参考。我自己身兼数职,平时事务缠身,心有余而力不足,开始时还当面请教了先生几次,但后来一忙,整理工作就停了下来。出版社领导见这样也不是办法,嘱咐我再找一位助手协助整理,我想到平时与先生联系甚多,经常采访先生的学校宣传部小党,觉得他比较熟悉情况,于是我们两人分工合作,加快整理。小党也是忙人,初稿出来后,我发现还有不少重要遗漏,便又请我的研究生郑媛协助补充了许多新资料,终于在去年交给了出版社。我将这些情况向先生做了汇报,他很欣慰,鼓励有加,认为可以与其他几本口述自传形成互补。

5月上旬,我请小党尽快配齐相关照片发给出版社,并不时询问出版社人文分社负责人此书编辑工作进展情况。谁知负责该书具体编辑工作的同志特别谨慎小心,遇到疑难问题常常反复核实,以致编辑进度较慢,我们督促多次,但也无济于事。先生对此似乎并不在意,我们不提他也不问。但后来听师母说,先生临别前几天,有两个愿望与她频频提及,一是想回桂子山的家里住住,二是想看看书出来没有,而"书"可能就是指这几本口述自传。听到此言,我感到无尽的后悔。如果当初不犹豫再三,自己动手早日完成书稿,时时督促出版,或许可以让先生在生前见到这本专题口述史?

### ◆ 最后的一周

先生生前最后一周,5月24日(周一)上午10时45分,杜总来告,说从上上周开始,先生就偶有低烧及呼吸急促的症状,血氧饱和度低,给予低流量氧气吸入后好转,有时候还会神志恍惚,答非所问,已在楚园康复医院住院10余天。上周四周五开始频发房颤,状态比较危险,章明明周三晚上赶回了武汉,华师校领导也前往楚园看望。因为尊重先生意愿,要有尊严地走,从容地离开这个世界,家人明确要求不做器官切除手术,只对症解决症状,因而不知道这一状况还能坚持多久。所幸周末期间先生的状态比较稳定,情绪和饮食都不错,楚园配备了最高级别的医疗和护理,全天24小时专人陪护。

我听说这个情况,感到情势不妙,马上回复杜总:"5月7日我遇见明武,与他提及近期找时间去看望先生。前几天在京开会,昨晚刚回家中。您不来此微信,我还不知先生近况如此。今天上午连续参加了两个活动,我拟下午去楚园看望先生和师母。不知能否安排?"她马上回复:"主任稍等,我马上联系。"12时许,她告知:"主任好,刚联系了,中午专家会来跟先生做会诊,之后午休。您看要不稍微晚一点来院里?三点半您方便吗?"我当即回复:"好的,那就三点半来,我约下明武。"

当天下午3时多,我与夫人一起到花店买了一大束康乃馨到楚园医院看望先生,杜总和明明等人陪同我们进了病房。此时先生刚刚午休醒来,头脑仍然清晰,看见我们来了,便打了招呼。但说话声音很小,不细心几乎都听不见。我弓着身子听他讲话,问他近况如何,他把右手从床被里伸出来,与我紧紧握着,手掌依然温暖如初,但能明显感受到他的手掌已经不再像过去那么厚实有力了,软绵绵的,似乎生命的能量正在逐渐耗尽。先生眼含热泪,我也强忍着泪水,师徒两人四目相对,一时无语凝噎。夫人见势趋前向先生问好,没想到先生竟然还记得她的名字,让她感动莫名。我也觉得奇怪,夫人陪我拜谒先生的机会并不多,但他竟能清楚地记得弟子眷属的名字,可见他心中不仅装满了学生,也装满了学生的一切。学生们在他心中永远占据着最重要的位置。

这之后,杜总和陈总每天都会给我发来先生的动态和照片,开始还比较正常,各项身体指标趋于稳定,先生可以下床吃饭,而且从照片上看,五菜一汤,营养丰富,先生胃口不错,吃得很香。但从去世前一天（27日）早9时发的照片看，精神状态明显差了很多，虽然可以起来坐在床边，但面容十分憔悴，岁月无情催人老啊！我和夫人看了，心里发紧，祈祷老天保佑先生一定要渡过难关。

5月28日早上8点30分左右，杜总忽然来电话，我心里一惊，心里顿时有种不祥之感。果然是噩耗。杜总来告先生在十几分钟之前平静地走了，此事还未告知师母，大家不知如何向师母开口，担心她老人家接受不了。我为稳妥起见，没急于马上在"桂子章园"群里向各位师兄弟报告此事，决定还是先到现场参与后事办理再说，这是当务之急。于是，马上通知司机备车，处理完公务，与夫人一道迅速赶到楚园医院，到医院时学校校办和近代史研究所的几位年轻同志也已到达，我们几人遂第一时间到病房向先生逐一鞠躬默哀。

此后，马敏师兄、郝芳华校长、南生副校长、陈迪明副书记、校办刘主任、宣传部王部长等人也集体乘车到达，众人向先生的遗体默哀告别。然后再看望问候黄师母。赵凌云书记在新疆出差，听说后马上来电话指示工作。大家一道紧急研究各项后事，一直商量到下午3点多才最后敲定追悼会等各项议程。

5月30日上午，先生的遗体告别仪式在武昌殡仪馆举行，我与夫人怀着沉痛的心情与省市领导、学校的师生、章门弟子以及社会各界近千人，共同送别先生。

看着先生的遗像，想起师母对我提及的先生生前最喜欢用我前几年从先生故乡湖州荻港买回送他的一套茶具品茶，泪水不禁再次夺眶而出。先生晚年思归，常常从故乡来人处的片段信息，勾起对江南故乡的无穷思念，如今先生终于得以魂归故里了……

# 参考文献

[1] 刘莉.史海远航——章开沅传[M].南京:江苏人民出版社,2013.

[2] 章开沅.章开沅口述自传[M].北京师范大学出版社,2015.

[3] 章开沅.章开沅演讲访谈录[M].武汉:华中师范大学出版社,2009.

[4] 章开沅,池田大作.世纪的馈赠:章开沅与池田大作的对话[M].武汉:湖北人民出版社,2011.

[5] 华中师范大学中国近代史研究所.鸿爪印雪——章开沅的老照片[M].武汉:湖北人民出版社,2005.

[6] 章开沅.章开沅文集:第10卷[M].武汉:华中师范大学出版社,2015.

[7] 章开沅.章开沅文集:第5卷[M].北京:中华书局,1986.

[8] 章开沅.鸿爪集[M].上海:上海古籍出版社,2003.

[9] 章开沅.从耶鲁到东京——为南京大屠杀取证[M].广州:广东人民出版社,2003.

[10] 章开沅.实斋笔记[M].西安:陕西人民出版社,2008.

[11] 章开沅.寻梦无痕:史学的远航[M].北京:北京师范大学出版社,2011.

[12] 章开沅.20后寄语90后——章开沅小品文选集[M].武汉:华

中师范大学出版社,2013.

[13] 华中师范大学历史研究所,华中师范大学中国教会大学研究中心.莺花无际楚江头——章开沅先生七十华诞学术纪念论文集[G].武汉:武汉出版社,1996.

[14] 华中师范大学中国近代史研究所.春风化雨,润物无声——章开沅先生八十华诞纪念[M].武汉:华中师范大学出版社,2005.

[15] 中国近代史研究所.章开沅先生九秩华诞纪念文集[M].武汉:华中师范大学出版社,2015.

[16] 华中师范大学中国近代史研究所.章开沅学术与人生[M].武汉:华中师范大学出版社,2011.

[17] 马国川.大学名校长访谈录[M].北京:华夏出版社,2010.

[18] 忻福良.中国高等教育改革大事记(1978—1989)[M].上海:同济大学出版社,1991.

[19] 刘佛年.《中国教育的未来》,合肥:安徽教育出版社,1995.

[20] 陈竹如,李争光.中国数学家王梓坤[M].哈尔滨:哈尔滨出版社.2001.

[21] 余英时.士与中国文化[M].上海:上海人民出版社,1987.

[22] 马敏.微言希声——马敏谈史论学集[M].武汉:华中师范大学出版社,2016.

[23] 林言椒.中国历史学年鉴1995[M].北京:生活·读书·新知三联书店,1995.

[24] 章开沅.着眼于培养二十一世纪的新人——在保加利亚索非亚大学百年校庆大会上的讲话[J].华中师范大学学报(人文社会科学版),1988(6).

[25] 王克己.章开沅:我们缺少生动活泼的学习环境[J].同舟共进,2015(3).

[26] 章开沅.教育改革应尊重历史规律[J].学习月刊,2004(10).

[27] 章开沅.谁在"折腾"中国的大学[J].同舟共进,2009(6).

[28] 章开沅.高校"跨越"发展之我见[J].学习月刊,2010(1).

[29] 章开沅.培养学生要堂堂正正[J].成才之路,2011(1).

[30] 章开沅:荣誉可以终身,待遇应该"退休"[J].商周刊,2014(13).

[31] 章开沅.凡人琐事——我的回忆(一)[J].江淮文史,2016(1).

[32] 杨东平.重温和借鉴:80年代的高等教育改革[J].复旦教育论坛,2008(5).

[33] 赵洪艳.创新型人才成长:著名教育家刘佛年的故事[D].华东师范大学,2012.

[34] 刘佛年.高师教育的展望[J].上海高教研究,1985(2).

[35] 章开沅.为什么要有校园草坪?——读《小草青青 践踏何忍》[J].学习月刊,2006(5).

[36] 章开沅.难忘风雨同舟情——忆陶军[J].武汉文史资料,2020(5).

[37] 章开沅.与张舜徽先生共同走过的岁月[J].华中师范大学学报(人文社会科学版),2011,50(3).

[38] 章开沅.关于改进研究中国资产阶级方法的若干意见[J].历史研究,1983(5).

[39] 章开沅.境界——追求圆融[J].史学月刊,2004(6).

[40] 党波涛.不能把学生当作自己的打工仔——章开沅先生谈大学师生关系[N].华中师大报.2010-10-10(3).

[41] 雷宇.章开沅:没有深刻反思不会有真正改革[N].中国青年报,2014-03-31(6).

[42] 雷宇,王雅兰,刘振兴,等.章开沅:精神的世界无人可挡[N].中国青年报,2017-05-08(11).

[43] 肖光根.上海四位大学负责人呼吁:给高等学校一点自主权[N].人民日报,1979-12-06(3).

[44] 章开沅.教育之目的不是为了适应市场需求[N].中国青年报,2014-09-24(2).

[45] 张建智.章开沅与池田大作的未来愿景——读《世纪的馈赠——章开沅与池田大作的对话》,华中师大报,2012-01-10(4).

[46] 章开沅.我与杨东莼先生二十年的交往[N].中华读书报,2014-12-03(7).

[47]《华中师大报》1984年—1992年合订本。

# 后 记
## POSTSCRIPT

在一本书即将出版之际，对读者交代一下作者的编写初衷和过程，似乎是个常例。我们整理出版的这本《回归大学之道——章开沅口述史》看来也不能不在书尾写几句，向读者做个说明。

这本书是我应华中科技大学出版社之邀，担任总主编的《当代中国高等教育改革口述史丛书（第一辑）》中的一册。该丛书传主包括20世纪80年代以来活跃于中国高等教育改革前列的一批知名大学校长，如武汉大学校长刘道玉、华中工学院（今华中科技大学）校长朱九思和杨叔子、北京大学丁石孙校长的得力助手及常务副校长王义遒、西安交通大学校长史维祥、湖南师范大学校长张楚廷等人，而被誉为"华中高教三剑客"之一，与刘道玉、朱九思齐名的华中师范大学校长章开沅，自然也在该丛书传主之列。

为了确保这套口述史的真实性、客观性和可信性，在七八年前这套丛书动议之初，我就与出版社定了个规矩，每本书的整理者，最好都是传主的弟子或助手。如果可能的话，最好请当事人自己来完成。刘道玉、张楚廷两位校长就是自己亲自动手，不假他人。我是"文革"后恢复高考、统招入学的大学生中章开沅先生最早的一批弟子，从1978年3月入读华中师范大学历史系，就与章先生开始认识并交往。我在担任历史系77级历史课代表后，经常就班上组织学术讨论及个人专业学习诸事请教先生，尤其是1982年初大学毕业后留校任教，以及后来又跟随先生攻读博士学位、做陶行知研究，陪同先生参加相关学术活动，耳提面命、请益问学的机会就更多。先生终身服膺陶行知，立志教育改革，以教育改革促进社会进步。先生晚年担任中国陶行知研究会会长兼湖北省陶行知研究会会长，我作为他这方面研究工作的主要助手、湖北省陶行知研究会副会长兼秘书长，后来又承先生大力推荐并担任中国陶行知研究会常务副会长，几乎每隔一段时间就要向先生汇报请示陶行知研究相关工作，交往十分密切。先生对我也一直关爱有加，为培养陶行知研究的年轻一代，20世纪90年代，先生曾专门修书，与教育部党组成员、陶行知弟子张健先生联名给当时教育部分管外事的副部长韦钰推荐我免试外语到美国哥伦比亚大学教师学院访学。先生还在百忙之中给我的博士论文等多本学术专著写序，鼓励有加。我到省里工作后，他也常常勉励我努力服务社会，积极建言献策，推动教育改革。作为他的弟子之一，我来整理其这本口述史，自是弟子本分。

不过，基于种种考虑，作为丛书总主编，最初我还是考虑想请在华中师范大学近代史研究所工作，晚年与先生朝夕相处、接触最多、情况最熟悉的师弟师妹们来承担这一任务，但我后来了解到，他们大多在忙于协助整理出版先生的那套多卷本文集，一时无力顾及其他。后来我又考虑可以请先生的助手刘莉帮忙，一问，结果她也在协助先生整理最新版的《章开沅自传》，这本书是继北京师范大学出版社出版的《章开沅口述自传》之后的又一本重要自传，先生很看重此书，不惜心力，费心亲笔撰写，刘莉也为此投入很大精力，暂时无暇他顾。

出版社负责人了解这些情况后，认为时间已过去数年，其他传主的口述史多已出版，此书不能再延迟下去，便督促我自己来完成。我到近代史研究所向章先生做了汇报，先生觉得专门来回顾与反思20世纪80年代前后高等教育改革史，对当今高教改革也有助益，可以试试，但也明确表示他现在精力有限，无法再专门费时口述，只能应对几次，其他都要靠我自己设法整理。先生还指示我关于他的生平经历和部分早期学术活动情况可以参考此前由他口述、彭剑整理出版的《章开沅口述自传》以及刘莉正在协助整理的最新版《章开沅自传》。刘莉听说了此事，也很帮忙，主动将其协助整理的口述自传初稿中关于高等教育改革部分内容提供给我进行参考。我自己身兼数职，平时事务缠身，心有余而力不足，开始时还当面请教了先生几次，但后来一忙,整理工作就停了下来。出版社领导见这样也不是办法,嘱咐我再找一位助手协助整理,我想到平时与先生联系甚多,经常采访先生的学校宣传部的小党,觉得他比较熟悉一些情况,于是我们两人分工合作,加快整理。小党也是忙人,初稿出来后,我发现还有不少重要遗漏,便又请我的研究生郑媛协助补充了许多新资料,终于在去年交给了出版社。我将这些情况向先生做了汇报,他很欣慰,多多嘉勉,认为可以与其他几本口述自传形成互补。

2021年5月上旬,我请小党尽快配齐相关照片发给出版社,并不时询问出版社人文分社负责人此书编辑工作进展,希望乘先生精力尚可之时可以亲自把把关。我怕有伤先生视力,还建议出版社在书稿编辑完后务必打印一份大号字体的清样,以便先生审核。可惜因种种缘故,此事未成。先生对此似乎并不在意,我们不提他也不问。但后来听师母说,先生临别前几天,有两个愿望与她频频提及,一是想回桂子山的家里住住,二是想看看书出来没有,而"书"可能就是指这几本口述自传。听到此言,我感到无尽的后悔。如果当初不犹豫再三,自己动手早日完成书稿,时时督促出版,或许可以让先生在生前见到这本专题口述史?

如今,这本口述史即将出版,而先生已魂归道山,无缘一睹。涌泉之恩,无以为报,就以这本口述史作为弟子献给先生的一瓣心香吧?希望它的出版能让人们永远缅怀和铭记那个激动人心、令人难忘的改革岁月,以及先生这样始终追求真理、充满改革激情和勇气的一代先驱,并从他们的改革理想和智慧中汲取继续前行的力量。

2021年11月